迁安年鉴

QIAN'AN YEARBOOK

2015

迁安市人民政府 主办

方志出版社

图书在版编目（CIP）数据

迁安年鉴.2015 / 迁安市地方志编纂委员会编.--
北京：方志出版社，2015.10
ISBN 978-7-5144-1769-2

Ⅰ.①迁… Ⅱ.①迁… Ⅲ.①迁安市-2015-年鉴
Ⅳ.①Z522.23

中国版本图书馆CIP数据核字（2015）第262831号

迁安年鉴（2015）

编　　者：迁安市地方志编纂委员会
责任编辑：梅中英

出 版 人：冀祥德
出 版 者：方志出版社
地址 北京市朝阳区潘家园东里 9 号（国家方志馆4层）
邮编 100021
网址 http://www.fzph.org
发　　行：方志出版社发行中心
电话（010）67110500
经　　销：各地新华书店
印　　刷：廊坊市恒泰印务有限公司

开　　本：889×1194　1/16
印　　张：26.625
字　　数：708千字
版　　次：2015年10月第1版　2015年10月第1次印刷
印　　数：0001～1000册

ISBN 978-7-5144-1769-2　定价：260.00元

迁安市地方志编纂委员会
（兼《迁安年鉴》编纂委员会）

名誉主任： 李　忠

主　　任： 张淑云

副 主 任： 李福林　侯　旭　张宏图　王志刚　马丹青　赵玉江　孟祥中

委　　员： 周文瑞　周晓英　沈　杰　郎文昌　孔祥会　时立新　韦长怀　杨　华　刘东友　闫双友　刘　海　王书成　李文秋　高雅利　杨玉良　王翠玲　李爱斌　郭伟强

《迁安年鉴》编审人员

主　　审： 王志刚　孟祥中

主　　编： 郭伟强　赵　辉

编　　辑： 郭伟强　赵　辉　姜赛男

编辑说明

一、《迁安年鉴》是一部全面记述迁安市情的权威性、综合性、资料性年刊。在中共迁安市委、迁安市人民政府的领导下，由迁安市地方志编纂委员会主持编纂，国内外公开发行。

二、本年鉴逐年编纂出版，当年出版的年鉴，全面系统的记述上一年度迁安市政治、经济、文化、社会等各领域的基本情况，客观反映各行各业新变化、新成就，为迁安的发展建设提供借鉴，为各界人士了解、认识迁安提供最新信息，为编史修志储备资料。

三、本卷为《迁安年鉴》2015年卷（总第19卷）。卷首为特载、大事记，正文设迁安概况、政治、综合管理、政法•武装、农业、工业、交通•邮电、城建•环保、财政•税务、商贸服务•旅游、金融、科学技术、教育、文化•体育、黄帝文化研究与开发、卫生、社会生活、乡镇 街道、人物，卷尾为文献文件辑存和统计资料。

四、本年鉴采用分类编纂法，以部类为单位，部类下设分目，分目下设条目，以条目作为基本表达方式。一般分3个层次，个别部类延伸到4个层次。为便于查阅，三级标题的字体及编排方式均有明显区别，条目标题统一标注黑体字加【】表示。

五、本卷记载时限： 2014年1月1日至12月31日，依据情况，部分内容的时限略有上溯或延伸。凡2014年的事情一般直书月、日、年内，不再书写年份。根据本年鉴编写惯例，文中“本年”意指2014年度，“上年”意指2013年度，“下年”意指2015年度。卷首彩页为2015年内容。

六、本年鉴文稿由各承编单位指定专人撰写并经单位负责人审定，单位盖章。撰稿人姓名排于文末右端，另起行，加圆括号。部分稿件参考《迁安时讯》和迁安市委、市政府有关简报及网络信息等。

七、本年鉴所用全局性数据以迁安市统计局提供的数据为准，统计部门尚不掌握的采用相关职能部门提供的数据。计量单位采用国家法定单位。

9月28日，2015“京东水城 魅力迁安”经贸洽谈会开幕。中共中央政策研究室原秘书长、著名宏观经济学家纪玉祥（左二），唐山市委副书记、代市长丁绣峰（右二），中关村管委会副主任张涛（右一），迁安市委书记李忠（左一）共同启动开幕电子球

为展示迁安、推介迁安，全面加快转型发展步伐，9月28日至30日，迁安举办2015“京东水城 魅力迁安”经贸洽谈会。洽谈会通过实地参观考察、投资环境说明会、项目洽谈等形式，全方位、多角度展示迁安，激发众多企业投资迁安的热情与信心。洽谈会上有59个项目签约，总投资534亿元。图为投资环境说明会暨签约仪式现场

迁安市委书记李忠在开幕式上致辞

迁安市委副书记、市长张淑云主持开幕式

（本版照片由吴海民提供）

9月14日至15日，省委书记赵克志（中）围绕落实中央《京津冀协同发展规划纲要》、推进新型城镇化与城乡统筹、加快县域经济发展到迁安市调研 （吴海民提供）

9月2日，环保部副部长翟青(前中)率督查组到迁安市督查抗战胜利70周年纪念活动期间空气质量保障工作 （规划展馆提供）

6月17日，国家卫生计生委副主任刘谦（左三）就医改工作到迁安市调研

（万思源提供）

2月14日，唐山市委书记焦彦龙（前中）到迁安市检查安全生产并走访慰问困难群众

（吴海民提供）

4月11日，省工信厅厅长邹平（前左二）就工业经济发展情况到迁安市调研

11月5日，唐山市委副书记、市长丁绣峰（右三）到迁安市调研

（本版照片由吴海民提供）

7月20日至21日，原省委书记叶连松（右二）等省级老领导到迁安市开展“党课一日行”活动，并视察迁安市经济社会发展和城市建设情况

8月26日至27日，全国工商联原副主席沈建国（前右一）带领全国政协办公厅领导和北京东方智华公司等集团公司总经理到迁安市参观考察

（本版照片由吴海民提供）

河北省美丽乡村——大五里乡山叶口村

河北省美丽乡村——沙河驿镇唐庄子村

（本版照片由市委农工委提供）

目　录

政　　治

综合管理

法治·武装

农　业

工　业

交通·邮电

城建・环保

财政 · 税务

商贸服务 · 旅游

科学技术

教　　育

文化·体育

黄帝文化研究与开发

卫　　生

社会生活

乡镇　街道

人　物

文献文件辑存

统计资料

抢抓新机遇　培育新优势
为再创迁安转型发展新辉煌而努力奋斗

——在市委五届五次全体（扩大）会议上的报告

中共迁安市委书记　李　忠

（2014 年 12 月 31 日）

这次全会，是在迁安经济发展经受严峻考验、转型升级进入关键时期，召开的一次十分重要的会议。会议的主要任务是：深入贯彻落实中央经济工作会议和省委、唐山市委全会及省市经济工作会议精神，总结 2014 年工作，科学分析当前形势，部署 2015 年任务，动员全市各级党组织和广大干部群众，主动适应经济发展新常态，抢抓新机遇，培育新优势，为推动我市经济转型升级再创新辉煌而奋斗！

下面，我受市委常委会委托，向全会作工作报告。

一、转型攻坚，克难奋进，经济社会发展在严峻考验中取得新成绩

2014 年，是迁安发展面临困难多、矛盾多、挑战多的一年。一年来，严峻复杂的宏观经济形势，使我市产业偏重、结构单一的矛盾与市场持续低迷、化解过剩产能、治理大气污染的现实问题交织显现，给我们带来了前所未有的压力。面对严峻的形势和任务，市委常委会紧紧团结和依靠广大干部群众，不畏困难、积极作为，全市经济缓中趋稳，结构调整稳中有进。预计全年实现地区生产总值 1020 亿元，增长 4%；完成全部财政收入 64.7 亿元，下降 15.2%，公共财政预算收入 35.1 亿元，下降 5.6%；固定资产投资 520 亿元，增长 16%；城镇、农村居民人均可支配收入分别达到 29940 元、16830 元，均增长 8.5%。在中国中小城市综合实力百强排名中列第 19 位。

——产业转型迈出扎实步伐。坚持有中生新抓升级，无中生有促转型，加快构建“3+5+6”现代产业体系。精品钢铁业加快优化升级，7 家钢铁企业全部进入工信部钢铁行业规范企业名录，天津物产整合地方钢铁企业正在积极推进，燕钢热轧卷板、思文科德电工钢及镀锡板等一批链条延伸项目竣工投产，积极做好产能化解，压减炼铁产能 104 万吨，炼钢产能 209 万吨。以装备制造和钢铁初深加工为主导的耗钢产业势头良好，正大制管顺利投产，北商泵阀、衡安钢构、鼎安汽车等项目加快建设，新增耗钢能力310万吨。现代物流业加速集聚，实施总投资62亿元的现代物流项目20个，天津物产一期基本完工，中钢赛诺物流园开工建设。煤化工、包装建材、节能环保、食品医药、高新技术五大产业板块不断壮大，思文科德八色印铁、葵花药业、高峰果糖等项目竣工投产，翅冀LNG、中海油LNG、润泽建材等项目加快建设。现代服务业快速发展，龙湾游艇俱乐部积极推进，以天洋城综合体、红星美凯龙、万嘉综合商贸园为支撑的核心商圈加快形成，商企联盟电子商城等一批创新型项目丰富服务业态，北大学园教育园正式进驻，北京实验二小即将落户。绿道金瓜工程深入实施，九江农场、龙峡山庄、杨家坡民俗园、龙泽谷酒庄、华农循环经济、亚滦湾农业开发等休闲农业项目投入运营，农业产业化龙头企业达到88家，其中唐山市级以上29家。

——转型发展平台更加坚实。坚持产城融合发展，城市特色和活力进一步增强。滦河综合治理一期工程基本完工，黄台山公园二期正式开放，佛山公园加快建设，滦河文化产业园区生态效应、景观效应和产业综合承载效应初步显现。强化城市宣传推介，“首都东边一座成长在水里的城市”在京津地区日益引人瞩目。实施了一批城市路网、供水、供热等工程，城市基础设施进一步完善。全省县城建设现场会在我市召开，顺利通过国家园林城市、国家卫生城市复审验收和中国宜居城市年度巡查，城市管理水平和知名度、美誉度进一步提高。园区建设提档升级，高新技术产业区、经济开发区、北方钢铁物流园区获批全省首批创建清洁生产试点示范园区，经济开发区被列为全省承接京津产业转移的40个重点平台之一，北方钢铁物流园区连续两年获评全国优秀物流园区，滦河文化产业园区成为全省首批文化产业示范园区。

——转型发展后劲更加有力。坚持内激外引，积极对接京津，招商引资和项目建设取得新成果。10个立市和100个重点项目加快推进，当年完成投资148亿元，3个项目列入省“双百”工程，14个项目列入唐山市重点项目。全民招商氛围日益浓厚，积极开展精准招商、以商招商、产业招商，开展了经贸洽谈月活动，成功引进北京顺天诚通、首钢包芯线、金牛管业等项目，新奥LNG、冀东溶剂无水乙醇、中唐主题乐园、北京科技大学合作办学等项目达成意向，有望与全球影视行业巨头美国派拉蒙公司实现合作，拉开国际动漫体验岛项目建设帷幕，全年新增签约项目37个，总投资163亿元。全民创业和民企二次创业扎实开展，累计组织企业外出考察30多批次，新增民营企业946家、个体工商户6162户。北商国际泵阀和路明实业公司成功上市，实现了企业上市零的突破。

——转型环境支撑更加优化。深入开展环境优化专项行动，市本级行政许可（审批）事项由171项减少到99项，承诺办结时限压缩率达61%，“三级平台、两个代办”制度扎实启动。积极开展企业家培训工程，搭建银企对接平台，全力化解企业债务风险，保持了企业运转基本平稳。环保专项治理、矿山生态恢复、造林绿化、农村面貌改造提升攻坚行动取得阶段性成效。投入15.6亿元全面开展钢铁、焦化等重点行业大气污染治理；完成矿山土地平整2155亩，生态修复2600亩，工矿废弃地复垦1026亩；完成营造林面积5.8万亩，森林覆盖率达40.8%；投入1.8亿元推进农村面貌改造提升，健全落实资金、管护等机制，农村整体环境明显改善，40个省级重点村庄实现新提升。京秦高速迁安支线、第三通道正式通车，通用机场已经省政府上报待批，迁曹高速、水曹铁路积极推进，交通区位优势进一步显现。

——和谐社会建设统筹推进。持续加大民生投入，30件为民实事工程顺利完成。教育事业上，投入3.19亿元的一中西校区投入使用，投入3.98亿元的职教中心全面投入使用并升格为技师学院，投入2.38亿元用于改善中小学办学条件，北大学园托管第三幼儿园，北大学园与一中、河北师大与第六实验小学实现联合办学，高考工作创造佳绩，被评为全国义务教育发展基本均衡县（市）。医疗卫生事业上，中医院迁建顺利推进，新建精神病医院投入使用；在全省率先实施城乡居民基本医疗保险制度；公立医院改革稳步推进，药品零差率销售累计让利群众4218万元。社会保障上，城乡低保、五保、高龄老人养老保健津贴、农民养老金等再次提标扩面，始终保持全省最高水平。文化体育事业上，顺利通过全国文化先进县（市）验收，全省公共文化示范区建设积极推进，梅墨生书院、古泥艺术馆增添文化活力，积极发展体育产业，成功承办全国举重亚运会选拔赛、柔道冠军赛等大型体育赛事，带动竞技体育、群众性体育活动蓬勃开展，九江拳击队员在仁川亚运会、南京青奥会等大型赛事中获得多项冠军。深入推进平安迁安建设，认真开展矛盾纠纷排查调处，集中开展信访案件化解攻坚战，强化社会治安和安全生产工作，维护了和谐稳定的社会局面。

——党的建设得到新加强。强化理想信念教育，加强学习型、服务型党组织建设，党员干部宗旨意识和群众观点进一步增强。加强领导班子和干部队伍建设，制定完善干部管理考核制度，深入开展党员干部教育培训工程。坚持正确的用人导向，任人唯贤，注重实干，共研究任免市管干部31人次，其中提拔任职14人（含援疆干部1名，大学生村官考录副科人员6名），平职调整8人，安置军转干部2人，提前退休3人，免职4人，总体反映良好。加强基层组织建设，建立党员领导干部“一联五”联系点制度，深入实施农村干部素质工程和蹲点服务行动，村级组织活动场所建设和服务功能全面提升，56个后进基层党组织全部按期转化。认真落实党风廉政建设“两个责任”，加大警示教育、案件查处力度，积极构建不想腐、不能腐、不敢腐的廉政机制和不想懒、不能懒、不敢懒的勤政机制。支持人大、政协发挥职能作用，统战、人武、法检、工商联、工青妇、老干部等工作富有成效，形成了团结一心干事业的生动局面。

按照上级部署，我市教育实践活动从2月开始，在各级党组织和党员干部中普遍开展。市委常委会围绕“为民、务实、清廉”这个主题，聚焦反对“四风”，精心组织、扎实推进活动开展。坚持一手抓教育、一手抓实践，把践行群众路线落实到推动转型发展、服务群众的具体行动上；坚持依靠群众，让群众参与、让群众知情、让群众评判；坚持问题导向，针对“四风”抓具体，对症下药抓深入，以正风肃纪、优化发展环境、还利于民等专项行动促进整改落实。活动的开展，使党员干部普遍经受了一次深刻的思想洗礼，提升了境界、提纯了党性。解决了一批党风政风问题，公车使用、公务接待、“吃空饷”等整治行动成效明显。一大批关系群众切身利益的问题得到较好解决，党群干群关系更加和谐。克服“四风”问题、密切联系群众等一系列制度得到建立完善，加强作风建设的长效机制初步形成。

回顾2014年，我们的路走的非常艰难、十分不易，但我们的步子迈的很稳健、很扎实，更加夯实了转型升级的基础，积蓄了加快发展的势能。成绩尤为难得，得益于上级党委、政府的正确领导；得益于全市上下在困难面前不动摇、不懈怠，始终保持了坚强定力和攻坚克难的勇气；得益于全市上下在挑战面前心系全局、和衷共济，始终保持了迁安人团结务实、拼争奉献的优秀品质。在此，我代表市委常委会，向全市各级党组织和广大党员干部群众，表示衷心的感谢并致以崇高的敬意！

总结一年来的工作，我们也清醒地认识到：全市产业结构性矛盾依然突出，转方式、调结构任重道远；企业科技创新能力不强，经营管理水平亟待提高；全民创业和民企二次创业尚需加强组织引导，市场主体活力不够，要素支撑能力有待提升；化解钢铁产能的任务艰巨，环境约束日益趋紧；部分党员干部的作风、能力、素质与形势要求不相适应，与人民群众期盼还有较大差距，等等。这些问题，我们必须高度重视，认真加以解决。

二、主动适应新常态，抢抓新机遇，发挥新优势，矢志再创迁安转型发展新辉煌

2015年是迁安发展至关重要的一年。如何在错综复杂的形势下，准确把握、科学研判，做好2015年工作，既关系着我们能否在宏观环境依然严峻的情况下，顶住压力，走出低谷，也关系着我们能否在新的机遇面前，培育新优势，再创新辉煌。我们必须始终清醒地认识时代的特征和要求，准确把握迁安发展的阶段性使命和重点，找准优势，科学定位，确立目标，扎实苦干，在前进的道路上始终昂首阔步，勇立潮头。

前不久召开的中央经济工作会议，深刻阐述了我国经济进入发展新常态带来的趋势性变化。新常态的主要标志是：经济发展的速度、结构、动力都发生了根本性转换，速度上由高速转向中高速，结构上由增量扩能为主转向调整存量、做优增量并举的深度调整，动力上由要素驱动转向创新驱动。这一阶段的特征突出表现为：投资规模大幅度降低，靠规模扩张发展的空间越来越小；基础原材料产业需求下降，市场竞争将更加激烈；劳动力、土地等要素成本上升，企业利润空间缩窄；资源环境约束压力日益加大，进一步提高了传统产业的成本。这种经济转入新常态的趋势性变化，对迁安这样一个以钢铁、矿山为主导的资源型经济冲击更为明显，我们既面临增长速度换挡期、结构调整阵痛期、前期刺激政策消化期“三期叠加”的普遍矛盾，又面临产业结构一钢独大、环保治理日益趋紧、化解过剩产能任务艰巨等特殊问题，适应新常态的压力更大、任务更重。面对新常态，如果我们被动应付、无所适从，只能是在沼泽中越陷越深。我们必须遵循新常态下的经济规律，积极主动适应新常态。

主动适应新常态，就要彻底丢掉幻想，全力加快转型升级步伐。目前，我们遇到的困难，表面上看是市场问题，实质上是经济发展规律的反映，是我国工业化已经从中期向后期过渡，进入后工业化时代的必然结果。新常态下，我们曾经引以为骄傲的钢铁、矿山行业面临着前所未有的困境，那种再期望国家大规模投资来拉动钢铁等行业的情况已经不再可能，传统的发展模式正在经受严峻考验，不加快转型升级步伐，彻底改变“两高一低”的传统产业结构，不闯过结构调整的陡坡深坎，就没有出路。转型升级不转不行、非转不可，慢转则退、不转则亡。

主动适应新常态，就要认识新机遇，全力抓住新机遇。纵观迁安改革发展历程，正是我们抓住了我国工业化、城镇化迅猛发展的机遇，发挥铁矿资源的优势，依靠钢铁等重化工业发展壮大，才使迁安从一个全省有名的贫困县，实现了到全省十强、首强的跨越，建设成为今天位居全国百强前列的经济强市。站在新的历史关头，我们又迎来了国家实施京津冀协同发展战略、环渤海地区崛起的历史性机遇。京津冀协同发展战略深入实施，为我们积极承接京津产业转移和要素外溢，充分利用京津巨大市场，加快构建现代产业体系、提升城市能级带来了重要契机。随着环渤海地区加速崛起，这一区域的产业、城镇化将加快推进，为我们扩大开放招商、借力加快发展提供了巨大空间。京津冀一体化协同发展的机遇，是我们面临的最大的、最宝贵的、最现实的，也是最不可错失的机遇，我们必须抓住抓好。抓住这一机遇，对于我们开放创新、转型升级是个极大推动，迁安不仅能够战胜当前的困难和挑战，而且能在新一轮科学发展中继续领跑；抓不住这一机遇，助推转型发展的外力得不到最大的发挥和利用，我们就很有可能在新一轮竞争中止步不前甚至继续下滑，不仅转型不能成功，就连现在的局面也会难以巩固。

主动适应新常态，就要依托已有优势，着力培育放大新优势。机遇并非迁安独有，也不会坐等上门。机遇面前，迁安有着其他地区不可比拟的优势，已经赢得了抢抓机遇的先机：一是产业优势。我市铁矿资源富集，钢铁产业规模、技术、装备优势全国领先，产业集聚、链条效应正在凸显，产业的高地有条件成为招商的高地、转型的依托。二是区位交通优势。京津唐秦承重要节点和沿海港口腹地的良好区位，既可承接京津，又可连通东北，通达京津的“一小时通勤圈”，有利于集聚更多的企业和要素。三是平台优势。几年来，我们精心打造了以东部、西部工业园区、物流园区为依托的承载工业和现代物流业发展的园区平台，以滦河文化产业园区为重点的承载高端服务业发展的城市平台，以四条绿道为依托的统筹城乡发展平台，四个省级园区优势明显，特别是山水融城的特色优势，城区三山拱卫、两河环绕，水岛交融、山水相连的大湖美景已经形成，与毗邻京津的区位交通优势叠加，成为我们最大的后发优势，是对接京津和转型发展的希望所在。四是经过几年的探索实践，转型的思路更加清晰，各级干部和企业家对转型的认识和行动更加自觉，这为我们加快转型发展奠定了坚实的思想基础。虽然受市场需求低迷影响造成财政收入下滑，但今天的迁安，无论是经济总量、产业层次，还是城市建设、园区发展，都有了质的飞跃，随着积蓄已久的转型势能加速释放，转型发展的成效正在日益显现。分析优势，转型升级有基础，有条件，更有前景。

综观发展大势，迁安已经进入了一个触底回升、走出低谷，实现全面恢复性增长的转折期。只要我们积极主动适应新常态，全力抓住新机遇，培育放大新优势，把工作做得更好，完全能够经过三五年的努力再登上一个新的台阶，一定能够推动迁安继依矿而起、因钢而兴之后再创转型升级新辉煌。

基于上述分析和判断，我们确定当前和今后一个时期全市工作的总体要求是：全面贯彻落实党的十八届三中、四中全会、中央经济工作会议精神和省委、唐山市委重大工作部署，坚持稳中求进工作总基调，积极主动适应新常态，抢抓京津冀协同发展、环渤海地区崛起的新机遇，培育放大新优势，着力推进转型升级、改革创新、生态文明、和谐社会建设，唱响实干兴市主旋律，努力推动迁安由粗放型、本土型经济向集约型、开放型经济转变，由资源加工驱动向制造业、服务业双轮带动转变，由工矿型城市向文化旅游型城市转变。

2015 年全市经济社会发展的主要预期目标是：地区生产总值增长 5%，达到 1060 亿元；完成全部财政收入 67.3 亿元，增长 4%，公共财政预算收入 36.8 亿元，增长 5%；固定资产投资 600 亿元，增长 16%；实际利用外资 6000 万美元；城镇、农村居民人均可支配收入达到 32330 元、18260 元，分别增长 8%、8.5%以上。

实现上述目标任务，再创发展新辉煌，要重点抓好以下四个方面的工作。

（一）更加注重转型升级，加快产业结构调整步伐。立足产业优势和特色，坚持一手抓传统产业优化升级，一手抓新兴产业培育，着力做强“3”，做大“5”，做高“6”，加速构建“3+5+6”现代产业体系。

着力提升三大主导产业核心竞争力。传统支柱产业是转型发展的重要支撑，要以提高产业竞争力和效益为核心，放大产业集群效应和规模优势，加快三大产业融合发展，打造新型制造业基地。精品钢铁业，要全力抓整合，通过兼并重组用规模效益提升企业竞争力，积极推进天津物产整合荣信、鑫达、松汀三家地方钢铁企业。积极抓配套，按照精品化、差异化、链条化的思路，积极谋划一批铁钢材配套项目，着力推进产品结构由中低端向中高端提升，通过开发适销对路的新产品提高产品的附加值和市场占有率。持续抓提升，广泛开展对标达标活动，通过加强管理和技术进步降低成本、提高效益。在钢铁产能任务化解上，既要不折不扣完成压减任务，又要积极帮扶企业减少损失、降低风险，妥善化解各类问题，确保钢铁产业健康发展。装备制造业，要着力推进装备制造和钢铁初深加工等耗钢产业规模化发展，最大限度地实现钢铁就地精深加工。积极引进和培育行业龙头企业，力促徐工、柳工、首矿重工项目实质性推进，加快北商泵阀产业园项目建设，努力实现装备制造配套产业集群化发展；大力发展小规模、大群体的钢铁初深加工，加速形成主辅功能配套、产业链条完善、业务高度关联的特色产业集群。现代物流业，以产业转型升级需求为导向，发挥浙江物产、天津物产龙头作用，进一步丰富业态、拓展功能，加快推进物流企业与工业企业、金融企业深化合作，推进产业由集聚型向融合型、贸易型、科技型转变。积极谋划推进地方铁路及铁路物流园等工程，优化物流业态结构，提升市域经济整体竞争力。

着力壮大五大产业板块规模。按照发展提速、比重提高的要求，坚持产业基地、骨干企业、重大项目三位一体，不断壮大煤化工、包装建材、节能环保、食品医药、高新技术五大产业规模。坚持焦化并举、以化为主、延伸链条，提高煤气、焦油、粗苯等附属产品利用率，引导企业走循环经济一体化的道路，加快推进翅冀、中海油、新奥 LNG 和冀东溶剂无水乙醇等重点项目，实现煤化工产业集群和精细化发展。立足原材料和市场优势，以资源换空间、以市场换产业，积极引进新技术、开发新产品，大力发展金属包装、新型建材和环保设备制造，促进包装建材、节能环保产业快速崛起。围绕加快培育一批科技型、成长型企业，加强与科研院所、中关村产业园等机构的对接联系，积极引进龙头企业和科技成果，促进食品医药、高新技术产业加快集群集聚。

着力培育六大服务业发展。现代服务业的发展水平和比重，是衡量一个地区经济结构和竞争力的重要标志。培育发展现代服务业，是我们转型发展的方向和重点，更是实现再创新辉煌的重要支撑。滦河文化产业园区是举全市之力精心打造的现代服务业发展平台，承载着迁安更高层次转型发展的梦想，是我们最大的后发优势。要以滦河文化产业园区为依托，把现代服务业作为加快转型发展的引爆点、对接京津的着力点、彰显迁安特色的优势点，促进休闲旅游、教育培训、养生养老、文化创意、科技研发、总部经济六大现代服务业快速发展。在滦河文化产业园区开发建设上，既要有紧迫感，更要有平常心，决不能急功近利，追求短期效益，要树立战略思维和长远眼光，坚持科学规划、高点定位，真正在一张白纸上描绘出迁安最美最靓的产业发展蓝图。要牢固树立文化旅游资源整体性规划、板块式开发的理念，抓龙头、抓整合、抓推介，提升品质档次，着力打造滦河滨水观光游、主题公园体验游、绿道生态休闲游三大旅游板块，打造京津旅游目的地。坚持开放联合、高端对接，重点对接知名医院、学校、养生养老等机构，积极引进重量级企业和项目，推动教育培训、养生养老产业率先突破，为集聚产业和人才提供支撑。加强与中关村、高等院校、科研机构合作，搭建高校、科研机构与企业联合对接的平台，促进文化创意、科技研发产业发展。坚持培育与引进相结合，制定出台鼓励总部经济发展的优惠政策，力争取得实质性突破。

加快产业转型升级，要着力抓好项目、招商、园区三个关键。一是抓牢项目建设。继续开展“项目建设年”活动，坚持开工建设一批、竣工投产一批、谋划储备一批，坚持一、二、三产项目一起上，突出抓大项目，不放松中小项目，重点抓好 10 个立市项目和 100 个重点项目。严格落实项目“五个一”推进机制，组织好项目拉练观摩，把项目建设的目标责任落实到各镇乡、园区和单位。各级领导干部特别是一把手，都要率先垂范，亲力亲为，冲到项目建设一线。二是全力扩大开放。传统产业优化升级要靠开放，新兴产业培育壮大更要靠开放。要加大宣传推介力度，提高迁安在京津地区的知名度和吸引力，更好地融入京津冀协同发展。要增强招商的针对性，抓产业招商、园区招商、以商招商，加强同国家部委、行业协会、企业总部的联系，提高招商实效。要进一步浓厚招商抓项目的氛围，强化各级干部招商意识，形成领导带头招商、干部全员招商、全民踊跃招商的生动局面。三是做强园区平台。要大力推进园区提档升级，强化要素、产业、项目集聚功能。健全完善园区管理体制和运行机制，推进“以园养园”“园中园”模式，提高园区管理服务水平和自我发展能力。严格投资强度、容积率、回报率等标准，着力提高土地利用和产出效益。

（二）全面深化改革创新，夯实转型发展保障。在经济转型的关键时期，我们要抢抓全面深化改革的重大机遇，以改革的思路和创新的措施，不断增强转型发展支撑能力。

以改革破除体制机制障碍。深化行政效能改革，以简政放权、转变职能为核心，进一步清理和精简行政审批事项，推进一体化审批和集中审批，深入落实“三个公开、三个清单”制度，积极推进“三级平台”建设，全面落实“两个代办”，切实为企业、为群众办好事，让企业、让群众好办事。加强事中事后监管，着力治理“中梗阻”和政策落实“最后一公里”问题，严肃查处干扰破坏发展环境的人和事，促进全市发展环境持续优化。深化国有企业改革，推进国有资本监管和管理机制创新，提高资本运营效益。积极推进社会事业改革，探索在服务体系、管理体制、人事分配制度等方面综合改革，提高公共服务水平和能力。创新加快城镇化进程的体制机制，推动城乡教育、文化、社保、就业制度一体化。深化农村综合改革，搞好土地承包经营权确权登记，加快农村产权交易平台和流转体系建设，引导农村土地有序流转。以被列为全国农村集体三资管理示范县（市）为契机，规范农村三资管理，积极开展集体经济股份制改造试点。

以改革激发市场主体活力。发挥民间资本雄厚优势，鼓励扶持民营经济发展壮大、转型升级，引导现有企业进军新领域、发展新产业，加速壮大企业规模，形成产业集群。要创新方式、搭建平台，推动全民创业和民企二次创业活动深入开展。积极引导企业建立现代企业制度，规范法人治理结构，提高企业经营管理水平，真正以管理增效益、促发展。强化企业创新意识，广泛开展对标达标活动，注重引进优化产品结构、延伸产业链条的关键核心技术，引进培育科技创新型企业，提高企业核心竞争力。研究落实支持企业科技创新的政策，鼓励引导企业加大科技研发投入。广大企业家要解放思想、拓宽视野，通过项目合作、相互参股、技术入股、资本经营等方式，赢得更多更优的资金、技术和市场资源，跨越式提高企业发展层次和水平。这里需要指出的是，面对市场重新洗牌、利润空间压缩的严峻考验，企业在发展中一定注意规避金融风险，要拓展融资渠道，降低财务成本，确保实现安全发展、持续发展。

以改革破解要素制约。充分利用国家发展改革试点市的政策机遇，积极创新突破，提高要素支撑能力。资金方面，推进投融资体制改革，做实做强投融资平台，鼓励撬动民间资本参与基础设施和公共事业建设。创新融资方式，通过上市融资、股权融资、债券融资、政府与社会资本合作（PPP）等多种形式，拓宽融资渠道。土地方面，做好项目包装申报工作，力争更多的项目列入国家、省市重点盘子。用好用足城乡建设用地增减挂钩、工矿废弃地复垦利用试点等政策，着力盘活土地资源。交通方面，积极向上争取跑办，加快推进京秦高速第二通道、迁曹高速、水曹铁路、通用机场等重点交通基础设施建设，围绕改善铁路客运站、车站到市区的道路通行条件、增加停靠车次等，积极跑办铁路部门，提高迁安铁路客运的通达能力，把区位优势转化为交通优势。人才方面，加大人才培养引进力度，制定鼓励企业引进人才的措施，提高各类人才对转型发展的保障能力。

（三）加强生态文明建设，打造宜居宜业生态环境。生态文明是实现三个转变的重要保障，要坚持把生态文明建设作为长远发展大计，注重生态保护，统筹推进城乡生态环境建设，努力构建环境优美、生态宜居、特色鲜明的北方山水园林城市。

放大山水融城城市特色。瞄准山水园林生态城市定位，放大山水绿文城市特色，建设北方水城、生态绿城、文化名城。着力提升滦河综合治理工程景观效果，以引进战略投资者和重大项目实施为引领，加快推进滦河文化产业园区开发建设。强化城市宣传推介，提高城市品牌效应。深入挖掘历史文化，弘扬特色文化，丰富城市文化内涵。要着力提升城市功能品位，提高城市集聚和辐射能力。积极推进智慧城市建设，加强城市精细化管理，开展城市环境治理，打造环境优美、生态宜居、规范有序、便捷舒适、文明和谐的城市环境。

大力加强生态环境建设。生态环境建设是生存和发展的根基，事关民生福祉，事关转型发展大局。要着眼山水林田湖整体修复，以更大的决心、更严的标准、更硬的手段加强生态环境建设和保护，实现生态环境持续好转。持续打好环保专项治理攻坚战，以大气污染治理为重点，坚持源头治理、综合施策，减煤、治企、降尘、控车，突出抓好钢铁、焦化等重点行业污染治理和淘汰落后工作；严格环境执法，坚决查处和治理各类违法排污行为。深入推进矿山生态环境恢复治理，严格执行修复治理方案，严格落实企业主体责任，突出重点，全面推进。持续开展造林绿化攻坚行动，以“四环、三沿、两山”为重点，大力开展全民绿化活动，全面提升城乡绿化水平。积极开展河流治理工程，促进植被恢复、水土保持。

加快城乡一体化发展。统筹推进四级城镇体系建设，以三个组团列入全国重点镇为契机，积极争取政策支持，研究配套推进措施，促进城镇组团设施配套和功能完善，抓好新型农村社区建设，提高城乡建设整体水平。坚持量力而行、不举新债，因村制宜、突出特色的原则，以点串线、连线成片，改造提升与环境整治并重，形成整镇乡推进、廊道片区推进的工作格局，努力打造全省农村面貌改造提升行动示范县（市），建设美丽乡村。加快中部山水融城绿道和东部滨河田园绿道建设，依托四条生态绿道，深入实施绿道金瓜工程，积极培育各类景区景点、农业休闲采摘园区等金瓜项目，带动休闲农业、设施农业、循环农业集约推进。以被确定为首批国家级新型职业农民培育示范县（市）为契机，培育和规范发展种养大户、家庭农场、农民合作社等新型农业经营主体，提升现代农业规模和档次。

（四）全力构建和谐社会，提高人民群众幸福指数。我们的一切发展都是为了让全市人民过上更幸福的生活。在经济结构深度调整、财政收入增幅下降的情况下，更要关注改善民生，更加重视和谐社会建设。

持续有力保障和改善民生。深入实施为民实事工程，认真做好教育、卫生、社保、帮扶、就业等关系群众切身利益的各项工作。坚持教育惠民，优化城乡教育资源，提升教学水平，办好人民满意教育。巩固深化医药卫生体制改革，提高城乡医疗保障水平，切实减轻群众医疗负担。积极推进社保扩面提质，更加关注低收入群众生活，大力发展优抚、残疾人事业，提高困难群众基本保障水平。积极拓宽就业渠道，加强就业培训和服务工作，做好大学毕业生、城镇就业困难人员就业工作。切实加强精神文明建设，深入实施文明素质提升和文化惠民工程，提升文化服务能力。

深入推进依法治市。落实依法治国要求，加

快推进依法治市进程。创新社会管理，完善源头防范机制，坚持社会稳定风险评估，建立健全利益诉求表达、矛盾调处和权益保障机制。加强信访工作，真正带着感情做好群众工作，深入开展信访案件化解攻坚行动，切实解决群众反映的各类问题，完善和落实“一岗双责”、领导接访、案件分包等制度，严厉打击违法上访闹访行为，提高依法治访水平。强化司法调解职能，整合各级调解资源，探索实行巡回调解模式。推进平安迁安建设，加强普法宣传，增强全社会法治观念，强化社会治安综合治理，严厉打击各类违法犯罪活动，维护社会平安稳定。加大安全生产依法治理力度，全面落实安全生产、突发事件、食品药品安全监管责任，提高预防和处置水平，确保人民群众生命财产安全。

加强民主政治建设。支持人大、政协组织依法履行职能，加强和改进对工会、共青团、妇联等群团组织领导，进一步发挥工商联职能作用。健全完善科学民主决策机制，坚持问需于民、问计于民，最大程度地凝聚人民群众的力量和智慧。加强基层民主政治建设，健全基层民主管理制度，认真落实民主决策、民主管理、民主监督制度，广泛推进党务公开、政务公开，保障人民群众的监督权、参与权。强化党管武装工作，做好民族宗教工作，巩固和维护社会稳定和谐局面。

三、勇于担当，求真务实，为转型发展再创新辉煌提供坚强保证

实现再创新辉煌的目标，关键在党、关键在干部。全市各级党组织和广大党员干部，要进一步认清使命，牢记责任，按照党要管党、从严治党的要求，全面加强思想、组织和作风建设，更好地担负起领导和推进转型发展的重任。

（一）振奋精神，唱响实干兴市的主旋律。作为党员干部特别是各级领导干部，要有创新图变的血性和激情。只有始终怀着强烈的事业心和责任感，才能时刻保持旺盛的工作斗志，如果仅为晋升而干，积极性就难以持久。岗位是个重要平台，干的时间越长，这个平台属于我们的时间越有限，越不能守摊子，越要抓紧干，在一地、一任上要干几件让老百姓看得见、记得住的好事，无愧于组织，无愧于群众，无愧于自己。三军之勇在于将、在于帅。只要主要领导奋发有为地干，就能感染和带动广大干部群众奋发有为地干。讲干事重在讲担当，现在一些人庸政懒政、畏首畏尾，甚至把守规矩作为不好干事的理由，是完全错误的，把敢担当作为会出事的前因，更是不合逻辑的。一直以来，我们没有任何一个干部是因为担当干事出现失误受到查处的，恰恰都是因为没有履职尽责，个人出了问题而受到查处。各级领导干部一定要勇于担当、勇于开拓，认真落实“三严三实”要求，按照干什么、怎么干、谁来干、什么时间干成“四个干”抓落实的机制，把工作一步一步地抓下去，把事情一件一件地做起来，真正以抓铁有痕、踏石留印的作风把大事要事、重大项目、重点民生实事工程干成干好。

（二）与时俱进，切实增强转型发展的本领。经济发展进入新常态，要求我们领导和推动经济工作的思想观念、方式方法必须与时俱进。新常态要树立新思维。各级领导干部要注意把握新常态的内涵、特征和趋势性变化，关注新常态下的宏观政策调整，更新思想观念，把握发展规律，做到认识新常态、适应新常态、引领新常态。新常态要拿出新思路、新举措。在工作思路上，要更加注重发展的质量和效益，更加注重稳增长与调结构的平衡，更加注重市场和消费心理分析，更加注重引导社会预期，更加注重创新驱动，更加注重改革开放，更加注重风险防范；在工作举措上，要立足新常态这个最大实际，善于以市场的、开放的、创新的、法治的思维和办法来推动发展。新常态要有新的能力素质。根据新常态发展趋势和我市转型升级的需要，以各级领导干部和企业家为重点，有针对性地开展教育培训、专家辅导、学习考察、实践锻炼等活动，进一步提升把握发展大势、推动转型升级、深化改革开放、防范化解风险、做好群众工作、维护社会稳定的能力。

（三）明确导向，凝聚干事创业的强大合力。有什么样的导向，就会有什么样的工作效果。要始终坚持正确的用人导向，坚持以项目论英雄，凭发展看政绩，加强对干部的考核评价，建立完善干部干事档案，提高考核的科学性和实效性。干部只要把工作干上去，把发展搞上去，不用找关系，不用拉选票，就能得到重用。要通过这样的导向和举措，优化从政环境和发展环境。要建立健全党建工作责任制，严格落实一把手抓党建工作责任，积极探索不同领域、不同行业基层党组织发挥作用的有效途径，统筹推进机关、社区、农村、非公有制企业等党组织建设，抓好农村“两委”换届工作，不断提高基层组织的整体战斗力。要浓厚干事的氛围，深入开展以抓机遇、促转型、干成事、出亮点为主题的实践活动，推动各级干部努力干事、认真成事、干成大事。持续开展“治庸、治懒、治散”专项整治，巩固深化作风建设成效。

（四）廉洁干事，营造风清气正的良好环境。秉公用权、清廉自守是良好政治生态和从政环境的重要标志。各级干部一定要心存敬畏、廉洁自律，始终把好道德、法纪这两条底线，讲规矩、守章法。要认真落实党风廉政建设的“两个责任”，加强组织领导，推动责任落实，把每个系统、每个环节的惩治和预防腐败工作抓具体、抓深入。要严格干部队伍管理，以案为鉴、警钟长鸣，严肃查处违纪违法案件。纪检监察机关要主动担当，聚焦主责主业，全面落实监督责任，充分发挥执纪、监督、问责的职能作用。要锲而不舍地抓好作风建设，认真贯彻落实中央八项规定精神和《廉政准则》要求，持续整治“四风”，巩固党的群众路线教育实践成果，让为民务实清廉成为党员干部的价值取向和自觉追求。每位党员干部都要切实加强党性锻炼，自觉修身正性、抵制诱惑，做到奋发有为、干干净净干事常态化，严格要求、自我约束常态化。

抢抓新机遇，培育新优势，再创新辉煌，是顺应时代发展的必然要求，是迁安进入发展新阶段的目标引领。新的形势任务面前，迁安又一次站在了新的起跑线上，前景无限光明，责任无比重大。让我们紧紧依靠和带领广大党员干部及全市人民，团结一心，扎实苦干，为再创迁安转型发展新辉煌而努力奋斗！

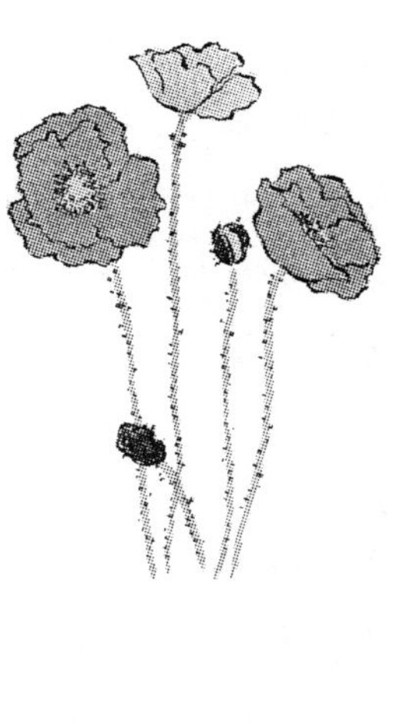

政府工作报告

——在迁安市第五届人民代表大会第五次会议上

迁安市人民政府市长　张淑云

（2015 年 2 月 3 日）

各位代表：

现在，我代表迁安市人民政府，向大会报告工作，请予审议，并请各位政协委员和列席会议的同志提出意见。

一、2014 年政府工作回顾

2014 年，是迁安发展历程中极不寻常、极不平凡的一年。在转型发展爬陡坡、过深坎的阵痛期，我市经济发展又遭逢多年来少有的“冰冻期”，传统行业严重亏损，企业效益持续下滑。我们正在经历一个历史罕见、异常严峻的艰难时期，预计全年实现地区生产总值 1016 亿元，增长 4.1%；完成公共财政预算收入 35.1 亿元，下降 5.6%；全社会固定资产投资达到 526 亿元，增长 16.1%。我们遇到的困难，表象在于宏观经济形势和外部冲击所致。我国经济发展进入中高速、多挑战的新常态，市场持续低迷的宏观经济形势、全国“三期叠加”的普遍矛盾和压产能、治污染的特殊任务，形成了经济持续下行的压力。根源在于长期积累的结构性矛盾集中凸显、相互交织。我市产业偏重、结构单一，产业链条短、产品档次低、竞争力不强，成为经济久提不振的根源所在。面对前所未有的困难和外部冲击，内部问题连锁反应、集中迸发，各种两难问题更加突出。关键在于产业青黄不接、转型阵痛加剧。一方面，压减产能任务艰巨，对财税增收、民生就业以及相关行业的连带影响十分明显；另一方面，战略性新兴产业和现代服务业尚处于起步和成长阶段，还挑不起发展的大梁，“增”的因素一时难以对冲“减”的总量。核心在于发展方式尚未实现向创新驱动的根本转变。在资源环境约束加剧、传统比较优势弱化的情况下，我市的既有发展模式没有完全跟上新型工业化发展步伐，经济增长主要依靠传统生产要素的投入，内生动力明显不足，致使经济发展在困境中徘徊不前、难以打破僵局。

在极其严峻的特殊形势下，我们没有因为经济下行而丧失振兴崛起的志气，没有因为遭受重创而减弱干事创业的劲头，没有因为爬坡过坎而放慢转型升级的步伐。全市上下在市委的坚强领导下，以凤凰涅槃、绝地重生的勇气和信心，抓住事关全局的重点和难点，稳住阵脚、积极应对，推动经济社会发展在困难中奋力前行。一年来，尽管我们的路走得十分艰难，但步子迈得非常稳健，进一步夯实了转型发展的基础，积蓄了加快发展的势能。

一是转型发展后劲进一步增强。实施重点项目 269 个，当年完成投资 521.5 亿元，增长 16.2%；其中 164 个项目先后竣工。扎实推进全民创业和民企二次创业，全市新注册民营企业 946 家、个体工商户 6162 户。积极对接北京等重点地区，组织开展了经贸洽谈月等系列招商活动，顺天诚通钢材加工、金牛管业北方基地等 37 个项目成功签约，更可喜的是“好莱坞中国梦想城”迁安项目框架协议正式签约，中唐遗乐城等 75 个项目达成合作意向。

二是产业结构调整进一步提速。精品钢铁业优化提升。7 家钢铁企业全部进入工信部《钢铁行业规范企业名录》，思文科德电工钢及镀锡板、燕钢热轧卷板等一批链条延伸项目竣工投产，钢铁产品档次、质量和竞争力进一步提升。稳妥做好产能化解工作，共压减炼铁产能104万吨，炼钢产能209万吨。装备制造业规模壮大。正大250万吨制管一期等5个项目竣工投产，北商泵阀、鼎安汽车等一批项目加快建设，全市新增耗钢企业81家，新增耗钢能力310万吨。现代物流业龙头引领、集群发展态势更加凸显。实施了投资62亿元的20个重点项目，天津物产物流中心一期、万嘉商贸园主体工程基本完工。煤化工、包装建材、节能环保、食品医药、高新技术五大产业加速发展。完成投资104亿元，实施了翅冀LNG、怡惠达LNG等52个项目，其中思文科德八色印铁二期、葵花制药、今麦郎一期等33个项目竣工投产。六大服务业更加繁荣。红星美凯龙、天洋城一期正式营业，北大学园正式进驻，龙湾游艇俱乐部、碧桂园高档商住开发、金融街、商企联盟电子商城等一批项目加快建设。同时，投资7.8亿元实施了华农循环经济、亚滦湾农业开发等50个绿道金瓜工程，新增省级龙头企业、省级农民合作示范社各1家，全市农业产业化率达到75.5%。

三是城市综合品质进一步提升。全年实施重点城建项目27个，全省县城建设现场会在我市召开，顺利通过国家园林城市复审验收。规划体系更加完备。高标准完成《城市综合交通规划》《公共服务设施规划》等11项城市规划，城镇组团、新型农村社区控制性详细规划、特色保留村村庄规划的编制工作取得阶段性成果。水城特色愈发彰显。滦河文化产业园新增6座建设用岛，桥梁、绿化等工程基本完工，“首都东边一座成长在水里的城市”日益引人瞩目，水城特色已经成为招商引资最靓丽的名片。基础设施更加完善。投资2.4亿元，实施了市政道路新建、供热管网改造等9项工程，新增集中供热面积150万平方米，新增燃气入户8420户。城市管理更加有序。城市事、部件办理进一步提速，市容市貌集中整治行动扎实开展，城市管理水平进一步提高。

四是转型发展环境进一步优化。生态环境治理四大攻坚战取得阶段性成果。投资15.6亿元，全面推进168项大气污染治理任务，PM2.5下降15.79%、综合污染指数下降19.53%，环境空气质量综合指数排名居唐山市第4位。累计完成营造林5.8万亩，全市森林覆盖率达到40.8%。完成矿山地貌修复2155亩、生态修复2600亩。投入1.8亿元，推进农村面貌改造提升，被评为全省先进市，山叶口村顺利通过河北“美丽乡村”评审验收。园区建设提档升级。投资21亿元，实施了7项基础设施工程。设立国土所，进一步健全了服务功能。高新技术产业开发区、经济开发区、物流园区成为全省首批清洁生产试点示范园区，经济开发区被列为全省承接京津产业转移的40个重点平台之一，高新技术产业开发区被评为全省重点项目建设先进单位，物流园区获评全国优秀物流园区，滦河文化产业园区跻身全省十佳文化产业园区。要素瓶颈制约有效缓解。京秦高速迁安支线、第三通道等工程相继通车，迁擂公路大修等11项工程先后完工，新建、翻建道路187公里。实施工矿废弃地复垦3248亩，土地开发补充耕地2284亩；积极做好建设用地报批工作，多方争取省政府批复8660亩，占唐山市总量的1/5，实现了历史性突破。积极支持企业进行资本运作，北商国际泵阀和路明实业公司成功上市，实现了企业上市零的突破。畅通银企对接机制，全力协调解决企业资金困难，帮助企业度过难关。金融机构各项贷款余额386亿元，较年初增加10.4亿元。

五是各项社会事业进一步发展。科技支撑更加强劲。推广科技成果36项，圆锥破碎机技术填补国内空白。新增晒阳、益昌2家国家高新技术企业，66家企业被认定为省级科技型企业。教育事业再创佳绩。投入2.38亿元改善办学条件，一中西校区等工程投入使用。北大学园与一中、河北师大与第六实验小学实现合作办学，高考创造佳绩，市职教中心成功升格为技师学院，我市被评为“全国义务教育发展基本均衡县”。卫生事业稳步提升。顺利通过国家卫生城市复审验收，成功创建国家慢病综合防控示范市。中医院迁建工程即将竣工，新建精神病医院投入使用。公立医院改革稳步推进。在全省率先实施城乡居民基本医疗保险制度，药品零差率销售累计让利群众4218万元。文体事业繁荣发展。顺利通过全国文化先进市复查验收。成功举办第三届全民运动会，在南京青奥会、仁川亚运会等大型赛事中，九江拳击队员夺得多项冠军。此外，统计、国防动员和双拥工作以及质量技术监督、物价、气象、移民、人防等工作都取得了新成绩。

六是群众幸福指数进一步提升。圆满完成了30件为民实事工程。城镇居民人均可支配收入达到29860元，增长8.2%；农村居民人均可支配收入达到17120元，增长10.4%。全年新增城镇就业6750人，下岗失业人员再就业1290人，农村劳动力转移就业5750人。扎实推进社保扩面，着力提高社会保障水平。累计为城乡低保群众、农村五保户和高龄老人发放补助金6700万元，为9.1万名城乡居民发放养老金1.26亿元。发放善款192万元，用于助困、助医、助学等社会救济。持续抓好安全生产、食品药品安全、社会治安和信访稳定工作，维护了和谐安定的良好局面。

在推进经济社会发展的同时，按照上级和全市的统一部署，深入开展党的群众路线教育实践活动，严格落实中央“八项规定”，坚决纠正“四风”方面的问题，政府自身建设进一步加强。深入推进行政审批制度改革，市本级行政许可（审批）事项由171项减少到99项，削减了42.1%；废止规范性文件149件，修改4件。顺利通过国家审计署财政审计、国土资源审计等系列审计，政府工作规范化、法制化水平进一步提高。启动“三级平台、两个代办”工作，着力让群众好办事、为群众办好事。自觉接受各方面的监督，认真执行市人大及其常委会各项决议，办理人大代表建议73件、政协委员提案90件，答复率100%。

回顾2014年，我们的困难无时不有，但是我们的担当和创新也随之而上，使一年来的感动无处不在。在异常困难复杂的形势下，广大干部职工适应经济发展和作风建设的新常态，主动担责、积极攻坚，推动经济社会发展闯过了一道又一道难关，靠苦干实干遏制了经济急剧下滑的势头，展现了拼争奉献、奋发有为的责任意识；各职能部门、驻迁机构尤其是金融机构，在企业遇到资金困难的紧急关头，不回避、不放弃，坚定地与市委、市政府一道，及时出手化解企业资金危机；各大企业尤其是遇到困难的企业，首先想到的是职工，想到的是不能波及关联企业，靠强烈的社会责任感咬紧牙关，支撑企业度过了危局。全市上下用行动应对挑战，取得了来之不易的成绩，深刻阐释了“大事难事看担当”的精神。困难和挑战面前，这种责任意识和担当精神比激情更持久、比信心更可贵，是我们逆境图强、再创辉煌的底气和力量源泉。在此，我代表市政府，向全市人民，向人大代表和政协委员，向驻迁解放军、武警官兵和所有关心支持迁安发展的同志们、朋友们，表示衷心的感谢和崇高的敬意！

在总结成绩的同时，我们也清醒的认识到，全市经济社会发展中还存在着诸多问题。主要是：“一钢独大、大而不强”的结构性矛盾仍然突出，调结构、转方式的任务异常繁重而紧迫；全国各地的招商政策逐步趋同，拼抢项目的竞争更为激烈，需要我们抢抓新机遇、打造新优势；随着中等城市框架的形成，加快发展现代服务业、聚集人口、提升城市繁华度，是我们必须抓紧研究解决的重要课题；环保约束既是传统行业的生命线，又是转型发展的基准线，承受的压力越来越大；面对新形势、新要求，政府自身建设还有待加强，等等。对此，我们将采取有效措施，在今后的工作中认真加以解决。

二、2015年政府工作思路、目标和任务

2015年，形势仍然错综复杂。我们既面临着全国“三期叠加”的普遍矛盾，又承担着治污染、压产能等艰巨任务，化解内部问题、抵御外部冲击的压力依然较大，转型发展的任务越发紧迫。同时，我们也面临着京津冀协同发展、环渤海加速崛起的难得机遇，放松房贷和购房补贴、央行降准降息等一系列微刺激政策的效果开始显现，将逐步缓解市场低迷的压力。我们不去主动化解，问题不会自己消失；我们不去积极作为，机遇只能白白丧失，必须抢抓机遇、奋发有为。因此，按照市委五届五次全会精神，根据我市面临的形势和任务，确定今年政府工作的总体思路是：全面贯彻党的十八届四中全会、河北省委八届九次全会等上级系列会议精神，认真落实市委五届五次全会部署，牢牢把握京津冀协同发展和环渤海地区崛起的历史性机遇，坚持“稳中求进”的工作主基调，围绕实现“三个转变”，持续抓好项目建设、招商引资、调优结构、城市建设、服务“三农”、环保治理、改革创新和民生改善等重点工作，为再创新辉煌奠定坚实基础。

按照上述工作思路，确定2015年全市国民经济和社会发展的主要预期目标是：地区生产总值增长5%，公共财政预算收入增长5%，固定资产投资增长16%；实际利用外资达到6000万美元；城镇和农村居民人均可支配收入分别增长8%、8.5%以上。

各位代表，在当前的特殊时期，做好2015年的工作至关重要，需要我们突出把握好六大关键举措：一是始终把发展作为第一要务不动摇。大发展小困难、小发展大困难、不发展最困难。在正常发展时期，很多问题会在发展进程中随时化解，一旦发展放缓甚至停滞，一些问题就会迅速放大并集中暴发，成为影响全局的难题。形势越困难越是不能退，越要有精气神，越要坚定信心，用发展的办法解决发展中遇到的问题。我们将依托既有企业东山再起、项目建设、内激外引、科技创新抓增长点，采取综合措施调结构、转方式、稳增长、惠民生，推动迁安再创新辉煌。二是着力提升城市化水平。城市建设的过程，就是培植税源、创造财富的过程。城市化是转型发展的新战场，是调结构、转方式的有效手段。几年来，我们坚持抓城建就是抓转型、抓发展的理念，着力推进产城融合发展，放大山水绿文特色，打造三大板块，拉开了城市框架，山水相依、水岛相连、山水融城的特色，成为招商引资和发展现代服务业的最大优势。我们要通过进一步提升城市品位、形象和承载力，打造宜居、宜业、宜商、宜学的区域性中心城市，不断聚合各种生产要素，为财源建设提供支撑。三是强力推动新兴产业和现代服务业加速崛起。这是转型升级的重要突破口，也是经济振兴的通天大道。要将新兴产业和现代服务业作为赢得未来竞争的“双引擎”，使其尽快成长为“参天大树”，早日挑起发展的大梁。要瞄准新能源、新材料、节能环保、生物医药、高端装备制造、高新技术等重点领域，支持既有企业做大做强，加快在建项目建设，本着“填补空白、补齐短板”的思路，谋划、引进一批新兴产业项目，催生新的增长点。做大做强三产服务业。我市目前已经搭建了高端服务业的优质平台，六大服务业发展已经起步。要围绕“做高”的目标，注重规模、档次与质量，以现代物流业和文化创意、科技研发、总部经济产业为重点，优先发展生产性服务业；以休闲旅游、教育培训、养生养老产业为重点，提速壮大生活性服务业。通过实施大项目、好项目，开辟新领域、新产业，努力打造区域性服务中心。四是力促传统产业脱胎换骨、既有企业东山再起。传统产业是我们现阶段的立身之本，既有企业是迁安发展的基石。在当前这个爬坡过坎的艰难时期，对传统产业要加大调整升级力度，做好有中生新文章，不断催生出新产品、新技术、新产业。特别是对钢铁产业，要坚定不移地把落后产能压下去，把污染排放减下来，把品种质量搞上去，把下游产业搞起来。对既有企业要高看一眼、厚爱一层，决不能让他们在经济下行的“严冬期”坐冷板凳，感到没人管、被忽略。要从土地、信贷、市场、资金投向等方面制定帮扶措施，尤其是加大金融支持力度，引导既有企业积极开展二次创业，焕发新的生机和活力。五是依托京津实现借力发展。京津冀协同发展，是迁安最大、最现实、最不可错失的机遇。全市上下、各行各业都要形成高度共识，积极主动对接，尽快让京津转移产业、疏解功能在迁安落地生根、开花结果。同时，放大京津冀协同发展的机遇，广泛借力、借势、造势招商，把世界的、全国的科技、人才、资金引到迁安，以此分享协同发展的巨大红利，提升我们的实力、活力和竞争力。六是依靠创新创业打造新的增长点。大力支持创新创业，集聚各种资源要素，激发创新创业活力，催生新产业、新业态、新模式，让迁安的市场主体多起来、活起来。特别要下好科技创新的“先手棋”，积极扶持中小微科技企业加速成长，使科技型企业成为新兴产业异军突起的开路先锋。只要我们在迁安这片沃土上掀起“大众创业”“草根创业”的新浪潮，形成“万众创新”“企业创新”的新局面，经济发展动力就能实现根本转换，可持续发展能力就能得到极大增强。

围绕2015年工作目标，我们将着力抓好以下八个方面工作。

（一）全力抓好项目建设和内激外引，在增活力、添后劲上务求新突破。当前和今后一个时期，我市仍将处于依靠投资拉动为主的发展阶段，项目建设是各项工作的重中之重。

深入开展项目建设年活动。年内，集中力量抓好10个立市项目、100个重点项目，力争20个项目列入河北省、唐山市重点项目盘子。实施一批周期短、见效快、效益好的短平快项目，成为新的经济增长点。认真把握产业政策，围绕构建“3+5+6”现代产业体系，科学谋划储备100个优质项目。以项目建设大会战的强大攻势，形成大项目顶天立地、中小项目铺天盖地的发展格局。

全力以赴扩大开放。抢抓京津冀协同发展这个最大机遇，驻京对接招商小组广泛搜集、及时反馈信息，产业小组精心研究、积极跟踪洽谈。主动联系已对接的800余家客商，开展“迁安行”活动，力争一批新项目落户。坚持大小并举、内外并重、高低并进，突出毗邻京津、山水融城等综合优势，面向长三角、珠三角、港台等重点区域，走出去、请进来，广泛开展上门招商、精准招商、产业链招商等活动，力争新引进世界500强、中国500强和大型央企、行业领军企业5家以上，新引进域外资金120亿元。积极支持企业申报自营外贸经营权，壮大出口创汇队伍，力争进出口总额增长5%以上。鼓励企业走出去，更好地利用两个市场、两种资源，拓展新的发展空间。

全面掀起民资创业高潮。以“企业创新、大众创业”为主题，深入开展民企二次创业和全民创业活动。围绕产业技改升级，引导企业谋划实施彦博彩涂板扩建、葵花药业大健康生产基地等一批关联性强、上下游结合紧密的技改项目，当年技改投资增长3%。深入开展创业培训，协调解决要素制约，引导企业和广大群众积极进军新产业、涉足新领域、引进新业态、创造新模式。年内，力争新增个体工商户3600户以上、民营企业400家以上、规模以上工业企业20家以上、限额以上三产企业15家以上。

充分发挥园区主阵地作用。本着市场化运作、适度超前的原则，实施道路、给排水、供热等基础设施工程；甩掉依赖财政思想，加速形成自我融资、滚动发展的良性机制，在自我发展上“站起来”。瞄准国内先进园区对标达标，学经验、抓革新、提效率，打造全国一流的园区环境，在为企服务上“快起来”。狠抓项目建设和招商引资，其中经济开发区、高新技术产业区各新引进3～5个10亿元以上的产业项目，在经济发展上“跑起来”。

积极破解瓶颈制约。土地上，完成工矿废弃地复垦不低于2900亩，土地整治补充耕地1600亩，推进扣庄、夏官营“五小”企业增减挂钩试点工作，千方百计保障项目建设用地需求。资金上，加大银企对接力度，鼓励企业上市融资、股权融资、资产融资，争取国家新兴产业创业投资引导基金、省战略性新兴产业股权投资基金等各类基金支持，密切联系天交所、全国中小企业股份转让系统等机构，力争1～2家企业上市。鼓励金融机构、民间资本参与基础设施和公共事业建设。依法规范民间融资管理，有效防范和化解金融风险。交通上，实施第三通道西延、老三抚公路改建等工程，启动龙山大桥翻修工程，进一步提升通达能力。电力上，重点抓好步步川2个110KVA输变电、城东2座35KVA变电站双电源新建工程，打造“智能配电网示范区”。

（二）全面加快现代产业体系建设，在调结构、快转型上取得新进展。继续做好“有中生新、无中生有”两篇文章，把三大主导产业做强，把五大产业板块做大，把六大服务业做高，加快产业结构调整步伐。

坚定不移做强三大主导产业。精品钢铁业，钢铁是全市的看家产业，是转型发展的宝贵财富。按照“整合重组、延伸链条、差异化发展、加强管理”的思路，提升钢铁行业的竞争力。整合重组，有利于统筹化解产能工作、缓解压减产能压力和资金制约，打造规模优势、提高市场竞争力。我们将积极鼓励、帮助企业联系大型集团、金融机构、信托公司、投资基金等战略合作伙伴，在整合发展上闯新路。重点支持鑫达、荣信、松钢3家企业，加紧与天津物产等有实力的企业集团对接，加快整合重组步伐。延伸链条和差异化发展，是钢铁产业转型升级的重要路径。坚持科技引领，促进技改升级、延伸链条，在高精尖和差异化发展上求突破，重点抓好首钢特种钢生产基地、燕钢精品钢材延伸等项目。加强管理，是推动企业降本增效最直接、最有效的措施。引导企业开展对标达标活动，建立现代企业制度，提升管理水平，创新发展模式，通过科学管理增效益。装备制造业，瞄准以整机制造、成套装备为主的先进制造业，力争首矿重工项目实质性推进，抓好北商泵阀产业园、鼎安特种车辆制造等项目。大力发展钢铁初深加工产业，加快正大制管二期、顺天诚通钢材加工等项目建设；按照小规模、大群体的思路，谋划实施一批钢结构、拔丝等集群项目，积极打造主辅功能配套、产业链条完善、业务高度关联的特色产业集群。年内力争新增耗钢能力200万吨以上。现代物流业，进一步丰富业态，拓展功能，加快产业提档升级。重点抓好天津物产服务中心、中铁矿石物流基地等项目建设。发挥龙头企业的带动作用，促进现代物流业与工业、信息、金融、交通的融合发展。年内力争增加值增长8%以上。

扎扎实实做大五大产业板块。煤化工业，按照“焦化并举、以化为主、延伸链条”的思路，重点抓好怡惠达LNG、冀东溶剂30万吨无水乙醇等7个项目。围绕提高煤气、焦油、粗苯等附属产品利用率，鼓励企业发展循环经济，把焦化产业链做精做细做长。包装建材业，抓好金牛管业塑料管材北方基地等项目；充分利用矿渣、尾矿砂等固废资源，抓好润泽新型建材项目；发挥原材料优势，加快明润达玻璃项目建设，打造冀东玻璃深加工基地；依托思文科德八色印铁项目，积极培育金属包装产业。节能环保业，大力引进、培育环保设备制造、配套检修加工类项目，重点抓好海纳、仁创绿源、泽华水处理等项目建设。食品医药业，依托食品医药产业园，加快天圣GMP制药基地等项目建设，引导、帮扶英诺特等企业加快产学研步伐，丰富产品种类，提升科技含量。抓好今麦郎二期、高峰100万吨果糖等项目，确保年内竣工投产。高新技术产业，抓好金沙节能环保燃烧器等项目，做大做强富达新智慧科技创新基地，推广一批新技术、引进一批新项目。

高起点发展休闲旅游、教育培训、养生养老、文化创意、科技研发、总部经济六大服务业。休闲旅游业，围绕打造滦河滨水观光游、主题公园体验游、绿道生态休闲游三大旅游板块，抓好长城国家公园、千野湖度假区、大龙庙开发等项目建设；组织开展绿道马拉松、全民健身骑行大赛等活动，打造特色旅游品牌；积极争取派拉蒙影视主题公园、中唐遗乐城项目落地。充分发挥京秦旅游链节点的区位优势，加大宣传推介力度，广泛吸引游客走进“山水迁安”这片广阔天地。教育培训和养生养老产业，坚持开放联合、高端对接，重点对接知名医院、学校、养生养老等机构，积极联系北京科技大学、北京中医药大学、保利平安等机构，引进重量级企业和项目。巩固、提升北大学园合作办学成果，抓好香港伟才国际化幼儿园、人民医院肿瘤治疗中心等项目，力促北京科技大学、北京实验二小合作办学项目早日落地，推动教育培训、养生养老产业率先突破。文化创意和科技研发产业，加强与中关村、高等院校、科研机构合作，抓好北科大产学研成果转化基地等项目。总部经济，坚持培育与引进并重，落实好鼓励总部经济发展的政策措施，促进区域性总部经济发展，抓好浙江物产北方总部、斯道拉恩索和北商泵阀总部建设。

（三）稳步推进区域性中心城市建设，在品位、功能和繁华度上实现新提升。当前，城市的主体框架基本形成，建设区域性中心城市具备了坚实的工作基础，今年我们将在提升城市品位、功能和繁华度上下功夫、求实效。

着力在发挥规划的引领作用上下功夫。我们的城市能够有今天的形象，关键在于科学编制规划，从严执行规划。年内，我们要以城乡总体规划为指导，抓紧完善配套专项规划和控制性详细规划；提升三个城镇组团、新型农村社区和特色保留村相关规划。继续坚持“一张蓝图绘到底”，进一步加大规划执法力度，坚决维护规划的权威性和严肃性，确保城市健康可持续发展。

着力在彰显城市特色、增强城市活力上下功夫。做美水的文章，让城市靓起来。以三大城市板块为核心，全面加快建设步伐，提升城市承载能力，彰显山水融城特色。对滦河文化产业园区开发建设，我们既要有平常心，站在对历史负责的角度，立足承载高端服务业科学规划、高点定位、有序推进，绝不能急功近利、追求短期效益；更要有紧迫感，抓住京津冀协同发展的机遇，把招商引资作为重中之重，充分利用已经形成的岛屿和大湖美景，积极引进养生养老、教育培训、文化创意项目，加快龙湾游艇俱乐部、佛山公园等项目建设，发展水上娱乐、水上赛事活动，放大“岛”和“水”的景观效应、生态效应和经济效应，打造高端服务业发展高地。做大商的文章，让城市富起来。紧紧围绕六大服务业建设，依托山水融城、交通、区位等比较优势，积极吸引北京向外疏解的教育、医疗、文化创意、科技研发等项目，推动高端服务业发展，使城市活跃繁华起来。抓好碧桂园、金融街等项目建设，鼓励红星美凯龙、天洋城引进国际国内一线品牌，繁荣城市经济。依托奥体中心，发展体育经济。深入推进国家电子商务进农村示范市建设，与京东商城等电子商务企业合作，建设迁安电子商务服务中心和农村电子商务服务点，使其成为经济增长的新亮点。做好人的文章，让城市活起来。实施市政道路建设、绿化提升等23项工程，进一步提升城市的承载能力。加快南五村、阚庄、西里铺等回迁安置房建设，确保村民早日回迁。全面放开人口向市区集聚的约束政策，推进城市公共服务和基本保障向进城人口倾斜，广泛吸纳农村人口、市外人口到城市居住、创业。

着力在提升城市管理水平，让生活更美好上下功夫。加快推进数字迁安示范项目建设，提高和完善地理信息平台，为智慧城市建设打下坚实基础。谋划实施智慧交通、智慧医疗、智慧社区等工程，丰富智慧城市创建内涵；启动“海绵城市”创建工作，运用雨水渗透、收集利用等技术，有效解决城区内涝问题。规范小区物业管理；专项整治市容环境，严肃查处城区重要节点、主要街道两侧私搭乱建等行为；坚持疏堵结合，着力规范交通秩序，科学合理设置停车场、泊车位，解决城区车辆乱停乱放问题。全面提升城市绿、美、靓、净水平，提高城市宜居度。

（四）深入贯彻落实中央一号文件精神，在“三农”工作上打开新局面。以一号文件为统领，以深化农村改革、发展现代农业、改善农村面貌为重点，推动“三农”工作迈上新台阶。

深化农村改革，释放发展活力。高标准完成农村集体建设用地、农村宅基地和45万亩农村土地承包经营权的确权、登记、颁证工作。组建农村产权交易大厅，健全土地流转服务平台，积极探索农用地流转置换、承包土地使用权入股等新机制，引导承包经营权向专业大户、农民合作社、涉农企业流转，促进农村土地所有权、承包权、经营权三权分置，促进规模农业发展。以被列为全国农村集体三资管理示范县（市）为契机，规范农村“三资”管理和审计工作，试点推进集体经济股份制改造，创新农村集体资产管理模式。

发展现代农业，提高农业产业化水平。抓园区建设，围绕四条绿道，因地制宜打造休闲农业、设施农业、农业产业化加工、循环农业和规模种植示范五类园区，实施40个农业重点项目。着力壮大华农、春良现代农业园、燕禾泉等一批农业龙头企业；支持龙泽谷酒庄、国明生态园申报全国休闲农业与乡村旅游四星级园区。抓市场主体，运用工业化思维，鼓励工商资本投资发展现代农业，新培育农业龙头企业4家，新发展示范家庭农场20个以上、农民专业合作示范组织20家以上、专业合作联合社试点3～5家，支持“乐丫”“乡伊香”等创建中国驰名商标和中国名牌产品。抓农业科技支撑，积极与京津科研院所开展科技合作，进一步提升装备能力和服务水平。抓农民素质提升，充分利用好国家级新型职业农民培育示范县（市）的政策机遇，培养一批懂市场、会管理、有技术的新型农民。

加大基础设施投入，建设美丽乡村。牢牢把握全国重点镇建设的政策机遇，研究城镇组团发展的配套措施，有序推进城镇组团和新型农村社区建设，提高城乡建设水平。坚持量力而行、不举新债，因村制宜、突出特色的原则，整乡镇推进、廊道片区式推进，努力打造“全省农村面貌改造提升示范县（市）”，突出抓好60个重点村建设。健全农村环境卫生长效机制，营造干净整洁的生活环境。年内治理水土流失6平方公里，改造坡耕地6650亩，进一步改善农业生产条件。

（五）下决心打好环保治理和生态修复攻坚战，在生态环境上力求新改善。以新环保法为统领，以更大的力度抓好综合整治，扎实推进全国生态保护与建设示范区的各项创建工作，努力为全市人民创造良好的生态环境。

强力推进环保治理。狠抓重点行业污染治理。突出钢铁、焦化、热电、玻璃、水泥等重点行业，抓好烧结机、竖炉除尘升级改造、高炉出铁场和转炉二次烟气治理、封闭料棚等156项治理任务，确保达标排放；扎实推进烟气脱硫、废水治理等18项减排工程，确保完成减排任务。狠抓大气环境综合治理。抓好道路交通、燃煤锅炉淘汰、黄标车淘汰、料场治理、矿山开采等65项治理任务，进一步改善空气质量。狠抓地下水治理。对焦化、造纸等重点企业进行专项整治，重点督导焦化企业按时限完成干熄焦、膜处理等任务；推进农村污水治理，进一步改善地下水水质。狠抓环境监察监管。落实重点企业监察、巡查制度，实施监控中心全天候监测。严厉打击各类环境违法行为，发现一起、惩处一起。

加快建设绿色迁安。以“四环、三沿、两山”为重点，突出四条绿道、京秦高速迁安支线沿线、重点工矿企业等区域，全面开展造林绿化，年内完成营造林5万亩以上。按照“谁破坏、谁治理”的原则，扎实推进绿道两侧、高速公路和铁路两侧矿山环境整治，年内实施治理项目22个、治理面积2000亩以上。

（六）全面抓好创新驱动和综合改革，在核心竞争力上争取新增强。把创新驱动和综合改革作为活力之源，作为提升核心竞争力的根本措施。

扎实推进创新驱动。坚持以科技创新为引领，以企业创新为主体，深入推进与京津的协同创新，吸引京津创新要素向我市加速集聚，促进京津科技成果在我市转化应用，借助京津的科技、人才优势提升创新能力。鼓励企业加大科技投入，年内力争新建2家企业工程技术研究中心、3家产学研示范基地、2家唐山市级以上工程技术中心，力争新增国家高新技术企业2家。积极推动科技企业孵化器、昌安耀滨孵化器建设提质加速，切实让一批科技型中小微企业破茧成蝶、落地生根。鼓励企业探索推行技术资本化、人才股份化等合作新模式，提高科技成果转化、转让的收益比例，最大限度地发挥科技、人才资源的作用，年内实施5个以上科技成果转化项目。

深化综合改革。行政审批制度改革，认真做好审批事项的对上衔接、清理本级、对下放权工作，从源头上简政放权。严格落实《建设“三级平台”、推行“两个代办”、完善便民服务体系实施方案》，狠抓市政务服务中心、镇乡便民服务中心、村便民服务站的标准化建设；实施重点项目、为民服务全程代办制度，打造全国一流的政务服务环境。社会事业改革，以提升公共服务水平为目标，优化绩效考核体系，调动工作人员积极性，巩固教育改革成果；稳步实施公立医院改革，推进“三医”联动。鼓励社会力量参与教育、医疗等社会事业建设，有序推进事业单位改革。

加强人才支撑。强化企业的主体作用，支持企业以需求为导向，市场化引进、自主培养优秀人才；依托河北联合大学迁安学院、技师学院，打造北方重要的蓝领培养基地；充分发挥政府的服务职能，为广大优秀人才打造安心创业、安居乐业的良好环境。

（七）紧紧围绕保障和改善民生，力求在社会事业上实现新发展。把改善民生作为一种责任和追求，不断提高公共服务水平，努力把迁安打造成为最具幸福感的城市。年内重点抓好10件实事工程。

千方百计增加就业。深入挖掘就业潜力，新增校企订单式培训、家庭服务业技能培训2000人，完成电子商务培训1000人，积极开展创业培训，提高就业和创业能力。提供2000万元小额担保贷款，支持自主创业。全年力争城镇新增就业6000人以上。

全面增强社会保障能力。进一步提升农村五保、城乡低保标准，改善生活质量。实施社会保险提质扩面工程，做好企业职工养老保险、工伤保险省级统筹准备工作，确保失业、工伤、养老三险合一软件顺利上线。年内养老保险、医疗生育保险、工伤保险各新增参保2000人以上。

优先发展教育事业。研究解决城区小学班容量大、农村部分小学生上学远的问题，进一步推进教育事业均衡发展。深入实施“名师、名校、名校长”工程，扎实创建国家级职业教育和成人教育示范县，全力打造教育强市。积极创新教育发展模式，鼓励社会力量投资办学。

进一步提升公共卫生服务水平。强化医院管理，提升医疗水平，提供安全优质、方便价廉的医疗卫生服务；全力推进智慧卫生、爱国卫生、公共卫生和三级卫生防控体系建设；优化基金分配，加强基金监管；启动“120”急救指挥中心建设，确保中医院迁建工程投入使用。

全面促进文体事业发展。深入贯彻全国文艺工作座谈会精神，积极创作一批文艺精品。扎实做好国家一级文化馆迎查验收工作，开展“城乡联动、康乐同行”活动，确保公共文化服务体系示范市创建工作一役达标。加强文物保护，做好历史文化资源的保护和开发工作。积极发展竞技体育，以拳击为代表，不断提升迁安体育知名度；大力推进全民健身，提高全民身体素质。

（八）深入推进“平安迁安”建设，在维护社会和谐稳定上取得新成果。安宁稳定的生活是群众对我们的基本要求，推进社会和谐是我们必须完成好的重要工作。

全力抓好安全生产和食品药品安全。严格落实安全生产责任制，不断强化安全生产宣传教育，进一步强化“红线”意识和“底线”思维。狠抓安全投入，深入开展“六打六治”专项行动，确保全市安全生产形势持续稳定。抓好河北省食品药品安全县创建工作，突出学校食堂、小餐馆、城乡结合部药店等薄弱环节，狠抓“四品一械”专项整治，按时完成学校食堂改造任务，确保全市人民饮食、用药安全。

进一步加强社会治安综合治理。广泛开展“六五”普法工作，加强人民调解工作，筑牢社会稳定的第一道防线。实施公安业务技术用房、消防特勤站等项目，不断提升科技强警水平。依法严厉打击各类违法犯罪行为，加强重要场所的巡防力度，进一步提升群众的安全感和满意度。

依法合理化解各类信访问题。认真落实“一岗双责”、领导接访、案件分包等制度，妥善解决群众反映的各类问题，提高依法治访水平。

三、加强政府自身建设

我们将紧紧围绕转型发展大局，唱响实干兴市的主旋律，不断汇聚正能量，提振精气神，以改革创新的精神，同心协力、狠抓落实，全面提高政府自身建设水平。

强化担当精神。越是困难越要有担当。政府系统干部职工要时刻牢记责任和使命，坚决摒弃为官不易、为官不为和不求有功、但求无过的思想，在其位、谋其事、尽其责，把我们心中的想法、口中的说法变为实际工作的办法，以踏石留印、抓铁有痕的劲头干好工作。不断强化目标管理、绩效评估、督查督办等工作，坚决根治懒政、庸政、怠政、误政，决不容忍不干事、不担当、不作为。严格按照“三严三实”标准和“干什么、怎么干、谁来干、什么时间干成”的“四个干”机制，全力推进工作落实。

推进依法行政。自觉接受市人大、市政协以及各界群众和新闻媒体的监督，扎实做好听证、质询、政务公开、权力清单公开工作，建立重大决策合法性审查机制，保证依法决策、民主决策、科学决策。坚持法定职责必须为、法无授权不可为，着力提升政府系统依法行政、依法决策、依法管理能力，把深化改革、推动发展、化解矛盾、维护稳定各项工作统一到依法行政上来。严格落实行政执法责任制和责任追究制，不断提高行政执法的科学化、制度化、规范化水平。

提升服务效能。认真落实“三级平台、两个代办”和“三个公开、三个清单”制度，全力打通为民、为企服务的“最后一公里”。以开明开放的气度和胸襟服务大局、促进发展，把投资者当亲人、当朋友，讲感情、重诚信，讲法治、重服务，多设路标、不设路障，不断激发市场主体的活力。突出解决好“门好进、脸好看、话好听、事难办”问题，坚决查处“吃拿卡要”行为，对破坏发展环境的人和事绝不姑息，擦亮“投资到迁安、发展零障碍”的品牌。

坚持从严治政。严格落实中央“八项规定”，坚决反对和克服“四风”，按照教育实践活动的整改清单，锲而不舍的推进整改落实。厉行勤俭节约，反对铺张浪费，严控“三公”经费支出。坚定不移地把反腐倡廉各项工作推向深入，强化对土地出让、国有资产产权交易、建设工程招投标、政府采购等重点领域的监管，严厉查处各类违法违纪案件，坚决纠正损害群众切身利益的不正之风，打造为民、务实、清廉的政府形象。

各位代表！事业凝聚人心，困难彰显精神，实干铸就辉煌，迁安美好的明天把握在我们自己手中。让我们在中共迁安市委的坚强领导下，同心同德，拼搏奋进，抢抓新机遇、培育新优势，为再创迁安发展新辉煌而努力奋斗！

2014 年

1 月

2～4 日　迁安市在唐山市重点项目观摩评比中位列第一。本次观摩以现场观摩、现场打分的形式进行，观摩了 14 个县（市、区）的 42 个项目，并采取实名制的方式对参评项目和参评单位分别进行测评排名。迁安参评的首钢迁钢特种钢加工基地和市西部工业区钢铁深加工产业集群项目属钢铁产业链条延伸项目，英诺特生物制药产业基地项目属高新技术项目。这 3 个参评项目规模大、建设场面恢弘，赢得与会领导的一致好评。河北省副省长、唐山市委书记姜德果等唐山市四套班子领导及重点项目观摩会与会人员到迁安观摩。

11～15 日　2014CKF 中国功夫争霸赛唐山分站比赛在迁安奥体中心综合馆举行，来自国内外各地的 30 余名选手参赛。此次比赛由中国功夫搏击国际联合会、北京原野兄弟影视传媒有限公司、原野兄弟（香港）国际赛事推广公司主办，迁安一路购物广场有限公司、迁安三只眼传媒有限公司、迁安华文文化传媒有限公司、迁安九朵文化传媒有限公司协办。比赛实况于 2 月底在 CCTV4 套和 CCTV5 套节目中播出。

资　料

CKF 中国功夫争霸赛　包容任何一种武术搏击风格的系列综合搏击赛事，在公平统一的规则下展现前所未有的武术魅力，集中华武术精髓——“踢、打、摔、拿”的综合技艺，聚集武术各个门派的顶尖高手同台竞技，一争天下武林霸主。争霸赛不分国籍，年龄在 50 岁以下的有两年习武经验的健康男性均可报名，选手体重分为 60 公斤、70 公斤、80 公斤、90 公斤以上（包括 90 公斤）四个级别，通过海选、资格、晋级赛后进入分站积分赛。

12 日　以“新经济、新产业、新模式、新思维”为主题的 2013 中国经济高峰论坛暨第十一届中国经济人物颁奖盛典在北京举行。迁安市荣膺“中国经济最具竞争力城市”，市委书记李忠荣膺“中国经济十大新闻人物”。此活动由人民日报・环球时报社与经济日报中国经济信息杂志社联合主办。

18日　迁安首届年货购物节在迁安万嘉商贸园开市。本次购物节持续至2月15日，设置摊位171个，其中，灯笼年画区102个、小百区30个、果蔬冷冻食品区39个。

20日　市委书记李忠、市长张淑云、市人大常委会主任郝可军、市政协主席陈子存等市四套班子领导在迁安分会场收听收看中共中央召开的党的群众路线教育实践活动电视电话会议。会议总结第一批党的群众路线教育实践活动，部署第二批党的群众路线教育实践活动。

21日　中共迁安市第五届委员会第四次全体扩大会议召开。市委书记李忠作了题为《凝心聚力 转型攻坚 全力加快资源型经济转型步伐》的工作报告，市长张淑云部署当前重点工作，全会表决通过了李忠所作的工作报告。

2月

7日　迁安市召开“转型攻坚年”动员大会，全面安排部署“转型攻坚年”活动。为深入推进已实施3年多的“四五转型”攻坚计划，迁安市把2014年作为“转型攻坚年”，会议号召全市上下深刻认识当前转型发展的紧迫形势，提振精神，再鼓士气，尽快掀起新一轮转型攻坚高潮，努力实现经济社会发展的新突破。

10日　据《迁安时讯》报道，2013年迁安市地区生产总值（GDP）达到1016.3亿元，按可比价格计算比上年增长4.1%，为全省首个经济总量超千亿元的县（市）。

17~18日　政协迁安市第五届委员会第三次会议召开。会议审议通过了《政协迁安市第五届委员会常务委员会工作报告》和《政协迁安市第五届委员会常务委员会关于五届二次会议以来提案工作情况的报告》；表彰了2013年度优秀委员和优秀提案者；全体委员列席市第五届人民代表大会第四次会议，听取并讨论了《迁安市人民政府工作报告》和其他报告。

18~19日　市五届人大四次会议召开。会议听取和审议了《迁安市人民政府工作报告》《迁安市人大常委会工作报告》《迁安市人民法院工作报告》《迁安市人民检察院工作报告》，审查和批准了《迁安市2013年国民经济和社会发展计划执行情况与2014年国民经济和社会发展计划（草案）的报告（书面）》《迁安市2013年财政预算执行情况和2014年财政预算（草案）的报告（书面）》。大会对以上6个报告分别作出决议。会议补选王建民为市人民法院院长。

20日　迁安市召开党的群众路线教育实践活动动员大会，唐山市委督导组常务副组长裴文久及迁安市委书记李忠、市长张淑云、市委副书记李维林、市人大常委会主任郝可军、市政协主席陈子存等市四套班子领导出席会议。会议要求全市各级各部门各单位认真贯彻“照镜子、正衣冠、洗洗澡、治治病”的总要求，坚决反对“四风”（形式主义、官僚主义、享乐主义和奢靡之风），把解决“四风”问题作为核心任务，查找问题、剖析问题、解决问题，确保教育实践活动取得实效。

3月

1日　世界汉诗协会会长周拥军到迁安市授课，授课题目是《诗词艺术手法的运用》，全市各行业的130余位诗词爱好者聆听讲课。

14日　迁安市就党的群众路线教育实践活动征求党外人士意见和建议。重点就教育、医疗、社会治安、就业等关系群众切身利益的问题，就健全服务平台、解决群众诉求等联系服务群众的问题进行座谈。市委副书记李维林、市人大常委会副主任田富顺、市政府党组副书记杨春景、市政协副主席彭忠臣出席座谈会。

是日　迁安市召开党的群众路线教育实践活动座谈会。征求部分离休老干部和人大代表、政协委员对开展好党的群众路线教育实践活动及对市四套班子党员领导干部在“四风”方面的意见和建议。市委书记李忠主持会议并讲话，市长张淑云等市四套班子领导出席座谈会。唐山市党的群众路线教育实践活动督导组常务副组长裴文久等应邀出席座谈会。

17日　唐山市委督导组座谈听取迁安市党的群众路线教育实践活动开展情况。唐山市人大常委会副主任、唐山市委驻迁安党的群众路线教育实践活动督导组组长秦少清等与迁安市委书记李忠，市委副书记李维林，市委常委、组织部部长毛成海，市委常委、政法委书记张雪峰等进行座谈，听取了迁安市前段情况汇报。秦少清对迁安市党的群众路线教育实践活动给予充分肯定。

26日　市五届人大常委会举行第十九次会议，审议通过了《迁安市人大常委会关于接受张贵宝同志辞去迁安市人民政府副市长职务的决定》。

27~31日　迁安市举办学习贯彻习近平总书记系列讲话和党的十八届三中全会精神专题培训班。市四套班子领导、各镇乡（城区街道办事处）和市直单位党政正职参加培训。培训采取专家讲座、视频教学和撰写心得体会相结合的方式进行。

28日　中央电视台七套《乡约》栏目走进迁安市，在市会展中心广场录制《乡约·河北迁安》大型户外访谈节目。

是日　迁安市与桑德环境资源股份有限公司签署城乡垃圾清运焚烧一体化项目，包括垃圾焚烧发电和垃圾转运项目。其中，垃圾焚烧发电项目占地约80亩，一期计划总投资2亿元，设计处理规模400吨/日，采用国际上先进的机械炉排炉工艺对市域范围内的生活垃圾进行处理，项目工期为24个月；垃圾转运项目计划投资3335万元，在全市19个乡镇建立垃圾转运站，对市域范围内的垃圾进行统一收运、集中处理。

4月

1日　3月26日起至4月1日，2014年“迁安九江线材杯”全国男子拳击锦标赛在迁安市举行，全国各省（市）、解放军、武警、行业体协的38支队伍243名选手在7天时间内分别决出10个级别的冠、亚、季军。迁安市九江拳击俱乐部队员余昌辉、方振宇分别夺得56公斤级、69公斤级两个级别的季军，路康健、孟才成分别取得56公斤级和64公斤级第五名。本次比赛由国家体育总局拳击跆拳道运动管理中心主办，河北省体育局承办，河北省摔拳跆运动管理中心、唐山市体育局、迁安市政府协办。

2日　据《迁安时讯》报道，省“三个一百”领军企业名单公布，迁安的浙江物产（迁安）国际物流有限公司、兴源水务产业投资有限公司、葵花药业有限公司3家企业入选。

资　料

“三个一百”领军企业工程　为加快推进产业转型升级，实现绿色崛起、科学发展，省委、省政府决定在传统产业、战略性新兴产业和现代服务业分别选择百家规模大、效益好、创新能力强、辐射带动作用明显，发展后劲足的重点企业，组织实施“三个一百”领军企业工程，旨在带动产业升级，不断优化现有产业格局。即：选择100家基础好的传统优势企业提档升级，选择100家潜力大的战略性新兴产业龙头企业和大项目给予重点支持，重点培育壮大100家优势明显的服务业企业。

5日　南非总统秘书穆尼亚携南非国家电网一行8人，深入冀东普天线缆有限公司参观考察。其间，南非傲龙公司与迁安冀东普天线缆公司签署了合作协议，冀东普天线缆正式列入南非国家电网供应商名单，成为全国首家南非电线电缆供应企业。

15日　以省政协副主席、省民革主委卢晓光为组长的省政协重点课题调研组到迁安市就完善高新技术产业开发区体制问题进行专题调研。唐山市政协副主席、统战部部长张艳春，迁安市委书记李忠，迁安市政协主席陈子存，迁安市委常委、秘书长侯旭等陪同调研。

18日 由唐山市食安办主办、迁安市食安办承办的唐山市2014年食品行业第二场（迁安）道德大讲堂在迁安市锦江会堂举行。迁安市委常委庞再明出席活动，来自迁安市种植、养殖、生产加工、流通、餐饮服务、屠宰等各环节食品生产经营单位代表近千人参加活动。迁安市食品行业道德模范代表作事迹报告，唐山施尔德肉制品有限公司义工作了生动感人的道德模范汇报展演，充分展现了新时代唐山人的道德风貌。

19日 省委党的群众路线教育实践活动督导组组长、省人大常委会原副主任侯志奎带领省委督导组一行就党的群众路线教育实践活动开展情况到迁安市督导调研。驻迁安督导组组长、唐山市人大常委会副主任秦少清等唐山市委驻迁安督导组领导参加调研。督导组对迁安市党的群众路线教育实践活动给予充分肯定，认为迁安市在开展此项活动中，领导重视、部署周密，精心组织、动作规范，重点突出、整改结合，起步良好，广泛征求了群众意见，取得初步成效。

24日 迁安市召开党的群众路线教育实践活动暨京津冀协同发展工作推进会，会议就全面落实省委、唐山市委有关会议精神，高标准、高质量开展党的群众路线教育实践活动和整顿后进基层党组织工作及京津冀协同发展工作进行安排部署。

25～26日 民政部党组成员、副部长窦玉沛带领民政部社会福利和慈善事业促进司、社会事务司、人事司、社会救助司城市处、基层政权和社区建设司农村社区建设（综合）处等有关司、处的主要领导，就党的群众路线教育实践活动到迁安市对接有关联系点工作，并调研、指导教育实践活动。省民政厅厅长古怀璞，唐山市副市长曹全民，迁安市委书记李忠、市长张淑云等陪同调研并参加座谈会。窦玉沛一行实地踏察了市规划展示中心、走访了市第二社会福利院等地，听取了相关汇报。在市第二社会福利院，窦玉沛参加了由省民政厅、唐山市民政局、迁安市委市政府、各有关乡镇和群众代表共同参加的座谈会。窦玉沛对迁安的转型发展和民政工作给予充分肯定，并就民政部及有关司、处与迁安市有关镇乡、街道、社区在群众路线教育实践活动中“一对一”联系点的工作开展及下一步打算讲了重要意见，对迁安民政工作及经济社会发展提出殷切希望。

是月 市地方志编纂委员会编纂的《迁安市志（1987～2006）》由方志出版社出版发行。志书上限为1987年，接续1994年版《迁安县志》，下限至2006年，为新中国成立后迁安第二部志书。该志采用中编体式，编章节结构，共28编、138章、559节，215万字，卷首有图片105幅，内文有图片131幅、表格413张。全书运用系统翔实的史料，记录了迁安20年的沧桑巨变，展示了全市经济、政治、文化、社会等各领域的新成就和面临的新问题，反映了迁安人民在改革开放精神指引下，抓住机遇，奋发进取，建设美好家园的光辉历程。

5月

8日 市四套班子党员领导干部就党的群众路线教育实践活动进行学习成果交流。驻迁安督导组组长、唐山市人大常委会副主任秦少清参加并指导交流会。

上旬 经省政府批准，迁安市西部工业区更名为“河北迁安经济开发区”，纳入省级经济开发区管理序列。

12日 唐山市委书记姜德果就第二批党的群众路线教育实践活动在县、乡、村基层开展情况到迁安市调研。唐山市委督导组组长秦少清等陪同。姜德果一行先后到杨各庄镇西新庄村和阎官屯村，走村入户实地走访，进果菜大棚、看村容村貌，并主持召开座谈会，与市、镇、村各级干部和党员、群众代表座谈交流，现场征求基层干部群众的意见和建议，对迁安市教育实践活动开展情况给予充分肯定。

14 日　由唐山市政府副市长兼农工委书记李晓军带队的唐山市农业产业化重点项目建设观摩调度会与会人员到迁安观摩。与会人员观摩了市华农发展有限公司农业循环经济项目及中华桃文化创新产业园项目，详细听取了有关汇报。与会人员对迁安市农业产业化重点项目建设情况给予充分肯定。市委书记李忠，市委常委、秘书长侯旭，市委常委庞再明陪同。

是日　省“心连心”艺术团到迁安市野鸡坨镇丁庄子村开展“中国梦·赶考行——走进美丽乡村”慰问演出。此次宣传文化活动的开展旨在深化全省“农村面貌提升行动”。

18 日　高新企业走进迁安交流会暨明续（迁安）科技发展有限公司落成典礼在市东部经济开发区举行。中国电子商务协会、天津环渤海智慧农业研究院、天津市远博网络有限公司等 60 多家单位和企业的负责人应邀出席落成典礼并参加交流会。明续（迁安）科技发展有限公司为首家落户迁安的专业电子商务企业。

中旬　迁安市将原市人事争议仲裁与劳动争议仲裁合并，成立由 17 名成员组成的市劳动人事争议调解仲裁委员会，成员涉及组织、人事、总工会、工信局等 9 个部门和单位，市劳动人事仲裁院承担具体案件处理工作。

21 日　由省政协党组成员、秘书长郭大建带领的调研组，就产业集群发展及民企二次创业情况到迁安市调研。唐山市政协主席郭彦洪、副主席苏铁成，迁安市委书记李忠，市长张淑云，市政协主席陈子存，市委常委、秘书长侯旭陪同。

21～22 日　中国电子商会会长曲维枝在迁安市就经济社会发展情况进行参观考察。

26 日　市精神病医院新院——迁安市精神卫生中心正式启用，该院是唐山市县级仅有的 4 家精神病专科医院之一，位于迁安镇新寨村北。

是月　市首个商贸物流集散地——迁安市万嘉商贸园建成并投入使用。

6 月

5～6 日　韩日中经济文化交流协会会长朴永浩带领考察团到迁安市参观考察。市长张淑云、副市长马文柏陪同。

29 日　市第六实验小学与河北师范大学合作发展迁安实验学校举行揭牌仪式。

30 日　第四届唐山市群众文化艺术节暨迁安市第十届“魅力钢城之夜”文化展演活动开幕。活动到 9 月 30 日结束。

7 月

1 日　市人民法院工作人员违纪违法网络举报中心开通运营。实现全国四级法院举报网站开通运行。

6 日　历时 3 年建设的迁安第一条高速公路——京秦高速公路迁安支线通车运营。路线全长 35.58 公里，概算投资 28.3 亿元，设计时速 100 公里，全线设互通立交 4 处、收费站 1 处。路线南起迁安沙河驿镇刘庄子村西侧，向北经赵店子、迁安东西城区之间、马兰庄，北至迁安小崔庄西北的新三抚公路。

9～10 日　市委常委班子召开党的群众路线教育实践活动专题民主生活会。唐山市委书记姜德果全程参加指导并作重要讲话，省委督导组副组长纪国军，唐山市委常委组织部部长丁荣进，唐山市委常委、秘书长胡国辉到会指导，唐山市委驻迁安督导组组长、唐山市人大常委会副主任秦少清对会议情况进行点评。

18 日　市北方钢铁物流产业聚集区与北京交通大学签署校园产学研战略合作协议。实践教学基地同时揭牌。中国物资储运协会会长、中物联物流园区专委会技术委员会主任姜超峰、北京交通大学交通运输学院党委书记朱晓宁、副院长张晓东，市北方钢铁物流产业聚集区管委会主任王学龙出席签约仪式。

21日 燕山大学国家大学科技园与市唐山科源激光再制造有限责任公司产学研合作基地落户迁安市。当日，在市东部经济开发区举行签约仪式。

22日 启航，迁安号——红星美凯龙迁安商场全球招商发布会盛大启幕，吸引了来自全国各地300多位厂商代表以及近700位经销商到场，标志迁安一站式体验家居购物时代正式拉开帷幕。红星美凯龙集团执行总裁刘源金出席全部活动并在新闻发布会上致辞。

23日 唐山市委书记姜德果等带领参加唐山市重点项目观摩会的与会人员到迁安市观摩重点项目建设情况。姜德果等对迁安的重点项目建设给予充分肯定和高度评价。

30日 省委第13督导组常务副组长、省法院副院长赵超英等督导组领导参加指导杨各庄镇领导班子党的群众路线教育实践活动专题民主生活会。

8月

3日 梅墨生艺术馆在迁安市黄台湖景区莲花岛艺术家村落成并免费向公众开放。当日上午，举行开馆暨梅墨生作品捐赠仪式。国防大学原政委、上将赵可铭，国家典籍博物馆常务副馆长、国家图书馆副馆长李虹霖，国家画院常务副院长、著名画家卢禹舜，河北省文化厅党组书记王离湘，唐山市委常委、宣传部部长于山等领导及全国艺术界知名人士出席开馆仪式。

6日 省住建厅厅长朱正举到迁安市调研县城建设工作。市委书记李忠等陪同。朱正举一行深入市规划展示中心、龙形绿化带、碧桂园小区、滦河生态综合开发工程、三里河生态走廊等地实地调研，并听取有关汇报。朱正举对迁安的变化和城市建设取得的成就给予充分肯定。

7日 迁安市“数字迁安地理空间框架建设”项目获省地理信息局批复。

7～8日 召开全市重点项目建设观摩暨经济形势分析会议，贯彻落实中央、省和唐山市近一个时期关于经济工作的决策部署，深入分析迁安形势，客观总结全市上半年重点项目建设和经济运行情况，安排部署下半年经济工作。市四套班子领导出席会议并参加观摩。

是日 省政协副主席、省民革主委卢晓光带领调研组就加强环境监测及执法能力建设，科学治霾、防治大气污染情况到迁安调研。唐山市政协副主席苏春生，迁安市委书记李忠，市政协主席陈子存，迁曹高速公路筹建处处长、市政府党组成员李晓波陪同。

20日 省政府副省长张杰辉、省政府副秘书长杨国占、省工信厅厅长王昌、省环保厅厅长陈国鹰等一行就工业经济转型升级、环境保护工作等情况到迁安市视察。张杰辉对迁安的项目建设及工业经济转型发展工作给予充分肯定，希望迁安切实调优结构，优化转型，不断开创迁安科学发展和谐发展的新局面。唐山市委常委、副市长刘建立，唐山市政府特邀咨询辛志纯及唐山市有关部门领导和迁安市委书记李忠，市长张淑云，迁曹高速公路筹建处处长、市政府党组成员李晓波陪同。

27日 首钢总公司党委书记、董事长靳伟，首钢总公司党委常委、副总经理兼北京首钢股份有限公司党委书记张功焰，北京首钢股份有限公司党委副书记、总经理兼营销管理部部长刘建辉以及首钢总公司重点部门和有关下属企业的高层领导到迁安，就首钢迁安合作发展事宜及在2014年统筹解决首钢迁安地区企业发展有关问题进行了友好协商。双方深入座谈，达成高度共识。市领导李忠、张淑云、李福林、侯旭、庞再明、杨春景和市直有关单位的主要负责同志参加会见并座谈。

是日 迁安最大的耗钢产业项目——正大通用钢管项目一期工程正式投产。项目由中国制造业500强、中国民营500强企业——邯郸市正大制管有限公司投资建设，采用国际先进的工艺技术和生产设备，建20条纵剪生产线、15条高频焊管生产线、14条热镀锌管生产线、15条方矩管生产线、6条螺旋管生产线和6条钢塑复合管生产线及配套设施，年可消耗本地钢材310万吨。一期建成20条纵剪生产线、10条高频焊管生产线、3条热镀锌管生产线，提供就业岗位500多个。

29~31日　北商泵阀产业园奠基并举行新迁安智造国际论坛。市委常委、常务副市长李福林，市政府副市长马文柏，国内外知名专家学者以及中央电视台、新华社等多家媒体记者出席有关活动。北商国际泵阀产业园项目由河北泛亚股权投资基金股份有限公司和石家庄联合盛鑫泵业有限公司成立的迁安北商国际泵阀产业园投资有限公司建设。项目占地2000亩，坐落在市东部经济开发区，计划总投资50亿元，主要建设"双核双翼"的全球泵阀采购交易中心和全球泵阀业资本中心、全球泵阀研发基地、全球泵阀总部基地。

8月　迁安成为全省首个"国家级摄影创作基地"。

是月　中国新闻摄影协会副主席、经济日报社摄影部主任李景录为选定的"国家级摄影创作基地"——迁安市滦河文化产业区、山叶口景区授牌。

9月

3日　市民营企业家杨柏春投资1200万元建设的沙河驿镇红庙子柏春完全小学落成启用，当日举行启用暨开学典礼。

11日　唐山市贯彻落实"国十条"现场会暨银企对接会在迁安市召开。唐山市委常委、常务副市长王久宗出席会议并讲话。

14日　市第三届全民运动会在迁安奥体中心开幕，唐山市体育局副局长张荣出席开幕式。市委书记李忠出席开幕式并宣布本届运动会开幕，市长张淑云致辞，市委副书记李维林、市人大常委会主任郝可军、市政协主席陈子存等市四套班子领导出席开幕式。全民运动会每4年举办一次，是唯一由市政府举办的体育盛会。本届运动会为期3个月，设羽毛球、乒乓球、篮球、田径4个比赛项目。有来自各镇乡、市直、厂矿企业等36个代表队1036名运动员参加。经过激烈角逐，迁安镇、城区办、杨店子镇分获镇乡组团体总分前三名；教育局、交通局、卫生局分获市直组团体总分前三名；首钢迁钢、九江线材、荣信钢铁分获企业组团体总分前三名。同时，首钢迁钢、教育局、大崔庄等22个单位获得体育道德风尚奖；教育局、公安局、奥体中心、迁安学院等12个单位获特殊贡献奖。

17~21日　2014 CKF中国功夫争霸赛迁安站比赛在迁安市奥体中心举行，来自俄罗斯、瑞典、法国、巴西、哈萨克斯坦、塔吉克斯坦、泰国、巴基斯坦及中国港澳台地区和国内的15家知名俱乐部的90多名参赛选手进行了百场激烈角逐。

18日　迁安博物馆举行纪念"九一八"事变83周年图片展暨省级爱国主义教育基地揭牌仪式。图片展以抗日图片为主，遴选了侵华日军罪行照片107张，馆藏日军侵华物证37件，多角度揭露了日军的侵略行径和日军统治下中国百姓的悲惨遭遇，展现了中国人民顽强抗争的伟大精神。展览从18日开始持续到10月8日，为期20天。

23~24日　市委宣传部、市精神文明建设委员会办公室、市文广新局在人民广场举办了2014年迁安市第十九届"颂祖国·唱迁安"合唱节，全市各镇乡（城区办）、市直单位、重点企业及驻迁单位共17支队伍参加比赛。市教育局代表队、迁安镇代表队、彭店子乡代表队获得合唱节一等奖；建昌营镇代表队、杨店子镇代表队、大崔庄镇代表队等6支代表队获二等奖；夏官营镇代表队、太平庄乡代表队、上庄乡代表队等8支代表队获三等奖。

25日　迁安公民道德建设基金奖助暨第六届道德模范表彰仪式在市人民广场隆重举行。13个杰出道德模范、道德模范集体和24名道德模范提名奖获得者受到表彰。市委书记李忠、市长张淑云、市人大常委会主任郝可军、市政协主席陈子存等领导出席表彰会并为获奖者颁奖。

30日　为国家首个“烈士纪念日”。上午，市领导李忠、李维林、郝可军、陈子存、李福林、侯旭、田富顺、罗远杰等到黄台山迁安抗日暴动纪念碑，同全市社会各界代表一起，向烈士敬献花圈，瞻仰纪念碑，表达对革命烈士的缅怀追思。

是月　迁安市交通运输局成立首支女子执法大队。

10月

13日　迁安市召开党的群众路线教育实践活动总结大会。唐山市委驻迁安督导组组长秦少清出席会议并代表督导组讲话，自2月20日督导组进驻以来，迁安以“为民、务实、清廉”为主题，高标准推进教育实践活动各项工作，自上而下，全市各级党组织真抓实干，做到教育和实践两手抓，实现活动和工作两促进。市委书记李忠总结部署工作，强调要持之以恒抓实抓好作风建设，进一步巩固深化教育实践活动成果，要以扎扎实实的转型工作业绩，来检验作风建设成效。市长张淑云主持会议，并就贯彻落实会议精神讲具体意见。

16日　由中宣部宣教局指导，中国经济网开设的“节约之星”发布厅，发布了7颗建筑节能“节约之星”。马兰庄新农村示范区建设广泛应用太阳能供应热水、地源热泵供暖、雨水收集、污水处理、中水利用等新材料、新技术，达到国家规定的65%的建筑节能标准，成为新农村绿色建筑的典范，荣膺全国建筑节能“节约之星”。

16～17日　全省县城建设现场会在迁安市召开。副省长姜德果出席会议并讲话。市委书记李忠在会上介绍了迁安城市建设情况，市长张淑云作了题为《城乡一体 产城互动 全力加快新型城镇化步伐》的典型发言。与会人员实地观摩了市规划展示中心、南部新城区、滦河综合治理工程、三里河生态走廊以及黄台山公园、龙形绿化带、奥体中心等地的景观夜景。

17日　2014年中国中小城市科学发展评价体系研究成果在北京发布，迁安市荣膺中小城市综合实力百强县市第19位，与上届持平。同时，迁安市还位居最具投资潜力中小城市百强县市第9位，新型城镇化质量500强县市第14位。河北省内，入围百强县市的还有任丘市和遵化市，分别居第50位和第56位。

20日　迁安市于9月20日至10月20日开展“招商月”活动。其间，围绕“宣传迁安”和“对接招商”这一主题，共对接企业318家，其中对接世界500强企业13家、中国百强企业11家、央企10家、行业龙头企业32家。实现了香港东捷医疗投资、北京顺天诚通钢材加工基地、北京建黎网架加工基地、新奥集团LNG生产、今麦郎天然饮用水生产线二期、中兴能源分布式发电和30兆瓦地面光伏电站、首都师范大学中国书法文化研究院教育教学基地等23个项目签约，计划总投资65.38亿元。达成意向项目45个，计划总投资297.8亿元。

21日　唐山市委书记焦彦龙到迁安市调研。焦彦龙强调，迁安要抢抓新机遇，发挥新优势，推动经济社会发展再登新台阶。唐山市委常委、秘书长胡国辉一同调研。迁安市委书记李忠，市长张淑云，市委常委、秘书长侯旭陪同调研。市四套班子领导参加座谈会。

24～25日　国家环保部华北督查中心主任、党委书记刘长根带领由华北督查中心有关工作人员组成的培训班人员到迁安市观摩考察。唐山市政府特约咨询辛志纯，迁安市委书记李忠，市长张淑云，市委常委、秘书长侯旭，市政府党组成员、迁曹高速公路筹建处处长李晓波陪同。

是月 由中国农业大学提供种子和栽培技术的飞碟（UFO）南瓜、角瓜，迷你西红柿、水果黄瓜等20余种“特菜”在迁安市亚滦湾国家农业开发创新产业园试验成功。

11 月

4 日 市妇联、民政局、卫生局联合开展“两癌”（乳腺癌、宫颈癌）贫困妇女救助行动。在当日举行的启动仪式上，市慈善协会捐资16万元、市红十字会出资8万元，对家庭贫困的80名患病妇女，给予每人3000元的一次性救助。市人民医院术后康复指导站、妇幼保健院术后康复指导站正式挂牌成立，为“两癌”贫困妇女提供心理康复、饮食及生活、术后检查治疗等方面的指导。市妇联还发布了皮影制作、庭院葡萄种植等15个创业项目，帮助有创业意愿的“两癌”贫困妇女在身体允许、能力所及的情况下创业增收。

5~6 日 全国政协常委、中国经济社会理事会常务理事、全国工商联副主席、辽宁省工商联副主席、亿达集团有限公司董事长孙荫环，带领中国经济社会理事会课题组，就促进生产性服务业平台建设的价值与策略课题到迁安市调研。

6 日 迁安北商国际泵阀产业园投资股份公司和路明实业股份公司正式在天津股权交易所挂牌上市，成为迁安市首批上市企业。

7 日 市四套班子领导、在职的副县级领导及市直单位主要负责人、各镇乡（街道办事处）党政主要负责人在迁安分会场收听收看全省党的十八届四中全会精神宣讲报告会。

是日 市图书馆推出“真人图书”借阅活动。首部“真人图书”走进市第三实验小学，给那里的孩子们送上了一份不一样的精神大餐。首部“真人图书”为河北联合大学迁安学院毕业生贺颖同学。

资 料

“真人图书”借阅活动 指读者“借”一个活生生的人交谈，获得更多的见识的活动。活动于2000年起源于丹麦哥本哈根。“真人图书”是有丰富的生活经验，有一定专长或特殊经历的人。国外的真人书有球迷、女消防员、治疗康复师、流浪汉、艾滋病患者、警察、素食者、政客、新闻记者、外来移民、残疾人等各阶层的人选，他们都是志愿者，首先是免费被借阅的，其次每个人都要有能力将自己的人生经验与他人分享。

上旬 迁安市东部工业区更名为迁安高新技术产业开发区。

上旬 经省政府批准，迁安市职教中心升格为迁安市技师学院。

13 日 迁安市召开廉政警示教育大会。贯彻全省警示教育电视电话会议精神，落实党风廉政建设的主体责任和纪委的监督责任，通报近年来全市违纪违法典型案件，警示教育广大党员干部慎独、慎微、慎行，加强党风廉政建设的自觉性和主动性，全面强化廉洁自律意识。市四套班子领导出席会议。

是日 唐山市农村面貌改造提升行动现场观摩会在迁安大五里乡召开。唐山市政府副市长兼农工委书记李晓军出席并讲话。与会人员观摩了大五里乡尚庄子、花果山及山叶口等村，给予高度评价。

17 日 迁安市组织广大党员干部观看了由唐山市党风廉政宣传教育联席会议组织的廉政教育精品剧目《榆钱谣》。

17~18 日 唐山市老促会会长钟清杰一行就老区建设工作暨老区重点帮扶（联系）村新型农业经营主体发展与有关项目建设进展情况到迁安市调研。

18 日 省城乡居民基本医保制度现场研讨会在迁安市召开。国家卫生计生委基层卫生司司长杨青、省卫生计生委副主任朱会宾、迁安市政府副市长王志刚出席会议。

22日　北京市委教育工委副书记、北京市人民政府教育督导室主任唐立军，北京科技大学党委书记罗维东、副书记张文明，中国节能减排有限公司董事长赵剑、公司党委书记王喆，带领学校有关部室负责人、公司有关部门经理一行，就教育产业、节能减排项目合作事宜到迁安市参观考察。

23日　迁安市九江拳击队的尹军花在韩国济州岛举办的2014年世界女子拳击锦标赛中夺得第三名。

26日　唐山市委书记焦彦龙到迁安市调研指导工作。

12月

2日　河北联合大学研究生创新实践基地在迁安学院挂牌。

8日　北京唯众集团与迁安市轧一建材共同斥资1亿元的迁安润泽建材有限责任公司年产100万平方米新型节能复合墙板项目签约开工。

10～12日　召开全市重点项目建设观摩暨经贸洽谈月总结会议。市四套班子领导参加观摩活动并出席总结会议。经贸洽谈月期间，实现21个项目签约，计划总投资61.28亿元；达成意向项目45个，计划总投资297.8亿元。与会人员对各园区、各镇乡本次观摩项目和8月观摩项目进展情况进行测评打分，杨店子镇、赵店子镇、大五里乡获得全年项目观摩的前三名。

11日　市四套班子领导及各镇乡、市直部门和单位的负责同志在迁安分会场收听收看唐山市党员干部警示教育电视电话会。会议通报了纪检监察机关年内查处的重大违法违纪案件情况。

16日　迁安市召开党的十八届四中全会精神辅导报告会。唐山市宣讲团到迁安市作专题辅导报告。

是日　河北省第一家村级森林消防队——太平庄乡东蛇探峪村森林消防队成立。

中旬　全省第一条汽车检易工况法检测线在迁安万信汽车综合检测站投入使用。

31日　市委五届五次全体扩大会议召开。市委书记李忠作了《抢抓新机遇 培育新优势 为再创迁安转型发展新辉煌而努力奋斗》的报告。

下旬　迁安北商国际泵阀产业园投资股份有限公司董事总裁张青亮获“2014中国企业转型与创新论坛——暨首届金融服务模式创新发展峰会”颁发的“中国经济建设风云人物”奖。

建置沿革

【地理位置】 迁安市位于河北省东北部，地理坐标为北纬39°51′~40°15′，东经118°26′~118°55′。南北跨纬度0°24′，东西跨经度0°29′，市境纵跨直线距离45公里，横跨直线距离39公里。东隔青龙河与秦皇岛市的卢龙县相望，南与滦县相邻，西接迁西县，北以长城为界与秦皇岛市青龙满族自治县毗邻。全市总面积1227平方公里。

区位优越，是便捷通畅的物流聚散地。处于（北）京（天）津冀都市圈中心和环渤海一级经济开发区内，踞华北、东北之咽喉。市人民政府驻地迁安镇，距（北）京沈（阳）高速公路迁安入口处12公里，西距北京市195公里、距天津市160公里、距唐山市90公里，东距秦皇岛市75公里，北距承德市272公里，南距京唐港90公里。临近京唐港、曹妃甸港、天津新港、秦皇岛港。境内京哈高速、京秦高速、102国道、三抚四条公路和津山、大秦、通坨三条铁路横贯东西，冷大公路、卑水铁路、迁曹铁路纵穿南北。津秦高铁在迁安设有客运站，即滦河站，1小时可达北京，半小时达天津。形成辐射晋、冀、辽、蒙和通达京、津等大中城市的四通八达的交通网络。

（高艳军）

【建置隶属】 旧石器时代，境内已有人类活动。商归孤竹国辖。春秋为山戎令支国，战国时属燕国。秦王政二十六年（前221年）设离支县，属辽西郡。西汉称令支县，属辽西郡。东汉沿袭旧置。三国时属魏辽西郡。晋鲜卑族占之，废令支县，地属辽西郡。北魏太平真君七年（446年），并入阳乐县属平州辽西郡。北齐时，归肥如县。隋开皇六年（586年），肥如县并入新昌县。十八年（598年）更名为卢龙县，属北平郡。唐沿隋置卢龙县，改北平郡为平州。五代时辽置安喜县，属南京析津府平州。金大定七年（1167年），改安喜县为迁安县，意为“迁自安喜”，属平州，迁安之名始定。元初再并入卢龙县，后又复置。元太祖十年（1215年）改属兴平府。元中统元年（1260年）兴平府升为平滦路。元大德四年（1300年），平滦路更名为永平路，迁安县属之。明代属北直隶省永平府。清代属直隶省永平府。民国元年（1912年）迁安县属直隶省津海道，民国2年（1913年）属渤海道。民国3年（1914年），改属津海道。民国17年（1928年）为河北省辖。民国28年至33年（1939—1944年），中国共产党在迁安及附近边区先后成立丰滦迁、迁遵兴、迁滦卢、迁青平、迁卢抚昌联合县，迁卢青、迁遵青、滦卢联合县，先后隶属晋察冀边区冀东区和冀热边区。民国34年（1945年），复置迁安县，属冀东十六专区。1949年8月1日，迁安县属河北省唐山专区。1970年，唐山专区改称唐山地区，迁安隶属之。1983年5月6日，撤销唐山地区，迁安县为唐山市所辖。1996年10月撤县设市，迁安县改名迁安市，以原迁安县的行政区域为迁安市的行政区域。为省直辖，由唐山市代管。2006年被省政府批准为扩权市。

（高艳军）

【街区道路、实体分布】 到2014年底，迁安市建成区面积40平方公里，建成区人口24.55万人。市区建有主路20条、主街20条。20条主路由西向东分别为：滨湖东路、阜康路、万嘉路、阜安大路、顺喜路、和平路、昌盛大路、胜利路、燕山大路、新颖路、丰安大路、丰喜路、丰乐大路、丰庆路、丰盛路、丰吉路、长城大路、建设路、创新路、科技路。20条主街由北向南分别为：祺瑞街、祺光大街、祺福大街、花园街、聚鑫街、兴安大街、明珠大街、景福街、永顺街、全福街 、惠宁大街、星河街、惠泉大街、兆康街、钢城大街、惠民大街、惠安大街、惠兴大街、惠隆大街、惠昌大街。市区的行政机关和企事业单位分别分布在主次道路两侧。其中，迁安市行政办公中心、工商局、国税局、地税局、迁安一中、规划局、交通局、文广新局、热力总公司、信用社、疾控中心、燕山医院、博物馆等单位分布于钢城大街；迁安镇政府、城关公安分局、城关法庭、教师进修学校、自来水公司、锦江饭店、招商局等单位分布于惠泉大街；迁安二中、迁安第一实验小学、移动迁安分公司、环保局、社保中心、电力公司、烟草局等单位分布于惠宁大街；邮政局、妇幼保健院、中医院等单位分布于永顺街；迁安市人民法院、迁安市人民检察院分部于明珠街，市委党校、武装部、公安局、财政局、城区办等单位分布于兴安大街；住建局、残联、迁安第三实验小学等单位分布于花园街；人民银行、民政局、林业局、光彩幼儿园、成教中心、房产中心、环卫公司、迁安镇第一初级中学、科技局等单位分布于祺福大街；水务局、国土资源局、人保财险迁安支公司等单位分布于丰乐大路。老干部局位于丰喜路。市人民医院位于惠安大街。

（张宏伟　张晓利　殷玉环）

【行政区划】 2014年，全市辖12个镇、7个乡、1个城区街道，505个行政村，34个社区居民委员会。

2014年迁安市各乡镇、街道所辖行政村、居委会情况

表1

乡镇、街道名称	辖行政村、居委会个数	所辖行政村、居委会名称
迁安镇	76个村、11个社区居委会	新寨、三里营、刘季庄、烟台吴庄、东关、合理、杨崖、石新庄、洪富庄、沙河子、后石李桥、上屋、小兰庄、毛家洼、马家岗子、郭庄、小营、平房新庄、白沙坡、小李庄、小寨、杨庄子、刘纸庄、黄台庄、张李庄、西关、发展、徐崖、庞庄、卢沟堡、西丁官营、佘家洼、谌新庄、尹庄、吴庄、赵庄、大魏庄、东周官营、梨行、北关、吴纸庄、小王庄、张各庄、南关、建设、周洪庄、三李庄、于家村、省庄、前丁官营、大贾庄、石牌庄、汤新庄、胡各庄、张庄、潘营、陈庄、王崖、吉兰庄、黄纸庄、公平、前石李桥、后丁官营、小贾庄、五里岗、官立口、胡南、白庄、杨团堡、马家村、蔡庄、张尹庄、营庄、刘家庄、商庄、谢庄、大王庄社区居委会、殷柳庄社区居委会、王家园社区居委会、民强社区居委会、苏新社区居委会、民安社区居委会、石岩庄社区居委会、阚庄社区居委会、民乐社区居委会、西李铺一社区居委会、西李铺二社区居委会
扣庄乡	27个村	扣庄、十里营、刘家村、蟒山、邓新房、兰若院 、安新庄、上阶地、吉王庄、毕新庄、西晒甲山、陈官营、东晒甲山、郎庄、古松庄、唐庄、东牛山、西李官营、张庄、田庄、任庄、东李官营、寺前、寺后、潘庄、阿兰庄、半坡营

续表 1

乡镇、街道名称	辖行政村、居委会个数	所辖行政村、居委会名称
夏官营镇	28 个村	永兴庄、花庄、洪庄、袁庄、回新庄、沙坡子、黄官营、南白庄、团新庄、东赵店子、包官营、罗庄子、夏官营、五道沟、西野河峪、东野河峪、大榆树、梅官营、姚官屯、范庄、上马哨、下马哨、六道沟、耿家庄、梁庞庄、六合村、上庄子、何家坟
彭店子乡	18 个村	彭店子、八里塔、小邹庄、高李庄、崔李庄、柏庄、易庄、徐家沟、富兴庄、八家寨、大周庄、杨家坡、祁庄、坨上、王孟庄、南丘、霍庄、粉子营
杨各庄镇	37 个村	皇姑寺、安各庄、梓林、周各庄、代家沟、鸡鸣庄、尚武旗、阎官屯、张新庄、东高庄、三角庄、文里庄、包各庄、东揣庄、枣行、郭庄、武家庄、东马庄、杨各庄、大贤庄、披甲窝、裴新庄、万军、上换甲套、下换甲套、马庄户、马家沟、玄新庄、青山院、小套、徐流口、森罗寨、曲河、上场、徐流营、东新庄、西新庄
建昌营镇	50 个村	保一、保二、果园、小庄、东安乐、西安乐、和平、平安、文化、得胜、张村、郭村、南道、太平、西安、回民、建平、塘坊、南冷口、北冷口、前窝子、后窝子、大桥庄、教场沟、东密坞、西郭庄、雷庄、鸭河营、温庄、裴庄、胡庄、西高庄、石门子、白道子、茶记沟、北新庄、新立村、东三家、大龙王庙、阎场、朱家店、草场、郑庄、树行、河流口、东堡子、军屯、西三家、新房子、清泉
上射雁庄乡	24 个村	上射雁庄、下射雁庄、二层庄、南晒甲营、北晒甲营、北白庄、彭家洼、陶新庄、丁庄、东晒甲营、高各庄、凉水河、大望都庄、小望都庄、东孟庄、朱庄、揣庄、七里坎、代家铺、平林镇、大新店、小新店、刘新庄、西孟庄
大崔庄镇	21 个村	商庄子、四道沟、白羊峪、台头岭、西密坞、步步川、石梯子沟、沙坨子、三岭、楼子山、大庄、擂鼓台、凤凰山、上金山院、下金山院、桑园、侯庄户、新立庄、王古庄、肖家庄、大崔庄
五重安乡	29 个村	石门、杏山、黄金寨、新开岭、万宝沟、张庄子、才家沟、更新庄、马井子、东陈庄、五重安、苏家沟、西陈庄、小关、大何庄、宫上、小何庄、小崔庄、茶井沟、刘皮庄、贺庄、贺家沟、曹古庄、范家沟、朱家沟、红峪口、母庄、沙河庄、高古庄
阎家店乡	17 个村	阎家店一村、阎家店二村、阎家店三村、李姑店、滕庄、坎新庄、于家坎、东峡口、西峡口、隔滦河、北赵庄、提铃寨、芝草坞、杨山、洗甲河、六股道、孙家店
马兰庄镇	17 个村	西马兰庄、东马兰庄、北马兰庄、前裴庄、后裴庄、红石崖、孟家沟、宫店子、李家沟、柳河峪、刘官营、水厂、新水、印子峪、侯台子、庄户沟、达峪沟

续表 1

乡镇、街道名称	辖行政村、居委会个数	所辖行政村、居委会名称
蔡园镇	26 个村	蔡园、好树店、灵山、二郎庙、小杨庄、大杨庄、靠山、横山子、张家窑、北屯、蔡家洼、孟官营、小石岭、吴官营、王李庄、小蔡庄、刘庄子、新庄、朱家庄、杨官营、玄安子、玄家洼、马官营、刘湾子、李庄子、北小店
杨店子镇	32 个村、1 个社区居委会	杨店子、沈家营、大郭庄、大庄户、前胡各庄、后胡各庄、王庄子、靳官营、殷官营、田新庄、高引铺、新立寨、张官营、倪屯、小玄庄、大玄庄、北张庄、常李庄、官寨、上午、洼里、蚕姑庙、大张庄、王庄、任官营、毛庄、张富庄、孟庄、驿南府、麻官营、韩官营、新蔡庄、滨河社区居委会
大五里乡	16 个村	大五里、大石河、松木庄、花果山、张家峪、尚庄子、曹官营、王家湾子、贯头山、小庄户、孟一、孟二、周官营、水峪、山叶口、王官营
木厂口镇	16 个村、1 个社区居委会	木厂口、宗佐、田家店、佛峪院、杨纪庄、老爷庙、马各庄、小张庄、曹庄子、北营、红石峪、井家沟、刘新庄、娄子峪、水泉、榆山、松护社区居委会
沙河驿镇	19 个村	沙河驿、李店子、红庙子、刘台子、前沙窝铺、北沙窝铺、葛庄子、二店子、管庄子、刘庄子、窝子、轩坡子、代庄、孟台子、上炉、下炉、唐庄子、潘庄子、段家岭
太平庄乡	16 个村	太平庄、马铺营、七家岭、东新店、西新店、苏庄营、郭家营、东山、东蛇探峪、西蛇探峪、石家营、尚庄、崇家峪、田庄营、三岔峪、胡家沟
赵店子镇	15 个村	赵店子、马古寺、李官营、新庄子、申刘庄、沟南庄、小店、大李庄、北代庄、康官营、郑店子、炉上、营里、马庄、三港湾
野鸡坨镇	21 个村	野鸡坨、邵家营、仓库营、小杨官营、东周庄、山港、朱庄子、岚山高庄、武各庄、西周庄、安山口、宋庄、丁庄子、张都庄、大杨官营、新军营、小山东庄、李家峪、大山东庄、爪村、卜官营
城区街道	21 个社区居委会	兴安社区居委会、丰乐路社区居委会、常青社区居委会、燕阳社区居委会、青杨社区居委会、花园街社区居委会、惠宁西社区居委会、永顺街社区居委会、燕春社区居委会、广场馨园社区居委会、明珠街社区居委会、钢城路社区居委会、阜安路社区居委会、燕经社区居委会、河畔人家社区居委会、福盛社区居委会、碧水花苑社区居委会、迁钢社区居委会、安康社区居委会、燕祥社区居委会、石岩庄社区居委会

（张惠君）

自然环境

【地质地貌】 迁安市位于燕山沉积带，渤海沉降带，唐山坳陷区的东北部边缘地带。属新华夏构造体系。显露地层有太古界、元古界、古生界、中生界、新生界。地貌以平原、丘陵为主，其余为低山和谷地。地貌类型有低山、丘陵、谷地、平原。低山主要分布在长城沿线和西部山区，面积 263.91 平方公里，占总面积的 21.85%；丘陵主要分布北部和西部山区及青龙河西岸一带，面积为 369.66 平方公里，占总面积的 30.60%；谷地主要分布在长城沿线和西部山区，面积为 39.90 平方公里，占总面积的 3.30%；平原包括坎上平原、坎下平原和城关盆地，面积为 534.53 平方公里，占总面积的 44.25%。境内山峰较多，均属燕山余脉。海拔高在 200～700 米的山峰有 40 余座。主要山峰有龙山、蟒山、晒甲山、金牛山、磨盘山、棒槌山、黄台山、榆山、挂云山、平顶山、龟口山、大嘴子山、佛面山、将军坟、将军帽山、四顶山、大石片山、龙头山、大红山、红山、大鞍口山、羊关鼻子山、塔山、乔山、岚山、南天门山、麻沟山、大杏山、城山、岳野山、羊拉子山。其中，大嘴子山海拔 695.70 米，是境内最高峰，位于市区北偏西 24.5 公里处的五重安乡境内；其次是挂云山，海拔 638.70 米，位于大五里乡；接下来是南天门山，海拔 544 米，位于大五里乡与迁西县交界处；城山，海拔 535.10 米，位于太平庄乡与滦县交界处；将军坟，海拔 530 米，位于建昌营镇。

（岳春光　宋书利）

【气候】　2014 年，全市总的气候特点：降水正常，气温显著偏高，日照偏多。全年降水时空分布不均，总降水量为 522.4 毫米，较常年（611 毫米）偏少 88.6 毫米；较 2013 年（649.5 毫米）偏少 127.1 毫米，偏少 19.6%。日最大降水量为 61.2 毫米，出现在 8 月 24 日。年平均气温 12.5℃，较常年（10.8℃）偏高 1.7℃，较 2013 年（11.3℃）偏高 1.2℃。极端最高气温 39.3℃，出现在 5 月 29 日；极端最低气温 －13.4℃，出现在 1 月 9 日。全年日照总时数 2669.2 小时，占年可照时数 60%。年平均风速 1.5 米/秒。全年无霜期 190 天，终霜日出现在 4 月 6 日，初霜日出现在 10 月 14 日。

冬季（2013 年 12 月～2014 年 2 月），其中，2013 年 12 月，平均气温为 －3.5℃，较历年（－3.7℃）偏高 0.2℃；降水量 7.2 毫米，较历年平均值（3.3 毫米）偏多 3.9 毫米；日照 221.6 小时。2014 年 1～2 月，平均气温 －2.2℃，较历年（－4.4℃）偏高 2.2℃；降水量 1.1 毫米，较历年平均值（6.2 毫米）偏少 5.1 毫米；日照 336.9 小时。

春季（3～5 月），平均气温 14.6℃，较历年（11.8℃）偏高 2.8℃；降水量 68.7 毫米，较历年平均值（81.5 毫米）偏少 12.8 毫米；日照 848.2 小时。

夏季（6～8 月），平均气温 25.4℃，较历年（24.1℃）偏高 1.3℃；降水量 347.6 毫米，较历年平均值（427.2 毫米）偏少 79.6 毫米；日照 700.1 小时。

秋季（9～11 月），平均气温 12.6℃，较历年（11.2℃）偏高 1.4℃；降水量 97.8 毫米，较历年平均值（92.8 毫米）偏多 5.0 毫米；日照 562.4 小时。

（李　刚）

【河流水系】　迁安地处海河流域东北部，有大小河流 16 条，除滦河、青龙河、白羊河、冷口沙河常年有水外，其余大部分为季节性河流。境内河流除西沙河、管河外均属滦河水系。全市最大过境河流为滦河，滦河流经大崔庄、马兰庄、阎家店、蔡园、杨店子、迁安镇、赵店子、野鸡坨、夏官营、彭店子等镇（乡），境内长 54 公里，流域面积 262.8 平方公里。青龙河流经境内杨各庄、扣庄、夏官营、彭店子等镇（乡），境内长 31 公里，流域面积 66.51 平方公里。冷口沙河流经境内建昌营、杨各庄等镇（乡），境内长 14.9 公里，流域面积 91.97 平方公里。隔滦河流经境内五重安、阎家店等镇（乡），境内长 16.52 公里，流域面积 96.58 平方公里。白羊河流经境内大崔庄、建昌营、上庄等镇（乡），境内长 15 公里，流域面积 53.2 平方公里。西沙河流经境内蔡园、大五里、杨店子、木厂口、赵店子、沙河驿等镇（乡），境内长 46.1 公里，流域面积 168.1 平方公里。

（曹红飞　李志魁）

【土壤】　全市分褐土、风沙土两个土类，少量风沙土分布在滦河两岸，其他地区多是褐土，褐土又分为褐土性土、淋溶褐土、草甸褐土 3 个亚类。其中褐土性土主要分布于低山的中上部及丘陵的顶部，面积为 43.99 万亩，占土壤总面积的

23.9%；淋溶褐土面积为42.52万亩，占土壤总面积的23.1%；草甸褐土主要分布在迁安镇、夏官营、杨各庄、建昌营、赵店子、杨店子等地的洼处，面积94.05万亩，占土壤面积的51.1%；风沙土面积3.5万亩，占土壤面积的1.9%。土壤性能：有机质1.065%，相当于全国分级的第四级；全氮0.056%，碱解氮56.68ppm（百万分之一），相当于全国分级的第五级；速效磷20.8ppm，相当于全国分级的第二级；速效钾84.67ppm，相当于全国分级的第四级。

（刘保军）

自然资源

【矿产资源】 迁安市在河北省是资源大市，地处"迁滦"铁矿带的北半部，矿产资源极为丰富，主要分布在西部、北部和东部的山地和丘陵地。到2014年底，各类资源保有量为：铁矿石14亿吨，石灰石矿0.4亿吨，白云石矿0.3亿吨，石墨、长石、石英等矿产也有广泛分布。

（马 林）

【生物资源】 全市野生植物分布共103科273属503种，其中，分布的野生果树主要有核桃楸、野生软枣猕猴桃，具有保护价值的野生药材有柴胡、党参、远志等，野生蔬菜有羊耳蒜、野韭菜等，同时在迁安西部山区发现重要药用植物崖椒、卫矛，有很大分布。在分布的野生植物中核桃楸、野生猕猴桃、崖椒、卫矛具有集中分布区域，而柴胡、党参、远志、羊耳蒜、野韭菜等只有零星分布，不成区域。人工栽植的果树分水果树和干果树两大类。水果以苹果、梨、桃、红果、杏、柿子、葡萄、李子为主；干果以板栗、核桃、枣为主。在农作物资源中，粮食作物主要有玉米、小麦、甘薯、稻谷、谷黍、高粱、豆类等；经济作物以花生为主，棉花、瓜类次之，芝麻、麻类、向日葵、烟草、中草药等也有零散分布。蔬菜类主要有白菜、萝卜、菠菜、西红柿、黄瓜、葱蒜、辣椒、豆角、韭菜等。畜禽资源以人工培育品种为主，主要有猪、牛、羊、马、骡、驴、鸡、鸭、鹅、兔10种。野生兽类主要有狐狸、刺猬、黄鼠狼、野兔、獾和松鼠，鸟类主要有猫头鹰、杜鹃、啄木鸟、乌鸦、喜鹊、麻雀、燕子、黄鹂等。水产资源以鱼类为主，有30多个品种。其中，最常见的人工养殖鱼类有草鲢、鳙、鲤、鲫、鲂5个品种；河流自然鱼类有鲤鱼、鲫鱼、黑鱼、鼋鱼、黄鳝、马口鱼、棒花、白条鱼、麦穗鱼、红鳍鳅、赤眼鳟及少量的鲈鱼。此外，还有草虾、河蟹等。

（刘保军）

【水资源】 随着滦河生态防洪工程的实施，滦河迁安市中心城区段的疏浚和清淤，迁安市地表水资源、地下水资源的径流、补给条件都发生很大变化。2012年，河北省水利科学研究院完成迁安市水资源评价工作。

迁安市属暖温带季风气候，多年平均降水量（1956～2010年）为672.4毫米，其中70%～80%集中在汛期的7、8、9三个月份，降水年际变化大，丰水年是枯水年的1.92倍，地域分布差异较大，长城沿线大于南部地区。迁安市多年平均水资源总量3.61亿立方米，其中，地表水资源量1.72亿立方米，地下水资源量2.23亿立方米，地表水与地下水重复计算量3435万立方米。水资源可利用量2.91亿立方米，其中，地表水资源可利用量1.15亿立方米，地下水资源可开采量2.1亿立方米，本地地表水与地下水两者之间的重复量3435万立方米。人均水资源利用量404立方米。

2014年，全市总取水量2.12亿立方米，其中农业用水7702万立方米、工业用水1.01亿立方米、生活用水2850万立方米、生态用水550万立方米。境内地下水类型为重碳酸盐—钙镁型，矿化度0.1克～0.6克/升，pH值7.3～8.5，总硬度39～333毫升（以碳酸钙计）。

（曹红飞 李志魁）

【土地资源】 全市土地总面积12.27万公顷，其中，耕地4.26万公顷，园地9339.58公顷，林地1.64万公顷，草地1.18万公顷，交通用地4437.85公顷。城镇村及工矿用地2.79万公顷，水域及水利设施用地6323.24公顷，其他土地3866.2公顷。

（朱 宁）

【旅游资源】 迁安历史悠久，旅游资源丰富。早在旧石器时代晚期（4.2万～5万年前），境内滦河沿岸、爪村一带就有人类居住，历史上有名的伯夷叔齐让国、老马识途等典故都发生在迁安，燕山、滦水、长城等具备开发价值的旅游资源20余处。至2014年底，建有国家AAAA级景区1家、国家AAA级景区2家、国家AA级景区3家、全国特色景观旅游名村2个、全国工业旅游示范点2个、全国休闲农业与乡村旅游示范点1个、河北省风景名胜区1家，成功打造了“白羊峪长城旅游区观花节”和“迁安金秋采摘节”2个靓丽节日旅游品牌，获得“全国休闲农业与乡村旅游示范市”称号。有由山叶口旅游区、灵山旅游区、红峪口旅游区和黄台湖风景区组成的总面积46.57平方公里的“国家地质公园”；有东起徐流口、西至红峪口，蜿蜒44.9公里的世界文化遗产长城，其中唯一一段1.5公里的大理石长城，堪称长城绝景；还有“百里诗绿道，山水画迁安”的一横三纵4条旅游绿道；更有黄台山公园、佛山公园、人民广场、迁安博物馆、三里河生态走廊等一批具有现代活力的城市旅游新景观。全市基本形成以三山、两河、两馆（龙山、佛山、黄台山，滦河、三里河，规划展馆、博物馆）为主题的城市休闲观光游，以白羊峪、红峪口、徐流口古长城文化为主题的长城民俗休闲游，以山叶口国家地质公园自然山水风光为主题的休闲养生、运动康体观光游，以现代设施农业为主题的农事体验游。突出迁安地域自然、人文资源特色的“博物馆、黄台湖景区、山叶口景区、贯头山酒厂、白羊峪景区、龙泽谷酒庄、万宝沟军事乐园”迁安一日游、二日游线路已经成熟。

（林　君）

自然灾害

【春季持续高温】　2014年春季，气温持续偏高，入春早。3～5月，平均气温较常年偏高2.8℃。3月18日，全市平均气温达到10.7℃，此后五日滑动平均气温均在10℃以上，3月18日作为2014年入春日期，是近10年以来的最早日期。

（王　丹）

【干旱】　年内，全市干旱表现为冬春连旱和夏旱。从表2可以看出，冬季受降水异常偏少、温度偏高的影响，气象干旱发展迅速。由于迁安市冬小麦进入越冬期，对水分需求减少，有前期底墒和冬灌的保障，气象干旱对农业影响不大。进入3月以后，迁安市气温明显偏高，降水显著偏少，气象干旱发展并持续。3月下旬，迁安市气象重旱和特旱。3月末，旱情有所缓解。4月中旬，旱情进一步发展，迁安市出现重旱。4月下旬，气象干旱有所缓解，迁安市除东南部为中旱外，大部分地区为轻旱。到5月，降水明显增多，并出现首场透雨。夏季，迁安地区出现严重的夏旱，7月降水仅57.7毫米，较常年偏少7成，而且降水主要集中在7月1～2日、16日、21日3次过程，阶段性干旱严重。受影响最严重的农作物是春玉米和夏玉米，出现了“卡脖旱”，对产量造成不利影响。年内，全市夏季最长连续无降水日数为12天，出现在5月25日至6月5日，较常年（11.7天）偏多0.3天。

2014年迁安市冬春季、夏季各月降水量与历年值比较表

表2

年月 项目	2013.12	2014.1	2014.2	2014.3	2014.4	2014.5	2014.6	2014.7	2014.8
当月降水量（毫米）	0.1	0.4	0.7	3.3	5.1	60.3	73.9	57.7	216.0
历年降水平均值（毫米）	3.3	3.1	3.1	9.7	24.0	47.8	85.7	180.8	160.7
与平均值比较（毫米）	-3.2	-2.7	-2.4	-6.4	-18.9	12.5	-11.8	-123.1	55.3

（秦永红）

【干热风】 5月下旬，受高温天气影响，出现轻度干热风天气。持续的干热风天气降低了灌浆盛期麦区的灌浆速率，影响了灌浆正常进行，不利千粒重增加。

（高志新）

【高温】 2014年，迁安市高温天气主要出现在7月。5月28～29日、7月13～14日、19～20日，三次过程日最高气温超过35℃。5月29日最高气温39.3℃，是2014年迁安市唯一一天超过38℃的高温天气，且刷新了自1957年建站以来的最高气温极值。2014年最高气温在35℃以上的天数共计10天，分别是5月23、28、29日，6月30日，7月10、13、14、19、20日，8月2日。

（王　丹）

【雾霾】 2014年，全市频繁出现雾霾天气，全年出现雾霾日数124天。其中1、2、10月出现较多，分别为18、14、20天。2月20～26日、10月8～11、23～25日三次过程较严重，市政府应急办均发布了重污染天气三级黄色预警响应。

（蔡英娜）

【地质灾害】 全市地质灾害隐患点主要分布在辖区北部和西部山区，以山体滑坡、崩塌和泥石流为主，6月中旬至9月中旬为地质灾害多发期。2014年，确定地质灾害隐患点71处，其中省级地质灾害隐患点6处，唐山市级地质灾害隐患点11处，县级地质灾害隐患点54处。年内重点关注5处地质灾害隐患点，未形成灾害。

（马　林）

【生物灾害】 2014年，全市病、虫、草、鼠害累计发生面积493.3万亩次，防治面积437.49万亩次，防治率90.3%。其中，病害发生面积115.48万亩次，防治面积105.75万亩次；虫害发生面积255.89万亩次，防治面积223.64万亩次；全市完成春季农区灭鼠74.5万亩次，住宅农户灭鼠10万户。

（刘保军）

人口·民族宗教

【人口概况】 2014年末，全市总户数259897户，总人口759210人，其中，男392204人，女367006人；非农业人口149810人，农业人口609400人。年内出生11206人，人口出生率15.12‰，年内死亡4573人，死亡率6.17‰，人口自然增长率8.95‰。人口密度600人/平方公里，其中，迁安镇人口密度最大，为1326人/平方公里，太平庄乡人口密度最小，为252人/平方公里。

（王秀艳）

【民族宗教】 2014年，全市有28个少数民族，分别是回族、满族、蒙古族、朝鲜族、壮族、布依族、苗族、彝族、藏族、维吾尔族、侗族、瑶族、白族、土家族、傣族、黎族、傈僳族、畲族、拉祜族、水族、土族、达斡尔族、仫佬族、仡佬族、锡伯族、鄂温克族、保安族、东方族。少数民族人口2.13万人，占全市总人口的2.8%，其中，满族人口11118人，回族人口6796人，蒙古族495人，其他少数民族2891人。全市有少数民族村12个，其中，回族村10个，分别是建昌营镇回民村、得胜村、平安村、西安村、建平村、北冷口村，沙河驿镇沙河驿村、李店子村、唐庄子村、前铺村；满族村2个，分别是迁安镇合理村、建设村。全市有佛教、伊斯兰教、天主教、基督教、道教五大宗教。位于迁安市沙河驿镇红庙子村小南山北坡的弘法寺，始建于唐代贞观年间，时称三官庙。2014年3月经唐山市民族宗教局批准设立为佛教活动场所，周边信众600余人。至2014年底，全市有佛教寺院5处、伊斯兰教清真寺4座、天主教堂5座、基督教活动点8处、道观1处，信教群众2.19万人。

（秦兆亮）

国民经济与社会发展

【概况】 2014年，全市上下认真落实市委五届四次全会精神，坚持“稳中求进”的主基调，扎实推进转型攻坚，圆满完成了国民经济和社会发展各项目标，经济社会实现平稳健康发展。全年实现地区生产总值993.7亿元，按可比价增长4.1%；完成公共财政预算收入35.1亿元，比上年下降5.6%。

【经济结构进一步优化】 以加快资源型经济转

型和转变经济发展方式为目标，加快构建“3 + 5 + 6”现代产业体系，产业结构不断优化。

资 料

“3 + 5 + 6”现代产业体系 2013年年初，迁安市委、市政府按照产业转型的总构想——“四五”转型攻坚计划，进一步梳理发展思路，在强化发展政策、发展思路的一致性、连贯性的同时，结合迁安发展需要和全市实际，对有些内容进行了微调，明确了整个产业转型向哪里转、在哪里转、靠谁来转的重大问题，提出构建“3 + 5 + 6”现代产业体系。“3”就是打造精品钢铁、装备制造、现代物流三大产值超千亿元的产业板块；“5”就是发展煤化工、包装建材、食品医药、文化旅游、高新技术5个产值超百亿元的产业集群；“6”就是培育金融服务、教育培训、文化创意、消费购物、养生养老、总部经济6个功能中心。2013年7月，中共迁安市委、迁安市人民政府印发《构建“3 + 5”产业体系、打造六大功能中心分组负责方案》的通知。按照“一个产业、一个方案、一套班子、一抓到底”的原则，成立了14个产业推进小组，分别由一名四套班子同志挂帅，并逐产业确定转型规划、发展目标和推进措施、年度计划，明确具体推进项目。

1. 农业经济稳步发展。2014年，全市按照构建三大主体功能区的要求，坚持“生态、高效、富民”的理念，以提升农业产业化经营水平、推进规模农业发展、强化科技创新和现代农业服务体系建设为重点，深化农村改革，创新体制机制，现代农业格局正在加速形成。2014年底，新增省级龙头企业、省级农民合作示范社各1家，全市农业产业化龙头企业达到88家，农业产业化率75.5%。实现农村劳动力转移就业5750人。全市实现农林牧渔业总产值71.5亿元，比上年增长5.4%；粮食总产18.4万吨，蔬菜总产94.5万吨；实现生猪出栏74万头；家禽出栏744.3万只；肉类总产8.7万吨；蛋类产量4万吨；奶类产量15.6万吨。

2. 工业结构不断优化。全市围绕构建现代产业体系的奋斗目标，坚持内涵提升、创新驱动，不断加大转方式、调结构工作力度，促进全市工业结构调整取得新成效。全年规模以上工业企业累计实现工业总产值1619.18亿元，累计完成规模以上工业增加值582.85亿元，同比增长5%；累计实现规模以上工业利税311.17亿元，规模以上工业利润222.47亿元，规模以上工业上缴税金88.7亿元，同比增长13.5%。工业产品产销衔接较好，产销率99.2%。精品钢铁业提档升级，7家钢铁企业全部进入工信部钢铁行业规范企业名录，天津物产整合地方钢铁企业正在积极推进，燕钢热轧卷板等一批项目竣工投产，钢铁业实现了深度延伸，实现增加值142.7亿元，增长4.1%。装备制造业发展迅猛，投资142.7亿元，实施了正大通用制管等28个重点项目，北商泵阀产业园等大项目落地开工，装备制造业实现增加值41.3亿元，增长19.5%。5个百亿级产业板块快速发展。投资104亿元，实施了52个五大板块项目，葵花药业生物制药、思文科德八色印铁二期等项目竣工投产，翅冀LNG、怡蕙达LNG等项目正在加紧建设，煤化工、包装建材、节能环保、食品医药、高新技术五大产业板块不断壮大，实现增加值60.2亿元。高耗能产业增速放缓，新兴产业增长提速。在全部工业中，采选、钢铁等高耗能产业分别增长1.2%和4.1%；装备制造、建材包装业分别增长19.5%和9.1%。

3. 现代服务业发展迅速。不断调整和完善发展思路，服务业保持较快的发展速度，服务功能增强，整体水平不断升级。2014年，第三产业实现增加值304.6亿元，占GDP比重达到30%。生产性服务业不断壮大，中铁物产（迁安）有限公司铁矿石物流基地、中钢钢铁物流产业园等项目正在加快建设，神华集团迁安煤焦产品物流园项目前期进展顺利。物流业实现增加值168.2亿元，占居第三产业增加值总量的一半以上。以区域性中心城市建设为依托，生活性服务业实现快速发展，天洋城四代城市综合体、王府大酒店等一批商贸、餐饮、住宿项目进展顺利，红星美凯龙家居综合体、天洋城第四代城市综合体一期已正式营业，文化创意、总部经济等新兴服务业快速兴起，商贸流通业态不断升级。旅游业快速发展，围绕打造滦河滨水观光游、主题公园体验游、绿道生态休闲游三大旅游板块，实施了龙湾游艇俱乐部等一批重点旅游项目。2014 年，共接待游客 128.4 万人次，同比增长 33.1%；旅游总收入 4.5 亿元，同比增长 21.6%。

4. 城市建设再创新辉煌。三大城市板块快速推进，壮大了城市体量，彰显了城市特色，城市建成区面积达到 40 平方公里，城镇化率达到 55.24%，集中供热面积达到 1200 万平方米，城市绿地覆盖率达到 41.7%。滦河生态休闲区成功蓄水，初步形成 14 平方公里大湖美景，滦河文化旅游产业区新增 6 座建设用岛，桥梁、绿化等工程基本完工，“首都东边一座成长在水里的城市”日益引人瞩目，水城特色已成为迁安最靓丽的名片。现代化标志区品位提升、产城融合，轩辕阁、荣福宫等一批标志性工程基本完工，碧桂园高档商住开发、金融街等项目加快推进。右岸新城建设稳步实施，中医院迁建、佛山公园项目主体基本完工，东西区第三通道工程正式通车，一中西校区正式投入使用。六大区域性功能中心建设快速推进，万嘉商贸物流园等项目基本完工。华夏银行、承德银行、民生银行正式入驻，金融服务业主体进一步壮大。城市业态不断丰富，辐射能力全面增强，成为周边地区消费购物、旅游观光、休闲养生的首选之地。全年实施重点城建项目 27 个，全省县城建设现场会在迁安市召开，顺利通过国家卫生城市、国家园林城市复审验收和中国宜居城市年度巡查。城市道路改造、集中供热扩容、环卫设施提升等一批市政基础设施工程全面完工，城市承载能力不断提升。加大老旧小区改造步伐，理顺物业管理体制，新建住宅小区实现物业管理全覆盖，城市精细化管理水平进一步提高。

【“三驾马车”拉动经济增长】 固定资产投资高速增长。2014 年，全市以重点项目建设为抓手，积极调整优化投资结构，全市固定资产投资规模保持快速增长。全年共实施重点项目 269 个，当年完成投资 521.5 亿元。完成全社会固定资产投资 526.1 亿元，同比增长 16.1%。其中，第一产业 25.3 亿元，同比增长 99.9%；第二产业 266.5 亿元，同比下降 0.2%；第三产业 234.3 亿元，同比增长 35.1%。消费市场繁荣稳定。积极扶持和发展与城乡居民消费密切相关的旅游、餐饮、商贸等行业，培育新的消费热点，发展文化、体育健身消费，有效促进消费市场的繁荣和稳定。实现社会消费品零售总额 203.3 亿元，同比增长 12.1%。对外开放硕果累累。积极对接北京等重点地区，组织开展经贸洽谈月等系列招商活动，顺天诚通钢材加工、金牛管业北方基地等 37 个项目成功签约，中唐遗乐城等 75 个项目达成合作意向。全年实际利用外资 6421 万美元，增长 6.7%。强力推进外经外贸工作，实现进出口总值 26.6 亿美元，同比增长 38.6%，其中，出口创汇 4 亿美元，同比增长 5.79%。

【人民生活质量明显改善】 社会保障和就业工作稳步推进。新增“五险”人员 3.4 万人；城镇居民最低生活保障标准由每人每月 450 元提高到每人每月 470 元，农村居民最低生活保障标准由每人每年 2900 元提高到每人每年 3150 元，累计为城乡低保群众、农村五保户和高龄老人发放补助金 6700 万元，为 9.1 万名城乡居民发放养老金 1.26 亿元；累计发放善款 192 万元，用于助困、助医、助学等社会救济。就业再就业工作扎实推进，新增城镇就业 6750 人，下岗失业人员实现再就业 1290 人，农村劳动力转移就业 5750 人，城镇登记失业率为 2.75%。人民生活水平明显提高。城镇居民人均可支配收入 29861 元，比上年增长 8.2%；农民人均可支配收入 17125 元，比上年增长 10.4%。各项社会事业协调发展。坚持创新驱动，不断完善科技创新体系，组织实施科技项目 30 项，推广科技成果 24 项。2 家企业被认定为高新技术企业，66 家企业被认定为省级科技型中小企业；新建 2 家本级企业工程技术研究中心，3 家县级研究技术中心升级为唐山市级研究中心；开展国家知识产权示范城市培育工作，专利申请量 159 件。教育事业不断进步，投入 2.38 亿元改善办学条件，一中西校区等工程投入使用。北大学园与一中、河北师大与第六实验小学实现合作办学，高考创造佳绩，市职教中心成功升格为技师学院，迁安市被评为全国义务教育发展基本均衡县。卫生和计生事业快速发展，人民医院公立医院改革试点工作进展顺利，中医院迁建、精神病院新建主体工程基本竣工，年末拥有卫生医疗机构822个，社会基本医疗保险参保人数70万人。人口自然增长率为8.95‰。人才支撑作用明显增强，共引进各类人才885人，为市域经济社会发展提供了强大的人才支撑和智力保障。

（汤雅超）

招商引资

【概况】 2014年，面对宏观经济持续低迷的严峻挑战，全市招商工作紧紧围绕转型升级，牢牢把握京津冀协同发展的历史机遇，坚持创新方式、拓展渠道、内激外引、合力攻坚，在投资扩张需求不强、招商引资竞争白热化的形势下，依然取得令人瞩目的成绩。成功引进北京顺天诚通、首钢包芯线、金牛管业、北大学园教育园等项目，为经济转型发展注入新的活力。全年实现利用外资6421万美元，提前两个月完成唐山市下达的目标任务（6400万美元）；全年累计引进国内资金147.5亿元，超额完成唐山市下达目标（145亿元）；引进人才760人，引进技术55项。

【全民招商】 全市上下对转型发展的认识更加统一，开放招商的意识更加迫切，各级各部门围绕构建"3+5+6"产业体系，掀起"大招商、招大商"的浓厚氛围。市领导率先垂范，仅经贸洽谈月期间就外出招商和接待考察50余次，接触客商300余人，引来北大学园教育园、北京第二实验小学迁安分校、金牛管业北方基地等项目。各产业组、镇乡、市直有关单位通过各自渠道，广泛联系，引来正大通用钢管、北商国际泵阀产业园、中汇（迁安）国际动漫体验岛、富达园二期、首钢包芯线、北京顺天诚通钢材加工基地、大龙王庙国际生态旅游度假山庄等项目。各产业组先后30多批次组织企业家外出参观考察，通过对接先进、解放思想、开阔眼界，全民创业、民企二次创业活力迸发，企业家逐渐冲破"不想转、不会转、不敢转"的思想束缚，主动走出迁安，寻求发展商机，思文科德、明营玻璃、英诺特制药、宝利源焦化、蓝海焦化、兴达集团、津唐球墨铸管、金沣秋工贸等一大批企业积极谋划转型项目，主动走出去寻求合作伙伴。机关干部、普通群众、社会各界以及在外同乡也纷纷献计献策，主动牵线搭桥，积极提供招商线索和项目信息，放眼世界、开放招商正在成为推动全市经济社会转型发展的主旋律。

【对接京津冀协同发展】 2014年，迁安与京津地区联系紧密，三地间互动频繁，合作深度和广度显著提升，对接京津冀协同发展工作走在唐山市各县区前列。全市各级各部门在京津地区累计开展招商活动443次，共对接7个国家部委、35个科研院所以及240家企业；先后有140余批次考察团走进迁安寻求合作，对接洽谈项目200多个。其中，北商国际泵阀产业园、北大学园迁安教育园区、明续（迁安）科技发展有限公司大数据云平台开发、首钢包芯线、北京金凯尔建筑材料有限公司石英石板材加工、迁安佳桥草莓种植基地、迁安市格鲁博金属材料制造有限公司水雾化制备合金粉末等12个项目开工建设；中汇（迁安）国际动漫体验岛、香港东捷医疗投资、首师大中国书法文化研究院教育教学基地、新奥集团LNG、中兴能源分布式发电、北京顺天诚通钢材加工基地等19个项目正式签约；"迁安"新兴能源绿色生态产业园、荏原机械（中国）有限公司迁建、中科复兴集团空气污染治理设备、北京首钢吉泰安新材料生产、赛伯乐（中国）投资有限公司投资建设本科院校、北矿磁材有限公司磁性材料生产及深加工、北京神州绿星科技有限公司新型建筑节能自保温砌块生产加工等52个项目达成合作意向；迁安北商国际泵阀产业园投资股份有限公司及迁安市路明实业股份有限公司正式在天津股权交易中心挂牌上市，实现迁安上市企业零突破。

【经贸洽谈月活动】 9月20日至10月底，精心组织开展以"广交朋友、展示迁安、对接项目、促进合作”为主题的经贸洽谈月活动。累计有117批次小团组“走出去”，先后赴北京、天津、上海、浙江、广东、江苏、山东、安徽、香港等地敲门招商。累计有176家企业、700余人次应邀到迁安考察，寻求合作。全市共对接企业318家，其中世界500强企业13家、中国百强11家、央企10家、行业领军企业32家，北京顺天诚通钢材加工基地、北京建黎网架加工基地、河北滦牧肉鸡养殖基地等23个项目签约，计划总投资65.38亿元；“迁安”新兴能源绿色生态产业园、聚元通和资本军民两用科技园、中国管理科学院节能环保产业示范园、北京东方富恒钢结构厂区外迁等45个项目达成合作意向，计划总投资297.8亿元。

【驻点招商】 通过两年实践，在北京驻点招商积累了丰富的人脉资源，建立了自己的关系网，对接北京的桥头堡作用逐步显现。先后与北京市发改委、北京市国资委、北京中关村管委会等关键部门和北京市企业发展促进会、北京女企业家协会、北京企业联合会、中华文化促进会、中国钢铁工业协会、北京锻铸造行业协会等71家机构、组织建立互动合作关系；对接新兴重工、中国五矿、荏原机械（中国）有限公司、华漫兄弟动漫公司等94家企业，洽谈项目21个。其中，“迁安”新兴能源绿色生态产业园、荏原机械（中国）有限公司迁建、韩中日经济文化协会养生养老示范基地和国际医疗城、中国书法文化研究院教育教学基地等项目达成合作意向；启动“周末迁安行”活动，北京企业联合会、中国电子商务协会、北京市国资委及新闻媒体、北京影视界等14批次181名客商到迁安考察，组织各镇乡、园区与相关企业接洽项目14个。

【提高城市知名度】 坚持把树立迁安形象、打造迁安品牌作为促进招商引资的重要手段。围绕“京东水城、宜居宜业”特色，高水平摄制了迁安形象宣传片，10月14日起登陆央视一套、四套黄金时段，并迅速被主流网站视频转载；通过互联网、微信等平台宣传投资环境；在京哈高速及市内主干路设立多幅迁安形象广告牌；更新完善招商引资宣传片和宣传册，并利用全市主要路口LED屏和星级酒店宾馆等渠道广泛宣传推介。通过多角度、多层次、立体式的宣传展示，极大地提升了迁安在国内外的知名度和影响力，“北方水城”的品牌越叫越响，“投资在迁安，发展零障碍”的名片越擦越亮。

【招商成果】 2014年，全市实现签约项目26个，其中，精品钢铁项目1个，计划总投资2.5亿元；装备制造项目2个，计划总投资61亿元；现代物流项目2个，计划总投资0.52亿元；包装建材项目5个，计划总投资13.8亿元；食品医药1个，计划总投资6000万元；高新技术项目6个，计划总投资25.3亿元；消费购物项目2个，计划总投资2.8亿元；教育培训项目1个；现代农业项目4个，计划总投资2.56亿元；文化旅游项目1个，计划总投资1.5亿元；养生养老项目1个，计划总投资0.2亿元。达成意向项目75个，其中，精品钢铁项目3个；装备制造项目15个；现代物流项目2个；包装建材项目7个；煤化工项目2个；食品医药项目3个；文化旅游项目6个；教育培训项目6个；消费购物项目5个；养生养老项目4个；高新技术项目14个；文化创意项目1个；城市建设项目4个；现代农业项目3个。当年新开工项目38个，其中，正大制管、河北佳兢钢材仓储加工等9个项目顺利投产，中海油LNG、迁钢公司包芯线、北京金凯尔建筑材料等项目进展顺利。

市招商局
局　长　唐继勇
副局长　韩文峰
市政府办副主任科员
刘国新（服务副市长马文柏抓招商引资）
（穆德朋）

发展民营经济

【概况】 2014年，全市继续深入开展全民创业和民企二次创业工作，全力构建“3+5+6”现代产业体系，通过全市上下共同努力，民营经济呈现快速、健康发展的良好态势，成为支撑和推动全市经济增长的重要支柱。到2014年底，全市民营经济户数33174户，同比增长17.7%，其中民营企业4459家，同比增长17.62%；民营经济从业人员33.68万人，同比增长3.03%；民营经济实现增加值914.05亿元，同比增长2.47%，占全市地区生产总值的89.94%；民营经济上缴税金49.10亿元，同比增长－15.28%，占全市财政收入的75.89%；民营经济完成固定资产投资428.56亿元，同比增长15.99%，占全社会固定资产投资的81.46%。民营经济的发展，繁荣了城乡经济、增加了财政收入，扩大了社会就业、改善了人民生活，对全市的改革、发展、稳定，对构建社会主义和谐社会发挥了重要作用。

【企业家培训工程】 为提升全市企业家人才队伍整体素质，增强全市民营企业的战略思维、国际视野和经营决策能力，开展企业家培训工程。8月起与清华大学合作举办迁安市企业家素质能力提升研修班。各镇乡（城区街道）、市各派出机构管委会、市直有关单位、重点企业主要负责同志共2000余人聆听了讲座。

【减轻企业负担】 1. 加强政策宣传，确保减负工作落到实处。市减轻企业负担领导小组办公室于2014年6月编印了1200份《减轻企业负担倡议书》，分别发放至企业、涉企行业协会和中介组织。利用迁安民营经济网站平台，在最新公告栏对国家、省出台的涉及涉企收费管理、减轻企业负担的有关文件和制度规定等发布宣传，使企业对相关政策法规及时了解。2. 完善企业举报机制。市减轻企业负担领导小组办公室和市纪委监察局分别设立并公布了专项举报电话，受理“五乱”行为的投诉举报。督促职能部门遵章守纪，自觉接受企业监督，维护企业合法权益，进一步优化全市经济发展环境。

【树典型提形象】 提升民企形象。组织重点企业申报2014年河北省百强企业（中国企业500强）。在省工业经济联合会（省经济团体联合会）主办，省企业家协会、省企业联合会和省统计学会协办的“2014年河北百强企业”排序中，迁安市九江线材有限责任公司获得“2014年河北省百强企业”荣誉称号。对于提升市民营企业形象、扩大社会影响、促进民营经济转型发展起到积极的推动作用。

【为企业争取资金支持】 组织企业申报各种专项资金，协助企业到省工信厅、财政厅及唐山市工信局办理相关手续。年内，有5家企业获863万元专项资金支持。其中，迁安市思文科德金属包装有限公司、英诺特（唐山）生物技术有限公司等3家企业获得2014年省级工业企业技术改造专项资金815万元，唐山隆信配电开关控制设备有限公司、迁安富达科技创业辅导有限公司获省中小企业专项发展资金48万元。上级专项资金支持，加快了企业项目建设进度，促使其早日竣工投产，为全市工业经济创造新的经济增长点奠定基础。

【信用担保】 加强融资性担保机构建设和监管，督导市内2家已经取得融资性担保机构经营许可证的担保机构加强业务人员培训，扩大担保业务开展。2014年，为34家企业提供贷款担保金额1.27亿元，缓解了企业资金压力。

（王利武）

园区建设

迁安高新技术产业开发区

【概况】 2014年，迁安市东部工业区更名为迁安高新技术产业开发区。年内，迁安高新技术产业开发区完成国税收入2.23亿元，地税收入7800万元；完成固定资产投资49亿元，增长率39%；新增企业26家，新增规模以上企业4家；入统企业增加值增长率达到28%。加强党员队伍建设及基层党组织建设，建立机关党总支及综合办公室、规划建设部等5个机关党支部，在非公企业中组建了迁安市昌安耀滨科技企业孵化器党支部。扎实开展党的群众路线教育实践活动。广泛听取群众意见，认真谋划9个帮扶项目，筹措帮扶资金22.5万元。开展“21项整治”工作，着力整治文山会海，会议数量较上年同期精简

40%，文件数量较上年同期精简30%；开展清车、清房活动，拍卖超配公车6辆，清理超标办公用房8.5间、144.5平方米；严格执行预算，“三公经费”同比下降75%。与此同时，完善、建立一些规章制度，形成长效机制，保证教育活动的持续效果。2014年，被省工信厅、科技厅、财政厅批准为河北省第一批创建省级清洁生产试点园区，被河北省发改委评为河北省项目建设先进单位，唐山市县级仅此一家。

【基础设施建设】 为加快高新区扩容提质，2014年，实施投资近亿元的基础设施及其配套工程。一是道路工程，修建创新路南延北伸、祺瑞街西段、小微企业创业园内主干路2000多米。二是供水、供电、绿化等配套工程，供水工程，铺设创新路南延、北伸、聚鑫街东段、科技路供水管线6000米；绿化工程，在十里河两岸、聚鑫街北侧、吉庆路两侧、创新路西侧栽植树木草坪3.8万平方米，从园林局接手并完成27.4万平方米的草坪绿化养护工作；电力工程，完成创新路、祺瑞街、科技路南延等路段4500米的双回10千伏电力线路及寺前1—4#电力改线；其他工程，铺设通信管线2500米、热力管线1400米、燃气管线2864米。三是完成十里河改造工程，拓挖河道760米，修建桥梁一座，置换平整土地180亩。四是完成扣庄粉丝小区2000吨/天的污水处理工程，铺设污水管道719米。此外，完成开发区立方源供水公司设备更新及自动化改造。

【招商引资】 1. 走出去定点、上门招商。分批分组赴北京、天津、广东、安徽、内蒙古等省（直辖市、自治区），拜访中国投资协会、高科技产业联盟、杰出华商协会、华宇国信投资贸易（北京）有限公司等招商、融资机构和协会组织，洽谈联邦德国城市议会电动护栏、车库门生产、北京301和协和医院医疗健康园区、环卫车改装等项目；实地走访、考察了北京中科联盛环保、亿美博、历途易盛、桑德公司、科莱达公司杂化膜生产、空气源超导辐射供暖（冷）系统生产、精密汽车零部件生产、生物医药生产基地等项目。2. 邀请客商到迁安洽谈考察。邀请香港、台湾、上海、北京、天津等地客商到迁安考察。香港长江集团、台资企业天津百里富集团、上海联合水务有限公司、天津众达精密有限公司、天津亿晟投资有限公司等23家企业总经理或高管分期到迁安和高新区，对接数控机床零部件生产、空气动力发电、污水处理厂、新能源汽车生产、新材料产业园等项目。此外，认真做好中国经济社会理事会及河北省医药行业协会、工业经济联合会相关领导、专家和企业界人士到高新区考察接待活动，促进北商国际泵阀产业园在天津股权交易所挂牌。3. 推进网络招商。通过网络与无锡康力集团、深圳贝尔信智能系统有限公司、北京泰科天润半导体科技有限公司、大连光洋机械制造有限公司、江苏武进姚官工业区接洽电梯生产、智慧城市建设、碳化硅生产、数控机床制造、轨道交通产业链项目。

2014年，高新区新开工建设项目4个，分别是：投资5亿元的迁安母合金高温合金产业化基地、投资6000万元的艾柯泰水性绝缘涂层、投资1.2亿元的恒则成智能化设备制造、投资4000万元的才汇玻璃生产项目；签约项目5个，分别是：中兴能源光能技术有限公司投资10亿元的100MWP（兆瓦）分布式屋顶光伏发电、广东汕头黄金有限公司与迁安业主合资6000万元建设的美式服装、湖南中掘供水设备有限公司与迁安鑫泰工贸有限公司投资1.5亿元合作开发变频无负压供水设备制造、本地投资商投资6500万元的可降解地膜、尚步唐山商贸有限公司投资7500万元的休闲电动车生产项目；达成意向项目6个，分别是中信集团与山东雷丁汽车公司投资1.5亿元合作生产电动汽车、安徽日芯光伏集团投资1亿元的聚光太阳能追踪器、天津百里富工业集团投资2亿元的京瓷生产、北京华信电子企业集团与唐山瑞达房地产有限公司投资5亿元合作生产锂离子电池、无锡华英生化设备制造公司投资1.2亿元的特种工业气体生产、哈尔滨中铁绿色包装材料有限公司投资6亿元建设40万吨植物丝纸板和一次性绿色降解餐具项目。

【拓宽融资渠道】 1. 筹集开发区基础设施建设资金。由财信担保公司担保，向信用社贷款2400

万元；以立方源供水有限责任公司财产为担保，向工商银行申请贷款1亿元，年底正在履行相关手续。2. 为企业提供融资服务。利用省级经济开发区、省级高新区相关优惠政策，帮助企业争取上级资金支持，助推企业发展，利用新型工业化示范基地平台，帮助隆信配电、立德照明、英诺特（唐山）生物制药和富达科技4家企业申请省工信厅专项资金306万元。与此同时，积极与邮储银行、中信银行、交通银行、信用社、省开行、华夏银行、沧州银行等多家商业银行合作，并多次组织召开银企对接会，为多家企业提供贷款1.8亿元。

【项目建设】 一是对新建项目全程服务。帮助解决用水、用电、强电弱电线路迁移、相关手续办理，并协调解决生产、建设过程中遇到的实际问题，特别是做好拆迁占工作，推进北商国际泵阀产业园、富达中小企业园二期、高温合金、万吨新型环保可降解地膜等11个项目2716.7亩用地的征占工作，保障项目顺利实施。二是积极化解土地瓶颈制约。完成高新区土地利用评价工作，全面建立土地台账，完善用地手续，对发生在2009年12月31日前未依法办理土地手续的23家企业17034亩项目用地，分期上报，陆续办理土地使用证。三是做实科技平台，为企业提供科技支撑和服务。帮助金沙工贸和首钢重汽成功申报2015年高新技术领域省级科技支撑项目；首钢重汽、金昊圆液压、英诺特制药等7家企业成功申报河北省科技型中小企业；组织金海机械厂、葵花药业、英诺特、金泽电子、立德照明、德禹环保6家企业13个项目顺利申报迁安市科技局2014年科技项目。四是强化开发区管理，加强土地、规划执法。处理违规案件5起，督导整改卫拍企业15家；搞好闲置土地调查摸底，对2994.093亩闲置土地提出分类处理方案，已收回土地1240亩；组织涉税土地清查，完成194家企业6761.68亩涉税土地登统审签工作；抓好安全生产和质量监督，实行领导班子分包企业安全生产责任制，每季组织一次大检查活动，并与安全、质监部门搞好安全、质量培训；完善基础设施建设手续，完成开发区道路监测、环评、水土保持方案；严格治安管理，成立城管中队，查处各类治安案件86起、调解各类纠纷71起，查处店外经营和流动摊点100余处，拆除违法牌匾、广告500余处，清理乱贴乱画2000余处，并对物业管理面向社会公开招标，治安环境和区容区貌明显改观。

迁安高新技术产业开发区
党工委书记、管委会主任 冯　尚
党工委副书记 汤任才
管委会副主任 张晓昱　张　健
综合办公室主任 徐　英
招商投资部部长 周立国
规划建设部部长 李宝军
企业管理服务中心主任 刘志刚

（史宏伟）

河北迁安经济开发区

【概况】 2014年3月，经省政府规范整合，迁安市西部工业区更名为河北迁安经济开发区，并被列为全省承接京津产业转移的40家重点平台之一。年内入选河北省首批“省级清洁生产试点示范园区”，被列为首批“河北省循环经济示范园区”创建单位，成为环京津地区首选的投资创业之地。至2014年底，建成区面积33平方公里，累计完成固定资产投资641.86亿元，入驻企业282家，其中规模以上企业51家。园区内产业布局集中，初步形成以钢铁冶金产业为主导，装备制造业、煤化工业、环保建材业及现代服务业相互依存、融合发展、链式集聚的良好发展格局。2014年，主营业务收入1458亿元，同比增长15.1%；固定资产投资178.7亿元，同比增长22.3%；税收24.5亿元，同比下降14%；工业利税40.2亿元，工业利税增长率11%。

【项目建设】 2014年实施重点工业项目37个，计划总投资142.8亿元。有19个项目已全部完工，累计完成投资79.2亿元。其中，自主招商项目8个，计划总投资10.2亿元，3个项目已全部完工，累计完成投资7.1亿元。

【基础设施建设】　全年完成投资603.7万元，实施基础设施重点工程项目4个，完成第三通道园区内道路工程勘测定界、地上附着物收量等前期工作；完成金牛管业项目引水、高压改线、首实包装项目供电等工程建设；完成26万平方米绿化养护工作。

【招商引资】　创新招商，提高招商引资实效。精心制作投资指南等宣传资料3000余份，积极对外推介展示。借助省、唐山市电台、电视台、报刊等广告新闻媒体，全方位对外宣传。积极参加国际、国家、省、唐山市等宣传推介活动，与意向客商零距离接触。立足现有产业基础，按照小规模、大群体的思路，通过吸引民营资本，突出产业链和产业集群招商，先后有10余个钢铁深加工产业项目落户，总投资28亿元。深入推进委托招商，调动各领域的有利资源，先后与北京科技成果转化中心、北京国资精英俱乐部、北京企业联合会、天津招商网等招商平台密切接触，快速捕捉产业转移信息，努力形成资源优势互补、招商信息共享强大畅通的招商网络。上门招商。年内先后组织奔赴北京、天津、江苏、邢台、衡水等地敲门招商，与北京三乐建材有限公司、北京如钢混凝土制品有限公司、中科复兴集团、正大集团下属正大制药等一批重点企业达成初步合作意向。全年实施自主招商项目5个，引进资金19.12亿元，其中，1亿元以上项目4个，10亿元以上项目1个，谋划推进项目10个。

河北迁安经济开发区
党工委书记、管委会主任　玄士丰
管委会副主任　崔学杰　郭　坤（女）
党工委副书记　刘继君
规划建设部部长　刘友芳
信息统计服务中心主任　彭会军
综合办公室主任　赵志东
投资招商部部长　洪江浩

（陈玉飞）

北方钢铁物流产业聚集区

【概况】　到2014年底，市北方钢铁物流产业聚集区拥有入驻企业51家，实现主营业务收入40亿元，税收4022.5万元。年内，聚集区被评为2014年度“全国优秀物流园区”，是河北省唯一一家连续获此殊荣的物流产业聚集区。同时，先后被评为首批创建省级清洁生产试点园区和唐山市文明单位。2014年，聚集区积极与高等院校合作，扩大知名度。2月，抢抓清华大学到迁安进行服务实践的机遇，借助清华大学的智力优势，努力寻求合作，成功开展大宗商品现代物流发展研究的物流课题研究，并形成高质量的课题研究报告，为聚集区未来发展提供了有一定价值的科学参考。同时，积极推进产学研基地建设。7月，与北京交通大学签约，成立校园产学研实践教学基地并成功揭牌。围绕产学研基地建设，先后开展优化铁路资源配置等系列课题研究，组织2批次、30余名师生到基地进行教学实践，收到良好效果。

【基础设施建设】　2014年，继续按照“大配套适度超前，小配套随项目跟进”的原则，狠抓基础设施建设。国防光缆改线和阜杨路翻修等工程顺利完工；污水处理厂项目三个单体池正在加快建设，设备已订购，铺设管网1700米；110千伏变电站项目完成土地预审、环评和地勘报告等前期工作。围绕打造综合交通体系，与北京铁路局、太原铁路局对接，谋划推进地方铁路建设，已委托内蒙古铁道勘察设计院进行地方铁路方案规划。同时，轩辕大街跨线桥、轩辕大街中段等工程正在积极推进。

【项目建设】　继续树立项目最急、项目最重、项目第一的理念，加大督导服务力度，重点项目建设势头强劲。2014年，共推进生产性重点建设项目4个，计划总投资19.5亿元，累计完成投资4.05亿元，当年完成投资2.05亿元。天津物产（迁安）综合物流服务中心项目一期续建工程，累计完成投资2.7亿元，4个原料库已竣工，办公楼、附属楼等配套工程主体也已完工，正在内外装修；投资5000万元的河北佳兢硅钢剪切加工项目于5月开工，5条生产线全部完工，年内实现加工量7000吨；赛诺物流公司钢铁物流园项目，完成投资4500万元，购置运输车辆40台，实现营业收入4000万元；平刚物流高炉除尘灰处理仓储项目，完成投资4000万元，项目一期两条生产线完成设备安装。同时，神华集团迁安煤焦产品物流园、京唐港迁安矿石铁路综合物流、顺天诚通钢材加工基地、公路港、新奥集团LNG等5个项目前期工作正在全力推进，计划总投资47.28亿元。

【招商引资】 2014年，继续把招商引资作为长期的战略性工作，抢抓京津冀协同发展的历史性机遇，按照“高起点谋划、高标准推进、高层次对接、高质量完成”的工作方针，坚持“走出去、请进来”并举，突出招大引强，瞄准世界500强、国内百强、上市公司等大企业、大集团，采取专业招商、以商招商、产业链招商、敲门招商等方式，招商工作再创佳绩。客商库不断完善。围绕构建“3+5+6”现代产业体系，广泛收集与全市产业发展紧密关联的行业领军企业信息，按照重点区域、不同行业分类，对企业的具体名称、行业类别、业务性质、具体地址及客商联系方式等信息全部记录在册并实行动态管理。扎实开展“经贸洽谈月”活动，全年联系客商400余家，接待到迁安客商40批次，组织外出拜访招商20余次，在市经贸洽谈月期间对接重点企业39家，涉及世界500强4家、中国百强1家、央企1家、行业龙头5家。集中拜访了北京铁路局、交通运输部、新奥能源集团等京津冀地区一批重点企业，与北京京东方能源科技有限公司、中国国际合作交流集团、新兴重工集团等进行深入对接。达成意向项目3个，即维可得（天津）食品有限公司速冻食品加工、平刚物流、公路港项目。完成签约项目2个，即新奥能源化工LNG、北京顺天诚通钢材加工基地项目。

【打造千亿产业集群】 北方钢铁物流产业聚集区充分发挥现代物流业推进组牵头单位职责，积极协调配合各成员单位，全力推进全市现代物流业发展。2014年，全市物流业实现主营业务收入596.8亿元，同比增长11.6%；税收5.6亿元，同比增长14.2%；完成增加值156.8亿元，同比增长19.5%。1. 外出考察取经。2014年，由推进组组长、市政协主席陈子存，市政府副市长马文柏带队，组织相关成员单位、部分镇乡主要负责人及相关民营企业家，围绕延伸产业链条，大力发展耗钢产业，培育加工产业集群和电子商务发展，分别于3月、11月赴浙江、江苏地区开展2次大规模外出考察活动，解放思想，开阔思路，就合作建设公路港、发展钢结构深加工、开发物流信息服务平台、发展钢钉加工产业集群、发展农村电子商务等达成合作意向。2. 项目建设如火如荼。2014年，现代物流业推进组共推进重点支撑项目20个，计划总投资283.9亿元，累计完成投资137.4亿元，当年完成投资63.8亿元。3. 招商引资成效显著。坚持“走出去、请进来”并举，广泛宣传推介，在全市经贸洽谈月活动中，对接重点企业39家，活动中，赴冀中能源集团等企业、部门开展集中拜访10批次；赴新兴重工集团等企业开展上门对接16批次，参加中小城市科学发展论坛等大型经贸洽谈或全国性专门会议4次；接待神华集团等到迁安考察团11批次。4. 协调联动统筹推进。各成员单位充分发挥自身职责和优势，全力推进招商引资工作。市商务局抢抓机遇，扎实推进电子商务进农村试点工作；市交通局与物流园区紧密结合，积极跑省进京，共同推进地方铁路和公路港等项目；农牧局与中国农科院等部门、市场中心就农贸市场改扩建、统计局借助参加中小城市科学发展论坛等分别推进了合作意向。

【破解资金瓶颈】 完成天津物产省现代物流业发展专项资金项目的申报，驿旺和污水处理有限公司贷款、担保评级和年度审计报告工作以及2014年省工业企业重点技术改造项目的申报；与中国重点城镇建设投资指导工作委员会深入对接，积极推进债券发行有关事宜；主动与唐山市商业银行对接，全力为聚集区道路项目进行融资；组成专门力量，精心组织相关材料，申报2015年度河北省省级科技计划项目。与建行、商行就公路港项目达成融资意向；年内帮助浙江物产（迁安）国际物流有限公司申请省物流专项扶持资金200万元。

市北方钢铁物流产业聚集区
党工委书记、管委会主任　王学龙（满族）
管委会常务副主任　张忠彦
党工委副书记　彭　彪
管委会副主任　李振华
综合办公室主任　付永军
招商投资部部长　武　刚
规划建设部部长　付春娥（女）
企业管理服务中心主任　梁海明

（付永军　安海旭）

精神文明建设

【概况】　2014年，全市精神文明建设继续以培育和践行社会主义核心价值观为主线，以文明素质提升工程、好人“奖励+援助”工程、学雷锋志愿服务“注册+考评”工程、文明细胞创建工程和未成年人思想道德建设心灵工程这“五大善行工程”为载体，深入开展“德耀钢城·善行迁安”主题道德实践活动，推动市民文明素质和城市文明程度实现新提升，为建设生态和谐、幸福富裕、更具活力魅力的迁安提供精神动力和道德支撑。2014年，迁安市被评为河北省县级文明城市，有11家单位被评为2012~2013年度省级文明单位，其中，市工商行政管理局、第三中学、住建局和思文科德薄板科技有限公司被评为“文明单位”，沙河驿镇、大五里乡被评为“文明乡镇”，城区街道办事处明珠社区被评为“文明社区”，迁安镇官立口村、大五里乡山叶口村、赵店子镇北代庄村和大崔庄镇白羊峪村被评为“文明村”。

【市民文明素质提升】　以“践行社会主义核心价值观·做文明有礼迁安人”主题教育活动为载体，深入实施文明素质提升工程，广泛宣传社会主义核心价值观的精神内涵，在全市大兴互助之风、诚信之风、敬业之风、孝敬之风、勤俭之风，形成知荣辱、讲正气、作奉献、促和谐的良好风尚。1. 推广“讲文明树新风”公益广告。以“中国梦”“图说我们的价值观”等为主题，在市区主干道、建筑围挡、广场、公园、车站、窗口单位、各级文明单位，市内各新闻媒体、网站等显著位置设置（刊播）公益广告，传播正能量，形成铺天盖地的宣传声势。2. 推进道德讲堂建设。继续在全市各级文明单位推进道德讲堂建设，全年开展道德讲堂活动300余场，通过诵读道德经典、学习模范事迹、发表道德感悟等七个流程，使广大市民受到心灵的净化和道德的洗礼。3. 推进“我们的节日”主题实践活动。以春节、元宵节、清明节、端午节等传统节日为重点，组织开展“迎新春、送春联文化下乡”“猜灯谜扭秧歌、勤俭节约闹元宵”“网上祭英烈、筑牢中国梦”等群众性文化活动。4. 修订完善《市民文明公约》《村规民约》。将社会主义核心价值观的具体要求融入《市民文明公约》《村规民约》，在市区主干道、广场、公园、窗口单位制作展示牌500多块，督促指导各村（社区）修订完善《村规民约》，促进良好行为习惯的养成。5. 推进道德领域突出问题专题教育治理和文明旅游行动。以执法执纪部门、“窗口”单位和社会管理行业为重点，结合党的群众路线教育实践活动，组织开展自查自纠，找准群众最不满意的问题，制定整改措施，以行风政风的转变带动社会风气好转；以勤俭节约为重点，突出节约粮食主题，广泛开展文明餐桌行动，在宾馆、饭店、食堂等公共就餐场所摆放“不剩饭不剩菜”宣传标识，倡导文明就餐；利用学雷锋志愿服务活动日，集中开展文明旅游宣传引导活动。

【公民道德建设】　1. 注重示范引领，好人“奖励+援助”工程激励善行。扎实开展道德模范评选表彰活动，6月，评出第六届道德模范13名，分别是：道德模范集体徐流营“道德评议会”“红盾”党员志愿服务队；敬业奉献模范刘祎、田立国；孝老爱亲模范朱玉龙、赵文霞、凌翠萍；诚实守信模范董江岭、郭春良；助人为乐模范李文华/李晓壹、张宏伟/石亚昆/黑志强；见义勇为模范李泽航、王力所。同时评出道德模范提名奖24名。9月25日，在市人民广场隆重举办第六届道德模范表彰仪式，市委主要领导全程参加，近万名群众驻足观看，引起强烈社会反响。同时，以孝德建设为主题，与市妇联、市老龄办联合开展第五届“十大孝星”和“十佳敬老好儿女”评选活动，与濡水黄香食品公司联合开展“濡水黄香·寻找最美孝心儿女”活动，将身边最美孝老爱亲儿女的典型事迹，在《迁安广播电视报》《迁安时讯》集中宣传刊播，倡树孝老爱亲的社会风尚。2. 注重实践养成，学雷锋志愿服务“注册+考评”工程大兴善举。弘扬“学习雷锋、奉献他人、提升自己”的志愿服务理念，以“善行迁安·邻里守望”为主题，广泛开展各类志愿服务活动，建立健全工作机制，推进活动常态化。依托唐山市志愿服务人才库系统，开展志愿者注册登记工作，拥有各类注册志愿者1.8万人，常年开展活动的注册志愿服务队580余支；此外，与市委组织部联合成立党员志愿者服务队494支，为开展志愿服务活动注入了新鲜血液。将每周六定为学雷锋志愿服务活动日，3月举办大型启动仪式，确定六大活动项目。5月，组织100多个单位500多名志愿者在市区主要路口开展文明交通志愿服务活动。年内，各类志愿服务队开展关爱空巢老人、关爱农民工、环境卫生清洁等志愿服务活动500多场次。市委下发了《关于全市共产党员广泛参与志愿服务活动的通知》，组织广大党员志愿者深入开展关爱他人、关爱社会、关爱自然志愿服务活动。市委、市政府制定下发了《动员全社会力量实施扶贫帮困“春雨行动”的方案》，确定城乡低保户、农村五保户等七类重点帮扶对象，明确“医、房、学、业、保”5个方面重点帮扶任务，并将20项任务进行细化，明确具体责任单位，方案具有可操作性，同时将志愿服务工作纳入文明单位测评体系，评出一批志愿服务工作先进集体、先进个人，对2013年度“季评学雷锋十佳”、志愿服务工作先进集体、先进个人进行表彰奖励，发放奖金5万多元。3. 注重立德树人，未成年人思想道德建设“心灵工程”植根善念。完善未成年人活动阵地，健全20所乡村学校少年宫，其中，彩票公益金支持类5所、省支持类1所、自建类14所，配齐了设备器材，课余时间和寒暑假免费开放，年参与人数两万余人次；以“善行迁安·立德树人”为主题，广泛开展“认星争优、做美德少年”“网上祭英烈”“做一个有道德的人”等主题实践活动，组织中小学生参加社会主义核心价值观童谣征集、书画大赛等活动，黄华被评为唐山市美德少年，王晨莹等3人获提名奖。

【城乡文明创建】 深入实施以创建文明单位、文明示范窗口、文明家庭等为主要内容的文明细胞创建工程，实现以评促创，以点带面。1. 深入开展文明单位评选工作。积极推进以“一堂”“一队”“一牌”“一桌”“一传播”为主要内容的文明单位“五个一”建设，提升各级文明单位的创建水平和档次。评出迁安市级文明单位272个，精神文明建设先进工作者121人；积极推荐申报省、唐山市级文明单位，11个省级文明单位顺利通过普查。2. 深化乡风文明创建活动。以农村文化墙为重点，加强美丽乡村建设，全市已有13个镇乡、88个村设置文化墙近千块。以勤劳节俭为主题，完善红白理事制度，倡导婚丧事新办、简办，木厂口镇建立了红白理事大厅，理出了文明勤俭新风尚。3. 广泛设立“善行功德榜”和《功德录》。在唐山市级以上文明单位设立“善行功德榜”，按照互助、诚信、敬业、勤俭、孝敬5个类别，以图文并茂的方式宣传道德模范的先进事迹，用道德榜样激发群众的道德意识；下发《功德录》2500多册，指导各行政村、居委会分门别类记录本村（社区）在互助、诚信、敬业、勤俭、孝敬等方面的好人好事、善行义举。

【模范人物评选】 至2014年，迁安市连续开展了六届道德模范评选表彰活动，累计评出各类道德模范65人，其中12人被评为唐山市级以上道德模范，“盲眼好爸爸”喻长富被评为河北省道德模范；杜玉茹、韩文宝、郑龙等11名平民英雄被评为“中国好人”，在唐山市打响了“中国好人”品牌。2014年，深入开展公民道德建设基金奖助活动，打造百姓身边的“道德明星”，组织开展赵店子好人表彰、杨各庄第二届道德明星表彰、季评学雷锋十佳表彰暨学雷锋志愿服务活动启动仪式等大型活动3场次，全年累计奖励、扶助各类道德模范和身边好人179人，发放奖助金11.76万元。公民道德建设基金设立至2014年，累计奖励、扶助各级各类道德模范和身边好人470人，发放奖助金40多万元。

【模范简介】　徐流营村“道德评议会”。评议会已成立14年，于2014年被评为“迁安市第六届道德模范集体”。徐流营村道德评议会积极探索群众喜闻乐见的方式和方法，推进乡风文明建设，通过开展“宣、评、摸、闻、声、表、晒”等七大活动，打造孝德文化村。建设孝德文化大院、孝德长廊，开展“晒被子比孝心”等活动，“孝德”之风溢满全村。4月27日，举办了一场别具特色的“夸媳妇”大赛，参赛的各位婆婆们争相发言，纷纷细数自家儿媳妇的孝道德行。70多岁、行动不便的杨淑花老人夸自己的好儿媳，“我得脑血栓瘫在炕上已好几年，都是她伺候我，不仅给我喂饭，还给我擦身子、洗脚，一点也不嫌弃我……”；“我夸夸我的儿媳妇王海艳，我有腰间盘突出，累活重活都干不了，老头子时常出门在外，儿子又在外地打工，家里活、地里活都落在了海艳一个人身上，她任劳任怨，把家里家外照顾得既细致又周到”……。听闻婆婆们的夸奖，儿媳妇们满脸笑容、心里乐开了花。“其实婆婆对我更好，待我就像亲闺女一样，婆婆和我走在大街上，不知道的都以为我们是母女呢。”刘铁兰的儿媳白敏笑着说。现场既热情洋溢又温馨感人，和谐新风吹进各家各户。重阳节前夕，举行了一场特殊的“晒被子”比赛，各家的儿媳妇把家里老人盖的被子拿出来，比比谁的被子更干净、更保暖。一系列孝德活动的开展，使村里尊老、敬老、爱老、助老蔚然成风，涌现出荣登“中国好人榜·孝老爱亲好人”的万淑芝、唐山十大孝星之一的康小清等。

“红盾”党员志愿服务队。为“迁安市第六届道德模范集体”，以“建设、服务、创新、发展”为工作理念，积极开展低碳在身边、学雷锋、文明示范窗口创建、学习身边人干好当前事、立足岗位五大主题志愿服务活动，64名志愿者，年人均志愿服务时间150小时以上。共收到镜匾、表扬信、锦旗22块（封、面），慰问孤寡、贫困人群245人次，先后为社会捐助善款50余万元。

“孝老爱亲”道德模范。凌翠萍，女，58岁，上庄乡平林镇村村民，为迁安市第六届“孝老爱亲”道德模范。11年前，丈夫突患癌症离世，把这个家庭推到了支离败落的边缘。然而，她却用柔弱的臂膀毅然担起了生活重担，撑起了这个苦难之家。一边养家糊口，一边侍奉80多岁因脑血栓瘫在炕上的婆婆、体弱的二叔公、患有类风湿性关节炎的小叔子。坚守十余载，用朴素大爱诠释人间真情，在当地传为美谈。

“助人为乐”道德模范。李文华、李晓壹父子，为迁安市第六届“助人为乐”道德模范。李文华，男，63岁，中共党员，阎家店乡李姑店村村民。李晓壹，男，38岁，群众，养生馆针灸保健师。2011年11月，在父亲李文华的支持和鼓励下，李晓壹组建“迁安义工联盟”，成员发展到600多人，QQ群3个。他们以“义”为名、以“爱”为带，利用业余时间，走进福利院，慰问敬老院，自筹资金帮扶病重贫困儿童，先后组织活动40余次，累计时间800多小时，参与人数790人次，服务1250位老人。在李晓壹的感染下，2012年春，父亲李文华也组建老年俱乐部，先后举办演唱会、公益演出等61场。父子共同研究孝德文化，倍受百姓称赞。

市精神文明建设办公室

主　任　王永进（女）

副主任　张秀红（女）

（岳清华）

中国共产党迁安市委员会

主要会议及重大决策

【中共迁安市委五届四次全体（扩大）会议】 1月21日召开。市委委员、市委候补委员出席会议。市纪委委员；不是市委委员、市委候补委员的市人大、市政府、市政协领导班子成员；担任过市人大、市政府、市政协领导班子成员未退休的老领导；其他在职副县级领导干部；各镇乡（城区街道）党委书记、镇乡长（城区街道办事处主任）；市直各单位党政主要负责同志，市人大、市政协各科（室）党员主要负责同志；重点企业主要负责人列席会议。这是迁安市在宏观形势发生深刻变化、转型发展进入关键时期，召开的一次十分重要的会议。全会主要任务是：认真贯彻党的十八届三中全会精神，总结2013年工作，部署2014年任务，动员全市各级党组织和广大干部群众，进一步坚定信心，把握大势，锐意进取，攻坚克难，把资源型经济转型的各项工作不断推向前进。会上，市委书记李忠代表市委常委会作了题为《凝心聚力、转型攻坚、全力加快资源型经济转型步伐》的工作报告。

【全市“转型攻坚年”动员大会】 2月7日召开。大会采取电视直播的形式进行，设主会场和分会场。主会场设在迁安锦江会堂；分会场设在各工业区（聚集区、产业区）、各镇乡（城区街道）、市直各单位。市四套班子领导；各工业区（聚集区、产业区）副科级以上干部；宣传部、科技局、教育局、民政局、文广新局、财政局、发改局、工信局、商务局、招商局、住建局、食药监局、国土资源局、环保局、水务局、交通运输局股级以上干部，其他市直单位副科级以上干部；部分重点企业负责同志在主会场参加会议。除主会场参加人员以外的各工业区（聚集区、产业区）管委会全体干部；各镇乡（城区街道）机关全体干部，各村党组织书记、村委会主任；市直各单位全体机关干部在分会场参加会议。会议全面安排部署“转型攻坚年”活动，号召全市上下深刻认识当前形势，提振精神、再鼓士气，尽快掀起新一轮转型攻坚高潮，努力实现经济社会发展的新突破。市委书记李忠在会上讲话，市委副书记、市长张淑云主持会议并就落实会议精神讲具体意见。

【党的群众路线教育实践活动暨京津冀协同发展工作推进会】 4月24日召开。唐山市委驻迁安督导组全体成员；市四套班子领导；市各派出机构主要负责同志；各镇乡（城区街道）党委书记、镇乡长（城区街道办事处主任）；市直各单位主要负责同志；市委党的群众路线教育实践活动领导小组办公室全体人员参加会议。此次会议全面贯彻落实省委、唐山市委有关会议精神，就高标准、高质量开展党的群众路线教育实践活动和整顿后进基层党组织工作及京津冀协同发展工作进行再安排、再部署、再推进。唐山市人大常委会副主任、唐山市委驻迁安督导组组长秦少清出席会议并讲话。迁安市委书记李忠就开展党的群众路线教育实践活动、整顿软弱涣散基层党组织、对接京津冀协同发展工作讲话。市委副书记、市长张淑云传达唐山市经济形势分析暨京津冀协同发展工作会议精神。

【庆祝第三十个教师节大会】 9月10日召开。市四套班子有关领导；各镇乡（城区街道）党政主要负责同志、主管教育工作的副职；市直各单位主要负责同志；各级各类学校校长（园长）；受表彰的优秀校长、教师；教育局机关全体同志，城区学校教师代表参加会议。会议热烈庆祝第三十个教师节，命名表彰2014年度教育系统先进单位和先进个人。会议由市委副书记、市长张淑云主持，副市长王志刚宣读了《中共迁安市委、迁安市人民政府关于表彰2014年度教育系统先进单位和先进个人的决定》，市委书记李忠就发展教育事业和教育产业讲了意见。

【唐山市宣讲团党的十八届四中全会精神辅导报告会】 12月16日召开。市委理论学习中心组成员（市四套班子领导及在职副县级领导干部）；各镇乡（城区街道）党政主要负责同志、宣传委员；市直各单位主要负责同志及理论宣讲骨干；各园区理论宣讲骨干；市委宣讲团成员参加会议。宣讲团成员、唐山市委政法委法学会秘书长李巧菊作学习贯彻党的十八届四中全会精神专题辅导报告，深入解读全面推进依法治国的重大意义、科学内涵、重大任务，使与会人员对全会精神实质有更深刻的理解。

【中共迁安市委五届五次全体（扩大）会议】 12月31召开。市委委员、市委候补委员出席会议。市纪委委员；不是市委委员、市委候补委员的市人大、市政府、市政协领导班子成员；担任过市人大、市政府、市政协领导班子成员未退休的老领导；驻迁安团级部队主官；其他在职副县级领导干部；各镇乡（城区街道）党委书记、镇乡长（城区街道办事处主任）；市直各单位党政主要负责同志，市人大各科（室）党员主要负责同志；市政协秘书长、各委办党员主要负责同志；部分企业主要负责人列席会议。会议确定当前和今后一个时期全市工作的总体要求是：全面贯彻落实党的十八届三中、四中全会，中央经济工作会议精神和省委、唐山市委重大工作部署，坚持稳中求进工作总基调，积极主动适应新常态，抢抓京津冀协同发展、环渤海地区崛起的新机遇，培育放大新优势，着力推进转型升级、改革创新、生态文明、和谐社会建设，唱响实干兴市主旋律，努力推动迁安由粗放型、本土型经济向集约型、开放型经济转变，由资源加工驱动向制造业、服务业双轮带动转变，由工矿型城市向文化旅游型城市转变。会上，市委书记李忠代表市委常委会作了题为《抢抓新机遇、培育新优势、为再创迁安转型发展新辉煌而努力奋斗》的工作报告。

（黄　鹏）

2014年迁安市委重要文件题录

表3

发文日期	文件标题
1月22日	中共迁安市委关于印发中共迁安市委常委会工作报告的通知
2月7日	中共迁安市委、迁安市人民政府关于着力改善生态环境的实施意见
2月19日	中共迁安市委印发《关于全市开展党的群众路线教育实践活动的实施方案》的通知
3月7日	中共迁安市委关于实行党员干部直接联系群众制度的实施意见
5月29日	中共迁安市委、迁安市人民政府关于印发《迁安市对接京津冀协同发展工作方案》的通知
6月5日	中共迁安市委、迁安市人民政府贯彻落实省委、省政府《关于治理“文山会海”的七条规定》的通知
9月16日	中共迁安市委印发《关于在全市培育和践行社会主义核心价值观的实施方案》的通知

续表 3

发文日期	文件标题
9月30日	中共迁安市委关于推进党风廉政建设主体责任具体化的实施意见
10月8日	中共迁安市委关于运用“四个重要法宝”加强领导班子自身建设的意见
10月25日	中共迁安市委、迁安市人民政府关于大力推进民营经济加快发展的实施意见
11月27日	中共迁安市委、迁安市人民政府关于印发《建设“三级平台”、推行“两个代办”进一步完善便民服务体系实施方案》的通知
12月25日	中共迁安市委、迁安市人民政府关于落实《河北省安全生产“党政同责、一岗双责”暂行规定》的通知

（崔锦涛）

中共迁安市委领导成员

书　记　李　忠

副书记　张淑云（女）　李维林

常　委　李　忠　张淑云（女）　李维林　张玉林（7月离）　王建伟（7月任）　李志龙　李福林　毛成海　田立生（8月离）　张雪峰　侯　旭　庞再明

委　员（以姓氏笔画为序）

王　钧　王书成　王志刚　王学龙（满族）　王建伟（7月任）　韦长怀　毛成海　孔祥会　田立生（8月离）　田富顺　付立军　玄士丰　冯　尚　朱广久　任　顺　刘东友　李　忠　李　超　李志龙　李晓波　李维林　李福林　杨　华　杨春景　时立新　张玉林（7月离）　张金铭　张雪峰　张清敏　张淑云（女）　陈子存　陈子红　陈春山　周文瑞　庞再明　郝可军　侯　旭　贾春民　郭卫民　郭桂军　唐延海　黄玉东　谌永林　彭忠臣　彭顺辉　蒋振清

候补委员（以得票多少为序，得票相等的以姓氏笔画为序）

王　武　李爱军　杨玉良　杨秀丽（女）　周玉成　孟祥中　阎双友　蔡金艳（女）　魏建国

（黄　鹏）

党的群众路线教育实践活动

【概况】　按照中央、省委和唐山市委的部署要求，迁安市从2013年12月中旬开始开展党的群众路线教育实践活动，至年底为活动预热升温阶段，全面开展了领导干部下基层接地气、问卷调查全覆盖、党员干部做承诺三项活动，取得良好效果。2014年1月，随着中央、省委和唐山市委党的群众路线教育实践活动的全面启动，迁安市在100个乡科级单位党组织，4个企业党委，1232个村、社区等基层党组织，共计43219名党员中集中开展党的群众路线教育实践活动。2月18日成立由市委书记为组长的领导小组和专门工作机构，研究制订《中共迁安市委关于全市开展党的群众路线教育实践活动的实施方案》。2月20日，召开全市党的群众路线教育实践活动动员大会，3月10日前各活动单位全部完成动员部署，4月24日召开了活动推进会。在此基础上，针对全市非公有制经济组织和社会组织、农村、社区、医院、学校形成5个指导性意见。市委成立15个督导组，抽调60名同志督导各单位活动，各督导组强化责任担当，紧盯“一把手”和关键环节，保障活动的质量和效果。同时，推进正风肃纪工作常态化，在“五一”、中秋、国庆等节日期间，通过单位自查、重点抽查、交叉互访等形式，集中组织明察暗访，通报典型案例，依纪依规处理，保持正风肃纪的高压态势。全市各级各单位坚持问题导向，坚持教育实践并重，坚持边学边查边改，把学习教育贯穿始终，把解决问题贯穿始终，把建章立制贯穿始终，使各个环节衔接贯通，活动扎实深入开展。

【学习交流查摆问题】 2014年，在全市党员干部中开展理想信念、革命传统、实践体验、党纪国法、正反典型“五项”教育，组织观看《周恩来的四个昼夜》《焦裕禄》等影片，开展“为了谁、依靠谁、我是谁”主题学习交流活动，同时结合开展“读原著、学纪实、看专辑、听报告”活动，对照理论理想、党章党纪、民心民声、先辈先进“四面镜子”，进一步开启世界观、人生观、价值观这个“总开关”，增强中国特色社会主义的道路自信、理论自信、制度自信。全市各单位组织集中学习1.2万场次，党组织书记讲党课2100多人次，收听收看专题报告3500场次，组织各类讨论交流会5560场次，撰写心得体会文章5.4万篇。组织830多名党员干部开展“换位实践体民情”活动。组织“干部接地气”“调查问卷全覆盖”等活动，通过座谈了解、民主评议、入户走访、寄发信函、调查问卷、网络征集等多种途径，落实领导干部“一联五”制度，全方位、立体化、多维度征集社会各界意见建议。全市各活动单位召开座谈会1198次，入户走访46459户，发放征求意见表60584份，收到来信1124件，接待来电来访2338次，共征集到问题、意见、建议12612个。经过梳理共有问题375个、意见241条、建议757条，其中涉及“四风”方面，问题129个；意见57条、建议206条。市四套班子和四套班子党员领导干部共征集到基层干部群众反映的问题190个，意见建议452条。针对剖析出来的问题，在全市开展正风肃纪、转型攻坚、优化发展环境、化解信访积案、蹲点服务、还利于民“六个专项行动”。以“整风”精神开好专题民主生活会和组织生活会，全市各单位班子民主生活会上提出相互批评意见9995条，组织生活会上提出相互批评意见35834条。生活会后，各单位又及时组织通报评议，请干部群众代表就生活会的总体评价、思想认识、征求意见、开展批评等情况，现场填票进行评议，真正问效于民。全市各单位生活会满意率均在90%以上。

【整改措施有序实施】 2014年，对全市各项重点整改任务进行梳理汇总，进一步明确整改落实的总体目标、整改落实工作的内容、责任分工和整改完成时限。按照边学边改、边查边改、立行立改的要求，以六个专项行动为载体，突出问题导向，活动之初就把征求到的意见建议进行分类整改。全市共分类梳理160项需要整改的问题，全部明确责任领导、牵头单位和完成时限。160个整改事项全部实施，对于能够马上改、尽快改的，采取挂账销号的方式，立行立改；对于属于政策制度需要修改完善、体制机制需要进一步创新的，及时分解到相关领导和责任部门，提出解决方案，做好整改落实各项工作任务。104家活动单位也都制定了切实可行的整改方案，明确了整改时限。坚持市委书记负总责，市委常委牵头负责，活动单位各负其责，做到一项任务、一个班子、一本台账、一抓到底。把建章立制同深入贯彻党的十八届三中全会精神结合起来，围绕“用制度规范干部行为、用机制制约权力运行”，抓好各项制度的建立健全和完善，增强制度约束力。坚持认真总结提炼，通过认识再提高、措施再完善，注重把成功做法经验化、零星探索系统化，确保形成的制度行得通、指导力强、能长期管用。在调研摸底、系统梳理的基础上，依照“精当、管用”的原则，最终筛选66项（县级41个、乡级17个、村级8个）制度作为全市制度建设重点，出台了《关于加强制度建设工作的指导意见》。

【七方面惠民实事完成】 2014年，迁安市的群众路线教育实践活动与解民忧、惠民生有机结合，以“七方面惠民实事”（修复生态环境、改造提升农村面貌、维护公共安全、抓好扶贫帮困、推进办事公开、支持全民创业、把2014年实事做到位）为抓手，办成一批与群众生活密切相关的好事实事。深入推进30件为民实事工程，做到“三级平台、两个代办”（三级平台即：市政务服务中心、镇乡及城区办事处便民服务中心、村及社区便民服务站，两个代办即为民服务全程代办、重点项目全程代办）全覆盖，政务服务和为民服务水平全面提升。深入贯彻落实省、唐山市两级《关于全面建立“三个公开、三个清单”制度进一步优化发展环境的意见》，分别制定相关文件，扎实推进“三个公开、三个清单”

的各项工作。进一步提高城乡低保、农村五保供养标准，向 935 位城镇低保对象发放低保金 288.5 万元，向 18285 位农村低保对象发放低保金 2394.4 万元，为 2004 位五保对象发放五保供养金 867 万元。投入 347 万元，实施白羊河、隔滦河等小流域综合治理工程，治理水土流失面积 11.4 平方公里，栽植经济林 204.5 公顷，修建护地堤 190 米。实施 500 户农村危房改造工程，投入 1000 万元完成 1.4 万座农村卫生厕所改造工作，造林绿化、老旧小区改造、农村环境整治等实事工程有序推进。

【“六个专项行动”全力推进】　在全市开展正风肃纪、转型攻坚、优化发展环境、化解信访积案、蹲点服务、还利于民“六个专项行动”。在正风肃纪行动中，重点对领导干部办公用房配备、公车配备、文山会海、检查评比泛滥等坚决整治项目进行自查整改。在转型攻坚行动中，坚持“有中生新”和“无中生有”两手抓，按照“依托钢、延伸钢、不唯钢”的思路，以项目建设为核心，加快构建“3+5+6”产业格局，在转型发展的道路上进行了大胆探索和实践。在优化发展环境行动中，进一步深化行政审批制度改革，规范行政审批行为，建立健全行政审批监管长效机制，制定了《迁安市进一步深化行政审批制度改革实施意见》。在化解信访积案行动中，信访积案全部落实了市级领导包案，并重新进行集中交办。4 月 28 日，召开化解信访积案专项行动工作推进会，会上市联席会议第一召集人、市级包案领导、案件办理单位一把手签订了《化解信访积案专项活动领导包案责任书》。在蹲点服务行动中，选派 1598 名机关干部组成 659 个服务组深入到农村、社区、企业、学校、医院、新经济和社会组织中开展蹲点服务行动。制发连心卡 66000 张，组织召开座谈会 1600 场次，走访群众 61580 人次，征求意见建议 1285 条，化解矛盾纠纷 240 件，为群众办实事好事 1980 件，取得显著成效。在还利于民行动中，重点对 2013 年以来中央、省、唐山市及迁安市制定出台的 50 项惠民政策进行清理检查。集中对违规征缴税费、“公路三乱”问题、教育乱收费、医疗乱收费等进行清查和治理。

【党员志愿服务活动全面展开】　迁安市下发了《关于全市共产党员广泛参与志愿服务活动的通知》《关于深入开展“一助一”扶贫济困活动的通知》等文件，组织开展“善行迁安·学雷锋我行动”“微笑服务，创文明示范窗口”等十项主题活动。建立各类党员志愿服务队 607 个，开展各类志愿服务活动 5834 场次。同时，针对七类重点帮扶对象（城乡低保户、农村五保户、困难党员、困难优抚对象、贫困学生、贫困妇女儿童、其他扶贫对象），开展“春雨行动”，确保每一类困难群众都得到切实有效的帮扶。落实城乡最低生活保障制度，实现动态管理下的应保尽保；健全党内激励关怀机制，筹建党员关爱互助基金，走访慰问困难党员 673 人次、老党员 641 人次，发放救助慰问金 23.33 万元，办实事好事 23136 件；结合“一助一”扶贫济困活动，组织机关党组织与农村党组织、领导干部与困难党员、党员与党员之间广泛结对帮扶服务活动，确定帮扶贫困户 940 户，走访困难户 1800 多人次，提供帮扶资金 35 万余元；大力实施贫困妇女救助、“衣加衣”爱心传递、“爱心集结，我们在一起”大型义卖等项目，开展贫困母亲救助活动 4 次，救助贫困母亲 128 名，发放救助金 6.4 万元，为 24 个贫困孕产妇家庭提供价值 5 万元奶粉，为贫困妇女儿童发放爱心衣物 2 万余件。通过多种途径帮助群众解决住房、就医、入学、就业等困难，让他们住有所居、病有所医、学有所教、增收致富。

【教育实践活动成效显著】　2014 年，迁安市党的群众路线教育实践活动触动党员干部灵魂，提高了干部思想认识，解决了一批领导干部“四风”问题，受到社会各界好评，人民群众反映强烈的奢侈病、冷漠病、懒惰病、攀比病、贪腐病、拖沓病等得到治疗，党风政风为之一新，党员干部精神面貌为之一振，人民群众对党和政府的信任度大幅提升。自活动开展以来，全市共清理清退违规车辆 225 辆，治理“吃空饷”人员 846 人，全面整治清理办公用房、公车配备，压缩会议，压减开支，三公经费下降了49%。通过集中实施专项整治，紧紧盯住“不落实的事”，严肃问责“不落实的人”，坚决查处吃拿卡要、庸懒散拖问题，以问题整治倒逼作风改进。干部的工作作风改善了，工作效率有了明显提升。服务窗口、基层单位服务态度和水平有显著改善和提高。围绕群众最期待、反映最强烈、与群众最相关的问题进行立行立改，让群众看到实实在在的变化，深入推进“还利于民”行动，对24项惠民政策落实情况进行全面清理，以农村中小学校舍改造、农村饮水安全、老旧小区改造、农村环境整治为重点的为民实事工程有序推进，一批群众关心关注的问题得到有效解决。按照精当、管用的原则，制定和修订了《关于运用“四个重要法宝”加强领导班子建设》《推进党风廉政建设主体责任具体化》等64项制度，对于规范机关干部的思想和行动，促进为民务实清廉的常态化，起到重要而深远的作用。

【总结大会圆满召开】 2014年10月13日，迁安市委召开党的群众路线教育实践活动总结大会，贯彻中央、省委、唐山市委教育实践活动总结大会精神，总结全市教育实践活动，安排部署任务，巩固拓展活动成果。唐山市委督导组组长秦少清、迁安市委书记李忠出席会议并讲话。秦少清充分肯定了迁安市群众路线教育实践活动取得的重要成果，围绕巩固扩大活动成果、落实从严治党责任、持续改进作风等方面，提出指导性意见。李忠全面回顾和总结了全市党的群众路线教育实践活动，对全市巩固拓展活动成果提出明确要求，对落实从严治党、持续推进作风建设和党的建设做出全面部署。会议强调，教育实践活动有期限，加强作风建设无尽期。要求广大党员领导干部认真思考、谋划举措，不断巩固和扩大教育实践活动成果，持续深入推进干部作风建设和党的建设，为开创“魅力钢城·绿色迁安”建设新局面做出更大贡献。

市委党的群众路线教育实践活动领导小组

组　长　李　忠（市委书记）
副组长　张淑云（市委副书记、市政府市长）
李维林（市委副书记）
李志龙（市委常委、纪委书记）
毛成海（市委常委、组织部长）
张雪峰（市委常委、政法委书记）
侯　旭（市委常委、秘书长、办公室主任）
成　员　李曙光（市纪委副书记、监察局局长）
孟祥中（市政府办公室主任）
赵文利（市委办副主任、督查室主任）
孙立民（市政协秘书长）
郭卫民（市委组织部常务副部长）
毛广丰（市委宣传部常务副部长）
高　荣（市委政法委常务副书记、综治办主任）
张彦祥（市委组织部副部长）
玄海波（市委组织员办主任）
杨立文（市委办公室副主任、研究室主任）
张新松（市政府研究室主任）
宋俊合（市委办副主任、信访局局长）
郎文昌（市发改局局长）
刘东友（市教育局局长）
孔祥会（市财政局局长）
周文瑞（市委组织部副部长、市人社局局长）
赵云新（市审计局局长）
闫双友（市卫生局局长）
时立新（市工信局局长）
王　钧（市环保局局长）

（李建文　吴立新）

市委办公室工作

【概况】 2013年，市委办公室坚持聚焦中心、服务全局，全面贯彻中共十八大和十八届三中、四中全会精神，扎实开展党的群众路线教育实践活动，围绕推进转型发展这一主线，履职尽责、勇于开拓，求真务实、拼搏进取，充分发挥参谋助手作用，全力促进转型发展。社会治安综合治理、信访等共性工作目标圆满完成；调研、综合、公文、秘书、督查、后勤、办公自动化等工作实现创一流目标；信息、机要、值班、保密等有评比工作继续保持河北省、唐山市领先水平，被评为“河北省党政系统机要密码工作先进集体”“2013年河北省党委系统信息工作重点联系县（市、区）优胜单位”。全年编报《迁安信息》421期、《迁安快报》74期、《内部信息》20期、《网络信息呈阅》20期、《网络信息摘报》43期。围绕一系列关乎转型发展的重要课题，开展调查研究，形成调研报告20多篇，《京津冀协同发展迁安怎么办》得到市委、市政府领导的高度重视，转化为市委、市政府重要决策。注重发挥综合文稿的“辅政”功能，凝聚起推动转型发展的强大合力。起草各类综合材料140多篇，其中领导讲话致辞78篇，各类总结汇报材料37篇。突出“转型攻坚年”目标任务，共开展各项督导活动40多次。突出“快、准、精、细、严、实”要求，坚持超前谋划、沟通协调、分工协作，成功组织市委五届四次、五次全会、全市“转型攻坚年”动员大会等各类大型会议、活动90多场次，接待活动110多次、2600多人次，接待考察团20多批次；圆满完成10余位省部级以上领导的接待任务，受到到迁安领导和宾客的一致好评。大力压缩“三公”经费支出和一般性支出，全面推行和规范公务卡使用，接待经费同比下降10%。同时，进一步完善印章管理、档案管理、车辆调度等制度，促进了规范管理。以开展党的群众路线教育实践活动为契机，着力加强干部队伍建设，进一步展现了办公室的良好风貌，营造了风清气正的良好氛围。

2014年迁安市委办公室重要文件题录

表4

发文日期	文件标题
1月20日	中共迁安市委办公室关于进一步规范紧急情况重大事件报告工作的通知
2月13日	中共迁安市委办公室、迁安市人民政府办公室关于印发《迎接“全国文化先进单位”复查工作实施方案》的通知
2月24日	中共迁安市委办公室关于做好党的十八届三中全会和省委、唐山市委及我市市委全会精神宣讲工作的通知
4月14日	中共迁安市委办公室关于印发《迁安市机关公务内网管理办法》的通知
4月28日	中共迁安市委办公室、迁安市人民政府办公室关于印发《迁安市迎接国家卫生城市复查工作实施方案》的通知
7月7日	中共迁安市委办公室、迁安市人民政府办公室关于印发《市直单位贯彻落实2014年度党风廉政建设和反腐败工作部署的分工安排》的通知
7月14日	中共迁安市委办公室、迁安市人民政府办公室关于印发《迁安市参加唐山市第四届群众文化艺术节活动方案》的通知
7月23日	中共迁安市委办公室、迁安市人民政府办公室关于印发《迁安市开展“献爱心一元捐”助残捐助活动实施方案》的通知
7月31日	中共迁安市委办公室、迁安市人民政府办公室关于做好重污染天气应急预警响应工作的通知
9月3日	中共迁安市委办公室转发市委宣传部、市委组织部《关于进一步加强党员干部理论学习的实施方案》的通知
9月23日	中共迁安市委办公室关于进一步加强紧急重大突发事件信息上报工作的通知
11月18日	中共迁安市委办公室、迁安市人民政府办公室关于做好运用即时通信工具开展政务信息服务工作的通知

（崔锦涛）

市委办公室

市委常委、市委秘书长、办公室主任　侯　旭

常务副主任　（空缺）

副　主　任　宋俊合　赵文利　滕　菲（女）

郝爱东　杨立文　张　维

主 任 科 员　刘桂栋　李　杰（女）

副主任科员　孙建庆

（崔锦涛）

市委督查工作

【概况】　市委督查室围绕市委中心工作，有力推动了党委重大决策、重要工作部署以及领导交办、批办事项的贯彻落实，为推进迁安转型发挥了积极作用。按照市委有关领导要求，全年组织召开小范围协调会、开展各项督导活动40多次，解决各类实际问题110多个；参与接待上级部门工作检查10次，组织撰写汇报或反馈材料6篇；刊发《市委督查》、重点工作动态和“3+5+6”产业工作开展情况通报共44期；撰写《督查专报》32期，得到市委领导批示3期；刊发市委重点工作任务分解及督查工作通知（迁督发）4期；制发单项工作督办函27期；承办上级领导批办事项2件，承办本级领导批办事项422件，督办本级领导交办事项76件，督办市委主要领导接访案件38件，已全部办结；撰写督导调研文章及内外宣稿件16篇，其中被唐山市委督查室《督查通报》专刊采用2篇。同时，积极参与中央、省、唐山市领导到迁安考察调研以及唐山市重点项目观摩等重要活动的服务工作，并承担重大活动期间以及上级领导、外地考察团在迁安期间的环境督导工作，确保环境的安全、整洁和畅通。在第二批党的群众路线教育实践活动中，市委督查室抽调4人参与全市制度成果组和简报组工作，并对市委主要领导就党的群众路线教育实践活动4次深入基层调研时根据群众反映问题交办的21项工作事项进行跟踪督办，全部圆满完成。

市委督查室

主　任　赵文利（兼）

（郭　飞）

市委保密工作

【概况】　2014年，保密工作继续保持省和唐山市保密系统先进位置。1. 通过多种形式开展保密宣传教育，层层制定保密宣传教育计划，增强保密教育的针对性和实效性。2. 突出抓好保密法的宣传教育活动，把保密教育作为党校教学的一项重要内容，做到教材、师资、课时、人员“四落实”。采取以训代会等多种形式，抓好对涉密人员的保密教育培训工作，及时准确贯彻落实上级保密工作会议精神。3. 认真完成全国保密普查工作。5月19日至6月26日，展开了全国保密数据（迁安市部分）采集整理上报工作，掌握了全市基层各单位保密机构设置、确定国家秘密事项、变更国家秘密事项、涉密人员管理、涉密计算机使用管理、涉密移动存储介质管理、其他涉密设备、涉密网络、涉密网络终端、保密要害部门部位的基本情况，并详细掌握了保密行政管理部门人员编制和干部管理情况以及全市泄露国家秘密案件和泄露国家秘密严重违规案件情况。4. 积极推进依法行政工作，加大保密检查力度。加强计算机信息网络保密管理，提高保密技术水平和能力；加强党政机关的保密工作，确保党和国家秘密的绝对安全。对全市中高考试卷保密室进行专项检查。5. 加强对手机的保密管理。此外，积极配合省保密局和唐山市保密局完成了唐山威豪镁粉公司和益昌电子公司军工产品保密资质认证复查工作，并对乐达特种陶瓷公司的保密资质认证申请做了大量前期咨询辅导准备工作。开展学刊用刊工作，《保密工作》征订工作既保证数量又兼顾覆盖面。

市委保密办

主　任　滕　菲（女，兼）

副主任　付贺利　田　伟

（付贺利）

市委机要工作

【概况】　年内，市委机要局实现电报传输办理“保密、优质、高效、无事故”，确保了密码信息的绝对安全和密码通信的绝对畅通，在跟随领导服务、处理紧急重要情况、维护全市社会政治稳定、促进经济转型发展中充分发挥了密码通信“生命线、保障线、指挥线”的主渠道作用。全年传输办理电报3149份，共计16823页。其中，办理紧急重要电报25份，完成跟随领导服务5次，得到市委领导及上级业务部门的充分肯定。至2014年，连续26年被唐山市委办公厅评为唐山市党政系统密码工作先进单位；连续12年被省委办公厅评为河北省县级密码工作先进单位；

2014年10月被省委办公厅、省委组织部、省人力资源和社会保障厅评为“河北省党政系统机要密码工作先进集体”。全年共撰写信息稿件20篇，其中被《河北机要工作》采用4篇，被《唐山机要工作》采用2篇，文稿采用量在唐山市机要系统排在首位，在全省名列前茅。

市委机要局

局　　长　刘　武（满族）

副 局 长　李　波

副主任科员　李艳启

（李　浩）

市委调研工作

【概况】　市委研究室全力打造“上级调研部门的得力助手、调研精品的基地、市委领导决策的外脑、对外宣传迁安的窗口”，发挥综合服务和参谋助手作用，认真完成调查研究、文稿起草、群众路线教育实践活动等各项工作。全员参与、全力配合、全心服务全市党的群众路线教育实践活动，起草了《关于实行干部直接联系群众制度的实施意见》等3个文件；全程参与组织市四套班子教育实践活动的意见建议征集、蹲点调研和夏官营镇等单位的民主生活会等活动，参与审核了全市副科级以上领导干部对照检查材料和全市各单位制度建设计划；起草制发了迁安市《加强制度建设的实施方案》《关于加强制度建设工作的指导意见》等制度建设文件；成功组织全市制度建设工作部署会议；完成全市制度建设成果的任务分解、汇总和上报工作。《知行合一：教育实践活动取得实效的最佳路径》的理论研讨征文被唐山市教育实践活动领导小组评为三等奖。同时，围绕市委中心工作和领导关心关注的重点，突出主题，因势设谋开展调查研究，服务发展，当好外宣主力军。编发《领导内参》《工作参考》19期；在唐山市以上报刊发表内外宣稿件10多篇次；被各级领导批示和直接转化为领导决策5篇。《咬定转型不放松》《一个以“河道未利用地”撬动“转型升级、绿色崛起”的案例》等文稿先后被省委政策研究室《调研呈阅》和《省政府研究室专报》采用，后者获得省长张庆伟等3位省领导的批示，《对木厂口镇白龙港党支部践行群众路线的调查》一文得到市委书记李忠的批示；《对我市城区村改居情况的调查》《对我市园区闲置及低效用地情况的调查》等一批高质量的调研报告为领导决策提供了依据。《迁安市加快项目建设推进产业升级纪实》《努力打造转型发展的强大引擎》《发挥四个优势在京津冀协同发展中率先突破》《围绕中心谋事创业》等10多篇文章被《河北发展》《秘书》杂志、《唐山劳动日报》《唐山经济》《新唐山》等报刊媒体采用，提升了迁安的知名度和影响力。全员参与市委五届五次全会报告的起草工作；组织了学习唐山市委书记焦彦龙在迁安调研时讲话精神的全市大调研活动；组织接待省委办公厅、唐山市委市政府研究室、张家口市委研究室等单位对迁安的考察调研活动。

市委研究室

主　任　杨立文（兼）

副主任　周连军

（张　武）

市委信息工作

【概况】　市委信息中心坚持紧贴中心、服务大局，全方位反映市委领导工作思路、方法举措以及全市经济社会发展成果，同时积极参与全市党的群众路线教育实践活动，较好地完成了信息工作任务。1. 信息“三服务”职能作用发挥良好。上报信息工作取得中办刊物单条采用3条并得到中央领导和省委、省政府主要领导批示两项突破性成果。共编报《迁安信息》421期。被中办刊物采用3条，其中，撰写的《资源型城市推进生态建设的积极探索——关于迁安市着力改善生态环境、建设宜居城市的调查报告》被中办刊物《专报》采用，并得到中央政治局常委、国务院副总理张高丽，中央书记处书记、国务委员兼国务院秘书长杨晶肯定性批示，省委书记批示要求发市县党政领导参阅。被省级刊物采用58条，其中，《打造现代化滨河生态城市——迁安市深入实施“大城区”战略全力加快新型城镇化进程》《奏响文化产业的华彩乐章——迁安市以文化产业为依托助推经济社会转型跨越发展》等5篇信息被省《呈阅件》采用，并分别得到省领导张庆伟、范照兵、艾文礼、张杰辉、许宁、姜德果的肯定性批示。服务同级工作内容不断丰富。围绕省内有关县市区财政收入完成情况、重点项目建设进展等方面，共编报《内部信息》20期。针对媒体、网站、贴吧中关于迁安民生的热点贴文以及与迁安有关的其他方面情况，进行24小时监控，做到快速反应、及时上报。共编报《网络信息呈阅》20期，被市委书记李忠批示1期，市委秘书长侯旭批示8期。围绕党的群众路线教育实践活动、京津冀协同发展、大气污染防治、改革发展等内容，及时收集与迁安市相关的网络报道，共编报《网络信息摘报》43期。服务基层工作力度不断加大。围绕贯彻落实市委五届四次全会精神、重点项目建设、对接京津产业转移招商引资、信访稳定等方面重点工作，编发《迁安快报》74期。同时，先后为北方钢铁物流产业聚集区等9个镇乡、市直单位培训10名文字工作者，推动了基层信息工作的健康发展。2. 做好全市教育实践活动简报组各项工作。加强与各基层单位活动办的沟通联系，根据每周碰头会确定的调研题目，深入基层一线开展调查研究，掌握第一手资料，确保典型事例的真实性、鲜活性。共编发《简报》54期，编报《情况专报》27期，其中长篇《情况专报》5期，10期《情况专报》被唐山市活动办《简报》采用，1期《情况专报》被唐山市活动办《实践成果专刊》采用。3. 确保市委办公室在全市教育实践活动开展中当先锋、做表率。在学习教育、听取意见环节，组织全体党员干部学习中央十八届三中全会和省委、唐山市委全会精神以及《习近平总书记重要讲话专题摘编》等必读书目，观看了《周恩来的四个昼夜》《孔繁森》等影片，组织8次集中学习和1次党课专题学习。在查摆问题、开展批评环节，组织开展“三堂会诊”、多方聚焦找问题，累计发放征求意见表300份，召开征求意见座谈会1次，组织领导干部谈心谈话330人次，组织科级干部赴联系点蹲点调研64次，登门走访困难群众16户，共查找问题26个，征求到意见建议30条。在市委办公室领导班子党的群众路线教育实践活动专题民主生活会上，办公室班子成员共查摆“四风”问题39条，提出56条批评意见。在整改落实、建章立制环节，着力推动制度的“废、改、立”工作，针对文件会议较多、领导下乡随从人员较多等问题，按照边学边改、边查边改的思路，认真制定整改方案和台账，列出问题清单，明确“任务书”“路线图”和责任人，限期整改，健全完善了一批规章制度，形成作风建设的长效机制，作风建设取得阶段性成果。

市委信息中心

主　任　（空　缺）

（邵建国）

市委值班工作

【概况】　2014年，市委值班室继续按照“抓管理促规范、抓创新促提高”的要求，推进值班工作制度化、规范化、科学化建设，实现联络畅通、运转高效、处置果断，出色地完成了各项工作任务。印制下发了《中共迁安市委值班工作文件汇编》和制式《值班日记》，有效指导全市基层单位值班工作，促进值班工作规范化建设；起草下发了《关于进一步加强紧急重大突发事件信息上报工作的通知》，通过对各镇乡（城区街道）、市直各单位值班人员分步骤分层次培训，使其熟练掌握紧急情况重大事件报告时限、内容和程序，分清重大事件性质，全年未出现迟、瞒、漏报情况，按规定向唐山市委值班室上报紧急重大突发事件4次；制定下发了《关于加强领导干部外出报备工作的通知》，并建立报告工作档案，全年主要领导因外出向唐山市委报备5次。在上级党委历次值班工作明察暗访中，没有出现任何问题，值班室工作始终保持省、唐山市领先水平。全年共办理传真电报281期、来电处理40期、来文来函处理148期、值班报告94期，共计563期；接待来人、来信访600余次，接待电话政务问询、上访等4000余人次。做到领导批示和指示传达及时，督办落实及时，拟办建议零差错，办结率100%。充分发挥了党委信息主渠道和处置紧急情况重大事件前沿阵地作用。

市委值班室
主　任　王长华

（李青松）

群工工作

【概况】　2014年，群工科共起草、核改各类稿件100余篇，精品率达到90%以上。围绕领导分管的信访稳定等工作和分包的重点项目，先后多次到杨店子镇、信访局、红星美凯龙项目现场等地进行调研，形成《妥善解决拖欠农民工工资问题的思考和建议》等多篇有问题、有分析、有建议的调研报告，为领导决策提供参考。定期汇总信访局、稳定办、综治办等部门情况，综合分析，及时捕捉苗头性、倾向性问题，为领导预防和处置群体性事件提供预判性信息支撑。充分发挥组织协调作用。坚持主动掌握各单位职责，归纳典型案例处理经验，提高各类会议和活动的组织效率。全年组织市领导各类会议、调研、督导等活动100多次，实现零差错目标，得到领导和各部门的肯定。在全市建设“三级平台”、推行“两个代办”工作中，与各单位逐个联系，了解项目进驻情况、存在问题和下步打算，及时汇总呈报领导，为领导推进工作提供参考。充分发挥督查督办作用。围绕领导分管工作，采取定期督查与跟踪督办相结合、领导交办与主动查办相结合等形式，圆满完成领导交办事项80多项，跟踪督办领导批示件87件，领导决策得到有效落实。同时，在督查过程中，认真了解决策执行过程中遇到的各种情况，提出进一步实施或充实完善决策的意见建议，使决策更具针对性和科学性，促进决策更好落实。特别是在金牛塑料管材项目推进过程中，通过建立工作台账，协调相关部门，扎实推进项目前期各项工作，保证了领导工作指示得到及时落实。创新高效地做好其他工作。邀请市检察院检察长孙玉军讲授预防职务犯罪的有关知识，增强机关工作人员的法制观念和廉洁自律意识；与其他科室分享群工科本职工作和流程，交流经验，增进了解。认真践行党的群众路线，对发现的问题进行彻底整改。

（王　剑）

办公自动化工作

【概况】　办公自动化科认真履行岗位职责，较好地完成了全年工作任务。1. 进一步拓宽党政信息网覆盖范围，全年新接入商业银行、职教中心、滦河管委会3个网点。2. 提高网络应用效率，电子公文处理系统共为各级各单位发放各种公文、期刊750余篇，电子邮件系统传送各类信息、资料邮件近1.3万件。3. 丰富充实网络内容，共制发领导重要言论、重点工作部署、重要信息文稿100多篇，转载发布《网络快讯》2400多篇、《迁安时讯》85期，发布领导《每周活动安排》30期，提供在线交流、网上培训、软件下载等服务710多条，提升了《唐山市党政领导决策信息参考库》的使用效率，更好地为领导制定、执行和完善政策提供专家型信息支持，为应急事件处理、突发事件跟踪提供借鉴经验。同时，该系统也成为机关工作人员业务学习和交流的平台。4. 加强网络管理与维护。强化网络版防病毒软件应用，定期升级，定期查毒、杀毒，及时排除网络故障40余次。认真做好网络内容的安全保密工作，督导各联网单位认真落实网络安全管理各项规定。按照省委、唐山市委办公厅的安排部署，积极开展公务内网安全普查工作。5. 成功推广了安讯－OA公文处理系统。5月，召开由全市联网单位参加的培训大会，将安讯－OA公文处理系统成功推广到各联网单位，提升了公文处理效率。6. 推出新版机关公务内网网站，为广大机关单位提升公文处理效率，了解党情政情提供良好平台。

（花靖涛）

市委后勤服务工作

【夯实基础，建立健全长效机制】　开展内控机制建设，夯实制度建设和管理机制，打造制度化后勤。制定了《迁安市委机关事务管理局内部控制规范手册》。按照科学化、专业化、规范化管理要求，重新修订了管理局各项业务流程和岗位操作办法，设计制定了“程序化模式、标准化经办”的业务流程和岗位操作办法，细化了岗位职能、操作办法、操作标准、岗位要求，同时设计业务办理中每个环节所需凭证、流转手续，保证各经办环节既相互独立，又相互制约，做到运行流畅，职责清晰，全面提升行政效能。

【降低成本，打造节约型后勤】 预算与经费管理更加科学精细，“三公”经费支出和一般性支出大力压缩，全面推行公务卡的使用。精细管理、依法保障，努力打造满意后勤。加强制度化管理，规范接待工作，全年接待费用同比明显下降；强化公务用车管理，实行公务用车集中管理和节假日封存制度、重要时点的车辆限行等；严格执行公务用车定点保险、定点加油、定点维修制度；推进黄标车治理工作，圆满完成治理任务。理顺财务统一管理和代管单位独立法人的关系。认真开展办公用房清理，加强规范化管理。

市委机关事务管理局
局　长　郝爱东（兼）
副局长　胡建青

（李玉宝）

组织工作

【概况】 2014年，全市组织工作从服务市委工作大局出发，以加强党的执政能力建设、先进性和纯洁性建设为主线，以加强服务型党组织建设为重点，深入开展党的群众路线教育实践活动，着力培养选拔党和人民需要、适应迁安转型发展需要的好干部，基层党组织建设和党员队伍建设进一步强化，人才工作水平不断提升，推动了全市组织工作登台阶、上水平。

【乡科级领导班子和干部队伍建设】 着眼于建立科学有效、简便易行的“育人、识人、选人、用人、管人”体制，市委制定出台了《关于进一步加强干部队伍建设的意见》，提出加强干部队伍建设“四促进、四增强”目标，即促进干部队伍整体素质明显提升，领导科学发展、驾驭全局、开拓创新、处理复杂问题、维护社会和谐稳定能力进一步增强；促进领导班子结构明显优化，形成梯次配备、专业配套、气质互补、分工合理的良好局面，整体功能进一步增强；促进干部作风明显转变，求真务实、真抓实干的自觉性和立党为公、执政为民的理念进一步增强；促进干部队伍建设制度规范不断健全，干部选拔任用、竞争激励、教育管理、监督约束等制度逐步完善，干部管理的规范性进一步增强。初步形成一套全面准确发现人才、合理使用人才的制度机制。严格落实新修订的《党政领导干部选拔任用工作条例》，认真做好乡科级领导班子和领导干部的调整配备工作。全年共研究任免市管干部31人次，干部队伍结构进一步优化，推动科学发展能力进一步增强。按照突出重点、兼顾一般，量化标准、减少弹性的原则，对接唐山考评办法，在广泛征求意见的基础上，修改完善了《市委管理的领导班子和领导干部综合考评办法》，重点对领导班子考评指标体系进行调整，使考评指标设置更加优化，综合考评体系的导向性和针对性进一步增强。建立领导干部实绩积分制度、违背科学发展行为责任追究制度和违反考评纪律行为举报制度。着眼于促进领导干部转变作风、增强履职尽责意识，市委制定出台了《关于在全市各级领导干部中实行公开承诺制的实施意见》，对领导干部强化政治意识、思想素质提升、岗位职责履行和目标任务、密切党群干群关系、自身建设问题、落实廉洁自律6个方面的承诺内容提出明确要求。以核查超职数配备干部和清理领导干部在企业兼（任）职工作为契机，全面摸清干部管理底数，共核查超职数配备干部94人，清理领导干部在企业兼任职干部8人，清理在职干部和退离休干部在社会团体兼任73人。联合审计局对14名在同一单位任同一职务连续五年的财务独立核算单位的乡镇党委书记、乡镇长及市直单位行政正职进行任期审计。

【基层组织建设】 不断强化基层党建责任，突出基层服务型党组织建设。深入实施农村干部素质工程，抓好“领头雁”队伍建设。对43个缺职或工作不力的党组织书记进行组织调整，选派132名乡镇中层干部担任村第一书记，确保农村有人理事。着力抓好服务能力提升。3月，举办农村党组织书记专题培训班，就党风党纪、化解信访积案、践行群众路线等内容进行专题辅导，组织开展基层党组织书记讲党课、讨论交流、知识测试等系列活动，进一步增强基层党组织书记的宗旨意识、服务意识。全面推行农村干部坐值班制度。配套实施村干部周工作碰头会、工作日志、考勤奖惩等措施，方便群众办事。积极引导大学生村官有序流动，有6名大学生村官通过选拔走上副科级领导岗位，20人考录为市事业单位工作人员，9人考录为公务员，逐步形成有序流动、多元发展的局面。实施村级组织活动场所建设攻坚行动。市、乡、村三级通过争取上级拨款、市管党费补贴、镇乡财政倾斜、村级自筹、社会各界捐助等渠道多方筹措资金，累计投入1050万元，完成全市51个村级组织活动场所新建、翻建和修缮建设任务。着眼于打造便民服务阵地、完善村级组织活动场所服务功能，在全市普遍建立高标准村便民服务室。实施党建助力工程。市委制定出台了《关于干部直接联系群众的实施意见》，建立党员领导干部“一联五”联系点制度，选派1598名机关干部组成659个服务组扎实开展“蹲点服务”行动。同时，确定每月10日和20日为集中蹲点服务日，坚持每期确定一个活动主题，根据镇村中心工作安排服务项目，并组成10个督导组进行集中蹲点服务日督查。全市“蹲点服务”工作组共制发连心卡6.6万张，组织召开座谈会1600场次，走访群众6.16万人次，征求意见建议1285条，化解矛盾纠纷240件，为群众办实事好事1980件，实现了接受教育、指导活动、服务群众、听取意见、帮建组织、促进和谐的活动目标。狠抓后进整顿转化。通过党委自查、交叉互查、集体会诊方式，确定56个软弱涣散基层党组织，年内全部按期转化。实施典型带动工程。研究制定《农村基层党建示范点创建标准》，逐村制定创建方案、落实创建责任，市、镇两级党建经费有意识地向党建示范点、示范区倾斜。按照好中选优原则，全市确定5个党建示范区和14个党建示范点，通过分类推进、拉练观摩等措施，打造了马兰社区、木厂口镇白龙港村等一批农村基层党建典型，以集群示范效应激发起全市农村基层党组织对标赶超的热情，起到“点亮一盏灯、照亮一大片”的作用。扎实开展党建培训工作，提升社区、企业党组织书记业务素质。全力推进党建示范点创建工作，确定10个社区、机关、非公企业党建示范点。

【干部教育培训】　严格落实《迁安市2013—2015年干部教育培训规划》，突出理想信念教育。3月，举办学习贯彻习近平总书记系列讲话和党的十八届三中全会精神专题培训班，对在职县级领导干部和镇乡、市直单位党政正职进行专题集中培训，并邀请北京市社科院赵弘教授就当前重点关注的大气污染和京津冀协同发展问题做专题讲座。着眼于提升全市企业干部的战略思维和经营决策能力，8月，与清华大学共同举办企业家素质能力提升研修班，8月29日组织市四套班子领导、全市副科级以上领导干部聆听了著名经济学家钟朋荣教授作的“迁安市中小型钢铁企业转型发展方向”专题讲座。全年组织授课培训3次，培训干部1000多人次，开创了全市企业干部培训的新局面。10月，举办第22期优秀中青年干部培训班，安排了理想信念教育、党性修养教育、经济社会发展和能力提升等4方面26个专题讲座，对全市80名乡科级后备干部进行培训，提高了后备干部的战略思维和推动转型发展能力。强化干部教育培训的宏观管理，挂牌命名了春瑞书院等首批8个干部教育培训基地，培树起体现区域特色的干部教育培训优质资源。加强党员干部理论学习制度建设，与市委宣传部联合出台《关于进一步加强党员干部理论学习的实施方案》，使党委（党组）中心组理论学习制度和领导干部述学制度进一步完善。

【人才工作】　在充分借鉴先进地区工作经验的基础上，研究起草了《关于进一步加强党管人才工作的实施意见》和《关于实施“智汇迁安”人才强市战略的意见》，通过明确工作职责和目标、举措，推进全市人才工作规范化、制度化。组织相关人员赴江苏南京、浙江金华等人才工作先进地区学习考察，进一步拓宽人才工作视野和思路，为“智汇迁安”人才强市战略的谋划提供第一手资料。市校人才合作不断深化，组织清华大学博士生实践服务团一行到迁安开展社会实践活动，既有力宣传迁安，又促进了与清华大学的交流合作。强化校企融合，大力实施企业技能型人才培养工程，促进全市技能型人才提质增量，该工程被省委组织部评为全省50项精品县域特色人才项目。特色人才活动有序开展，先后组织开展人才宣传月、外地人才“来迁安看看”等活动。

【党员发展教育管理】 在充分摸底调研的基础上，研究制定了《2014年发展党员工作计划》，明确发展重点，优化党员结构，提高党员质量。10月，举办全市《发展党员工作细则》培训班，组织全市乡镇党委书记、党务干部、农村（社区）党组织书记进行专题培训，进一步规范发展党员工作。深入实施“双育”工程（对党员进行党性教育和技能培育相结合的工程），结合全市开展群众路线教育实践活动，对党员开展党性教育，全市党员共查找问题9.3万个，制定整改措施8.26万条，党性意识、政治意识、表率意识、纪律意识、为民服务意识进一步提升；结合技能培训，提升党员就业创业能力，全年共组织实用技术、职业技术培训20场次，培训党员4300名，2321名党员通过培训再创业，1007名党员找到新致富项目。认真坚持每月10日的党日活动制度，制定出台了《关于健全完善“党员活动日”制度的意见》，实现党日活动制度化、规范化。扎实开展农村党员“分类定责、亮诺争星”活动，深入推进“七权七责”工作机制，广泛开展党员认责承诺、一岗双责、双联双管等活动，2014年，全市党员共提出承诺事项4.83万项，为群众办实事8.38万件，帮助群众解决困难7.38万个。扎实开展党员志愿服务和结对帮扶等党员服务活动，增强党员的为民服务意识，已建立各类志愿服务队607个，开展各类志愿服务活动5834场次，共结成党员帮扶对子2438对，提供帮扶资金60余万元。

【农村党员干部远程教育】 着力抓好精品专题片制作工作，不断提高远教制片能力和水平。在省委组织部组织收看电视系列片《践行群众路线的好榜样》工作中，迁安市获“优秀组织奖”，与唐山市合作拍摄的专题片《灯笼石》获“年度三农人物电视评选”二等奖，专题片《背影》上报中组部开展的全国党员教育电视片观摩交流活动；自制专题片《冀东老区换新颜》《滦水飞花觅新潮》等4部专题片入选中组部片库，并在全国远教平台播出，《守护折翼天使 无悔特教人生》等8部专题片被选送至省委组织部。加大网络舆情监控力度，通过推行“闭环工作法”、强化网宣队伍培训交流、改版《网宣工作信息》等措施，着力提高网络宣传和舆论引导的能力和水平，为全市组织工作创新创优营造良好的舆论环境，迁安市被评为唐山市“新闻和网络宣传工作先进单位”。

市委组织部

市委常委、组织部部长 毛成海
常务副部长 郭卫民
副部长兼人力资源和社会保障局局长 周文瑞
副部长兼老干部局局长 李春生
副部长（正科级） 张彦祥
副部长、正科级组织员 李立志
副部长（正科级） 马心刚
市委组织员办主任 玄海波
市委副科级组织员、干部一科科长 袁铁军
市委副科级组织员、组织一科科长 高春辉
市委副科级组织员、办公室主任 伞学峰
市委远教中心主任 杨景华
市委副科级组织员、考评办副主任（牵头） 李长余

（白启明）

宣传思想文化工作

【概况】 2014年，全市宣传思想文化工作继续按照“高举旗帜、围绕大局、服务人民、改革创新”的总要求，全面贯彻党的十八大、十八届三中、四中全会和市委五届四次全会精神，紧紧围绕“转型攻坚年”任务目标，大力唱响“稳中求进”的主基调，着力统一思想、凝聚力量、增强信心，维护好改革发展稳定大局，确保宣传思想文化工作与全市中心工作同频共振。理论武装、社会宣传、精神文明建设、文化事业和文化产业发展等各项工作都取得新进展，为全市经济社会

科学发展提供了强有力的思想保证、精神动力、舆论支持和文化条件。

【理论教育】　1. 深入开展政策理论宣讲活动。发挥理论宣讲引领作用，全年围绕学习贯彻各级全会精神以及“‘中国梦’·赶考行”等主题组织集中宣讲活动230余场次，直接受教育干部群众4万余人，进一步打牢全市上下推进转型发展、共筑“中国梦”的思想理论基础。2. 扎实推进学习型党组织建设。将习近平总书记系列重要讲话作为各级党委（党组）理论中心组学习的重要内容，围绕强化理想信念、正肃党风党纪、用好“四个法宝”、夯实基层基础、“中国梦”教育等主题，结合党的群众路线教育实践活动，全年组织市委中心组集中学习20场次，组织全市性党员学习教育活动3场次，精心编发《学习秘书》《基层党委中心组学习指导》各16期，发放《理论学习读本》《十八届四中全会辅导资料》等相关学习资料万余册，有效提升广大党员干部的政治理论水平和科学发展能力。3. 全面提升党员教育工作水平。组织开展“党员教育五项竞赛”活动，推荐上报的3名优秀党员教育工作者、3个先进基层党校、2部优秀党员教育电视专题片、2篇优秀党课教材、2篇优秀党员教育论文获唐山市级奖励。以“弘扬焦裕禄精神 学习齐庆三爱岗做贡献”主题征文和演讲比赛活动为载体，在全市宣传文化系统掀起向先进人物学习的热潮，有效激发广大宣传干部的担当意识和奉献精神。以“党章学习日”活动为契机，结合党的群众路线教育实践活动，在全市各级党组织开展主题鲜明、形式多样、内容丰富的《党章》学习活动，进一步强化广大党员干部的党性意识、宗旨意识和责任意识。4. 做好企事业单位政工人员专业职务评聘工作。组织企事业单位从事政工人员参加政工职称评聘，全市有33人通过省统一组织的政工业务考试。

【思想政治】　1. 新闻宣传。围绕市委、市政府中心工作，结合党的群众路线教育实践活动，组织市内新闻单位开设“转型攻坚进行时”“反对四风 服务群众”“时代先锋”等专题专栏，通过动态消息、典型报道、言论评论、刊发图片等形式，宣传全市重点工作和教育实践活动的新举措、新进展、新成效，大力宣传在转型攻坚进程中各领域涌现的先进典型，为转型发展和教育实践活动扎实开展提供有力的舆论支持。2. 社会主义核心价值观宣传教育活动。制定下发《关于在全市培育和践行社会主义核心价值观的实施方案》《关于加强社会主义核心价值观社会宣传工作的通知》等指导文件，通过媒体宣传、发布公益广告、设置文化墙、发放《功德录》以及开展主题教育活动等行之有效的方式方法，在全市各领域掀起培育和践行社会主义核心价值观的热潮。成功举办“‘中国梦’·赶考行”百姓故事汇系列宣讲报告会，从百姓的视角，用百姓的语言，请基层干部群众代表讲述自己立足本职、扎实工作、不懈奋斗的感人故事，把共筑“中国梦”转化为推动城市发展的强大动力。3. 青少年爱国主义教育活动。以市博物馆升级为省级爱国主义教育基地为契机，利用各级爱国主义教育基地，先后举办科技成果展、纪念“九一八”事变73周年图片展等主题教育活动，进一步增强广大青少年的爱国情怀。成功举办第二十一届青少年读书活动和第十届中学生夏令营活动，培养青少年健康的心理素质，树立正确的人生观和价值观。4. 扫黄打非工作。加强文化市场监管，以重大节庆为契机，组织文化执法、公安、工商等有关部门开展扫黄打非专项行动40余次，确保全市文化市场的安全稳定。5. 社科联和国防教育工作。上报的优秀课题《迁安市在京津冀协同发展背景下的实践探索》在唐山市社会科学课题立项评选中成功立项。以国防教育日宣传活动、海洋形势报告会、国防教育摄影比赛、知识竞赛等活动为载体，进一步提升全民国防观念，增强民族凝聚力。

【新闻外宣】　1. 外宣成果。全年累计在唐山市级以上媒体刊发外宣稿件2410篇，在国家级媒体刊发外宣稿件515篇，其中新华社刊发通稿27篇，国家级媒体发稿数量再创新高。2014年，在京津冀协同发展的大背景下，《人民日报》《经济日报》等中央媒体开辟专栏聚焦河北省推进京津冀协同发展的重要举措和实际进展，在《河北顺势大转场》《京津冀协同发展·城市篇》《背水一战 坚决淘汰过剩产能》等专题中多处介绍迁安市对接京津冀协同发展和加快经济转型的进展成效和典型做法。与此同时，《一座传统重工业城市向生态之城的嬗变》《泵阀产业园项目落户迁安》《迁安钢老板跨界生物制药》等稿件先后在《河北日报》《河北经济日报》、河北电视台等省内主流媒体播发；《转型跨越的强大引擎》《一湾清水抱城来》《转出一片艳阳天》等8篇重头稿件，在《唐山劳动日报》头版头条位置刊发，全面展示迁安市经济社会转型发展取得的新进展、新成果，提升了迁安的知名度和美誉度。2. 城市形象宣传。为宣传推介迁安市独具特色的“北方水城”城市景观，累计投资近千万元，聘请中视金桥广告公司，精心制作了“首都东边一座成长在水里的城市”城市形象宣传片，先后在中央电视台 CCTV－1《晚间新闻》、CCTV－4《海峡两岸》栏目和北京电视台 BTV－新闻频道《直播北京》栏目中播出，在社会上引起较大反响。与此同时，投资300多万元，与国家旅游局合作，设计制作城市品牌形象广告，在北京城市公交候车亭及首都机场航站楼 LED 大屏等处滚动发布。聘请权威广告公司设计制作了高水平的城市形象平面广告，在京哈高速及其支线两侧树立城市形象广告牌10块，进一步提升迁安的开放度和吸引力。3. 集中采访活动。3月27日，央视七套《乡约》栏目在市文化会展中心录制了大型户外访谈节目《乡约河北迁安》，迁安悠久的历史文化、浓郁的民俗风情、优美的城乡风貌和转型发展的丰硕成果，吸引了更多国内外受众的目光。11月24日，省委常委、宣传部部长艾文礼在迁安市“文化产业发展信息”上作了重要批示，责成省内主流媒体集中挖掘宣传迁安市文化产业发展的典型经验与做法。《河北日报》、河北电视台、《唐山劳动日报》等省、唐山市主流媒体先后到迁安，就文化产业发展进行集中采访报道，随后《钢铁迁安：文化蝶变 绿色转型》《迁安依托文化产业推动转型跨越》《傻大黑粗如何变身“高大上”——迁安思文科德集团公司转型发展走笔》等一系列专题稿件在省、唐山市主流媒体陆续播发，掀起在省内主流媒体宣传迁安市文化产业发展的高潮。2014年，《人民日报》、新华社、中央电视台等国家主流媒体纷纷派出采访团到迁安，就经济转型、对接京津冀、城市建设、文化产业发展等内容进行调研采访，全年累计接待国家、省、唐山市各类媒体记者400余人次，及时宣传报道了迁安市经济社会发展的新成果，迁安市一整套的转型做法、特色文化产业、独具特色的城市景观和优美的自然风光被世人所了解。4. 舆论引导。加强新闻发言人和通讯员培训工作，全年举办新闻培训班3次，举办新闻发言人培训班5次，有效提升基层干部舆论引导工作的能力和水平。高度关注网上舆情动态，累计整理上报《舆情专报》26篇，下发互联网《舆情信息》38篇，其中19篇《舆情专报》得到市委、市政府主要领导批示，一些民生问题经反馈得到解决，个别热点问题引起领导的进一步重视。正确对待舆论监督，对媒体送达的稿件核实函，坚持依法、依理、依据答复，全年累计协调指导相关部门妥善处理来自中新社、新华每日电讯、消费日报网等媒体涉及迁安市土地、环保、钢铁产能、安全生产等问题性调查采访190余人次，为全市经济社会发展营造了良好环境。

【精神文明创建】 1. 实施文明素质提升工程。以“践行社会主义核心价值观 做文明有礼迁安人”主题教育活动为载体，以推广“讲文明 树新风”公益广告、推进道德讲堂建设、开展“我们的节日”主题实践活动、设置《市民文明公约》展牌、推进道德领域突出问题专题教育治理以及倡导文明旅游行动等措施为抓手，在全社会形成传播主流价值、引领文明风尚、弘扬新风正气的浓厚氛围和强大声势，全年开展道德讲堂活动500余场，在市区设置《市民文明公约》展示牌500余块，公民文明素质和社会文明程度明显提升。2. 开展道德模范评选表彰活动。9月25日晚，在市人民广场隆重举办第六届道德模范颁奖典礼，13名道德模范、24名道德模范提名奖获得者受到隆重表彰。至2014年底，全市已累计评选出各类道德模范65人，其中，11名迁安“平民英雄”被中央文明办评为“中国好人”，

12人被评为唐山市级以上道德模范。加大公民道德建设基金奖助力度，先后组织开展赵店子镇好人表彰、杨各庄镇第二届道德明星表彰、季评学雷锋十佳表彰暨学雷锋志愿服务活动启动仪式等大型活动3场次，全年累计奖励、扶助各类道德模范和身边好人179人，发放奖助金11.76万元。至2014年底，累计利用公民道德建设基金奖励、扶助各级各类道德模范和身边好人470人，发放奖助金40多万元。3. 开展学雷锋志愿服务活动。以"善行迁安·邻里守望"为主题，建立健全志愿服务工作机制，推进学雷锋志愿服务活动常态化。全市拥有各类注册志愿者1.8万人，常年开展活动的注册志愿服务队1000余支。将每周六定为学雷锋志愿服务活动日，全年开展文明交通、关爱空巢老人、关爱农民工、环境卫生清洁等志愿服务活动500余场次。将志愿服务工作纳入文明单位测评体系，评选出一批志愿服务工作先进集体、先进个人，利用公民道德建设基金表彰奖励2013年度"季评学雷锋十佳"40个，志愿服务工作先进集体、先进个人101个，发放奖金5万多元。4. 推进文明细胞创建工程。深入开展文明单位评选工作，着力提升各级文明单位的创建水平和档次，评选出迁安市级文明单位272个，精神文明建设先进工作者121人；积极推荐申报省、唐山市级文明单位，11个省级文明单位顺利通过普查。深化乡风文明创建活动，以农村文化墙为重点，加强美丽乡村建设，全市已有13个镇乡、88个村设置文化墙近千块。以勤劳节俭为主题，不断完善红白理事制度，倡导婚丧事新办、简办，树立文明勤俭新风尚。5. 实施未成年人思想道德建设"心灵工程"。健全完善20所乡村学校少年宫建设，配齐设备器材，假期免费开放，年参与人数2万余人次。以"善行迁安·立德树人"为主题，广泛开展日行一善、"做一个有道德的人"、童心向党等主题实践活动，迁安市有1人被评为唐山市美德少年，3人获提名奖，未成年人的思想道德素质有效提升。

【文化建设】　1. 文化产业项目有序推进。全力推进重点文化产业项目，至2014年底，全市共谋划实施文化产业项目65个，计划总投资695亿元，其中在建重点文化产业项目37个，计划总投资439亿元，文化产业实力和规模进一步增强。积极申报河北省文化产业发展引导资金，"大器迁安文化旅游产品研发与推广""汇远手工抄纸文化产业园""冀东民俗文化体验园"等项目争取到河北省文化产业发展引导资金190万元。2. 文艺精品创作成果丰硕。组织文联下属各协会和文艺骨干开展各种创作交流活动，提升文艺创作水平，打造迁安文化品牌，推出一批讴歌迁安时代精神、反映城市变迁、展示壮美河山的文艺精品力作。由诗词协会和作家协会联合创办的《燕山》文学期刊出版2期；作家碧青等创作的8篇文艺作品获唐山市"中国梦·我的梦"主题文艺创作"优秀作品奖"；报告文学《八零后大学生的创业经》获唐山市"首届大爱兆雪杯全国文学大奖赛"优秀奖；小小说《两棵树》《酒魂》分别获河北省小小说年度优秀作品奖和河北省"太阳红"杯小小说大赛三等奖。依托文化馆、博物馆、梅墨生艺术馆等文化阵地，先后举办名人书画展、摄影展等艺术展览10余次，进一步提升城市文化品位。3. 文化活动丰富多彩。成功举办第十届"魅力钢城之夜"群众文化展演，全年共举办大型演出30场次，全面展示了全市精神文明建设的丰硕成果，丰富广大市民精神文化生活。4. 黄帝文化研究取得新突破。按照打造城市文化地标和特色文化名片的定位，投资85万元，聘请中华炎黄文化研究会，经过深入调研、研讨、论证，历时半年圆满完成轩辕阁布展大纲编纂工作，进一步提升迁安黄帝文化的科学性、严谨性和权威性，为下一步实施布展工作奠定坚实基础。高质量完成《黄帝文化研究》期刊的编辑出版工作，编辑出版期刊6期，推出《论黄帝胜迹在迁安》等一系列研究成果，进一步扩大迁安黄帝文化的知名度和影响力。

市委宣传部

市委常委、宣传部部长	（1～12月空缺）
常务副部长	毛广丰
副部长	田军民　王永进（女） 周晓英（挂任） 李爱斌（挂任）

社科联主席　田军民（兼）
文明办主任　王永进（兼）
主任科员　浑　广
文明办副主任　张秀红（女）
副主任科员　胡琳泊

（朱学军）

对外宣传

【概况】　2014年，累计在唐山市级以上媒体刊发稿件2410篇，超额完成全年2000篇的目标任务；在国家级以上新闻媒体发稿515篇，其中，新华社刊发通稿27篇，国家级媒体发稿量再创新高。全年唐山市《中央主要新闻媒体刊发外宣稿件情况》累计分值为334分，列曹妃甸之外各县（市）区之首。唐山市《中央、省驻唐新闻媒体刊发外宣稿件情况》累计分值为1600分，力压曹妃甸居全唐山市第一位，创历史最好成绩。年内，举办新闻培训班3次，举办新闻发言人培训班5次。处理个别媒体的问题性调查采访190人次。

【“登大报、上大台、刊头条”创历史新高】　2014年，累计在国家级以上新闻媒体刊发稿件515篇，创历史最好水平。其中在《人民日报》、新华社、《光明日报》《经济日报》《工人日报》《农民日报》、中央人民广播电台等国家级媒体刊发刊播稿件85篇，大报大台宣传亮点纷呈。6月16日，《人民日报》头版头条以“河北顺势大转场”和16版《全面深化改革进行时（河北篇）》专栏“转型再造 有舍有得”专稿中，报道了迁安市英诺特生物制药发展战略新兴产业做法。在8月《人民日报》策划的京津冀协同发展连续报道中，迁安市对接京津协同发展典型做法分别在该专题报道的头版头条位置和12版专题报道中进行介绍。“河北迁安率先实施城乡居民基本医疗保险制度”“河北迁安金属包装项目年涂印总量达到15万吨”“河北迁安8年造林40万亩”等27篇通稿在新华社播发，创造了迁安市在国家级主流媒体发稿新纪录。“迁安造纸放光彩”“迁安淘汰过剩产能”“干果之乡嫁接忙”“ 迁安容缺服务不让群众多跑腿”等图片新闻，分别被《光明日报》《经济日报》《农民日报》《法制日报》等国家级媒体刊发。

【主题报道“亮”】　2014年是迁安市“转型攻坚年”，围绕构建“3+5”产业体系打造六大功能中心，全市转型发展进入一个新阶段，展示全市科学发展的新举措、新方法、新成果为对外宣传的首要任务。5月29日到30日，《人民日报》京津冀一体化采访组到迁安采访，市委书记李忠介绍了全市对接京津推动转型发展一整套做法，《人民日报》连续在生态篇、城市篇、产业篇专题报道中介绍全市对接京津协同发展典型做法，受到读者广泛关注。城市建设为迁安对外宣传的重点之一，通过多种途径宣传展示城市建设。3月27日，央视七套《乡约》栏目在文化展示中心录制了大型户外访谈节目《乡约河北迁安》，作为主访谈嘉宾，市长张淑云接受了专访。摄制组用近一个月时间，采访拍摄了大量的鲜活画面，迁安的城市面貌、历史文化等在栏目中得以充分展现。题为“一座传统重工业城市向生态之城的嬗变”和“借得东风开新篇”等长篇通讯在《河北经济日报》头版头条刊发，文章全面介绍迁安加快城市建设、对接京津发展的具体做法。全方位展示全市项目建设取得的丰硕成果。《河北日报》以“迁安实施重点装备制造项目44个年耗钢454万吨”“泵阀产业园项目落户迁安”“迁安钢老板跨界生物制药”为题，报道了迁安市发展战略新兴产业取得的成效。

【专题报道“深”】　扎实开展群众路线教育实践活动宣传。年内，市委外宣局及时、准确地对外宣传展示迁安落实科学发展观、践行群众路线的做法和成效。3月10日，《河北日报》以“迁安解决13个方面问题”为题，介绍全市以群众路线教育为契机推动转型发展的做法。7月12日，《河北日报》以“迁安政务超市让一站式服务走进百姓心坎”为题，报道全市简化审批手续的做法。《唐山劳动日报》以“凝聚转型动力——迁安扎实开展群众路线教育实践活动”为题分别就全市群众路线教育活动的开展情况及取得的良好成效进行大篇幅宣传报道。《河北日报》头版以“钢铁迁安文化蝶变绿色转型”为题，报道迁安文化产业取得的新进展。《唐山劳动日报》头版头条刊发“文化之花逢春绽放”稿件，充分展示迁安文化产业大发展的新成果。

【邀请媒体走进迁安，打好对外宣传“组合拳”】　1. 所邀媒体报道规格层次高。为更加全面深入地报道全市转型发展、城市建设及京津一体化发展的重要成果，多次邀请新华社、《人民日报》《经济日报》等媒体的副总编辑、主任记者等到迁安市参观考察，并对迁安转型成果及产业发展进行有深度、大篇幅的报道，通过他们的笔触向外界展示迁安强劲的发展势头，让外界更深入地了解迁安。2. 所邀媒体报道针对性强。2014 年，围绕全市转型发展、城市建设、项目建设主题宣传以及京津冀一体化协同发展、群众路线教育实践活动和文化产业发展等专题宣传，结合工作进展情况，有计划、分期、分批的邀请国家、省、唐山市主流媒体到迁安采访报道。新华社、《人民日报》、中央电视台、《经济日报》等国家级主流媒体也曾多次到迁安就迁安市转型发展成果进行采访报道。3. 所邀媒体宣传报道效果好。制作的《首都东边一座成长在水里的城市》城市形象宣传片，在中央电视台 1 套《晚间新闻》和 4 套《海峡两岸》栏目播出；“水城迁安”专题在新华网首页刊播。设计制作的迁安城市品牌形象广告，在京沈高速和北京城市公交候车亭及首都机场航站楼 LED 大屏等处发布，独具特色的中国北方水城城市景观被越来越多的人所了解。

【加强网上宣传管理】　2014 年，市委对外宣传局（市政府新闻办公室）紧密围绕大局，适时突出重点，全力改善网上舆论环境。落实省、唐山市要求维稳文件精神，做好相关网上舆情监看工作，累计发表原创网评文章 54 篇、原创贴文 1781 篇、贴发 1265 篇次、微博 4747 条、新闻跟帖 879 条、微信 612 条；转发帖文、微博等 3773 篇，上报唐山市互联网舆情信息 490 条。调动全员积极性，形成强大合力，做好舆情信息调研工作。针对舆情信息工作存在的问题，利用网络开展业务指导，进一步提高信息员的舆情敏感性和编写能力，充分调动信息员撰写高质量、多数量信息的积极性，全年累计上报舆情信息 2512 篇。

市委对外宣传局（市政府新闻办公室）
局　长　李爱斌

（郭红颖）

农村工作

【概况】　2014 年，全市农村工作围绕“农业要强、农村要美、农民要富”的目标，按照农村布局优化、民居美化、道路硬化、村庄绿化、饮水净化、卫生洁化、路灯亮化、服务强化的“八化”标准，结合党的群众路线教育实践活动，集中力量继续开展农村面貌改造提升行动（基层建设年活动），成效显著，农村环境面貌焕然一新，农村环境长效机制进一步健全，超额完成农村卫生厕所改造任务，村庄绿化特色明显，农村基层民主政治建设水平进一步提升，全市村务公开普及率继续保持 100%，“五规范一满意率”保持 98%，修订完善了《迁安市村级民主议事规则》，进一步规范村民委员会的民主决策程序，保障农民群众的民主决策权利，“三资”管理进一步强化。在党的群众路线教育实践活动中，市委农工委增强服务意识，派出两个工作组，扎实开展蹲点服务，驻村工作人员积极参与村内党日活动、民主议政活动，为村民解答农村政策方面问题，帮助村里改善村内环境。年内，单位节俭经费开支，为软弱涣散基层党组织、老区村、困难村筹措帮扶资金 13 万元。2014 年度，市委农工委被评为 2012 ~ 2013 年度振兴唐山先进单位；在河北省表彰 2014 年度农村面貌改造提升行动中，受多项表彰：迁安市被评为河北省 2014 年度农村面貌改造提升行动先进县（市、区），大五里乡山叶口村被评为 2014 年度河北省美丽乡村，被评为优秀工作组 7 个、优秀驻村工作队员 25 人，驻村干部荣记三等功 3 人。

【农村环境卫生保洁管理】　突出常态管用，实现长效保洁。1. 构建强力推动机制。坚持定期拉练观摩，实地检验，现场评价，当场排名，进行示范引导和总结推广，为各重点村工作推进提供借鉴。加大对月评先进、最差的奖惩力度，强化责任追究。建立日常巡查制度，实时记录工作开展质量情况，及时下发督办通报，限期整改，实现常态化管理和督导。2. 健全长效管护机制。加强组织领导，确保资金落实、人员到位、设施完善，推行农村环境卫生保洁管理新模式，实现卫生保洁制度化、常态化。全市村级卫生保洁队伍稳定，村村有专职保洁队伍，镇乡全部有专职垃圾转运队伍，保洁人员达到2438人，全市建设生活垃圾填埋场8座、垃圾焚烧厂1座，农村建设垃圾中转站573个、垃圾池2.3万个，设置垃圾桶（箱）2360个，户用垃圾收集斗10万个，配备各类垃圾运输车86辆，拉臂中转箱335个，专用垃圾收集三轮车1900辆。3. 建立资金保障机制。按照“有钱办事、有人管事、有章理事”的要求，市财政投入3430万元，建立以“户清、村集、镇乡运、集中处理”为主要内容的城乡一体化卫生保洁、垃圾处理体系。全年，市财政兑现环境卫生补助资金1738.25万元。4. 建立攻坚制度。把农村“五清”工作作为想民、为民、爱民的工程来抓，以清垃圾、清杂物、清残垣断壁、清污染企业、清庭院为突破口，着力解决农村环境卫生脏、乱、差问题。年内完成清运积存垃圾、杂物11.034万立方米，清残垣断垣残壁488处，清庭院9162个，新设置垃圾箱（筒）4894个。成效显著，多次被唐山市农村环境考评组评定为“农村环境整治工作优秀单位”。

【美丽乡村建设】 统筹推进，合力提升，全民共建美丽乡村。1. 按照“全民参与、合力攻坚”的原则，实现“五个到位”。领导带头到位。落实四套班子领导干部帮扶联系点制度，全部深入一线，靠前指挥。责任落实到位。将40个省级重点村改造提升的15项实事工作进行任务分解，明确牵头单位和责任单位，形成合力抓提升。充分发动群众，充分发挥党员示范带头作用，开展美丽庭院创建，调动村集体和广大农民群众的积极性，引导动员农民群众投工投劳。驻村帮扶到位。通过建立帮扶联系点、规范驻村干部管理、加强督导检查，129名驻村干部扎根农村，倾力帮扶献爱心，支持资金520.5万元，助推农村面貌改造提升，群众满意度进一步提高。资金落实到位。本级财政投入改造提升资金1.98亿万元，占省级资金比重3117.71%，占本级公共财政收入比重的5.64%。2. 整体提升，提升创建档次水平。按照“完善功能，提升品位”原则，以40个省级重点村为引领，以15件实事为抓手，以点带面，全市一盘棋整体提升。40个省级重点村和3个唐山市级精品村累计完成投资1.4亿元，所涉及的15件实事工程全部完成。累计完成村庄道路硬化39.6万平方米，村庄绿化59.1万平方米、新植乔木12.5万株；铺设农村供水管道9.7万米，建设农村生活污水处理厂4个；完成农村厕所改造5339个，厨房改造559户；安装路灯1190盏，新载线杆1055个；实施农村危房改造224户、完成房屋平改坡1247户、墙体改造4110户、门窗改造1174户；墙体立面整治和美化27.38万平方米，打造景观街道1.8万米；建设文化广场1.3万平方米，新增幸福院1848平方米；新建村庄标识16个，新设街牌70个；建强支部班子17个，培养骨干74名，培育专业户78户，农村面貌改造提升工作取得扎实成效。中心村建设成效显著，申刘庄中心村建设旧村址复垦工作已完成。社区建设有序开展，已累计投资1.1亿元，建设住宅楼18栋，完成建筑面积7.7万平方米，已有250户交付使用。同时，建设标准化幼儿园1800平方米，村民中心1270平方米，社区道路硬化1.2万平方米。3. 特色提升，打造特色鲜明的典型村。本着“因村施教，因地制宜”的原则，一村一品，一镇一景，把国学文化村、山区特色村以及旅游示范镇等各具特色的典型村、镇，放大特质，实事做实、细节做细，实现资源禀赋向环境优美、经济发展转化。打造了唐庄子科学发展示范村、山叶口旅游特色村、尚庄子国学文化村、花果山山区特色村、小杨庄现代新民居示范村5个特色村。4. 连线提升，全面推进示范片建设。本着“量力而行、不举新债”的原则，结合区域特点，成方连片，配套改造，形成沙河驿镇、大五里乡、蔡园镇3个镇乡整体推进，南部高速沿线片区和西部森林绿道片区2个精品廊道片区整体提升。2014年，以西部森林绿道沿线村庄为重点，创建省级重点村40个，形成唐山市级精品村3个，即山叶口、王家湾子、小杨庄，其中山叶口村在唐山市级精品村中名列第3位。

【农村卫生厕所改造】　按照唐山市三年完成全部农村改厕任务的安排部署，2014年唐山市下达给迁安市农村改厕任务1.4万座。市财政安排改厕资金685.3万元。年初，对改厕工作进行了公开招投标，11月中旬完成改厕1.43万座，超额完成318座。至年底，全市无害化卫生厕所达到15.19万座，普及率为84.43%。

【村庄绿化】　高标准完成村庄绿化，提升绿化水平和档次。按照造林绿化攻坚战要求，积极推进环村林带和村街、庭院绿化，创建绿化村庄。40个省级重点村完成投资274.42万元，新植环村林带8.9万株、58.4万平方米；对村内街道绿化进行完善提高，栽植各种苗木3.6万株，栽花草灌木6300平方米，环村绿化、庭院绿化、街道隙地绿化全部达标，既达到绿化、美化的效果，又有经济效益。

2014年迁安市农村面貌改造提升
行动（基层建设年活动）省级重点村庄及驻村工作组一览表

表5

序号	镇（乡）	村	包村单位	工作组长	备注
1	野鸡坨镇	张都庄村	河北联合大学	张　柳	—
2	野鸡坨镇	丁庄子村	河北新闻出版局	陈跃华	—
3	沙河驿镇	管庄子村	工信局	徐立勇	—
4	沙河驿镇	刘台子村	财政局	马桂存	—
5	沙河驿镇	窝子村	发改局	刘宪华	—
6	沙河驿镇	潘庄子村	文广新局	李保全	—
7	沙河驿镇	孟台子村	检察院	王向林	—
8	沙河驿镇	代庄村	公安局	彭明辉	—
9	赵店子镇	康官营村	唐山市纪委	宁永辉	—
10	赵店子镇	郑店子村	唐山市电大	朱全友	—
11	赵店子镇	营里村	食药监局	任红亮	—
12	赵店子镇	三港湾村	唐山市工信局	周连卫	—
13	赵店子镇	马古寺村	邯郸钢铁公司	王树森	—
14	沙河驿镇	下炉村	规划局	曹　录	—
15	沙河驿镇	上炉村	农牧局	常志军	—
16	杨店子镇	高引铺村	国税局	赵志民	—
17	杨店子镇	后胡庄村	唐山市烟草专卖局	马普宏	—
18	杨店子镇	张官营村	林业局	孟令连	—
19	杨店子镇	殷官营村	计生局	李宝军	—
20	杨店子镇	田新庄村	安监局	谢建民	—
21	蔡园镇	小蔡庄	唐山市中医院	李建朝	—
22	蔡园镇	王李庄村	电力公司	贾玉清	—
23	蔡园镇	孟官营村	人社局	徐少华	—
24	蔡园镇	刘庄子村	科技局	王建良	—
25	蔡园镇	玄家洼村	住建局	赵　文	—

续表5

序 号	镇（乡）	村	包村单位	工作组长	备注
26	蔡园镇	张家窑村	民政局	刘宗衍	—
27	蔡园镇	二郎庙村	环保局	张绍伟	—
28	蔡园镇	灵山村	卫生局	李学辉	—
29	蔡园镇	小杨庄村	唐山市质监局	李志杰	唐山市精品示范村
30	蔡园镇	小石岭村	工商局	李志刚	—
31	大五里乡	山叶口村	唐山市第二医院	石荣光	唐山市精品示范村
			信用联社	段宝华	
32	大五里乡	大石河村	水务局	李彦	—
33	大五里乡	松木庄村	交通局	彭玖良	—
34	大五里乡	周官营村	地税局	陈彦	—
35	大五里乡	大五里村	人民医院	王淑敏	—
36	大五里乡	王家湾子村	唐山市供电公司	李华	唐山市精品示范村
			法院	王秀田	
37	大五里乡	花果山村	教育局	郃立军	—
38	大五里乡	曹官营村	国土局	陈志勇	—
39	大五里乡	贯头山村	唐山市药监局	骆贵民	—
40	大五里乡	尚庄子村	唐山市商业银行	杜少光	—
41	赵店子镇	申刘庄社区	物价局	张士文	省级中心村示范村

2014年迁安市农村面貌改造提升行动（基层建设年活动）本级重点村庄一览表

表6

序号	镇（乡）	村	序 号	镇（乡）	村
1	迁安镇	五里岗村	14	建昌营镇	石门子村
2	迁安镇	官立口村	15	建昌营镇	北冷口村
3	迁安镇	周官营村	16	阎家店乡	东峡口村
4	扣庄乡	寺后村	17	阎家店乡	六股道村
5	扣庄乡	安新庄村	18	大崔庄镇	上金山院村
6	彭店子乡	徐家沟村	19	大崔庄镇	下金山院村
7	彭店子乡	祁庄村	20	五重安乡	黄金寨村
8	夏官营镇	东赵店子村	21	五重安乡	红峪口村
9	夏官营镇	黄官营村	22	马兰庄镇	宫店子村
10	杨各庄镇	东高各庄村	23	木厂口镇	娄子峪村
11	杨各庄镇	徐流营村	24	木厂口镇	刘新庄村
12	上庄乡	北白庄村	25	太平庄乡	崇家峪村
13	上庄乡	二层庄	26	太平庄乡	尚庄村

【农村面貌改造提升行动现场观摩会】　5月22日，召开全市农村面貌改造提升行动现场观摩会，贯彻落实省、唐山市农村面貌改造提升行动会议精神，观摩交流本市农村面貌改造提升行动的经验做法，动员各部门各镇乡以更大的决心和力度推进农村面貌改造提升行动深入开展。市委副书记李维林，市委常委庞再明，市政协副主席李志文出席观摩会。年内，结合党的群众路线教育实践活动，在动员各镇乡、市直有关部门做好“四清”工作，有效根治“五乱”现象的同时，通过择优选派干部驻村帮扶，加大工作力度，按照“配套改造、整体提升”的目标，从农民反映最强烈、最迫切需要解决的实际问题入手，本着“缺什么、补什么”的原则，因地制宜办好厕所改建、道路修缮、安全饮水、村庄绿化等15件实事。重点对41个省级改造提升重点村庄和26个本级改造提升重点村庄进行完善提高，村庄净化、美化、绿化同时开展，农村面貌改造取得显著成效。观摩中，本着客观、公正、公平的原则，对各镇乡153个农村面貌改造提升先进典型村庄进行现场检查评比，并采取实名制的形式，逐镇乡逐村现场点评、现场打分，对各镇乡农村面貌改造提升工作予以综合评价。经评比，大五里乡山叶口村、沙河驿镇唐庄子村、太平庄乡马铺营村、蔡园镇小杨庄村、夏官营镇黄官营村、木厂口镇刘新庄村、大五里乡王家湾子村、蔡园镇北小店村、沙河驿镇刘庄子村、赵店子镇马古寺村、野鸡坨镇丁庄子村、野鸡坨镇仓库营村、彭店子乡八家寨村、杨店子镇后胡村、杨店子镇高引铺村、赵店子镇新庄子村、赵店子镇李官营村、沙河驿镇二店子村、夏官营镇东赵店子村、彭店子乡杨家坡村、马兰庄镇李家沟村、阎家店乡六股道村、五重安乡红峪口村、杨各庄镇上场村、建昌营镇石门子村、大崔庄镇凤凰山村、大崔庄镇上金山院村、杨各庄镇阎官屯村、扣庄乡寺后村、杨各庄镇东高各庄村、建昌营镇北冷口村、迁安镇马家村、扣庄乡十里营村、上庄乡高各庄村、扣庄乡安新庄村、马兰庄镇侯台子村、大崔庄镇下金山院村、迁安镇东周官营村、阎家店乡西峡口村、迁安镇马岗子村、建昌营镇西三家村、马兰庄镇宫店子村、上庄乡上庄村、五重安乡东陈庄村、建昌营镇果园村、迁安镇王崖村、迁安镇五里岗村、迁安镇省庄村、上庄乡丁庄村、上庄乡北白庄村，共50个村，被评为农村面貌改造提升优秀村。

【省“心连心”艺术团到迁安慰问演出】　为深化全省“农村面貌提升行动”，即“清垃圾、清杂物、清残垣、清断壁、清庭院、清心静气；庭院美、家庭美、厨厕美、身心美、村庄美、美轮美奂”工作的开展，促进农村早日实现小康社会，5月14日下午，省“心连心”艺术团到市野鸡坨镇丁庄子村，开展“中国梦·赶考行——走进美丽乡村”慰问演出。演出在气势恢宏、热情奔放的开场舞《鼓舞飞扬》中拉开序幕，音乐快板《善行歌》展示了打造“善行河北”，培育和践行社会主义核心价值观取得的丰硕成果。还表演了河北梆子、器乐联奏、魔术、歌曲等深受百姓喜爱的文艺节目，赢得现场群众热烈掌声。整场演出内容丰富、形式多样、贴近百姓，受到群众的广泛好评。

【驻村工作组风采】　唐山市第二医院为山叶口村捐款10万元，共建“美丽乡村”。5月17日，唐山市第二医院在市大五里乡山叶口村举行“共建美丽乡村捐款暨文化大院开园仪式”。第二医院向山叶口村捐款10万元，支援山叶口村“美丽乡村”建设。按照唐山市农村面貌改造提升行动部署，第二医院抽调专人成立驻山叶口村工作组，并于3月进驻开展工作。通过实地考察、逐户走访，摸清村庄底数，帮助山叶口村实施了民居改造、道路硬化、垃圾处理、厕所改造等15项实事工程。全村共栽植树木1200多株，垒砌长城墙1000多米。河道治理、村容改善等工作正在有序进行，力争把山叶口村建成“河北省美丽乡村”。

河北联合大学举行捐赠仪式，市委书记李忠出席并讲话。9月15日上午，河北联合大学驻村帮扶捐赠仪式及迁安学院2014级新生开学典礼在河北联合大学迁安学院举行。河北联合大学党委副书记、校长袁聚祥，迁安市委书记李忠，市委常委、秘书长侯旭，市政府副市长王志刚出席。野鸡坨镇张都庄村是河北联合大学群众路线教育实践活动联系点。帮扶工作组自2月26日入村，立足村情实际，广泛走访调研，制订了切实可行的帮扶计划，帮助清理村内垃圾，完善基础设施，并在村中心完全小学建立河北联合大学大学生社会实践基地，捐赠学习用品、图书等，尽心竭力地理思路、探路子、求转型，引导群众寻找致富路子，赢得广大村民的认可。捐赠仪式上，河北联合大学向张都庄村捐赠10万元帮扶资金及总价值7万元的电脑、医疗器械和药品。

市委农工委

书　　记　（1～12月空缺）

常务副书记　李爱军

副 书 记　阎学东　李荣义　滕桂民

副主任科员　郭永明

（李晓玲）

统战工作

【民族宗教工作】　以“促进和谐”为重点，做好民族宗教工作，确保宗教领域和谐稳定。1. 加强宗教事务管理，为宗教活动营造良好环境。坚持“打防结合，以防为主，打击非法，保护合法”。发挥统战、民宗、公安等部门作用，强化对非法组织的打击。2. 积极为宗教团体办实事，增进党同信教群众的联系。一是按市委、市政府总体部署为宗教界办实事。积极协调解决基督教堂复建的规划、土地等事宜，教堂已确定新址，土地、规划等手续正在办理中。二是高度重视并尊重宗教节日与习俗。在重大传统节日，相关部门深入宗教场所，走访慰问宗教团体上层人士和困难信众，尤其是在伊斯兰教的“开斋节”，深入清真寺，送去慰问金，表示祝贺。3. 按唐山市统一部署，在宗教领域开展“一学二促三提升”（“一学”，抓好学习培训；“二促”，促进宗教健康发展，促进宗教领域和谐稳定；“三提升”，提升宗教健康发展，提升教职人员的宗教造诣水平，指升宗教界贡献社会的本领）活动，提高宗教领域的思想水平和管理水平，使之成为和谐社会建设的重要力量。一方面，积极引导宗教团体参加精神文明建设。先后在宗教团体中组织开展“和谐寺观教堂建设”活动、“民族团结进步月”活动，特别是按照唐山市委统战部部署，扎实推进“一学二促三提升”活动，收到很好效果，教职人员的学识造诣和“爱国爱教”的思想水平得到明显提升。另一方面，鼓励支持宗教团体开展公益慈善活动。充分发挥宗教界独特优势和作用，引导宗教界人士在参与公益慈善上践行宗教教义，打造宗教界参与公益事业的特色品牌。伊斯兰教信众，拿乜（mie）贴、捐善款，用于寺院修缮和教友救济。佛教界先后组织先天性心脏病儿童的筛查、慰问各社会养老机构，节日期间走访慰问困难群众、赴地震灾区慰问捐款，京津冀辽等地书画家笔会交流活动，捐善款100多万元。基督教慈善周活动常态化，年内信众自发捐资1万多元扶助贫困户，并多次组织农忙帮扶活动，得到唐山教会的充分肯定。天主教也经常组织信众为当地困难群众募捐，到福利院开展志愿服务等活动。4. 支持、引导宗教领域开展丰富多彩的文化活动，活跃宗教领域文化生活。3月19日，支持由石佛寺发起的“珍爱大自然，保护生态环境放生活动”暨“甲午春季津冀两地艺术家笔会交流活动”。多部门参与，并请来天津、朝阳等地艺术家进行笔会交流。5月4日，支持佛教界在石佛古寺举行首届传统庙会暨迁安地区先天性心脏病儿童筛查启动仪式。同时进行了笔会交流。9月20日，应朝阳文联邀请，与部分党外书画家一起赴朝阳市参与甲午秋季冀辽两地艺术家笔会交流活动，得到朝阳文化界高度好评。11月11日，组织党外书画家与天津等地艺术家一道，在陶瓷艺术馆进行笔会交流。11月26～27日，与宗教部门一道，组织各宗教团体上层人士和侨界代表30人，赴唐山市、丰润区，参观侨企、宗教场所和潘家峪惨案纪念馆，学习侨企和宗教场所的先进管理理念，同时进行革命传统教育。次日，对市内各宗教场所进行观摩，看制度建设、场所管理，进行安全隐患排查。参加观摩人员受益匪浅，表示要努力提高所在寺院的管理水平。12月7日，谋划支持精功眼镜店举办公益活动，为扣庄中学和官寨小学视力低下的30名学生义务配镜。活动得到教育系统的积极参与和配合。年内发起了宗教界“颂发展、提素质、展风采”庆祝新中国成立65周年书画摄影展等活动，宗教界各团体上报以宣传家乡为主题的作品120多件，由九朵文化公司组织对部分作品进行两场义卖，4万多元义卖款全部用于贫困学生家庭救济。

【非党干部和党外知识分子工作】　1. 稳妥推进“党外知识分子联谊会”建设。年内将此项工作提上日程，上报市委、市政府，市领导高度重视，正在积极商讨中。2. 完善党外代表人士队伍建设。市领导对党外知识分子及党外干部工作高度重视，关心他们的工作、学习和生活，教育引导他们不断提高综合素质和参政议政的能力和水平。市委统战部不定时召开党外人士座谈会，征求意见建议。同时，严把代表人士队伍的出入关，对发现问题的党外人士及时提出处理意见建议，保持队伍的高素质与相对稳定。前政协委员裴某某，因涉嫌职务犯罪，已被逮捕。统战部建议政协党组按程序取消裴俊清迁安市政协委员资格。3. 加强全市非党教育骨干人士队伍建设。乘党的群众路线教育实践活动东风，积极联系市教育局党委，初步达成共识，拟共同创建“迁安教育系统统战之家”，购置必要的设施，订立相关制度，组织务实活动，把全市非党教育骨干人士的思想和行动统一到党和政府的教育方针政策上来，为迁安教育质量的提升做出积极贡献。4. 深化“党外专家服务三农科技行动”。统战部对本地党外专家服务“三农”情况进行了一次普查，摸清了基本情况，完善了相关档案资料，建立起党外专家人才库，将底数上报唐山。积极搜集党外专家服务“三农”的事迹与照片等资料，对年内党外专家服务“三农”活动进行总结，并及时上报。

【经济统战工作】　认真贯彻落实中央《关于进一步加强和改进工商联工作的意见》和上级“实施意见”精神，支持工商联加强自身建设。帮助工商联提高履职能力和实干水平。做好非公经济人士的思想政治工作，深化非公有制经济代表人士综合评价工作。支持工商联不断扩大评价范围，丰富评价内容，重视对评价成果的使用，促使非公有制经济人士在转变发展方式中当先锋、做表率。

【侨联和对台工作】　扎实做好侨联和对台工作，传递迁安正能量。1. 坚持“以侨为本、为侨服务”的宗旨，不断拓展和深化为侨服务工作。一是开展“真情暖侨心”活动。两节期间，走访慰问归侨、侨眷。日常工作中，坚持做好对归侨侨眷走访工作。二是按照唐山市侨联要求，继续落实“送蛋糕”“送健康”“送欢乐”等惠侨活动，使更多归侨侨眷从精神和生活上得到关心照顾。2. 拓展海内外联谊工作主线，加强海内外多层次交流。一是继续做好海内外青少年文化交流活动。与教育局协调，继续做好世界华文学生作文大赛活动。二是继续实施“走出去、请进来”战略，充分发挥侨联作用，倾听海外侨胞的呼声，利用网络平台向海外亲属、朋友发一封邮件，宣传迁安，吸引他们关注和参与。三是密切与侨联组织的友好交流。利用参加河北省侨联干部培训班的机会，与各地侨联组织加强联系，特别与张家口侨联、承德侨联、廊坊侨联等建立友好联系和交流，为下一步做好侨联工作奠定坚实基础。

市委统战部
部　　长　彭忠臣
常务副部长　肖　波
副 部 长　王俊喜（兼）　王玉侠（女）
　　　　　　鲍志霞（女，兼）
侨联主席　鲍志霞（女）

（王翠霞）

市直机关党工委

【思想建设】　加强学习，不断提高党员干部队伍的思想政治素质。1. 紧追形势，加强学习。为适应新形势需要，各基层党组织认真学习党的十八大报告、《习近平总书记重要讲话专题摘编》《论群众路线—重要论述摘编》、“三严三实”重要论述、习总书记在兰考县调研讲话等系列讲话精神和十八届三中、四中全会精神等，紧追时代潮流，用先进的理论知识武装头脑、指导实践，推动各项工作开展。2. 扎实推进学习型党组织建设。一是扎实推进学习型党组织体制机制建设。严格落实市直机关干部理论学习制度，并建立考核和奖惩等一系列学习保障机制，激发党员干部学习教育的主动性和自觉性。二是创新形式，确保学习效果。各基层党组织通过理论中心组学习、领导干部大讲堂、党组织书记讲党课、观看专题影片、举办研讨会等多种形式开展学习活动，使广大党员干部乐于学习，保证学习效果。

【组织建设】 继续推进组织建设，提升基层党组织的内聚力和向心力。1. 隆重纪念建党 93 周年。一是举办党建工作论坛。6 月下旬，党工委集中部分党委、总支、支部书记，结合职能特点和工作实际，围绕“打通为民服务一公里，推进基层党建新跨越”这一主题做了典型发言，对整体推进机关党建工作起到积极作用。二是在各基层党组织开展“践行社会主义核心价值观·志愿先锋”共产党员志愿服务集中行动。7 月 1 日，市卫生局党委、供电公司党委和食品药品监督局党支部等党组织的分管领导以及党员志愿者代表，在市文化广场开展了健康迁安、科技服务、就业指导、法律宣传等志愿服务行动。三是开展“党章学习日”活动。2014 年是省委将每年 7 月 1 日确定为“党章学习日”的第一年，为落实好这一部署，市党工委要求各基层党组织开展一次集中专题学习，教育引导广大党员干部自觉学习党章、遵守党章、贯彻党章、维护党章。在此基础上，各基层党组织还通过专题讲座、座谈会、研讨会、知识竞赛、橱窗展示等方式将党章学习活动引向深入，切实增强广大党员干部的党性修养。2. 挖掘先进典型，发挥示范带动效应。5 月 8 日，召开群众路线教育实践活动成果交流会，特殊教育学校教师靳佳佳和行政服务中心工商窗口等 3 个先进个人和 2 个先进集体讲述了他们立足本职的先进事迹。3. 加强机关党员的发展教育管理工作。一是规范党员管理。严格党员组织关系接转并开展党员队伍结构调查分析工作。二是从源头上严把党员“入口关”。年内，市党工委对 30 名入党积极分子进行培训，其中 27 名获得入党积极分子合格证；发展预备党员 25 名。

【作风建设】 加强机关党的作风建设，提高拒腐防变能力。1. 扎实开展党的群众路线教育实践活动。一是开展学习教育，提高思想认识。通过采取个人自学、集中研讨、干部宣讲、专题交流、观看专题片等多种方式组织学习教育，确保学习效果。为夯实和检验学习效果，5 月中旬，党工委组织 12 个党委开展了教育实践活动知识竞赛，其中市电力公司代表队获得本次竞赛一等奖。通过举办竞赛，推动了市直机关广大党员干部学习理论知识的热情，营造了积极的学习氛围。二是围绕反对“四风”，突出“以焦裕禄为标杆、自我对照找问题，组织‘三堂会诊’、多方聚焦找问题，搞好反馈通报、上级提醒找问题，把握个性特征、突出重点找问题”四个方面，认真查找存在问题，并进行深刻剖析和检查。8 月 3 日，党工委召开了领导班子专题民主生活会。三是党工委重点围绕“落实整改措施，解决突出问题”，将立行立改和限期整改贯穿始终。坚持从领导做起，从身边的事抓起，从群众反映最强烈的问题改起，认真梳理、分类、归纳收集的意见建议，强化整改措施，寻根究源，以积极的行动务求整改落实取得实效。同时按照于法周延、于事简便的原则，围绕解决“四风”方面突出问题，着眼党的群众路线教育实践活动内化于心、外化于行、固化于制，形成长效机制。2. 认真开展 2014 年度社会满意度测评。一是确定民主评议员代表。12 月，对 2013 年建立的万人民主评议员信息库进行逐一核实，确保民主评议员信息及时更新，增强信息的准确性。随后，按照 10% 的比例随机抽取 1097 名民主评议员代表，并按照代表所属地原则进行划分，为测评工作打下坚实基础。二是抓好测评。2015 年 1 月上旬，组织了集中测评，并在文化广场、窗口单位、重点企业开展随机测评，测评活动全面、公开、透明。

市直机关党工委

书　　记　侯　旭（兼）

常务副书记　张淑文（女）

副　书　记　沈与丰
副主任科员　张桂敏（女）

（应　新）

党校教育

【概况】　2014年，市委党校充分发挥党校干部教育培训主渠道、理论宣传主阵地和为领导决策服务智囊团作用，以党的群众路线教育实践活动为主要内容，开展理论研究，全员撰写论文，将27篇优秀文章集印成册，下发至各乡镇，为全市教育实践活动提供理论支持。在唐山市党的群众路线教育实践活动征文中，党校鲁艳玲撰写的《发挥党校优势开展好党的群众路线教育实践活动》获优秀奖，文章被刊登在《唐山党政干部论坛》上。在唐山党校系统群众路线教育实践活动理论征文活动中，鲁艳玲获二等奖，宋金华、彭建军、孙迎春、刘秀丽等获优秀奖。在《迁安时讯》开辟的群众路线教育实践活动“理论纵横”专栏中，党校有14篇文章被刊发。针对京津冀一体化大格局开展科研调研活动，宋金华撰写的《作响“绿都水城”唱好“对接大戏”——对迁安在京津冀协同发展下的回顾与思考》，在《迁安时讯》上作为深度报道专刊登载。孙迎春、宋金华等参加的课题小组的《迁安在京津冀协同发展背景下的实践探索》已被唐山市社科联科研立项并获奖。以党的十八届四中全会的决定为主要内容开展理论研究，在《迁安时讯》开辟专栏进行专题解读，连载6篇十八届四中全会精神解读文章。积极参与国防教育活动宣传和征文活动，宋东侠、刘秀丽、孙迎春、彭建军4位教师获三等奖，党校被评为唐山市国防教育先进单位、国防知识竞赛先进单位，副校长杨明被评为唐山市国防教育先进个人、曹烨、贾玉洁被评为国防知识竞赛先进个人。

【干部培训】　10月14日至11月12日，市委组织部、市委党校联合举办迁安市第23期优秀中青年干部培训班，共培训81人。把党的群众路线教育实践活动贯穿到本次培训活动当中，安排理想信念、党性修养、经济社会发展、能力提升四个教育板块，设置“坚持党的群众路线，密切党和人民群众关系”“当前宏观经济分析”“实施创新驱动，加快转变经济发展方式”“第三次工业革命与大数据时代”“国学智慧 为政之道”“如何提高领导干部的执行力、沟通能力、语言表达能力”等26个专题讲座，涵盖能够提高中青年干部综合素质的人生信念、工作作风、反腐倡廉、工作能力、产业知识、社会管理、矛盾排处、社交礼仪等方方面面知识。采取课堂教学、现场教学、座谈交流、个人自学等教学形式。邀请10名唐山市委党校的专家教授到迁安授课，充分利用国家行政学院的教学资源，在较低的成本下，让学员聆听到国内一流专家的前沿理论和高端信息，学习内容“高端大气上档次”。结合课堂教授内容，培训班组织学员到市内外进行现场教学，参观考察了市规划展馆、滦河综合开发工程、马兰社区、龙泽谷生态科技园、思文科德薄板公司。到遵化市西铺村、沙石峪村、唐山尚禾源农业开发有限公司及平安镇食用菌发展基地等地实地考察，让学员们感受老一辈自力更生、艰苦创业、排除万难、取得胜利的宝贵精神；到唐山监狱参观，让昔日的官员今天的阶下囚现身说法，使学员们触及灵魂深处，起到“警钟耳边鸣，国法心中记”的良好教育效果。

【《中国梦·赶考行》主题宣讲】　配合宣传部深入到乡镇和市直机关，进行《中国梦·赶考行》主题宣讲活动。从年初开始，先后选派6名经验丰富的骨干教师到乡镇和市直单位及农村进行《中国梦·赶考行》宣讲10余场，宣讲活动做到“多层次、全视角、有重点、有针对性”，受众1000多人。凌凡和周艳文老师被评为宣讲先进个人。

【党的群众路线教育实践活动主题宣讲】　党校在党的群众路线教育实践活动中担负着双重职责，既是教育实践活动的参与者，又是各级党委政府开展教育实践活动的参谋者、宣传者和推动者。党校充分发挥自身优势，认真开展党的群众路线教育实践活动。校领导班子成员、党员干部带头到基层为党员、干部进行党的群众路线教育活动宣讲，选拔10名优秀教师，成立宣讲团，精选6个精品专题，面向全市各级机关及企事业单位、学校、部队开展宣讲工作。活动开展以来，为全市提供了20多场次的学习辅导，受众人数达到2000多人次，在全市教育实践活动中发挥了重要作用。

【社会办学】 11月24日至12月5日，支持鸿舟集团完成企业安全生产知识培训，培训200多人。年内，协助创世纪电脑职业学校做好企业员工岗前培训，共培训6期，500多人。

【教师队伍建设】 加强师资培训，实施人才强校战略。一是选派部分教师到上级党校参加师资培训，二是组织教师全程跟随主体班学员听课进行师资培训。主体班教学聘请省、唐山市党校领导、教师和迁安市县级领导、市直有关部门领导、镇乡党委书记到党校授课，充分利用在党校培训学员的机会培训党校教师，拓展教师的知识面，提高教师队伍素质。

【对乡镇党校的业务指导】 认真做好对乡镇党校的业务指导工作，按季度发放培训教材。发放四期乡镇党校教材，分别是《全面深化改革是实现"中国梦"的关键一招》《实现"中国梦"与坚持党的群众路线》《对今年中国经济形势的观察思考》《十八届四中全会精神解读》，同时发放《党校党的群众路线教育实践活动论文集》一册，教材深受乡镇党校欢迎。

【对群众路线教育实践活动理论成果的指导】 党校两位领导、三位骨干教师被抽调参与市党的群众路线教育实践活动，编入理论成果组，负责起草下发了《关于组织开展党的群众路线理论研讨征文活动的通知》和《关于进一步做好我市党的群众路线理论研讨工作的补充通知》两个文件。紧扣群众路线主题，积极组织各活动单位撰写高质量的调研报告，深入挖掘、系统总结全市教育实践活动中的典型经验、鲜活事例及理论思考，特别是对开展教育实践活动重大意义的理论阐释，对教育实践活动的实践价值、创新亮点等方面进行深入总结，形成一批接地气、有质量、有深度的调研成果。至9月底，共收到各活动单位报送的理论文章323篇。在《迁安时讯》开辟了"理论纵横"专栏，刊发优秀征文15篇；上报唐山市活动办的18篇理论征文中有7篇获奖；唐山共产党员网发表优秀征文1篇。

市委党校

校　　长　李维林（兼）

常务副校长　彭学才

主任科员　田　华

副 校 长　杨　明

（鲁艳玲）

老干部工作

【概况】 2014年，迁安市委老干部局以党的十八大精神为指导，认真贯彻落实十八届四中全会精神，深入扎实开展党的群众路线教育实践活动，以全心全意服务老干部为宗旨，找准离退休干部余热生辉和共筑"中国梦"结合点，以老干部工作转型发展、科学发展为契机，开动脑筋，主动作为，老干部工作有了新进展，老干部满意度有了新提升，被唐山市委、市政府评为老干部工作先进集体，老干部局副局长兼保健中心主任杨海霞和老干部局副局长蔡久国被唐山市委、市政府评为先进老干部工作者。至2014年底，全市有离退休干部4750人，其中离休干部179人，退休干部4571人；机关离退休干部1288人，事业单位离退休干部2933人，企业离退休干部431人，垂直管理单位离退休干部94人，接收异地安置离休干部4人。

认真开展党的群众路线教育实践活动，扎扎实实完成学习教育、听取意见，查摆问题、开展批评，整改落实、建章立制三个环节的工作任务。活动中，先后组织3场专题座谈会、走访165人、发放256份征求意见函、18次前往联系点，通过"坐下谈、上门听、面对面"等方式共查找问题2个，征求到意见6条、建议10条，并结合三轮沟通、四必谈、民主生活会等，对以上意见建议逐条确定整改落实措施。至年底，关于班子及党员同志的87条意见建议已全部整改落实。专项行动中，清理超标办公用房2间，超标车辆2辆，倡导艰苦朴素、勤俭务实工作作风。结合第三环节建章立制，根据省委文件精神修改《关于进一步做好新时期老干部工作意见》，完善各类学习制度，包括《老干部局中心组理论学习制度》《老干部局党员干部学习制度》《老干部局医院专业技术岗位考核实施办法》等。

【离退休干部生活待遇】　随着离休干部整体进入“三高期”（高龄期、多病期、高谢世期），老干部医疗保健工作任务越来越重，要求越来越高。为此实施了一系列举措。一是购进数字化射线成像系统、动态血压监测仪、动态心电监测仪等一批大型先进设备，为各病区配备微量泵、雾化吸入泵等，满足临床需求。二是结合年度体检，对于普查出的重大疾病、需长期治疗的患者实施动态跟踪，随时掌握其疾病转归情况。三是进一步加强医德医风医技建设。强化带着感情做好老干部工作的服务意识，开展“学知识、练本领、夯基础”技能竞赛活动。四是做好日常管理服务工作。坚持“六必访”，即老干部生病住院必访、重要寿辰必访、新春佳节必访、矛盾纠纷必访、生活困难必访，丧葬大事必访。照顾好离休干部配偶和遗属，为他们解除后顾之忧。把264名无工资收入的离休干部配偶和遗属，全部纳入城镇居民基本医疗保险，为171名离休干部遗属每人每年补助冬季取暖费800元；就高不就低，为离休干部提高了护理费标准：抗日战争时期的离休干部护理费由每月500元提高到1200元，解放战争时期的离休干部护理费由每月400元提高到600元，生活不能自理的离休干部护理费由每月600元提高到1000元。80岁以上离休干部过生日，局领导带上礼品到家祝寿。年内全市共逝世20名离休干部，局领导代表市委前去吊唁。4月，组织全市4300多名退休干部在老干部局医院进行年度健康体检。7月，分4期组织全市离休干部进行暑期疗养。其间为老干部进行全面健康体检，开办健康教育讲座，组织跳棋、飞镖、象棋、麻将等娱乐活动。

【离退休干部思想政治建设】　1. 加强离退休干部党支部建设。2014年，全市有老干部党员2760名，约占全市党员总数的1/10。各市直单位和乡镇，凡有3名以上老干部正式党员的，都单独建立党支部或党小组。全市有63个离退休干部党支部，均建立健全政治学习、“三会一课”（定期召开支部党员大会、支部委员会、党小组会，按时上好党课）、联系群众、民主评议、组织培训等长效机制。其中，阎家店党委2013年被唐山市委、市政府评为唐山市老干部工作先进集体，为适应老干部年高体弱的新变化，该乡把居住市里的老干部安排在市区一名有条件的老同志家中学习，单位适当补助点茶水钱。市委老干部局对他们的做法进行宣传推介，2014年在全市推广。2. 认真组织政治理论学习，加强老干部思想政治工作。年初按照政策规定为每位老干部征订了《老人世界》或《老同志之友》1份，为老干部阅览室订阅10多种党报党刊、生活杂志。此外，深入开展离退休干部党组织和党员群众路线教育活动，开展老干部研读领导讲话、观看周恩来生平事迹图片展、学习市委书记李忠在重阳节茶话会上的讲话等活动。安排老干部参观市黄台山二期工程、佛山公园，让老干部更好的了解城市发展进程。组织老干部观看影片《孔繁森》《焦裕禄》，由局领导与老干部开展政治学习讨论与座谈会，使老干部深入了解党的群众路线教育实践活动开展情况，运用他们的经验和眼光为教育实践活动提出宝贵意见和建议。3. 开展走访慰问。以元旦、春节、重阳节、国庆节等节日为契机，市领导带头，分级负责，下基层、进家门，心连心、解难题。走访中向老同志转达党和政府的关怀，肯定他们为党和国家事业作出的重要贡献，介绍全市政治、经济和社会发展形势，使老干部始终在思想上、行动上与各级组织保持一致，自觉做到政治坚定，思想常新，与时俱进。并认真听取老干部的意见和建议，认真答复或解决老干部提出的问题和要求。对因病住院的离退休干部，到医院看望。对安置在外地的离退休干部，采取多种形式进行关心慰问。

【老干部晚年生活丰富多彩】　用崭新知识武装

头脑，用高雅艺术陶冶情操。老干部坚持到活动场所去，融入到集体中，参加健康向上、丰富多样的文体活动。2014年，迁安市有老年大学总校一所，分校21所，教学班48个，在校学员1480人，累计毕业学员2890人，常年开设医疗保健、书法绘画、文艺、英语等八门课程。根据老年大学学员特点，注重学乐结合。如：书法班多次参加市博物馆、文化会展中心、古泥艺术馆举办的书法作品展，将现场观摩研讨作为授课形式；美术班定期到黄台湖、三里河、白羊峪等地写生、采风，把大自然作为第二课堂。同时因势利导，组织学员发挥余热，不断把老年大学作用向全社会辐射。如：将“欢乐广场舞”在市区、镇乡普及，中秋节与市北购商场联合组织迎中秋老干部文体展演活动等。老干部活动中心设阅览室、麻将室、台球室、象棋室、乒乓球室、射击室等7个活动室，室内全部配备新的活动设施。3月，举办“三八”妇女门球赛；5月，举办全市老干部春季运动会；9月，举办老干部门球等级赛。

【老干部作用充分发挥】 1. 根据老干部专业特长、兴趣爱好等情况，组成老干协、老科协、老体协、老促会、关工委等团体，有的放矢地引导他们为“三个文明”建设再立新功。2. 组织老干部深入群众，争当勤劳致富示范员，政策法规宣讲员、勤政廉政监督员、民事纠纷调解员。木厂口镇退休干部葛文阳，承包荒山500亩，12年如一日，引水修路、开垦荒山、种植果树，带领村民走出了一条经济、生态双丰收的典型之路。

市委老干部局

局　　长	李春生
副 局 长	杨海霞（女）　蔡久国
主任科员	刘树森
保健中心主任	杨海霞（女，兼）
关工委办主任	张书红（女）
活动中心主任	贾永田

（周　雪）

关心下一代工作

【概况】 2014年，全市有青少年25万人，其中，在校学生10万人，社会青年15万人。有基层关心下一代工作委员会21个，村级关心下一代工作领导小组534个，会员3583名。市关心下一代工作委员会深入贯彻党的十八大和十八届四中全会精神，努力践行党的群众路线，充分发挥各级关工委作用，调动“五老”（老干部、老专家、老军人、老劳模、老教师）的积极性和主动性，认真做好关心教育下一代工作，取得较好的社会效益。2014年，迁安市关心下一代工作委员会和迁安市教育局关心下一代工作委员会被唐山市委、市政府评为关心下一代工作先进集体；关工委办主任张书红被唐山市委、市政府评为关心下一代工作先进工作者，吴文清和张振华被唐山市委、市政府评为关心下一代工作先进个人。

【学习贯彻党的群众路线精神，调动“五老”积极性】 立足于创建学习型、创新型关工委的实际，市关工委认真组织学习党的群众路线精神，领会群众路线的精髓，调动“五老”积极性。1. 开展研读活动，了解群众路线。市关工委发出通知，在全市“五老”中开展研读2月13日省委书记周本顺在唐山调研时的讲话、2月10日唐山市委书记姜德果在唐山“两会”参加迁安代表团讨论时的讲话和1月21日市委书记李忠在市委五届四次全会上所作的报告，统一广大“五老”的思想，凝聚共识谋发展。市关工委要求各镇乡、市直各关工委以高度的责任心和强烈的使命感，组织学习贯彻好领导讲话精神，用讲话精神提振士气、凝心聚力，不断开创转型发展的新局面。2. 组织参观活动，重温领袖风采。2014年恰逢周恩来总理116周年诞辰，为进一步贯彻落实党的群众路线教育实践活动相关精神，将周恩来的精神内涵继续发扬光大，市关工委于4月28日组织开展“周恩来生平事迹图片展”，组织“五老”人员参观学习。图片展是老干部张清山历时30多年收集整理而成，彰显了“五老”人员对老一辈革命家的爱戴与怀念。3. 书写梦想，激扬爱国情怀。为更深刻的学习、理解和践行“中国梦”，结合第二批党的群众路线教育实践活动的深入开展，市老干部局、市关工委在全市离退休干部和青少年中深入开展以老少共叙

"中国梦"为主题的征文活动以及老少共画"中国梦"的书画评比活动。通过"中国梦"系列活动的开展，教育和引导广大离退休干部深刻领会每个人的前途命运都与国家和民族的前途命运紧密相连。"老骥伏枥志在千里"，我的"中国梦"主题教育活动引导广大离退休干部坚定理想信念，为实现"中国梦"而努力奋斗。

【爱国主义教育】　迁安是革命老区，具有红色资源厚重，老红军、老干部较多的优势。市关工委充分利用这些有利资源，开展丰富多彩的活动，对青少年进行革命传统教育、爱国主义教育。清明节，组织"缅怀革命先烈，传承民族精神"系列活动：4月4日，由市四套班子领导带队，组织全市10万余中小学生和青年干部职工祭扫烈士墓，请老干部作报告，用革命先烈的英雄事迹激励广大青少年为振兴中华刻苦学习，努力工作。各镇乡关工委在清明期间也积极行动起来，开展祭扫烈士墓活动及清明诗文朗诵会和诗词歌会、班团队会等系列活动。7月14～18日，市关工委与市委宣传部、市教育局、老干部局、团市委、党史研究室、国教办联合组织开展迁安市第十届中学生夏令营活动。活动以爱国主义教育为主线，以革命传统教育、科学发展教育、国防教育、群众路线教育为核心，以纪念甲午战争120周年为契机，以"弘扬民族精神，共筑美丽'中国梦'"为主题。营员们倾听了原市人大常委会副主任、现老促会副会长韦俊田的革命传统教育专题报告《弘扬民族精神，共筑美丽"中国梦"》，参观了乐亭李大钊纪念馆、昌黎的沙雕大世界、迁安万宝沟国防教育展馆，观看了爱国电影《甲午战争》《举起手来》，参与了"我是威武仪仗兵"军姿队列训练、"我是一个兵"行为习惯训练、心理拓展训练等。

【思想道德建设】　2014年3月5日是毛泽东等老一辈革命家号召"向雷锋同志学习"51周年纪念日，为加强全市未成年人思想道德建设和青少年思想政治教育，动员和组织广大青少年弘扬雷锋精神，实践志愿服务，自觉奉献社会，促进家乡文明素质大提升，深入开展以"学雷锋、树新风"为主题的系列学雷锋活动。1. 开展雷锋精神专题宣讲活动。各中小学校召开团会（队会）、校会，抽出专门时间就"如何在新时期学习雷锋精神"进行专题宣讲。2. 开展学雷锋志愿服务活动。深入开展"护环境、送温暖、献爱心"活动，组织青少年在学校、社区、街道等公共场所开展环境整洁、绿地养护等公益活动；开展"关爱老前辈"小雷锋特别行动；积极向特困学生家庭送温暖活动；寻找身边的雷锋活动等。3. 开展感恩教育活动。以3月8日国际妇女节和3月22日世界水日为契机，组织全市各中小学校开展以孝敬父母、尊敬师长、关爱他人、学会感恩、学会报效为主要内容的"感恩教育"活动。引导青少年感激祖国和人民的关怀、感激父母的养育之恩、感激老师的辛苦教诲、感激同学的真诚相助、感恩自然的伟大赐予。4. 开展关爱留守儿童志愿服务行动。以"大手牵小手，爱心助成长"为主题，开展关爱留守儿童"牵手行动"志愿服务，动员教师、机关企事业单位以及社会各界志愿者，以农村留守儿童为重点，针对留守儿童思想品德、学习教育、权益维护、安全自护、身心健康、社会参与等方面需求，开展亲情陪护、学业辅导、感受城市、自护教育、爱心捐助等志愿服务。5. 关注细节，开创思想道德建设新路子。一是积极推进道德教育。利用公民道德教育材料，组织报告团到各镇乡中小学讲解，使公民道德教育深入广大青少年心中。同时实施"老少结对子，一帮一教育人"工程，先后有200多名老干部与青少年结成对子，对教育转化后进青少年，提高道德水平起到积极作用。二是大力开展法治宣讲。在全市广大青少年中广泛开展法治教育，年内组建2次大型报告团，举行报告12场次，受教育人数7万多人。各镇乡关工委每年自发举行一次法制教育活动，青少年增长了法律知识，增强了法制观念。三是做好《火炬》征订工作。为基层组织订阅700余份《中国火炬》刊物，组织广大"五老"及关心下一代工作者学刊、用刊，运用《中国火炬》指导全市关心下一代工作和对青少年进行教育。四是爱心做好救助工程。8月26日晚，市关工委、教育局关工委、康俊医药连锁有限公司，联合举办"康俊杯"第二届少儿才艺大赛暨“康俊医药爱心工程救助仪式”。康俊公司每年投入3万元，资助品学兼优、因家庭困难而面临失辍学的孩子，帮助他们继续完成学业，实现大学梦，直至走上工作岗位。实施救助工程，搭建康俊医药奉献爱心、回报社会、实现梦想的舞台。

【家长课堂活动】 以点带面，促进家长课堂活动新发展。为搞好家庭教育，提高家长素质和家庭教育知识水平及家教能力，市关工委会同教育局关工委、迁安电视台等有关单位，继续办好电视家长学校，通过“家长课堂”这个电视节目，向广大学生家长宣传新的家教理念及先进的教子方法，收到良好的社会效益。至2014年底，已播出“家长课堂”110节，有力地配合了学校教育和教学工作。2010年4月，迁安市被教育部关工委列入全国120所家长学校教育实验区，至2014年全市选定发展7所试点学校，其中第六实验小学、红庙子小学为年内新选定的示范点。2月，启动迁安市网上家长学校——春风网的筹建工作，并于5月试运行，网上家长学校弥补了电视家长学校的不足，开设新闻快递、关工简讯、“五老”风采、校园活动、心理健康、家教心得、亲子园地、名师在线、名人家教等专栏，满足家长需求。

【净化社会环境】 针对社会文化环境存在的突出问题，市关工委牵头，联合市文明办、市文广新局等相关部门，在全市开展“未成年人远离网吧，戒除网瘾”宣传教育活动。10月底，关工委和成员单位的有关同志，深入到网吧、中小学校，调查研究、协调指导；并上下联动，多方配合，采取多种形式开展“三项教育”（对未成年人、网吧业主、家长的教育）；组织一批志愿者，对网瘾青少年进行结对帮教，使他们逐步戒掉网瘾。“五老”监督员们打破正常8小时工作制，利用中午、下午放学后及晚上巡查监督，发挥了不可替代的作用。

市关工委办

主　任　张书红（女）

（郭智博）

党史研究

【概况】 2014年，市委党史研究室全面贯彻落实习近平总书记关于党史工作的系列讲话精神，以围绕中心、服务大局为宗旨，以党史队伍建设为根本，全力推进党史资料征编、研究、宣传、教育等各项工作，不断提高党史工作科学化水平，较好地发挥了“以史鉴今、资政育人”的作用。在省委党史研究室组织的纪念邓小平110周年诞辰研讨征文活动中，上报论文2篇，并分获省三等奖。市委党史研究室被省委党史研究室评为《党史博采》组织宣传工作先进单位，王翠玲被评为先进个人。安排3名青年干部参加唐山市委党史研究室组织的二卷本编写培训班，进一步提高党史干部队伍的业务能力。按照市委办公室要求，组织撰写《历史足迹》《历史名人》两篇文稿。从2014年2月开始，按照市委统一部署，深入开展党的群众路线教育实践活动。扎实推进学习教育、征求意见，查摆问题、开展批评，整改落实、建章立制3个环节工作，明确了涉及“四风”和党史业务工作的13项整改任务，制定了具体整改措施，扎实整改。同时，修订完善、新建制度11项并严格执行。到年底，各项整改任务基本完成，党员干部思想认识有了新提高，工作作风有了新改进，有力地促进了党史工作的科学发展。

【提升党史工作科学化水平】 1. 认真学习党的十八届三中全会和市委五届四次全会精神，深刻认识党史工作面临的新形势、新任务，围绕党委、政府中心开展党史工作。2. 认真学习习近平总书记关于党史的一系列重要论述，深刻领会中央加强党史学习的新要求，进一步增强做好党史工作的责任感和使命感。3. 制定党史工作改进方案。在群众路线教育实践活动过程中，制定了开门办史、加强青少年党史教育等具体工作方案，明确责任落实，全面推进党史业务工作发展。

【推进党史征编工作】 加强党史资料征编研究工作，为发挥资政育人作用奠定坚实基础。1. 继续推进《中国共产党迁安历史》第二卷的编纂工作。查完档案后，全体同志按照自己的责任分工将查阅的档案进行细致整理并录入电脑，其中文字资料达80万字，为撰写党史正本奠定了坚实的基础。2. 按照“一突出、两跟进（突出中国特色社会主义时间段历史研究，不断跟进党中央的步伐，不断跟进历史前进的脚步）”要求，扎实推进改革开放以来迁安党史资料征集整理工作，年内征集整理专题资料20多个，12万字。

【加强党史宣传教育】　积极开展党史宣传教育活动，用党的光辉历史和优良传统教育广大干部群众特别是青少年。1. 制定开门办史和加强对青少年党史教育等实施方案，将党史宣传教育落实到具体事件和责任人上。2. 和市关工委等单位联合组织中小学生夏令营，通过开展专题报告、参观李大钊纪念馆和故居等活动，对青少年进行党史和革命传统教育。3. 和市委宣传部、市文广新局联合举办迁安市纪念“九一八”事变83周年图片展，展出侵华日军罪行照片107张、日军侵华物证37件，多角度揭露日军侵略行径。4. 向各镇乡、市直单位和部分农村、社区免费发放党史宣传资料2000余份。

市委党史研究室

主　　任　王翠玲（女）

主任科员　刘艳光

副主任科员　任　民

（杜兴华）

信访工作

【信访接待】　人民群众来信来访的接待办理工作，主要由市委、市政府领导和市信访局承担，有关职能部门受理职权范围之内的信访事项。对到市信访局的来访由来访人持身份证到信访服务中心接待大厅登录室进行登记，录入微机，然后按问题性质分归各职能接待小组进行接待，跨地区、跨部门的复杂疑难案件由综合接待组进行接待。综合接待组对每天接待的信访案件进行梳理综合，拿出处理意见或建议，逐级分别呈报主管副局长、局长签批，然后挂账交办有关镇乡或市直职能部门查处。调查科负责督办市本级交办的各类信访案件；复查办负责信访人不服办理机关的处理意见提出申请复查的案件；督查室负责中央、省、唐山市三级交办要结果案件的交办、督办和组织上报工作；信息科负责上级信访部门网上交办直转直送案件的立案、交办、上报和本市群众网上信访的办理工作。对复杂疑难案件由市联席办协调有关部门解决，对重大疑难信访案件提交市联席会议或市委、市政府协调解决。2014年，市信访局共受理群众来信136件，来访3964件26722人次，信访总量4100件次。按群众来信来访办理程序办结1487件，办结率85%；妥善化解稳定了833批21304人次集体上访，456户次到市以上个体越级访案件。

2014年迁安市来信来访情况统计表

表7

总量（件次）	其中		办结情况		群众反映较为普遍和突出的信访问题
	来信（件）	来访（件次）	办结（件）	办结率（%）	
4100	136	3964	1951	86	土地征占安置补偿446件，城中村改造拆迁和重点项目占地拆迁451件，村民待遇、农村宅基地、各业承包178件，农村干部违法违纪273件，社会保障和拖欠农民工工资461件，小区物业管理86件，人口和计划生育123件，涉法涉诉165件

2014 年迁安市越级访及集体访统计表

表 8

越级个体访（户次）					集体访（批次、人数）			
到唐山市	赴省	进京	总量	同期比（%）	到市	同期比（%）	唐山市以上	同期比（%）
208	199	49	456	－6	800 批 20828 人次	75	33 批 476 人次	27

【信访案件查处】　群众信访案件的调查处理工作主要由市信访局组织实施。一般性信访案件由市信访局直接交办有关单位进行调查处理；较为复杂的、涉及几个部门的重点单人访和重大集体访案件由市委、市政府或市信访局协调有关单位，组成联合调查组集中力量进行查处。2014 年，市信访局共对 1487 起信访案件向有关责任单位进行立案交办，市委、市政府对 2 起重大信访案件派驻了工作组。对中央、省、唐山市交办要结果和市领导批办的信访案件由市信访局负责交办、督办或直查。案件承办单位在受理之日起两个月内办理完毕；情况复杂的，可以适当延长，但不得超过三个月。办理结果在规定时限内向信访人出具《信访事项答复意见书》，然后信访局按要求逐级上报。承办单位在调查处理群众信访案件过程中，受市信访局的检查、督促、指导，调查处理结果经市信访局审核把关。对中央、省、唐山市三级交办要结果案件，经市主管领导签字同意后方可组织上报。2014 年，市信访局共完成中央、省、唐山市三级交办要结果案件 110 件，完成中央巡视组交办案件 143 件，省巡视组交办案件 45 件，完成中央、省、唐山市三级转送案件 706 件，全部按期结案，按期结案率、年终结案率均达 100%。为进一步加大解决问题力度，2014 年市信访局组织开展了信访积案集中化解专项行动。同时加大督导检查力度，组成专门督导检查组，对重点案件实行挂账督办、定期催办、限时办结，使省信访局交办的 114 件信访积案全部按时办结，其中息诉罢访 48 件。为推动信访问题化解，市有关领导和市信访局先后组织召开案件调度会和协调会 63 次，对 16 件信访案件进行了听证。

2014 年迁安市上级交办要结果市领导批办案件情况统计表

表 9

中央、省、唐山市交办案件（件）			市领导信访接待日批办案件（件）		
交办数	办结数	结案率（%）	到市	办结数	同期比（%）
110	110	100	483	386	149

【领导信访接待日】　市委、市政府高度重视信访稳定工作，按上级要求，每周安排一次市党政主要领导接访，其他市党政领导每月安排一次公开接访，并做到接待时间、接待地点、领导分工、接访安排“四公开”，提前向群众公示。为提高接访的质量和效率，实行按分工对口接待，市党政主要领导主要接待涉及全局性的重大信访问题和重点疑难案件。2014 年，市党政领导共接待群众来访 483 件 2398 人次。

【信访工作目标管理】　2014 年，市委、市政府对信访工作继续落实目标管理，将控制集体访、控制越级个体访、信访事项办理等重点工作纳入信访工作目标考核。信访局负责对镇乡的信访工作目标完成情况进行年度考核，考核结果报市委、市政府和市委组织部，作为评价各单位领导班子和领导干部政绩的重要依据。

【依法治访】　为引导群众理性信访、依法维权，市信访局在接待大厅利用电子屏幕滚动播放《信访条例》、悬挂《上访人员须知》《信访工作流程》，使信访群众及时了解掌握信访方面的法规和制度，自觉规范信访行为。在接待群众来访过程中，对每位来访群众进行再宣传，使信访人进一步明确自己的权利和义务，让群众懂法、守法、依法信访。同时坚持解决问题和打击违法上访两手硬，加大对进京非正常上访、串联闹访人员的打击力度，2014 年，市公安部门先后对 104 名违法上访人员依法进行处理，对违法上访行为形成有力震慑，维护了良好的信访工作秩序。

市信访局
局　　长　宋俊合
副 局 长　郭新国　刘宝军
副主任科员　郭永生

（周彦民）

中国共产党迁安市纪律检查委员会

纪检监察工作

【概况】　2014 年，迁安市纪委、监察局按照唐山市纪委的安排部署，紧扣“三转”，即转职能精准定位，聚焦主业；转方式科学履职，创新机制；转作风锤炼能力，严管队伍的要求，明确职责定位、聚焦中心任务，突出查办案件主责主业，持之以恒狠抓作风建设，统筹推进预防腐败工作，纪检监察各项工作迈上新台阶。全年 115 篇工作经验文章被各级各类媒体刊载，其中，国家级刊发 10 篇，省级刊发 23 篇，2 篇 2 次被省纪委领导作出肯定性批示，市纪委、监察局被评为唐山市纪检监察工作业绩突出单位和办案先进单位，纪检监察工作方向更为明确、主业更为突出、作用更加显著。

【落实“两个责任”】　年内，中共迁安市委坚持以上率下履行主体责任，多次召开常委会，专题研究部署党风廉政建设和反腐败工作；多次在全市性会议或活动中，就反腐倡廉工作进行部署强调。市委书记李忠认真履行党风廉政建设第一责任人的责任，对重要工作亲自部署、重要案件亲自批办，主持召开了全市廉政警示教育大会，每到一地调研都围绕主体责任落实约谈党政负责同志。出台《贯彻落实中共中央〈建立健全惩治和预防腐败体系 2013—2017 年工作规划〉的推进方案》，将任务细化至 23 项，明确牵头、协办和督办单位；出台《关于推进党风廉政建设主体责任具体化的实施意见》，按照“谁主管、谁负责”的原则，制发了党风廉政建设和反腐败工作的领导分工，做到任务分工具体、职责划分清晰、责任要求明确、保障措施有力。市纪委坚定不移履行监督责任，全面贯彻落实《唐山市纪委关于认真履行党风廉政建设监督责任的通知》精神，围绕 9 项监督重点，积极作为，履职尽责；以纪委常委为组长分 6 个组，对全市主体责任落实情况进行督导，积极助推主体责任落实。党委、纪委“分责不分家、聚力抓反腐”的工作格局已经形成。

【推进“三转”】　为确保认识上跟上上级要求，工作上跟上上级步调，年初，在市纪委全会上，迁安市纪委、监察局旗帜鲜明地提出“转职能精准定位，聚焦主业；转方式科学履职，创新机制；转作风锤炼能力，严管队伍”的工作思路。要求从委局班子成员做起，从思想观念到工作摆位，从思维方式到工作方法等多方面与“三转”要求对光，围绕唐山市纪委要求的 9 项监督重点，积极作为，自觉尽责，增强工作的科学性、针对性和实效性。同时，强化沟通协调，积极主动向上级纪委和同级党委汇报工作，加强与各相关职能部门沟通，不断强化对下级党委的监督和基层纪检工作的督导，促进“三转”得到扎扎实实的落实。严格落实纪检体制改革各项措施，第一轮机关内设机构调整工作已经完成，合并执法室和效能室，成立了执法和效能监督室，合并党风室和市政府纠风办，成立了党风政风监督室；成立了第三纪检监察室，新增办案人员5人，其中，从公安机关选调2人，充实了办案力量；投资40多万元，建成2个高标准谈话室；牵头协调和参与议事协调机构由41个精简至12个，乡镇（城区街道）纪委书记全部实现专司其职和回归“主业”。“让执纪更科学、让监督更有力、让问责更有效”已经成为落实纪委监督责任的主旋律。

【作风建设】　严格落实正风肃纪“21项整治”，巩固“三清”（清理公务用车、清理办公用房、清理“吃空饷”人员）成果，持续狠刹“四风”（形式主义、官僚主义、享乐主义和奢靡之风），认真做好后续延伸扫尾工作。全市公开处置违规车辆216辆，调整清理办公用房15394平方米，收缴“吃空饷”资金265.8万元。纠风治乱、维护民利。从6月开始，利用3个月时间集中整治了具有行政管理职能的部门、涉企行业协会和中介组织面向企业的“五乱”（乱罚款、乱收费、乱摊派、乱检查、乱评比）问题，真正为企业发展减负；保持12346公路“三乱”（乱设站卡、乱罚款、乱收费）举报电话24小时畅通，健全快速反应机制，快查、快处、快办，做到简单投诉随时处理，复杂投诉尽快办理；制定《关于对“庸懒散拖、为官不为”行为实行问责的暂行办法》，提出21种问责事项和9种问责方式，提升为民办事效率。周密安排，持续推进“十日一网”工程，每次检查都精心设计，一次一个主题，每次什么时间撒网，在什么地方撒网，由谁去撒，都要有所区别，以此确保检查暗访的针对性、实效性，而且发现问题后不必向主要领导请示，马上通报，限期核实、限期问责。持续不断，久久为功，进一步浓厚“纪委在行动”氛围，针对春节、清明、“五一”、中秋、国庆等节假日重要时间节点，重点对全市各单位公车封存、值班值勤、公车私用、公款吃喝等情况进行多批次、多层次、高频率的突击访查。全年累计开展明察暗访30次，向市纪委上报违反中央“八项规定”精神典型案件5件，下发通报7期，查纠各类问题52个，处理人员72人，有多人受到公开通报、调离岗位、扣发绩效工资、党政纪处分等处理。“纪委就在身边、反腐无处不在”正在成为全市广大干部群众的共同感触。

【领导干部廉洁自律】　本着“拉衣襟”“扯袖子”原则，年初在全市领导干部中组织开展廉洁自律承诺，除上级统一规定共性内容外，结合工作职责明确个性承诺内容，并将廉洁自律承诺书在本单位公开栏长期进行公开公示。实行领导干部重大事项集中报告制度，平时随有随报，年初集中报告上一年全年情况，年内收到报告796份。实行市纪委常委同市委管理的领导干部谈话制度，以各单位“一把手”为重点，开展专题警示谈话。在年初的政府全体会上，通报了6起典型案件，并就廉政建设提出意见。把约谈作为监督党员干部的重要手段，先后对5名乡镇正职，11名市直正副职进行约谈，并记录在案，党员干部廉洁从政意识不断增强。本着“由运动式向制度化、由人治思维向法治思维推进”的原则，不断强化对行政权力运行的监督和制约，加强反腐倡廉制度建设，加大制度执行力度。先后制定出台了《迁安市深入推进“正风肃纪”“还利于民”专项行动实施方案》《党政机关三公经费及差旅费等支出标准暂行规定》《关于做好坚决防止“吃空饷”问题反弹工作的通知》《迁安市深化“四风”突出问题专项整治的实施方案》等文件，编密编紧管用能用的制度笼子，进一步规范、约束党员干部从政行为。

【查办违纪案件】　面对新形势，确立“两不要、两坚持”办案思路。“两不要”，即：不要因为当前形势下纪委工作的逐步上位，就忘记办案原则，忘记自己是执纪监督者的身份，要慎独、慎行、慎微；不要因为办案力度加大，就忘记办案安全，要时刻绷紧保护办案者这根弦，做到知法守法、更好用法。“两坚持”，即：坚持查办案件重质量、增分量；坚持查处大案。一年来，抓住被列为查办腐败案件体制机制改革试点单位的机会，将线索处置、案件查处报告的范围扩充到各镇乡、市直各单位，形成全覆盖，借势减轻办案的阻力。不断加大执纪力度，与公检法部门协同，对溯及到2011年下半年的问责处分落实情况进行了一次全面“回头看”，对发现的20多名违纪违法人员从严从快落实了纪律处分。严格实行“一案双查”，追究当事人责任，并倒查追究相关领导责任，有多人受到党政纪处理和诫勉谈话。召开全市纪检监察系统案件查办业务培训会，努力提升业务水平。充分发挥查办案件的治本功能，先后在市政府全体会、市委理论中心组、全市廉政警示教育大会3次通报典型案例15起，以市纪委通报的形式通报农村违纪典型案例15起，认真做好查办案件的“后半篇文章”，向市委、市政府主要领导提交重大案件剖析报告2篇。纪委牵头，对腐败多发的两个市直单位进行专门整顿，从制度、纪律、岗位交流等几个方面帮助查找漏洞，进行规范。全年累计受理群众信访举报720件次，查处违规违纪案件198件，处分党员干部206人，其中，涉及乡科级干部21人，一般公职人员43人，为国家和集体挽回经济损失1531.7万元。

【执法和效能监察】　加大对行政审批制度改革落实的监督检查，市本级行政许可（审批）事项由原来的171项清理调整为99项。进一步畅通投诉举报渠道，开通“961890”和“12346”两部免费热线电话，公开电子邮箱，定期查看设置在全市各处的20个投诉举报箱，收到各类举报投诉58件次；先后开展对环保部门污染监测值班情况的明查暗访、对APEC会议期间有关部门大气污染治理措施落实情况的监督检查，参与督导全市范围的涉税土地大清查活动；组织义务监察员通过群众座谈、实地察访、亲身体验、随机问询等方式集中开展明察暗访活动，共查找出各类问题47个；建立优化发展环境投诉举报快速反应机制，使群众反映的问题能够及时得到满意解决；结合群众路线教育实践活动征集到的群众关心关注的热点难点问题，以《监察建议》形式对教育乱收费、交通部门选择性执法等问题实施强力督导、限期整改，下发监察建议17份，督办函13份。

【廉政文化宣传教育】　结合党的群众路线教育实践活动，深入开展各类廉政教育，向全市各单位发放《拒腐防变每月一课》光盘480盒，《党纪条规资料汇编》350册，反腐倡廉教育枕边书846本，各级各单位通过举办培训班、召开座谈会、参观教育基地等形式组织学习活动；启动廉政文化“六进”（进机关、进社区、进家庭、进学校、进企业、进农村）大讲堂系列活动，与市妇联合作，第一期“家庭助廉”培训班已开讲，通过典型案例、听取“讲国学、话廉政”讲座、发放反腐倡廉教育枕边书、发布《家庭助廉倡议书》、观看《蜕变与悔悟》电教片等形式，全市77名重点乡科级单位“一把手”的配偶参加了培训，针对党员领导干部常吹廉政“枕边风”，打造勤廉“堡垒户”；成立全市廉政漫画创作人才库，在市政广场开辟“啄木鸟”专栏，以群众喜闻乐见的形式强化教育；成功举办“钢城清风—迎国庆65周年廉政书画展”，展出领导干部从政警言、漫画、书法、绘画、公益广告5大类156幅优秀作品，市四套班子一把手带头参与活动；建立党风廉政宣传教育联席会议制度，每季度召开一次例会，在明确共性职责的基础上，24家成员单位分别明确个性职责，进一步巩固和完善全市党风廉政宣传教育工作大格局；继续定期向全市副科级以上领导干部发送廉政短信，特别是抓住关键时间节点、针对热点问题进行反复发送提示；建成3家廉政教育基地，其中市工商局被确定为“中国纪检监察学院”廉政文化建设现场教学点和省级廉政文化进机关示范点；积极参加唐山市纪委组织的微电影、公益广告创作等活动，2个作品获得优秀提名奖；将85起违反中央“八项规定”案例辑印成册，下发全市各级党组织警示学习；召开全市廉政警示教育大会，举办“畏法慎行远离职务犯罪”讲座，全市副科级以上干部和部分重点单位所（站、队）长近千人接受教育。

【纪检监察队伍建设】　2014年，在纪检干部中大力倡导“忠诚、肯干、有为”六个字，按照“严、细、深、实”的作风要求，内强主业、外树威力，心头有纪律、脚下有根基，抓住党的群众路线教育实践活动的契机，从解决问题入手，从具体工作抓起，锤炼干部队伍，强化自警自励，强化被监督意识，一级做给一级看，一级带着一级干，确保政治安全、素质过硬，维护纪检机关的良好形象。1. 深入开展党的群众路线教育实践活动。紧密联系纪检监察工作实际，扎实有序完成学习教育、听取意见，查摆问题、开展批评、整改落实、建章立制等环节的工作任务，针对查找出的具体问题制定详细整改方案和具体整改措施，坚持立行立改、不等不拖，取得良好效果，做到工作活动“两不误、两促进”。2. 把“内强素质、外树形象”，作为纪检人改进作风的落脚点，全市纪检监察干部都将办公电脑主页设为“中纪委官网”，每日必览；在机关内部开展办案业务能力培训、不同岗位述职练兵、“周五业务大讲堂”“每周一卷”等活动。3. 强化理想信念教育，补精神之钙，激创业之情。开展“读原著、学纪实、看专辑、听报告”，收看反映周总理、焦裕禄、杨善洲等先进人物事迹专题片等活动，人人写心得、谈体会；组织机关全员到遵化沙石峪接受爱国主义和艰苦奋斗精神教育。4. 鼓励加压、负重奋进，加班加点，全力以赴开展工作。推行重点工作督办通知单制，明确责任科室、责任人和完成时限；机关大厅设置了“亮点业绩晾晒台”，信息工作实行“挂图作战式”督导，完善和重申了学习、集中封车、值班、请销假、工作纪律等五项制度。系统上下尽责履职、务实创新、实心任事的生动局面已经形成。

中共迁安市纪委领导成员

书　记　李志龙

副书记　李曙光　郝晓华（女，5 月离）
　　　　尹国华（5 月任）

委　员（按姓氏笔画）
马福军　尹国华　毛广丰　王志义
张树安　李立志　李志龙　李晓明
李曙光　武宝和　侯继春　赵云欣
赵增华　郝晓华（女）　唐延来
钱治有　崔学杰　魏　波

迁安市监察局领导成员

局　长　李曙光（兼）

副局长　王志义　戴景珍（女）

中共迁安市纪委工作机构及其领导成员

办公室
主　任　周晓兵

信访室
主　任　凌　泉

第一纪检监察室
主　任　鲁卫国
正科级纪检员　马志海

第二纪检监察室
主　任　张志强

第三纪检监察室
主　任　王利文（4 月任）

案件审理室
主　任　吴春涛
正科级纪检员　高少华

执法和效能监督室
主　任　唐延来（常委兼主任）
　　　　尹文红（4 月任）

党风政风监督室
主　任　裴桂林
正科级纪检员　窦秀芝（女）
副科级纪检员　王利文（4 月离）

干部管理室
主　任　刘立军
副主任　王会娜（女）

宣传教育室
主　任　高冀安

第一纪工委、监察分局
书　记、局　长　傅贺流
副书记、副局长　陈绍歌　张筱钧（女）

第二纪工委、监察分局
书　记、局　长　杨士芳（女）
副书记、副局长　李海军　刘坤香（女）

第三纪工委、监察分局
书　记、局　长　马　余
副书记、副局长　高致远　徐翠侠（女）

第四纪工委、监察分局
书　记、局　长　乔得春
副书记、副局长　刘向芳（女）

张新娇（女）

第五纪工委、监察分局

书　记、局　长　凌志忠

副书记、副局长　刘艳华（女，满族）

李立新

第六纪工委、监察分局

书　记、局　长　何海蛟

副书记、副局长　张巧玲（女）

第七纪工委、监察分局

书　记、局　长　王振宏

副书记、副局长　刘　江

第八纪工委、监察分局

书　记、局　长　杨小林

副书记、副局长　李红军

第九纪工委、监察分局

书　记、局　长　郑少林

副书记、副局长　刘兴华

第十纪工委、监察分局

书　记、局　长　李国军

副书记、副局长　王玉军

（吴建瑞）

迁安市人民代表大会

市人民代表大会会议

【迁安市第五届人民代表大会第四次会议】 2月18～19日在迁安锦江饭店举行，应出席代表244名，实到228名，因事因病请假16名。会议听取和审议了迁安市人民政府工作报告、市人大常委会工作报告、市人民法院工作报告和市人民检察院工作报告，审查和批准了迁安市2013年国民经济和社会发展计划执行情况与2014年国民经济和社会发展计划（草案）的报告（书面）、迁安市2013年财政预算执行情况和2014年财政预算（草案）的报告（书面），对以上6个报告分别作出决议。会议补选王建民为迁安市人民法院院长。会议期间共收到代表提出的建议、批评和意见47件。

（廉海兵）

市人大常委会会议

【市第五届人大常委会第十八次会议】 1月22日在行政办公中心0118会议室举行。应出席会议常委会组成人员25人，实到20人。会议由市人大常委会主任郝可军主持，副主任田富顺、张宏图、范晓华出席会议。市人大党组成员李成，市政府副市长、市公安局局长李凤春，市法院代院长王建民、市检察院检察长孙玉军，镇乡人大主席、城区人大联络办主任以及市人大常委会机关科室负责同志列席会议。会议审议通过了市人大常委会关于接受胡春刚等3名同志辞去市五届人大代表职务的决定，审议通过了市人大常委会代表资格审查委员会关于补选的市五届人大代表代表资格的审查报告。会议审议通过了市人大常委会关于表彰2013年度优秀市人大代表的决定和表彰2013年度优秀代表建议的决定。会议决定迁安市第五届人民代表大会第四次会议于2014年2月18日召开。会议通过了市五届人大四次会议议程（草案）、日程（草案）及各项名单（草案），各代表团团长、副团长建议名单，选举办法（草案），决定了市五届人大四次会议列席人员，讨论了市人大常委会工作报告。

【市第五届人大常委会第十九次会议】 3月26日在市行政办公中心0118会议室举行，应出席会议常委会组成人员25人，实到19人。会议由市人大常委会主任郝可军主持，副主任田富顺、范晓华出席会议，市政府常务副市长李福林，市人大党组成员李成，市检察院检察长孙玉军、市法院副院长张树安，以及市人大常委会机关科室负责同志列席会议。会议根据张贵宝的辞职申请，作出关于接受张贵宝辞去迁安市人民政府副市长职务的决定，报迁安市第五届人民代表大会备案。会议根据迁安市人民法院院长王建民的提请，经过投票表决，任命杨江为迁安市人民法院副院长。会议审议通过了市人大常委会2014年工作要点。

【市第五届人大常委会第二十次会议】 5月9日在市行政办公中心0118会议室举行，应出席会议常委会组成人员25人，实到20人。会议由市人大常委会主任郝可军主持，副主任田富顺、张宏图出席会议，市委常委庞再明，市人大党组成员李成，市检察院检察长孙玉军，市法院副院长张树安，部分镇乡人大主席，以及市人大常委会机关科室负责同志列席会议。会议采取视察与听取审议报告相结合的方式进行。市人大常委会组成人员和部分市人大代表，深入到杨店子镇后胡村、高引铺村，大五里乡大石河村、王湾子村、山叶口村等10个村庄，对农村面貌改造提升开展情况进行实地视察。会议根据市政府的提请，经过投票表决，决定任命许晓华为市人民政府副市长（挂职）。会议听取和审议了市委农工委常务副书记李爱军受市政府委托所作的关于农村面貌改造提升开展情况的报告。会议听取和审议了市民政局副局长李志平受市政府委托所作的关于《农村"五保"供养工作条例》实施情况的报告，听取了市人大常委会政法科关于《农村"五保"供养工作条例》实施情况的调查报告。会议审议通过了《迁安市人民代表大会代表守则》。

【市第五届人大常委会第二十一次会议】 5月23日，在市行政办公中心七楼会议室举行，应出席会议常委会组成人员25人，实到23人。会议由市人大常委会主任郝可军主持，副主任田富顺、张宏图、范晓华出席会议，市人大常委会机关科室负责同志列席会议。会议根据《中华人民共和国全国人民代表大会和地方各级人民代表大会选举法》第五十二条、《迁安市人大常委会关于市人大代表辞职和补选办法》第三条的规定和王全的辞职申请，决定接受王全辞去唐山市第十四届人民代表大会代表、迁安市第五届人民代表大会代表职务，报唐山市人民代表大会常务委员会备案。

【市第五届人大常委会第二十二次会议】 7月8日在市行政办公中心0118会议室举行，应出席会议常委会组成人员24人，实到19人。会议由市人大常委会主任郝可军主持，副主任田富顺出席会议，市委常委庞再明，市人大党组成员李成，市法院院长王建民，市检察院检察长孙玉军，部分镇乡人大主席，以及市人大常委会机关科室负责同志列席会议。会议采取视察与听取审议报告相结合的方式进行。市人大常委会组成人员和部分市人大代表，深入大唐迁安热电减排、阎家店乡西峡口矿山地质环境治理、杨店子镇亚滦湾国家农业创新产业园、第三通道两侧绿化等项目现场，对生态环境恢复建设情况进行实地视察。会议听取和审议了市政府办公室副主任宋中江受市政府委托所作的关于生态环境恢复建设情况的报告，听取和审议了市住建局局长韦长怀受市政府委托所作的关于新型城镇化建设情况的报告，听取了市人大常委会经济科关于新型城镇化建设情况的调查报告，听取和审议了市审计局局长赵云新受市政府委托所作的关于迁安市2013年财政预算执行及其他财政收支情况的审计工作报告，听取和审议了市财政局局长孔祥会受市政府委托所作的关于迁安市2013年财政决算（草案）的报告，表决通过了《迁安市人大常委会关于批准迁安市2013年财政决算的决定》，审议通过了《迁安市人大常委会关于加强自身建设的决定》。

【市第五届人大常委会第二十三次会议】 8月28日，在市行政办公中心四楼会议室举行，应出席会议常委会组成人员24人，实到19人。会议由市人大常委会主任郝可军主持，副主任田富顺、张宏图、范晓华出席会议，市政府常务副市长李福林，市人大党组成员李成，市法院院长王建民，市检察院副检察长李求军，部分镇乡人大主席，以及市人大常委会机关科室负责同志列席会议。会议根据迁安市人民法院院长王建民的提请，任命全少云等64人为迁安市人民法院人民陪审员，免去杨静等4人迁安市人民法院人民陪审员职务。会议听取和审议了市发改局局长郎文昌受市政府委托所作的关于2014年上半年国民经济和社会发展计划执行情况的报告，听取和审议了市财政局局长孔祥会受市政府委托所作的关于2014年上半年财政预算执行情况的报告，听取和审议了市公安局副局长万向阳受市政府委托所作的关于"平安迁安"工程建设情况的报告，听取了市人大常委会政法科关于"平安迁安"工程建设情况的调查报告。会议听取和审议了市人大常委会执法检查组关于《中华人民共和国旅游法》执法检查情况的报告，听取了市旅游局局长邵民受市政府委托所作的关于《中华人民共和国旅游法》贯彻实施情况的报告。

【市第五届人大常委会第二十四次会议】 10月30日在市行政办公中心0118会议室举行，应出席会议常委会组成人员24人，实到19人。会议由市人大常委会主任郝可军主持，副主任田富顺、范晓华出席会议，市人大党组成员李成，市政府副市长黄玉东，市法院院长王建民，市检察院检察长孙玉军，部分镇乡人大主席，以及市人大常委会机关科室负责同志列席会议。会议采取视察与听取审议报告相结合的方式进行。市人大常委会组成人员和部分市人大代表，深入葵花药业集团（唐山）生物制药公司现代制药、迁安翅冀天然气有限公司焦炉煤气制液化天然气等6个重点项目现场进行实地视察。会议听取和审议了市重点项目办主任王树满受市政府委托所作的关于重点项目建设情况的报告。会议根据市政府市长张淑云的提请，免去了周秋市司法局局长职务。会议听取和审议了市政府办副主任张新松受市政府委托所作的关于市五届人大四次会议及闭会期间代表建议办理情况的报告，听取了市人大常委会选举人事科关于市五届人大四次会议及闭会期间代表所提建议、批评和意见办理情况的调查报告。听取和审议了市法院院长王建民所作的关于刑事审判工作情况的报告，听取和审议了市检察院检察长孙玉军所作的关于刑事案件监督工作情况的报告，听取了市人大常委会政法科关于刑事审判、监督工作情况的调查报告。

【市第五届人大常委会第二十五次会议】 12月30日在市行政办公中心0118会议室举行，应出席会议常委会组成人员24人，实到19人。会议由市人大常委会主任郝可军主持，副主任田富顺、范晓华出席会议，市委常委庞再明，市人大党组成员李成，市法院院长王建民，市检察院检察长孙玉军，部分镇乡人大主席，以及市人大常委会机关科室负责人员列席会议。会议采取视察与听取审议报告相结合的方式进行。市人大常委会组成人员和部分市人大代表，深入到永顺小区节能改造、迁擂公路大修、扣庄村现代农业粮食产业等5个为民实事工程现场进行实地视察。会议补选焦彦龙、王建伟为迁安市出席唐山市第十四届人大代表。会议根据市政府的提请，决定免去田立生市政府副市长职务。会议根据市检察院的提请，表决通过陆爱东等11人的任职议案。会议听取和审议了市政府督查室主任刘英椿受市政府委托所作的关于2014年为民实事工程完成情况的报告。会议听取和审议了市审计局副局长李宝军受市政府委托所作的关于2013年财政预算执行及其他财政收支存在问题整改情况的报告。会议听取和审议了市发改局局长郎文昌受市政府委托所作的关于2014年国民经济和社会发展计划部分指标调整方案的报告，听取和审议了市财政局局长孔祥会受市政府委托所作的关于2014年财政预算调整方案的报告，表决通过了《迁安市人大常委会关于批准2014年国民经济和社会发展计划部分指标调整方案的决定》《迁安市人大常委会关于批准2014年财政预算调整方案的决定》。会议听取和审议了市教育局局长刘东友受市政府委托所作的关于《中华人民共和国职业教育法》和《河北省实施〈中华人民共和国职业教育法〉办法》贯彻实施情况的报告，听取了市人大常委会教科文卫科关于职业教育"一法一办法"贯彻实施情况的调查报告。会议审议通过了《迁安市人大常委会关于讨论、决定重大事项的规定》，审议通过了《迁安市人大常委会关于加强和改进监督工作的意见》。会议听取了彭会军、符雪松等部分驻迁安唐山市人大代表的述职报告，并对其履职情况作了测评。

（廉海兵）

市人大常委会主要工作

【监督工作】 加强对计划预算执行情况的监督，深入有关部门和部分镇乡开展专题调研，听取和审议了2014年上半年国民经济和社会发展计划的报告、2014年上半年财政预算执行情况的报告。加强对财政资金使用情况的监督，听取和审议2013年财政预算执行及其他财政收支的审计工作报告、审计结果处理情况的报告，审查批准了2013年财政决算，督促政府强化预算执行的约束力，完善管理制度，不断提高财政资金的经济效益和社会效益。认真贯彻落实新《中华人民共和国预算法》，组织常委会组成人员、人大代表和专业人员，对2015年财政预算进行初步审查，提出意见建议，督促整改落实，预算审查监督迈出实质性步伐。把项目建设、新型城镇化建设、旅游业发展作为调结构、促转型的关键环节和重要引擎，深入葵花药业、翅冀天然气有限公司等重点项目现场进行视察，对新型城镇化建设情况进行调查，听取和审议市政府关于重点项目建设和新型城镇化建设情况的报告；开展《中华人民共和国旅游法》执法检查，督促政府优化投资环境、提升服务效能，加快推进产业结构转型升级。把生态环境恢复建设、为民办实事工程、农村面貌改造提升作为提高人民群众幸福指数的民生工程，组织人大代表先后深入7个镇乡、10个村、6家企业，开展3次专题视察，并听取和审议市政府有关工作报告，监督政府进一步加大环境治理力度，按时推进实事工程建设，不断改善农村人居环境，切实提高群众生活质量。把“平安迁安”建设作为提升人民群众安全感的重要载体，组织部分人大代表和金融、教育、卫生、农村等社会各界代表，调查了解“平安迁安”建设的基本情况和存在问题，听取和审议市政府专项工作报告，督促政府加大治安卡口、视频监控点位建设、维护和整合力度，充分利用科技手段打击违法犯罪活动，为降低治安刑事案件发案率，全面提升人民群众的安全感和满意度做出积极努力。把依法惩治刑事犯罪作为维护人民群众生命财产安全的重要抓手，深入市法院、市检察院开展刑事审判和刑事审判监督工作调查，并听取和审议相关工作报告，督促“两院”完善审判、监督的体制机制，破解瓶颈制约，增强威慑作用，全力维护社会和谐稳定。着眼于提高社会保障水平，扎实推进《农村五保供养工作条例》贯彻实施，深入五保家庭、福利院开展调查，听取和审议市政府专项工作报告，努力维护农村最困难群体的根本利益。着眼于提高劳动者的专业技能和就业能力，深入市教育局、人社局和职教中心等单位，对《中华人民共和国职业教育法》和《河北省实施〈中华人民共和国职业教育法〉办法》贯彻实施情况开展调查，听取和审议市政府相关工作报告，督促市政府提高重视程度，适应市场需求，提高教学质量，推动职业教育加快发展。

（廉海兵）

【代表工作】 充分发挥人大代表的权力主体作用，始终把人大代表作为国家权力机关的主体来尊重和看待，研究制定了《代表守则》，为广大代表依法履职提供制度依据。坚持邀请代表列席常委会会议制度，鼓励代表建言献策，先后安排100多名次代表参与视察、调查、执法检查等活动，进一步拓宽广大代表监督“一府两院”工作的渠道。采取上门督导、邀请代表参与调查等方式，加大代表建议督办工作力度，市五届人大四次会议和闭会期间的75件代表建议中，加大农业扶持力度、增加农村教育投入、治理农村环境卫生等代表建议得到较好落实。继续组织广大代表开展“走访选民心连心，扶贫济困献真情”活动，量化走访标准、明确帮扶要求，引导代表倾听群众呼声，了解群众疾苦，解决群众困难。2014年，广大代表累计走访群众1100多人次，帮扶困难群众400余人次，捐助物资40多万元。认真谋划，精心组织，深入开展代表集中培训活动，参训代表190多人，广大代表履职尽责的能力水平进一步提高，发挥先锋模范作用的积极性和主动性不断增强。评选表彰30名优秀市人大代表和10件优秀代表建议，培树先进典型，弘扬先进精神，充分发挥榜样引领作用。充分发挥人大代表的桥梁纽带作用，及时向广大代表通报经济社会发展、重大项目建设、重要人事调整等情况和信息，定期寄送常委会会刊、《公民与法治》等文件和资料，努力为代表学习宣传党的路线方针政策和市委重大决策部署创造条件、提供便利。扎实开展走访代表活动，鼓励和引导广大代表收集群众意见，反映群众要求，回应群众期盼。

（李建永）

【人事任免】 坚持党管干部与人大依法任免相

统一的原则，严格落实《中华人民共和国选举法》《中华人民共和国地方各级人民代表大会和地方各级人民政府组织法》《市人大常委会任免地方国家机关工作人员办法》的有关规定，圆满完成人事任免工作。常委会全年共依法任命、决定任命77人次，免职、决定免职6人次，接受辞职2人次，补选迁安市出席唐山市第十四届人大代表2人。

（李建永）

【自身建设】 扎实开展党的群众路线教育实践活动，围绕习近平总书记系列讲话和专题专辑深入学习研讨，到农村基层广泛听取人大代表和人民群众的意见建议，对照“四风”方面反复深入查摆自身存在问题，在民主生活会上开诚布公地开展批评和自我批评，并坚持立行立改，加强整改落实。开展蹲点调研活动90多次，走访党员群众300多人，帮助群众解决修路、亮化、绿化、河道治理等实际问题，密切与人民群众的联系，推动了常委会作风转变。深入学习习近平总书记系列讲话、十八届四中全会和中央、河北省庆祝全国人大成立60周年大会，以及唐山市委人大工作会议精神，并不断深化学习效果，推动人大实际工作。进一步加强对权力运行的监督制约，研究制定了《加强和改进监督工作的意见》《讨论决定重大事项的规定》和《党风廉政建设责任制度》，作出《关于加强自身建设的决定》，修改完善了机关公务接待、财务管理等内部制度，构建了标准明确、程序严密、配套完善、有效管用的规章制度体系，进一步规范了常委会职权行使和机关运转。

（廉海兵）

2014年迁安市人大常委会重要文件题录

表10

文件号	发文日期	标　题
迁人常字〔2014〕1号	1月22日	迁安市人大常委会关于接受胡春刚等3名同志辞去市五届人大代表职务的决定
迁人常字〔2014〕5号	3月26日	迁安市人大常委会关于接受张贵宝同志辞去迁安市人民政府副市长职务的决定
迁人常字〔2014〕6号	3月26日	迁安市人大常委会关于杨江同志任职的通知
迁人常字〔2014〕9号	5月9日	迁安市人大常委会关于许晓华同志任职的通知
迁人常字〔2014〕10号	5月23日	迁安市人大常委会关于王全辞去唐山市第十四届人大代表、迁安市第五届人大代表职务的决定
迁人常字〔2014〕12号	7月8日	迁安市人大常委会关于加强自身建设的决定
迁人常字〔2014〕14号	8月28日	迁安市人大常委会关于人民陪审员的任免通知
迁人常字〔2014〕17号	10月31日	迁安市人大常委会关于免去周秋同志市司法局局长职务的通知
迁人常字〔2014〕19号	12月31日	迁安市人大常委会关于田立生免职的通知
迁人常字〔2014〕20号	12月31日	迁安市人大常委会关于陆爱东等11名同志任职的通知
迁人常字〔2014〕23号	12月31日	迁安市人大常委会关于加强和改进监督工作的意见
迁人常字〔2014〕24号	12月31日	迁安市人大常委会关于讨论、决定重大事项的规定
迁人常办〔2014〕9号	5月12日	迁安市人大常委会办公室关于印发《迁安市人民代表大会代表守则》的通知
迁人常办〔2014〕27号	12月31日	迁安市人大常委会机关党风廉政建设责任制度

（廉海兵）

市人大常委会领导成员

主　　任 郝可军

副 主 任 田富顺　张　龙（5月离）　张宏图　范晓华（满族）

党组书记 郝可军

党组副书记 田富顺

党组成员 张　龙（5月离）　范晓华（满族）　李　成

委　　员 王　满　尹淑新（女）　玄海文

任治坤　李秀红（女）　李建永
李禹江　李爱文　李聪敏（女）
杨立国　张　千　张玉秋（女）
张艳萍（女）　陈　晨（女）
金增欣（女）　郑宝海　徐汉有
殷自新（女，满族）　郭卫民
韩向新

市人大常委会工作机构及其领导成员

办公室
　　主　任　（1～12月空缺）
　　副主任　廉海兵
政法科
　　科　长　玄海文
　　副科长　吴玉荣（女）
教科文卫科
　　科　长　李禹江
　　副科长　郭东青
选举人事科
　　科　长　李建永
　　副科长　（1～12月空缺）
经济科
　　科　长　张艳萍（女）
　　副科长　孟德新

（廉海兵）

迁安市人民政府

综　述

【市政府常务会】　2014年，共召开市政府常务会7次。1月13日，召开五届第十一次政府常务会议。会议听取了《政府工作报告》《迁安市2013年国民经济和社会发展计划执行情况与2014年国民经济和社会发展计划草案的报告》《迁安市2013年预算执行情况和2014年预算草案的报告》，审议了《关于着力改善生态环境的实施意见》，并就落实中央"八项规定"、改进工作作风提出明确要求。

3月17日，召开五届第十二次政府常务会议。会议听取审议了《迁安市2014年为民实事工程》《关于社区居委会布局调整的方案》。

5月4日，召开五届第十三次政府常务会议。会议研究审议了《迁安市规范性文件制定程序规定》《关于取消和修改全市行政审批事项中本级政府设定的前置条件的意见》《北商国际泵阀产业园项目投资协议书》《迁安市城镇财政体制管理办法》，并就市政府重点工作进行安排部署。

5月19日，召开五届第十四次政府常务会议。会议听取审议了《迁安市推进京津冀协同发展工作方案》《迁安市加快现代农业发展的奖补办法》，会议就市政府当时重点工作进行了安排部署。

8月25日，召开五届第十五次政府常务会议。会议听取了关于规范性文件清理工作情况的汇报，就下步工作提出明确要求。会议审议了《中共迁安市委、迁安市人民政府大力推进民营经济加快发展的实施意见》《武汉金牛经济发展有限公司投资协议书》《迁安市人民政府关于全市旅游资源保护与开发的实施意见》，并听取关于钢城收费站办公区拍卖及回购情况的汇报。

9月15日，召开五届第十六次政府常务会议。会议研究审议《迁安市住房保障并轨实施细则》《关于市本级行政审批事项清理规范情况》的汇报，听取了《关于今年以来安全生产工作开展情况》的汇报，并就下步安全生产工作进行安排部署。

10月20日，召开五届第十七次政府常务会议。会议听取审议了《迁安市国有土地上房屋征收和补偿管理实施意见》。会议对当时工作进行安排部署，并就政府系统党风廉政建设提出明确要求。

【转型发展后劲增强】　2014年，是迁安发展历程中极不寻常、极不平凡的一年。在转型发展爬陡坡、过深坎的阵痛期，经济发展又遭逢多年来少有的"冰冻期"，传统行业严重亏损，企业效益持续下滑。面对极其严峻的特殊形势，市政府在省、唐山和迁安市委的坚强领导下，以凤凰涅槃、绝地重生的勇气和信心，抓住事关全局的重点和难点，稳住阵脚、积极应对，推动经济社会发展在困难中奋力前行，进一步夯实了转型发展的基础，积蓄了加快发展的势能。全年实现地区生产总值993.7亿元，增长4.1%；完成公共财政预算收入35.1亿元，下降5.6%；全社会固定资产投资达到526.1亿元，增长16.1%。在中国中小城市综合实力百强中列第19位、在最具投资潜力中小城市百强中列第9位。

【产业结构调整提速】　坚持“有中生新”促升级，“无中生有”促转型，着力打造精品钢铁、装备制造、现代物流3个超千亿产业集群和煤化工、包装建材、食品医药、文化旅游、电子信息5个超百亿产业板块，培育现代服务业，积极构建教育培训、养生养老、文化创意、消费购物、金融服务、总部经济六大区域性功能中心，“3+5+6”现代产业体系初具雏形。全年实施重点项目269个，当年完成投资521.5亿元，增长16.2%；其中164个项目先后竣工。扎实推进全民创业和民企二次创业，全市新注册民营企业946家、个体工商户6162户。积极对接北京等重点地区，组织开展经贸洽谈月等系列招商活动，顺天诚通钢材加工、金牛管业北方基地等37个项目成功签约，“好莱坞中国梦想城”迁安项目框架协议正式签约，中唐遗乐城等75个项目达成合作意向。精品钢铁业优化提升。7家钢铁企业全部进入工信部《钢铁行业规范企业名录》，思文科德电工钢及镀锡板、燕钢热轧卷板等一批链条延伸项目竣工投产，钢铁产品档次、质量和竞争力进一步提升。稳妥做好产能化解工作，共压减炼铁产能104万吨，炼钢产能209万吨。装备制造业规模壮大。正大250万吨制管一期等5个项目竣工投产，北商泵阀、鼎安汽车等一批项目加快建设，全市新增耗钢企业81家，新增耗钢能力310万吨。现代物流业龙头引领、集群发展态势更加凸显。实施了投资62亿元的20个重点项目，天津物产物流中心一期、万嘉商贸园主体工程基本完工。煤化工、包装建材、节能环保、食品医药、高新技术五大产业加速发展。完成投资104亿元，实施了翅冀LNG、怡惠达LNG等52个项目，其中思文科德八色印铁二期、葵花制药、今麦郎一期等33个项目竣工投产。六大服务业更加繁荣。红星美凯龙、天洋城一期正式营业，北大学园正式进驻，龙湾游艇俱乐部、碧桂园高档商住开发、金融街、商企联盟电子商城等一批项目加快建设。同时，投资7.8亿元实施了华农循环经济、亚滦湾农业开发等50个绿道金瓜工程，新增省级龙头企业、省级农民合作示范社各1家，全市农业产业化率达到75.5%。

【城市综合品质提升】　坚持抓城建就是抓发展、抓转型、抓民生，全年实施重点城建项目27个，全省县城建设现场会在迁安市召开，顺利通过国家园林城市复审验收。规划体系更加完备。高标准完成《城市综合交通规划》《公共服务设施规划》等11项城市规划，城镇组团、新型农村社区控制性详细规划、特色保留村村庄规划的编制工作取得阶段性成果。水城特色愈发彰显。滦河文化产业园新增6座建设用岛，桥梁、绿化等工程基本完工，“首都东边一座成长在水里的城市”日益引人瞩目，水城特色已经成为招商引资最靓丽的名片。基础设施更加完善。投资2.4亿元，实施了市政道路新建、供热管网改造等9项工程，新增集中供热面积150万平方米，新增燃气入户8420户。城市管理更加有序。城市事、部件办理进一步提速，市容市貌集中整治行动扎实开展，城市管理水平进一步提高。

【生态环境日益改善】　大气污染防治、矿山生态环境治理、造林绿化、农村面貌改造提升四大攻坚战取得阶段性成果。生态环境治理四大攻坚战取得阶段性成果。投资15.6亿元，全面推进168项大气污染治理任务，PM2.5下降15.79%、综合污染指数下降19.53%，环境空气质量综合指数排名居唐山市第4位。累计完成营造林5.8万亩，全市森林覆盖率达到40.8%。完成矿山地貌修复2155亩、生态修复2600亩。投入1.8亿元，推进农村面貌改造提升，迁安市被评为全省先进市，山叶口村顺利通过河北“美丽乡村”评审验收。

【发展环境全面创优】　生态环境治理四大攻坚

战取得阶段性成果。全面推进168项大气污染治理任务，$PM_{2.5}$下降15.79%、综合污染指数下降19.53%。累计完成营造林5.8万亩，全市森林覆盖率达到40.8%。完成矿山地貌修复2155亩、生态修复2600亩。推进农村面貌改造提升，被评为全省先进市，山叶口村顺利通过河北“美丽乡村”评审验收。园区建设提档升级。投资21亿元，实施7项基础设施工程。设立国土所，进一步健全了服务功能。高新技术产业开发区、经济开发区、物流园区成为全省首批清洁生产试点示范园区，经济开发区被列为全省承接京津产业转移的40个重点平台之一，高新技术产业开发区被评为全省重点项目建设先进单位，物流园区获评全国优秀物流园区，滦河文化产业园区跻身全省十佳文化产业园区。要素瓶颈制约有效缓解。京秦高速迁安支线、第三通道等工程相继通车，迁擂公路大修等11项工程先后完工，新建、翻建道路187公里。实施工矿废弃地复垦3248亩，土地开发补充耕地2284亩；积极做好建设用地报批工作，多方争取省政府批复8660亩，占唐山市总量的1/5，实现历史性突破。积极支持企业进行资本运作，北商国际泵阀和路明实业公司在天津股权交易所成功上市，实现企业上市零的突破。畅通银企对接机制，全力协调解决企业资金困难，帮助企业度过难关。金融机构各项贷款余额386亿元，较年初增加10.4亿元。深入推进行政审批制度改革，市本级行政许可（审批）事项由171项减少到99项，削减了42.1%；废止规范性文件149件，修改4件。着力为群众办好事、让群众好办事，全面启动“三级平台、两个代办”（推进市政务服务中心——镇乡（城区办事处）便民服务中心——村（社区）便民服务站建设，推行为民服务全程代办、重点项目全程代办制度）工作。

【社会事业】 科技支撑更加强劲。推广科技成果36项，圆锥破碎机技术填补国内空白。新增晒阳、益昌2家国家高新技术企业，66家企业被认定为省级科技型企业。教育事业再创佳绩。投入2.38亿元改善办学条件，一中西校区等工程投入使用。北大学园与一中、河北师大与第六实验小学实现合作办学，高考创造佳绩，市职教中心成功升格为技师学院，迁安市被评为“全国义务教育发展基本均衡县”。卫生事业稳步提升。顺利通过国家卫生城市复审验收，成功创建国家慢病综合防控示范市。中医院迁建工程即将竣工，新建精神病医院投入使用。公立医院改革稳步推进。在全省率先实施城乡居民基本医疗保险制度，药品零差率销售累计让利群众4218万元。文体事业繁荣发展。顺利通过全国文化先进市复查验收。成功举办第三届全民运动会，在南京青奥会、仁川亚运会等大型赛事中，九江拳击队员夺得多项冠军。

【民生改善】 群众幸福指数进一步提升。圆满完成30件为民实事工程。城镇居民人均可支配收入达到29861元，增长8.2%；农村居民人均可支配收入达到17125元，增长10.4%。全年新增城镇就业6750人，下岗失业人员再就业1290人，农村劳动力转移就业5750人。扎实推进社保扩面，着力提高社会保障水平。累计为城乡低保群众、农村五保户和高龄老人发放补助金6700万元，为9.1万名城乡居民发放养老金1.26亿元。发放善款192万元，用于助困、助医、助学等社会救济。持续抓好安全生产、食品药品安全、社会治安和信访稳定工作，维护和谐安定的良好局面。

【政府自身建设】 在推进经济社会发展的同时，按照上级和全市的统一部署，深入开展党的群众路线教育实践活动，严格落实中央“八项规定”，坚决纠正“四风”方面问题，政府自身建设进一步加强。自觉接受各方面的监督，认真执行市人大及其常委会各项决议，办理人大代表建议73件、政协委员提案90件，答复率100%。顺利通过国家审计署财政审计、国土资源审计等系列审计，政府工作规范化、法治化水平进一步提高。

（郭　磊　刘向超）

2014 年迁安市政府重要文件题录

表 11

文件号	发文日期	标　题
迁政〔2014〕1 号	5 月 9 日	关于印发迁安市 2014 年为民实事工程的通知
迁政发〔2014〕1 号	2 月 27 日	关于印发 2014 工作要点的通知
迁政发〔2014〕7 号	1 月 29 日	关于规范农村社区建设管理的实施意见
迁政发〔2014〕8 号	1 月 29 日	关于下达 2014 年度主要经济目标任务的通知
迁政发〔2014〕16 号	2 月 28 日	关于开展专题调研活动的通知
迁政发〔2014〕17 号	2 月 27 日	关于印发 2014 年度造林绿化工作实施方案的通知
迁政发〔2014〕19 号	3 月 25 日	关于印发《迁安市 2014 年度民兵组织整顿工作实施方案》的通知
迁政发〔2014〕21 号	3 月 27 日	关于印发迁安市小企业环境保护专项整治实施方案的通知
迁政发〔2014〕23 号	4 月 21 日	关于公布县（市）级非物质文化遗产名录的通知
迁政发〔2014〕40 号	5 月 26 日	关于印发市政府领导分包防汛重点部位的通知
迁政发〔2014〕41 号	5 月 26 日	关于印发迁安市加快现代农业发展的奖补办法的通知
迁政发〔2014〕44 号	6 月 4 日	关于公布市本级继续实施行政许可非许可类行政审批和行政监管事项的通知
迁政发〔2014〕45 号	6 月 17 日	关于公布衔接河北省、唐山市取消下放行政审批事项的通知
迁政发〔2014〕57 号	7 月 16 日	关于印发迁安市乡镇财政体制管理办法的通知
迁政发〔2014〕66 号	8 月 22 日	关于印发迁安市 2014 年节能工作要点的通知
迁政发〔2014〕69 号	9 月 5 日	关于公布规范性文件清理结果的通知
迁政发〔2014〕75 号	9 月 18 日	关于完善城乡居民基本养老保险制度的实施意见
迁政发〔2014〕89 号	10 月 11 日	关于加快农村土地经营权流转促进农业适度规模经营的实施意见
迁政发〔2014〕94 号	11 月 4 日	关于全市旅游资源保护与开发的实施意见
迁政发〔2014〕95 号	11 月 5 日	关于印发迁安市 2014－2014 年度造林绿化工作实施方案的通知
迁政发〔2014〕133 号	11 月 21 日	关于印发迁安市国有土地上房屋补偿管理实施意见的通知

（郭　磊　刘向超）

市政府领导成员

市　　　长　张淑云（女）

常务副市长　李福林

副　市　长　田立生（12 月离）　马文柏　黄玉东　王志刚　张贵宝（3 月离）　李凤春　许晓华（女，5 月任，挂职）

市政府党组书记　张淑云（女）

市政府党组副书记　李福林　杨春景

市政府党组成员　毕玉瓒　张清敏　李曙光　黄玉东　王志刚　张贵宝（1 月离）　李晓波　李凤春　孟祥中　田立生（12 月离）　许晓华（女，5 月任，挂职）

市政府办公室工作

【政务高效运转】　2014 年，市政府办公室以开展党的群众路线教育实践活动、加强干部队伍作风建设为契机，围绕全市中心工作，发挥参谋、协调、督导、服务职能，较好的完成了各项工作任务。认真做好各类文件的传递、登记、归档、保密工作，累计处理并传阅上级、平级文件 1835 件、传真电报 937 件、电话记录 284 件，受理请示报告 856 件，当日送达率 100%。累计审核、制发市政府及市政府办公室文件 328 件，市政府常务会、市长办公会和专题会议纪要 55 件，市政府及市政府办公室函等 33 件，无失误。把深化行政审批制度改革作为打造新优势的关键举措，抽调专人对规范性文件进行清理，共废止149件，修改4件；清理规范73项审批事项。加大协调督导力度，有序推进“三级平台”（市政务服务中心—镇乡或城区办事处便民服务中心—村或社区便民服务站）、“两个代办”（为民服务全程代办、重点项目全程代办）工作，提升全市政务服务效能。加强行政执法监察，对14个行政执法部门67本行政处罚案卷进行评查，提出并整改问题133条。累计受理并按时办结行政复议案件13件。坚持把人大代表建议、政协委员提案办理作为政务提速的试金石，累计办理唐山市及迁安市人大代表、政协委员建议、提案167件，走访率和按时办结率均达到100%，代表和委员满意率达到98%。共接待群众来访单人311批580人次，群众集体访392批11762人次，群众反映事项答复率100%，因接待处理及时稳妥，群众基本满意。“12345”热线（唐山市民公共服务热线）共受理群众来电、来信8540件，下派重点、难点问题督办件1769件，连续27个月实现承办件按时办结率、满意率双100%，居唐山市领先地位。组织协调88家维护单位，通过政府门户网站上传信息2545条，综合浏览量（PV）达到253.7万余次，日均1000余次。以“中国·迁安”门户网站信息公开平台为重点依托，全力推进政务信息公开工作，累计发布政务信息3133条。2014年度，迁安市被推荐为全省电子政务工作先进单位。编修了《迁安市突发公共事件总体应急预案》和专项应急预案。建立健全监测、预测、预报、预警体系，针对全国“两会”、汛期、APEC会议等重要时期，周密部署应急值守工作，切实提高应急保障能力。有计划、有步骤地组织重大事故应急预案演练、地质灾害防灾预案演练、学校安全工作应急演练，增强全社会的应急意识和应急能力。215万字的《迁安市志（1987～2006）》及82.1万字的《迁安年鉴》2014年卷均由方志出版社出版发行。严格执行《迁安市因公临时出国（境）人员审批程序及管理暂行办法》，共办理3批9人；按规定办理7批25人次入境到迁安技术指导手续，没有发生任何涉外问题。

【以文辅政水平全面提高】 认真履行参谋职能，提高以文辅政工作水平。1. 调研工作在求实、有用上下功夫。紧跟市政府领导工作思路，紧贴经济社会热点难点问题，紧密结合全市生产生活实际，以经济转型为重点，努力让调研成果在服务领导决策中发挥更重要的作用。累计刊发《领导参阅》13期、《工作研究》19期，编发《决策参考》57期，为领导决策及时提供可信、可用的参考依据。思文科德、彦博彩涂板、英诺特三家企业转型经验得到省政府领导的充分肯定，并就支持英诺特加快发展作出专门批示。市委、市政府主要领导对《提高银行存贷比的建议》《院前医疗急救体系将成社会管理隐患》等13篇调研文章签批重要意见，部分建议已纳入领导决策。2. 信息工作在求新、求快上下功夫。及时对全市发展社会经济的新做法、新亮点进行总结、提升和宣传，做好信息整理上报工作，累计印发《政务信息》70余期，上报省、唐山市及以上信息700余条，被采用90余条。创新信息载体，探索利用微信宣传迁安图文信息，累计编发四期微信，取得很好效果。3. 文稿质量在求精、求好上下功夫。主动适应经济社会发展的新常态，吃深吃透上级政策，紧密结合迁安实际，把握工作要点、疑点和难点，不断提高领导讲话稿的思想性、前瞻性和可操作性，高质量撰写了政府工作报告、市政府全体会、安全生产工作会等系列讲话稿，有效指导工作开展。高水平创作派拉蒙公司推介、苏商推介等系列幻灯片，进一步延伸了以文辅政职能。

【政府工作运转顺畅】 充分发挥协调督导职能，确保政府各项工作运转顺畅。1. 围绕年度目标抓督查。依据政府工作报告确定的年度工作任务，结合全市项目建设计划、2014年实事工程，编制了《迁安市人民政府2014年工作要点》，将8方面、37类、132项具体工作逐项明确分管领导、责任单位、任务目标、完成时限，定期督查反馈进度，确保各项目标任务圆满完成。2. 围绕重点工作推进抓协调。2014年，面对外部冲击和内部问题相互叠加、主导产业效益急剧下滑的严峻挑战，全市既要稳增长，又要调结构、打基础、增后劲，转型攻坚压力不断加大。为此，市政府办公室紧紧围绕稳增长，积极落实市委、市政府主要领导指示精神，做好具体的协调服务工作，解决了部分企业资金链断裂的危机；围绕抓项目、增后劲，精心组织项目建设攻坚和现场办公活动，协调解决金牛管业、正大制管、滦河综合治理、龙湾游艇俱乐部等项目建设中遇到的困难和问题，项目建设在唐山市观摩活动中保持了优异成绩；围绕抓招商、增活力，协调各镇乡、市政府各工作部门“走出去、请进来”，做好小团组精准招商工作，对接京津取得丰硕成果；围绕破解瓶颈制约，做好联系、协调、服务工作，推动北商泵阀、路明实业两家企业在天津股权交易所顺利挂牌上市，全市上市后备企业新增至12家；责成职能科室与国土部门紧密配合，推进矿山废弃地复垦试点、土地整治补充耕地和建设用地组卷报批工作，多方争取上级批复建设用地8660亩，占唐山市总量的1/5，实现历史性突破。3. 围绕工作落实抓督办。对市政府全体会、市长办公会、市政府常务会、现场办公会议定事项和领导批办件，逐一明确时间节点，严格执行日督导、周通报制度，累计编发《督查专报》51期、《督查动态》21期，其中41期得到市政府领导批示。先后组织重点项目建设、环境保护专项整治、高速及绿道沿线环境整治等专项督查50余次，下发各类督办函件1500余件，有力推进了工作落实。

【后勤保障规范高效】　强化后勤保障职能。1. 打造一流的办公环境。在严格落实“八项规定”和清房、清车等工作要求的基础上，进一步加强制度化、规范化管理，抓好绿化、亮化等服务工作，保障入驻单位正常有序运转。2. 严格按照“八项规定”做好会务接待工作。把握会议规格、规模，精心筹备组织了市政府全体会、市政府党组民主生活会等重要会议63次，比上年减少30次，同比下降32.3%；严格把握接待标准，既注重客人满意更注重厉行节约，圆满完成厅级以上领导到迁安视察、上级单位到迁安检查、友好县区和派拉蒙影视主题公园项目到迁安考察等接待活动150余项、3500多人次。年内，在保障市政府机关高效运转的基础上，人、车和接待等各方面经费明显降低。3. 扎实推进“阳光采购”。全年组织集中采购291次，累计完成采购金额8250.7万元，比审计后预算价节约资金1368.8万元，节支率14.23%。

（郭　磊　刘向超）

2014年迁安市政府办公室重要文件题录

表12

文件号	发文日期	标　题
迁政办〔2014〕2号	1月6日	关于编纂出版《迁安年鉴》2014年卷的通知
迁政办〔2014〕3号	1月7日	关于规范机关公文报送工作的通知
迁政办〔2014〕4号	1月13日	关于2013年全市政务信息采用情况的通报
迁政办〔2014〕8号	1月20日	关于转发《唐山市人民政府关于公布政府规章、规范性文件文件清理结果的通知》的通知
迁政办〔2014〕12号	2月26日	关于印发《迁安市集中治理货运车辆超限超载专项行动实施方案》的通知
迁政办〔2014〕13号	2月27日	关于加强2014年现代农业重点项目建设工作的通知
迁政办〔2014〕19号	3月29日	关于切实做好清明节期间森林防火的紧急通知
迁政办〔2014〕23号	4月30日	关于印发《迁安市网格化环境监管实施方案》的通知
迁政办〔2014〕26号	5月5日	关于开展非法集资风险专项排查活动的通知
迁政办〔2014〕28号	5月7日	关于开展河北省食品医药安全县创建活动的实施方案
迁政办〔2014〕30号	5月13日	关于转发《2014年人口和计划生育工作要点》的通知
迁政办〔2014〕32号	5月20日	关于印发《全市规范性文件制定程序规定》的通知

续表 12

文件号	发文日期	标　　题
迁政办〔2014〕38 号	6 月 4 日	关于印发迁安市既有居住建筑节能改造实施方案的通知
迁政办〔2014〕49 号	7 月 24 日	关于转发《迁安市人力资源和社会保障局关于加强基层人力资源社会保障公共服务平台建设》的通知
迁政办〔2014〕57 号	8 月 27 日	关于印发《迁安市特种设备安全专项治理工作方案》的通知
迁政办〔2014〕61 号	9 月 15 日	关于印发《迁安市新入驻省级园区企业税收收入入统分配暂行办法》的通知
迁政办〔2014〕62 号	9 月 16 日	关于印发《关于建立行政权力清单制度的实施方案》的通知
迁政办〔2014〕65 号	9 月 24 日	关于印发《迁安市深入开展安全生产大检查实施方案》的通知
迁政办〔2014〕73 号	10 月 10 日	关于印发《迁安市 2014 年新型产业农民培育工程实施方案》的通知
迁政办〔2014〕76 号	10 月 16 日	关于印发《关于建立监管清单制度实施方案》的通知
迁政办〔2014〕77 号	10 月 24 日	关于与印发《亚太经合组织会议期间迁安市空气质量保障措施》的通知

（郭　磊　刘向超）

市政府办公室

主　　任　孟祥中

常务副主任　（1～12 月空缺）

副 主 任　桑　稳　宋中江　陈学忠　牛春宝　张宏志　朱少达　刘文丰　韩进昌　高建军

主任科员　白宝俭　陈国文

副主任科员　刘国新　张少春

市政府机关事务管理局

局　长　（1～12 月空缺）

副局长　杨志军　应春峰　孙小刚

（李　爽）

信息调研

【上报信息】　2014 年，累计上报河北省、唐山市及以上信息 700 余条，被河北省、唐山市政府办公厅采用 90 余条。在河北省、唐山市政府系统年终排名中均名列前茅。上报信息力争反映全市经济社会全貌。1. 找准信息切入点。从全市大局出发，以为领导决策提供第一手信息资料为中心，加强各类信息情况反映，编报更多的精品信息，提高信息工作的主动性。克服“坐等信息”和“二传手”的作法，时刻注意决策活动的动向，自觉主动地掌握政府对信息需求的情况；主动了解各项重点工作的进展情况，提高信息的可信度；主动到基层掌握各项工作的落实情况，提高信息的准确度；主动参与各级工作会议研讨活动，提高信息工作与决策思维的贴近度。2. 遵循信息基本点。一是准确反映信息。坚持信息的真实性，经常组织信息工作人员深入基层，把大量第一线的信息和基层的原始情况捕捉到手，特别是把那些领导不容易看到、听到的情况反映上去，为各级领导了解重要的社情民意、解决基层问题提供依据，收到较好效果。二是快速反映信息。信息工作的活力在于快，对于重大突发事件和社会活动，信息科都及时收集，紧急报送，避免迟报、漏报和误报。三是深度挖掘信息。通过掌握苗头性、倾向性信息，进一步综合分析、深度挖掘，提供超前性信息服务。3. 抓住信息着重点。主要从四个方面入手挖掘信息内涵，提高信息的参考价值。一是围绕上级方针、政策和重大决策反馈信息。深入学习研究中央、省、唐山市在不同时期的方针政策，从上级政策与迁安市情的结合点上找准突破口。尤其注意及时报送中央一些重要决策发布后干部群众的反映、基层贯彻决策的具体部署和做法、决策落实中存在的问题和建议，充分体现信息为领导服务的职能。二是围绕市内外的一些重大事件反馈信息。信息人员以高度的政治敏感性和强烈的责任感，放宽眼界，胸怀全局，及时收集周围干部群众对重大事件的反映。围绕全国宏观形势对迁安经济和产业带来的影响，拓宽上报信息空间；从更高更深的层面把握上报信息的走向和脉搏。三是围绕群众关心的难点、热点问题反馈信息。深入基层了解民众对上级决策的反映，紧紧围绕焦点、热点问题和群众关注问题采编信息。四是围绕完善相关政策措施编报信息。随着改革开放的不断深入，一些新情况、新问题、新矛盾不断出现，对此，认真调查、集中整理、分类上报，引起上级政府的关注，采用率大大提高。

（田红祥　张明远）

【政务信息】　全年下发本级《政务信息》72期。工作中加强与基层协调沟通，畅通信息报送渠道，以高效详实准确的信息工作服务领导决策。1. 灵活机制，在提高信息实效上下功夫。一是改进工作方法。采取“走出去”的方式，围绕领导关注的难点，社会反映的热点，深入实地专题调研，或协调部门配合调研，收集、捕捉一手材料，提供高视角、高品位、高效应的信息，使参谋服务真正“参”到点子上，“谋”在关键处。二是健全运行机制。注重从各层面布网点，培育骨干，通过重点带动全面，实现信息收集网络化。横向上，确定市直有关单位为信息报送联系点，采取定期联系、预约情况等形式，充分发挥其具有反映全市某一方面综合情况的优势，融汇信息。纵向上，以全市20个镇乡（城区办）为主体，采取跟班学习、下发要点等方式，发挥其点多面广的优势，让信息触角真正“扎根”基层。同时，严格执行信息报送采用月通报制度、年考核通报奖励制度等，激约并举，进一步增强信息工作活力。三是拓展信息效应。信息工作不仅仅是收集、编发、上报信息，提供情况，还必须加强转化应用，充分利用信息成果来指导工作。将信息与宣传结合起来，增强借鉴作用，把那些对中心工作的开展具有指导意义和借鉴作用的典型经验类信息，上报给上级政府，推进工作；将信息与调研结合起来，从中发现好的观点，深入调查，深化工作；将信息与督办结合起来，对一些热、难点问题，重大项目进展情况，跟踪要进度，落实工作。2. 抓住“亮点”，在增强信息特色上下功夫。在采编信息时，始终注重打好“特色牌”，唱好“地方戏”，开发、挖掘出“精品”信息。一是唱好四季歌。紧紧围绕市情，抓住县域特色，坚持周期性、阶段性编发，唱好春夏秋冬“四季歌”，春季造林绿化、播种，夏季抗旱防汛，秋季收种，冬季森林防火等等，为领导了解下情、指导全市发展提供重要参考。二是把握发展特色。作为转型中的资源型城市，全市经济总量比较大，特色主导产业发展较快，亮点不断涌现。围绕这些亮点，积极研究和探索，转化为信息优势，取得明显成效。三是挖掘工作“经验”。围绕全市各级各部门解决群众关心的热点、难点问题等方面的创造性工作举措和成功做法，及时整理成政务信息，报给本级领导，下发到各单位。3. 切中需求，在体现信息服务上下功夫。一是紧贴政府工作中心。针对全市不同时期不同的中心工作、同时期不同的重点工作，不断调整、筛选编发具有可用性的信息。二是紧贴领导思路。在制作信息时，加大换位思考力度，主动进入领导“角色”，站在领导者的高度、角度去调查和分析问题。通过参加会议，听取领导讲话，及时捕捉领导的思路、观点；通过研究文件，听取领导意见，准确了解领导关心的工作和问题，使提供的信息真正与领导的思维对接、需求合拍。三是紧贴基层实际。在实际工作中，随时关注群众在想什么、盼什么，需要什么、反对什么，及时编写出一些原汁原味的社情民意信息。

（田红祥　张明远）

【调研工作】　2014年，市政府研究室围绕热点开展调研，立足难点提出对策，突出特色服务决策。全年累计刊发《领导参阅》13期、《工作研究》26期，编发《决策参考》67期。《提高银行存贷比的建议》《城市居民自来水费缴纳情况调查》《关于被征地农民权益保障的调查》《院前医疗急救体系将成社会管理隐患》《养老小镇正在崛起》《四级城镇村体系建设的调查与思考》《地沟油如何变废为宝》等16篇调研文章得到市委、市政府主要领导的肯定，部分建议进入领导决策。其中，报送的“迁安用市场的力量推进滦河开发”调研文章，被省政府研究室课题组以《一个以“河道未利用地”撬动“转型升级、绿色崛起”的案例》为题刊发，获得省委书记批示：“迁安用市场经济的办法推进滦河综合开发的经验，值得市县借鉴。市场思维和市场方式是促进发展的法宝。发市县党政主要领导同志参阅。”思文科德、彦博彩板、英诺特三家企业转型经验经唐山市委、市政府研究室报送唐山市主要领导，被省政府研究室“产业转型升级”调研组专报省政府领导，获得省政府主要领导的肯定性评价，副省长张杰辉就英诺特企业遇到的困难作出专门批示。

（李建华）

市政府研究室
主　任　张新松
副主任　张　铮（满族）

督查工作

【概况】　2014年，市政府牢牢把握环渤海加速发展和京津冀协同发展的大势，坚持“稳中求进”的工作主基调，全力推进产业升级、招商开放、城建攻坚、绿色崛起、改善民生等工作提质提速。为进一步提高落实效率，市政府督查室充分发挥参谋部、协调部、督导部作用，切实加强对市政府各部门、市直相关单位、各镇乡政府、各园区管委会承担市政府工作任务落实情况的协调督导，建立实行“每周督导、每月分析、每季通报”的政务督查工作推进机制，为全市重大决策落地生根、工作部署政令畅通、经济社会稳步发展提供了坚强保障。1. 围绕提高落实效率、确保政令畅通，扎实开展决策督查工作。全力推动市政府年度重点工作积极、稳妥、顺利实施，精心谋划、跟踪督导30项为民实事工程，紧密盯办市政府重要会议精神贯彻落实。2. 围绕优化服务水平、当好参谋助手，全心做好批示督查工作。严格落实运转、催办、呈报、保密等规定，严谨规范办理领导批示交办、查办事项，上级政府交办事项。3. 围绕扩大工作范围、突出督查效能，适时开展专项督查活动50余次，有效促进阶段性重点工作扎实开展。4. 围绕倡导履职尽责、杜绝短板制约，全面做好其他各项工作。办理人大代表建议、政协提案163件，完成两个批次8幅市政府本级政务公开版面的编辑整理、印制安装工作。2014年全年，市政府督查室累计编发《督查专报》51期、《督查动态》21期，其中41期得到市政府领导批示；制发撰发督办通知单、交办事项通知单、责任分解表等各类督办函件1500余件次；办理上级政府及领导批示事项269件。市政府督查室服务领导决策的能力进一步提升，推动工作落实的作用更为明显。

【制度建设】　2014年，市政府全面加快转型发展步伐、着力提升群众幸福指数，实施了一系列重大工作举措。面对抓落实、促发展的艰巨任务，政府督查室牢记市政府领导的嘱托，紧紧围绕最大限度挖掘工作潜能、拓宽服务视野、发挥督查效能，大力推行利于督查工作标准化、规范化、实效化的创新性措施，通过工作实践的结合和检验，逐步实现在日常跟踪、程序标准、激励考核三个方面实现新的突破。

日常跟踪机制。同时建立督导工作书面台账和电子台账，坚持将重要会议议定事项、市政府领导指示落实事项列入工作内容，实行“1+3”日常跟踪督导制度。“1”即督查工作总台账，记录所有督查工作内容及进展动态、完成情况，每季度面向全市通报所有事项进展及各个责任单位落实情况；“3”即根据督查工作总台账记录事项，分为三个层面进行跟踪督查。一是政府年度工作要点按月整理、按季通报；二是政府重要会议议定事项每周整理、按月通报；三是阶段临时事项即时整理、随时呈报。通过落实日常跟踪督导制度，政务督查工作实现中心突出、点面结合、统筹兼顾，督查效能有效提升，受到市政府主要领导的充分肯定。

程序标准机制。为进一步提升水平、强化效能，确保政令畅通，政府督查室坚持在实践中探索、在工作中积累、在研究中创新，进一步优化工作流程、严格工作标准，形成以市政府督查室为主导、以办公室相关职能科室为主线，分工配合、协调联动的政务督查工作体系，初步实现督查工作程序标准化。办理政务督查事项，确定接办登记、立项分解、转呈转发、催办检查、通告报告等工作程序，各个程序分别由督查室主任或报请办公室主任、市政府分管领导、市政府主要领导履行审核、审定环节；办理领导批示事项，确定登记转发、催办督办、检查落实、反馈报告等工作程序，各个程序分别由相关负责人、市政府领导履行审核、审定环节。在此基础上，重点就办理时限、资料存档、保守秘密等进一步明确注意事项，推动督查工作全面落实实事求是、严谨规范、注重实效的原则要求。

考核奖惩机制。一方面，落实政务督查考核评价。根据《迁安市市委管理的领导班子和领导干部综合考评办法》，政务督查考核分值为60分（千分制）。结合工作实际，进一步完善政务督查工作考核评比办法，采取累加四个季度政务督查考核通报得分、综合年度目标任务完成情况得分方式，区分优秀、良好、合格、不合格四个档次，对97个单位（党群序列单位20个、政府序列单位51个、双管序列单位26个）落实市委、市政府工作部署、服务经济社会发展大局情况进行综合评价赋分。另一方面，落实市委、市政府授权考核评价。根据市委、市政府授权，政府督查室负责97个市直单位承担唐山市目标任务、26个单位承担大气污染防治任务的考核评价工作，考核总分值为120分（千分制）。在全面调研分析、拟定考核细则并经市政府主管领导审定同意基础上，采取考核总分=工作任务考核分值+贡献率调控分值计算方式对涉及单位进行考核赋分。综合日常工作开展情况与年度目标完成情况、区分量化工作目标与非量化工作目标认定依据，通过审查被考核单位自查报告、查阅相关佐证资料、实地检查核实工作进度等方式，分别按照考核细则予以核定年度工作考核分值，在推动市委、市政府更为有效激励基层单位上发挥了应有作用。

【决策督查工作】　1. 全面督导政府重点工作。依据市五届人大四次会议上政府工作报告确定的年度工作任务，编制2014年政府工作要点，围绕抓好项目建设和招商引资、构建“3+5+6”产业体系、提升城市功能品位和形象等8个方面，明确132项重点工作，逐项明确分管领导、责任单位、完成时限。紧密跟踪重点工作进展，分别于6月、9月、12月组织三次集中督导检查，及时分析解决制约发展的现实问题，全力推动重点工作积极、稳妥、顺利实施。至年底，132项重点工作全部完成目标任务，有力助推了全市经济、社会全面发展。2. 坚持对市政府常务会议、市长办公会议等相关会议议定事项及市政府主要领导深入基层调研、现场办公指示意见的落实情况进行跟踪督导，细化分解工作任务、明确责任单位、责任领导，落实台账制度，制定“市政府相关会议议定重点工作进展情况对比表”，每周对各项工作进展情况进行督导检查并行成专报呈报领导参阅。全年就相关会议议定事项及市政府主要领导指示意见督导落实情况，累计编发《督查专报》51期、《督查动态》21期，其中32期得到市政府领导批示。

【专项督查工作】　按照市领导指示和市政府办公室安排，先后围绕重点项目建设、环境保护专项整治、高速及绿道沿线环境整治等工作，组织专项督查50余次，会同相关单位组织大气污染治理、“村改居”、养老幼教机构消防安全整治、“三级平台、两个代办”建设等专项督导活动15次；积极参与重大会务活动，认真组织相关督导工作，先后参与全市项目建设动员、唐山市项目观摩、国家卫生城复审验收、国家园林城复审验收、全省县城建设现场会以及国家部委、河北省、唐山市各级领导到迁安视察等重要会议、活动，提前踏查活动线路和现场，督导相关单位落实环境整治、交通疏导、突发事件处置等任务，为全年重要会议、重点活动的圆满完成提供了坚实保障。

【批办督查工作】　按照工作职能分工，市政府督查室负责办理上级领导批示事项、唐山市综合督导局交办事项，迁安市委领导批转市政府办理事项、市政府主要领导批示事项及市政府主要领导来信来函事项。2014年，累计办理各类交办事项272件，其中，唐山市级以上领导批示事项、唐山市综合督导局交办事项30件，迁安市委领导批转市政府办理事项122件、市政府主要领导批示办理事项91件、市政府主要领导来信来函事项29件。严格按照“限期办理、逐件落实、分类督办、定期反馈”要求，做到交则必查，查则必果，果则必报，事项办结率100%，一次办结率达到99%。工作中做到以下四点：一是健全制度。制定下发《关于加强和改进市政府领导批示交办事项办理工作的通知》，进一步明确分解下发、受领办理、反馈报告各个程序具体要求。协调各单位分别明确一名副科级以上同志全权负责涉及事项的督导协调，指导组织各单位建立健全登记、查阅、调查、反馈、归档等一系列制度，确保所有领导批示事项均有专人办理，均能按时反馈。二是注重效率。增强时效意识，受领办理任务后立即研究办理意见，尽快组织落实到位。紧急事项即交即办、24小时内反馈，一般事项24小时内交办、7个工作日内反馈，确因特殊情况无法在规定时限内办结的，以《督查动态》等形式向交办领导报告当前工作进展，说明存在问题及下步安排。三是确保质量。对承办单位反馈材料严格把关，要求内容全面、事实清楚、结果明确、格式规范。对办理质量不高、不符合领导批示要求的，一律退回重新办理，因重新办理导致延期办结的事项，比照超期办结事项予以扣减督查考核分值。重要事项编写《督查专报》专题反馈。每月汇总整理办理工作整体进展情况，呈报市政府领导。四是严格保密。按照规定渠道、程序和范围传达办理，严格遵守各项保密规定。领导交办事项由专人登记存档，未经批准不允许任何人员借阅查看。涉及人员安置、重大信访案件、重要工作安排的领导批示交办事项，一律采取装入专用信封方式保密转送，留档资料及时存入保密橱柜。

【为群众办实事工作】 2014年初，市政府督查室本着“结合自身实际、合理配置资源、提高综合效益、促进统筹发展”的原则，广泛征集各单位实事工程方案、认真征求人大代表、政协委员意见和建议、充分尊重群众意愿，精心谋划2014年实事工程，经市委、市政府同意，确定充分就业工程、农村劳动力培训工程、社会保险扩面工程、职工医保提升工程等30项为民实事工程。为确保实事办实、好事办好，市政府督查室将其列为一号督查工程，采取实地督查、电话督查、跟踪督查等多种形式，按季度通报各项实事工程进展情况，及时研究解决实事实施过程中遇到的各类困难和问题，并及时在《迁安时讯》、政府门户网站、政务公开栏上向社会公布年中进展情况及年底完成情况，保证实事工程的实施始终处于群众的监督之下。至2014年底，30项为民实事工程全部顺利完成，其中，充分就业工程、社会保险扩面、农村危房改造、供电基础设施提升4项工程超额完成年初既定目标，切实保障和改善了民生，切实让群众得到了实惠，提升了市政府在人民群众中的公信力。

【人大代表建议、政协提案办理工作】 承办市五届人大四次会议代表建议及政协五届三次会议提案163件，至9月底全部办结，按时办结率100%，走访率100%，代表、委员满意率97.5%。此外，按照唐山市政府办公厅通知要求，办理政协唐山市十一届委员会第二次会议提案1件、唐山市十四届人大二次会议代表建议3件，全部按照要求办结。10月，市五届人大常委会第二十四会议上，市人大领导及参会人员对政府系统承办工作给予充分肯定。11月，会同市政协相关委办组织政协提案视察活动，市政协领导及与会委员对政府系统办理工作取得的显著成效给予高度评价。工作中坚持四点：一是加强领导，精心组织。及时组织召开政府系统承办工作会议，印发《关于进一步规范人大代表建议政协提案办理工作的通知》，对办理人大代表建议政协提案工作进行安排部署。多次对重点事项、关键环节进行调度，并层层明确办理责任，充实办理力量，提供有利工作条件，使办理工作顺利进行。二是完善制度，提高质量。严格按有关法律法规、政策规定和法定程序开展办理工作，确保办理工作全程合法依规。立足于加速办理节奏、严格办理责任、提升办理质量，进一步完善承办建议的登记、办理、审核等工作制度，制定科学合理的承办工作计划。所有人大代表建议政协提案均以正式文件形式、经单位主要负责同志审核把关提交书面答复意见，体现承办工作的严肃性。三是加强沟通，注重实效。坚持把代表委员和群众满意度作为检验承办工作的重要标准，采取电话沟通、上门走访、邀请座谈等多种方式，加强与代表委员的沟通交流。代表委员对办理结果有异议的，充分尊重代表委员意愿，一律重新予以办理，并主动说明情况，努力求得代表委员对政府工作的理解和支持。把解决实际问题作为办理工作的最终目的，深入实地开展调查研究，制定切实可行的办理工作方案，采取有力措施狠抓落实，赢得广大代表委员的一致好评。四是强化督导，确保落实。充分发挥职能作用，切实加强对人大代表建议政协提案办理工作的组织协调、督促检查和业务指导。除电话催办、会议督办等常规督导形式外，密切配合市人大常委会选举人事科、市政协祖统提案委员会组织开展集中督导月活动，对承办任务较多、热点问题较集中的部分承办单位进行上门检查、实地督导。对于关注度较高、办理难度较大的建议和提案，采取一线督查、跟踪问效的办法，进一步加大督导落实力度，在保证建议办理质量和时效的同时，也促进了部门作风的转变和服务水平的提高。

【市政府本级政务公开工作】　继续坚持群众路线，接受群众监督。2014 年，按照市政务公开领导小组要求，市政府督查室围绕公开内容充实、公开时间及时、公开重点突出的原则，认真组织整理相关资料，精心设计、印制、安装政务公开版面 10 幅，及时将领导分工、国民经济社会发展计划运行、财政收入支出、为民实事等情况向社会予以公示，树立政府机关公开、公正、透明的良好形象。

市政府督查室
主　任　刘英椿

（杨卫军）

农业办公室工作

【概况】　2014 年，市政府农业办公室认真贯彻落实市委、市政府关于农业农村工作的安排部署，做好全市农业农村经济工作的综合、协调、指导工作。累计制发市政府文件 143 期，市政府办公室文件 16 期，撰写领导讲话稿、工作汇报、典型发言等综合材料 41 篇，组织工作安排部署、项目调度、现场观摩等各种本级会议活动 65 场次，组织接待上级督导检查、项目观摩等活动 21 场次。

【现代农业建设工作】　1. 督导 50 个农业重点项目，其中华农有限公司农业循环经济项目、亚滦湾国家农业创新产业园项目、佳农公司欧 C 草莓园项目等 16 个项目超额完成 2014 年计划投资；龙泽谷酒庄二期工程、棋盛农产品加工及物流项目、兴阳百益食用菌生产园区等 34 个项目完成建设任务。华农发展有限公司农业循环经济项目在唐山市农业产业化项目观摩评比活动中，获评农业产业化优秀项目；2. 组织市域内农业重点企业参加各级农展会和对接京津招商活动 6 次，10 家企业与各地农批、农超和经销代理公司签署产销合作协议，12 家企业 18 类产品在各级农展会上获得荣誉证书，提升了迁安市农业产品知名度。3. 协调相关部门，积极推进农业经营主体提档升级，培育壮大新型农业经营主体。乐丫农产品开发有限公司获得省级农业产业化重点龙头企业称号。文华玉米种植合作社、乡伊香农林合作社被评为省级农民专业合作社示范社。4. 督导相关部门，推进品牌创建工作。新增“春良”“东亚”2 个河北省著名商标，新增“志营”1 个唐山市知名商标。乡伊香农林合作社申报了迁安板栗地理标识。5. 督导秸秆禁烧和农村能源清洁综合利用工作，制定下发《迁安市 2014 年秸秆禁烧和综合利用工作实施方案》《迁安市 2014 年农村能源清洁开发利用工程实施方案》，协调环保局、气象局等部门，组织有关镇乡开展卫星遥感监测秸秆焚烧火点巡查、核查和核销工作，圆满完成 APEC 期间秸秆禁烧任务。

【造林绿化工作】　组织协调市委农工委和市国土、环保、林业、交通等部门，经常深入造林绿化现场，督导各项任务目标、保障措施和准备工作的落实，协调解决存在问题，工程重点阶段实行工程进度日报制度，及时掌握工程进展情况，保证工程的顺利进行，圆满完成春季造林绿化任务，完成营造林面积 5.8 万亩，占唐山市下达任务的 110%。

【畜禽病防治和农产品质量安全工作】　一是组织相关部门对建昌营镇回民村疑似染疫羊进行扑杀及无害化处理。有效阻止疫情在全市蔓延扩散，避免了养殖业遭受更大经济损失。二是制定下发《关于加强农产品质量安全监管工作的意见》，督导农牧局、林业局、畜牧中心加强对种植业、林果业、畜禽养殖业各环节质量安全的监管，组织林业、畜牧、工商、商务、市场、质监、食药监等执法部门，深入开展以蔬菜、果品、畜禽产品等“菜篮子”农产品为重点的农产品质量安全专项治理行动，解决违法添加、使用禁（限）用农（兽）药和有毒有害物质等突出问题。

【气象、防汛工作】 1. 制定《迁安市2014年地质灾害防治方案》。协调各镇乡制定了周密的防汛抗洪救灾工作方案和应急预案，尤其是沿河两岸镇乡，根据滦河、青龙河汛情变化情况，科学制定了人员撤离、抢险救援工作方案。2. 及时做好暴雨等灾情上传下达工作。灾情来临前，按上级通知要求，及时协调市防汛办、市气象局迅速启动防汛和气象灾害应急响应，全年发布大雾、霾、暴雨预警等气象灾害指挥部文件7期。

【建设用地报批工作】 在主管市长的领导下，多次组织召开协调会议，协调国土、公安、规划等部门，积极完成建设用地组卷报批工作。至2014年底，共上报18个批次8660亩，批回12个批次6816亩，其中，第二次土地调查为建设用地补办手续上报8个批次5887亩，批回7个批次5657亩。迁安市累积批回面积占唐山市批回总量的三分之一，实现近年来土地报批的年度新高。

市政府办公室副主任

宋中江（分管农业办公室工作）

市政府农业办公室副主任 韦　玮

（杨东旭　王　伟）

地方志工作

【《迁安年鉴》2014年卷出版发行】 至2014年，《迁安年鉴》编写工作已历时19年，连续出版年鉴18卷。年内，为高标准、高质量地完成《迁安年鉴》2014年卷文字和图片资料的收集、整理、编辑及出版发行工作，市政府给予大力支持，1月6日，市政府办公室印发《关于编纂出版《迁安年鉴》2014年卷的通知》，布置编纂任务，使《迁安年鉴》2014年卷于年底由方志出版社顺利出版发行。编纂期间，在创新上下功夫，及时更新条目和增加新的内容，同时注意加强人物资料入鉴，除“人物”栏目外，在“特载”“迁安概况”“农业”“文化”“教育”等栏目，多角度增加不同类型典型人物的记述，在弘扬良好风尚的同时，增强年鉴的可读性。全书82.1万字，卷首设特载、大事记，并有重要政务及迁安风貌等方面的图片。正文设迁安概况、政治、综合管理、法治·武装、农业、工业、交通·邮电、城建·环保、财政·税务、商贸服务·旅游、金融、科学技术、教育、文化·体育、黄帝文化研究、卫生、社会生活、乡镇 街道、人物19个栏目，卷末为文献文件辑存和统计资料。

【发挥地方志资源优势，服务经济社会发展】 1. 为各项规划编制提供翔实史料。依据《迁安县志》《迁安市志》《迁安年鉴》，以及在其编纂过程中积累的资料，搜集整理自然、历史、风土人情、人文景观、经济发展等资料，为编制《迁安市城市总体规划》《迁安市旅游发展总体规划》19个镇乡的镇域规划提供史料依据。2. 为园区和项目建设提供地情资料。继滦河生态防洪工程、三里河生态走廊工程之后又为迁安市经济开发区、物流园区及滦河文化产业园区建设提供地情资料，搜集整理自然、历史、经济、文化等地情史料，为园区建设顺利实施和提档升级提供科学依据。物流园区获评全国优秀物流园区，滦河文化产业园区跻身全省十佳文化产业园区。3. 为社会各界提供咨询服务。为房地产开发、招商引资、道桥建设、减灾防灾及各界人士提供220余次咨询服务。4. 帮助2个村编纂村志。帮助现居外地祖籍迁安的张英杰等8位同乡寻根谒祖，查阅书籍，帮助联络，努力帮他们实现多年夙愿。同时，通过他们进一步宣传迁安，提升迁安的知名度。

【资料上报】 按照省政府办公厅和唐山市政府办公厅工作部署，为《河北年鉴》2014年卷提供文字资料5000余字，为《唐山年鉴》2014年卷提供文字资料5000余字、图片5幅。助力京津冀协同发展，为河北工业大学“京津冀‘元文化’研究”提供资料1万余字，提供志书年鉴等相关书籍12本。

市地方志办公室

主　任　郭伟强

（赵　辉）

应急管理

【应急值守工作】　应急管理办公室高度重视值守网络体系建设，将市政府总值班室与各镇乡政府和市直有关单位值班室确定为信息互通联络点，组建纵横交织、配合默契、指挥有效的立体型工作网络。严格落实领导干部外出报备工作制度和24小时应急值班制度，切实做好突发事件信息报告工作。形成以市政府值班电话为主线，各镇乡政府和市直有关单位值班电话为依托的应急信息网络系统。积极督促各部门做好突发公共事件隐患的排查。建立健全监测、预测、预报、预警体系，及时向广大群众发布各类突发公共事件预警信息。在“两会”汛期等敏感时期，周密部署应急值守工作，提高了应急保障能力。2014年，由于值班同志责任心强，业务熟练，在值守期间未发生一起人为责任事故，所有带班领导和值班同志能够严格要求，及时妥善地处理了各项来文、来电及人员上访等事项，圆满地完成了领导交办的各项临时性工作任务，体现了政府办公室的高水平和高素质。

【应急管理组织体系建设】　继续按照统一领导、属地为主、分类管理、分级负责、条块结合的应急管理体制要求，做好全市应急管理工作。市政府各部门、市直各单位和各镇乡（城区办事处）健全应急管理机构，初步形成市、镇乡、村（社区）三级应急管理组织体系。为保证应急管理工作真正到位，建立了突发公共事件领导问责制，按照职责分工，对突发事件的处理环节逐级问责，确保一级抓一级，层层抓落实。

【应急预案体系建设】　继续以提高预案编制的完备性和应用的可操作性为重点，结合实际，进一步完善全市突发公共事件总体应急预案及子预案。2014年，认真组织督导市直有关部门根据各自职责指导相关部门编修《迁安市地震应急预案》《迁安市重污染天气应急预案》《迁安市突发公共卫生事件应急预案》等专项应急预案。各镇乡（城区街道办事处），各规模企业和所有学校的应急预案已经基本完善，形成“横向到边、纵向到底”的应急预案体系。

【应急保障能力建设】　全市用于应对突发公共事件的各项投入经费不断增加，森林防火基础设施建设、设备配备初具规模，公安消防灭火和抢险救援能力得到提高，医疗救治和疾病防控体系基础设施建设、设备配备得到加强。物资储备设施得到改善，物资保障能力得到加强，在城区范围内建设了23个应急避难场所。

结合全市防汛物资储备的实际情况，对防汛物资进行了购置补充。防汛抢险物资储备按照汛前计划，与物资储备企业保持24小时联系畅通，可随时调运至救灾现场。

建立医疗卫生应急物资储备库，新配备了5千瓦发电机、全面型和半面型呼吸防护器，并及时更新和补充了足量的“84”消毒液、漂白粉精、预防用抗菌药物、消毒器械、个人防护用品等大量后勤保障物资。

加大应急物资装备督导检查，督导企业落实安全生产资金投入，购置先进的物质装备，加强日常维护管理，确保装备器材齐全有效，有效保障全市生产安全和社会稳定。

【风险隐患排查整治工作】　应急管理办公室建立完善了安全生产预警机制，在原有基础上，进一步加大力度，督导重点企业开展安全生产应急平台建设。实现巡点检科学化、自动化、信息化，达到监测报警系统数据预警、传输、存储和重大危险源在线监控。建立风险隐患排查制度和风险隐患台账，定期开展风险隐患排查，对存在的风险隐患，采取政府通报、警示督办、分块排查、联合执法等措施，落实整改或开展先期处置，严控事态发展，维护社会稳定。年内，先后组织食品安全专项整治等行动，尤其是进入汛期后，为保障人民群众生命财产安全，重点对病险水库、山洪易发区、地质灾害易发区等重要区域、重点部位，明确专人负责，实行24小时轮流值守，确保了汛期安全。

【应急预案演练】 应急管理办公室结合全市实际情况，有计划、有步骤、有重点地组织实施应急预案演练工作。2014年，进行了燃气泄漏事故应急预案演练、尾矿库事故应急预案演练、建筑工程安全事故应急预案演练、地质灾害防灾预案演练和学校安全工作应急演练。印发了《迁安市灭火与消防应急救援社会联动工作机制》，建立了灭火与消防应急救援联合定期演练制度，使各镇乡、城区办事处、各派出机构及有关部门全面提升了协调联动能力。

【应急知识科普宣教】 结合全市实际情况制订具体的工作方案，有计划、有步骤、有重点地组织实施科普宣传工作。开展“5·12”防灾减灾宣传月活动，印发《关于做好〈河北省突发事件应对条例〉宣传贯彻暨应急科普宣教有关工作的通知》，以“防灾减灾日宣传月”活动为契机，深入开展应急管理法律法规和科普宣教活动。利用电视台、电台宣传《中华人民共和国突发事件应对法》《河北省突发事件应对条例》等国家应急法律法规的主要精神；利用《迁安时讯》定期刊登宣传应急体系建设规划、政策措施，解读应急预案和应急常识；利用网络等媒体宣传应对突发公共事件的成功经验和案例，努力做到应急常识进社区、进工厂、进学校、进家庭，帮助公众掌握突发公共事件的预防、避险、减灾、救助常识，增强社会公众的危机意识和社会责任意识，提高了公众的自救互救能力，形成全社会共同正确应对突发公共事件的良好局面，提高全社会对应急工作重要性的认识，增强广大人民群众的应急意识和应急能力。

【应急队伍建设】 继续按照《关于加强应急队伍建设的意见》，保持与驻地武警部队、预备役的长效联系机制，加强公安、消防、矿山、卫生医疗等专业救援队伍建设。充分发挥以公安消防队伍及其他优势专业应急救援队伍为依托的市级综合性应急救援队伍作用，全市救援队伍之间的协调联动能力有所提高。

市政府应急管理办公室
主　任　徐小松

（赵文浩）

政府采购

【概况】 2014年，市政府采购工作在市财政、监察、审计和采购单位的监督、支持下，按《中华人民共和国政府采购法》和《中华人民共和国招标投标法》等法律、法规的规定，依法采购，提供廉洁高效的服务，提高财政资金使用效益，保护政府采购当事人合法权益，构建公开、公平、公正、和谐的政府采购环境。全年组织集中采购291次，实现政府采购支出8250.71万元。节约资金1368.82万元，节支率14.23%。

【把握关键环节，依法依规操作】 为提高采购效率，凸现政府采购作为“阳光交易”的内在要求，狠抓关键环节，规范政府采购行为，实现公开透明、依法采购。1. 把握八个环节，完成好公开招标采购（1）招标文件制作。结合采购单位提供的具体要求，3个工作日内草拟标书初稿，明确规定使用的评标办法及评审程序。（2）招标文件论证。标书初稿完成后，及时邀请监察、采购办、审计、工商、物价、质量技术监督、公证等部门共同论证标书。对技术要求复杂、专业性强的项目，还要征求专家意见，最后综合各方意见对标书做出修改，报市采购办备案，送采购单位确认签章，形成定稿。（3）招标信息发布。标书定稿后2个工作日内在中国政府采购网、河北政府采购网、唐山市政府采购网和迁安市政府采购网四级指定媒体以及“中国·迁安”网站上公开发布招标信息，自招标文件发出之日到开标日不少于20天。（4）资格预审。在招标公告规定的时间内，用不少于7个工作日的时间，对有意投标的供应商进行资格预审、发放标书。（5）开标评标。所有公开招标一律在行政服务中心交易平台进行。邀请监察、财政、审计、物价、工商、质监部门相关人员组成监督委员会，邀请公证部门现场全程监督。在开标前现场抽取评标专家，评标专家一般从本级专家库中抽取，当本地专家不足或项目技术要求较高时，通过采购办联系使用唐山市级专家评委，确定评委会组成人员；现场开标、唱标，现场公布评标结果。在评标环节上严格按标书规定的评标办法、评审程序进行评标，杜绝任何干涉评委正常评标行为。采购中心只作为活动的组织者，不参与评标，不干涉评标委员会正常的评标定标工作。（6）标结果公示。开标结束后1个工作日内预中标结果在原招标信息发布媒体上公示3天。（7）签订合同。招标结果公示无异议后，在2个工作日内发出中标通知书，组织采购人与成交供应商按采购文件确定的事项签定采购合同。同时供应商向采购人提交中标价10%的履约保证金。如出现供应商质疑评标结果的情况，按法律规定，在7个工作日内给予明确答复。2. 高效快捷完成询价采购，由采购单位和采购中心共同组成三人以上询价小组，向符合条件的三家及以上供应商发出询价邀请，要求供应商在规定时间内将报价单密封或传真送达采购中心，询价小组在采购办监督下共同拆封，以最低报价者为成交供应商。对以上关键环节的把握，使集中采购工作做到了公开、公平、公正。

【采购范围扩大，规模效益凸显】　2014年，采购范围逐渐扩大，采购内容多样，服务领域涉及办公家具、教学仪器、办公自动化设备、环保及农业设备等，年实现政府采购支出8250.71万元，节约资金1368.82万元。在财政投资评审严控预算价的情况下，达到14.23%节支率，是规模效益的最好体现，也是公平竞争的最好体现。采购方式上，市政府采购中心严格遵照采购方案进行招标采购，其中公开招标采购40次，采购金额4026.41万元，占全年采购支出的48.8%；询价采购233次，采购金额2667.57万元，占全年采购支出的32.33%；单一来源采购16次；竞争性谈判1次；邀请招标1次。

【完善供应商库，规范采购程序】　随着采购规模的逐步扩大，采购程序日趋规范，原有粗放型的供应商库已不能满足政府采购工作需要。2014年，市政府采购中心受市政府采购管理办公室委托，在原有供应商库的基础上，把近年来所有参加市政府采购活动的供应商信息收集起来，内容包括供应商名称、注册资金、营业期限、组织机构代码有效期、经营范围、法人名称、地址、电话等，按照经营范围把各供应商分为课桌椅、办公家具、教学仪器、体育用品、服装、计算机、图书、物业管理、地质勘察设计等四十多类，按照注册的详细地址分为迁安内、唐山内、京津冀内、京津冀外。通过详细的分类录入，使供应商库更加具体，类别更加清晰，在采购过程中使用起来更加方便、快捷、准确。

市政府采购中心
主　任　杨再田
副主任　荣　智

（杨　萌）

爱国卫生

【巩固提高国家卫生城市管理工作】　做好各项卫生监督工作，顺利通过国家卫生城市暗访复审。11月20～21日，全国爱卫办对迁安进行了暗访复审，暗访专家表示，迁安市卫生城管理工作氛围浓厚，群众参与度较高，“五小”行业监管到位，健康教育、控烟和病媒生物防制工作较深入，所暗访的理发店、宾馆、餐饮店、浴池健康宣传、控烟和卫生管理、消毒措施落实较好，认为迁安市基本通过国家卫生城市复审。

【农村改厕】　2014年，继续推进农村场所卫生改造工程，成效显著。从4月20日开始组织施工，到年底改建卫生厕所1.43万座，全部按河北省农村环境面貌改造提升办公室和河北省爱卫办《技术规范》施工，质量达到要求，得到广大群众肯定和认可。

【病媒生物防制】　深入开展病媒生物防制工作。继续实行春秋两次集中采用药物统一灭鼠、灭蟑活动。累计发放灭鼠防病宣传材料20余万份、除“四害”知识手册1万册，清除“四害”孳生地81处，投放灭鼠药3.1吨，灭蟑药840公斤，督导部门单位落实“四害”防制设施1320人次，使鼠、蟑、蚊、蝇密度全部控制在国家规定标准之内。

【控烟宣传干预工作】 有效实施公共场所禁烟制度。累计向有关部门发放控烟法规宣传贴画226张、宣传片（CD）20张、《唐山市防止烟草烟雾危害管理办法》宣传册300本；向全市所有公共场所统一制作并发放禁烟标识牌3500个。组织开展无烟学校创建活动，有4所学校申报并开展创建无烟学校，已基本达到无烟学校标准。

【卫生社区、卫生镇创建工作】 卫生社区创建工作取得突破性进展。迁钢等4个社区卫生创建工作通过唐山市爱卫办评估验收，待命名为唐山市卫生社区。夏官营镇省级卫生镇巩固管理工作通过河北省爱卫办省级卫生镇复审，有望继续保持殊荣。

市爱卫办
主　任　张立超

（李香云　万思源）

支工工作

【概况】 市支工办在市委、市政府的正确领导下，严格落实科学发展观，全面执行党的群众路线，紧紧围绕全市“构建3+5产业格局和打造六大区域性功能中心”这一中心工作，以“服务首钢、发展迁安”为工作目标，深入推进“四五”转型攻坚计划，确保了首钢驻迁企业生产健康有序、国家重点项目建设顺利进行、占地村民权益依法得到维护，为“魅力钢城、绿色迁安”建设做出应有贡献。

【确保企业生产正常有序进行】 2014年，市政府支工办公室全力做好支援首钢矿业公司等唐山市属以上企业生产建设工作，为企业正常生产营造和谐宽松的外部环境。1. 支持首钢迁钢公司工程建设。在首钢迁钢公司职工宿舍楼工程建设中，需对迁安市广电局多条光缆和国铁丰润铁路段供电高压线路进行迁移，而迁移工程会给上述两单位的正常业务开展带来严重影响，因此两单位抵触情绪较大。为支持企业工程建设，市支工办多次到国铁丰润铁路段和市广电局协调此事，最终达成迁移协议：首钢迁钢公司出资83万元，迁安市广电局和国铁丰润铁路段负责组织迁移施工。事件圆满解决，确保了首钢迁钢公司工程建设顺利进行。2. 保证首钢矿业公司正常生产。5月，杨店子镇车辕寨耗子沟村民因首钢物资公司在生产过程中产生污染，给村民正常生产生活造成严重影响的原因，围堵首钢物资公司大门。知悉此事后，市支工办工作人员第一时间赶到现场，调查事件起因，协商处理办法，在承诺尽快为村民解决饮用水问题、环境污染问题后，村民解除了围堵状态。事后，在市支工办的协调下，首钢物资公司与车辕寨耗子沟村达成安装自来水和支付环境治理费用的协议。事件及时解决，确保了企业正常生产，维护了村民的正当权益，双方对此均表示满意。

【村民权益依法依规维护】 严格贯彻执行党的群众路线，在处理工农纠纷及赔偿工作时，市支工办始终坚持“群众利益无小事”的原则，维护占地村群众的正当权益不受损失。1. 妥善解决木厂口镇松汀村饮用水困难问题。因2009年迁焦公司路桥建设和2010年首钢迁钢公司西料场建设中施工不当，不慎将松汀老村入村输水管线挖断并掩埋，造成该村村民生活用水十分困难。为确保占地村民正常生活不受影响，在市支工办的协调下，2014年11月，市政府召开“关于首钢驻迁企业与松汀村有关问题”协调会并形成《会议纪要》，规定：迁钢公司、迁焦公司与松汀村签订2014年度水费补偿协议，按照迁钢公司承担50万元，迁焦公司承担46万元的标准承担村民用水费用。木厂口镇松汀村民饮用水困难问题得以圆满解决。2. 合理处置马兰庄镇印子峪村土地使用权争议等若干问题。因首钢矿业公司征地时对水厂铁矿与印子峪村接壤部位界限划分不清，导致村企双方时常因土地面积确认、人员安置不到位等问题引发工农纠纷。针对此事，市支工办多次协调，最终达成协议：首钢矿业公司同意为印子峪村安排15名占地临时工；印子峪村2.4亩土地视同首钢矿业公司正常征收，不再支付征地补偿费用。事件妥善解决。市支工办主持签订各类协议109份，为占地村群众争取到补偿协议款1580多万元。

【国家重点项目建设稳步推进】 配合施工单位搞好国家重点项目建设。市支工办继续倾全力支持锦州—郑州成品油管道工程。锦州—郑州成品油管道项目是中国石油天然气股份有限公司承建的国家级重点工程，需穿越彭店子、夏官营、野鸡坨3个乡镇，涉及林业、水利等多个部门。至年底，除个别点位外，管道主体工程已基本完成，此项工作走在唐山市各县区前列。

【多措并举为占地村民办好事实事】 市支工办以开展党的群众路线教育实践活动为契机，按照关心群众切身利益和联系服务群众“最后一公里”的具体要求，积极开展为占地村民办好事活动，切实解决群众关心的热点难点问题。1. 解决占地村民就业难问题。因近几年整体经济形势低迷，占地村民就业难问题愈发凸显，就业问题已成为占地村群众最关心的热点难点问题。针对此问题，市支工办在充分调研的基础上，向市政府提出建议：一是首钢驻迁安企业招用外协工时应最大限度的从占地村中招用；二是首钢驻迁安企业外委工程发包过程中应充分考虑占地村施工队伍。此建议得到市委、市政府的认可，并在与首钢总公司高层座谈会上提出。首钢方面原则同意上述建议，结合杨店子镇车辕寨村拆迁具体情况，首钢迁钢公司同意从车辕寨村招用40名外协工。外协工招录工作于11月初正式开展，至年底，经报名、笔试、面试、体检、审核等程序，40名外协工已经到首钢迁钢公司参加工作。2. 积极为占地村临时工落实待遇。

2014年4月，大五里乡孟一、孟二两个占地村部分群众反映首钢矿业公司占地临时工养老保险未按规定缴纳问题。市支工办高度重视，多次召开由首钢矿业公司劳资处、资土处等相关单位和大五里乡政府、占地村代表参加的协调会，最终促成首钢矿业公司同意按照冀政〔2006〕67号文件中“养老保险最低缴费基数不低于全省上年度在岗职工月平均工资60%”的标准，对2003年11月至2007年12月期间的保险费用进行补差。事件圆满解决。

市政府支工办公室

主　　任　刘文丰

副 主 任　高荣春　王哲群

副主任科员　邢乃利

（刘　峻）

房屋征收管理

【概况】 2014年，房屋征收本着“征收一处，造福一片，稳定一方”的原则，做到依法依规，公平、公正、公开，全市项目建设中涉及的房屋征收工作圆满完成。赵店子小城镇道路建设，征收4户，征收面积1256平方米；大西区纬十二街周边改造，征收6户，征收面积1.65万平方米；大西区正星新能源建设项目征收企业（广源养牛场）一家，征收面积2.78万平方米；大西区金牛管材建设项目，征收企业一家，征收面积6298平方米；滦河生态防洪工程项目，征收企业一家，征收面积501平方米。1. 房屋征收程序在工作实践中实现新突破。房屋征收工作政策法律性强，只有依法依规才能确保征收工作的顺利进行。国家新的房屋征收条例出台后，市房屋征收管理办公室严格审查每一个房屋征收项目的合法性、征收计划和征收方案的合理性，对证件不全、资金不落实、补偿安置方案不可行或群众意见较大的项目，坚持原则依法办事；认真贯彻“民主决策、程序正当、结果公开”的原则，全面落实征收管理的监督管理，规范评估机构行为，确保评估工作公开合法，评估结果公正合理，维护征收当事人的合法权益。坚持征收中“一户一档”留存永久档案，接受历史的监督，对老百姓终身负责。实现房屋征收工作每个环节都让群众服气，让群众满意，与新的房屋征收法规要求完全吻合。2. 研究制定迁安市国有土地上房屋征收办法取得新突破。为规范全市国有土地上房屋征收与补偿活动，维护公共利益，保障被征收房屋所有权人的合法权益，在国家、省、唐山市相继出台相关政策法规的基础上，历时2年多，通过认真研读，专题研究，向相关多部门征求意见，请示请教专家和上级主管部门等环节，本着兼容一致、依据充分、结合实际、前后衔接的原则，起草并形成了《迁安市国有土地上房屋征收与补偿实施意见》（送审稿），经五届市政府第十七次常务会议审议并获得通过，2014年10月30日市政府下发通知，予以公布实施。该项地方政策的实施，将为顺利推进全市房屋征收工作提供重要的政策依据，为项目建设发挥积极的促进作用。

【征收信访工作】 扎实开展房屋征收拆迁领域矛盾纠纷排查化解工作。1. 建章立制，优化工作方法。市房屋征收管理办公室成立以“一把手”为组长的信访工作领导小组，出台《信访工作管理制度》，明确工作职责、程序、原则和方法。化解城中村改造遗留问题工作中，房征办积极谋划，为市委、市政府当好参谋和助手。每一个案件的办理都严格按照市委领导提出的“八步工作法”予以落实，案件办结率100%。工作中不断畅通信访渠道。实行开门接访，做好初信初访的化解工作。扎实开展干部下访活动，变群众上访为干部下访，将工作窗口前移、重心下移，进一步拓宽群众诉求渠道。把督查督办作为解决信访问题的关键环节，每项信访案情，坚持首问负责，认真分析，及时处理。不断加大督促检查力度。包案领导经常深入基层，针对群众反映涉及面广、情况复杂的疑难信访问题，通过协调处理，限时办结。2. 热情接待群众信访、妥善处理信访事项。做到“三个到位”，即热情服务到位、政策解答到位、说理引导到位。年内共接待群众180余件（人）次，向复查办出具6件《复查报告》，配合复查办出具2件《复查报告》，处理信访联席办下派的6件35户信访案件，出具1份《信息公开申请答复书》。3. 全面排查矛盾纠纷，有效化解遗留问题。按照省委书记“要把化解信访积案作为教育实践活动的一个专项行动，改变信访居高不下的局面”的要求，市房征办充分认识化解信访积案对维护群众合法权益、改进干部作风、密切干群关系的重要意义，对2010年以来正在办理未结的和超期未结或已结未息诉罢访职能内的信访事项进行攻坚化解。通过下访到户、联动排查、登记建档、落实包案责任等环节共梳理排查23个共性或个性遗留问题，形成1.5万余字的情况说明。针对排查出的问题，多次组织专题会议逐案分析研究，达成解决问题的方案和原则，能够化解的，积极办理，争取相关部门的支持，依法依规即时办结。共解决涉及津秦客运专线、城中村改造和滦河生态防洪工程等项目4个共性或个性问题；对于仅靠市房征办不能办结的，积极协调相关部门进一步研究，针对城中村改造遗留问题多的特点，迁安市成立了“化解城中村改造遗留问题工作领导小组”，在领导小组框架内多次召开会议，逐案分析研究，依法依规提出解决问题的方案和原则，由相关部门逐案答复。

市房屋征收管理办公室
主　任　朱少达
副主任　蔡　丰　刘增斌

（王凌云）

政务服务

【清理审批事项，优化审批流程】 与市政府法制办和市审改办联合，逐部门逐事项地对全市审批许可事项进行梳理，将全市171项本级审批许可事项清理压缩为99项，2014年全市具有行政审批职能的部门40家，全部成建制进驻政务服务中心办公，中心承担行政许可和便民服务事项253项，其中行政许可事项99项，便民服务事项91项，上级代理事项63项，每天平均接待咨询、办事的群众200多人次，年办件数41707件，日平均办件158件，全年新注册企业938家，承诺件办结率100%。2014年，中心对原办事大厅进行扩容升级，优化审批流程，科学划分企业注册服务、固定资产投资（含外商投资、房地产开发项目）服务、便民服务三大功能区，合理设置窗口。

【整合交易职能，强化交易中心建设】 完善八统一运作模式，加强对交易中心、中介机构和交易监督的管理，公共资源交易活动明显增加，国有投资项目交易活动已实现全部进入交易中心进行交易。2014 年，公共资源交易中心组织公共资源交易活动 199 宗，成交项目 164 宗，依法废标 35 宗，交易金额 10.64 亿元，节约金额 6959 万元，增值金额 454 万元。

【抓好服务体系建设，创新服务方式】 1. 亲切服务。要求工作人员讲究文明礼貌，注重礼仪仪表，态度热情、服务周到。2. 延伸服务。打破原有的“衙门型”审批模式，变“坐等服务”为“主动服务”，倡导各窗口移动服务窗口、延伸服务平台。一年来，各窗口累计延长工作时间 306 小时，入园进企 24 次，得到群众高度赞誉。3. 代办服务。成立代办科，按照自愿、无偿、高效的原则，全力推行全程保姆式代办制度。4. 协办服务。出台协办工作机制，在各窗口均配备 1 名协办员，制作公开牌，公开亮明身份、窗口电话、个人手机号，为前来办事的群众提供接待受理、咨询答疑、办结回复等服务。5. 样本服务。根据进驻项目实际，对 69 个经常发生的审批服务事项，按需填报的各种申请、表格、证明等相关材料制作出样本，摆放在各窗口供办事人参考，节省企业和群众的办事成本，提高审批效率。6. 预约服务。出台预约服务机制，企业和群众可采取现场预约和电话预约方式，约定办理审批业务时间。同时，窗口对重点企业和业务量集中的审批事项主动预约审批时间，方便办事群众。7. 预审服务。利用行政服务网络电子平台，开通网络预审服务，企业或办事群众可通过网络与各窗口对接提交相关材料，窗口在网络上预审，解决了办事群众多次跑、来回跑的问题。8. 容缺服务。针对基本审批条件具备、申报材料主件齐全，其他一般性条件和非关键性材料暂缺的情况，出台容缺服务机制，即申请人在承诺时限内补齐补正材料，窗口可先行予以受理审批、发证，简化审批程序，提高审批效率。9. 培训服务。每年对各镇乡、园区及重点企业项目代办员进行业务培训或轮训，使代办员基本掌握各窗口项目审批的政策法规、业务流程和前置要件，提高办事效率。10. 绿道服务。为重点项目开辟绿色通道，对涉及多个窗口办理的审批事项，由政务服务中心协调、组织各责任窗口同步并联审批，开辟重点项目服务快线和重点企业投诉快线两条直通快线，与企业实现无阻碍直通。11. 三级平台网络建设。以政务服务大厅为基点，推广运作市、镇、村三级便民服务网络，给老百姓带去实实在在的好处，实现“群众动嘴、干部跑腿”的服务模式。

【建设三级平台，推行两个代办】 起草迁安市建设三级平台、推行两个代办的实施方案，重点抓市本级平台建设和镇乡级平台建设。1. 市本级平台建设。全市具有行政许可（审批）职能部门实现成建制进驻政务服务中心办公，承担许可和便民服务事项 253 项，并从设定依据、申请条件、申报材料、审批流程、审批时限、收费依据、收费标准、收费性质等方面对全市行政许可、便民服务事项，进行规范、界定，实现市本级平台的企业注册服务、固定资产投资（含外商投资、房地产开发项目）服务、便民服务三大功能区的合理布置，有序推进三大流程再造工作。2. 镇乡级平台建设。制定镇乡、村两级办理、代理事项目录，镇乡本级办理的事项 30 项，代理事项 86 项；村级办理事项 39 项，代理事项 36 项。推进镇乡（城区办）便民服务大厅建设。

【廉政建设】 抓好廉政建设，搭建阳光服务平台。1. 公开工作信息。通过监督台、工号牌、党员示范牌等方式公开工作人员信息，并将人员信息录入终端评议平台，方便群众评议。在服务大厅设置公开栏、监督台、告知牌和明白卡，在服务内容、办事程序、申报资料、收费标准、承诺时限“五公开”的基础上，向社会公开政务服务中心的重要决策，方便群众办事，接受社会监督。2. 广泛征求意见。聚焦“四风”问题，组织开展“七大征集”，即会议征集、登门征集、书面征集、谈心征集、蹲点征集、网络征集、电话回访征集，广泛听取各进驻窗口负责人、人大代表、政协委员、企业代表、办事群众代表意见。3. 实行领导带班制度。在大厅一楼门口处设立服务岗，每周一由政务服务中心领导轮流值班，在为群众提供咨询服务的同时，受理群众投诉举报，带头树立勤政廉政形象。

【文化建设】 抓好文化建设，创优服务品牌。围绕“崇尚道德、永怀感恩之心，崇尚文明、永树廉政之风”的文化主题，年内组织开展了“作风建设永远在路上”等专题演讲比赛、党员论坛、文明交通志愿服务、观看爱国影片等活动，刊发《窗口风采》8期、《群众路线教育实践活动简报》5期，《政务服务》简报7期、发表报纸信息15篇。迁安的政务服务工作和公共资源交易工作，得到中国宜居城市验收考核组专家及省、唐山市各级领导的充分肯定，《中国法制报》《河北日报》《河北经济日报》、河北电视台、唐山电视台等十余家媒体对迁安政务服务工作进行多次宣传报道，树立了迁安政务服务工作的新气象，叫响了“创业在迁安、发展零障碍”的服务品牌。

市政务服务中心
主　任　高建军
副主任　姚小勇　温建新

（陈　娜）

中国人民政治协商会议迁安市委员会

【概况】 2014年，市政协带领全体政协委员和政协机关工作人员，围绕市委、市政府中心工作，扎实深入开展党的群众路线教育实践活动，认真履行政治协商、民主监督、参政议政职能，卓有成效地开展各项工作，为再创迁安转型发展新辉煌做出新的贡献。年内召开全体委员会议1次，常务委员会议5次，主席会议5次，组织委员培训1次。到年底，共有政协委员243名，其中常务委员42名；政协机关设办公室、经济建设科技委员会、文卫法制委员会、祖统提案委员会、学习文史委员会，有在职干部、职工23名。

（孙立民）

【市政协五届三次会议】 政协迁安市第五届委员会第三次会议于2月17～18日在市行政办公中心举行。会议审议通过了政协迁安市第五届委员会常务委员会工作报告和政协迁安市第五届委员会常务委员会关于五届二次会议以来提案工作情况的报告；表彰了2013年度优秀委员和优秀提案者；列席了迁安市第五届人民代表大会第四次会议；听取并讨论了市长张淑云所作的政府工作报告；讨论了迁安市2013年国民经济和社会发展计划执行情况与2014年国民经济和社会发展计划的报告、迁安市2013年财政预算执行情况和2014年财政预算的报告、迁安市人民法院工作报告和迁安市人民检察院工作报告，会议对上述报告均表示赞同。会议号召全市政协组织、政协各参加单位、广大政协委员和各族各界人士，在中共迁安市委的坚强领导下，坚定信心、勇于担当，携手同心、锐意进取，为加快转型升级步伐、努力开创“魅力钢城、绿色迁安”建设新局面做出新的更大贡献。

（李青松　范丽丽）

【市政协常委会】 市政协全年召开常委会议5次。1月22日，市政协召开五届十一次常委会议。会议学习传达了市委五届四次全体（扩大）会议精神；审议通过了政协迁安市第五届委员会常务委员会工作报告（草案）和政协迁安市第五届委员会常务委员会关于五届二次会议以来提案工作情况的报告（草案）；审议通过了市政协五届三次会议日程、议程、会议开法、提案审查委员会名单、秘书长和副秘书长名单；审议通过了市政协关于表彰优秀委员和优秀提案者的决定、市政协2014年工作要点及主要工作安排。市政协主席陈子存要求广大政协委员及机关工作人员着重做好两方面工作：1. 认真学习，深刻领会市委五届四次全会精神，用全会精神指导全年各项工作。一是坚持围绕中心服务大局，在协商议政、民主监督上要有新成效；二是发挥优势，凝心聚力，在推进和谐社会建设上要有新贡献；三是继续开展“履职有为、岗位建功”活动，力争有新作为；四是践行群众路线，在加强政协队伍自身建设上要有新提高。2. 认真做好政协五届三次全会各项筹备工作，确保会议如期顺利召开。

2月18日，市政协召开五届十二次常委会议。会议听取各讨论组关于市政协常委会工作报告、提案工作报告审议情况和政府工作报告及其他报告讨论情况的汇报；审议通过了市政协五届三次会议政治决议（草案）。

3月25日，市政协召开五届十三次常委会议。会议审议通过了政协迁安市第五届委员会提案委员会关于五届三次会议提案审查情况的报告；审议通过了市政协2014年重点提案。政协主席陈子存就做好2014年政协工作，提出希望：一是要加强学习，争做勤学善思的表率。政协常委要注重着眼全局，把握大势，把学习摆在各项工作的突出位置，努力提高自身综合素质，不断增强履职的能力和水平；要以开展“履职有为、岗位建功”活动为抓手，认真学习中共十八届三中全会和习近平总书记系列重要讲话精神，认真学习市委五届四次全会和市委书记李忠在市政协五届三次会议闭幕式上的讲话精神，认真学习人民政协基本理论、基础知识，学习履行职能必备的各方面专业知识，在勤学善思上做出表率。二是要发挥优势，争做调查研究的表率。各位常委在做好本职工作的同时，力争做到“两个一”，一方面根据自身工作实际，年内撰写一篇高质量调研报告，调研争取在10月中旬前报送政协办公室；另一方面力争每年提交一份高质量提案。三是要率先垂范，争做践行群众路线的表率。

6月25日，市政协召开五届十四次常委会议。与会人员实地视察了杨店子镇、大五里乡两个乡镇的部分社区、村的农村面貌改造提升工作情况，听取了两个乡镇负责同志和驻村工作组的情况汇报，听取了市委农工委常务副书记李爱军关于全市农村面貌改造提升工作开展情况的报告，市委常委庞再明全程参加此次常委视察活动，并做重要讲话。市政协主席陈子存要求各位常委在今后工作中，发挥自身优势和作用，更多的关注农业农村工作，为推动全市农村面貌改造提升工作顺利开展贡献智慧和力量。一是要加大宣传，积极营造良好氛围；二是要发挥优势，为农村面貌改造提升工作多做贡献；三是要发挥示范带头作用，强化自身建设，努力维护政协组织良好形象。

9月18日，市政协召开五届十五次常委会议，组织政协常委及经济建设委员会全体政协委员就全市重点项目建设情况进行视察。与会人员先后视察了英诺特（唐山）生物技术有限公司、隆信电气设备有限公司配电设备项目、助信建筑有限公司高温合金产业化基地项目、葵花药业集团（唐山）生物制药有限公司、金沙工贸公司年产100台套节能环保型清洁煤粉燃烧系统项目、明续（迁安）科技大数据云平台开发项目6个重点在建项目及企业，市发改局局长郎文昌代表市政府通报了2014年以来全市重点项目建设情况。委员们在座谈交流中，围绕加大招商引资力度、如何加强对小额信贷的管理为企业搞好服务、出台优惠政策扶持本地民营企业发展、大力发展煤化工产业、加快钢铁产业结构调整等方面提出许多好的意见和建议。市政府党组成员李晓波对本次常委会视察活动给予充分肯定，表示，市政府将认真研究委员们提出的意见和建议，并逐步完善改进，希望各位常委、委员继续从不同岗位、不同角度对市政府工作给予支持，并提出更多宝贵意见，共同助推全市工业经济发展，加速转型升级。市政协主席陈子存要求各位常委和经济企业界委员发挥优势，树立机遇意识、责任意识、危机意识，围绕加快转型升级建言献策，为加速推进“四五”转型攻坚计划和“魅力钢城、绿色迁安”建设做出新贡献。一是要充分发挥自身优势，全力推进招商引资工作。项目建设和招商引资一直是市委、市政府工作的重点，要求各位委员、特别是企业界委员，充分发挥联系广泛和自身人脉资源优势，把握好京津冀协同发展上升为国家战略这个最大的机遇，以商招商，在招商引资上牵线搭桥，努力引进一批推动转型发展的项目、资金、人才、技术，为迁安招商引资工作添砖加瓦。二是要发挥好政协民主监督职能，积极推进环境建设。各位常委、委员要切实履行好民主监督职责，服从服务于经济建设这个中心，对政府相关职能部门，服务企业发展、服务社会，积极开展民主监督，寓监督于服务之中，解决影响发展的重大问题，当好人民群众的代言人，同时要积极反映社情民意，把更多的民情民意及时反映给市委、市政府。三是要结合自身工作实际，搞好调查研究。专题调研是政协履行职能的重要环节，也是发挥委员作用、调动委员积极性的有效形式。各位委员要充分发挥智力密集、人才荟萃的优势，紧密结合自身工作实际，选择那些党委政府重视、人民群众关心的热点、难点问题开展专题调研，多发现问题、多研究问题，以撰写政协委员提案和建议案的形式，提出更多具有前瞻性和可操作性的意见和建议，为市委、市政府科学民主决策提供参考。

（李青松　范丽丽）

【省政协副主席卢晓光到迁安调研】　8月7～8日，河北省政协副主席、省民革主委卢晓光带领调研组就加强环境监测及执法能力建设，科学治霾、防治大气污染情况到迁安调研。调研组听取了市环境保护工作开展情况的汇报，并实地察看了迁安一中监测子站、斯道拉恩索正元包装有限公司生产车间、滦河文化产业区、首钢迁钢公司、市经济开发区等地，对迁安市环境保护工作所取得的成绩给予充分肯定。认为迁安市环境保护工作基础牢靠。在环境治理上不仅认识到位、措施到位、落实到位，也为建设生态文明城市积累了不少经验。希望迁安继续加强对环境保护工作和生态文明建设重要性的认识，不断探索和调整进一步提升环境监测和执法能力，加大环境治理修复以及建设保护力度，采取科学有效措施，打造“天蓝、水净、地绿”的良好生态环境。

（李青松　范丽丽）

【省政协调研组到迁安调研】　5月21日，省政协党组成员、秘书长郭大建带领调研组，就产业集群发展及民营企业二次创业情况到迁安市调研。调研组一行先后深入市规划展示中心、现代化标志区、河北省首钢迁钢公司及市思文科德金属包装科技有限公司八色印铁等地进行实地调研，详细听取有关汇报。调研组对迁安的产业集群发展及民企二次创业情况给予充分肯定，希望迁安在今后工作中，扎实做好产业集群发展的文章，强化政策引领，坚持从实际出发，紧紧围绕现有的“3+5+6”产业体系工作目标，推动集群产业不断发展壮大。在民企二次创业工作中，要坚持内激外引并举，抓好民企二次创业和招商引资工作，引导他们解放思想，拓宽视野，激发他们的创业激情；强化政府职能，建立健全项目信息定期发布，项目代办领办等工作制度，采取“园中园”模式搭建中小微企业创业平台、银企对接平台、二次创业融资担保平台，全面创优服务，引导和推动民营企业二次创业，助推迁安经济健康有序发展。

（李青松　范丽丽）

【唐山市政协主席郭彦洪就1号提案落实情况到迁安视察】　12月28日，唐山市政协主席郭彦洪率督导组一行就1号提案落实情况到迁安市视察。郭彦洪一行先后到首钢迁钢公司炼钢车间三次除尘和原料大棚项目、大唐热电公司脱硫脱硝项目现场进行实地视察，听取了迁安市关于大气污染治理工作情况的汇报，并就污染治理充分交流意见建议。郭彦洪指出，大气污染治理是一项系统工程、也是一项民生工程，一年来市政协把1号提案的办理落实作为贯穿全年的一项重点工作，在广大政协委员和各单位的共同努力下，1号提案的办理取得明显成效。郭彦洪要求，各级各有关部门要巩固成果、再鼓干劲，继续推进迁安大气污染治理工作走在全唐山市前列。迁安认真落实防治大气污染行动方案，环境整治工作取得一定成效，决不能在思想上和工作上有丝毫的松懈，要大力继续抓好大气污染防治工作，推进各项整治目标如期实现；要始终不渝地加快转型升级步伐，坚持走低碳、绿色、循环的可持续发展道路；要继续解放思想，全民动员；要坚持依法行政，严惩环境违法行为，依法惩处超标排污、违法排污、恶意排污等大气污染防治领域的各种违法行为。郭彦洪要求，各级各部门、各单位要进一步统一思想、落实责任，扎实推进1号提案的办理落实；要提高认识、坚定信心，时刻绷紧环境保护这根弦，树立环保优先理念，切实增强做好大气污染治理工作的责任感和使命感；要落实责任、严格把关，认真落实提案办理责任制，坚持主要领导负总责，分管领导具体抓，责任分工细化到人；要加强协作、合力攻坚，共同推进1号提案的落实见效；要强化考评、加大宣传力度，使污染大气环境的行为受到舆论监督和公众监督，让环保观念深入人心，在全社会形成爱护环境人人有责的良好氛围。

（李青松　范丽丽）

【党的群众路线教育实践活动】　按照市委的统一部署和要求，市政协扎实深入开展以“为民、务实、清廉”为主要内容的党的群众路线教育实践活动。在市委活动办和第十四督导组的指导下，整个教育活动一环紧扣一环地扎实推进，圆满完成教育实践活动中各环节规定动作。活动中，市政协始终聚焦“四风”问题，加强和改进作风建设，认真贯彻“照镜子、正衣冠、洗洗澡、治治病”总要求，坚持两手抓，两促进，把开展活动同贯彻执行中共十八大和十八届三中、四中全会精神、助推全市经济社会发展、全力做好政协各项工作结合起来，促进了各项工作的开展，取得较好效果。一是机关党员干部通过活动深入开展，经受了一场深刻的思想洗礼，思想理论基础有了新提高，群众观点进一步增强；二是经历了一次严肃的党内生活，找准了自身存在问题，明确了整改方向；三是文风会风进一步转变，干部作风明显好转；四是政协职能作用得到充分发挥，政协工作更贴近服务市委、市政府中心工作，服务委员履职，服务基层群众生产生活；五是宗旨服务意识进一步增强；六是转变作风的自觉性和廉洁自律意识进一步增强。

（李青松　范丽丽）

【政协专题调研】　专委会专题调研成果显著。年内，市政协围绕市委、市政府密切关注、人民群众热切关心、事关长远发展的课题和领域，广泛开展专题调研与协商。按照年初市委提出的重点课题任务要求及全年工作安排，认真谋划，精心组织，四个专委会分别牵头负责农村三资管理、小区物业管理、做大做强旅游产业、教育均衡发展4个相关课题，成立专题调研小组。利用几个月时间，深入基层农村、企业、单位实地调研。通过召开座谈会、入户走访、赴外地学习考察等形式，征求各方面意见建议100多条，在认真调研和借鉴外地先进经验的基础上，形成《加强农村“三资”管理，促进农村经济发展》《加强居民小区物业管理》《充分开发利用旅游资源做大做强迁安旅游产业》《均衡城乡教育发展，推进教育公平》4篇2.3万字的专题调研报告，提出合理化意见建议50多条。调研成果受到市委、市政府重视，并且在相关部门工作中得到落实。

（李青松　范丽丽）

【提案督办】　市政协五届三次会议期间，全体委员围绕市委提出的向着“魅力钢城、绿色迁安”全力加速、全面创优和人民群众普遍关心的难点、热点问题，认真履行“政治协商、民主监督、参政议政”职能，在深入调研、精心准备的基础上，提交了具有全局性、前瞻性、可操作性的提案。收到的提案经提案审查委员会审查立案91件，向市委交办1件，向市政府交办90件，其中经济建设方面33件，占36%；教、科、文、卫、体方面18件，占20%；城镇建设与管理方面28件，占31 %；其他方面12件，占13%。到2014年8月底全部办结。从办理结果看：提案已基本得到落实的40件，占提案总数的44.4% ，如王尚委员提出的“关于解决102国道、二店子桥底大坑问题的提案”和李艳玲委员提出的“关于加强城市社区布局调整”等提案被采纳落实；提案已被采纳落实，或正在逐步落实，或已列入工作计划的50件，占提案总数的54.4% ，如俎秋君等5名委员提出的“关于清理政府拖欠工程款的提案”，政府已责成有关部门研究解决方法，积极采取应对措施，已取得初步成效。再如刘晓奎等5名委员提出的“关于依法整治黑出租无证运营的提案”等48件提案，市政府已责成有关部门列入下步工作计划逐步解决，部分提案已着手落实；因相关政策不允许、客观条件不具备等原因暂未落实、已向委员做出解释说明的1件，占提案总数的1.2%。“关于取消祺光路收费站的提案”，依据现行政策暂时不能落实。祺光公路收费标准严格按省物价、财政部门文件执行，迁安无权进行变更。五届三次会议以来提案办结率、解决问题率、委员满意率、答复函规范化率、委员走访率五项指标均达到上级规定标准，受到唐山市政协的充分肯定。

（杨俊友　韩立民　杨秀成）

【文史工作】　政协文史资料工作，广泛联系并充分发挥专委会所联系的界别委员和社会文史工作爱好者的作用，努力为迁安经济社会发展做贡献。年初，根据全国政协文史工作会议精神，结合迁安实际，研究确定了政协文史资料工作的整体思路，明确提出按照“征集为主、抢救优先、充分利用、服务社会”的要求，有计划地推进文史资料的征集、整理。一方面为深入挖掘迁安历史文化底蕴，继承和发扬有益的文化精髓，着力做好“迁安历史”资料的征集工作，通过追溯迁安历史文化脉络起源，把迁安最有历史价值、最为现实需要的史料精选出来，更好地奉献社会、流传后世。年内，组织精干力量，广泛征集迁安历史资料，为文史资料编辑打下坚实基础。另一方面进一步扩大文史资料的社会影响，积极开展文史图书的捐赠、交换工作，特别是与各地政协的文史资料交换，加强交流和联系，更好地发挥政协文史资料作用。

（郭尊德　张志军　赵凤山）

2014年迁安市政协重要文件题录

表13

序号	文件号	发文时间	内　容
1	迁协发〔2014〕1号	1月22日	政协迁安市委员会关于表彰优秀委员和优秀提案者的决定
2	迁协发〔2014〕2号	2月21日	迁安市政协党组关于成立党的群众路线教育实践活动领导小组的通知
3	迁协发〔2014〕3号	2月27日	迁安市政协机关党的群众路线教育实践活动实施方案
4	迁协发〔2014〕4号	3月20日	政协迁安市委员会2014年工作要点
5	迁协发〔2014〕5号	12月16日	政协迁安市委员会关于加强和改进作风建设的实施意见
6	迁协办〔2014〕3号	2月24日	政协迁安市委员会办公室关于印发市委书记李忠同志在市政协五届三次会议闭幕式上讲话的通知
7	迁协办〔2014〕5号	3月31日	政协迁安市委员会办公室关于印发提案审查委员会《关于政协五届三次会议提案审查情况的报告》的通知
8	迁协办〔2014〕6号	7月1日	市政协机关防汛指挥部及成员名单

（李青松　范丽丽）

政协迁安市第五届委员会常务委员会组成人员

主　席　陈子存

副主席　彭忠臣　李志文　马丹青　赵玉江　杨贺平（女）

秘书长　孙立民

常务委员（按姓氏笔画为序）

王　晶　王建良（女）　王俊喜　王树立　王振宏　付政军　兰志勇　田兴民　任建民　刘　贵　刘晓奎　刘红艳（女）　安士利　张晓文　李　民　李学辉　李金华　李晓鹏　李致华（女）　杜印光　杨书民　杨丽新（女）　杨振红（女，回族）　花立军　邸雪松　陈志今（满族）　肖　波　周秀玲（女）　郑　勇　俎秋君　赵　云　敖铁强（回族）　崔建新　裴　庆　裴俊清（6月离）　戴景珍（女）

（刘红艳）

市政协党组成员

党组书记　陈子存

党组副书记　彭忠臣　罗远杰

党组成员　李志文　赵玉江　孙立民

（刘红艳）

市政协工作机构及其领导成员

办公室

主　任　刘红艳

副主任　郭慧琦

经济建设科技委员会

主任兼办公室主任　王会艳

办公室副主任　范学荣

文卫法制委员会

主任兼办公室主任　邵寿林

办公室副主任　李青松

祖统提案委员会

主任兼办公室主任　杨俊友

主　任　科　员　韩立民

办 公 室 副 主 任　杨秀成

学习文史委员会

主任兼办公室主任　郭尊德

办 公 室 副 主 任　张志军

副　主　任　科　员　赵凤山

（郭慧琦）

社会团体·工商联

迁安市总工会

【概况】　2014年，迁安市总工会所属系统工会6个，乡镇总工会20个，基层工会1540个，全市工会会员总数22.2万人。各级工会围绕全市转型升级、加快构建现代产业体系的目标，积极践行中国特色社会主义工会发展道路，突出重点，真抓实干，各项工作取得明显成效并实现创新发展。市总工会获省总工会授予的建会三年规划先进集体、民主管理优秀单位2项荣誉，获唐山市总工会授予的县级工会工作考核优秀单位、女职工工作先进集体、“安康杯”竞赛优秀组织单位等7项荣誉。

【“建功立业”活动】　1. 开展职工经济技术创新活动。围绕提高自主创新能力，广泛开展“五小”（小革新、小发明、小改造、小设计、小建议）等群众性技术创新活动，深入开展以“我为发展献一计”为主要内容的“群众性创新创优创效优秀合理化建议”活动。围绕打造知识型、技能型职工，创新型、团结型班组，开展争当“创新示范岗”“创新能手”“创新带头人”“工人先锋号”活动，大力开发新技术，为增强企业自主创新能力奠定坚实基础。全年各基层单位举办比武竞赛120场次，参赛职工3万人次，提合理化建议2550条。2. 全面开展职工技能素质提升工程。按唐山市总工会为期3年的全市职工技能素质提升工程总体部署，积极引导企业加强职工多种技能综合性培训，加大对基层开展职工练兵比武的指导力度，提高职工练兵比武的覆盖面和竞赛的技术含量，采取“培训、练兵、比赛、推广”一体化运作模式，总结推广设立“首席工人、明师带高徒”等经验做法，充分调动各行各业职工学技术、练技能、争当技术能手的积极性，全面提高职工整体素质。举办了全市第八届职工职业技能大赛，全年为唐山市第十五届职工职业技能大赛输送39名各工种优秀选手。

【劳模先进选树】　年内，获得2012～2013年度全国五一劳动奖章2名，河北省劳动模范3名、河北省先进工作者2名、河北省先进集体1个，获得唐山市先进单位6个、唐山市劳动模范29名、唐山市工人先锋号2个，迁安市劳动模范120名、先进工作者200名。

【2012～2013年度全国五一劳动奖章名单】

李晓波　迁安市交通运输局局长

张振玲　迁安市总工会常务副主席

【2012～2013年度河北省劳动模范名单】

李　民　迁安市九江集团思文科德薄板科技有限公司工人

郝志刚　迁安市农村信用合作联社营业部主任

郭　财　河北正元包装集团有限公司董事长

【2012～2013年度河北省先进工作者名单】

朱广久　市水务局局长

毛广丰　市委宣传部常务副部长

【2012～2013年度河北省先进集体名单】

迁安市园林绿化管理局

【2012～2013年度振兴唐山先进单位名单】

唐山首钢马兰庄铁矿有限责任公司

迁安市乐丫农产品开发有限公司

葵花药业集团（唐山）生物制药有限公司

迁安市九江线材有限责任公司

中共迁安市委农工委

迁安市林业局

【2012～2013 年度唐山市工人先锋号名单】

河北百善药业有限公司一车间制粒组

唐山燕山钢铁有限公司转炉工段

【2012～2013 年度唐山市劳动模范名单】

李志龙　杨　华　彭海军　刘凤军　韩文宝
王利武　李东林　唐继勇　叶金宝　柳彦庭
安士利　李佩文　崔宝新　郑宏伟　梁　建
商建峰　陈玉申　闫学永　李保华　扈恩征
刘子银　贾艳芝　冯继保　宁武奎　李　富
李玉成　潘义江　陆敬东　李玉彬

【2012～2013 年度迁安市劳动模范名单】

刘　健　田兴民　柳彦庭　王　堂　张万兴
李庆华　李建新　宫海潮　蔡秀银　宁武奎
马福东　董国明　安士利　桑路明　张瑞国
任建国　王天伟　李　民　刘云利　刘海存
崔凤芝　王　军　任建民　张　海　阮小风
马振生　李建满　李荣国　张　付　郑明辉
董文华　李国丰　徐志富　李昕升　仲德云
周　新　高玉双　王　奇　王井来　杨立国
张会军　张晓超　郭金林　潘义泽　刘　强
玄富国　宋雄飞　刘建辉　崔井生　宁海军
傅慧江　梁志成　刘宗岩　贾志民　朱　国
吴海艳　张志山　杨青林　曹维平　耿庆玲
涂春平　马红霞　郭颖杰　裴志洪　刘　颖
张小国　蒋新颖　郭春风　郎亚光　侯小华
李小兵　石瑞武　李　民　蔡永江　林付华
宋立新　郭　财　蔡建丰　何雨山　王学龙
郜英泽　孙小东　张晓亮　吴　林　白中华
申瑞林　周　金　才　永　蔡之山　张广治
魏金龙　张　国　马印明　张　千　任爱民
梁立新　李宝良　王福顺　季红霞　白玉东
柳金廷　孙士民　郭春良　陆敬东　胡　胜
张秋民　王进禄　郭立民　宋玉如　崔学战
何　芳　陈国友　邓志敏　彭　杰　李文平
付政军　任玉军　夏昌贵　沈成印　林新成

【2012～2013 年度迁安市先进生产（工作）者名单】

孟顺金　张金华　贾　萧　徐　良　马连民
刘会田　刘福增　杨保群　刘占双　侯英华
蔡　红　许韶昌　孙立柱　殷继承　陈金友
卜向悦　郑春会　徐宗富　王海涛　朱宝良
徐忠新　杨顺国　潘文治　张建志　王永生
李向维　任　利　李建勇　任树林　郑小付
杨红娟　张全胜　裴增江　任立文　杜印光
裴小安　魏东文　李镰合　王文贵　张晓丽
曾凡凯　玄成祥　白全永　高立国　张太利
白俊岭　王立军　殷　春　王国龙　孔祥利
张少山　丁　贵　苏明阳　王永奇　邓卫军
万　卓　尚金松　肖　静　马保员　周存良
吴文栋　李政泽　李晓民　孙世杰　袁　永
郑兴国　李振波　白　宇　高兴胜　李新中
张文泉　杨　静　刘利华　陈　亮　耿昌青
王连兴　韩亦庭　任立冬　刘得良　张会东
付立伟　任西国　司宏伟　张立艳　卢孝国
历秀文　蔡井海　梁小彬　杜宝海　尹小强
郭金勇　安艳梅　朱连立　马建民　陈炳新
邓建超　赵守东　刘建华　郭永生　刘　勇
毛　亮　张宏伟　张　阳　闫国友　刘艳会
关　君　果君利　李小青　李彩虹　李桂侠
李兰久　薛立平　张双化　李明华　王顺利
李建华　张建新　毛清华　段秋芳　李树森
马连军　郭东阳　宁小耘　周　臣　马　力
李云峰　李长滨　崔艳民　郑秀芹　周振友
李庆丰　张文义　李艳冰　李文辉　李建军
张立国　兰继彤　花秀文　刘瑞林　袁常飞
马　玉　闫玉良　亢克民　徐国华　王　满
李文华　张　秀　马志华　葛　增　高怀英
张　颖　杨占民　王会军　孙香平　赵　栋
郭　杰　刘敬芳　李　兴　马双武　王爱兵
李双武　耿钰程　李小银　杨　军　黄永民
胡宝省　侯子红　侯　民　刘振奎　宋瑞华
郭如华　廉荣权　李桂明　贺新友　陈爱军
侯　英　张来军　周国军　李　刚　郭　才
李相义　徐秀丽　玄立文　李银福　蔡锦琴
刘学刚　周宝祥　陈景余　宫小猛　吴建新
王金东　张义忠　段成雨　张义庭　葛文利
梁桂华　蔡　青　董国立　桑　全　张树海

【培育和践行社会主义核心价值观】　围绕党的

群众路线教育实践活动，扎实开展中国特色社会主义和“中国梦·劳动美”教育。充分发挥工会宣传教育主阵地作用，通过召开专题学习会、座谈会，举办学习班等多种形式，组织广大工会干部职工认真学习习近平总书记关于“中国梦”的重要阐述，营造勤奋劳动、诚实劳动、创新劳动的良好社会氛围。进一步加强企业职工文化建设，2014 年，选树唐山燕山钢铁有限公司工会等 4 家单位为自建“职工书屋”示范点，并积极配合相关单位迎接全国文化建设先进市复审工作。

【工会服务职工】　1. 加强职工服务中心建设。深入开展“职工服务中心提质升级”活动，构建三级服务职工工作体系，初步建立以市级职工服务中心为支撑，以乡镇为枢纽，以村（社区）为基础的三级网络。2014 年，建立蔡园镇等共 3 个职工服务站。2. 做精工会品牌帮扶。实施困难职工扶贫解困送温暖工程，采取集中救助与入户走访慰问相结合的方式，帮扶救助困难职工 395 人，发放救助款物 30 多万元。广泛开展职工重大疾病医疗互助活动，第四期参保职工得到补助、救助 206 名，发放补助款、救助款共计 75 万元，第五期职工重大疾病医疗互助活动参保职工达到 3.87 万人。开展“爱心助学”活动，为 21 名困难学子发放助学金 8.1 万元，圆了困难职工子女的大学梦，并在此基础上，进行助志帮扶，组织开展“读经典·筑梦想——爱心书包”送上门活动，分别为 14 名特困户子女送去内装经典名著 15 本价值 500 多元的“爱心书包”。开展“春雨行动——精准帮扶”活动，制定活动方案，采取一对一、多对一、一对多等多种形式，围绕就医、住房、子女上学、就业创业、基本生活保障 5 个方面进行结对帮扶，实现帮扶工作创新发展。

【职工民主管理】　推进企业职工民主管理，维护职工政治权益。一是深入开展厂务公开民主管理示范单位创建活动。以“双百”企业为重点，集中时间对全市较大企业进行抽查，督导厂务公开制度和职代会制度不健全的企业进行完善。全市国有企业规范率达到 100%，非公企业达到 80%。二是对民主管理和集体合同基础性工作实行项目化管理，做到工作有步骤、有方法、有目标。全年上报创新成果 2 项，其中民主管理和集体合同各 1 项。

【协调劳动关系】　1. 建立健全职工信访代理、群众工作室、工会与行政沟通对话等平台，开通“12351”职工维权热线，以维权维稳为宗旨，大力开展劳动关系矛盾纠纷排查调处工作，依法维护职工合法权益和切身利益。2014 年，累计接待调处职工信访案件及政策咨询 15 起，接待调处率 100%，职工满意率 100%。2. 依法推进企业工资集体协商，维护职工经济权益。认真学习贯彻《唐山市职工工资集体协商条例》，发放“条例”手册 150 余册，6～10 月对工资协商典型单位进行调研指导，对全市已建制企业发出集体要约。2014 年，全市工资集体合同签订 175 份，其中企业单独签订 153 家、区域签订 20 家、行业签订 2 家，覆盖企业达到 2006 家，覆盖职工 15.56 万人，11% 达到省 A 类规范标准，12% 达到省 B 类规范标准。3. 深入开展和谐单位创建活动，并将创建活动向学校、医院、乡镇、街道、工业园区延伸，全年申报唐山市级劳动关系和谐单位称号的单位 10 家，创建活动覆盖面达到 95%。

【基层工会组织建设】　开展“深普查、建实账、促建会”集中行动，利用 3 个月时间，动员全市专兼职工会干部，深入基层“摸实情、建实账、促建会”。2014 年，全市新增基层工会组织 12 家，基层工会数达到 1540 个，新增涵盖法人单位 40 家，涵盖法人单位数达到 3033 家，会员数达到 222195 人。以展示作为为手段，全面提升工会规范化建设水平。按照“打造亮点，培育典型，彰显特色，形成品牌，扩大影响”的思路，推广“六好”（党委政府重视支持好，组织网络健全好，履行基本职责好，指导帮助基层好，服务职工群众好，围绕中心开展工作好）乡镇工会、星级村工会品牌，并在深入开展示范镇乡总工会创建活动以及会员评家工作的基础上，扩大“工会主席亮身份、企业工会亮牌子”工作覆盖面，全市参与活动的企业工会已达到916家，亮明身份的工会干部已近1000名。

【迁安市总工会三届四次全体委员会】　12月16日，召开三届四次全委会，对出席唐山市工会二十二大代表进行选举。会议应到委员31名，实到委员25名。会议以差额选举方式选举出席唐山市工会二十二大代表32名。名单如下（按姓氏笔画排序）：

王丽秀	王宝军	韦永红	兰志勇	刘建国
孙会民	李秀红	李建华	吴　丹	吴海燕
宋保泉	张　磊	张文东	张丽莉	张金华
张振玲	苗建军	范晓华	庞平平	赵　文
赵　东	赵雅君	胡凤燕	耿国军	贾秀梅
贾挽回	高金凤	韩　瑛	韩向新	满保旺
蔡立华	廖书平			

市总工会

主　　席　范晓华

常务副主席　张振玲

主任科员　韦永红

副 主 席　宋保泉

（陈跃飞）

共青团迁安市委员会

【概况】　2014年，共青团迁安市委充分发挥共青团组织青年、引导青年、服务青年、维护青年的职能作用，实施了五项青春行动，引领全市各级团组织和广大青年围绕全市转型攻坚主旋律，解放思想、改革创新，为开创“魅力钢城，绿色迁安”建设新局面作出积极贡献。2014年度，共青团迁安市委被共青团唐山市委评为唐山市五四红旗团委、唐山市共青团助力农村面貌改造提升行动先进集体。

年内，认真开展了党的群众路线教育实践活动。按照“照镜子、正衣冠、洗洗澡、治治病”的总要求，围绕为民务实清廉的主要内容，紧密聚焦“四风”突出问题，圆满完成学习教育、听取意见，查摆问题、开展批评，整改落实、建章立制三个环节的各项教育任务，较好地解决了领导班子和党员领导干部在“四风”方面存在的突出问题，大家经受了一次严格的党性锻炼和洗礼，受到了一次党的宗旨意识的再教育，达到了思想上有明显提高，政治上有明显进步，修养上有明显加强，作风上有明显改变，工作上有明显改进的预期效果。

【思想政治建设】　始终坚持用社会主义核心价值体系教育和引导全市青少年，将党的主张传播到社会各个阶层的青少年中去，引导广大青少年坚定不移地跟党走，培养具有建设中国特色社会主义事业抱负的新生力量。1. 在全市营造学习习近平总书记系列重要讲话精神，立足岗位做贡献的良好氛围。4月25日，团市委举办了迁安市学习贯彻习近平总书记系列重要讲话精神青年读书班开班仪式，聘请市委党校副校长杨明作辅导报告。此后，在河北联合大学迁安学院举办了第二期和第三期青年读书班，1000余名学生党员、入党积极分子聆听了报告。2. 学习宣传党的十八大和十八届四中全会精神，引导广大青年为实现国家富强、民族复兴、人民幸福的伟大“中国梦”而发奋学习、不懈奋斗，在全市组织开展“我的中国梦”主题系列教育实践活动。在团市委指导下，5月4日，迁安二中团委举行了“感恩·励志·圆梦·成长”主题成人仪式。800多名年满18岁的学子，庄严地举起右手，以豪迈的激情喊出了自己铮铮誓言。

【青年志愿服务活动】　1. 弘扬中华民族优秀传统文化，丰富广大青年节日文化生活，春节、清明节、重阳节、中秋节等重大节日期间，在全市部署开展形式多样的志愿服务活动。9月3日，中秋节来临之际，迁安镇的青年志愿者带着自费买来的月饼、饮料、学习用品和生活用品到福利院与20名孤儿共度中秋佳节，共享温暖大家庭的团聚欢欣。9月8日，迁安三中校团委也到市中心福利院看望孤残儿童。给他们送去图书、文具，并带着专业的心理辅导老师与这些孩子交流、沟通。教师节期间，彭店子乡团委开展“感恩教师节 义诊送健康”活动，9月15～17日，组织医疗志愿者为全乡170余名中小学教师进行免费体检。9月26日上午，马兰庄镇团委组织学生志愿者和镇卫生院的医疗卫生志愿者到庆昌老年公寓，开展“我们的节日·重阳节”主题志愿服务活动，为老人们送去亲切的问候和节日的祝福。2. 在全市开展“小手拉大手”“传递绿色梦想，共建美丽迁安”环保志愿接力等活动，将保护大气环境的绿色理念带进家庭、学校和社区，向广大青年倡导低碳、环保、健康的生活方式。3. 3 月是市青年志愿者活动月，3 月 4 日，在市人民广场举办由 200 余名志愿者参加的学雷锋志愿服务集中活动。在团市委号召下，各直属团组织也开展了丰富多彩的志愿服务活动。3 月 5 日上午，彭店子乡团委组织青年志愿者开展入村关爱空巢老人活动，帮助老人打扫院落，收拾家务等。3 月 6 日，迁安镇团委组织文明交通志愿者开展“争当文明交通的践行者”活动，由 20 名镇机关青年干部组成的志愿者服务队分成两组，分别在锦江路口和南岗路口开展志愿服务活动。3 月 7 日，迁安三中团委学雷锋志愿者服务队到公交总站附近，清扫公交车、公交站牌和周边卫生。4. 组织开展暖冬慰问暨“三下乡”志愿服务活动。1 月 20 日，组织青年志愿者为迁安镇小李庄、三李庄、吉兰庄和杨各庄镇小套 4 个村的 40 余户困难群众分别送去大米、油和白面。

【扶贫济困活动】　2014 年，团市委积极整合资源，找准社会关注、自身能为的切入点，以提升服务能力为关键，积极为青少年“圆梦”走前头、立标杆、创平台，特别是对于农民工子女、残疾青少年等困难青少年群体，给予特殊关爱。

1. 在 29 个国际志愿者日即 12 月 5 日前后，在全市组织开展“春雨行动，爱在迁安”青年志愿服务活动及春雨行动“一日捐”活动。下发了迁安市扶贫帮困“春雨行动”倡议书，倡议广大青年及爱心组织围绕“孤寡老人、留守儿童、孤儿、贫困家庭、助残”等四方面开展服务。

2. 经团市委运作，中国人寿财产保险股份有限公司迁安支公司愿将公司电话车险业务保费收入的 2% 捐助市希望工程。11 月 24 日上午，举行了“中国人寿财险（迁安）希望工程基金”揭牌仪式。

3. 1 月，在全市组织开展“幸福少年——新年圆梦行动”，为全市 19 个乡镇 380 余名农村在校贫困小学生发放价值 5 万余元的新年礼品。春节前，各镇乡团委分别举办“幸福少年——新年圆梦行动”圆梦仪式。

4. 扎实开展一助一扶贫济困活动，让所帮扶的贫困户过上温馨祥和的春节。1 月 19 日，为阎家店乡滕庄村和李姑店村的两户贫困户分别送去慰问金 500 元。5. 积极创新推动希望工程的开展。经调查，发现五重安乡官上村较为贫困，10 月 20 日，为该村有在校小学生的 3 家贫困户送去善款 1000 元，用于资助孩子完成学业。年内，进一步提高整合社会资源的能力，扩大希望工程的筹款和资助规模。共筹集善款 13 万余元，资助了品学兼优的贫困中小学生 500 余名，希望工程在全市的影响力进一步增强。

【青工青农工作】　1. 为进一步激发广大农村青年讲学习、比技能、钻业务、赛贡献的热情，推动全市农村青年技能人才队伍快速健康成长，团市委在全市举办两次农村青年职业技能比赛，11 月 21 日，在上庄乡组织开展以搓玉米、剥花生为主要内容的“青春奋进，圆梦建功”农村青年职业技能竞赛。吸引了农村好青年、大学生村官以及农村致富带头人等 50 多人参加，通过比拼，角逐出 12 名优胜者。11 月 26 日，在沙河驿镇举办了以传统手工编织技术为主题的手工编织技能大赛，全镇 19 个村的 10 名选手参加了比赛。

2. 至 2014 年，摸索走出一条以实训出创业，以创业带就业的新路子，收到良好成效。在 2012 年成立的 11 家青年就业创业见习基地的基础上，2014 年新增了迁安市人民医院、迁安乐丫农产品开发有限公司等 4 家青年就业创业见习基地。推荐 75 名青年到见习基地实习，共培训青年 965 人，开展后续支持服务 389 人次。

3. 着眼于为大学毕业生与用人单位之间搭建良好的交流平台，努力促进大学生就业创业工作开展。11 月 5 日，与迁安市就业服务局、迁安学院共同举办 2015 届毕业生招聘会。招聘会上，75 家企业为毕业生提供就业岗位 2409 个，396 名毕业生与用人单位达成就业意向，210 余人与用人单位签订了就业协议。

4. 充分发挥共青团的组织优势和社会资源，先后为赵店子镇马古寺村和野鸡坨镇张都庄、丁庄子村各建公厕示范厕一座，为大五里乡山叶口村建设青年广场一个，为倡导文明健康行为，改善农村环境面貌做出贡献。

5. 加强青年之间的沟通与交流，满足青年们强烈的婚恋交友愿望，5月5日，与市妇联联合在大崔庄镇白羊峪村举办相亲大会，参加活动的青年朋友们通过团市委精心设计的“转圈谈”、互动游戏和才艺展示等环节迅速熟悉、了解。11月11日，与迁钢公司联合举办以“感受甜蜜，邂逅爱情”为主题的相亲交友派对活动，为广大青年搭建诚信度高、积极向上的婚恋交友联谊平台。

【少先队工作】 落实总书记关于社会主义核心价值观要从娃娃抓起、从学校抓起的要求，把培育和践行社会主义核心价值观融入国民教育全过程，引导未成年人熟读并记住社会主义核心价值观24个字，培养未成年人爱学习、爱劳动、爱祖国的美好情感，同时弘扬中华民族优秀传统文化，加强中小学生爱国主义教育。在全市谋划开展诸如家乡文化大搜索——“红领巾践行社会主义核心价值观”主题教育实践、“善行河北·美德传承”主题道德实践、“中国梦·赤子情”网上签名寄语、“网上祭英烈、筑牢中国梦”“学习雷锋、做追梦少年”和“童心向党·坚定梦想”等一系列活动。在“六一”国际儿童节到来之际，三实小团支部开展了“中国梦”主题队会暨“六一”联欢会，孩子们用自己独特的方式描绘了自己的“中国梦”。五实小团支部开展了“健康文明儿童节，美丽多彩中国梦”活动。组织有绘画爱好的同学参加了“手绘中国梦，畅想大未来”儿童画比赛，用艺术作品营造隆重的节日氛围。此外，指导各学校团组织开展“弘扬正能量，共筑中国梦”开学第一节团队课活动。9月1日开学之际，共同收看了由教育部和中央电视台联合推出的品牌节目——《开学第一课》。

【团组织建设】 夯实共青团的组织基础，全面激活市各基层团组织活力。1. 深入开展“一融三同”活动。6月9日，机关全体人员深入滦县开展隐去身份，走进基层、走进青年，与普通青年共同学习、共同劳动、共同生活的“一融三同”活动。之后，团市委将市直和乡镇的团书记分成三组分别到上庄乡、迁安镇和杨各庄镇开展为期两天的“一融三同”活动，和青年工友一起劳动一起生活，与企业青年交朋友、说工作、谈理想，为全市各级团组织进一步做好共青团工作奠定坚实基础。2. 高质量完成2014年非公团建工作。4月中旬，制定下发《共青团迁安市委关于进一步做好2014年度非公团建工作的实施意见》，进一步规范全市非公团建工作的开展，到年底，全市新组建非公企业团支部20个，超额完成上级团委下达给迁安的非公团建任务。

【青年模范人物评选】 4月，团市委联合市人力资源和社会保障局在全市开展2014年迁安青年五四奖章评选活动。4月25日，举办了2014年迁安青年五四奖章表彰大会。授予李林峰、全志臣、马健华、宫海潮、玄海利、李雪松、赵晓虎、段亚男、张丽莉、王奇2014年迁安五四青年奖章，授予高立国、石欣永、李小凤、敖铁强、沈东、陈莉仿、马永宝、杨艳华、吴素芹、张来军2014年五四青年奖章提名奖。此外，在全市组织开展青年创业之星评选及农村好青年、最美少年等一系列先进典型评选活动。全市涌现出许多先进集体和先进青年典型。其中，迁安市公安局迁钢治安分局、迁安市龙兴经济发展有限公司、迁安市祺光路收费站、迁安市山叶口旅游开发有限公司、迁安市农村信用合作联社营业部5家集体被共青团唐山市委授予2013年度唐山市级青年文明号；扣庄乡蟒山村党支部书记谢晓波被共青团河北省委、中共河北省委农村工作部、河北省科技厅、河北省农业厅评为第八届河北省农村青年致富带头人。

共青团迁安市委

书　记　任治坤

副书记　李　钊

（客志咏）

迁安市妇女联合会

【概况】　2014年，市妇联着力打造“女性创业、家庭建设、维权救助、妇联组织”四大品牌工作，努力建设“坚强阵地”和“温暖之家”，获中国妇女报社、农家女杂志社“妇女之家”标准化建设宣传工作先进集体、老区妇女工作省级先进组织、河北省维护妇女儿童权益工作先进集体、唐山市“三八”红旗集体、唐山市妇女小额担保贷款工作优秀工作站、全国家庭教育指导服务体系唐山试点建设先进单位、迁安市优秀领导班子等9项荣誉。迁安市被推荐为全国家庭教育指导服务体系唐山试点建设示范县。

【女性创业】　1. 以促进农村妇女增收致富为重点，进一步构建以女性创业促进会为引领，以妇女商界协会、“双学双比”女能手协会、巾帼家政协会、妇女手工编织协会、女农产品经纪人协会为支撑，以优秀女性创业人才为结点的女性创业网络体系，推广“龙头企业+协会（合作社）+基地+农户”、“市场+工作室+农户”、“妇联组织+培训基地+行业协会（企业）”三种模式，全力为妇女创业致富提供技术技能、项目信息、政策资金、就业岗位等服务，初步形成“妇联引领、产业联结、能人牵头、妇女互助”的女性创业就业格局。通过开展冬春季实用技术培训、女性素质集中培训月等活动，累计举办种植、养殖、林果等农业技术培训班820场次，培训妇女5万人次；举办家政服务、餐饮旅游、商贸礼仪、美容美发等职业技能培训150场次，培训妇女6000人次。帮助30名创业妇女成功申请河北省创业帮扶项目扶持，申请项目资金1.5万元。通过与担保中心、中信银行协商，帮助52名妇女办理小额担保贷款，申请使用200万元低息贷款。积极帮助妇女搭建交流合作平台，带领手工编织会员昼夜兼程赴石家庄参展，引进布糊画、珠秀、钩针、串珠、丝网花等手工项目25个。联合就业局举办由97个企业参加的“春风送岗位”女性专场招聘，为妇女提供500个就业岗位。全市新建巾帼科技示范基地20个、手工编织工作室5个，探索成立手工产品研发团队1个，3万名妇女实现居家创业、灵活就业。其中小玲工作室与多伦公司联合，到年底已培训妇女500人，赚取加工费5万余元，产品远销韩国、美国。2. 以城镇妇女岗位建功为重点，组织69个机关企事业单位的2万余名女职工开展“巾帼建功”竞赛活动，营造立足岗位干事业、争创一流创佳绩的浓厚氛围。参加唐山市“万名妇女发展服务业展风采”活动巧厨娘走进唐山湾健康生活厨艺大赛决赛，荣获一等奖1名、三等奖1名、最佳营养奖1名、金牌菜1道。迁安一中历时6个月开展“最美女教师”评选活动，卫生系统以“岗位建功·巾帼奉献”为主题组织近万名白衣天使开展岗位建功标兵评选活动，东安超商组织4000名女职工开展“星级员工·立功竞赛”活动。全市妇女以“增收致富、岗位建功”为主题，在全市“四五”转型攻坚计划中凝聚了巾帼力量、彰显了巾帼风采、唱响了女性创业干事的主旋律。

【家庭建设】　1. 以家庭环境建设为重点，扎实开展“美丽庭院”创建活动。4月10日，与市提升办联合召开创建工作推进会。工作中重点从4个方面入手抓提升：从宣传入手抓思想提升。重点村妇代会干部每天早、中、晚利用广播反复宣传，入户面对面耐心讲解，发放《倡议书》《美丽庭院创建宣传画册》、指导教材、评选卡、门帘、垃圾桶等各类宣传资料（宣传品）3万余份，做宣传专栏、文化墙、宣传条幅、美丽庭院小标识等各类宣传阵地280余处（块）。从妇女讲习所入手抓素质提升。组建由400余人组成的市、镇、村三级讲师队伍，并与组织部联合开展“美丽庭院”讲习所培训党员志愿服务活动，按照“每月两讲”的安排，以《妇女讲习所指导教材》为重点，开办讲习班125场次，受益人6300多人次。从活动入手抓集中创建。重点村先后开展小手拉大手·家庭清洁日、家风家训征集、晒晒我的美丽庭院、说说我家绿色生活金点子、美丽庭院知识竞赛、广场舞比赛、寻找“最美家庭”等15大类活动300余场次，参与妇女4.5万余人次。从制度入手抓规范管理。建立档案管理、周检查汇报、包村蹲点、评选表彰等一系列制度，统一印发《美丽庭院创建工作手册》《美丽庭院评选记录卡》，随时记载活动开展情况。在67个重点村开设“美丽庭院示范课堂”，评选“美丽庭院”标兵户2460户，示范街67条，并采取组织观摩、现身说法、结对帮扶等措施，示范引领创建活动。利用5月7日1天时间对示范村创建工作进行拉练观摩；5月14日，与市农工委联合进行拉练。各重点村、镇之间也纷纷召开观摩会、拉练会30余场次。电台、电视台、《迁安时讯》以及网络媒体报道市、镇乡、村创建经验做法、先进典型230篇次。迁安市作为全省唯一县区妇联做典型交流，并迎接了唐山市妇联系统的拉练观摩。2. 以提升家庭服务水平为重点探索建立家政服务体系。探索建立以家政服务协会为依托、以家政服务企业为主导、以志愿者队伍为补充的家庭服务体系。举办家政服务员培训班5场次，培训妇女210人次，推荐家庭服务员1000人次，组建家庭服务志愿者队伍15支，开展志愿服务活动30场次。3. 以促进家庭文明为重点弘扬良好家风。以“孝、诚、和、美、勤”为主题，广泛开展“最美家庭”评选活动，举办近千人参加的颁奖典礼；联合市文明办、迁安时讯社，开展第三届“寻找孝亲敬老好儿媳”活动，登载21位孝老好儿媳事迹；联合市文明办、老龄委，开展迁安市第五届“十大孝星”“十佳敬老好儿女”颁奖晚会，授予景英杰等11名同志迁安市第五届“十大孝星”荣誉称号，胡杨杨等10名同志第五届“十佳敬老好儿女”荣誉称号；举办婆媳文化节、开展优秀母亲评选表彰、事迹报告、慰问帮扶活动48场次。4. 以提升家庭教育水平为重点加强家庭教育指导服务体系建设。联合教育、卫生、民政等部门，依托妇女之家、女职工之家、孕妇学校、妇婴协会建家长培训学校875所。组建以教师为主导、以家庭教育专家和家庭教育志愿者为辅助的师资队伍。举办家庭教育讲座10场次；开展家庭教育培训50场；通过“电视家长学校”“网络家长学校”等举办家庭教育公益讲座10场；依托家庭教育基地举办讲座、沙龙15场。依托“孕妇学校”和妇婴协会免费开展孕妇小课堂、大课堂、体操课、孕产妇QQ群、24小时热线咨询等服务活动。扎实开展全国妇联伴随成长每周一信公益项目和河北省妇联空中课堂项目宣传工作，树立新的家庭理念，全市有1.8万余人受益。

【维权救助】 一是扎实做好妇女信访代理工作。加强妇女信访代理员能力建设，采取办班培训、实践分享等形式组织1953名代理员培训；做好妇女法制宣传教育工作，利用“三八”维权周、普法宣传月，举办法律知识培训班50期，印发资料2万份，培训妇女3000人次；继续推广疏导代理、主导代理、协作代理方式，成功代理妇女来信来访案件473件，结访率100%。二是探索人民调解与司法调解有效对接机制。积极与法院协调沟通，起草制定相关文件，采用先试点再全面推开的方式，重点在5个镇乡推行，由镇乡（城区街道）、村（居）优秀妇女信访代理员担任人民调解员，先后成功调解婚姻家庭纠纷案件11件，提升了婚姻家庭纠纷案件调解工作中的法律权威性。三是实施项目化运作，救助困境妇女儿童。实施“春蕾”助学项目，救助贫困女童315人次，资助款24.82万元；实施“衣加衣”爱心救助项目，捐赠爱心衣物2万件，受益妇女儿童900余名；实施贫困母亲救助项目，为37名困难母亲送去慰问金1.85万元；实施母亲邮包关爱项目，累计为革命母亲送去母亲邮包9包，价值2700元；实施“两癌”贫困救助项目，救助家庭生活困难的“两癌”妇女80人，救助款24万元。

【妇联基层组织建设】 一是扎实开展党的群众路线教育实践活动。以活动开展为契机，加强妇联干部队伍建设。同时注重培训，市、镇乡、村（社区）三级妇联组织集中培训、以会代训、观摩拉练等活动60场次，培训妇联干部2110名，妇联干部的能力和水平全面提升。二是健全妇联组织网络体系，构建大妇联格局。继续健全完善市直妇委会、“两新”组织（新经济组织和新社会组织）妇委会，全市有642个妇联基层组织、专兼职妇联干部2200名。基层妇联组织建设率达到100%。全市形成横向到边、纵向到底的全覆盖式妇联组织网络格局。三是建强阵地，完善

"妇女之家"功能。根据村改居形势和妇女儿童需求，完善了滨河社区"妇女儿童之家"建设，室内面积1500平方米，包括亲子乐园、巧娘工作室、心语屋、妇女培训学校等，定期举办妇女手工制作等异彩纷呈的活动，有效利用阵地。其中，亲子乐园被省妇联定为省级儿童之家示范点，配备了价值5万元的儿童玩具、书籍、电脑等设备。四是发挥"联"字优势，借力借势借台，以项目化、社会化推进妇联组织转型发展，与社会各界开展全方位、多角度合作，提升妇联组织影响力。与市纪委联合开展"廉政文化进家庭"活动；与大崔庄镇政府、碧桂园房地产迁安分公司等单位联合举办"牵手白羊峪"大型交友联谊活动，25个企事业单位的400名男女青年参加活动；与就业局等单位联合举办"春风送岗位"女性专场招聘活动，为500个妇女提供就业岗位；与卫生局、民政局联合，为80名"两癌"贫困妇女发放救助款24万元，得到社会广泛关注和好评。

【纪念三八妇女节暨美丽家庭颁奖典礼】　3月6日下午，在市锦江会堂隆重举行全市纪念三八国际劳动妇女节104周年暨美丽家庭颁奖典礼，市委副书记李维林、市人大副主任田富顺、市政协党组副书记罗远杰出席颁奖典礼。市委副书记李维林致辞。中共迁安市委宣传部、迁安市精神文明建设委员会、迁安市妇联、迁安市广播电视台联合授予尹丽等10户家庭迁安市"美丽家庭"荣誉称号。颁奖典礼上播放了实地录制的10部"美丽家庭"生动感人故事短片，同时穿插表演了歌曲、舞蹈、诗朗诵等节目，为与会人员奉献了一台精美的文化大餐。

市妇女联合会

主　　席　王艳军（女）

副 主 席　丁俊艳（女）

副主任科员　张海侠（女）

（刘颖如）

迁安市科学技术协会

【推进《全民科学素质行动计划纲要》】　加强对重点人群的科技培训工作，通过组织学习考察、集中讲座、网络培训、实地指导等形式，完成农民培训1.6万余人次。与市教育局联合举办第五届青少年科技节，举办科技讲座2场次，并举行航模表演，共收到作品800余件。全民科学素质教育基地作用发挥明显。市祺福职业技能培训学校、金土地置业技能培训学校以及阳光职业技能培训学校3家单位被授予唐山市全民科学素质教育基地称号。

【科技帮扶】　"联帮扶"科技服务活动取得新成果。实行"一把手"负责制，确保"联帮扶"活动保质保量地完成。年内全市确定3个乡镇、20个村、100户家庭为"联帮扶"对象，先后两次组织农牧、水利、林业等20多名科技专家开展集中帮扶活动。共开展技术培训50多场次，培养技术骨干800多人，引进推广先进实用技术5项，为农户解决种植、养殖难题100多个。

【科普宣传活动】　1. 组织相关技术人员深入到全市19个乡镇和城区街道办事处广泛开展"科普之春"大型科普嘉年华活动，印发农、林、牧各业32项科技新品种、新技术资料2万份。推广测土配方施肥技术1.5万亩。2. 开展科普巡展活动。举行科普展5场次。内容包括现代科技、卫生保健、饮食之道、环境保护、道德规范等。受教育群体1.5万人次。3. 开展"纪念日"相关科普宣传活动。组织开展3次科普进农村活动，利用"世界人口日""世界环境日""世界卫生日"等纪念日组织开展科普宣传活动。面向广大公众宣传节约能源资源的基本知识和基本方法，倡导保护生态环境的生活理念，普及安全健康的科学知识。受教育人数近1.6万人。4. 开展以"科技让生活更美好"为主题的科技活动周。在科技活动周期间，组织科技、林业、环保、农牧、卫生等方面的专家开展科普宣讲8场次，技术咨询2000多人次，义诊6场次。

【科技兴业】　全面实施"科普惠农兴村计划"，以提高市民科学文化素质为目标，广泛开展"四创一争"活动，即创建县级标准化科普惠农中心，创建乡镇、街道优秀科普服务站，创建科普示范村、社区，创建科普示范基地、协会，争当科普带头人。2014年，全市共创建市级优秀乡镇科普服务站1家、科普示范村7个，科普示范基地2家，农村专业技术协会2家，培养市级科普带头人5名。召开了“四创一争”活动现场经验观摩会，提升了“四创一争”活动效果。

市科学技术协会

主　　席　林晓华

副 主 席　马金娥（女）

副主任科员　刘朝晖

（孙玉柱）

迁安市文学艺术界联合会

【概况】　市文联下属17个协会、4个社团。2014年，市文联围绕贯彻落实市委五届三次全会和全市宣传思想文化工作会议精神，弘扬新时期迁安人文精神，组织广大文艺工作者开展各种文艺创作交流活动，开创了文艺工作新局面。市书画艺术研究会携手唐山市书画家协会在迁安龙泽谷国际酒庄举办了一场别开生面的书画笔会，并正式将龙泽谷国际酒庄作为书画研究会的活动基地。迁安市音乐文学协会成立，并举办首届歌词创作培训班，丰富了全市文艺创作的表现形式。加强文学艺术网站管理，充实网站内容，网站成为市内外文艺爱好者交流展示的平台。作协与诗词协会以新迁安吧为阵地，发表大量优秀作品，并自筹资金出版两期《燕山》（总计7期）杂志，以文艺形式宣传全市建设成就。2014年度，市文联被唐山市文联评为先进集体，文联主席毛广丰及副主席李保成分别被评为先进工作者。

【文学艺术创作】　1. 组织市文艺骨干参加上级机关组织的文艺创作大赛并取得丰硕成果。在中共唐山市委宣传部、唐山市文广新局、唐山市文联从3月到5月底开展的以“中国梦·我的梦”为主题的文艺创作征集评选活动中，精选了34篇上报，其中碧青、马文平、宋向阳、何艳红、李国锋、赵秀福、曹芳香、许佳、唐桂义等作者分别获得文学类和艺术类“优秀作品奖”。在唐山市纪委、唐山市委宣传部等多家部门联合举办的“清风之城、廉洁唐山”公益广告、微电影大赛活动中，市摄影协会骨干会员张湘精心制作了平面广告和视频广告。在唐山市文学艺术界联合会等多家单位联合举办的首届“大爱兆雪杯”（李大钊杯、张爱玲杯、成兆才杯、曹雪芹杯，简称大爱兆雪杯）全国文学大奖赛活动中，迁安范立彦创作的《八零后大学生的创业经》获得优秀奖。诗词协会主席霍志国汇集多篇诗词精品，出版诗集《信马苍原》。市书画家张东在大连市侨联、大连市文联以及中国书画报社主办的“纪念徐悲鸿诞辰120周年国内外《中国梦·龙马精神》”画马大赛中获优秀奖，作品《洗耳痴龙》在石家庄国际对外交流中心举办的“2013绿色世界”美中国际美术作品竞赛中获金奖，作品《关公》在“第二期双清海峡两岸美术作品竞赛”中获金奖。市作家宋向阳常年坚持写作，精品频出，他写作的小小说《两棵树》获河北省小小说年度优秀作品奖，小小说《酒魂》获河北省“太阳红”杯小小说大赛三等奖。2. 积极组织各种专题文艺创作活动。市文联与大崔庄镇联合开展“吉祥之旅”文艺创作征文活动，4月10日，在白羊峪景区举办开幕式，市文艺工作者热情高涨，积极参与，创作上百篇作品，作品以白羊峪长城风景区为主题，以景区自然风光、人文景观、民俗风情以及地域文化等为内容，体裁广泛，包括诗歌、散文、小说、游记、楹联、民间传说、书法、摄影、美术绘画、原创歌曲等。这项活动为宣传市旅游资源提供了丰富素材，为全市文艺工作者提供了创作和交流的平台，同时提高了广大文艺工作者用文艺形式歌颂家乡、宣传家乡的意识。

【系列文艺活动】　1. 积极参加“魅力钢城、绿色迁安”群众文化展演活动。组织音协、舞协、戏曲、曲艺等协会会员参加演出。舞蹈协会举办两场专场演出，500多名孩子参与，上千名市民观看，孩子们的表演得到百姓的一致好评。戏曲和曲艺协会举办了多场演出，丰富了群众文化生活。2. 举办多场专题书画展。市第二中学教师在校园举办书画展，促进全市书画爱好者交流，同时为学生提供丰富的学习机会。4月2日，全国摄影展巡展迁安站在文化馆开幕，市书画摄影爱好者近距离地与外界文艺家交流、学习。8月3日，梅墨生艺术馆落成开馆，吸引广大文艺工作者学习、交流，都表示受益匪浅。10月23日，“纪念中日甲午战争120周年”百名将军书画展在市九朵美术厅开幕，此次书画展的历史意义、创作水平得到广大书画爱好者的一致认可。年内，市纪委举办“钢城清风——迎国庆65周年廉政书画展”，广大书画爱好者用书画的形式抒发对廉政主题的感悟。3. 组织各协会开展慰问演出等各种形式的送文化下乡活动。曲艺协会名誉主席唐桂义成立了曲艺团，常年坚持到农村下乡演出，经常到养老院慰问演出，深受老人们喜爱。广泛的送文化下乡和文艺志愿服务活动既丰富了群众文化生活，又锻炼了文艺队伍。

【文化交流】　继续以“走出去、请进来”的方式，与业内同行广泛交流，开拓思路，建立合作联系。市文联组织学习了习近平总书记在文艺座谈会上讲话的精神，听取了各协会关于进一步贯彻落实习近平总书记讲话精神的意见建议，并去唐山参加关于贯彻落实习近平总书记讲话精神的座谈会。组织各协会文艺骨干参加唐山南湖诗会；组织书协、美协会员参加唐山文联组织的画展；应邀到迁西国学堂参观学习；去滦南参加张楚文艺座谈会。中国知名作家、中国作协会员霍俊明到迁安市采风创作；国家诗词协会主办的《诗刊》主编及编辑一行到迁安采风创作；唐山诗词协会到迁安市采风调研。

市文学艺术界联合会
主　席　毛广丰（兼）
副主席　李保成
秘书长　王志伟

（高金艳）

迁安市红十字会

【概况】　2014年，市红十字会积极开展以“捐出您一天的收入，奉献您的一份真情”为主题的博爱一日捐活动。从4月上旬开始，至5月上旬结束，共收到48个机关、企事业单位捐款23.24万元。同时，继续开展大病救助活动。主要救助近年因患重大疾病而导致家庭特别贫困、生活难以为继的城乡群众。认真调查了解，全面分析各患病家庭的经济状况，合理确定救助对象。年内，共对419名大病特困群众进行救助，发放救助金140万元。此外，帮助1名再生障碍性贫血患儿和2名白血病患儿申请中国红十字基金会救助项目。

【张海彬自愿捐献遗体】　张海彬，男，65岁，家住迁安市永安小区，年轻时在云南当过6年兵，一直怀有奉献边疆的梦想。2013年底，他通过114电话查询云南哪里可以接受个人遗体捐献，并辗转联系到昆明医科大学人体解剖实验室，表达了志愿捐献遗体和器官的愿望。经过一段时间的咨询了解，他与昆明医科大学正式签署遗体、器官捐献协议。昆明医科大学为他颁发了自愿捐躯证书。

市红十字会
会　长　王志刚（兼）

（张继元　李香云　万思源）

迁安市慈善协会

【概况】　至2014年，迁安市慈善协会已成立6年，累计筹集善款5731.3万元，通过开展助医、助学、助老、助困等慈善活动，救助8521人次。其中，2014年市慈善协会接收社会各界捐款91.4万元，先后开展助困、助医、助学、资助贫困母亲等活动，累计发放善款214万元，救助城乡困难群众1389人次。

【募捐救助】　2014年春节期间，市慈善协会开展了“慈善助困”活动，活动共安排慰问500户，对象为享受低保待遇且生活困难的家庭、低保边缘户、无劳动能力的特困孤寡人员等，慰问标准为500元/户，其中唐山市慈善总会慰问指标72户，慰问标准1000元/户。1月，市慈善协会与市妇联共同开展了“救助贫困母亲”活动。在全市挑选37名生活特别困难的贫困母亲，给每人500元的救助金，帮助她们解决燃眉之急。3～4月，开展了“2014年慈善助医”活动。秉着公平、公正的原则，经过一个月的申请报名、基层初审、协会审批等环节，于4月28日将47.1万元助医款发放到141户大病患者手中。慈善协会成立7年来，连年举办“慈善助医”活动，累计筹措559万元对1198位大病患者进行了救助。7～9月，开展了“2014年慈善助学”活动，共为121名寒门学子发放助学款39.6万元。自市慈善协会成立以来，已发放助学款311.6万元，共资助困难学生926人。重阳节前，开展了“九九重阳慈善助老”活动，慰问全市范围内500名高龄老人，每人300元。

市慈善协会
会　长　张清敏（兼）
副会长　张金铭（兼）

（李　伟）

迁安市残疾人联合会

【概况】　2014年，迁安市有各类残疾人1.32万人，其中，视力残疾962人，听力残疾969人，言语残疾505人，肢体残疾9071人，智力残疾952人，精神残疾718人，多重残疾13人。市残联在社会各界大力支持下，深入贯彻落实省委书记周本顺在省残联大会提出的“给残疾人更多关爱、更多服务、更多支持、更多保障”讲话精神，以“站残疾人立场、走残疾人路线、为残疾人服务、让残疾人满意”为标准，履行“代表、服务、管理”职能，多措并举，卓有成效推进残疾人各项工作，促进了残疾人事业与经济社会协调发展。

【危房改造工作】　市残联积极争取，至2014年连续九年使中残联彩票公益金资助农村贫困残疾人危房改造项目落户迁安。年内，市政府把危房改造工作作为为百姓办实事工程之一，通过乡镇、村各级残联组织调查摸底，会同财政等部门逐户核查，121户农村贫困残疾人喜迁新居，补贴资金148.07万元，占目标的121%，这一民心工程办到了残疾人心坎上。

【残疾人培训就业】　开展培训就业，建设技能之家。认真开展残疾人就业保障金年审认定。与地税部门密切配合，利用2个月时间，深入沙河驿、杨店子等6个分局所，年审认定企业291户，安排残疾人就业701人，其中分散按比例安置400人，福利企业集中安置301人，收缴残疾人就业保障金501.49万元。为1000户农村贫困残疾人发放生产救助金50万元，用于购买种子、农药、化肥等生产资料。向唐山市人社局、唐山市残联上报审批2014年残疾人公益性岗位3人，严格加强原有4名残疾人公益性岗位日常管理；认真开展残疾人就业和职业培训状况实名制录入，完成农业4277人、非农业98人；培训农业1660人，非农业50人。做好残疾人职业教育培训、就业情况问卷调查，上报1628份。对280名残疾人就业实施了职业教育和技能培训。自筹6万元扶持12名残疾人自主创业，每户扶持资金5000元。

【康复服务】　开展康复服务，建设健康之家。1. 精神救助有新突破。精神残疾救助被唐山市委办公厅、市政府办公厅列为“十项助残工程”，也是迁安市政府为百姓办实事之一，自筹21.35万元为305名贫困精神病患者每人提供700元的服药救助，免费住院18人，每人救助4000元，开创救助面广之先河。2. 城镇医保有新跨越。通过广泛宣传，残疾人对政策知晓率越来越高，投入70多万元为1.3万余名残疾人分别办理城镇医保。3. 辅具供应有新发展。辅具供应随着需求由过去的单一发展为现在的多样，发放轮椅、便椅、拐杖、掖杖、盲杖、盲表、助视器等各种辅助器具256件。完成彩票公益金辅助器具适配项目，安装大、小腿及上臂假肢各1条，矫正鞋12双；贫困成人助听器项目3人。4. 托养服务有新进步。作为市政府为百姓办实事工程，市残联开拓性地完成中残联“阳光家园计划”残疾人托养服务机构申报工作，获批70名精神残疾寄宿补贴10.5万元；认真开展“阳光家园计划”居家托养，筹集上级资金7.2万元，为120名贫困精神、智力、肢体重度残疾人每人救助600元。5.

康复训练有新起色。认真实施“七彩梦行动计划”人工耳蜗项目，网上录入3人，筛查1人；助听器及康复训练5人；孤独症康复训练1人。

【扶危济困】　扶危济困有新思路，实行集中慰问与临时救济相结合，进一步加大对困难弱势群众帮扶力度，在入冬至春节前，集中开展为特困残疾人送温暖活动，为500户特困残疾人发放冬季生活补贴及春节慰问金10万元。对因病因灾造成生活临时重度困难的375人予以10.06万元临时救助；开展残疾人法律服务和法律援助工作，为25名残疾人提供优质高效法律服务，维护残疾人合法权益。为17名残疾人发放机动轮椅车燃油补贴4420元。为973名一、二级残疾人每人每月发放50元生活补贴，共58.38万元；认真做好残疾人证鉴定、发放工作，对行走不便的12名重度残疾人实行上门办证，全年办理残疾人证1560人，其中，一级189人、二级359人、三级333人、四级679人；为598名社区和农村残疾人专职委员发放37.08万元的误工补贴。开展教育救助，完成2014年全日制残疾人大学毕业生调查统计。做好教育救助工作，落实贫困残疾学生救助奖励办法，争取中央和省资金对1名残疾本科生，2名残疾专科生，11名父母残疾且有低保手续专本科学生，予以特别救助，使用自有资金对14名父母残疾无低保手续的贫困专本科学生予以救济，救助善款5万多元。

【助残活动】　按省、唐山市要求，认真组织党政机关、企事业单位“爱心助残一元捐”活动，市委、市人大、市政府、市政协四套班子领导带头捐款，市委办、市政府办、组织部、人社局、迁安镇、木厂口镇等81个市直单位、镇乡（城区办事处）募捐善款9.75万元。以“5·18”第24个全国助残日“关心帮助残疾人，实现美好‘中国梦’”为主题开展系列走访慰问及宣传活动。5月16日，市政府党组成员、市残联主席张清敏深入扣庄乡蟒山村贫困残疾人杨跃武、邓锐华家中，代表市委、市政府为他们分别送去1000元救助金，鼓励他们自强不息，奋力拼搏，努力实现自己的梦想；市领导还到文化广场为6周岁以下10名贫困脑瘫儿童赠送摆位椅，使他们倍感党和政府亲切关怀和温暖，在《唐山劳动日报》整版发表题为“帮助残疾人实现美好梦想”专题，迁安市残疾人事业引起全唐山市、全省乃至全国社会各界的广泛关注；在市文化广场设置咨询台3个、图文展版1块，发放宣传材料3000余份，悬挂横幅标语21幅，咨询人数500多人次，营造扶残助残浓厚氛围。

【残疾人体育工作】　积极组织残疾人参加世界、国家、省级残疾人运动会，发现人才，培养人才，推介人才，展示人才。在2014河北省第八届残疾人运动会上，迁安市3名肢体残疾运动员代表唐山市参加比赛。他们拖着残缺身躯，以顽强毅力，克服种种困难，奋力拼搏，取得优异成绩：李禹辉分别获得标枪、铅球和铁饼第一名、第二名；杨立田与队友一起获得坐式排球团体赛冠军；季翔与队友获得4×400米金牌。为家乡人民争了光，同时增强了残疾人的自信心和平等参与社会生活能力。

市残疾人联合会
理 事 长　李文学
副理事长　蔡卜文

（王　超）

迁安市工商业联合会

【围绕全市中心工作，推动县域经济社会发展】

市工商联广泛团结和密切联系非公有制经济人士，积极支持参与经济社会建设，民营经济成为转型发展的主力军。一是抓好项目建设。发挥自身优势，引导工商联会员投身项目建设主战场。配合市委、市政府以商招商，开展经贸洽谈月活动，引进北京顺天诚通、金牛管业等项目，新奥LNG、冀东溶剂无水乙醇等项目达成意向。全年签约项目37个，总投资163亿元。二是继续开展民企二次创业活动。民营企业二次创业活动是市委、市政府的一项重大决策，也是年内加快转型发展的一项重点工作。为了促进民企二次创业活动开展，市工商联会员企业外出考察30多批次，2014年新增民营企业946家、个体工商户

6162户。在民企二次创业活动中，工商联主席、副主席发挥示范带头作用，引导各企业家涉足新领域、谋求新发展。全市所有转方式、调结构项目中，有80%为民营企业投资，为促进市域经济发展做出重要贡献。思文科德公司以市钢铁企业生产的镀锡板为原材料，实现钢铁就地加工增值，延伸了钢铁产业链条，提升了产品档次，实现钢铁产业由低端向高端的跨越，成为转型攻坚的典范，科学发展的先锋。仁泰金属制品以钢铁企业生产的钢材为原料，生产纵剪扁钢、翼缘板、腹板、汽车大梁板等，并可按客户需求对钢板实施纵剪、横切、冷热轧开平等个性化加工服务，更好的消耗了当地及周边地区钢材产能。产品远销东南亚、中东、非洲等国家和地区，并取得良好口碑，是民企二次创业的典型，为小微企业主转型、创业起到了良好的示范带头作用。三是拓宽发展领域。积极引导民营企业家投身迁安转型发展实践，拓宽发展领域。市工商联主席赵玉江示范带头，九江线材公司投资6000万元，建设现代农业种植及养殖园区；7月建成的京秦高速公路迁安支线工程正式通车，为迁安交通出行便利提供了可靠的保证；积极主动筹措资金，保质保量地完成滦河综合开发项目建设，为打造迁安宜居环境贡献力量。

【履行职能，推动优化发展环境】 一是市工商联负责人列席市委、市政府有关会议32人次；二是本级本届执委以上参加市人大代表检查活动、市政协委员视察活动36人次；三是本级本届执委中的市人大代表议案、市政协委员提案35件，较好地履行了政治协商、民主监督、参政议政职能；四是利用走访调研和召开企业家座谈会的方式，征集民营企业家对经济发展环境的意见和建议，并将意见和建议梳理反馈给执委中的职能部门领导。对各职能部门转变工作作风，对改善民营企业发展环境起到积极的促进作用。

【基层组织建设】 调优会员结构，拓宽组织网络。一是加快吸收行业协会入会，发展团体会员。全市有钢铁协会、建筑协会、私营个体经济协会等28家行业协会，拥有会员2万多家，吸收这些团体入会，既符合“政会分离”的新要求，又落实了国务院赋予工商联作为非公经济领域行业协会业务主管部门新职责。2014年，市工商联对这些商会协会摸清了底数，掌握了基本情况，为下一步更好履行商会主管部门职责打下良好基础。二是抓大不放小，大中企业会员和小微企业会员同时发展。2014年，动员41家大中企业入会，对增加全市企业会员数量、调优会员结构有明显成效。小微企业也是市经济发展中的活跃力量。2014年，继续本着“抓大不放小”的发展理念，发展小微企业会员30家。通过多途径、多渠道的不懈努力，确保会员发展规划得到落实。

【开展两项活动，促进非公经济人士健康成长】

通过一系列活动，促使非公有制经济人士把“企业成长梦”融入“中国梦”，融入全市经济社会发展大局。一是组织发动民营企业参与春雨行动。根据市委市政府《关于动员全社会力量实施扶贫帮困“春雨行动”的意见》，为进一步引导全市民营企业积极参与社会扶贫帮困活动，市工商联结合民营企业在参与农村扶贫和光彩事业中的实际情况，通过资金帮扶、技术帮扶、项目帮扶、村企结对帮扶等方式推动开展扶贫帮困活动。全市民企累计与农村困难户结成帮扶对子2100对，帮扶资金2000多万元。民企帮扶老区村10个，帮扶资金236万元，物资29万元，安排劳力就业1002人。二是继续开展非公有制经济人士理想信念教育实践活动。开展以对中国特色社会主义的信念、对党和政府的信任、对企业发展的信心、对社会的信誉为主要内容的非公有制经济人士理想信念教育实践活动。召开报告会，邀请国内著名专家对非公有制经济代表人士进行政策宣传和专题演讲。通过QQ群、网站平台将编辑好的宣传内容发布到民营企业。

【服务会员】 贴近企业需求，全方位为会员服务。1. 实施民营企业家素质提升工程，搞好培训服务。一是动员组织企业家参加市委组织部、工信局、党校联合举办的迁安市企业家素质能力提升研究班。二是组织会员企业参加唐山市工商联举办的《中国崛起中的军事与经济布局》专题报告会、“民营企业品牌战略主题沙龙”活动和中小企业产融双驱资本对接专题讲座。三是采取现场观摩形式，组织企业家参观考察先进企业，宣传引导民企加快转型升级步伐。2. 组织招聘会，为企业提供人才服务。5月22～28日，与市就业服务局、教育局、总工会联合举办以“帮人才就业、促民企发展”为主题的民营企业招聘周活动。12月20日，组织企业参加唐山市工商联组织的百家优秀民企大学生招聘会。招聘会期间，有122家次民营企业进场招聘，累计提供就业岗位1135个，有1650名求职者进场求职，有660人达成就业意向，发放宣传资料1千余份。

市工商业联合会

主　　席　赵玉江
常务副主席　王俊喜
主任科员　梁永生
副 主 席　丁俊山　王　全（不驻会）
王树立（不驻会）
兰玉岐（不驻会）
田兴民（不驻会）
任建民（不驻会）
孙学平（不驻会）
朱　国（不驻会）
李致华（不驻会）
杜宝海（不驻会）
杨立国（不驻会）
郑宝海（不驻会）
宫万芹（不驻会）
徐汉有（不驻会）
贾志民（不驻会）
郭　财（不驻会）
曾秀兰（不驻会）
党组书记　王俊喜
党组成员　梁永生　丁俊山

（李雪梅）

综合管理

人力资源管理

【人事调配管理】 年内，严把干部调动手续，严格按照国家法律法规规定办事，并及时做好调动、录用、指令性安置人员的分类登记工作，建立完善的干部调动、录用电子信息库，及时掌握干部调动、录用信息，实现干部动态管理，做到无一差错。

【干部考核】 政府序列机关事业单位工作人员的年度考核奖励工作从2014年2月上旬开始，至3月底结束。政府序列机关事业单位股级及以下工作人员共计17485人参加考核，授奖人员1895人。

考核奖惩工作由市委组织部、市人社局共同研究部署，审核把关。工作中继续坚持五点：1. 根据上级政策，制定各单位参加考核的人数及评优指标。2. 严格考核程序，确保考核质量。2014年考核奖惩工作，各单位按照个人总结述职、民主测评、考核组评议、单位领导集体确定考核等次、结果公示5个程序确定每个工作人员的考核等次。3. 严格审核，规范操作。各单位将考核结果公示无异议后报人劳局审核，重点审核考核程序是否规范，指标使用是否合理。确定等次是否准确及公示公开过程、各种表格填写是否规范等情况。4. 加强与执法执纪部门联系，确保考核结果准确、公正。对各单位拟评定为优秀等次的人员，与纪检会、监察局、信访局、法院、检察院以及计划生育部门逐一审核有无违法违纪行为，确保评定为优秀等次人员的先进性。5. 严格按政策确定部分人员的考核等次。对当年受党纪政纪处分人员、长期无故不在岗、不能完成工作任务及不服从工作分配人员，一律定为不称职（不合格），不搞迁就照顾。正在接受审查人员、长期病休及待岗人员不定等次。

【军转干部安置】 2014年，全市共接收计划分配军队转业干部4人，营职及以下转业干部3人。技术9级1人，另外军转干部随调家属1人。经过市委、市政府、组织部、人社局统一研究部署，根据各单位编制要求和个人意愿，做到部队、转业干部和接收单位“三满意”。

【企业军转干部待遇调整】 完成企业军转干部“两补”审批工作，即在岗的企业军转干部，月工资达不到全市职工月平均工资水平的，给予生活补助达到平均水平；基本养老金偏低的企业退休军转干部，月基本养老金达不到市企业退休职工月养老金平均水平的，补到平均水平。全市共有企业军转干部97人，其中，在职11人、退休86人。调整后在职企业军转干部工资由3820元/月调整到3987元/月，退休企业军转干部基本养老金均达到全省平均水平，并且根据企业军转干部职级调整困难生活补助标准。此外，八一期间、春节期间对困难企业军转干部进行走访慰问，标准为200元/人，以实物形式发放，共发放价值7.16万元的慰问物品。

【公务员队伍建设】 深入贯彻落实《公务员法》，加强公务员信息管理。贯彻落实《2011—2015年行政机关公务员培训纲要》，重点抓好公务员初任和任职培训，全年培训公务员900人。

【专业技术人员管理和职称工作】 1. 继续严格按照省、唐山市职称工作改革要求，做好全市职称评聘工作，重点做好教育系统教师职称评定改革。年内向河北省推荐申报高级职称157人，向唐山市推荐中级职称348人，评审认定初级职称1173人；年内新增高级专业技术人才126人，其中45岁以下中青年高级专业技术人才92人。新增中级专业技术人才289人，初级专业技术人才1173人。2. 按照上级安排部署，做好2013年度事业单位专业技术岗位聘用工作，共审核完成240个上报单位，聘用专业技术人员4394人。上报审批三级岗3人。完善专业技术人员聘用合同签证工作。3. 进一步加强继续教育管理，扩大继续教育参加范围，强化继续教育与职称晋升、聘任、资格考试及年度考核挂钩制度，提高参训率，全年完成继续教育培训1.3万人。4. 积极引进国外智力，建立引智示范基地。年内引进国外智力20人次。5. 推荐上报河北省“三三三人才工程”第三层次人选3人。

【调资审批工作】 顺利完成各项调资审批工作。1. 继续稳步推进绩效工资工作。年底时正在进行2014年奖励性绩效总量核定工作，同时完善各单位奖励性绩效工资的考核办法及分配方案。2. 圆满完成公务员晋升级别、事业单位工作人员正常增加薪级工资工作。根据唐山市统一部署，迁安市从2014年10月开始，利用20天时间审批了公务员晋升级别和工资档次、事业单位工作人员正常增加薪级工资工作。一是部分机关工作人员晋升级别和工资档次工作。2009~2013年连续5年考核结果为称职及以上的，按照冀政〔2006〕88号文件，可从2014年1月1日起晋升一个级别，级别工资就近就高套入晋升后级别对应的工资标准。2012、2013两个年度考核为称职及以上的执行公务员工资的人员，从2014年1月1日起在所任级别对应工资标准内晋升一个工资档次。2012、2013两个年度考核为合格及以上的工人，从2014年1月1日起晋升一档岗位工资。二是事业单位工作人员正常增加薪级工资工作。2013年度考核结果为合格及以上等次的事业单位工作人员，可从2014年1月1日起正常增加一级薪级工资。3. 完成机关事业单位调整遗属补助标准工作。根据唐山市人力资源和社会保障局文件精神，从2014年1月1日起迁安市机关事业单位工作人员死亡后遗属生活困难补助由每人450元/月调整为470元/月，增资20元，共涉及125个单位、1070人。

【执法监察】 继续大力宣传《中华人民共和国劳动合同法》，全面推行劳动合同和劳动用工备案制度，劳动合同签订率91.7%。深入开展农民工工资专项治理工作，共受理拖欠农民工工资案件112起，为6724名农民工追回被拖欠工资7645.3万元。受理各类劳动争议案件301起，结案287起，结案率95%，涉及金额1345万余元。

【劳动争议案件处理】 对劳动争议案件，始终做到“三个及时”，即及时立案、及时调查审理、及时裁决，从立案到出结果一般不超过30天，少数案件在60天内结案。同时，为做到公正处理劳动争议案件，对每个需要裁决的案件，都组成专门的仲裁庭合议，根据合议结果最后做出公正裁决。全年共受理各类劳动人事争议案件301件，涉及劳动者313人，涉及金额1345余万元，结案率95%。

【劳动人事争议调解仲裁委员会成立】 近年来由于保护劳动者权益的相关法律日益完善，劳动者维权意识日趋增强，全市劳动人事争议调解案件逐年上升，2012年全市处理劳动人事争议案件242起，2013年处理350起，2014年第一季度处理100多起。为适应这种形势的发展，有效提高劳动人事争议处理效能，迁安市根据上级有关文件精神将原迁安市人事争议仲裁与劳动争议仲裁进行合并，成立由17名成员组成的迁安市劳动人事争议调解仲裁委员会，成员涉及组织、人事、总工会、工信局等9个部门和单位，市劳动人事仲裁院承担具体案件处理工作。劳动人事争议调解仲裁委员会的成立，标志着调解仲裁工作进入劳动仲裁和人事仲裁一体化运作的新时期。

市人力资源和社会保障局

局　　长　周文瑞

副 局 长　刘子玉　马　杰（女）

　　　　　　张士杰　田　克　马凤文

副 书 记　韩秀民

主任科员　王彦文

副主任科员　卜爱民

（王　扬）

机构编制管理、行政审批制度改革和事业单位登记管理

【政府职能转变和机构改革工作】　按照中央和河北省、唐山市安排部署，结合迁安实际，以转变政府职能为核心，深化改革，优化机构设置，提高行政效能，积极推动职能科学、结构优化、廉洁高效、人民满意的服务型政府建设。组织人员多次深入工商、质监、食药监、计生、卫生等职能部门进行调研，起草《迁安市政府职能转变和机构改革方案》。方案在政府职能转变、行政审批制度改革、推进机构和职责整合、控编减员等方面都进行了明确的阐述和要求，以确保达到改革目的。11月25日，《迁安市政府职能转变和机构改革方案》上报唐山市编委办审批和省编委办备案。

【行政审批制度改革工作】　1. 调整机构设置。5月29日，参照省和唐山市做法，调整迁安市行政审批制度改革工作领导小组组成人员及办公室设置，将此项工作调整到市编委办，在编委办内部设立行政审批制度改革科，负责全市审批目录管理，承担行政审批制度改革工作领导小组办公室的具体日常工作。2. 清理规范审批事项。根据河北省人民政府《关于清理省政府部门非行政许可审批事项的通知》和唐山市行政审批制度改革工作领导小组办公室《关于清理市本级非行政许可审批和行政监管事项的通知》要求，采取听汇报、查阅审批案卷等方式对市本级行政审批事项按行政许可、非行政许可、行政监管三类进行全面清理规范。按照取消、合并、单列、转为日常工作四项原则，经过两轮沟通，迁安市本级行政审批事项由171项减为99项，缩减比率为42.1%。10月8日迁安市人民政府下发了《关于公布市本级清理规范行政许可非许可类行政审批和行政监管事项有关情况的通知》。3. 向乡镇下放部分办理事项。参照威县向乡镇下放部分事权的做法，结合全市实际，本着积极稳妥、方便群众和基层、能放则放的原则，迁安市人民政府办公室下发《关于第一批向乡镇下放部分办理事项的通知》，将婚姻登记、孤儿认定、五保审批、低保审批、高龄补贴、高校助学证明、就业失业登记证、农村居民及城镇无业居民的独生子女父母每月10元奖励、符合再生育条件而自愿不再生育1000元一次性奖励及山区一孩、平原独女、单方独生子女再生育审批共10项由市直部门办理的许可和服务事项下放到乡镇办理。下放后，每年有近8万件事项可直接在乡镇办结。4. 做好上级取消和下放审批项目的衔接工作。5月28日，迁安市人民政府下发《关于公布衔接河北省唐山市取消下放行政审批事项的通知》，其中衔接河北省、唐山市取消项目8项，下放项目28项。5. 做好市本级审批事项指导规范的编制工作。与市政务服务中心组成联合工作组，对全市99项行政许可和85项便民服务事项进行梳理，逐一明确项目名称、实施主体、设定依据、办理条件、办理流程、办理时限、收费依据、收费标准和监督电话，已完成草案的编制。

【机构编制管理工作】　严格控制新设机构、严格控制人员编制和领导职数、严格控制财政供养人员。1. 发挥市编委办把关、监督和参谋作用，严把机构、编制审批关。坚持所有机构编制事宜，均由编委办统一受理，编委“一支笔”审批，编制部门一家行文的“三一”工作制度。在确保不超越省、唐山市规定的机构和编制总量这个“红线”的基础上，正确处理经济与社会发展对机构编制的需求，把有限的机构编制资源用好用活、用在刀刃上。2. 开展机构编制和人员核

查。按照中央、省、唐山市编委统一安排部署，印发《关于深入开展机构编制和人员核查进一步规范机构编制实名制管理的实施方案》，对全市75个行政机构、607个事业单位、79个派出机构、4个省级开发区管理机构、20个乡镇（街道）的1892名行政编制人员、13317名事业编制人员、42名工勤编制人员的信息进行了核定，确保机构、编制、领导职数、人员信息准确。3. 严格控制机构编制和人员。围绕实现财政供养人员只减不增总要求，经过市编委会议研究，制定下发《关于严格控制编制和人员的工作方案》，明确行政编制、各类专项编制不突破核定总额，事业编制只减不增的总目标，制定到2017年底的各阶段任务。严格执行编制使用核准制度，强化机构编制前置管理，从源头上遏制超编进人，机关事业单位进人必须先由编制部门进行编制核准，然后再由组织、人社、财政等部门办理其他相关手续。4. 积极向唐山市编委办请示、沟通，取得迁安市第四高级中学、迁安市互联网信息办公室、迁安市综合治税领导小组办公室、迁安市气象灾害防御中心等机构批复文件，为迁安经济社会的健康发展提供组织机构保障。5. 针对园区管理工作需要，借鉴先进地区经验，积极探索园区封闭运行、自主经营、管理科学、持续发展的新模式，对4个省级园区内设机构进行了调整。同时，对市纪委、公安局、文广新局、城管局、招商局等单位内设机构、编制及股级职数进行了调整。6. 经市编委会议研究同意，将市城管局、人社局社保中心159名自筹事业编制调整为全额事业编制；将市食药监局、老干部局、民政局基层福利院共219名自筹事业编制调整为差额事业编制。同时，将收回的378名自筹事业编制分配到其他自筹事业单位，实现编制动态调整。

【中文域名注册管理工作】 1. 做好域名续费工作。在2013年实现机关、事业单位中文域名注册全覆盖的基础上，结合事业单位法人年检工作做好全市到期域名续费工作，共办理域名续费630家。2. 做好网络标识加挂工作。为提高党政机关、事业单位网站识别率，按中央、省、唐山市编委办要求，10月30日下发《关于做好全市党政机关网站开办审核、资格复核和网站标识管理工作的紧急通知》，对全市政务和公益域名网上挂标工作进行部署。至12月31日，机构红页推广560余家，成功挂标580家，完成挂标任务的83.3%。3. 加强机构红页使用宣传。不断更新完善“唐山市迁安市编办·政务”机构红页信息，及时发布单位动态，并把下发的各类文件放在机构红页中供各单位下载，真正把机构红页利用起来，增强各单位推广使用红页的使命感和责任感。

【事业单位法人登记管理】 1～3月，市事业单位登记管理局对全市281家事业单位进行了年检，年检率100%。2014年，全市新增事业单位法人2家、变更登记52家、证书补领6家，及时在“唐山市迁安市编办·政务”网站公告事业单位法人登记变更情况，为60家事业单位节约资金9000元。

【事业单位法人治理结构试点】 按照省编委办要求，积极推进迁安市人民医院事业单位法人治理结构改革试点工作，对市人民医院提交的事业单位法人治理结构实施方案、章程等材料进行检查和审核，对不符合规定、不符合要求的地方提出合理化建议，对理事会和监事会构建不科学、不合理的情况及时提出指导性意见，并督促其及时完善，确保工作有序推进。同时，多次深入市卫生局和人民医院，对试点工作进展情况进行跟踪指导，使市人民医院首届理事会在2014年11月11日顺利召开，为人民医院各项工作正常开展提供了强有力的组织机构保障。

市机构编制委员会办公室
主　任　王兴华
副主任　玄兆静
市事业单位登记管理局
局　长　耿小东

（张子筠）

国土资源管理

【耕地保护】 落实耕地保护责任，严格按标准从责任主体、职责、目标、考核、奖惩等方面全面落实耕地保护任务，加大巡查抽查力度，共同责任机制更加完善。加强基本农田保护工作。认真贯彻国务院《基本农田保护条例》及基本农田“五不准”制度，加强基本农田“四化”建设，完成永久性基本农田划定工作。同时制作出相应的图、表、卡、册等基础性资料，建立了基本农田数据库；并按上级新要求及时完善修整永久基本农田划定成果。推进高标准基本农田建设。2013年，5万亩高标准基本农田建设项目完成立项。2014年，10万亩高标准基本农田建设项目3家设计单位外业踏查工作已经完成，正在进行规划设计。实施土地整治项目10个，建设总规模2284亩，预计新增耕地1818亩。至年底，有6个项目批准立项，对其中2个项目进行了验收，可新增耕地159亩。

【用地管理】 围绕市域经济发展中心，积极为重点项目、城市建设、基础设施建设、“三农”经济提供用地保障。狠抓建设用地报批工作。2014年，上报18个批次城市建设用地卷，总面积8558.4165亩，较上年增长84.2%，占唐山市转征用土地的26.3%。其中转用征收集体农用地881.781亩、未利用地1763.5365亩，建设用地5913.099亩，同时增加了政府储备土地2261.84亩。解决了九江线材、宏奥公司、普天线缆等92个项目的用地问题。加强批后土地跟踪管理，防止出现新的闲置土地问题。2014年，收回国有建设用地使用权4宗，共118亩。规范土地市场建设，严格按相关法律规定进行土地交易。2014年度供应国有建设用地面积6853.272亩，较上年增长3.6%，占唐山市总量的44.3%。其中，招拍挂出让67宗6774亩，划拨供地4宗79.272亩；当年转征土地完成供地率达到74.7%，供地面积和供地率居唐山各区县之首。开展闲置土地清理工作。针对全市较大面积闲置低效用地实际，起草了《迁安市闲置土地处置方案》，待市政府审定后严格实施，提高全市土地节约集约利用水平。把“五小”企业（小化工、小钢铁、小电镀、小印染、小水泥）纳入城乡建设用地增减挂钩。经省国土资源厅批准，在扣庄乡、夏官营镇先行开展试点工作，已对扣庄乡的“五小”企业进行勘测定界、地类认定等组卷前期工作。做好解决历史遗留用地问题工作。至年底，各镇乡（园区）共申报366宗23962.6546亩，已对137宗6147.8408亩收缴罚款12294.7616万元，已经省政府批回5888亩。

【土地规划】 遵照布局集中、产业集聚、用地集约，保近期、保急需的原则，以零星向集聚调整、外围向城镇和园区调整为方向。在严格做好规划控制的基础上，结合全市发展的总体方向和今明两年市政府实施的重点项目情况，土地利用总体规划年度调整工作于6月开始启动，共涉及17个乡镇65个村，将38个地块共计2420.5695亩非允许建设区调整为允许建设区，规划调整数据已经上报省国土资源厅，等待论证。待规划调整获批后，将为龙湾游艇俱乐部、太平庄LNG等重点项目及马兰庄变电站、夏官营变电站等基础设施建设提供用地保障，保障迁安市社会经济稳步、协调发展。

【执法监察】 以卫片执法检查为契机，加大国土资源执法监察力度。按照省国土资源厅、唐山市国土资源局打击非法采矿专项行动统一部署，成立了打击非法盗采国有矿产资源工作领导小组，在全市范围内开展打击非法盗采国家矿产资源专项行动，打击了无证非法采矿、超层越界开采、以采代探、持过期证开采等违法行为。按照市政府安排，对九江高速两侧及东部绿道两侧违法占地企业进行查处。2014年，国土系统出动执法车辆1000余台次、执法人员2000余人次，加大国土执法巡查力度，及时制止违法违规占地行为200起，查处非法占地156宗（含解决历史遗留用地问题占地137宗），收缴罚款12724.3641万元，配合镇乡政府拆除违法建筑20处。及时处置非法采矿苗头10起，查处违法采矿案件32宗（越界案件8宗，无证非法采矿案件24宗），收缴罚款96.49897万元，促进了国土资源管理秩序和谐稳定。同时，强化土地利用动态巡查监管工作，建立健全建设用地批后监管长效机制，通过动态跟踪，做到早提醒、早发现、早处置，有效防止土地违约或闲置行为的发生，土地利用管理工作逐步从“重审批”向“重监管”转变，全面促进土地节约集约利用。

【地籍管理】 扎实开展农村集体建设用地、宅基地使用权确权登记发证工作。成立迁安市农村集体建设用地、宅基地使用权确权登记发证工作领导小组，落实专项经费2824.37万元。6月12日开始，外业调查工作正式启动。共调查土地20.6万宗，面积1.7万公顷，至年底，已对辖区内52000宗土地进行外业调查。集体土地所有权确权登记发证工作已经完成，乡镇政府所在地的农村集体建设用地、宅基地使用权属调查已全部完成，其他农村完成40%。规范地籍业务，夯实管理根基。以扩大地籍管理信息覆盖面为重点，促进地籍管理规范化、信息化，保证地籍信息系统管理平台软件正常运行，不断完善系统运行过程中发现的问题和不足，及时进行数据资料的更新，将网上土地登记发证工作步步推进。实现地籍管理工作跨越式发展。

【矿产资源管理】 全面提升矿产资源动态监管水平。进行铁矿资源整合，增加矿产后备资源。完成12个整合区的采矿权登记工作，其余整合区正在完善相关资料。做好采矿许可证设立、延续、变更及转让等组卷上报及年检工作。上报唐山市国土资源局6家金属矿山采矿权延续登记资料，已获批5家。完成1家采矿权变更登记审批工作。将4家铁矿企业采矿权立项申报书上报唐山市国土资源局待批。将6家使用地质调查证勘查成果转采拟设采矿权立项申报书上报唐山市局待批。按照唐山市人民政府《唐山市大气污染防治采石场环境治理攻坚行动方案的通知》精神，辖区纳入2014年关停取缔名单的采石场共计49家，先期对采矿许可证已过期并未提出延续申请的22家矿山企业，予以直接注销，并在《迁安时讯》、迁安电视台发布公告。加强矿产资源补偿费征缴工作。严把报停环节的审查，全面了解掌握企业生产规模及生产经营情况，最大限度地控制费源流失。严把账目核查关，在及时做好品位核实工作同时，结合企业实际消耗资源量、回采率系数、企业平时化验报告等综合计算矿产资源补偿费，严厉打击瞒报、漏报行为。年内累计征收矿产资源补偿费1840.38万元，其中，金属企业1817.05万元，非金属企业23.33万元。

【矿山生态地质环境治理】 结合全市实际，2014年治理项目共有26个，计划治理面积1500亩，涉及夏官营、五重安、阎家店、建昌营、大崔庄、马兰庄、木厂口7个乡镇。年内共平整土地2155亩，完成绿化面积2600亩，超额完成年度治理任务。同时，依法足额收取矿山生态环境恢复治理保证金4112万元。26个治理项目有10个为政府出资进行治理的无主矿山，其中9个项目均按方案设计完成治理工作并通过验收。通过环境恢复治理，消除了地灾隐患，达到了预期生态恢复效果。

【汛期地质灾害防治】 将存在地质灾害隐患的采场、尾矿库、排土场列为重点隐患点，纳入地质灾害防治群测群防体系中。委托河北环境地质勘察院对辖区内地质灾害隐患点进行汛前全面排查，结合唐山市第二次地质灾害调查和以往成果及2013年度地质灾害汛前核查成果，确定2014年存在崩塌、滑坡、泥石流等地质灾害隐患点71处，其中，省级地质灾害隐患点6处，唐山市级地质灾害隐患点11处，县级地质灾害隐患点54处，确定5处地质灾害隐患点为2014年全市地质灾害重点关注点。印发了《关于做好2014年地质灾害防治工作的通知》，下发明白卡300余份，增强群众的防灾意识和自救能力。健全市、乡（镇）、村、监测人四级群测群防网络和联合预警机制，提高预警预报能力，为地质灾害防治工作奠定良好基础。加强汛期隐患点现场巡查，最大限度减少直至避免地质灾害的发生。扎实开展建设项目地质灾害危险性评估报备工作。完成野鸡坨棚户区等2个建设项目地质灾害危险性评估报告备案登记工作，减少因不合理工程建设引发的地质灾害给人民生命财产造成的损失。同时做好迁安市1：50000地质灾害详查调查工作，正在进行项目招投标的前期准备工作。

【地质勘查】 全市参加年检的探矿权共14个，国土资源部发证的5个，国土资源厅发证的9个。积极做好探矿权延续初审和日常巡查等工作，勘查秩序良好，没有发现无证勘查、越界勘查、以采代探等非法勘查行为。

【基础测绘】 依法依规对辖区测绘工作进行监管。完成黄台山C级GPS控制点的选址、安装工作，组织控制点标石揭幕仪式。完成各测绘单位测绘项目备案和测绘成果汇交工作。完成全市18个水准点（包括3个GPS共用点）、19个三角点的测量标志普查工作，并已录入河北省测量普查系统。

【国土资源法制建设】 以“节约集约利用土地，转变土地利用方式”为主题，搞好国土资源法律法规及政策宣传。结合“3・15”国际消费者权益日、“4・22”地球日、“6・12”安全生产月、“6・25”土地日、“12・4”法制宣传日开展国土资源法律法规及政策宣传咨询，共发放宣传资料1.3万份，出动宣传车30台次，悬挂条幅20条，制作看板30块，咨询2300余人次。进一步完善工作机制，健全重大事项集体议会制度，加强决定的民主性和科学性。

【卫片执法检查整改】 2014年度国土资源部下发迁安市土地卫片监测图斑509个，涉及4947.27亩土地，矿产卫片监测图斑16个，涉及36个矿点。已全部按要求整改到位。同时，以此为契机，对2014年以来辖区违法违规用地进行了全面清查和处理，共立案156宗，收缴罚款12724万元。年底，卫片执法检查工作通过省级验收。

【国家工矿废弃地复垦调整利用试点工作】 认真做好工矿废弃地复垦调整利用试点建设工作，共实施29个项目，总规模3248.8亩。已立项21个项目，其中5个项目通过验收，新增耕地265亩，可用于项目建设。其余8个项目正在完善相关资料，力争尽快立项。

【国家级地质公园建设】 2012年10月22日，迁安市机构编制委员会印发《关于设立河北省迁安国家地质公园管理处的通知》，2014年5月开始组建迁安国家地质公园管理机构，悬挂张贴宣传标语，发放宣传资料，宣传地质遗迹保护相关法律法规，对山叶口景区和挂云山景区建设进行督导检查，同时对景区附近采矿企业下达警示通知书，防止对地质遗迹造成破坏。

【“数字城市”建设】 迁安市成立了由主管副市长为组长，相关部门主要领导为成员的领导小组，制定了“数字城市”建设的具体实施方案，编制了《数字迁安地理空间框架项目建议书》。8月7日，迁安“数字迁安地理空间框架建设”项目获省地理信息局批复，这是唐山市各县（市、区）中唯一获得河北省地理信息局批复的城市。9月22日，数字迁安地理空间框架建设项目设计书评审会暨共建共享合作协议签署仪式在迁安举行。迁安市政府与河北省地理信息局、唐山市国土资源局签署了数字迁安地理空间框架建设共建共享合作协议书。标志着数字迁安地理空间框架建设示范项目正式启动，也标志着唐山首个“数字城市”开始建设。该项目主要完成迁安市主城区50平方公里1：500比例尺数字线划图生产，规划区120平方公里1：1000比例尺数字线划图测绘，完成50平方公里地名地址数据生产，完成主城区10平方公里的城市三维立体建模工作，完成规划区170平方公里的0.1米分辨率基础航空摄影和基础地理信息数据采集，完成迁安市基础地理信息数据库建设，建立迁安一体化管理的基础地理信息数据库。项目计划在1年内建成并投入使用，实现城市管理的数字化、网络化和可视化，最终实现城市管理的信息化，是打造“智慧迁安”的关键平台，是数字河北、数字唐山、智慧迁安建设的重要组成部分。

【征地区片价调整工作】 全面完成征地区片价调整工作，并顺利通过省国土资源厅验收。

市国土资源局
局　　　　长 陈子红

副　　局　　长　张朝阳　李　强（3月离）
　　　　　　　　孟令永（3月任）　车新刚
　　　　　　　　陈志勇
土地储备中心主任　李宏昌（3月离）
　　　　　　　　沈　东（3月任）
执法监察大队队长　冯立新（3月离）
　　　　　　　　岳春光（3月任）
书　　　　　记　陈子红（兼）
副　　书　　记　张朝阳（兼）
　　　　　　　　李　强（3月任）
纪　委　书　记　王大江（3月任）
主　任　科　员　张朝阳　李　强（3月任）
迁安国家地质公园管理处
副　　主　　任　冯立新（3月任）
副　　主　　任　于洪瑾（3月任）

（岳春光　宋书利）

发展与改革

【国民经济计划指标完成情况】　2014年，面对错综复杂的宏观形势和经济下行压力持续加大的严峻考验，全市上下坚持“稳中求进”的主基调，扎实推进转型攻坚，经济社会实现平稳健康发展。全市实现地区生产总值993.7亿元，按可比价计算，比上年增长4.1%；完成公共财政预算收入35.1亿元，下降5.6%；完成全社会固定资产投资526.1亿元，增长16.1%；完成社会消费品零售总额203.4亿元，增长12.1%；实际利用外资6421万美元，增长6.7%；城镇居民人均可支配收入达到29861元，增长8.2%；农村居民人均可支配收入达到17125元，增长10.4%。

【年度计划编制】　到2014年年初，编制完成了《2013年国民经济和社会发展计划执行情况和2014年国民经济和社会发展计划（草案）的报告》，经市人大五届四次会议审议通过，并将计划指标及时分解下达各镇乡、市直有关单位，指导全市国民经济健康运行。

【项目观摩拉练活动】　成功组织迁安市8月和12月两次重点项目观摩活动，增强了各镇乡、各园区、各单位招商引资、建设项目的积极性，有力助推了全市项目建设进程。在唐山市5月重点项目观摩活动中，市正大制管公司250万吨高频焊管项目位居第二位，翅冀LNG项目位居第7位，充分展示了迁安项目建设最新成果。

【项目管理】　对全市所有项目实行分类、对口管理，根据项目质量、投资额度及对全市经济社会支撑程度等，将全市项目划分为立市项目、重点项目和一般项目三类，对三类项目实行不同的督导、调度、通报制度。年内先后启动和组织项目调度会、现场办公会等各类会议30余次，促进了项目建设步伐。2014年，实施重点项目269个，当年完成投资521.5亿元，增长16.2%。其中，164个项目先后竣工，进一步加快了经济社会转型步伐。

【项目谋划招商】　全年共谋划储备项目195个，计划总投资1276亿元，其中亿元以上项目120个，有37个谋划项目已签约。以谋划项目促招商，全年对接国家部委3家，行业协会5家，科研院所2家，企业40家，洽谈项目36个，达成意向项目6个，初拟框架协议4份，成功引进冀东溶剂有限公司30万吨醋酸制无水乙醇等项目。

【固定资产投资监控考核】　年初及时将固定资产投资目标分解下达各镇乡和市直有关部门，并强化监控考核。2014年，全社会固定资产投资达到526.1亿元，同比增长16.1%。各镇乡均完成或超额完成年度计划目标。

【推进产业转型升级】　1. 加速壮大装备制造业，编制完成《迁安市现代装备制造产业发展规划》，组织实施了北商泵阀、阜安远通网架、布朗多尼阀门等28个装备制造业重点项目，鼎安汽车、津唐铸管等6个项目已完工投产，促进了装备制造业快速发展。2014年，全市装备制造业实现增加值41.3亿元，同比增长19.5%。2. 着力提升精品钢铁业，积极推进天津物产整合荣信、鑫达、松汀三家地方钢铁企业工作；稳妥地推进钢铁过剩产能化解工作，顺利拆除35吨转炉4座、450立方米高炉2座，化解炼铁产能104

万吨、炼钢产能209万吨，圆满完成唐山市达化解任务；组织实施首钢特种钢基地、燕钢热轧板等一批链条延伸项目，促进钢铁业的健康发展。3. 协调推进其他产业发展。推进现代物流业加速聚集，全年实施现代物流项目30个，天津物产一期基本完工，中钢赛诺物流园开工建设。煤化工、包装建材、节能环保、食品医药、高新技术五大产业板块不断壮大，思文科德八色印铁、葵花药业等项目竣工投产，翅冀LNG、润泽建材等加快建设。协调推进龙湾游艇俱乐部、天洋城市综合体、红星美凯龙、北大学园教育园、龙泽谷酒庄等项目建设，培育休闲旅游、教育培训、养生养老、文化创意、科技研发、总部经济六大服务业。

【农业区划工作】　继续探索农业资源区划工作新思路、新方法，圆满完成唐山市下达的农民专业合作社发展模式等调研任务和农作物长势和耕地土壤墒情遥感监测工作。同时，市发改局积极协调相关部门做好全国生态保护与建设示范区申报工作，经省发改委初审，迁安市被列为河北省三个示范县之一。

【信息调研工作】　面对复杂多变的经济形势，密切跟踪全市经济发展态势，针对经济运行中的热点、难点问题进行深入研究，提出具有建设性的意见或建议，撰写了《固定资产投资形势分析及建议》《上半年经济运行分析及下步工作建议》等51期发展改革工作简报及调研，完成任务的170%。

【服务工作】　1. 为企业项目做好服务。深入企业帮助解决涉及项目选址、用水用电、立项审批、落地开工及资金等方面问题。蓝海公司110万吨焦化减量置换等6个项目顺利获省发改委核准、备案；职教中心实训楼、金沣秋环保设备等23个项目获得中央及省资金支持7259.5万元，完成任务目标的483.9%，为项目顺利开工建设创造有利条件，加快了项目建设步伐。2. 提高审批服务水平。主动减化审批流程，将审批事项全部下放到审批中心，减少局领导签字环节。严格落实“三级平台、两个代办”制度，抽调骨干力量牵头成立重点项目全程代办中心，加强项目跟踪服务，全年办结各类事项166项，按时办结率100%，群众满意率100%。3. 做好干部下基层工作。选派骨干力量入村，筹集资金18万元，帮助窝子村、胡庄、马家沟村硬化村庄道路，铺设人行道砖，改造民居，建设花园、太阳能路灯等，得到全体村民一致好评。

（汤雅超）

市发展改革局

局　　长　郎文昌
副 局 长　王树满　任振利　李会中　郭海军
主 任 科 员　刘宪华
副主任科员　耿向军（女）

（郎　帅）

重点项目建设工作

【概况】　2014年，迁安市继续把项目建设作为转型发展的重要抓手，坚持项目最急、项目最重、项目第一的理念，通过项目建设调整优化产业产品结构、实现经济由粗放型向集约型转型，采取领导分包重点项目、招商引资月、项目观摩考核等一系列措施，实现项目建设和固定资产投资快速增长。8月和12月分别组织开展两次全市重点项目观摩活动，采取逐个项目评价的方式对每个项目进行测评，并进行排序，有效激发全市上下建设项目的热情。在唐山市重点项目观摩中，迁安正大制管公司250万吨高频焊管项目排名第二，翅冀LNG项目排名第七，迁安总成绩位列唐山市各县（市）区第二名。创新项目管理方法。按照投资规模大、产业示范性强、对市域经济牵动作用大的原则，筛选确定10个立市项目和100个重点建设项目，作为项目建设工作的重中之重，倾全市之情、举全市之力加快推进。至年底，10个立市项目、100个重点项目已实施87个，当年完成投资160.1亿元，有23个项目完工投产。积极申报省、唐山市重点项目。年内全市有3个项目被列为省重点项目，计划总投资89亿元，累计完成投资24.06亿元。其中，英诺特（唐山）生物技术有限公司生物制药及医疗设备、翅冀天然气有限公司焦炉煤气制液化天然气2个项目被列为省直管重点项目，争取土地指标403亩；滦河文化旅游开发项目被列为省重大前期项目。有14个项目被列为唐山市重点建设项目，计划总投资262.85亿元，当年完成投资97亿元。

【项目建设特点】 1. 围绕产业升级建设项目。围绕构建“3+5+6”现代产业体系的目标，优化项目结构，提升项目质量。在精品钢铁业上，实施思文科德电工钢及镀锡板、彦博50万吨彩涂板等延伸链条、提升档次、循环发展的项目；在装备制造业上，以耗钢产业为主，实施迁安正大通用钢管有限公司250万吨焊接钢管、首钢矿业公司重型矿山设备制造等项目，耗钢量达709.5万吨；在现代物流业上，实施浙江物产北方供应链物流基地、天津物产迁安综合物流中心等项目，新增物流吞吐量2000万吨；在五大产业板块上，实施迁安市翅冀天然气有限公司焦炉煤气制液化天然气、思文科德金属包装有限公司印涂铁生产线、英诺特（唐山）生物技术有限公司生物制药产业基地、香港龙湾集团投资有限公司龙湾游艇俱乐部、北京呈信恒泰科技有限公司LED灯具研发生产等项目，促进产业规模的壮大；在六大区域性功能中心上，实施第四高中、协和源国际颐养中心、梅墨生艺术馆、红星美凯龙家居综合体、弘旭工贸有限公司金融街等项目，促进现代服务业水平的提升。2. 围绕城市发展建设项目。坚持抓城建就是抓转型、抓发展、抓民生的理念，围绕完善城市功能，提升城市品位，增强城市对人口集聚的吸附功能、对三产服务业的承载功能，下大气力推进城市建设，实现由制造业大市向服务业大市的转变。滦河综合开发、中央商务区天洋城4代城市综合体、金融街、中医院等项目的实施，提升了迁安城市形象，城市功能日臻完善。3. 围绕承载能力建设项目。立足加速京津冀协同发展，统筹谋划水、电、路、信等基础设施建设，提升产业发展的承载能力。实施了迁擂公路大修工程、东西区第三通道等交通、电力基础设施项目，为产业项目发展和招商引资奠定了基础。4. 围绕改善民生建设项目。坚持以人为本、惠及民生的理念，大力推进社会事业项目建设，让群众共享改革发展成果。实施了友好医院、第四高中新建等教育、卫生、文化、体育等社会事业项目。5. 围绕改善环境建设项目。坚持经济发展与生态建设同步，强化自然资源与生态环境保护，加快发展绿色经济、低碳经济、循环经济，改造和提升生态环境。实施了松汀钢铁有限公司1.8万千瓦余热发电、九江线材公司2*65兆瓦煤气发电等节能减排项目；实施造林绿化工程，累计造林2.5万亩。

【项目建设举措及成效】 坚持多措并举，迅速掀起推进项目建设的高潮，取得明显成效。1. 坚持内激外引，引进大项目，支撑大发展。在内激方面，深入开展全民创业和民企二次创业活动。通过组织参观考察、加大扶持力度等措施，解决民营企业家不敢转、不想转、不会转的问题。在外引方面，坚持走出去与请进来相结合，全力抓好招商引资。牢牢抓住京津冀协同发展的重大机遇，成立驻京对接招商工作组，开展专业化招商、以商招商、点对点敲门招商活动。2014年全年对接国家部委3家，行业协会5家，科研院所2家，企业40家，洽谈项目36个，达成意向项目6个，初拟框架协议4份，成功引进冀东溶剂有限公司30万吨醋酸制无水乙醇等项目。2. 坚持破解瓶颈，提供大支撑，推进快建设。在破解土地制约上，大力推进工矿废弃地复垦利用，采取废弃地复垦置换、土地治理占补平衡、低效闲置土地治理等形式，努力破解项目建设用地问题。2014年，复垦利用土地1000多亩。在融资方面，积极推进银企对接，争取信贷支持。2014年组织召开银企对接会3次，帮助企业拓宽融资渠道，解决融资难题。同时抢抓国家政策机遇，积极向上申报项目，争取国家资金支持。全年有英诺特（唐山）生物技术有限公司纳米金定量新型系列读卡仪产业化及优生优育系列检测试剂技改扩建、迁安市金沣秋工贸有限责任公司环保设备及换热设备制造、市职教中心实训楼工程、巩固退耕还林等23个项目获中央、省资金支持7259.5万元。3. 坚持优化环境，努力树形象，全力搞服务。在抓好硬环境建设的同时，继续开展优化发展环境年活动，实施行政审批“瘦身提速”工程，精简行政审批事项，简化审批流程，严格落实一次告知、限时办结、超时默许、项目代办、领办等制度，提高审批效率，降低项目建设行政成本。2014 年办结各类事项 166 项，按时办结率 100%，群众满意率 100%。同时，按“一个项目、一个方案、一套班子、一抓到底”的原则，对全市重点项目全面进行领导分包，明确责任、明确目标，实行“三保服务”，即项目开工前当保姆、项目建设中当保镖、项目完工后当保安，叫响“投资到迁安，发展无障碍”的品牌，为加快项目建设奠定了基础。4. 坚持分类推进，强化项目管理，加强督导调度。按照“谋划项目抓推进、意向项目抓签约、签约项目抓落地、开工项目抓进度”的思路，根据项目建设不同阶段的特点，确定不同工作重点，采取不同工作举措，实现各类项目同步推进。同时，建立月调度、月通报制度，坚持对重点项目进行全程督查督办，对建设进度缓慢的项目及时进行通报。对破坏和影响项目建设的行为和个人，依法依规进行严惩，确保项目推进步伐。

市重点项目办公室
主　任　王树满
副主任　顾艳菲（女）

（韩立云）

统　计

【开展第三次全国经济普查工作】　2013 年底全国经济普查入户登记工作完成后，从市直各相关单位、局机关抽调 19 名业务骨干充实到普查办，利用近一个月时间加班加点地紧张录入、上报，圆满完成全市普查数据处理工作。同时，为确保普查成果成功反射并转化为全市经济、社会发展的动力，市统计局组织重点科室，安排业务骨干，投入到第三次全国经济普查数据开发及资料编辑工作中。到 2014 年底，实施完成 14 个相关数据命题。

【实施各项抽样调查工作】　市统计局配合上级统计部门和迁安市相关部门做好各项抽样调查和临时性调查工作，年内先后组织实施“非产粮大县粮食抽样调查”“劳动力调查”等多项大型抽样调查，同时参与包括“安全感调查”“群众组织满意度调查”等多项涉及市重点民生指标和经济指标的调查工作，严把数据质量，保障各项临时调查工作顺利开展，得到相关部门及上级统计部门的一致认可。

【推进“企业一套表”工程】　“企业一套表”工程是统计制度改革的核心与基础，市统计局高标准推进一套表工作。1. 扎实做好各项常规统计专业 2013 年年报和 2014 年月季度定报数据联网直报采集统计以及投资、服务业、劳动力、人口抽样调查等专业报表和调查数据的收集、审核、录入、汇总和上报工作。2 月底、3 月初，534 家“四上”（规模以上工业企业、限额以上商贸企业、资质以上建筑业企业及重点服务业企业）企业顺利完成 2013 年年报和劳动工资统计年报联网直报工作。2. 做好国家资源消费试点县联网直报工作。认真开展国家资源消费试点企业联网直报工作。2014 年迁安市作为国家首批资源消费试点县，全市 87 家规模较大的规模以上企业纳入资源消费试点企业联网直报，通过指导企业业务培训，及时协调解决联网直报工作中的问题，坚持计算机审核和人工审核相结合等措施，顺利完成企业联网直报工作，更全面地核算全市资源消耗情况，更好的为节能减排、转型提升提供核心数据。3. 扎实开展全市重点企业及新增企业联网直报培训工作。为解决联网直报出现的工作热点问题，采取全面培训结合单独指导的方式解决难题。市统计局于 8 月 13 ~ 15 日举办全市“企业一套表”联网直报培训及统计业务知识培训会议，全市 500 多名企业统计员（会计）参加培训。此外，统计局和相关部门、各乡镇相互配合，对统计人员开展经常性业务指导，专业统计人员多次与乡镇统计人员深入直报企业进行面对面交流，推进了全市“企业一套表”联网直报工作顺利开展。

【强化统计基层基础建设】　一是多方筹措资金完善基层软硬件设施。强化基层统计工作的建设督导力度，改善镇乡统计站软硬件设施，进一步延伸全市市、乡、村三级统计网络专线，购置了专门的统计报送微机，通畅数据报送渠道，提高了全市数据信息汇总效率。二是以会代训，充实基层统计人员业务知识，提高统计人员素质。市统计局做好对镇乡、部门统计队伍的培训指导，定期召开专业培训会，组织相关专业统计人员学习省、唐山市统计局关于专业统计的各项知识和技能，同时将局机关业务骨干组成技术指导小组下到基层，及时协助基层统计人员解决镇乡经济运行中存在的问题，帮助相关部门和镇乡进行有针对性的分析，提高基层统计人员业务水平。

【提高统计服务水平】 1. 围绕市委、市政府中心工作，不断挖掘分析的深度，及时做好经济发展趋势预测分析，搞好专项调研。2014 年，全市经济走势低位运行时间较长、财税收入形势较为严峻，市统计局在对本市多项重点经济指标进行严谨统计、科学预测的同时，深入追踪全国百强、全省十强、唐山市十四个县区、河北省拟直管六县（市）的横向对比及纵向发展位次变动情况，为市委、市政府领导按月提供富有见解和实践性的统计专刊，市委、市政府高度重视，并多次就统计局这类专报作出重要批示。2. 确保统计数据信息的时效性，第一时间为领导提供数据信息。为保证市领导在第一时间把握全市经济社会发展最新情况，年内，市统计局干部职工加班加点编撰《经济月报》，确保印刷发行时间不断提前，基本能够做到每月 8 日报表封网，9 日上报，10 日汇总编撰，11 日完成月报印刷，12 日准时上报至市委、市政府领导案头备阅。此外，为确保市领导能够比月报提前掌握统计数据，统计局通过对部分迟滞指标进行科学预计的方法确保每月初能为领导提供统计专报，得到市委、市政府领导高度认可。

【加强统计执法】 加大统计执法力度，强化统计法律法规宣传督导，深入优化统计法治环境。通过完善专业检查机制、开展季度统计执法检查工作和深化统计法律法规宣传等多种手段，提高全市统计法律法规的认知度，营造了良好的法律氛围。2014 年，全市无统计违法行为发生。

【科学把握 GDP 核算工作】 围绕市委、市政府中心工作，以 GDP 核算为龙头，根据市统计局对县（市）GDP 季、年报核算工作的要求，加大与唐山市局相关专业处（室）的协调，做好与市财政局、地税局和辖区银行、通信、邮政等相关基础数据采集部门的沟通衔接，及时掌握指标情况，及时发现基础数据中存在的差距和问题，着力提升他们上报数据的质量，有效夯实各专业、各部门核算基础数据，确保 GDP 核算更加真实准确地反映全市经济总量。

市统计局
局　　长　李文秋
副 局 长　孟国武　徐晓静（女）
农调队队长　冯淑华（女）
城调队队长　张凤田
主任科员　曹向民

（司马龙）

国家统计局迁安调查队

【建设服务型统计，提高统计影响力】 1. 健全分析信息工作机制。抓住经济运行的关键节点，发挥数据资源优势，深入一线，广泛调研，围绕稳增长、转方式、调结构总体战略，着力增强经济形势分析的敏锐性和及时性，提高专题分析的深度和广度，准确研判经济运行的重大走势，撰写一批针对性较强、参考价值较高的分析报告，发挥决策参谋作用。及时提供进度统计数据信息，满足各级政府和社会公众对统计调查数据的需求；健全分析信息考评制度，抓好绩效考评，明确分析信息编写任务，按季度点评通报完成情况。2. 加强部门间沟通协调。加强与调查总队、市委办和市政府办的沟通，围绕总队月度约稿和季度分析开展专题调研，拓宽信息来源渠道，提高信息分析采用率。3. 树立精品意识，提高服务水平。以服务创品牌，提升服务能力，围绕宏观经济走势，加强经济运行动态监测，及时提供预警信息和监测报告；围绕党政中心工作和社会关注的热点、焦点问题，利用现代信息技术搜寻整理加工数据，撰写一批有理论依据、有案例分析、有对策见解的分析信息，为党委、政府和社会公众提供优质服务；认真做好对重点指标、数据及经济运行趋势的审核评估，确保调查数据及时性、准确性和权威性。

【严格业务规范，确保数据质量】 充分认识数据质量的极端重要性，确保调查数据能准确反映迁安经济社会发展的实际成果。一是夯实基层基础。贯彻国家局和总队要求，严格执行国家调查制度和方案，完善各专业工作规范，自觉维护调查工作科学性、准确性和权威性，稳妥做好新旧数据的衔接，顺利完成各专业定期报表任务。二是抓好源头数据核查。加大对已报数据抽查力度，完善经常性实地核查制度，采用机查、人核、抽检等多种方式核查源头数据；三是认真履职。坚决抵制各种干扰，如实搜集、报送调查资料，提高调查专业人员及全社会的统计法律意识，坚决维护统计调查工作的集中统一领导，确保政令畅通，令行禁止。四是强化管理。通过集中培训、跟班检查、座谈会等方式，提高培训效果，年内，培训辅助调查员、调查对象 320 人次；严格按照辅助调查员管理办法，抓好辅助调查员的选配，提高配合度和责任心。

【推进城乡住户一体化调查】 认真执行城乡一体化住户调查制度，做好记账资料的审核、录入、汇总和样本轮换工作，确保居民收支数据的真实可靠和平稳过渡，确保分市县数据与省级抽样调查数据的总体匹配。一是抓思想。要求专业人员及辅助调查员，充分认识城乡一体化住户调查数据的重要性，树立“为国记账，严守数据质量；为民理财，笔笔记真记实”的理念和责任感。二是抓源头。要求辅助调查员增加访户的次数和入户辅导时间，对调查户在记帐过程中出现的问题及时纠正，确保源头数据的准确可靠。三是抓规范。通过自审互审，要求调查队调查人员找差距，摆问题，并及时向记账户反馈、讲解，协助记账户规范记账。四是抓审核。建立调查户自我审核、辅助调查员报账前审核、工作人员录入时逐户审核、汇总后逻辑关系重点审核的四层审核制度，保证数据的科学性和合理性。

【认真完成国家调查任务】 1. 强化“两个意识”。始终坚持实事求是原则，做到独立调查、独立上报、独立监督，恪守数据质量为第一生命的职业操守，以数据质量为核心，主要负责人亲自抓，负总责，关键数据必须经队主要领导审签；建立健全数据质量控制体系，明确每一个环节质量的标准和技术规范，严格遵循国家调查制度方法，认真抓好调查数据采集、整理、审核、评估、管理、发布等各个环节工作，把住统计调查数据“源头关”，确保国家宏观调控和国民经济核算所需重要统计数据真实可信。2. 认真完成常规调查。抓好国家调查项目的组织实施，把握重点环节，加大对数据生产流程的管控，圆满完成城乡一体化调查、农产品生产者价格调查、主要农产品中间消耗调查、小微企业调查、畜禽监测、农民工监测、退耕还林调查、产量和播面全年调查以及新设立小微企业跟踪调查等常规工作。3. 认真完成专项调查。2014 年上半年，全国统计部门调查重中之重为全国第三次经济普查。迁安调查队从年初开始积极准备、认真筹划，至年底圆满完成第三次全国经济普查个体户抽样调查工作。

【扎实推进统计法制建设】 一是认真执行《统计法制工作规范》，建立统计法制基础工作、执法检查工作和案卷整理工作规范流程，将统计执法工作的全流程纳入规范化轨道。二是抓好统计普法教育。制定《2014 年迁安调查队统计法制》等文件，抓好普法教育，创新方式，重点抓好乡镇分管领导、调查员、调查对象和社会公众的统计法制宣传，增强工作人员的法治意识，提高调查业务工作规范化水平。三是加大执法力度。把保证数据质量作为统计执法检查的根本目的和有效手段，确保调查对象依法如实填报统计数据，基层辅助调查员严格依法统计，夯实统计数据质量的法律基础。

国家统计局迁安调查队

队　　长　邸海军
副 队 长　马　国
纪 检 员　杨秀艳

副主任科员　王永久

（马　国）

审计管理

【概况】　2014年，审计管理继续以审计创新为动力，以提升审计成果质量为核心，以加强审计业务管理为基础，认真履行宪法和法律赋予的职责，全面提高依法审计能力和审计工作水平，取得显著成效。全年完成6个项目、134个单位的审计工作，查出管理不规范和违规违纪资金2.68亿元，减少财政拨款2.07亿元。

【财政审计】　2014年，专门成立4个审计组，分别对财政局、地税局、老干部局、园林局、文广新局、房征办、卫生局、东部工业园区（后更名为高新技术产业开发区）管委会8个单位进行审计。审计中，按照唐山市局“八项制度”规定以及预算执行审计工作方案的要求，本着“突出重点、全面审计”的原则，在全面审计被审计单位收支总体状况的基础上，根据各个单位不同特点，对其关键环节和关键部位进行审计，同时为落实中央“八项规定”，还特别关注被审计单位“三公经费”和培训费的支出情况，审计结束后，针对存在问题，起草了专题报告，并代表市政府向市人大常委会作了审计结果报告，根据市人大和市政府的要求，相关部门和单位对所存在的问题进行了严肃整改，使问题得到有效解决。

【基建审计】　迁安市正在构筑特色中等城市，基本建设规模不断扩大，大量的财政资金投向城市建设，为保证财政资金的合理高效使用，进一步加大基建审计力度，全年共审计工程决算项目103项，这些项目原报变更增项金额2.55亿元，审计核减4941万元，核减率为19%；完成预算标的控制价审计109项，原报预算金额8.37亿元，审计核减9003万元，审减率为11%；完成零星工程政府采购价复核662项，原报采购金额4.41亿元，审计核减6713万元，核减率为15%。通过开展这些审计，促进了党风廉政建设，为财政节省了大量资金。

【经济责任审计】　近年来从中央到地方各级党委、政府对领导干部经济责任审计工作都非常重视。因为领导干部经济责任审计，是加强对领导干部管理监督、促进党风廉政建设，全面考核和正确评价领导干部的一项重要举措，也是把权力关进制度笼子里的重要一环。为此，市审计局不断探索和研究新形势下经济责任审计的新方法、新路子。在年内所承担的16个领导干部经济责任审计中，注重三个转变：一是由监督检查经济指标完成情况为主向以监督检查经济决策为主转变，把领导干部依法决策、科学决策、民主决策、公正决策情况作为重中之重，评价领导干部重大经济决策的程序、执行和效果情况以及依法施政情况；二是由以财务收支审计为主向以内部控制制度审计为主转变，不仅审计其内部控制制度的建立健全情况，更审计其执行情况；三是由以检查财政财务收支中的违纪违规为主向以检查落实中央八项规定情况为主转变。特别注重以权力制约权力，真正落实把权力关进制度的笼子里。除此之外，不断细化审计内容、完善评价标准，取得较好效果。

【稳增长促改革调结构惠民生政策措施落实情况审计】　根据《国务院办公厅关于印发稳增长促改革调结构惠民生政策措施落实情况跟踪审计工作方案的通知》和河北省、唐山市的有关要求，组织大部分审计力量，围绕国务院、河北省和迁安市出台的稳增长、促改革、调结构、惠民生一系列政策措施分两次进行跟踪审计。审计中，按照《国务院办公厅关于印发稳增长促改革调结构惠民生政策措施落实情况跟踪审计工作方案的通知》确定的22个方面、67项政策措施落实情况的要求，重点审计5项内容：一是对中央、河北省和迁安市各类政策措施的落实是否制定规划并如期完成，相关规划是否符合要求。二是列入规划的各类项目建设进度是否符合时间要求，重点建设项目在落地过程中遇到的主要困难和问题。三是与稳增长、促改革、调结构、惠民生直接相关的各类财政资金、信贷资金是否保障到位并及时投入使用，有无资金大量沉淀以及在投放过程中遇到政策障碍和制度制约问题。四是简政放权、对企业减负、营改增等相关改革措施是否落地，重点关注相关改革措施落地过程中遇到的制度瓶颈。五是国家产业政策和调整经济结构相关措施是否执行到位，财政资金和信贷资金是否投向国家限制类产业和项目，淘汰落后产能关注任务是否按期完成，对产能过剩行业是否审批新的项目，产能等量和减量置换政策是否执行到位。通过本次审计，摸清了有关部门落实中央、河北省和迁安市稳增长、促改革、调结构、惠民生系列政策措施情况，发现并查找出了一些问题和不足，提出了切实可行的整改意见和建议，将对全市经济社会健康发展起到积极的促进作用。

市审计局
局　　长　赵云新
副 局 长　孟令彪　李宝军
主任科员　孟令彪　魏　波

（李继庚）

质量技术监督管理

【概况】　2014 年，市质监部门坚持“抓质量、保安全、促发展、强质检”的工作方针，按照省、唐山市质监局关于“质检利剑行动”的总体部署，集中开展了 3C 产品、农产品、管理体系等认证企业执法检查，共检查认证企业 41 家，收回 1 家无生产基地有机认证单位的认证证书；开展建筑用钢材、水泥、电线电缆等直接涉及人身健康和建设工程安全产品的专项整治，对 2 家无证生产水泥、1 家无证制氧的企业依法进行处理；计量器具专项检查，加强对集贸市场、超市、加油站、医疗卫生机构等单位在用计量器具的监督；实验室资质认定专项监督检查，对存在设备使用记录不完善、仪器设备标识不规范、设备超期未检定等问题的单位责令限期整改，提高了 11 家检测机构的检测质量。累计办理行政处罚案件 154 起，其中，立案 97 起，现场处罚 57 起，结案率 100%，接待处理消费者投诉 10 起，接待率达到 100%，无一行政复议和行政诉讼案件。全市产品质量水平进一步提高，实现两个安全监管零事故的目标。市质监局被唐山市质量技术监督局评为先进单位，被迁安市委、市政府评为优秀领导班子。

【质量管理】　年内，围绕全市主导产业、特色服务业、重点企业、规模农业，市质监局确定了 34 家重点服务企业，在名牌培育上重点扶持、在标准制定和计量保障上重点帮扶、在检验检测上热情服务。重点开展质量管理体系和环境管理体系获证企业专项检查和名优产品（服务）发展状况专项调查。组织全市 15 家名优企业填报了名优产品信息采集系统，建立了全市企业质量信用档案数据库。针对迁安钢铁及危化产品生产企业无证生产的问题，向唐山市质监局进行书面汇报，建议针对不同企业，采取相应措施，加强质量安全管理。完成全市生产电线电缆、危险化学品、电热毯等 12 类产品的 30 家工业产品生产许可证企业的年度审查。对 15 家危险化学品获证生产企业开展专项监督检查，加大对获证企业的监管力度。定期发布《迁安市工业企业质量状况分析报告》。全市生产企业产品等级品率达到 94.22%，合格率 95% 以上。

【名牌战略】　2014 年，市质监局在迁安高新技术产业开发区开展“河北省知名品牌创建示范区”工作，帮助河北百善药业有限公司等单位的“人参健脾片”、河北海钺耐磨材料科技有限公司的“超大型高强度链节”等产品获得河北省名牌、优质产品称号，帮助贯头山酒业、三元食品有限公司等 4 家企业获得“唐山市第二批食品安全诚信示范单位”称号，在重点企业开展质量安全道德大讲堂活动，质量管理工作更加扎实、深入。

【标准化管理】　2014 年，建立全市标准管理档案，实现对企业标准的动态化监管，投资 2 万余元，补充、更新了市质监局标准图书库。组织首钢迁安钢铁有限公司参加黑色冶金行业标准《YB/T2011 – 2014 连续铸钢方坯和矩形坯》《YB/T2012 – 2014 连续铸钢板坯》两项标准的制修订工作，并做为首个标准起草人对外发布。帮助首钢迁安钢铁有限公司完成汽车结构用热连轧钢板和钢带（Q/SGZGS0315 – 2013）、集装箱用热连轧钢板和钢带（Q/SGZGS0331 – 2013）两个企业标准和碳素结构钢和低合金结构钢热轧厚钢板和钢带（GB/T 700－2006）、锅炉和压力容器用钢板（GB/T 713－2008）两个国家标准的修改采标工作，上述四项标准获得河北省质监局颁发的采标标志证书和采标认可证书。首钢迁安钢铁有限公司以5A的优异成绩通过河北省专家组验收，成为迁安第三家获得标准化良好行为试点项目的企业。全市生产企业标准覆盖率达到99.6%以上。

【计量管理】 根据全市重点用能单位能源计量管理现状，2014年，市质监局编制了能源计量审查年度计划。组织大唐国际热电等7家企业的计量管理人员参加能源计量管理培训班，帮助九江工贸等6家企业通过能源计量审查。重点工业耗能企业的能源计量管理能力和计量数据的统计分析能力有较大提高，能源计量在节能减排中的作用越来越突出。重点加强对集贸市场、超市、加油站、医疗卫生机构、眼镜配制等单位在用计量器具的监督检查，强化加油机、电子汽车衡、医用计量器具、民用四表的强制检定工作。全年累计检定各类计量器具2.87万台（件），计量器具强检率达到了6%。

【质量检验】 年内，市政府办公室发出《关于印发迁安市禁止销售使用高硫燃煤和焦炭实施方案的通知》，选定河北省京唐港煤炭质量监督检验站为迁安市煤炭（焦炭）质量检验机构，对列入名单的228家企业全面开展抽样送检工作。对列入2014年度河北省重点耗煤工业企业目录的企业相关人员进行了《DB13/2081－2014 工业和民用燃料煤》新标准宣贯工作，帮助企业按照新标准的要求提升检测能力。全年抽检煤炭（焦炭）企业56家次，样品70个批次；配合省、唐山市质监局抽检煤炭（焦炭）企业16家次，抽取样品33个批次，圆满完成上级质监部门下达的大气污染防治工作任务。2014年，对全市小麦粉、原料奶、粉条、食品用易拉罐等食品及相关产品和带钢、灰铸铁件、热轧光圆钢筋等工业产品抽检384个批次。其中，抽检食品企业28家次，抽取粉条、粉丝、大米、白酒等食品及相关产品134个批次。

【食品安全监管】 2014年，以建设“食品安全示范县”为契机，市质监局对全市生产食品及相关产品的28家企业和小作坊开展了风险排查，开展以生产过程控制、产品标准符合性、产品标识标注为重点内容的食品集中整治；帮助今麦郎饮品有限公司唐山分公司、河北蓝亨啤酒有限公司等9家企业办理了食品生产许可证新办、换证等相关手续。

【特种设备安全监察】 2014年，市质监局组织培训特种设备作业人员1061人次；办理特种设备注册登记证1187个，掌握了全市9161台特种设备的基本情况，在用特种设备使用登记发证率100%；协调唐山市特检所等单位检验特种设备7329台次，检验钢瓶621只、压力管道18千米、校验安全阀1135只，特种设备定期检验有效率达到95.59%以上，重点监控设备定期检验率100%。配合省质监局对唐山燕山钢铁公司、迁安首钢设备结构厂、首钢迁安制氧厂、迁安建华车辆改装厂完成气瓶充装换证、移动压力容器充装、无损检测单位取证等工作，帮助企业取得相应的资质，市质监局安全阀校验站完成了换证审核工作。联合市民政、教育、卫生等部门开展特种设备安全专项整治，开展了气体充装专项治理、电梯专项治理、涉氨和涉氯企业专项治理，实现特种设备行政许可、检验检测和日常监察的无缝对接，保障了全市特种设备的安全运行。

市质量技术监督局
局　　长　张卫兵
副 局 长　张　军　王爱民　周现保
主任科员　宋立文

（李凤文）

工商行政管理

【注册登记】 实施制定宽松准入政策、深化登记制度改革、提升服务效能三项“创新驱动”，激发市场主体创业活力。制定出台了《迁安市工商行政管理局市场主体增量行动实施方案》和

《迁安市工商行政管理局服务全民创业和民企二次创业工作计划》等一系列突破性政策，按照“法无禁止即许可”的原则，贯彻注册资本登记制度改革，落实好国务院出台的“前置”改“后置”审批事项，推行容缺登记制度和“红盾U盘”“为民服务无休日”服务机制，促进市域经济发展壮大。2014年，新登记各类市场主体6162户，较上年同期增长25.29%。其中，新登记企业946户，同比增长90.73%；农民专业合作社62户，同比增长129.63%；个体工商户5154户，同比增长17.24%。全市市场主体总量累计达到33658户，其中，企业4523户、农民专业合作社335户、个体工商户28800户。

【商标广告管理】 继续开展商标兴企服务，做优、做活商标服务职能，助力企业转型攻坚。帮助两家企业完成“迁安板栗”地理标志证明商标和“冀东”驰名商标的申报工作。新申报河北省著名商标3家，续评河北省著名商标6家，新申报唐山知名商标3家，续评唐山知名商标4家，申报驰名商标1家，地理标志证明商标1家。

【融资工作】 搭建动产抵押、股权出质和商标专用权质押“三大融资平台”。广泛宣传利用动产抵押、股权出质和商标专用权质押进行融资的优势、程序及操作规程，引导企业深入挖掘股权、商标权、动产的价值。根据工商部门掌握企业信息较多、较全的优势，主动为金融机构与企业之间、企业与企业之间穿针引线、架桥铺路。年内，全市办理股权出质登记16件，出质股权数额36.21亿元，被担保债权37.42亿元；办理动产抵押登记84份，为企业融资142亿元，创历史同期最高纪录。

【综合执法】 抓好三项“监管举措”，搭建市场主体健康发展新平台。1.积极落实企业信息公示制度，对企业信用关联信息进行分析，更精确地筛选出经营状况不良、受过行政处罚和司法裁决的企业，对其重点监管、信用预警。2.建立巡办分离制度，拓展监管执法领域，将监管重心由登记事项向市场主体经营行为转变，进一步加强商品质量监管，强化竞争执法工作，严厉打击侵犯商标专用权和销售假冒伪劣商品的违法行为，严肃查处虚假违法广告，切实加强对市场主体的监管，确保管住管好。3.积极更新监管理念，法无明令绝不越位监管，法无禁止则允许市场主体正当经营。严格实行涉企检查登记备案制度，推行和完善首次不罚、改过免罚、重大行政处罚案审制度，严禁影响企业正常生产经营的随意检查、重复检查和多头检查。严厉查处乱收费、乱罚款、加重企业负担、破坏经济发展环境的重点案件、重点人员。全系统共登记案源1126件，审批立案1094件。其中，核审通过无照经营案件588件，食品安全违法案件84件，商标违法侵权案件93件，流通领域商品质量案件52件，登记监管案件71件，不正当竞争案件18件，广告违法案件17件。行政指导7084个市场主体13608次，发放行政提示书9756份、行政告诫书720份、行政建议书2045份、行政预警通知书889份、行政约见书198份。

【食品安全监管】 继续围绕“许可”和“监管”两大主线，以食品流通安全无事故为基本目标，扎实推进食品安全监管工作。年内，全系统共受理新办和延续“食品流通许可证”1260份；查办食品案件164起；实施食品抽样检验211批次，合格率86%；组织开展专项整治行动10次，全系统累计出动执法人员万余人次，平均入户检查15次以上，没收、销毁超保质期食品约1100公斤、劣质食品约40公斤、假冒食品约6740.5公斤。

【消费维权】 开拓将消费维权与流通领域商品质量监管相结合、与案件查办相结合以及消费维权与社会监督相结合的“三结合”工作思路，构建消费维权全新格局。制定《12315受理中心信息分流制度》和《“诉转案”案件处理工作规范》，进一步深化“诉转案”工作机制，构建系统内部“诉转案”纵向联动、横向互通的高效运作模式。全年接待消费者咨询12293人次，受理申诉541件、举报649件、投诉212件，申诉办结率、调解成功率均达98%以上，结案率达到

97%，为消费者挽回经济损失89.3万元。

【农资市场监管】 为维护广大农民群众的利益，从监管、监测、维权等方面入手，将行政执法与惠农政策相结合，加强农资市场监管。深入宣传，推行农资经营者商品质量承诺制，引导农资经营者自律经营，选出3家农资经营示范店，完善农资经营户登记监管信息，推行网络化、信息化监管。加大农资案件查处力度，加强农资市场动态巡查，对农资经营户实行零距离监管，开展农资抽检行动，共抽检化肥37批次，不合格18批次，查处农资案件21起，罚没款15.8万元，没收不合格化肥87袋。

【私营个体经济协会工作】 在建立会员服务体系的基础上，结合会员实际需要，突出重点，为会员解决实际问题。抓好维权服务，共答复咨询590多人次，代理会员各类诉讼案件20起，挽回经济损失186万元。充分利用媒体网络资源，搭建信息服务平台，及时向会员提供国家法律、政府优惠政策、招商引资等相关方面的信息18条，组织2家企业参加全省民营企业吸纳大学毕业生就业专场招聘会，为大学生提供了85个就业岗位。各分会在办照服务大厅为会员提供办照窗口服务、咨询服务、代办商标注册服务，解决部分会员因文化水平低导致的验照难问题。积极为会员争取创业基金、扩大再生产基金，协助邮储银行为14户会员提供小额贷款80万元，有效解决企业资金短缺的问题。

市工商行政管理局

局长 王起
副局长 武林全 李红军 王永军
纪检组长 李志刚
经济检查支队队长 唐勇
城区工商分局局长 玄兆春
惠宁工商分局局长 王玉泽
夏官营工商分局局长 玄艳华（女）
建昌营工商分局局长 花建新
野鸡坨工商分局局长 兰涛
大崔庄工商分局局长 王小飞
杨店子工商分局局长 孙曙光
沙河驿工商分局局长 田庆国
马兰庄工商分局局长 张卫东
滨河村工商分局局长 邓凤友

（林　林）

市场建设管理

【概况】 2014年，市场建设服务中心内设机构4个，即：办公室、人事教育科、开发建设科、经营服务科，下设兴安所、城关所、昌盛所、惠宁所、夏官营所、杨各庄所、建昌营所、大崔庄所、杨店子所、沙河驿所、滨河村所、野鸡坨所、赵店子所13个市场建设服务所和1个市场治安派出所，全系统有干部职工129人，中层干部34人。年内，市场中心积极运作，挖潜增效，加快建设步伐，市场建设和管理水平不断提升，精神文明建设和队伍建设不断加强，市场安全稳定无事故，市场建设服务工作再上新台阶。

【市场建设】 立足实际，着眼于城市建设发展大局，市场建设工作稳步推进。1. 对南果菜市场进行全面改造，确保国家卫生城复审一役达标。南果菜市场是卫生城复审必查单位，因此，重点对南果菜市场进行改造。投资69万元，对公厕进行全面升级改造、修复破损路面、南北大厅全面粉刷、84间板房统一配备货架100个、肉市大厅重新铺设混凝土地面约400平方米等，市场硬件设施基本达标。2. 结合党的群众路线教育实践活动，改造其他市场硬件设施，切实为经营户服务。从市场硬件设施入手，不断完善市场环境。投资5000元，对滨河村市场破损的市场棚台进行全面维修；投资4万元，为购物中心、南果菜市场做防水，对彭店子市场公厕进行改造修缮；投资2600元，为毛家洼市场、南果菜市场84间板房设置遮阳网，解决夏日炎热、果菜变质问题。

【市场管理】 开展环境卫生综合整治行动，提升市场管理水平，顺利通过国家卫生城市复审验收。一是整治市场秩序。重点治理摊位外溢、欺街占道、堵塞交通等现象。二是整治市场卫生，加大卫生保洁力度。三是加强食品卫生安全管理。突出重点，集中整治农村集贸市场环境。要求各集贸市场重点治理集日市场秩序，无摊点外溢、无“三趟案”、无欺街占道、堵塞交通现象发生，市场内无乱堆乱放垃圾、柴草等现象，集前集后做好市场保洁，做到摊位整洁，人走摊净，为群众创造良好的集日环境。重点对建昌营、夏官营市场进行了卫生整治，市场面貌有较大改观。

【市场安全】 建立安全生产工作长效机制。安全生产实行目标管理。市场服务中心及各所分别成立安全生产工作领导小组，实行层级管理，层层抓落实，将安全工作纳入年终目标考核，实行一票否决制。普及消防知识，强化经营者消防意识。利用广播、条幅、知识手册等形式宣传安全生产知识，提高广大经营者对安全生产的认识。7月，举行了一场由南果菜市场全体经营户及各所所长参加的消防安全演练，增强广大经营户的安全意识，提高了安全防火技能。全面做好冬季防火工作。加强检查，重点检查购物中心、南果菜市场、毛家洼新果菜市场、昌盛市场、滨河村市场的消防设施是否完好，安全出口、疏散通道是否畅通，对挤占疏散通道、遮挡、闭锁安全出口的，要求立即整改，并记录在案，以备再查；对各封闭市场电线线路进行全面排查，对老化的线路重新更换。

市市场建设服务中心

主　任　赵新明

副主任　徐平华　李国文　王艳民

（杨艳文）

物　价

【概况】 2014年，市物价局内设办公室、价格管理科、收费管理科、物价检查所、价格认证中心（涉案科、车损科）、价格监测科。物价工作以党的群众路线教育实践活动为契机，以优化发展环境、促进经济发展为主体，以服务经济和培育市场为主线，认真履行经济调节、市场监管、社会管理和公共服务职能，着力解决价格和收费问题，努力化解各种价格矛盾，保持价格总水平的基本稳定。制定价费政策严格履行5条惠民政策：1. 年内原则上不出台价费上调项目，依政策确需新调价和新定价项目，坚持做到新执行价费低于唐山市周边县市价费水平。2. 上级价费政策有上下限的，执行下限价费政策。3. 对城乡低保户、经济困难户的交通事故车辆鉴定减免收费。4. 对政府定价、政府指导价以外的价费争议，也须认真受理，提供成本监审、价费商定等服务。5. 城市燃气初装费在市政府未出台新政前，暂由燃气公司会同房地产开发企业协商确定，计入商品房价格，但不得向用户单独收取。

（胡才伟）

【价格监测与干预】 1. 根据国家《价格监测规定》和唐山市局《价格监测报告制度》规定，圆满完成上级下达的2014年各项价格监测任务。全年完成常规价格监测（农产品农资20种商品价格周报、粮油肉蛋菜30种商品价格旬报、生产资料生活日用品涉农收费180种商品价格月报）200余次；撰写信息稿件20余篇，被县级以上党政机关采用5篇左右。2. 完成上级下达的2014年迁安市农资购买、农户存粮、2015年农户种植意向专项调查；及时调整农调点农调户，对农调户填报的各项数据认真审核，保证调查数据的准确性、客观性、代表性，按要求完成了指定品种玉米、花生、苹果、中规模生猪、大白菜和大棚黄瓜的调查汇总及分析上报工作。3. 继续坚持重要商品销售价格或调价备案制度。年内受理9家房地产22个预售价格备案项目，备案建筑面积累计165.36万平方米，其中商品房住宅建筑面积158.23万平方米，商铺建筑面积7.13万平方米。

（魏国喜　侯　一）

【价格管理】 1. 根据省物价部门要求，对辖区内非居民天然气价格进行调整。在广泛调研基础上，以真实供气数据以及成本情况为基础，结合迁安市供气企业和用气企业实际，确立非居民用天然气价格调整为3.90元/立方米，比唐山市区低0.05元/立方米，比滦县低0.1元/立方米。2. 协调好三项热点供气价格工作。一是明确迁安中石油昆仑有限公司供应杨店子镇右岸·嘉苑居民取暖用气价格按河北省物价局文件规定执行，居民用气价格2.35元/立方米；二是经协调确定了迁安华润燃气有限公司供应野鸡坨镇龙山社区居民取暖锅炉用气执行2.98元/立方米优惠价格；三是协调了唐山市天然气有限公司所属迁安市天达天然气有限公司供应迁安市思文科德薄板科技有限公司天然气价格为3.50元/立方米，与唐山市天然气有限公司供应唐山金信太阳能玻璃有限公司（迁西）天然气执行同一优惠价格；迁安中石油昆仑有限公司与迁安市思文科德金属包装有限公司用气价格暂按3.50元/立方米价格执行。此外，协助省物价局完成京秦高速公路迁安支线车辆运行费收费标准工作，为市高新技术产业开发区供水价格、葵花药业生物制药有限公司复合凝乳酶胶囊价格和山叶口景区门票价格调整提供特事特办服务。

（魏国喜　杨秀芬　崔佳山）

2014年迁安市主要价格调整情况表

表14

执行时间	文　号	主　要　内　容
1月3日	冀价管〔2014〕1号	转发《国家发展改革委办公厅关于调整部分麻醉药品价格的通知》对部分麻醉药品价格继续调整
1月10日24时	冀发改传〔2014〕3号	河北省发展和改革委员会关于降低成品油价格的通知。90号汽油（Ⅳ）最高零售价格由每吨9580元调整为9455元，每吨降低125元；0号柴油最高零售价格由每吨8460元调整为8340元，每吨降低120元
1月24日24时	冀发改传〔2014〕7号	河北省发展和改革委员会关于降低成品油价格的通知。90号汽油（Ⅳ）最高零售价格由每吨9455元调整为9325元，每吨降低130元；0号柴油最高零售价格由每吨8340元调整为8215元，每吨降低125元
3月26日24时	冀发改传〔2014〕14号	河北省发展和改革委员会关于降低成品油价格的通知。90号汽油（Ⅳ）最高零售价格由每吨9530元调整为9395元，每吨降低135元；0号柴油最高零售价格由每吨8415元调整为8285元，每吨降低130元
4月24日24时	冀发改传〔2014〕18号	河北省发展和改革委员会关于提高成品油价格的通知。90号汽油（Ⅳ）最高零售价格由每吨9395元调整为9550元，每吨提高155元；0号柴油最高零售价格由每吨8285元调整为8430元，每吨提高145元
4月1日	唐价经费字〔2014〕6号	关于调整唐山市新建住宅小区电力设施建设费收费标准的通知。市区范围内新建住宅小区电力设施建设费由90元/平方米调整为128元/平方米。保障性住房按照此标准的70%收取
5月9日24时	冀发改传〔2014〕20号	河北省发展和改革委员会关于降低成品油价格的通知。90号汽油（Ⅳ）最高零售价格由每吨9550元调整为9500元，每吨降低50元；0号柴油最高零售价格由每吨8430元调整为8380元，每吨降低50元
5月23日24时	冀发改传〔2014〕23号	河北省发展和改革委员会关于提高成品油价格的通知。90号汽油（Ⅳ）最高零售价格由每吨9500元调整为9570元，每吨提高70元；0号柴油最高零售价格由每吨8380元调整为8450元，每吨提高70元

续表 14

执行时间	文　号	主　要　内　容
6月23日24时	冀发改传〔2014〕30号	河北省发展和改革委员会关于提高成品油价格的通知。90号汽油（Ⅳ）最高零售价格由每吨9570元调整为9735元，每吨提高165元；0号柴油最高零售价格由每吨8450元调整为8610元，每吨提高160元
7月21日24时	冀发改传〔2014〕34号	河北省发展和改革委员会关于降低成品油价格的通知。90号汽油（Ⅳ）最高零售价格由每吨9735元调整为9490元，每吨降低245元；0号柴油最高零售价格由每吨8610元调整为8375元，每吨降低235元
8月18日24时	冀发改传〔2014〕38号	河北省发展和改革委员会关于降低成品油价格的通知。90号汽油（Ⅳ）最高零售价格由每吨9490元调整为9300元，每吨降低190元；0号柴油最高零售价格由每吨8375元调整为8190元，每吨降低185元
9月1日	冀价管〔2014〕92号	关于调整非居民用存量天然气价格的通知。非居民用存量气城市门站价格每立方米提高0.40元
9月1日24时	冀发改传〔2014〕40号	河北省发展和改革委员会关于降低成品油价格的通知。90号汽油（Ⅳ）最高零售价格由每吨9300元调整为9195元，每吨降低105元；0号柴油最高零售价格由每吨8190元调整为8090元，每吨降低100元
9月1日	冀价管〔2014〕95号	关于进一步疏导环保电价矛盾的通知。将省内南、北电网燃煤发电机组上网电价每千瓦时分别降低0.82分钱、0.87分钱，调整后的上网电价标准详见附件1、2、3；将山西、内蒙古西部以点对网方式向华北送电价每千瓦时价格降低0.7分钱，陕西以点对网方式向河北南部送电价每千瓦时价格降低0.82分钱，山西以网对网方式向华北、河北南部送电价格降低0.9分钱，内蒙古西部、东北以网对网方式向华北送电价格分别降低1.2分钱、0.55分钱
9月16日24时	冀发改传〔2014〕43号	河北省发展和改革委员会关于降低成品油价格的通知。90号汽油（Ⅳ）最高零售价格由每吨9195元调整为9055元，每吨降低140元；0号柴油最高零售价格由每吨8090元调整为7955元，每吨降低135元
9月29日24时	冀发改传〔2014〕45号	河北省发展和改革委员会关于降低成品油价格的通知。90号汽油（Ⅳ）最高零售价格由每吨9055元调整为8955元，每吨降低100元；0号柴油最高零售价格由每吨7955元调整为7860元，每吨降低95元
12月31日24时	冀发改传〔2014〕46号	关于车用柴油质量升级价格政策的通知。车用柴油（标准品）质量标准升级至第四阶段（即国四标准）的加价标准为每吨370元，折升后河北省0号车用柴油加价标准为每升0.32元

（侯　一）

【收费监管】　1. 做好收费许可证管理工作。实行经办人、科室负责人、主管局长三级审核制，对2013年度“收费许可证”进行审验，应审验370个，实际审验360个，审验率97.3%。审验采用集中审验和重点部门上门审验相结合的办法，加强对收费单位的动态监管，使收费单位落实好收费政策，保证减轻企业农民负担。2014年新办理医院、民办学校、金融企业、机动车安检等收费许可证12个。2. 辑印5部政策性文件汇编，包括在收的行政事业性收费；在收的实行政府定价、政府指导价的经营服务性收费；在收的经营服务性价格；2013年度国家、省（涉及迁安市的）取消、免征、降低的行政事业性收费。3. 完成市中医院医改试点工作，放开了民营医院医疗服务价格，注销原来为民营医院办理的“收费许可证”25个。4. 完成迁安弘毅学校收费调整工作和市区新能源空调车票价调整工作。

（崔佳山）

【物价监督检查】 1. 认真履行价格检查职能，全年共进行涉农、涉企、医疗、教育、取消收费项目监督落实等专项检查5次，规范收费工作，依法处理违规收费。2. 强化价格监督举报工作。继续坚持举报电话的日常值班制度，实现网上举报、手机电话举报双处理平台，全年处理115件次。3. 从建立长效机制入手，扩大举报工作效应，保护群众的合理合法利益。针对某房地产开发商在房价外另行加收燃气管道建设收费行为，及时印制了《进一步规范我市燃气初装费问题的通知》，印发100多份政策规定，发至开发商手中，严禁损害消费者利益。针对县（市）执行峰谷分时电价而设区市商业企业暂缓执行造成的不公平现状，积极主动向省物价局请示，最终省物价局下发文件对全省的超市企业都暂缓执行峰谷分时电价。

（马爱民）

【价格认证鉴证】 按照客观、公正、科学的原则，全年出具交通事故车物损失价格鉴证报告214件，标的额为1329万元，为交警部门解决交通事故提供了价格依据；完成涉案价格鉴证197件，涉案金额1575万元；价格认证27件，标的250万元。无一例申请复核裁定或重新鉴定，在社会上树立了公平、公正的权威评估机构形象。

（高　花）

【成本监审】 全年累计完成成本监审10项，审核金额13.3亿元，依法核减金额2.17亿元，核减比例为16.3%。1. 支持全市农村新民居建设，完成杨店子镇湾子小区的农民保障房成本监审工作，建昌营镇农民保障房监审正在推进之中；2. 依法核定迁安市弘毅学校教育成本；3. 根据市领导指示，相继完成市区供热成本审核、全市非居民天然气成本审核。4. 年内接待信访案件40余人次，及时回复解答了相关问题。

积极探索供热成本审核“合法性、公正性、先进性”的工作思路，一是在调整民用热出厂价格、销售价格中，依据有效文件和权威数据，采用了供热企业近年来先进指标来精准计算。经测算，迁安市2013年冬供热成本核定为25.6元/平方米，比2012年的30.6元/平方米下降了5元/平方米，按2013年供热面积1096.87万平方米计算，核减资金5484.35万元。二是在富达园住宅（公寓）项目成本审核工作审结后，该项目单位成本为2356.03元/平方米，共核减3049.22万元，这两项为市财政节约开支7840万元。市物价局价格监测信息科被评为省级农产品成本调查先进集体。

（魏国喜）

【成本调查】 完成上级下达的2014年迁安市农资购买、农户存粮、2015年农户种植意向专项调查；及时调整农调点农调户，对农调户填报的各项数据进行认真审核，保证调查数据的准确性、客观性、代表性，按要求完成指定品种玉米、花生、苹果、中规模生猪、大白菜和大棚黄瓜的调查汇总及分析上报工作。

2014年迁安市主要农产品成本效益一览表

表15

项目	单位	玉米	花生	苹果	设施黄瓜	露地大白菜	中规模生猪
主产品产量	公斤	345.94	220.20	1558.80	4216.57	3881.60	121.50
产值合计	元	764.83	1299.28	8340.26	12444.40	2568.88	1545.89
主产品产值	元	744.07	1277.26	8340.26	12444.40	2568.88	1531.57
副产品产值	元	20.76	22.02	—	—	—	14.32

续表 15

项目	单位	玉米	花生	苹果	设施黄瓜	露地大白菜	中规模生猪
总成本	元	1143.27	1391.19	3222.26	10447.57	1407.58	1364.77
生产成本	元	947.27	1195.19	3026.26	10251.57	1211.58	1362.30
物质与服务费用	元	352.27	591.79	1336.84	3372.90	504.58	1201.30
人工成本	元	595.00	603.40	1689.42	6878.67	707.00	161.00
家庭用工折价	元	595.00	603.40	1466.50	5778.50	707.00	161.00
雇工费用	元	—	—	222.92	1100.17	—	—
土地成本	元	196.00	196.00	196.00	196.00	196.00	2.47
净利润	元	-378.44	-91.91	5118.00	1996.83	1161.30	181.12
成本利润率	%	-33.10	-6.61	158.83	19.11	82.50	13.27

说明：1. 种植业调查单位为亩，养殖业调查单位为头；
2. 总成本 = 生产成本 + 土地成本；
3. 生产成本 = 物质与服务费用 + 人工成本；
4. 净利润 = 产值 - 总成本

（魏国喜）

市物价局
局　　长　沈　杰
副 局 长　温景春　张士文
主任科员　任利成

（胡才伟）

安全生产监督管理

【规范管理】　1. 继续加强安全生产源头管理，严格按照国务院《安全生产许可证条例》和国家安全生产监督管理总局《建设项目安全设施“三同时”监督管理暂行办法》规定的条件、程序、时限审查安全生产行政许可项目。全年为 22 家非煤矿山、尾矿库、危险化学品企业办理安全生产许可证申请、换发、变更、延期手续；为 26 家非煤矿山、尾矿库、加油站和六大行业企业办理建设项目“三同时”手续。办结 330 个烟花爆竹经营零售许可证，576 家企业完成或变更职业病危害项目申报。2. 动态推进安全生产标准化建设，继续在非煤矿山（含尾矿库）、危险化学品企业和六大行业（机械、轻工、纺织、电力、烟草、商贸）企业深化安全生产标准化创建工作，规范企业安全生产管理达标。2014 年，有 2 家企业通过二级标准化复评，15 家企业通过标准化三级验收，另有 9 家冶金企业的 26 个单位完成标准化评审，12 家六大行业企业与评价公司签订协议，2 家非煤矿山企业正在开展标准化自评。3. 提升安全生产保障水平，督导 2 家四等尾矿库企业完成在线监测系统建设，13 家危险化学品企业的化工装置完成自动化控制改造。

【宣传教育】　2014 年，市安监局深刻领会总书记习近平关于“人命关天，发展决不能以牺牲人的生命为代价，这必须作为一条不可逾越的红线”重要批示含义，树立“教育培训不到位是重大安全隐患”的意识，依法开展宣教培训工作。组成 22 个新《安全生产法》宣教组到各镇乡宣讲，开展全国第十三个“安全生产月”活动，组织 885 家企业负责人广泛开展履职尽责警示教育，提高全民安全生产意识。组织培训企业主要负责人、安全生产管理人员等共计 5340 名，各企业培训有限空间作业人员、煤防站站长和其他从业人员 5.2 万余名。

【重点行业监控】　1. 加大对重点行业领域的检查力度，采取日常检查和专项检查相结合、联合检查和专家检查相结合的方式，以治理隐患、防范事故为目的，从增强执法工作力度和强度入手，认真开展安全生产日常检查、专项整治、“六打六治”打非治违和安全生产大检查活动，2014 年共检查企业 7617 家次，排查隐患 11044

处。2. 以产业集中度高、隐患突出的行业（领域）为重点，按照“突出重点、全面推进、严格执法、严打强治”的思路开展“打非治违”专项行动，组织过程中注重关键环节，该停产整顿的坚决停产整顿，该关闭的坚决关闭，该取缔的坚决取缔，对拒不执行安全监管监察指令的企业，依法从重处罚，“打非治违”专项行动共检查企业3108家次，排查安全隐患5398处。3. 在全市范围内开展非煤矿山、危险化学品、冶金建材、职业卫生、涉氨企业等重点行业领域的专项整治工作，针对不同领域特点，整治非煤矿山违法经营建设行为，整治危险化学品罐区、固体料仓，整治冶金企业皮带通廊、有限空间作业、涉爆粉尘和高位及半地下料仓，整治涉氨设备、粉尘和高毒危害。全年累计检查企业1243家次，排查安全隐患2273处。

【执法监察】 年初，市安监局制定监管执法计划，以“全覆盖不留死角、零容忍不留后患、严执法不讲情面、重实效不走过场”为总要求，深入企业一线监察安全生产动态，严格落实执法计划。全年累计检查企业901家次，下达各类执法文书1254份，排查安全隐患1008处，停产企业17家。依法加大对企业非法违法行为的处罚力度，全年立案9件，收缴罚款108.89万元。本着实事求是、公平公正的原则，认真查处群众举报、上级督办案件，全年累计受理群众举报和上级督办案件44件，全部办结。

【综合协调】 市安监局作为迁安市安全生产委员会办公室充分发挥协调督导作用，提出安全生产年度目标，分析预测全市安全生产形势，研究、协调和解决安全生产方面重大问题。印发《迁安市2014年安全生产责任制目标管理考核办法》，召开全市安全生产会议，会上市政府与19个镇乡、1个城区办事处、4个园区和23个安委会成员单位签订安全生产目标责任书，保证企业主体责任、行业主管部门监管责任和属地管理责任落实到位。组织举行全市企业负责人履职尽责警示教育启动仪式，各镇乡长、城区办事处主任及安委会成员单位主要负责人等900余人参加，提高了安全生产履职尽责的自觉性。

【应急救援】 市安监局注重生产安全事故应急处置能力建设，2014年编制完成七大专项应急预案备案，同时督导91家企业严格按照《生产经营单位安全生产事故应急预案编制导则》编制本单位的综合预案、专项预案、关键岗位现场处置方案，履行备案手续。按照《河北省重大危险源监督管理规定》要求，督导存在重大危险源的企业进行辨识评估，组织专人对49家企业的重大危险源申报材料进行完整性审查，实施分级备案。开展“应急预案演练周”活动，60余家企业组织开展硐采炮烟中毒、尾矿库溃坝、冶金企业一氧化碳泄漏及中毒、火灾与疏散逃生等科目演练，累计1200余人参加。完成宏奥焦化、宝利源焦化和蓝海焦化应急平台建设并试运行。

市安全生产监督管理局

局　　　长　谌永林
副　局　长　徐志国　吴殿华　姜福奎
　　　　　　　吴　军　谢建民
主 任 科 员　张金富
副主任科员　徐文辉
监察大队大队长　王振义

（李博文）

法治政府建设

【概况】 2014年，市政府法制办公室认真履行职责，积极发挥职能，不断创新工作方法，完成了规范性文件审核清理、行政复议诉讼、执法监督等各项工作，提高了全市依法行政水平，加快了法治政府建设进程，为全市经济社会转型发展提供了强有力的法制保障，在唐山市2014年度依法行政考核中，位列优秀等次。

【依法行政组织保障】 制定下发了《迁安市2014年依法行政工作年度计划》，及时调整推进依法行政工作领导小组成员，召开依法行政专题会议，部署年度法制工作。市政府法制办行政编制6人，有工作人员4人。加强法制机构队伍建设，市公安、工商、国土、规划、住建、交通、环保、教育、农牧、质监、城管等12家执法部门设立了专门的法制机构。

【依法行政制度建设落实】 1. 严格落实领导干部学法制度。通过市政府常务会议、理论中心组学习等多种形式，组织市领导干部学习《国有土地上房屋征收与补偿条例》《国务院关于加强市县政府依法行政的决定》等多部法律和文件。2. 认真落实重大行政决策程序和重大事项报告制度，将群众参与、专家咨询和政府决策相结合的决策机制纳入政府决策程序。3. 落实领导干部任职前法律知识测试和公务人员年度法律知识考试制度。市纪委和组织部对全市拟提拔副科级以上领导干部进行封闭式法律知识考试。4. 认真落实行政问责制度。严格落实《迁安市关于对损害发展环境行为实行问责的暂行办法》和《迁安市行政决策责任追究办法》。5. 落实依法行政年度考核制度。制定下发《迁安市2014年度依法行政考核实施方案》和考核标准。12月完成了对所有行政执法部门年度考核。

【规范性文件审查和清理】 进一步加强对规范性文件起草、审核、备案工作的监督管理，制定下发《迁安市规范性文件制定程序规定》。2014年，共审核以市政府或市政府办公室名义下发的规范性文件4件，审核部门上报的规范性文件3件，同意下发2件，均按照规范性文件“三统一”（统一登记、统一编号、统一公布）制度进行公布下发和备案登记。审核行政合同、合作协议3件。5~9月，对1982年以来以县（市）政府或县（市）政府办公室名义下发的所有规范性文件进行了全面清理，保留165件，废止149件，修改4件。

【行政执法监督】 1. 做好罚没许可证年检工作。对全市各行政执法单位持有的罚没许可证进行年检，全市有63家单位具备行政执法主体资格，其中，镇（乡）政府19家，市直单位44家，共持有151个罚没许可证副本。2. 加强执法队伍建设。组织全市102名新增行政执法人员参加唐山市政府组织的行政执法人员公共法律知识培训考试。3. 完善行政处罚自由裁量权基准制度。市各执法部门通过细化、量化执法标准，完善执法流程、健全配套制度，有效地减少和杜绝了在行政执法中裁量不当、执法不公等现象。4. 组织对行政执法人员的培训考试工作。就行政执法实务及行政执法案卷制作举行专题讲座。12月，组织全市400余名行政执法人员进行公共法律知识测试。5. 加强案卷评查工作。对全市14个主要行政执法部门的67本行政处罚案卷进行评查，提出问题133条，将评查结果进行通报。6. 对行政执法情况进行监督检查。上半年，市监察、物价等相关部门集中开展了“五乱”（乱罚款、乱收费、乱摊派、乱检查、乱评比）清理整治活动。12月，对市交通、城管、交警大队的行政执法人员持证上岗、亮证执法情况进行专项检查。7. 落实行政执法公开工作。制定了迁安市执法公开制度和实施方案，在政府门户网站“中国·迁安”上建立了行政执法公开平台载体，加强对全市行政执法公开工作的督导检查，对公开情况进行通报。8. 积极推进相对集中行政处罚权工作。根据河北省《关于同意迁安等七县（市、区）开展城市管理相对集中行政处罚权工作的批复》要求，迁安市在城市管理领域实行了相对集中行政处罚权，城市管理工作成果显著。

【依法化解行政争议】 1. 严格行政复议案件审理程序，发挥行政复议在化解行政争议中的主渠道作用。年内，受理行政复议案件13件，审结13件，其中维持11件，调解结案1件，变更原行政决定1件。2. 认真做好行政应诉工作。市政府法制办对以市政府为被告的2起行政诉讼案件依法进行了应诉。3. 建立行政调解工作机制。2014年，各行政执法部门调解案件800余件。市司法局按照上级要求建立了交通事故和医疗事故两个专业调解委员会，调解工作有序开展。

【主动接受依法行政监督】 2014年，市政府依法行政工作自觉主动接受人大法律监督、政协民主监督、法院司法监督、行政监察和审计专项监督。及时向市人大报告年度依法行政工作情况，依法履行人民法院的生效判决和裁定，落实人民法院的司法建议，畅通社会公众监督渠道，积极办理投诉举报事项。

市政府办公室主任科员

陈国文（分管法制工作）

（贾永泉　张永新）

政法委及综治工作

【维护社会稳定】 2014年，全市政法机关为维护社会和谐稳定、促进社会公平正义、保障人民安居乐业作出新贡献。深化“护城河”工程建设，圆满完成“两会”、暑期、十八届四中全会、APEC会议等重大安保任务，妥善处理敏感问题，平稳度过敏感期。防范和处理邪教工作取得良好成绩，全年破获邪教案件7起，抓获邪教成员15人。社会稳定风险评估工作深入推进，从源头上化解了不稳定隐患。坚持日常排查与集中排查相结合，排查矛盾纠纷710件，调处699件。

【综合治理】 开展“打黑除恶灭霸扫痞”“缉枪治爆”“禁毒百日攻坚会战”等专项行动，刑事案件立案数下降5.96%，重大刑事案件立案数下降31.84%，收缴雷管15枚、炸药1060公斤，人民群众安全感、满意度进一步提高。特别是在农村开展了打黑除恶灭霸扫痞专项行动，净化“两委”换届环境，确保了换届平稳有序完成。整治省、唐山市挂牌督办的治安重点地区2个。全面清理铁路沿线危树3万余棵。对全市易肇事肇祸精神障碍患者进行免费鉴定和医疗救助，帮助解决医疗费用10万余元。推进治安保险工作，帮助300余户群众获得理赔，受到群众的认可和好评。严格落实查控劝返机制，全市进京“非访”量比上年减少60人次。

【法治建设】 开展执法大检查“回头看”活动，干警执法行为进一步规范。法院全年共审执结各类案件7751件，同比上升83.4%，创历史新高；一审服判息诉率89.7%，案件质效进一步提升；着力推进庭审公开、裁判文书公开、审判流程公开和执行信息公开，通过网络直播庭审28件，公开裁判文书8103份，居唐山前列。检察院继续保持涉检上访零投诉纪录；依托信息平台，实现检务信息的开放透明，保障群众的参与权和知情权。公安局完善“燕赵警民通”门户网站，提高工作透明度。司法局积极发挥法治宣传职能，深入开展尊法、学法、守法、用法主题教育活动，构建大普法格局，加强法治文化建设，服务法治建设。涉法涉诉中心集中开展信访案件“攻坚会战”专项行动，重复访、进京“非访”案件办结率均达到100%，发挥市联合接访服务中心“吸附”作用，全年县级政法部门领导干部共接待群众来访74人次、政法部门领导班子成员共接待来访35人次。

【服务经济发展】 依法稳妥处理涉建源钢铁有限公司系列纠纷，得到市委主要领导肯定。严厉打击各类重大经济犯罪，成功侦破涉及北京、天津、河南、湖南等多个省市的刘某、陈某某特大骗取医保基金案，为国家挽回经济损失2850余万元。对涉及重点项目和重点工程的各类矛盾纠纷依法妥善化解，为加快全市经济转型升级提供了有力的司法保障。开展利剑斩污专项行动，为环境治理作出贡献。

市委政法委书记	张雪峰
常务副书记、综治办主任	高　荣
副书记	马友军　何文奎
政治处主任	陈立民
防范办主任	杨玉林
综治办副主任	杨东旭　梁立军
办公室主任	张立新
涉法涉诉联合接访服务中心主任	王　尚
防范办副主任	尚玉海
国安办副主任	司欣峰

（张立新）

公　安

【概况】 2014年，全市公安机关自觉适应新形势下法治建设新要求，坚持问题导向，政治建警，科技强警，创新机制，夯实基础，提升打击、防范和管理水平，为全市转型攻坚和人民安居乐业营造持续稳定的社会治安环境。全年立刑事案件4165起，破获2080起；抓获犯罪嫌疑人932名，其中刑拘643人、提请逮捕335人、移送起诉688人；打掉各类犯罪团伙23个，抓获涉案成员102人；收缴赃款赃物总计420余万元。受理治安案件5506起，查处1946起，打击违法人员2303名。年内根据省公安厅关于推进全省环境安全保卫机构建设的精神，经迁安市编委报唐山市编委批准，于2014年4月成立市公安局环境安全保卫大队。

【专项治理】 深入开展“春季严打”“打三假”“两战三治理”“暑期严打清剿”打击防范盗窃“三车”“打黑除恶灭霸扫痞”“利剑斩污”“零点行动”“2014利剑斩污”等一系列严打整治专项行动，向各类违法犯罪活动展开凌厉攻势。

【人口变迁】 根据户政系统实时数据显示，2014年全市登记的户籍人口为759210人，其中，城区登记的户籍人口177363人（城镇户口74344人），外来流动人口56136人，本市浮住人口（本市非城区户籍，但在城区居住）83933人。

【治安防控体系建设】 严格按照《武装巡控工作方案》部署，对易受恐怖袭击的重点地区，坚持车巡与步巡相结合、着装与便衣相结合的方式，最大限度地屯警街头，提高街面见警率。在城区实行分片巡逻制度，120名专职警力白天防暴恐，夜间打盗抢；建成了出城、出市“两级封控圈”，全市道路监控达到242个点位，区域监控达到96个片区，形成较为完备的防控体系，有力地遏制了违法犯罪。

【治安管理】 在全国各地暴恐事件频发的严峻形势下，实行反恐情报信息工作汇集、研判制度，密切关注网上、网下涉恐舆论动向，年内搜集上报涉恐情报信息136条；采取明查与暗访相结合的方式对全市29个重点目标进行反恐防范大检查30次，对发现的问题立即整改；充分发挥“涉疆涉稳一体化查缉平台”等查缉、查询平台作用，所队协调联动，开展涉恐基础排查10

次，核查到迁安的新疆籍维族人员45人次，遣返高危新疆籍维族人2名，做到了对全市涉疆涉藏人员底数清、情况明。

【社区及农村治安】 以责任区民警为主，依托乡镇政府和基层治保组织，对辖区内重点上访人、涉疆涉藏人员等不安定因素进行深入细致的排查梳理，对排查出的存在不安定因素的人员逐人逐件登记造册，并明确所长具体负责，村委会、镇（乡）政府、责任区民警直接负责的“三级”管控责任制，切实加强对重点人员及涉疆涉藏人员的管控和稳控工作。对肇事肇祸及有潜在暴力倾向的重性精神病人进行全面排查清理，并依托社区、村（居）委会及企事业单位，采取分片包干等方法，逐乡村、逐社区、逐街道对辖区内相关人员进行梳理，确保排查工作村（居）不漏户、户不漏人。共排查出精神病患者278人，其中，无攻击性精神病患者151人、有肇事肇祸倾向精神病人127人，全部落实了法定监护人、村干部、乡镇干部、责任区民警四级管控措施。

【“110”报警服务】 市公安局“110”指挥中心始终坚持“有警必接、接警必派”的原则，严格做到接警操作规范，处置及时，接警用语文明热情，转警清楚明了。2014年，市“110”报警服务台接到各类报警电话148351个，有效接警25724个，均做到接警及时，指令准确，群众满意。通过回访，了解报警人对接警速度、接警态度、出警速度、出警态度四方面意见，至年底，市“110”指挥中心共回访案（事）件25724起，回访报警人25716人，群众满意率100%。

【出入境管理】 严格出入境管理工作制度，执行面见申请人、调查询问等制度，严防法定不批准出境人员和登记备案的国家工作人员隐瞒身份蒙混出国（境）现象发生，年内阻止17名应出具而未出具单位意见的国家工作人员、5名法定不准出境人员申办出国（境）证件。全年办理护照申请3405人次，港澳通行证申请4223人次，大陆证申请222人次。

【行业场所管理】 相继开展“扫黄打非·秋风2014”“涉黄涉赌违法犯罪专项行动”等专项行动，加强特种行业、娱乐场所治安管理力度，采取集中统一行动和明查暗访等多种形式全面排查个体书刊店和音像制品及电子出版物经营店，全面清理发廊、洗浴中心、休闲会所等容易滋生色情违法和赌博等突出问题的场所和部位，净化全市行业场所经营环境。全年召开行业场所业主会议10次，检查旅馆2534家、歌厅612家、足疗518家、洗浴312家、废品收购站431家、机动车修理315家、典当行48家，停业整顿9家、限期整改35家、现场整改71家。

【危险物品管理】 对全市涉危涉爆重点人员进行全面排查，管控率达到100%。将矿山资源相对较多、使用炸药量较大的马兰庄、蔡园、夏官营、五重安4个乡镇作为重点检查整治区域，对矿山及周边村庄、废弃厂房仓库、养殖场等进行全面排查。2014年，共收缴雷管2487枚、炸药1060公斤、管制刀具19把、子弹78发、手榴弹1枚。

【内部单位管理】 依据国务院《企业事业单位内部治安保卫条例》有关要求，对全市重点单位、要害部位开展安全大检查，严格落实人防、物防、技防措施，确保党政机关、供水、供电、输油（气）管道、金融单位等重点单位和要害部位绝对安全；多警联动，集中整治学校及周边治安秩序，采取多警种协作、分段包干等方式，明确各警种、部门职责任务，加大校园周边巡逻管控工作力度，严格落实上放学时段校园门口及周边“见警车、见警灯、见警察”的工作机制，每日早、中、晚上放学高峰时段在各个学校和幼儿园的重要路段开展巡逻盘查，全时空、全方位开展巡逻守护，保障师生安全。

【交通管理】 基本建成以电子警察为主导的集预防、打击、控制等功能于一体的智能化交通管理平台，深入开展涉暑道路重点交通违法行为整治、超限超载违法行为整治等专项行动，配齐执法记录仪、摄像机等执法装备，严厉查处酒驾、醉驾、无牌无证、假牌假证等违法行为，全年查处各类违法行为为113451起，其中，无证驾驶151起、酒后驾驶186起（其中醉酒44起）、涉牌涉证473起、超员超载824起。2014年，全市发生交通事故6429起，死亡135起、140人，伤2494人，直接经济损失702.52万元，与上年同期相比，死亡起数、死亡人数、受伤人数分别下降27.81%、29.65%、12.24%。

【户籍管理】 细致开展户口登记管理专项清理整顿工作，根据公安部、省厅和唐山市局统一部署，自2014年4月25日起至2016年底在全市范围内开展为期3年的“错、重、假、难”户口登记管理专项清理整顿工作。到2014年底，各派出所自查复核2007年以来办理的户口档案22277人，完成总核查任务的83.8%；核查补报往年出生5062人，完成任务的94.3%；核查补登（录）3458人，完成任务的86.2%；核查出生日期变更更正1198人，完成任务的97.2%；核查无准迁迁入12559人，完成任务的78.6%。排查出生日期差错90条，姓名差错34条，民族差错17条，对排查出的差错全部纠正解决；排查出重复户口96人，已删除96人。

【监所管理】 严格执行各项安全管理制度，将监所安全放在第一位，落实好收押、入所体检和谈话教育等规章制度，开展安全风险评估，定期不定期对监区、监室进行全面安全大检查，确保绝对安全。发挥人防、物防和技防的综合效能，最大限度地预防各类事故发生：安装了可视对讲系统，在门禁系统上增加了电力中断后自动落锁功能；升级改造周界控制系统、违禁品检测系统、会见管理系统和民警巡视管理系统，达到人防、物防和技防有机结合；严格落实监所安全风险评估机制，从源头上消除安全风险。

【安全保卫】 加强对大型群众性活动的安全监管，研究制定了大型群众性活动安全许可流程及活动须知，针对每场活动具体情况，提前踏查现场，细化安保方案，精心组织，圆满完成迁安市人力资源和社会保障局事业编招聘面试、唐山市委书记姜德果到迁安调研、央视七套《乡约·河北迁安》在迁安拍摄、高考、中考、2014年第三届全民运动会、河北省县城建设现场会等大型活动的安全保卫工作。按照《唐山市公安局2014年暑期环秦“三道防线”警务站安检工作方案》和《APEC会议安保环京“护城河”行动警务站安检工作方案》要求，圆满完成暑期警卫、APEC会议安保工作。

【消防建设与管理】 以推进消防安全重点单位“户籍化”管理、“三项”制度（消防安全重点单位管理人员报告备案制度、建筑消防设施维护保养报告备案制度和社会单位消防安全自我评估报告备案制度）和深化消防安全“防火墙”工程建设为重点，积极创新社会消防管理，提升消防工作社会化和消防执法规范化水平，有效预防和遏制了重特大火灾事故发生，确保了全市火灾形势稳定。全年出动火警695次，抢险救援172次，社会救助45次，未发生较大以上级别火灾事故。

【消防宣传】 开展全民消防宣传活动，利用户外视频、电子显示屏、楼宇电视开展社会化消防宣传，提升全民的消防安全意识；开展消防志愿者“五进”行动，深入农村、城乡结合部、九小场所、人员密集场所等开展“一对一”宣传活动。2014年，共组织社会单位设置消防宣传电子显示屏83块，设置消防宣传栏147块，在电视台播放消防宣传节目7期，悬挂消防宣传标语1560条次。

【承唐区域警务协作第四届年会在迁安市召开】 11月27~28日，承（承德）唐（唐山）区域警务协作第四届年会在唐山迁安市召开。此次年会主题是“强化危爆管控，联合打击整治”。唐山市政府副市长、市公安局党委书记、局长贾文雅，承德市政府副市长、市公安局党委书记、局长董天利和唐山市局、承德市局有关领导班子成员，迁安市委、市政府主要领导以及承唐两地指挥部、政治部、治安支队等对口警种及相邻分县局的主要领导、分管治安的局领导、治安大队长、承唐两地搭界及危爆物品管理任务较重派出所所长参加会议。其间，迁安市市长张淑云致欢迎辞；与会人员就联合打击整治各类涉爆违法犯罪活动，进一步探索两地危爆物品安全管理长效机制进行了座谈交流，并集中观看了承唐区域警务协作成果展示专题片。董天利、贾文雅分别做重要讲话。

【办案纪实】 1月9日，市公安局刑侦大案一中队通过多方比对，成功将犯罪嫌疑人梁某某（男，27岁，木厂口镇北营村人）收入法网，破获强奸、抢劫、盗窃案11起。犯罪嫌疑人梁某某于2009～2010年在大五里、木厂口、杨店子等地强奸作案4起，抢劫车内财物2起、盗窃摩托车5起，涉案价值2万余元。

2月，市公安局经过3个多月追踪调查，成功摧毁一个专门盗窃起亚品牌轿车，并跨省销赃的盗销犯罪网络，将犯罪嫌疑人耿某某（男，27岁，上庄乡七里坎村人）、呼某（男，29岁，内蒙古土默特左旗察素齐镇人）抓获归案，破获2013年11月以来迁安城区盗窃起亚轿车案3起，涉案总价值21万余元。

3月3日，市公安局京哈高速警务服务点民警成功抓获两名网上逃犯和一名犯罪嫌疑人，经刑侦大队审查破获盗窃车内财物案件100余起，涉案价值110余万元。

3月21日，市公安局连续奋战3昼夜，成功破获“3·17”故意杀人案，将持刀入室行凶致2人重伤，并扬言要继续报复杀害4人的故意杀人犯罪嫌疑人章某某（男，28岁，彭店子乡霍庄村人）收入法网，快速消除了一起严重暴力犯罪的不良影响。

8月19日，市公安局周密部署，迅速打掉一个流窜于迁安、遵化一带的入室盗窃团伙，破案100余起，涉案价值6万余元。

9月，市公安局大崔庄派出所成功告破系列入室盗窃和摩托车盗窃案22起，抓获犯罪嫌疑人廖某某（男，38岁，迁西县人，暂居迁安）、张某某（男，47岁，大崔庄镇四道沟村人）、刘某某（男，32岁，大崔庄镇西密坞村人）、韩某某（男，62岁，迁安镇凌庄村人），追回并返还11辆被盗摩托车等若干财物。

10月18日，市公安局刑侦大队三中队成功抓捕潜逃2年、涉案金额1800万元的诈骗犯罪嫌疑人谢某某（男，33岁）及同案犯罪嫌疑人刘某某（女，31岁，以上二人为夫妻，迁安镇人），破获诈骗案件3起。

10月21日，迁安市公安局在唐山市公安局和兄弟县区公安机关的密切协作下，经连续6天全力攻坚，迁安市10月16日砸汽车玻璃盗窃车内财物案件成功告破，犯罪嫌疑人何某某（男，27岁，丰润区丰登坞镇大唐河村人）、刘某某（男，36岁，丰润区新军屯镇古良坨村人）落网，破获迁安、迁西、丰润、滦县系列案件200余起。

11月11日，刑侦大队、太平庄派出所在党委委员、副局长秦东的组织下，成功摧毁一盗窃变压器犯罪团伙，抓获5名犯罪嫌疑人，破获盗窃变压器案件30余起，盗窃汽车案3起，盗窃电缆、企业物资案30余起，涉案总价值100余万元。

11月16日，市公安局经快速反应，缜密侦查，分别破获2起命案，将犯罪嫌疑人李某某（男，35岁，迁安镇谢庄村人，无业，组织人员乞讨）、刘某某（男，13岁，迁安镇蒋庄村人，靠乞讨为生）及马某某（男，65岁，大崔庄镇商庄子村人）抓获归案。

市公安局

党委书记、局长 李凤春
党委副书记、政委 卢智慧
党委副书记、副局长 张小峰 康 永（回族）
党委委员 宋耀兴 李火箭
党委委员、副局长 张自忠 高建立 秦 东 李英刚 彭明辉 吴 云 张建山 万向阳 刘书良 杨永红
党委委员、纪委书记 王铁林
政工监督室主任 王铁林（兼）
指挥中心主任 丁 帅
警务保障室主任 张存国
法制室主任 王晓林（满族）

刑侦大队大队长　雷志刚
刑侦大队教导员　王亚群
刑侦大队副大队长　侯均好
交警大队大队长　陈小勇
交警大队教导员　唐学军
交警大队车管所所长　王建民
国保大队大队长　范颖红（女，满族）
巡特警大队大队长　郝　明
经侦大队大队长　张玉中
经侦大队教导员　孙永杰
治安大队大队长　朱宝云（蒙古族）
治安大队教导员　沈国友
环安大队大队长　刘玉国（4月任）
城关派出所所长　周玉川（满族）
城关派出所指导员　江通华
马兰庄派出所所长　徐　兴
蔡园派出所所长　王　新
建昌营派出所所长　曹洪波
上庄派出所所长　王立平
彭店子派出所所长　王春林
彭店子派出所指导员　陶　辉
沙河驿派出所所长　石复兴
木厂口派出所所长　郭志勇
阎家店派出所所长　任仲江
阎家店派出所指导员　侯锡成
杨各庄派出所所长　李文军
杨店子派出所所长　杨进荣
大五里派出所所长　陈永喜
夏官营派出所所长　刘成新
赵店子派出所所长　庞银生
五重安派出所所长　刘玉国（4月离）
　　王利文（4月任）
大崔庄派出所所长　蔡之恒
野鸡坨派出所所长　李振军
扣庄派出所所长　马建海
太平庄派出所所长　王建波
看守所所长　常福元（回族）
看守所指导员　李　冲
拘留所所长　刘玉宝
滦河所所长　潘玉柱
公交所所长　孟祥东
迁钢治安分局局长　白广存
森林公安局局长　王永红
城市管理派出所所长　时维伟（挂任城管局副局长）

（张志江）

检　察

【概况】　2014年，市检察院坚持政治建检、业务立检、公信树检、素质兴检、科技强检，以执法办案为中心，全面正确履行各项检察职责，深化工作机制改革，提升各项检察工作水平，推进平安迁安、法治迁安建设，为促进全市经济社会科学发展、提供有力的司法保障。年内，被省档案局评为机关档案工作目标管理5A级单位，被唐山市委、市政府评为精神文明建设先进单位。

扎实开展群众路线教育实践活动，把人民群众的需求作为第一选择，把人民群众的满意作为第一标准，以问题为导向，聚焦整肃“四风”，重点解决特权思想、执法不公不严不廉等问题。全院干警在形式主义、官僚主义、享乐主义和奢靡之风方面存在的突出问题得到有力整治。干警们看到了在联系服务群众中的差距，增强了做好群众工作的本领。班子成员带头开展驻村帮扶工作，为帮扶村解决道路硬化、用电改善、广场建设等实际困难，为困难群众送去帮扶资金。用具体行动打通服务群众的“最后一公里”。

【打击刑事犯罪】　一方面，坚决打击危害国家安全、社会稳定以及群众生命健康、财产权益的犯罪，依法打击严重破坏经济秩序犯罪，加大惩治侵害农民利益、破坏环境资源犯罪力度，为改革发展稳定营造良好环境；另一方面，积极参与创新社会治理方式，贯彻宽严相济刑事政策，最大限度减少对抗、促进和谐。依法化解矛盾，健全刑事和解、轻微案件快速办理等机制，促进提升社会治理法治化水平；同时，转变证据审查和运用模式，实现从以言词证据为中心向以客观性证据为核心的转变，严格落实非法证据排除规则，提升审查、运用证据的水平。2014年，批准逮捕各类刑事犯罪嫌疑人270件377人；提起公诉554件762人。不批准逮捕39人，不起诉12

人，开展刑事和解6人，对15名未成年人的刑事犯罪记录进行档案封存。帮助轻微刑事案件嫌疑人，特别是未成年人，尽早顺畅回归社会。

【查办职务犯罪】　保持有案必查、有腐必惩高压态势，坚决查办发生在领导机关和领导干部中的贪污贿赂、渎职侵权犯罪，深入推进查办和预防群众身边、损害群众利益职务犯罪专项工作，提高惩治腐败震慑力。坚决查处司法腐败，维护司法公平公正。加快推进运用信息引导侦查，推进侦查模式转型升级，进一步完善线索管理研判机制，增强发现犯罪、突破案件、取证固证、追逃追赃能力。完善侦防一体机制，加强预防咨询、预防调查、警示教育，深化涉农资金领域专项预防。全年查办贪污贿赂案件17件19人，查办渎职侵权案件6件6人，监所部门查办职务犯罪案件2件2人。重点查处交通部门为黑车队提供保护伞的职务犯罪案件，立案查处了11名公职人员的职务犯罪问题。

【法律监督】　树立办案质量生命线意识，加大对侦查、审判、执行活动监督力度，让人民群众在每一个司法案件中都感受到公平正义。在防止冤假错案的每一个环节都拿出百分的努力，确保案件经得起法律和历史的检验。健全非法证据排除、量刑建议等机制，开展清理纠正久押不决案件和违法减刑、假释、暂予监外执行专项监督等工作，满足人民群众强化法律监督的司法需求。2014年，监督公安机关立案13件16人，追捕漏犯19人，追诉漏犯8人，追诉漏事实18起，追漏罪名5人，提出刑事抗诉11件13人，纠正侦查活动违法8件12人，纠正审判活动违法35次，进行捕后羁押必要性审查11人，在审查逮捕、审查起诉中移送职务犯罪案件线索5件7人，其中立案2件3人，提前介入重大案件指导公安机关侦查2次，民事行政检察部门发出再审检察建议2份。

【检务公开】　按照最高检《人民检察院案件信息公开工作规定》要求，将公开的内容从检察信息、工作制度延伸到执法办案全程，当年已实现有终结性法律文书案件的审查起诉等相关文书在公开案件查询平台上都能够进行查询。案件相关人员可以直接查询案件诉讼进展情况。在此基础上，拓宽检务公开思路，充分搭载新媒体，利用微博、微信等终端，建设方便快捷的服务平台。通过检务公开倒逼检察工作专业化、执法规范化，苦练“内功”。通过诉讼结果网上挂、法律文书网上晒、律师阅卷网上约和纪律作风网上评等具体措施，最大限度地保障了人民群众对检察工作的知情权、参与权、表达权和监督权，不断推动检务公开从检察职能公开向检察权运行公开转变。

【科技强检】　规范内部管理践行科技强检。按照“全面、全部、全程”的要求，落实和完善讯问职务犯罪嫌疑人同步录音录像制度。以推行统一业务应用系统为抓手，全面提升执法规范化水平。坚持以信息化推动规范化，加强统一业务软件应用，充分利用科技手段加强办案期限预警、办案程序监控、办案态势研判和涉案财物监管，促进办案工作规范高效运行。深化案件管理机制改革，把执法办案每个环节和整个过程纳入管理视野，健全错案防止、发现、纠正和责任追究机制，保证执法办案活动严格依法进行，通过网上案件管理平台的应用，构建统一受案、全程管理、动态监督、案后评查、综合考评的执法办案集中管理机制。案件管理部门自主绘制的《迁安市检察院案件信息法律文书公开系统操作流程图》在全省检察系统内推广执行，为全省案件信息公开工作顺畅开展提供借鉴。

附：

典型案例

交通系统渎职犯罪及其背后贪贿犯罪　2013年12月16日互联网曝光河北迁西迁安两地“黑车队”售超载“保护牌”新闻后，市检察院迅速反应，对新闻内容进行全面分析，院党组及时向市委、市政府领导汇报沟通，并成立由一把手任组长的专案组，彻查事件背后的渎职、贪贿犯罪。反贪局、反渎职局同心协力、联合办案、攻坚克难，经过近2个月的调查取证，侦破了交通系统综合执法人员职务犯罪案件9人，9名犯罪嫌疑人分别涉嫌滥用职权、受贿罪，其中反渎部门立案6人，反贪部门立案3人。法院均作出有罪判决。这次案件的查办为市行政执法部门敲响了警钟，在社会上引起较大反响，净化了行政执法环境，提升了检察公信力。

市检察院

检察长 孙玉军
副检察长 李求军 冯小军 侯继春 陆爱东
反贪局局长 赵 珍
反贪局副局长 刘 政 邵富强
反渎职局局长 陆爱东（兼）
反渎职局副局长 刘利军 马睿敏（女）
政治处主任 李靖奎
纪检组组长 王向林

（李艳新）

法　院

【概况】 2014年，市法院下设机构分别为：城关法庭、夏官营法庭、杨各庄法庭、建昌营法庭、赵店子法庭、大崔庄法庭、杨店子法庭、沙河驿法庭、马兰庄法庭、刑一庭、刑二庭、少年法庭、民一庭、民二庭、民三庭、婚姻家庭法庭、金融法庭、交通法庭、行政庭、审监庭、立案庭、诉讼服务中心、信访办、水政庭、计生庭、法警队、政治处、监察室、审管办、办公室、司法技术辅助室、执行局（下设执行一庭、执行二庭）。年内，市法院充分发挥审判职能，扎实推进平安建设、法治建设和队伍建设，各项工作取得新进展。全年审执结各类案件7751件，同比上升83.4%，创历史新高。一审服判息诉率89.7%，上诉案件改判和发还重审率为1.52%，年度结案超百件的审判人员有22人，其中超200件的有3人，案件质效进一步提升。

以开展党的群众路线教育实践活动为契机，努力打造一支信念坚定、执法为民、敢于担当、清正廉洁的法院队伍。全年开展业务培训10次，组织业务考核3次，有1人撰写的论文获国家级奖励、2人获省级奖励，市法院被省高级人民法院评为先进集体。推进廉政建设，通过定期轮岗、重点岗位廉政风险评估、开展廉政承诺等举措，确保司法公正廉洁。

【刑事审判】 注重量刑规范，深入贯彻宽严相济刑事政策，年内审结刑事案件638件，判处人犯855人，最大限度维护了社会稳定。1. 依法严厉打击严重暴力犯罪和侵害人民群众生命财产安全的多发性犯罪，审结故意伤害、抢劫、盗窃等犯罪案件266件328人，增强了人民群众安全感。2. 依法加大对职务犯罪的打击力度，审结贪污、贿赂、挪用公款等犯罪案件19件43人，推进了反腐败斗争深入开展。3. 探索实施轻微刑事案件快速办理机制，全年适用轻刑快办程序审结案件15件15人，平均审限14天，刑事司法效率不断提高。

【民商事审判】 注重调判结合，化解纠纷，促进和谐。全年审结民商事案件6123件，同比上升125%，其中调解撤诉4164件，调撤率68%。1. 以保障民生为重点，依法妥善审结婚姻家庭、交通事故、劳动争议等案件2248件，维护人民群众合法权益。2. 以规范市场行为为重点，依法高效审结买卖、借贷、担保等合同纠纷案件2530件，促进社会诚信体系建设。3. 以化解社会矛盾为重点，关口前移、重心下移，加大诉前调解力度，全年诉前调解纠纷688起。

【行政审判】 注重实质性化解，加强协调解决争议。坚持保护行政相对人合法权益与支持监督行政机关依法行政并重，不断完善行政诉讼协调和解机制，最大限度促进官民和谐。全年审结行政案件16件，办理非诉审查案件31件、非诉执行案件30件。特别是对征地拆迁、环境保护、社会保障等涉及群体性、矛盾易激化案件，更加注重内外协调，妥善化解争议。

【执行工作】 注重多措并举，高效联动保障民生。坚持以人民满意为标准，强化措施，重拳出击，年内执结各类案件913件，同比上升5.5%，为当事人追回债权逾亿元，最大限度维护了人民群众的合法权益。1. 采取公布“失信者黑名单”、限制高消费等措施对失信被执行人进行信用惩戒，促使被执行人主动履行义务。2. 与金融机构建成“点对点”查控网络，提高执行效率。3. 开展集中打击拒不执行判决、裁定等犯罪行为专项行动，与公安、检察机关联手打击“拒执”犯罪，至年底，已将8件8人移送公安机关。

【司法为民】 找准职能定位，创新工作思路和方法，有效推动辖区经济健康发展。依法稳妥处理涉建源钢铁有限公司系列纠纷，得到市委书记李忠的批示肯定；对多个因资金链断裂和突发事件陷入困境、引发一系列债务纠纷的重点企业，提前介入，多方协调，全面平衡利益关系，通过债转股、委托经营等方式促成债权人和债务人“抱团取暖”，共度难关，依法保障企业正常生产经营；突出服务的主动性和针对性，对涉及重点项目和重点工程的各类纠纷依法妥善化解，为加快全市经济转型升级提供有力的司法保障。

关注民生，落实便民利民举措。准确把握群众司法新需求，加强立案大厅和诉讼服务中心建设，全面建立优质、高效、便民的诉讼服务机制；依托信息化建设，推行网上预约立案，降低群众诉讼成本；健全案件繁简分流和速裁工作机制，提高审判效率；落实司法救助制度，为弱势群体开通诉讼“绿色通道”，全年减、缓、免诉讼费48万余元；推进“一乡（镇）一法庭”建设工作，进一步方便群众诉讼。

标本兼治，做好涉诉信访工作。强化源头治理，加强审判质效管理，落实诉讼指导、风险评估、判前释法、判后答疑和定期回访等制度，从源头上预防和减少涉诉信访案件发生；畅通信访渠道，完善院长接待日制度，开通网上申诉信访和视频接访，第一时间化解初信初访；严格落实信访责任制，及时实现息诉罢访。全年接待来访群众233人次，化解信访案件52件。

【司法公开】 以公开促公正树公信。扎实推进审判流程、裁判文书、执行信息三大公开平台建设，实现以公开促公正。全年上网公开裁判文书8103件，案件流程信息、执行失信信息、开庭公告信息均实现100%公开，位居唐山法院系统前列；加强数字化庭审建设，全年利用网络庭审直播28个；开展公众开放日活动，让群众“零距离”感受阳光司法；开通官方微博，向公众及时传递司法“正能量”。

【审判管理】 以规范促公正树公信。根据案由划分各业务庭的审判执行任务，实现同类案件的专业化审理；严格案件流程管理，实现各个节点全程、无缝隙监控，并对审限情况进行全天候巡查，对临届审限案件及时进行催办、督办；完善案件质量评查相关规定，对审结案件逐案评查，通报到人，实现案件质效不断提升；每月下发审判管理动态通报，将各项审判指标进行全方位比对，增强全院审判工作的前瞻性和能动性。

【监督工作】 自觉接受监督，以监督促公正树公信。自觉接受人大及其常委会的监督，认真负责地向人大及其常委会汇报工作；健全完善联络沟通机制，坚持定期走访，主动邀请人大代表旁听案件审理；对人大监督的案件和人大代表、政协委员提出的意见和建议，实行专人登记、院长督办、及时反馈；积极落实人民陪审员制度，新增人民陪审员64名，有效推动司法民主。同时，虚心接受检察机关诉讼监督、新闻媒体的舆论监督和社会各界的监督，加强和改进法院工作。

市　法　院

院长	王建民
副院长	张树安　吴晓恒（满族） 张志远　李印付 任丽伟（女） 杨　江（3月任）
执行局局长	杨　江（兼）
政治处主任	雷志伟
纪检组组长	王秀田
专职审判委员会委员	张海祁　王子良 徐天文（女）
办公室主任	玄振红（女）

（张　倩）

司法行政

【概况】 2014年，全市司法工作继续深入推进“社会矛盾化解、社会管理创新、公证廉洁执法”三项重点工作，在强宣传、重防控、抓调处、维民权、保稳定上下功夫，全市排查出各类民间纠纷652起，调解成功641起，调解成功率98%，没有因调解不当、不及时而引发的矛盾纠纷激化案件。至年底，律师事务所担任法律顾问216家，办理各类诉讼事务1015件、非诉讼事务733件，解答咨询1.31万人次，代写法律文书978份，业务收入448万元，举办法律咨询20次，法治讲座25次，图片展览20次，印发宣传资料计2万份。在各乡镇的大力支持下，通过司法干警的共同努力，全市建立帮教组织556个，成员1668人。2014年回归释解人员189人，全部进行了安置帮教，无一脱管、漏管，有效避免了释解人员重新违法犯罪。

【人民调解工作】 1. 以调解组织建设为基础，做好矛盾纠纷化解工作。创新工作机制，推动人民调解与行政调解、司法调解联动的工作格局，推进调解工作向解决劳动纠纷、征地拆迁和解决医患、交通纠纷等专业性、行业性领域延伸。至2014年底，共建立企事业单位调委会、交通事故调解组织12个，扩大了人民调解覆盖面，为有效化解行业、专业领域的矛盾纠纷起到积极作用。2. 加强调解组织队伍建设，化解矛盾纠纷。在继续抓好全市20个乡镇（街道），553个村（居）人民调解委员会建设的基础上，巩固扩大企事业单位人民调解组织建设。3. 做好矛盾纠纷排查化解工作。通过全面深入排查，集中化解了一批关系群众切身利益、影响当前社会和谐稳定的矛盾纠纷和民间矛盾纠纷性质的信访问题。全市共排查出各类民间纠纷652起，调解成功641起，调解成功率98%。4. 抓好司法规范化建设，积极协调有关部门促进司法所垂直管理的落实。5. 积极贯彻执行省、唐山市《关于进一步加强人民调解工作经费保障的意见》的文件精神，争取人民调解员“以案补贴”经费落到实处。

【社区矫正工作】 1. 认真贯彻落实《社区矫正实施办法》。将该办法及司法部、司法厅和唐山市司法局关于做好社区矫正工作的文件，下发至各司法所，要求各司法所统一规范使用社区矫正文书格式，促进社区矫正工作规范有序开展；搞好拟进入社区矫正人员的审前调查评估工作，调查内容详细、全面、真实、客观，做出正确风险评估，为法院裁判提供详实依据；12月，组织全市20个司法所对社区矫正人员进行逐一排查摸底，做到底数清方向明。至年底，审前调查评估199人。年内接收社区矫正人员131人，解除75人。全市在册社区服刑人员283人，其中，缓刑237人，假释39人，暂予监外执行6人，管制1人。2. 加强社区矫正人员管理。认真做好对社区矫正对象的个别谈话、集中教育、思想汇报、严格请销假制度、变更居住地等各项事项的审批。至年底，社区矫正人员变更居住地2人，建议撤销缓刑2人，监狱决定收监暂予监外执行人员6人。强化矫正对象的档案管理工作，做到一人一档，完善档案内容，矫正工作记录全部入档。加强社区矫正对象GPS定位手机的使用管理，使其充分发挥监管作用，实行全天侯监控。3. 加强监管安全排查，做到一月一排查、法定节假日前必排查、重大政治活动期间加密排查，及时掌握全市安全稳定动态情况。提高应急处置能力，成立应急处置领导小组，制定应急处置方案，严格落实社区矫正工作责任追究制，明确责任追究范围、处理种类和方法，对因工作不落实、措施不到位，发生社区矫正对象重新犯罪的，实行责任倒查。

【普法依法治市】 1. 全面推进依法治理，认真落实“六五”普法规划。结合实际，制定了2014年度普法依法治理工作要点，发至各乡镇、市直各部门单位贯彻执行。进一步深化“法律八进、法治八建”工作，“法律进机关”“法律进乡村”“法律进社区”“法律进学校”“法律进家庭”“法律进企业”“法律进单位”“法律进市场”，简称“法律八进”；依法行政示范机关”“民主法治示范村”“民主法治示范社区”“依法治校示范校”“学法守法示范家庭”“诚信守法示范企业”“依法管理示范单位”“公平守信示范市场”创建活动，简称“法治八建”。在全市农村和社区建立“十户普法宣传员”制度，推动基层民主法治建设。在全市广泛开展“法治八建”示范点的创建活动，发挥示范点的示范、带动和辐射作用。2. 广泛开展法治宣传，营造良好法治环境。把《中华人民共和国宪法》宣传放在首位，深入宣传《中华人民共和国宪法》和国家基本法律，以三八妇女节、“3·15”消费者权益保护日、“4·26”世界知识产权日、“6·5”世界环境日、“6·26”国际禁毒日、“12·4”宪法日等为契机，联合市文明办、妇联、工商局、环保局等单位开展法律宣传，举办法律咨询20次、法治讲座25次、图片展览20次，印发宣传资料2万份，为维护社会稳定营造良好的法治环境。3. 实施“六五”普法规划，努力形成“大普法”工作格局。整合普法资源，既充分利用系统内律师、公证、人民调解等资源，又扩大法治宣传教育平台，在依托广播、电视、报刊等媒体的同时，开展巡回宣讲、现场咨询等活动，建成多层次、多形式、全方位的法治宣传阵地。4. 推进领导干部、公务员学法用法工作。10月底，组织市直单位、乡镇干部职工和县处级干部参加法律知识考试，参考率100%，合格率100%，推动各级领导干部学法用法，提高领导干部的法律素质和依法办事能力。

【律师及基层法律服务工作】 1. 规范管理法律服务市场。强化组织学习，在提升法律服务从业人员的政治意识和大局意识的基础上，加强对法律服务工作者和法律服务市场的监督与指导，加大投诉、查处力度，推进法律服务诚信建设，规范法律服务秩序，提高服务水平。2. 推进律师事务所“三化建设”。按照省厅和唐山市司法局《关于开展律师事务所“三化建设”的意见》，年内重点抓好律师事务所专业化、规范化、法制化建设。全市有4家律师事务所，分别是河北弘丹律师事务所、河北康惠律师事务所、河北吴春江律师事务所、迁安民剑律师事务所，其中，河北康惠律师事务所年内被评为唐山市“三化建设”示范所，2014年底河北康惠律师事务通过河北省司法厅、河北省律师协会的验收，成为唯一一个县级的省级示范律师事务所。3. 深化法律服务专项活动。把民生领域作为法律服务的重点，贯彻“大服务”理念，整合法律服务资源，深化重点项目法律服务；组织参与接待信访活动，推进社会矛盾化解。年内，全市律师所担任法律顾问216家，办理各类诉讼事务1015件、非诉讼事务733件，解答咨询1.31万人次，代写法律文书978余份，业务收入448万元。基层法律事务所担任法律顾问69家，办理各类诉讼事务398件、非诉讼事务286件，解答咨询5000余人次，代写法律文书430份，业务收入90万元。

【公证工作】 认真学习各项法律法规，提高公证员依法执业水平，年内未出现假证、错证。健全制度，强化管理，加强对公证员的职业纪律和职业道德培训。全年办理各类公证事务1018件，其中，民事490件、经济类528件，业务收入51万元。

【司法鉴定】 加强培训，提高鉴定人员素质，保证鉴定质量。抓制度建设，健全完善工作制度。先后制定并实施了回避制度、集体讨论制度、假错鉴责任追究制度和档案管理制度等，落实司法鉴定诚信执业管理办法，建立鉴定人诚信执业档案，进一步规范司法鉴定执业行为，增强依法执业、诚信服务意识。全年作出司法医学鉴定书158份。

【法律援助】 1. 加大法律援助的社会宣传，增强群众法律援助意识。援助中心工作人员和乡镇法律援助工作站在市社区及村居流动人口较多的场所开展宣传，在节日亲人团聚时集中宣传，向外出打工人员宣传，增强他们依法维权意识，使更多的贫困群众真正共享法律援助。2. 充分发挥“12348”咨询电话的窗口作用，全年解答法律咨询2386人次。3. 继续开展法律援助机构规范化、制度化建设。实行公示制度。将“法律援助工作服务承诺”“法律援助操作流程”和“公民申请法律援助须知”上墙公示，以方便群众。实行首问责任制一次性告知制度，保证困难群众申请援助及时便捷。实行案件受理、审查、指派规则，档案管理制度以及案件质量监督管理制度等，保证法律援助中心健康有序运行。4. 以信息化建设推进管理规范化。加大信息技术在法律援助工作中的应用，依托新的法律援助信息管理系统，逐步建立集援务公开、咨询服务、网上审批、业绩考核、统计分析于一体的“网上办事”平台，提高法律援助工作效率和水平。5. 开展争创“群众满意窗口服务单位”活动。以群众需求为导向，以“严格依法行政、提升服务质量、提高办事效能、创优质服务品牌”为主题，强化服务内容和手段，提高人民群众对法律援助工作的满意度。2014 年，市法律援助中心办理各类法律援助案件 249 件，其中，民事案件 213 件、刑事案件 36 件。提供法律咨询 2386 人次，为化解基层矛盾，促进社会和谐稳定起到积极作用。

市司法局

局　　长　周　秋（9 月离）
主任科员　刘东松（9 月起负责全面工作）
副 局 长　朱长宝　曹东艳（女）
政治处主任　张建君（女，满族）
副主任科员　刘少武

（唐志华）

地方武装

【概况】　2014 年，市人武部认真贯彻落实北京军区、河北省军区和唐山军分区党委扩大会议精神，以党的群众路线教育实践活动为主线，以践行强军目标为抓手，坚持改作风、树形象、重落实，党委一班人的政治意识、责任意识、使命意识进一步加强，国防后备力量建设和民兵训练扎实有效，遂行各种任务的能力全面提升，被省委、省政府表彰为拥政爱民先进单位，被河北省军区表彰为涉军维权先进单位，被唐山军分区评为 2014 年度先进人武部、征兵工作先进单位、战备工作与军事训练先进单位。

【思想政治建设】　坚持思想政治工作的首位意识，认真落实党委中心组学习制度，一方面与上级联动学习，认真参加每季度上级党委机关带武装部组织的集中理论学习；另一方面坚持每月按照年度学习计划，组织本单位带所属专武干部的理论学习，党委一班人思想政治觉悟明显提高。进一步健全党内组织生活，严格按照省军区党委书记集训的要求，规范党委会、支委会和党小组会各种例会的程序、方法、内容，并按规定抓好落实，党内生活正规有序。认真抓所属人员的思想政治教育，坚持上好党课、团课，及时组织学习上级的指示精神，特别是认真学习了中共十八大和十八届四中全会精神，人武部上下形成爱学习、想学习、会学习的良好氛围，思想政治建设持续加强。

【战备训练】　在民兵应急分队建设上，狠抓四支队伍训练，全员、全装训练 15 天，极大地提高了民兵分队完成急、难、险、重任务能力，并先后 5 次组织民兵应急连进行强化训练，加大训练的难度、强度、险度，民兵分队遂行多样化任务的能力大幅度跃升，在参加北京军区组织的基础训练考评中取得优异成绩。在人员素质培养上，认真组织所属人员参加军分区组织的参谋业务集训，新参谋六会技能又上一个新台阶，政工科长杜彦伟、军事参谋夏昆阁在军分区组织的考核中名列前茅。认真组织基层专武干部集训，所属 15 人参加军分区集中组织的强化训练，大家普遍反映训练指导性强、针对性强、操作性强，城区办武装部部长李海军在省军区组织的专武干部集训中成绩优异被通报表彰。8 月 1 日，在国防训练基地召开了市委议军会议，并组织市四套班子领导及相关部门人员参观了国防教育展馆和“装步对抗”模拟教室，观看了市民兵应急力量训练成果演示，并进行了手枪和步枪的实弹射击，提高了领导干部党管武装的工作意识和参与谋划武装工作的热情。

【民兵工作】　着眼党在新形势下的强军目标，按照“夯实基础、整体推进，固强补弱、全面提高”的总体思路，全面搞建设，扎实打基础，反复抓落实。2014 年，把民兵整组和基层建设工作作为全年工作重点，严格按照军分区下发的基层建设“四个规范”提出的要求，努力把市人武部建设成为政治领导有力、战备训练扎实、党委班子坚强、干部队伍过硬、管理秩序正规、综合保障良好、内外关系密切、作用发挥明显的民兵工作“一线指挥部”。在民兵整组中，严格条件选兵，严格比例编兵，确保民兵队伍编实建强，确保基干民兵分队的退伍军人、党（团）员和专业对口率达到要求比例。对20个镇乡（城区办）武装部实施部长、政委带机关分片包干帮建，立足抓教育强认识、抓制度促规范、抓重点带全局，有力地促进了基层建设水平的整体提升。严格对照省军区《县（市、区）人武部建设规范》和军分区《人武部考核评价标准》，狠抓人武部正规化建设。在大五里乡设立“四个规范”建设试点，以点带面带动全市基层民兵营连部正规化建设步伐稳步推进。

【征兵工作】 继续以提高兵员质量为核心，以确保廉洁征兵为重点，加强组织领导，严格审查把关。广泛利用报刊、广播、电视、网络等宣传渠道，推进征兵宣传教育进机关、进学校、进企业、进社区、进农村、进家庭，深入宣传征兵政策法规，营造青年积极、家长支持、社会关注的良好氛围。创新改革征兵组织程序，调整规范体检、政治考核流程，增加网络政治审查。征兵各环节，严密组织实施，严格政策法规，严把标准条件，严肃纪律规定，圆满完成年度征兵任务。

【正规化建设】 以唐山军分区“四个规范”（《县（市、区）人武部建设规范》《乡（镇、街道）武装部及民兵营营部建设规范》《民兵连连部建设规范》和《民兵应急分队建设规范》）建设活动为载体，着力把安全预防工作贯穿到人武部全面建设的各个环节。狠抓人武部正规化建设，修改完善十余种制度规定，强化干部职工养成，坚持党组织生活制度，每周一交班会、卫生检查，周二、三、四集中出操，周五理论学习，月未安全形势分析等制度，使各项工作走上科学化、规范化、制度化轨道。全年未发生任何事故，确保了安全发展。

【干部队伍建设】 提高干部队伍整体素质，通过完成大项活动，对每名干部交担子、压任务，为他们提供施展才华的机会，创造干事创业的舞台。2月中旬，杜彦伟、夏昆阁参加军分区参谋集训，提高了参谋业务能力。2月底至3月初，市15名基层专武干部参加军分区组织的集训，提高了基层专武干部抓基层、打基础的能力。通过训练和集训，提高现役干部和专武干部的自身军事素质和业务能力。依据军分区出台的加强专武干部队伍建设有关要求，完善细化专武干部考核和党管武装考评两个机制，利用全市武装工作会议、专武干部例会等时机，开展职责教育，督导工作落实，有效激发专武干部的工作动力，强化专武意识和号令意识。

【国防教育】 继续深入开展国防教育进机关、进学校、进社区、进企业、进农村活动。年初，高标准完善国防教育基地国防教育展厅。5月，唐山市国教办为迁安市首批“唐山市国防教育示范基地”（博物馆和旭阳学校）授牌。7月，联合关工委、宣传部等部门举办近百人参加的迁安市第十届中学生夏令营。9月，为纪念新中国成立65周年，深入贯彻党的十八大提出的“坚决维护国家海洋权益，建设海洋强国”的精神和总书记习近平关于“加强国防教育，增强全民国防观念”的指示，根据省、唐山市计划安排在全市范围内开展了“关心国家安全，维护海洋权益”为主题的征文和国防知识竞赛活动。9月20日，在市文化广场举办迁安市2014年全民国防教育日宣传活动。为纪念《中华人民共和国国防教育法》颁布实施13周年和新中国成立65周年，举办了“强国梦、强军梦”国防教育摄影比赛活动。10月，圆满完成迎接省级国防教育示范基地考核。

【重大活动】 2月21日，河北省军区副政委李建斌到迁安市人武部检查督导第二批党的群众路线教育实践活动开展情况，对进一步抓好党的群众路线教育实践活动提出具体要求。3月5日，在唐山军分区政委史学博的主持下，市人武部政委张玉林与李红军进行工作交接。9月15日，北京军区对迁安市民兵应急连进行基础训练考核。

市人民武装部

部　　长　王建伟

政　　委　张玉林（3 月离）

李红军（3 月任）

副 部 长　贾　彬

国教办副主任　马红礼

民兵训练基地主任　张　江

（杜彦伟）

人民防空

【概况】　2014 年，市人防工作继续按照“长期准备、重点建设、平战结合”的方针，贯彻实施《中华人民共和国人民防空法》，认真开展党的群众路线教育实践活动，坚持活动与工作紧密结合，高标准、高质量地完成了各项工作任务。1. 加大宣传力度，树立人防形象。在人防审批过程中，积极向直接服务对象宣传人防法律法规。认真组织“7·7”试鸣活动，提高广大市民的防空意识。利用法制宣传日，向广大群众宣传《中华人民共和国防空法》，发放《防空防灾知识宣传手册》2 万余份，同时通过电视、报纸等新闻媒体，开展人防宣传，使人防工作深入人心。2. 加大执法力度，提高执法水平。一是规范行政执法，依法开展工作。认真学习法律法规，提高执法人员自身素质。二是继续加大人防执法力度。对无故拖欠易地建设费的项目进行追缴。年内开展了全市人防易地建设费专项治理行动，对无故拖欠易地建设费的项目单位依法进行追缴，累计追缴易地建设费 1367 万元。三是加大培训力度。加强执法人员业务学习培训，使每个执法人员做到“三懂”，即懂执法程序，懂执法依据，懂执法艺术。年内，市人防办组织全体人员到山东参加国家人防办组织的人防工程质量监督培训，人防执法水平大幅度提高。3. 规范审批程序，严格建档立卷。一是严格审批。在人防工程审批过程中，积极会同住建局、规划局对审批事项严格审查、把关，批复时对工程应建面积进行严格的核准，提出明确要求。在“结建”审批过程中，严格依法规按程序履行行政许可职能，做到应建尽建。对确因地质等原因不能修建人防地下室的项目，依法征收易地建设费，做到应征不漏。全年受理行政审批申请 13 项，其中，报建项目 6 个，审批防空地下室建筑面积数万平方米，收取易地建设费 1471 万元。二是建档立卷，规范有序。认真对“结建”审批项目案卷进行评查，严格按照行政规范性文件制定和备案规定的要求，制定规范性文件和法律文书，做到“有件必备、有备必审、有错必纠”，做到一案一卷，统一编号。所有案卷均按照省、唐山市人防办要求的审批流程、相关法律法规条款进行组卷，卷内审批依据准确，程序正确，符合人防工程审批标准。三是抓好人防重点项目建设。继续抓好兴安大街人防商业街项目。积极为该项目做好协调和服务工作，同时，做好人防工程质量监督工作。该项目累计完成投资 6750 万元。

【人防工程质量监督】　按照唐山市人防办下发的《关于进一步规范防空地下室建设管理工作的通知》精神，人防工程的质量监督工作由各县（市）区具体负责实施，为高标准完成全市人民防空工程质量监督工作，市人防办多次组织全体工作人员到唐山质监站进行学习培训，平时阅读大量的相关书籍，为开展工作打下坚实基础。2014 年，全市有 3 个报监项目，分别为福鑫家园项目、金融街项目、金港花园项目，已全部进入监督阶段。

市人防办

主　任　邹建会

副主任　张少春

（祁艳红）

综　述

【概况】　2014年，按照全市农业农村工作总体部署，深入实施《迁安市现代农业发展规划》《迁安市休闲农业与乡村旅游总体规划》和《迁安市东北部绿色崛起规划》，继续以生态、高效、富民为主线，以推进规模农业发展为重点，以项目为支撑，拓宽“绿道金瓜工程”内涵，强化科技创新和现代农业服务体系建设，深化农村改革，创新体制机制，全面推进现代农业发展，实施了国明生态农业休闲园区、世外桃源休闲农庄二期、华农年产7.2万头原种猪扩繁场建设、高峰100万吨果糖、兴阳百益食用菌生产园区、春良蔬菜种植专业合作社续建等项目。农业产业化水平进一步提高，2014年，农业产业化龙头企业达到88家，全市农业产业化率75.9%，比上年提高0.7百分点。实施国家、省、唐山市科技推广项目4项，包括迁安市中药材种植示范园创建、迁安市利益食用菌标准园创建、迁安市耕地保护与质量提升项目、迁安市测土配方施肥补贴项目。农业生产平稳增长，全市农林牧渔业总产值71.5亿元，比上年增长5.4%。

【农业产业化】　继续围绕现代农业建设，实施龙头带动战略，抓好农业龙头企业和基地建设，全市产业化工作取得长足发展。到2014年底，全市有农业产业化经营型企业265家，其中，龙头企业带动型企业88家，农业园区带动型企业46家（包括休闲农业园区带动型企业16家、设施农业园区带动型企业12家、规模养殖与循环农业等农业园区带动型企业18家），合作组织带动型企业131家。2014年，全市农业产业化龙头企业固定资产投资额达到143.77亿元，实现年销售收入165亿元，年带动农业产业化基地30万亩，辐射农户10万户以上，实现农民增收20亿元。

【农业科技推广与示范】　依托院士工作站，完成17个农业科技项目，围绕主导产业，先后引进科研院校原始创新成果30项，其中，农作物、果品、苗木新品种12个，新技术18项，主导品种和主推技术应用率达到96.6%。科技成果覆盖全市19个镇乡486个村10.5万户，镇乡覆盖率100%，村覆盖率90%以上，累计推广面积126万亩，主要农作物调优率90%以上，实现农民人均增收840元，农业科技在农业生产中的贡献率达到60%。

【农业品牌创建】　2014年，农业标准化和品牌化建设有新突破。全市88家农业产业化龙头企业，其中，省级龙头企业2家，唐山市级龙头企业18家，均建有专门的质检机构和质量管理制度，严格按国家、省、唐山市产品质量标准生产，将无公害、绿色食品标准应用到种植、养殖、农产品加工等领域。2014年，全市有农业注册商标172个，年内新增“春良”“东亚”河北省著名商标2个，“志营”唐山市知名商标1个；国明生态农业开发公司、春良绿色种植合作社、瑞阳果木种植合作社等6家农业企业或合作社完成有机食品认证17个。

【农民负担监督管理】 根据上级有关文件精神，迁安市制定下发了《关于开展2014年度全市农民负担突出问题专项治理活动的方案》，在全市19个乡镇开展专项治理活动。通过专项治理，进一步建立健全农民负担监督管理长效机制，规范收费行为，全市未出现乱集资、乱摊派、乱罚款行为，未出现因农民负担上访现象。年内，在迁安镇、蔡园镇、五重安乡3个镇乡50户农户组织开展了农民负担监测工作，迁安市的农民负担保持在低水平。

【村级公益事业建设一事一议财政奖补项目】 2014年，市农牧局与市财政局共同组织村级申报一事一议财政奖补项目65个，涉及65个村。其中，农村环境提升村项目40个、一般村项目25个。争取省财政资金1031万元，有力支持了村级公益事业建设。

【农村信访】 全年接待来人来电政策咨询346人次，接待调处信访案件14件，全部结案，依法保护了农民合法权益，维护了农村社会稳定。

【土地流转】 年内，按照发展适度规模经营建设现代农业的要求，加大土地流转政策扶持力度，全市新增农村土地经营权流转交易面积5500亩，累计完成农村土地经营权流转交易面积12.84万亩，土地流转率22%；规模流转面积10.68万亩，规模经营率83.1%。10月31日，承德市宽城县副县长刘长青一行到迁安市学习考察农村土地流转工作。新增春良种植合作社、正元农业综合开发有限公司、亚滦湾3个流转规模超千亩的经营主体。完成建昌营、扣庄等8个镇乡土地流转所的标准化示范工程建设。

【农民培训】 2014年是新型职业农民培育工程启动年，迁安市被列入全国新型职业农民培育工程示范县。全市以种养大户、家庭农场主、专业合作社骨干等职业农民为重点培育对象，全年培育530人，其中，生产经营型农民280人，专业技能型农民100人，社会服务型农民150人。培训产业涉及养猪、养鹅、养鸡，种植核桃、玉米、板栗，设施蔬菜，沼气使用等10余种，共举办生产经营型培训班9期，专业技能型和社会服务型培训班8期。同时开展基层巡回讲座20场次，培训250人；现场指导200场次，培训3万人；组织参观学习5次，培训200人；赶科技大集10场次，培训4万人；制作发放光盘1000张，发放图书5000册，发放资料2600本；利用科技进村服务站宣传，辐射5万人次。

【农资管理】 年内，对全市240余家农资经营单位、30余家农产品生产基地负责人进行大培训2次，在8个区域站开展放心农资下乡活动8场次。全年农业综合执法大队出动宣传人员73人次，举办现场咨询活动9场次，接待咨询群众800余人次，发放宣传材料1.2万余份。出动执法人员766人次，执法车辆137台次，检查农资经营门店521个次，农产品生产基地65个次，发出责令整改通知书5份，蔬菜生产基地采样54个，检测合格率100%。圆满解决农资投诉纠纷13起。

【农资打假】 继续把好农资产品市场准入关，从源头上杜绝各类违法违规农资产品进入流通领域。通过广泛宣传培训及展示活动，农资生产经营者守法意识进一步增强，广大农民识假辨假及正确选购农资的能力得以提高，营造了全社会关心和支持农资打假工作的良好氛围。此外，对全市8家农资经营代理商提交的65个大宗农资品种进行严格审查，将合格产品予以备案，抽检了境内销售的农资样品和标签145个，发布问题产品预警4次，送唐山市检测样品58个，检测结果均合格，查处违法违规行为37起，查扣涉嫌不合格农资12.22吨，立案5起，结案5起。严格执行备案、审查、退出制度，从源头上杜绝各类违法违规农资产品进入流通领域。农业综合执法大队获2014年度唐山市农业执法系统优胜单位称号。

【农村集体经济管理】 建立农村集体“三资”

（资金、资产、资源）监管网络平台，创新优化村集体“三资”管理手段，实现农村集体资金、资产、资源管理监管网络化。加强村级资产资源招投标指导和监督，指导25个村开展集体资产资源招标项目25个，招标金额1345万元，为集体增加收入278万元。

【村集体经济审计】 按照有访必查、查必从严的原则，2014年对7起信访案件进行审计调查，查实了问题，化解了矛盾。1. 受大崔庄镇党委、政府委托，3月4日~4月15日，对石梯子沟村村民反映村集体财务及村办采石场账目问题的信访案件进行审计，出具了审计报告，提出处理意见及建议；2. 受大崔庄镇党委、政府委托，对新立庄村村民侯进福等反映的该村2009年至2011年度各项收入、支出情况不清等问题进行审计，已出具审计报告；3. 6月4~10日，市农牧局配合市纪委完成毛家洼党工委汤辛庄村关于代管资金利息入账问题的审计案件；4. 对杨各庄镇包各庄村村民刘新国反映，该村村民马宝文2011年预支装载机工时款11550元与实际支款金额不符的问题，进行审计调查，经查阅有关的会计资料，走访相关当事人，查清了问题。5. 按照市纪委要求，8月30日~9月30日对马兰庄镇前裴庄村反映“2012年在村两委不知晓的情况下私自与村民裴兰田续包水库两年，每年承包费5000元，承包费未交，装进自己腰包”的问题成立审计小组。审阅了有关合同、会计凭证，走访了当事人，审计已完成，将审计结果报纪委；6. 按政法委要求，从10月11日开始对杨各庄镇椁林村2005~2014年10年账目进行全面审计。7. 办理蔡园镇蔡园村信访审计案件。

市农业畜牧水产局

局　　长　王书成

副 局 长　张继清　常志军　马小刚

侯　勤　田立军

书　　记　王兴华

主任科员　裴立新

农业综合执法大队大队长　刘向辉

（刘保军）

农业综合开发

【概况】 2014年，农业综合开发工作围绕“改善农业生态条件，增加农民收入”这一主旨，坚持把发展作为主题，把结构调整作为主线，继续加强农业基础设施建设，发展高效节水农业，改善农业生产条件，推进农业产业化经营，实现农业增产农民增收的目标。

【阎家店乡高标准农田建设项目】 完成2014年度阎家店乡高标准农田建设项目。根据《河北省农业综合开发办公室关于2014年第一批农业综合开发存量资金土地治理项目计划批复》的通知精神，迁安市2014年度高标准农田建设项目总规模5000亩，项目地点位于阎家店乡。项目共完成投资744万元，其中，中央财政投资465万元，省财政配套149万元，迁安市本级财政配套37万元，农民自筹（投劳折资）93万元。项目建设共完成新打机井14眼，修复配套8眼，修建蓄水池11座，集雨水窖10座，节水管道42.05公里；高低压输变电线路6.5公里，新增变压器5台（套），电力增容460千伏安；修整农田道路4.05公里，其中混凝土硬化0.85公里，砂石硬化3.2公里；农田防护林网植树15.9亩，共1590株；花生新品种示范推广100亩，完成农民技术培训200人次。通过项目建设，新增节水灌溉面积5000亩，年新增粮食产量57万公斤、果品7.5万公斤，新增种植业产值311万元，新增净利润243万元。此外，项目建设通过完善农田防护林网及节水技术的推广应用，有效地控制了风沙危害，缓解水资源紧缺的局面，改善了区域生态环境，为实现农业可持续发展奠定了坚实基础。为确保项目建设规范运行，根据国家、省、唐山市有关规定，严格执行项目建设监理制、县级报账制、工程和物资招投标制以及项目公示制等制度、办法，严格操作程序，广泛接受社会监督。

【产业化经营项目】 认真完成2014年度产业化经营项目建设工作。根据省农业综合开发办公室《关于2014年农业综合开发产业化经营财政补助项目计划的批复》意见，迁安市2014年实施产业化经营财政补助项目2个。一是《唐山市迁安市500头奶牛养殖基地扩建项目》，项目完成总投资610万元，其中项目单位自筹330万元，申请各级财政补助280万元（其中中央财政资金200万元，省财政配套64万元，迁安市财政配套16万元），主要建设内容：建牛舍2栋7920平方米，青年牛舍1栋927.36平方米，挤奶大厅1座1857.6平方米，购置挤奶机1台，运奶车1台，制冷罐2个。新建孵化车间720平方米，新增全自动恒温孵化设备25台（套）。二是《唐山市迁安市700头奶牛养殖基地扩建项目》，项目完成总投资630万元，其中项目单位自筹350万元，申请各级财政补助280万元（其中中央财政资金200万元，省财政配套64万元，迁安市财政配套16万元），主要建设内容：建牛舍3栋5753平方米，挤奶大厅1个1024平方米，草料间3座6486平方米，购置挤奶机1套，铡草机1台，TMR饲料搅拌车2台，制冷罐3个，运奶车1辆。通过两个项目的实施，年产鲜奶517.5万公斤，新增产值1880.61万元，利税376.02万元，直接带动农户430户，新增就业40人。

（马晓军）

种植业

【粮油瓜菜】 2014年，全市实现粮食总产18.35万吨，同比下降8.4%；油料总产3.41万吨，同比下降0.9%；瓜菜总产112.01万吨，与上年持平。1. 粮油生产。全市种植的粮油作物主要有小麦、玉米、花生、甘薯、大豆、谷子等。其中，小麦播种面积6.89万亩，总产2.19万吨，主要品种有京冬8、京冬12、京9843等；玉米播种面积36.99万亩，总产14.06万吨，主要品种有纪元28号、京科968、承玉18、登海605、致泰1号等；花生播种面积16.8万亩，总产3.38万吨，完成国家级花生良种补贴项目12万亩，主要品种冀花5号、冀花6号、邢花6号等；甘薯播种面积1.62万亩，总产4.1万吨，主要品种有冀薯98、冀薯4、苏薯7号等；谷子播种面积7440亩，总产2101吨，主要品种有张杂谷2号、张杂谷5号、冀谷18、小香米等。大豆播种面积2.72万亩，总产6404吨。2. 瓜菜生产。全市瓜菜播种面积22.75万亩，总产112.01万吨，其中，设施瓜菜播种面积13.3万亩，设施种类有高标准日光温室、竹木结构大棚及中小拱棚。种植的瓜菜主要有甜瓜、西瓜、白菜、黄瓜、菠菜、西红柿、青椒、西葫芦、萝卜、葱、蒜、豆角、韭菜等。其中大白菜播种面积4.77万亩，产量24.76万吨，平均亩产值1302元，主要品种有精品新三号、早心白、小杂系列等；黄瓜播种面积3.23万亩，产量27.84万吨，平均亩产值1.27万元，主要品种有津优37号、38号、中荷6M12、绿翡翠、春秋绿宝等；番茄播种面积1.97万亩，产量13.92万吨，平均亩产值1.05万元，主要品种有硬粉2号、卡依罗、劳斯特、东亚超美等；甜椒播种面积6800亩，产量2.35万吨，平均亩产值7759元，主要品种有中椒7号、冀椒六号、海丰68、津椒15号、津椒13号等；西瓜播种面积9810亩，产量4.3万吨，平均亩产值6076元，主要品种有京欣一号、京欣二号、抗列瓜王等；甜瓜播种面积2.1万亩，产量8.7万吨，平均亩产值7396元，主要品种有景甜1号、红城15号、永甜十一、顶甜二等；西葫芦播种面积7100亩，产量4.24万吨，平均亩产值7455元，主要品种有京葫1号、京葫3号、嫩玉西葫芦等；茄子播种面积7500亩，产量2.93万吨，平均亩产值7462元，主要品种有二茛、京茄1号、京茄5号、黑茄王、圆丰一号、京圆一号等；豆角播种面积1.16万亩，产量2.57万吨，平均亩产值8278元，主要品种有绿龙、乐丰9、双冠王等。

【农业实用技术】 继续实施中药材种植示范园创建工作，通过唐山市专家组验收。示范园引进优良金银花品种“九丰一号”，建立种苗繁育基地10亩；推广测土配方施肥技术1112亩，采用抗病虫害品种、太阳能杀虫灯、性诱剂、黄板诱杀和生物农药5项生态防控栽培技术各1112亩，制定了金银花仿野生栽培技术规程，园区建设烘干房、分拣包装室、成品仓库等基础设施，购置了金银花烘干设备，建立分等分级标准，实行统一包装、统一商标进行销售，实施了农资管理制度、档案记录管理制度、产品检测制度、基地准出制度、质量追溯制度等金银花质量管理制度，示范园通过了有机农产品认证，实现种植规模化、生产标准化、产品品牌化、产地加工化、经营产业化。示范园金银花干花平均亩产达到35公斤，较2013年增产20公斤，平均每亩增加经济效益1800元，共增加经济效益200万元。而且改善了农业生态环境，对于推进迁安农业可持续发展起到较好的示范作用。

农业部食用菌标准园创建项目。11月7日通过唐山市专家组验收。项目推广应用了微喷节水灌溉技术、示范防虫网、粘虫板等绿色防控技术，应用了防雾滴多功能棚膜，标准园无公害、绿色集成技术覆盖率100%，优良品种覆盖率100%。标准园基础设施完善，主干道硬化。园内推广菌糠二次利用技术，实行产品分级采收、分等分级包装销售；统一包装，统一“兴阳百益”商标标识，标准园100%实行商品化处理，实现品牌销售。标准园全程实施农资管理制度、档案记录管理制度、产品检测制度、基地准出制度、质量追溯制度，保证了产品质量安全。2014年，食用菌标准园平均亩产7363.6公斤，亩效益84271.2元，较2013年亩均增加产量1140.6公斤，亩增加经济效益4904.6元。标准园食用菌总产量达到1620吨，创产值1854万元，获效益696.6万元，增加技术经济效益107.9万元，节省用工、用药等费用20万元，总节本增效127.9万元，节本增效21.3%。产品质量100%达到食品安全国家标准。

省财政厅“花生地膜覆盖综合配套技术示范”项目。项目总投资60万元，按照“地膜覆盖+良种应用+配方施肥+机械化耕作+统防统治”模式，组装配套推广应用成熟、适用的花生结合配套技术，创新机制，强化服务，提高项目区花生单产、改善花生品质、提高农户花生种植效益，带动全市17万亩花生全面实现优质、高产、高效和可持续发展。项目共落实实施面积6028.47亩，通过采用0.008毫米地膜覆盖栽培，并配套优良品种、配方施肥、全程机械化、药剂拌种及病虫害防治等高产高效栽培技术，花生地膜覆盖综合配套技术示范区地膜全部实现回收再利用，平均亩产达到262公斤，较超薄地膜每亩增产24公斤，增加花生产量14.46万公斤，增加经济效益75.19万元，促进项目区农户人均增收138元。

【农作物优良品种推广补贴项目】 2014年，组织完成国家级花生良种补贴项目12万亩，其中，大田花生良种补贴11万亩，繁种田花生良种补贴1万亩，补贴资金160万元。全市共调入花生优种40万公斤，涉及全市19个镇乡、269个村、9038户。此外，实施其他农作物良种补贴项目47.36万亩。其中，玉米良种补贴项目40.46万亩，小麦良种补贴项目6.39万亩，水稻良种补贴项目4100亩，棉花1000亩，补贴资金476.18万元，全部通过“一卡通”支付到位。

【良种繁育与推广】 2014年，全市玉米重点推广了纪元28号、京科968、承玉18、登海605、致泰1号等综合性状好、抗病性强、产量高的优良品种，优种普及率100%；花生重点推广冀花5号、冀花6号、邢花6号等适应迁安种植的优种，优种普及率100%。

【测土配方施肥】 年内完成测土配方施肥面积50万亩，其中，小麦8万亩，玉米25万亩，花生10万亩，果树3万亩，蔬菜4万亩。推广应用配方肥面积25万亩。采集耕层土样500个，农户调查500份，化验项目包括全氮、有机质、速效磷、速效钾、缓效钾、pH、有效铜、有效铁、有效锰、有效锌、有效硫11项，获得有效数据5500个，完成大白菜2+X氮肥总量控制田间肥效试验5个，大田作物玉米、花生田间肥效试验2个，玉米锌肥、花生硼肥微量元素单因子肥效试验各1个。印制并发放配方肥建议卡2万份，完成信息上墙100个村。

【植物检疫】 全年开展12次市场检疫检查，出动执法车辆24次，出动执法人员105人次，检查种子经营门市部125个次。

【蔬菜质量检测】 2014年，在市场、超市、蔬菜生产基地抽样检测样品16.12万个，检测合格率99.99%以上；完成蔬菜、牛奶、土壤、水等样品常规检测216个，出具有价值的检测报告63份；完成上级在迁安抽样送样任务12批次90个样品，检测合格率100%。完成河北省质监局组织的水能力检测验证，获得“满意”证书。

【种子管理】　年内，市农作物种子管理站对全市100多个种子经营户进行技术和职业道德培训，对重点种子经营户进行备案，累计备案种子80万公斤，全市种子经营规范有序进行。

【农药管理】　依据《唐山市人民政府关于打击制售使用高毒高残留农药的通告》要求，市农业综合执法大队坚持工作重心下移，以是否建立农资商品进销台账、是否出具信誉卡和是否经营假劣农资、甲胺磷等禁用高毒农药为重点，上下联动，开展农资打假、高毒农药整治以及卫生杀虫剂、农药残留物超标、农产品质量安全、“三品一标”（无公害农产品、绿色食品、有机农产品和农产品地理标志）等一系列专项执法行动，全市未发现经营和使用高毒农药现象。

（刘保军）

农业机械

【概况】　到2014年底统计，全市农机总动力达到215.61万千瓦，农机综合作业水平达到85%以上。农机仍全部为农民个体经营。农机装备总量逐步增长，结构进一步优化，一大批农机化实用新技术得到广泛推广应用，农机项目进展顺利，农机管理和农机安全监理进一步规范，全年实现农机安全生产无事故，为全市农业经济又好又快发展提供了有力保障。

【农机种类】　全市农机种类有：轮式拖拉机、手扶拖拉机、玉米联合收获机、旋耕机、深松联合整地机、双轴联合整地机、铧式犁、穴播机、小麦条播机、微耕机、田园管理机、花生摘果机、微灌设备、水稻插秧机、孵化机、粮食烘干机、花生2行收获机、挤奶机、卷帘机、冷藏罐、喷杆式喷雾机、饲料混合机、饲料搅拌机、送料机、压块机、压捆机、铡草机、贮奶罐等。

【农机购置补贴】　2014年，河北省安排迁安市农业机械购置补贴专项资金500万元，完成392.69万元。签订指标确认书525份，受益户数343户，补贴机具1015台（个）。其中，轮式拖拉机121台，手扶拖拉机17台，玉米联合收获机9台，旋耕机91台，深松联合整地机13台，双轴联合整地机3台，铧式犁1台，穴播机92台，小麦条播机11台，微耕机5台，田园管理机99台，花生摘果机39台，微灌设备50台，水稻插秧机3台，孵化机12台，粮食烘干机1台，花生2行收获机2台，挤奶机4台，卷帘机400台，冷藏罐6个，喷杆式喷雾机9台，饲料混合机6台，饲料搅拌机5台，送料机1台，压块机6台，压捆机4台，铡草机3台，贮奶罐2台。

【作业与技术推广】　继续巩固提高小麦全程机械化、甘薯全程机械化，推广玉米收获机，实现花生、玉米全程机械化技术的推广应用。实现“小麦机收—麦秸粉碎还田—夏玉米铁茬播种”一条龙机械化作业，解决了秸秆焚烧问题，改善了农业生态环境。玉米全程机械化有了良好开端，完成机耕面积32.75万亩，机播面积45.33万亩，机收面积18.58万亩。引进新型玉米联合收获机9台，微灌设备50台，喷杆式喷雾机9台，压块机6台，压捆机4台，深松联合整地机13台，试验示范推广1万亩。

【农机监理】　农机监理站认真落实中央、省、唐山市关于加强安全生产工作的指示精神，适应农业机械化快速发展的新形势和强化安全发展的新要求，强化红线意识，坚持“安全第一、预防为主、综合治理”的方针，遵循“以人为本、预防事故、保障安全、促进发展”的原则，深入实施国务院《农业机械安全监督管理条例》，依法安全监理，强化宣传教育，提高安全意识，加强事故防控，加强队伍和能力建设，大力提高拖拉机联合收割机“上牌率”“检验率”“持证率”，扎实开展安全生产检查、安全生产月、安全生产咨询日活动，努力促进农业机械化安全发展。年内，农机安全生产状态良好，无重特大农机事故发生。

【农机产业化发展】　2014年，全市农机化作业服务组织不断壮大，拥有各类组织26个，其中，农机原值在20万~50万元的服务组织有5个，50万元以上的服务组织有5个，拥有农机专业合作社6个，拥有农机原值在20万~50万元的农机大户10户。全市拥有农机修理厂和修理点207个。

（刘保军）

林　业

【概况】　2014年，迁安林业以打造“魅力钢城、绿色迁安”为目标，全力开展“四环、三沿、两山”造林绿化工作，加大荒山、沙区、矿企的绿化治理力度，累计完成营造林面积5.81万亩，其中，造林3.81万亩、封山育林2万亩，居唐山市各县（市、区）之首。3月26日，全市市直机关及驻迁企事业单位在五重安乡集中开展义务植树活动。全年累计完成义务植树110万株。至年底，全市有林地面积70万亩，比上年增加4.59万亩；森林覆盖率40.8%，增长0.3%。进一步对涉林审批、便民服务事项进行梳理、完善，从根本上杜绝行政审批“两头跑”“体外循环”的现象，做到“让群众好办事，为群众办好事”。全年办理林木采伐许可证258份，临时占用林地手续1份，永久占用林地手续2份，收缴育林基金24.9万元、森林植被恢复费307.8万元。市林业局被省林业厅、省人力资源和社会保障厅评为2014年度河北省林业系统先进集体，被唐山市委、市政府评为2012~2013年度振兴唐山先进单位，被迁安市委、市政府评为农业农村工作先进单位、安全生产工作先进单位。

【林果产业】　加大惠农力度，促进果农增收。1. 以科技创新促进果品产业的科学发展为目的，以合作社、林业站、林业信息网为主阵地，发挥农技专家、科技指导员的“二传手”作用，有效实施技术下乡政策。首次制定了精品高效经济林示范工程奖补办法，进一步帮助果农提质增效。至2014年，全市初步建成13个高产高效经济林示范点。2. 充分利用绿道建设发展经济林，扩大后续产业范围，助农增收。市林业局按照政策引导、群众自愿、技术指导的原则在绿道两侧大力发展经济林，已有木厂口、太平庄、杨各庄等7个乡镇参与，不仅完成重点区域社会造林2万亩，还增加了果农经济收入来源。3. 采取“农民点菜、专家下厨”的方式，有效实施新型农民培训工程。年内举办各类培训班150多场次，培训农民1.5万多人，传递致富、市场信息500多条，引进优良品种40余个，推广实用技术90多项，培育出懂技术、会管理的“土专家”300多名。2014年，全市干鲜果品产量18.1万吨，与上年持平。

【造林绿化】　按照《唐山市绿色唐山攻坚工程实施方案》要求，市委、市政府科学决策，以打造“魅力钢城、绿色迁安”为目标，加大廊道、村庄、矿企、沙区、城镇、荒山的绿化治理力度，全力开展“四环、三沿、两山”造林绿化工程。2014年，全市完成春季造林2.51万亩，雨季造林1.3万亩，封山育林2万亩。具体为：1. 廊道绿化工程，2100亩。其中京秦高速迁安支线两侧100米绿化和津秦高铁两侧50米绿化，实施工程造林，分别完成造林950亩、750亩；京哈高速两侧50米绿化，由各镇乡统一栽植速生杨和火炬，完成造林400亩。2. 村镇绿化工程，完成2450亩，打造森林型村庄，形成村在林中，人在景中的生态美景。村镇绿化工程主要包括48个村庄的庭院绿化、街道绿化、公园绿化以及环村绿化。在尊重群众意愿的前提下，因村制宜，适地适树，在保留现有树木的基础上，推广观赏树种与经济树种结合、乔灌结合、树花结合等三种绿化模式，打造绿树成荫、生态宜居的美丽乡村。营造经济林、用材林和防护林，建设观光采摘林果基地。3. 企业及周边绿化工程，完成950亩。涉及17家企业，企业周边主要栽植速生杨，形成防护林带，吸收和阻隔有害气体及粉尘，降低企业周边的环境污染。对已完成环企林带建设的重点工矿企业进一步完善提高，对尚未完成环企林带建设任务的企业强化督导，确保市域内全部独立工矿企业建设宽 50 米以上的环企林带。4. 沙地治理绿化工程，完成 1.61 万亩。一是在五重安、大崔庄、迁安镇等沙地栽植以杨树为主的防护林，防风固沙，保护环境；二是在建昌营、扣庄、上庄等镇乡坡耕地上栽植高效经济林，因地制宜选择树种，提倡干果与水果并重，规模发展，同时提倡发展林下经济等复合模式，提高单位面积效益，加快农民增收致富。5. 农田林网绿化工程，完成 400 亩。一是在平原地带，按照“一路两沟四行树”模式植树，沟渠两侧分别植树 2 行以上；二是在山区村庄，因地制宜进行绿化美化，推进绿道绿廊建设步伐。6. 城区绿化工程，完成 3100 亩。在城区周边的沙坎地带，按照宜林则林、宜果则果的原则，栽植防护林或经济林，切实改善城区周边环境。7. 荒山绿化工程，完成 3.3 万亩。以西部森林生态绿道、北部长城山野绿化为重点，完成人工造林 1.3 亩，完成封山育林 2 万亩。

【三北防护林】 一是严格按技术规范，坚持质量第一、确保成活的原则，把科技造林放在首位。做到不整地不造林，苗木不达标不造林，苗木不浸水不造林。二是实施种子工程，确保工程造林品种优、苗木壮、规格大、标准高。三是推广混交造林及沙地“三大一深”造林技术、截干造林技术。四是大力推广生根粉蘸根、施保水剂、扣膜保墒等适用技术，提高造林的科技含量。2014 年，全市完成三北防护林 5000 亩。

【森林执法】 2014 年，市森林公安局争取国家政法基础设施建设资金 68 万元，改善了办公条件。对于涉林案件有警必出、有案必查，查根源堵漏洞，以高压态势减少毁林案件的发生。年内，市森林公安局查处涉林案件 12 起，其中，刑事案件 3 起，移送起诉案件 2 起，取保候审案件 1 起，上缴罚金 33.7 万元。

【森林消防】 迁安市为二级火险市，森林防火的责任重大。2014 年，市林业局继续坚持“预防为主、科学扑救”的方针，认真贯彻落实国家、省、唐山市森林防火工作会议精神，严格落实森林防火责任制，广泛宣传《森林防火条例》《河北省森林防火条例》，强化火源管理，靠前驻防，坚持“打早、打小、打了”的方针，全年未发生森林火灾和人员伤亡事故。

【东蛇探峪村森林消防队成立】 12 月 16 日，迁安市太平庄乡东蛇探峪村森林消防队正式成立，由 15 名村民组成，为省内第一个村级森林消防队。市林业局赠送了 15 套森林消防服、4 台森林灭火机、50 把 2 号森林灭火工具，并对村森林消防队进行了消防灭火常识培训。

【古树名木普查】 年内，市林业局对境内古树名木进行了系统的普查，共登记 13 个树种，1108 株。其中，有银杏、茶树、文冠果珍惜名木树种 3 个，千年以上古树 4 株，500 年以上古树 8 株，百年以上古树群 5 个。

附：

迁安市 13 个精品高效经济林示范点简介

1. 迁安市大崔庄镇大庄村刘振奎，承包荒山 243 亩，发展苹果 120 亩，核桃 120 亩。充分利用毗邻白羊峪旅游景区的优势，打造旅游观光采摘果园，成立了桃园林果种植专业合作社，吸纳农村劳动力 70 多人，带动农户 200 多户。

2. 迁安市建昌营镇新房子村滕玉华，承包荒山 130 亩，栽植苹果、梨、桃等 10 个优良品种。其中美国八号苹果 20 亩，属早熟品种中的精品，果个大、着色好、绵软酸甜，亩产达到 3000 公斤，亩效益 1.2 万元；粉酪巴梨 10 亩。2014 年该果园总收入 80 万元。

3. 迁安市建昌营镇新房子村滕玉林，承包荒山 25 亩建果园，栽植雪花梨。通过嫁接技术，使自主研发的早蜜酸梨发展到 15 亩，亩产达到 3000 公斤，实现亩效益 9000 元。

4. 迁安市杨店子镇大张庄村张宝顺，栽植 1.5 亩丰水梨园，采用棚架式套袋栽培，实现优质高产高效，亩收入万余元。

5. 迁安市杨店子镇北张庄村张增银，建 20

亩桃园，从中国农科院郑州果树研究所引进春蜜、夏之梦等十几个桃树新品种，成熟期从6月20日至9月10日。采用中干形整形修剪技术，改变传统的开心形树形，施农家肥，桃产量高、品质好、着色均匀。亩产达到1500公斤以上，亩收入1万元以上。

6. 迁安市杨店子镇任官营村任凤友，栽植桃树120亩。有垛子一号、大红桃、久保等早中熟品种。全园采用以树定产、夏剪、树下覆草、铺反光膜等技术提高果品质量，增加效益。2014年亩产达到3000公斤，亩效益1.2万元。

7. 迁安市建昌营镇南冷口村李清晨，在自家的二亩半责任田里栽植了100多棵美国大樱桃，只施用农家肥，不仅绿色环保，樱桃还格外个大、光鲜亮丽、口感好，前来采摘的客人络绎不绝，总收入4万多元，平均亩收入1.6万元。

8. 迁安市闫家店乡洗甲河村叶文林，承包滕庄30亩土地，搞起了葡萄种植，率先引进“美国红提”“美人指”等新品种，连年获得大丰收。2014年，叶文林的葡萄亩产达1500公斤，亩效益3万元。

9. 迁安市野鸡坨镇龙山脚下的龙泽谷葡萄生态园，自2011年开始，由王进宽、李文增、沈志强等8个大户通过土地流转承包方式发展成为700多亩的葡萄采摘园，有巨丰、玫瑰香、夏黑、摩尔多瓦、京亚等早、中、晚熟多种品种。2014年，亩产达到1000公斤，亩效益7000元。

10. 迁安市木厂口镇北营村刘向花，在满是石灰岩的荒山上利用野生酸枣棵嫁接菱枣，建成40亩优质枣园，并多次参加市林业局举办的果树技术培训班，掌握了枣树拉枝、环剥、施肥等技术，收入逐年增加。2014年，大枣总产量达到6000公斤，收入10多万元。

11. 迁安市建昌营镇新房子村任志民，栽植清香核桃100亩。施用有机肥料、复合肥料及稀土微肥，采用间伐、拉枝，改善树体通风透光等技术，确保果实个大、饱满，连年稳产、增产。2014年，亩产180公斤，亩效益9000元。又建成30平方米烘干房，使用核桃剥皮机、清洗机、分选机设备，保证核桃及时加工，提高了核桃的附加值。

12. 迁安市建昌营镇闫场村王彦，承包村北220亩乱石山，栽植板栗，嫁接燕山早丰、燕紫、怀九等优良品种，成活率98%，2014年亩产达到130公斤，亩效益达到2600元。

13. 迁安市建昌营镇东密坞村孙志，承包200亩板栗园，树下的荒草坡经过深翻修整成标准树盘，荒草变肥料，蓄水保墒，2014年平均亩产180公斤，亩效益3600元。

市林业局
局　　长　付立军
副 局 长　花立军　刘俊甲
主任科员　孟令连
副主任科员　郭树明

市森林公安局
局　　长　王永红
政　　委　胡国东

（李晓松　马红月）

畜牧水产

【概况】 全市主要畜禽品种有马、驴、骡、牛、猪、羊、兔、鸡、鸭、鹅等，以猪、牛、鸡养殖为主导，其次有狐狸、貉子、獭兔、鹿等特种动物养殖。养殖结构趋向优化。2014年，市畜牧中心突出抓好畜牧水产养殖，依靠龙头企业带动规模产业发展，健全动物防疫、检疫监督、良种繁育、畜禽水产品质量安全保障、畜牧兽医执法体系五大体系建设，推进全市畜牧业健康协调有序发展。全市生猪出栏74万头，同比增长1.3%；家禽出栏744.28万只，同比增长0.9%；肉牛出栏7.48万头，与上年持平；奶牛存栏4.5万头，与上年持平；羊出栏14.11万只；畜牧产品主要为肉、蛋、奶。肉类总产8.7万吨，同比增长0.4%；禽蛋产量3.99万吨，同比增长5.4%；奶类总产15.64万吨，同比增长，1.5%。全市重大动物疫病强制免疫密度达到100%，动物定点屠宰、产地检疫率100%。

【规模化养殖】 2014年，全市有规模养殖场780个，其中，100头以上规模猪场368个，

2000只以上规模蛋鸡养殖场91个，3000只以上规模肉鸡养殖场62个，50头以上规模肉牛场35个，规模奶牛场23个，规模羊场173个，特种养殖场28个。新建及改扩建500头以上规模猪场10个；新建及改扩建200头以上规模牛场3个；新建及改扩建万只以上规模化养鸡场15个。新办畜禽养殖场代码证82个，规模场登记造册率、建档率、备案率、代码证持有率全部达到100%。全市生猪规模养殖比例达到85%，产业化经营率达到68%，畜禽养殖档案规范化填写率87%。

【畜禽产业标准化建设】 根据《河北省畜牧兽医局2014年全省畜禽标准化规模养殖示范区建设指导意见》，全市积极开展标准化示范区建设活动，成立以主管市长为组长、各相关部门为成员的标准化示范区建设领导小组，制定了示范区建设方案，开展示范区创建工作。加大对创建部、省级示范场的扶持力度，鼓励畜禽规模养殖场进行示范场创建，到2014年，创建部级标准化示范场1个，省级标准化示范场12个，唐山市级标准化示范场7个。全市有15家畜禽养殖场通过省级无公害产地认证，其中，奶牛养殖场3家，生猪养殖场12家。2家养殖场通过有机产品认证。

【养殖基地建设】 全市有生猪、奶牛、种鹅等养殖基地6个。2014年，市华农发展有限公司年产7.2万头原种猪扩繁场建设项目，建设规划综合用房5000平方米，建设饲料加工车间、化验室、办公室、食堂、员工宿舍、门岗房、配电房、污水处理站等相关基础设施。新建全封闭、全自动控制系统的标准化猪舍3万平方米，达到常年存栏基础母猪3600头，建成后每年可向社会提供原种母猪2.5万头、原种公猪1800头、生产良种二元母猪3.6万头。

【疾病防控防治】 2014年，全市公开选聘591名村级防疫员，做到每村至少有1~2名村级防疫员，建立健全了“市、乡、村”三级重大动物疫病防控体系。春、秋两季动物疫病防控工作投入资金170万元，强制免疫猪30.3万头、牛3.04万头、羊37.12万只、禽312.91万羽、犬12.5万只，实现全市免疫密度无缝隙覆盖，免疫抗体监测全部合格，顺利通过省局和唐山市局组织的检查验收；加强对市域内小反刍兽疫疫情排查力度，并集中开展紧急免疫接种，调运18.27万头份小反刍兽疫疫苗，全部免费向养羊场户发放，对全市所有种羊集中开展紧急接种。同时，进行一次全面、彻底的大消毒，确保养羊业的健康发展。积极开展奶牛场“两病”检测工作，到年底共检测奶牛779头。通过开展“两病”净化工作，迁安市智联农牧有限公司奶牛场和迁安市品安奶牛养殖有限公司均达到“两病”净化场标准。

【饲料市场监管】 依据《饲料和饲料添加剂管理条例》等法律法规，强化饲料质量安全监管，对全市饲料经营企业开展经营门店检查，清查拆包分装行为，扩大饲料中“瘦肉精、莱克多巴胺、三聚氰胺”检测面和检测频率，严厉打击在饲料生产、经营过程中使用违禁药物和非法添加物等违法行为。

【兽药管理】 加强兽药、兽用生物制品监督管理，对相关违法案件发现一起，处理一起，溯源一起。巩固兽药GSP认证成果，对兽药市场上出现的假劣兽药产品，一律清缴销毁，使兽药进销环节更为科学、规范。强化养殖小区及无公害产地产品监管工作，形成科学健康养殖模式，安全用药，保证休药期制度的有效落实，定期开展无公害产品标志使用专项检查，确保无公害产品质量安全。2014年，对7家动物诊疗机构、24家兽药经营企业和部分养殖企业大户进行兽药安全宣传培训2场，出动执法人员523人次，检查兽药经营企业231家次、兽药使用单位568个次，从源头上制止违法行为滋生，全市动物性产品质量安全得到有效保障。

【科技服务】 依托“阳光工程”“科技三下乡”“农技人员进村入户”等活动，由市畜牧业协会牵头，进行养殖技术服务与指导。全年组织大型科技咨询宣传活动6次，解答群众咨询8500人次，发放畜禽养殖实用技术3500册，印发科技宣传资料2500份。

【项目建设】　1. 扩大对外开放，把加快招商引资作为加速推进养殖产业化进程的主战略，以做强做优养殖业经济为目标，坚持“政府引导、政策扶持、市场运作、社会参与”的方针，开创招商引资工作新局面。年内规模较大的项目有：迁安市瑞安牧业有限公司投资6000万元建设存栏规模4000头的现代化奶牛场项目；迁安春牧人养殖有限公司投资2000万元建设存栏30万只现代化肉鸡场项目；迁安市圣安肉羊养殖场投资3300万元建设存栏规模3万只肉羊养殖场项目等。2. 抓好项目谋划建设，积极完成生猪、奶牛标准化规模养殖小区（场）和畜禽标准化健康养殖项目的申报工作，对项目单位进行督导检查。2014年，生猪标准化规模养殖小区（场）涉及市内4家养殖场，共申请补助资金145万元；奶牛标准化规模养殖小区（场）涉及市内1家奶牛场，申请补助资金80万元；畜禽标准化健康养殖项目涉及市内1家肉鸡场，申请补助资金25万元。3. 加大技术推广项目的示范带动作用，引进并推广的“育肥猪低蛋白日粮技术”项目累计推广规模养殖场398场次，推广育肥猪58万头，累计新增纯收益3532万元，获得唐山市农业技术推广二等奖。

【动物检疫】　1. 依托电子出证，扎实开展产地和屠宰检疫。全市以8个动物卫生监督分所为支撑，建立了9个产地检疫电子出证点，以7个屠宰场为支撑建立了7个屠宰检疫电子出证点。到年底，共完成产地检疫291.36万头（只），屠宰检疫25.5万头（只）。2. 实行瘦肉精检测制度化。坚持瘦肉精监管工作不放松，养殖场实现瘦肉精自检4899头份，检测结果全部为阴性。在屠宰环节，全市7个屠宰场每天都安排两名工作人员实施同步检疫和瘦肉精监测，共监测瘦肉精4177批次，检测结果全部为阴性。同时配合农业部、省所和唐山市所开展瘦肉精监测520头份，监测结果均为阴性。3. 确保无害化处理监管工作到位。切实做到无害化处理和确保无害化处理数量的真实性，有疫情及时发现、及时处理，严禁套取国家补贴行为出现。到年底，共无害化处理病死猪32505头，病死猪无害化处理率达到100%。

【水产养殖】　迁安内陆水域总面积49公顷，其中水库面积21公顷、池塘28公顷，池塘大多数为机井抽水补给自然积水。此外，境内有滦河、青龙河两大河流，河流面积为8650公顷，主要水产养殖品种以鲤、草、鲢、鳙为主。2014年，全市从事渔业生产人员607人，水产品产量为498吨。年内，继续以贯彻实施农业部《水产养殖质量安全管理规定》为契机，加强对渔业生产和水产品质量监管。一是加大渔业适用技术和名优品种的推广力度，提高水产养殖的科技含量。二是充分利用黄台湖、九龙泉水库等无污染、条件好的水域资源，开展生态养殖与休闲渔业相结合，通过设立旅游景点和服务设施增加渔业产品附加值，从而增加总体经济效益。三是对全市餐饮行业进行检查，重点检查食用国家重点保护野生水生动物行为。没有发现无证经营水生野生国家二级保护动物行为。

【养殖业管理】　1. 进一步加大政策引导和扶持力度，以农牧结合、适度规模为基础，扶持龙头企业，以畜禽养殖标准化示范创建为载体，努力实现畜产品供需基本平衡、生产水平明显提高、养殖效益稳定增加、畜产品质量安全可靠的综合目标，为全市养殖业标准化、规模化、现代化发展提供有力保障。2. 加强畜禽良种繁育体系建设。积极争取生猪良种补贴项目，争取到补贴能繁母猪头数4万余头，奶牛良种补贴项目，争取到补贴能繁母牛头数2万余头，全市生猪和奶牛品种改良进程不断加快。3. 健全重大动物疫病防控管理，做好免疫工作，围绕“应免尽免，不留空档”的工作目标，做到“乡不漏村、村不漏户、户不漏畜、畜不漏针”，以确保免疫覆盖率和抗体合格率为重点，促进各规模化养殖场和散养户的免疫工作落实。做好疫情监测与排查工作，加强对规模养殖场、育肥大户和散养户的疫情监测排查工作，特别是对小反刍兽疫疫情的监测与排查。

【综合执法】 成立畜牧兽医综合执法大队，负责全市畜牧业综合行政执法工作。完善机制，提升执法效能。1. 开展行之有效的畜牧业法律法规、执法领域专业知识和畜牧业执法宣传活动，同时建立健全投诉举报制度；2. 建立检打联动、日常监管与集中处罚配合机制。加强畜牧与工商、公安、质检等部门的协调配合，内外形成齐抓共管的合力，增强执法力度和效果。3. 加强人员管理，规范执法行为。对所有执法人员进行文明执法教育和执法培训，提高执法人员综合素质。并制订执法责任追究制度和岗位管理细则等，将执法监管责任落实到人。4. 确保案件办理质量，案件结案率达到100%，无行政复议案件发生。2014 年，共查处兽药类违法案件 4 起，均已结案，行政处罚人民币共 43545 元。查处饲料类违法案件 1 起，已结案，行政处罚人民币共 2630 元。

市畜牧中心
主　任　闫学东
副主任　吴振强　张存平　全维瑶

（高　磊）

水　利

【概况】 2014 年，全市水务工作，继续践行可持续发展治水思路，水务事业保持了投资加大、建设加快，基础增强、管理加强，能力提升的良好态势。全市共征收水资源费 9000 万元；新建饮水安全工程 17 处；完成水土流失治理面积 28.1 平方公里；发展节水灌溉面积 2 万亩；水利各项工作全面达标。2014 年度，市水务局先后获唐山市水利改革发展优秀单位、唐山市节约用水先进集体、唐山市实行最严格水资源管理制度优秀单位、迁安市优秀领导班子、农业农村工作先进单位、文明单位标兵、信访稳定工作先进单位等多项奖励。

【农田水利基本建设】 2014 年，市水务局结合省农村面貌改造提升活动，全力实施农村饮水安全工程，解决了 17 个村 2.29 万农村人口的饮水不安全问题，农村饮水条件有效改善；立足全市农业发展大局，以现代农业粮食产业项目为平台，统筹规划，建设管灌工程 2 万亩，投资 2000.5 万元，进一步推广农业节水灌溉技术；同时，利用本市财政资金 149.72 万元，实施本级农村饮水和节水灌溉等水利建设项目。全市有效灌溉面积达到 60.17 万亩，其中节水灌溉面积 37.18 万亩，灌溉水利用系数达 0.679。

【水土保持】 市水务局以治理水土流失为根本，以减少江河泥沙、恢复植被、改善生态环境和群众生产生活为目标，因地制宜、因时制宜，重点实施了以小流域治理为主的水保生态工程，治理水土流失面积 28.1 平方公里，其中，白羊河小流域 2013 年综合治理工程，治理水土流失 6 平方公里；隔滦河小流域 2013 年度综合治理工程，治理水土流失 5.425 平方公里；2014 年度坡耕地水土流失综合治理试点工程，新修水平梯田 6649.95 亩；完成其他水土流失治理面积 12.25 平方公里，项目区生态环境进一步改善。加强水土保持监督管理能力建设，最大限度地修复和改善全市生态环境，监督检查生产建设项目单位 32 家，填写监督检查表 40 份，收取水土保持补偿费 981.77 万元。

【水资源管理】 深入宣传《中华人民共和国水法》《河北省水资源费征收使用管理实施办法》等法律法规。在文化广场设立宣传站，发放水法宣传资料 1 万份，解答市民疑问 1000 人次。认真贯彻落实“实行最严格的水资源管理制度”，牢牢把握水资源管理的“三条红线”。实行计划用水，总量控制，定额管理。年内，新安装计量设施 57 套（超声波 17 套，上旋翼 40 套）。全年征收水资源费 9000 万元。深入开展节水型社会建设，强化工业企业节水的监管责任，在钢铁、化工等行业建设污水处理厂，积极推进工业企业水资源循环利用和废水处理回用，基本实现企业废污水零排放。全年实现工业节水 1000 万立方米，工业用水重复利用率达到 91%，万元工业增加值耗水量下降到 14 立方米。

【滦河综合开发工程】　迁安市滦河综合开发工程是市委、市政府确定的重点工程。工程自2012年3月11日开始动工，至2014年累计完成投资70亿元，祺光桥以下部分已于2013年6月成功蓄水，形成14平方公里的水域和湿地，共完成土方开挖3922万立方米，河道防渗935万平方米，挡土墙完成7.09万立方米。4号橡胶坝、燕山橡胶坝、右三橡胶坝和右二橡胶坝工程已基本完工。$A_1 \sim A_4$ 4座桥梁工程基本完工；给水、排水、燃气、热力等水下市政管道工程已完工。工程建成后，提高了滦河的行洪和城市的防洪能力，改善了生态和居住环境，成为城市风貌和自然生态的展示区，同时增加了城市土地利用价值。

【防汛抗旱】　2014年，迁安市根据“宁可备而不用，不可用而不备”的原则，防汛物料实行分级储备，分级管理，分级使用。汛前，市防办储备了2万条编织袋，1.5万平方米编织布，1万平方米无纺布，2只橡皮舟，4艘冲锋舟，8艘机动船，100件救生衣，50个救生圈，10套应急照明设备，26部海事卫星电话。后又根据需要在汛前采购6万条编织袋，500件救生衣，100只救生圈。并分别在防汛办、冷口水文站、桑园雨量站设置4部基地台，用于雨水情的上传下达和与唐山市防汛办的联系。依照2014年滦河防洪大堤抗洪抢险包段责任表的安排，成立了由市直单位和沿河镇乡、村共同组成的3000余人的抢险队伍。各镇乡根据本辖区的防汛重点全部组建以青年为骨干的防汛抢险队伍，较大企业储备一定数量的抢险物资和机器设备，做到召之即来、来之能战、战之能胜，确保全市安全度汛。同时，按照轻重缓急、择险修要的原则，总投资923万元，完成度汛工程30处，对提高汛期安全起到重要作用。

【水利科技】　市水务局继续采取分层次和交叉相结合的方式组织培训学习。99名水利科技人员参加市农广校组织的继续教育培训，17名财会、经济类专业技术人员参加市电大组织的继续教育培训。1名同志参加了国家防总组织的全国基层防办主任培训班，2名同志参加了省水利厅组织的水土保持法律法规培训，1名同志参加了省水利厅组织的现代粮食产业项目培训班，1名同志参加省水利厅组织的全省水利宣传信息工作培训，1名同志参加省水利厅组织的河北省水利站站长培训班，1名同志参加省水利厅组织的全省水政执法人员培训。通过各种形式的技术业务培训，全系统干部职工的专业技术水平得到很大提高，2014年有4人获本科毕业证书，2人获专科毕业证书，108名水利科技人员中有3人获副高级工程师任职资格，2人获工程师任职资格，6人获助理工程师任职资格。

【水库和河道工程管理】　2014年，全市有水库18座，其中，小（一）型7座，小（二）型11座。水库总库容1733.9万立方米，兴利库容1123.7万立方米，死库容59.2万立方米，控制流域面积31.23平方公里。年内，为保障水库度汛安全，完成了上级批复的白道子水库坝坡水毁修复工程，投资20万元；对年久失修的万宝沟水库下游排水渠道、曹古庄水库下游排水渠道、东峡口水库下游排水渠道、黄栢峪水库溢洪道、麻地水库背水坡等进行维修。针对白羊河东密坞村段河道淤积严重问题，市水务局召开专题会议研究部署白羊河清淤、清障工作。筹资180多万元，对5.2公里河道进行清淤、疏浚工作，工程于6月25日开工，到7月15日全部验收完工，共动用清淤机械设备19台（套），清除尾矿砂、采砂弃料24.6万立方米，恢复了河道行洪能力，使沿岸群众生产生活免受洪水威胁，保障了汛期安全。

【河道竖桩划界】　为落实《河北省政府关于加快河道现代管理体系建设的意见》，按照《河北省河道管理范围划界竖桩工作方案》的通知和《唐山市河道管理范围划界竖桩工作方案》的通知要求，为明确迁安市河道管理范围，明晰河道管理职责，推进河道现代管理体系建设，保障河道工程正常运行和安全行洪。按照竖桩划界工作要求，编制了迁安市滦河、青龙河、西沙河和冷口沙河竖桩划界实施方案编制工程预算及预算审计，进行资金申请及发布公告。10月，迁安市河道竖桩划界工作全面开始，12月，全市137.1公里河道两岸竖桩划界工作全部完成，共埋设界桩2802根，其中，滦河54公里，埋设界桩1048根；青龙河31公里，埋设界桩408根；西沙河36公里，埋设界桩922根；冷口沙河16.1公里，埋设界桩424根。

【水库移民工作】 年内，全面贯彻省、唐山市移民工作思路，牢牢把握移民政策，严格发放移民专项资金，解决好特困移民的实际困难，维护移民队伍的整体稳定。1. 加强移民资金管理，落实大中型水库移民后期扶持政策。全年发放大中型水库直补移民个人资金167.52万元，受益移民2796人；帮助11个村实施基础设施公益性项目，受益群众11711人、移民185人。2. 全力维护移民队伍稳定。移民信访接待、劝返和结案率均为100%。帮助移民解决实际困难，做好移民春节慰问工作，慰问移民2173人，协调乡镇解决移民各类问题30个，促进了移民队伍的和谐稳定。

市水务局

局　　长 朱广久
副 局 长 郭秀瑞　陈启华　姜存东
主任科员 张建明
副主任科员 张晓芳（女）　李　彦
移民办主任 朱广久（兼）
移民办副主任 姜存东
滦河生态防洪工程管理处主任 章瑞银

（曹红飞　李志魁）

综 述

【概况】 2014 年，全市工业系统继续把握“稳中求进，跨越争先”的主基调，以“四五”转型攻坚计划为统领，围绕“转型提升、合力攻坚”这一主题，全面落实转型攻坚计划。坚持走新型工业化之路，以结构调整为主线，以深入开展“节能减排和淘汰落后”为抓手，不断提升产业整体素质，加速转变经济发展方式，着力化解经济运行中的各种困难和矛盾，工业经济运行基本正常。全市规模以上工业企业累计实现工业增加值582.9 亿元，按可比价计算同比增长 5.5%；累计实现利税 311.17 亿元，同比下降 10.3%；其中累计实现利润220.72 亿元，同比下降18%；实现产品销售收入1586 亿元，同比降低6%。

【规模以上工业主要产品产量】 铁矿石14399.1 万吨，同比降低1.4%；铁精粉5733.6 万吨，同比降低7.1%；生铁1925.2 万吨（其中首钢迁钢公司累计生产 642.57 万吨），同比降低 0.8%；钢坯1895.9 万吨（其中首钢迁钢公司累计生产627.82 万吨），同比降低 0.2%；钢材 1580.4 万吨（其中首钢迁钢公司累计生产 702.09 万吨），同比增长 8.2%；焦炭 489 万吨，同比降低 0.1%；水泥49.4 万吨，同比降低 30.5%；机制纸及纸板6.1 万吨，同比降低63.5%；地毯23.4 万平方米，同比增长 9.3%；平板玻璃 1097.1 万重箱，与上年持平。

【优化产业结构，促进转型升级】 统筹规划，合理布局，围绕“延伸”，将钢铁产业做精做细。以延伸产业链条、提升工艺装备水平、调整产业产品结构、提高产品档次为主攻方向，引导企业由外延扩张向内涵提升转变。

钢铁产业结构调整步伐不断加快。按照“产能不增、效益倍增”的原则，钢铁企业技改力度不断增强，一批提升装备水平、延伸链条项目如期竣工。相继实施九江拔丝、彦博彩板、思文科德八色印铁、祥燕管材、正大管业等一大批产业链延伸项目。2014 年，年产冷轧硅钢 250 万吨，已成为全国最大的硅钢生产基地；九江公司以 15 条高速线材生产线近千万吨的产能位列亚洲单企业生产能力和产量双第一；燕山钢铁钢坯招标价格已成为全国钢坯价格的标准。

装备制造业发展势头强劲。针对全市装备制造业现状，提出“抓龙头、促提升、强配套，实施中小型企业改造提升工程，实现装备制造业高速度推进、超常规发展”的工作方针。以整机制造、钢铁深加工、冶金环保设备为重点，谋划实施重点项目，随着正大制管、首钢矿业重型矿山设备制造等项目的开工建设，全市装备制造业进入一个崭新的发展阶段。

传统产业改造升级不断加快。市工信局强化对企业的引导扶持，运用高新技术和先进适用技术改造提升传统产业，重点加强钢铁、焦化、水泥、造纸包装等优势传统产业的技术改造，不断延伸产品链条，提升产品质量和科技含量，培育壮大行业领军企业。传统钢铁产业变精变强，不论是装备、产品还是管理都有质的飞跃，已经从单一的钢坯发展到板、带、线配套，硅钢、彩板、螺纹钢、管材等高端产品齐全的精品钢铁产业；焦炭产业多元化发展，从最初的单一煤气发电延伸到煤焦油、甲醇等11个副产品，焦炭产能达到1220万吨的规模。九江翅冀、怡惠达LNG项目开工建设，加快了全市焦化产业链条延伸的步伐。

战略性新兴产业扎实推进。2014年，加大了新技术、新工艺推广力度以及新产业的引进培育力度。新兴玻璃产业发展迅猛，润安、明晶、耀华3家行业领军企业，产能达到1377万重箱。生物医药产业集聚效应凸显，随着天圣制药、葵花生物制药、英诺特生物制剂项目建设加快，全市在一个园区内拥有了4家大型制药企业，这样的规模在全国县级城市首屈一指。此外，投资2亿元的昌安耀滨企业孵化器项目、投资1.2亿元的立德照明设备制造等一批高科技项目也先后落户迁安，标志着以生物医药、新材料、新能源、环保产业为重点的朝阳产业正在迅速崛起。

【新兴产业培育】 以项目谋划建设为着眼点，抓新兴产业的培育。装备制造业以龙头企业和大项目为依托，大力发展现代装备制造业。8月，全市最大的耗钢产业项目—正大通用钢管项目一期工程正式投产。项目全部建成后，可年耗钢310万吨，为钢铁产业转型升级、延伸产业链条起到重要示范带动作用。同月，北商泵阀产业园开工奠基并举行新迁安智造国际论坛，对于推动全市产业转型升级、促进装备制造业集群化布局、配套式发展具有非常重要的意义。

工业企业技术改造项目：河北彦博彩涂板业有限公司扩建50万吨高端精品彩涂板项目，轧机及酸洗线设备基础已经完工，正在紧张有序地安装设备，其他公辅设施正在进行；葵花药业集团（唐山）生物制药有限公司的现代生物制药项目已于10月底竣工试车；迁安市思文科德薄板科技有限公司的年产60万吨电工钢、镀锡板项目于9月竣工投入运行；英诺特（唐山）生物技术有限公司的优生优育系列检测试剂技改扩建项目正在进行车间内部净化施工。迁安市思文科德金属包装有限公司的年产8万吨金属印刷生产线建设项目，覆膜生产线、剪切线、六色机厂房、华宇双涂双烘等已投入使用。

加强项目引导，培育新兴主导产业。把项目建设和发展新兴产业紧紧结合起来，按照构建“龙头带动、多业并举、特色鲜明、产业互补”的新型工业条件体系总要求，依托葵花制药、英诺特制药等企业，积极培育行业、产业龙头，发挥牵动示范效应，优先谋划建设生物医药、新材料、新能源、电子信息、节能环保等战略性新兴产业项目，努力构建低投入、低消耗、低排放和高效益的产业发展模式，形成支撑全市工业经济持续发展的骨干体系。

【节能降耗与淘汰落后工作】 狠抓督导落实，节能降耗与淘汰落后工作成效显著。2014年是实现“十二五”节能目标的最关键一年。全市工业企业认真贯彻落实十八大精神，坚持发展与节能同步、开发与节约并举的指导方针，以产业结构调整为依托，以节能新技术、新工艺、新设备的引进推广为重点，搞好节能工作，促进全市能源利用率持续提高。

节能目标运行良好。2014年，全市万元工业增加值能耗完成1.701吨标准煤，同比降低6.5%；万元GDP能耗1.7449吨标准煤，同比降低5.2%，超额完成年度承诺目标的58.54%。

节能项目进展顺利。2014年，全市共上报节能重点项目5个：迁安市九江线材有限责任公司的1×65兆瓦高温超高压中间再热煤气发电项目，河北省首钢迁安钢铁有限责任公司的2×50兆瓦CCPP发电机组建设项目，河北钢铁集团松汀钢铁有限公司的烧结余热发电项目，迁安市宏奥工贸有限公司的余热回收利用技改项目，唐山燕山钢铁有限公司的12兆瓦饱和蒸汽发电项目，累计完成投资12.89亿元，全部竣工投产，年可实现节能量38.47万吨标准煤。

淘汰落后产能进展有序。2014年，唐山市给迁安市下达的淘汰落后产能任务为：淘汰直径3米以下水泥粉磨设备5台，旋窑生产线1条。年内共淘汰直径3米以下水泥粉磨设备6台、旋窑生产线1条和450立方米高炉1座。随着这些落后装备的按期拆除，全市淘汰落后水泥产能130万吨、熟料产能31.1万吨、炼铁产能60万吨。

【企业自主创新能力建设】 积极扶持，示范带动，企业自主创新能力不断增强。继续贯彻实施十八大精神，实施“科教兴市”战略和“质量兴市，名牌兴企”战略，以科技创新为手段，加快实施经济结构的战略性调整。推进以大专院校为主体的人才培养和产学研中心及以公共服务领域信息化建设为重点的创新平台建设。

注重引进消化吸收再创新和集成创新，引导企业大力引进和消化吸收国内外先进的科技成果，运用高新技术和先进适用技术，提升工艺装备水平，加快推进科技进步和技术创新步伐；充分发挥技术创新的典型示范作用，加大科技投入力度，企业技术创新工作扎实推进，企业自主创新能力不断增强，有效地增强了企业综合竞争能力；着力改造提升传统产业，发展新兴战略产业，投资高新技术产业，实施民企二次创业。

按照市委、市政府统一安排，组织完成“清华大学—迁安市企业家素质能力提升研修班”的开班仪式和第一至第五讲的授课活动。学员包括全市重点企业的企业家、经济主管部门主要负责人。根据讲课内容，除学员以外每次授课听课人员的范围扩大到四套班子成员以及全体科级干部、企业财务负责人、企业销售负责人。全年听课人员达到1500余人次。

（赵艳霞　牛晓艳）

冶金矿山业

【概况】 2014年，全市有地方铁矿采选企业711家，其中，采选联合企业41家，单一采矿企业5家，独立选矿企业665家（含粉矿加工企业134家）。全市形成年产铁矿石2000万吨、年处理铁矿石6477.5万吨、年加工低品位铁精粉（含钢渣）2019.5万吨、年产铁精粉1800万吨的生产能力。

2014年，受进口外矿冲击和钢企打压，本地铁精粉价格持续深度下滑，市场需求大幅萎缩，行业企业的成本、资金、市场等压力进一步加大，全市冶金矿山行业停产企业数大幅增加，行业生产经营形势愈加严峻。全年规模以上铁矿采选企业铁矿石、铁精粉产量分别达到14399.1万吨、5733.6万吨，同比分别下降1.35%、7.14%；全年现价产值、工业增加值、利润、税金分别达到661.97亿元、396.63亿元、217.25亿元和75.09亿元，同比分别增长－9.16%、－4.08%、－13.7%和32.6%，主要生产经营指标绝大多数逊于上年。

2014年冶金矿山行业生产经营形势，主要有以下几个特点：1. 行业生产持续下行，产品产量大幅下降。1～2月全行业保持较稳定生产的企业80家左右，3～4月55家左右，5～12月25家左右，生产企业数量呈持续下降趋势。上年同期，生产企业数最少的2月为51家、最多的4月为121家，平均为87家，与之相比，年内生产企业数大幅减少。全年铁矿石、铁精粉产量分别达到14399.1万吨、5733.6万吨，同比分别下降1.35%、7.14%，为近年来降幅最大的一年。2. 少数骨干重点企业勉强支撑，多数企业全面停产。年初，维持较稳定生产的企业主要为采选联合企业、有较稳定矿石来源的独立选矿企业，以及部分规模较大的粉矿加工企业，另有部分小型选矿企业间断生产。随着铁精粉价格持续下滑，多数企业的单位生产成本逐渐逼近甚至超过市场价格，且市场需求大幅减少，企业经济效益大幅下滑，导致停产限产企业日渐增加。先是小型选矿企业大幅停产，之后是粉矿加工企业纷纷停产。自5月中下旬起，迫于成本、资金、市场等方面压力，部分采选联合企业也纷纷减产、停产。至年底全市维持较稳定生产的企业仅在25家左右，其中多数为有一定成本优势的采选联合企业，另有少数小型选矿企业处于间断生产状态，其他企业处于全面停产状态。3. 铁精粉价格持续下跌，市场交易愈加清淡。1～12月，本地铁精粉月度主流市场平均价格（以下价格除特别注明外均为干基含税价）分别为1080元、1050元、1010元、980元、920元、850元、840元、830元、780元、770元、730元和680元，呈直线下降趋势。1～12月铁精粉平均价格约为876元，与上年同期1067元的平均价格相比，下降190元左右。特别是5～12月，本地铁精粉平均价格为800元左右，与上年同期的1045元相比，下降约245元。年内最低价格为650元/吨左右，创2004年以来的新低，与上年末的1090元/吨相比，下降440元。由于自年初以来进口矿价格持续下滑，基于进口矿在质量和价格上的优势，本地钢企大幅增加进口外矿用量，同时对本地铁精粉的打压力度不断加大，使本地铁精粉价格持续下滑，市场需求大幅萎缩，造成矿企和矿贸商的铁精粉销售不畅和库存加大，给企业生产经营带来很大困难。到年末，全行业铁精粉库存达到158万吨，比上年同期增加60.4万吨。

造成冶金矿山行业困境的主要原因是受经济下行、钢铁产能严重过剩、国际铁矿石产能高速释放等的影响，特别是2013年以来世界矿业巨头的低价挤压销售战略，使越来越多的低成本进口矿逐步取代高成本国产矿，对国内高成本矿企生产造成巨大冲击。此外，还有国内矿企成本过高、税费负担过重，经营效益差、市场竞争力差等自身方面的原因。

【加强行业企业日常监管】 2014年，市工信局严格落实上级有关政策法规，督促和指导企业按行业规范标准组织生产。以日常检查和专项检查为主要形式，先后深入马兰庄镇、蔡园镇等地的67家矿山企业采场、尾矿库，发现各类违规操作和安全隐患80余处，立即督促企业进行整改，推动了行业企业的规范生产和安全生产。

【落实冶金矿产品生产许可证制度】 全年配合有关评价机构完成21家矿山企业（生产单元）的冶金矿山基本生产条件评价工作和生产系统及质量保证体系论证工作，完成21家新办证（延期）企业的现场审查和组卷上报工作，有21家企业通过省级审批获证。

【加强行业新建、改（扩）建项目监督和管理】

根据有关企业申请，组织业内专家，分别对迁安市杨官营铁矿、迁安市双安矿产品贸易有限公司三港湾铁矿的采选工程新建项目进行设计文件专家论证评审，根据专家评审意见及有关政策规定，对其分别下达《准予开工建设通知书》。

【加强冶金矿山行业经济运行监测、预警与分析】

市工信局在认真调查分析的基础上，于每月末形成《冶金矿山行业月度经济运行情况》等信息统计资料并及时上报上级有关部门，全年12篇月度行业经济运行情况分析均被省矿山办主办的《铁矿市场信息（月刊）》采用刊登，为领导进行政策决策和指导行业管理提供了及时、可靠的依据。

【加大先进适用技术推广力度】 在多年来各企业和各有关部门的共同努力下，迁安市的尾矿干堆（排）技术推广初见成效。至年底，全市先后有8家矿山企业实施了尾矿干堆（排）项目，其中5家投入正式运行。投入运行后，有效地解决了因尾矿排放而产生的安全、环保和占地问题，具有较好的安全效益、环境效益和经济效益。迁安市的尾矿干堆（排）技术推广工作得到上级的肯定，在5月初省矿山管理办公室组织召开的全省冶金矿山行业工作会议上，市工信局副局长王黎明代表迁安市在会上作了题为《坚持引导扶持服务并重，加快尾矿干堆技术推广应用》的典型发言。

附：

凯达工贸有限责任公司
红石崖铁矿尾矿干堆项目简介

红石崖铁矿始建于1996年，位于迁安市马兰庄镇红石崖村，是一家小型铁矿采选联合企业。自2010年起，该矿依托红石崖铁矿地下采矿，对公司所属的原红石崖铁矿、布莱斯特球团厂、振祥铁矿3座选矿厂实施拆迁，整合其生产能力，在红石崖铁矿原址建设一座年处理铁矿石200万吨、年产铁精粉80万吨的选矿厂。公司领导自2007年起经过多方考察和反复论证，决定新上尾矿干排干堆项目，该项目与选厂迁建项目同时设计开工、同步施工建设、同期完工，用于处置选厂迁建项目投产后新生的尾矿。

尾矿干堆技术是近年来兴起的一项尾矿处置新技术，一般是指将选矿流程输出的尾矿浆经多级浓缩、脱水设备处理后，分离出的尾矿形成含水小、易沉淀固化和利用场地堆存的滤饼，滤饼可以转运至固定地点进行干式堆存，分离出的水可以循环再利用。它可有效克服传统的尾矿库地表堆存尾矿方式存在的安全、环境、占用土地等问题。加快尾矿干式堆存技术在我市的推广应用，对扭转矿山行业安全生产现状，改善矿区生态环境，引导和带动全市尾矿资源的开发利用，推进绿色矿山建设具有非常重要的意义。

该项目于2011年6月开工建设，经过近一年的紧张施工，2012年4月底建成投入试运行。项目总投资3000余万元。投入运行后，可对该选厂每年产生的120余万吨尾矿进行干式处理。运行情况表明，系统运行稳定可靠，达到预期效果，项目的建设规模和技术装备情况在全国地方铁矿选矿企业中处于领先水平。

与传统的尾矿库湿式堆存工艺相比，虽然采用尾矿干堆技术的排尾工艺相对复杂、一次性投资较大，但它维护简单、综合成本低、收益明显、长远利益可观、安全环保效果好，符合循环经济、清洁生产的总体要求。具体表现在：一是尾矿库维护简便、运行安全、维护成本低；二是解决了安全性问题。由筑坝式排放改为干堆场排放，库内基本不积水，从根本上解决了因库内积水和渗透而产生的危及尾矿库的安全和环保问题，特别是可有效地避免溃坝、漫坝、垮坝的事故发生；三是节省大量的山地、林地甚至耕地。据测算每年可节省尾矿库占地30亩，减少了由于扩建或新建尾矿库产生的征占地等方面的大量投资；四是减少了常规尾矿库贮存方式普遍存在的因地表蒸发和地下渗透等因素减少的可利用回水量，选厂回水利用率由常规情况下的80%左右提高到95%以上；五是经干式处理的尾矿既可围堰造田，又可回填塌陷区和露天采坑，进行平整造田，实现了消除地质隐患、开发资源、保护环境的效果，既可种田又可植树造林，防止水土流失，变弊为利。此外，尾矿干堆（排）技术还有利于尾矿等矿山固体废物资源的二次开发与利用，可以加工制作建筑材料，如砖、预制件等，变废为宝。

尾矿干堆技术可以使政府、企业和老百姓多方得利，具有长期的安全、环保、经济和社会效益，尾矿干堆技术也因此被业界誉为“尾矿处理方式的一次重大革新”。该公司尾矿干堆工艺技术的成功应用，有效地解决了因尾矿排放而产生的安全、环保和占地问题，同时也为尾矿干堆技术的推广应用提供了有益借鉴。

（彭树海）

冶金工业

【概况】　2014年，受供需矛盾恶化、国家环保压力加大、银行资金收紧等因素影响，钢铁行业整体走势持续低迷。在严峻的市场形势下，迁安地方钢铁企业在市委、市政府的正确领导下，认真贯彻落实科学发展观，以资源型城市转型为主线，以《部分工业行业淘汰落后生产工艺装备和产品指导目录》（2010年本）为指导，以节能减排攻坚行动为抓手，以经济效益为中心，以科技进步为动力，密切跟踪市场行情，克服行业利润几近枯竭、过剩产能矛盾重重、下游需求依然趋弱等不利因素影响，认真组织生产，使生产经营形势基本保持平稳、健康发展。

【第三批符合《钢铁行业规范条件》企业申报工作】　为加强钢铁行业规范化管理，2月起，按照省工信厅《关于开展第三批符合〈钢铁行业规范条件〉企业申报工作的通知》精神，积极组织荣信钢铁公司、鑫达钢铁公司两家企业开展钢铁行业准入申报工作；5月初，荣信、鑫达两家企业的《钢铁行业规范条件》申请报告通过工信部专家组评审；5月21日，工信部核查组对鑫达、荣信两家企业进行《钢铁行业规范条件》现场核查，并提出整改意见；5月底，督导企业按照核查组提出的整改意见进行整改，并将整改后的资料上报工信部；8月25日，工信部公示了第三批符合《钢铁行业规范条件》的企业名单，迁安市河北鑫达钢铁有限公司、河北荣信钢铁有限公司两家钢企榜上有名。至此，迁安已有7家钢铁企业顺利通过工信部组织的钢铁行业准入。

【钢铁业整合重组】　推进钢铁业整合重组。围绕提高竞争力优化企业负债结构、资金结构抓整合。积极寻求对接战略投资伙伴，全力推进以股权配置、增资扩股为主要形式的产权融合，推动钢铁企业整合重组。2014年度，市委、市政府积极推进鑫达、荣信、松汀三家钢铁企业与天津物产进行整合重组。

【推动化解钢铁产能严重过剩工作】 为贯彻落实《国务院关于化解产能过剩矛盾的指导意见》，推动全省钢铁行业化解产能严重过剩工作，按照唐山市委常委会议通过的《唐山市2014年化解钢铁过剩产能计划》，市委、市政府积极参加全省化解钢铁过剩产能第二次周日行动。2月23日，迁安开始对唐山建源钢铁（集团）有限公司35吨转炉变压器、二次除尘烟囱及附属建筑物进行现场拆除。3月12日签订《资产拍卖、拆除协议书》，进入正式拆除实施阶段。7月底，设备拆除完毕，压减炼钢产能55万吨。11月1日，市委、市政府开始对唐山建源钢铁（集团）有限公司450立方米高炉进行现场拆除。12月底，市委、市政府对三联公司的1座35吨转炉、燕山钢铁的2座35吨转炉、金丰公司的1座450立方米高炉进行电力铅封。

【首钢股份公司迁安钢铁公司】 首钢股份公司迁安钢铁公司（原河北省首钢迁安钢铁有限责任公司）于2002年12月18日注册成立，2003年3月工程奠基，2004年10月竣工投产。2005年3月2160毫米热轧项目开工，2006年12月23日轧制出第一卷热轧卷板，实现由低端产品向中高端产品的历史性跨越。2009年12月1580毫米热轧生产线投产，2010年7月无取向硅钢生产线投产运行，2012年3月生产出第一卷高磁感取向硅钢，标志着取向硅钢生产线全线贯通。2014年1月29日，中国证券监督管理委员会下发了《关于核准北京首钢股份有限公司重大资产重组及向首钢总公司发行股份购买资产的批复》，根据此批复，于2014年4月25日完成迁钢公司全部资产注入首钢股份的置换工作。

迁钢公司是一家集炼铁、炼钢、热轧、冷轧多工序工艺技术创新、生产流程优化的大型综合性企业，已形成年产780万吨铁、800万吨钢、757万吨材的生产能力。产品主要覆盖汽车板、管线钢、高强工程机械、集装箱、船板等20大类282个牌号热轧产品和无取向电工钢、取向电工钢2大类55个牌号冷轧产品。

（张艳红）

建材水泥业

【概况】 2014年，建材行业继续保持平稳发展，主要建材产品的技术、质量不断提高，产品配套能力、资源能源消耗、资源循环利用及环境保护等方面都有很大发展，建材水泥业全年完成工业总产值15.3亿元，同比增长13.41%；实现利税1.5万元，同比增长13.63%。

水泥行业不断加大淘汰落后产能力度，加快推进结构调整，水泥企业由原有14家减少到5家，2014年有水泥生产能力390万吨，完成水泥产量138.6万吨，同比下降24.51%。

全市有玻璃生产企业3家，年生产能力1377万重箱。企业均响应国家节能减排、循环经济政策导向，变革了玻璃生产传统能源工艺，循环利用当地焦化厂的焦炉煤气，作为主要能源，既降低了产品能源成本，又避免了焦化企业的排放和污染。浮法生产线采用国际先进的浮法玻璃三大热工技术，采用最新技术成果及设备、材料，在设计上采用成熟的中国洛阳浮法玻璃生产技术，退火窑采用法国斯坦因的技术，冷端采用全国产化的玻璃切割系统、水平堆垛机等，完全能够保证玻璃产品质量。

【河北润安建材有限公司】 位于迁安市太平庄乡，由江苏华尔润集团于2010年投资建设，注册资金2.54亿元，有员工750余人。公司利用太平庄乡丰富的白云石、石灰石资源及焦化行业副产品焦炉煤气，主要生产优质浮法玻璃，年生产规模777万重箱。公司占地570亩，投资12亿余元，建设4条700吨/天优质浮法生产线，装配先进的自动传输、控制、作业系统、优化工艺装备，可生产5～12毫米不同规格品种的优质浮法玻璃，产品主要面向京津唐、环渤海地区的高端深加工客户，辐射东北市场。公司还同步实施2座6兆瓦低温余热发电机组和脱硫除尘配套系统，每年可自发电7780万度，并网运行后实现节能与减排并举，企业经济效益与环境效益做到较好的协调统一。2014 年，完成玻璃产量 1097.1 万重箱，实现销售额 4.94 亿元。

（张永春）

地毯服装纺织业

【概况】 2014 年，全市入统的地毯服装纺织企业有 3 家，即：河北弘业地毯集团有限公司、唐山弘业服装有限公司、迁安市翔远帽业有限公司。主要产品有地毯、服装、帽子等。全年生产地毯 23.4 万平方米、服装 63 万件，实现总产值 7.26 亿元，增加值 2.59 亿元，实现利税 3326 万元。

以河北弘业地毯集团有限公司为龙头，主要设备 225 台（套），其中有 5 台（套）是世界最先进的三梭三剑杆比利时地毯织机，形成全市年产 1200 万平方英尺地毯、300 万件服装的生产能力。地毯生产形成中国传统毯、超级波斯胶背地毯、羊毛胶背地毯、腈纶胶背地毯、地毯纱、机织地毯六大系列。地毯产品结构有新变化，实现密度、图案及色彩由低档向高档转移。服装产品形成以夹克衫、羊毛衫、长裤为主导产品的生产格局。地毯产品出口欧、美、日三大市场中的十几个国家，因国际市场总需求下降，企业外销势态欠佳。公司对现有设备 CRT－83 向 CRX－92 进行改进，生产汽车羊毛毯，不断扩大内销。公司织机设备改造投入资金 187 万元，获得科技局奖励 30 万元。弘业服装加工技术已达到国际一流水平，加工产品质量得到外商青睐，出口业务不断扩大。

河北弘业地毯集团公司下属有中日合资弘业腈纶地毯有限公司、中日合资弘业服装公司、中美合资弘业机织地毯公司、弘业陶瓷有限公司、弘业海鲜酒店等。实现跨地毯、服装、陶瓷、餐饮四大行业的集团化经营。弘业地毯品牌为 QA 牌，是河北轻工名牌产品。产品商标为图案商标，是河北省著名商标。弘业地毯文化，体现了鲜明的时代性、开放性，同时形成地域性的一种新的文化因素，具有强大的生命力，对中国地毯的发展、对迁安的文化和经济发展产生了久远的影响。

（彭翠云）

电线电缆业

【概况】 2014 年，全市电线电缆行业完成总产值 6 亿元，实现利税 5000 万元。主要产品有高低压电力电缆、架空绝缘电缆、铝绞线及钢芯铝绞线、控制电缆、电线、橡套电缆、矿用电缆、信号电缆，通信电缆、通信光缆、数据电缆、漆包线、电工用铜线坯等。年可生产电力电缆、橡套电缆、矿用电缆及架空绝缘电缆 1.5 万公里，通信电缆 400 万对公里，通信光缆 200 万芯公里，数字通信电缆 20 万箱，控制电缆、电线等 1000 万公里，铝绞线及钢芯铝绞线 2 万吨，聚酯漆包线 1 万吨，电工用铜线坯 2 万吨。生产经营过程中，电线电缆行业不断建立和完善科学的质量体系，严格按照中国国家标准或行业标准进行生产。产品畅销中国华北、东北、北京、天津、内蒙古等数百余个地区，其中主导产品远销非洲、欧洲及亚洲等国家，深受用户的青睐和好评。且分别获得国家相关部委的质量和生产许可证，英国 NQA 公司的 ISO 9002：1994 质量体系认证；中国泰尔认证中心 ISO 9001：2000、ISO 9001：2008 质量管理体系换版认证，并获证书。

（张永春）

造纸包装印刷业

【概况】 2014 年，全市有骨干造纸包装工业企业 7 家，即：迁安市鸿霖纸业有限公司、迁安市四通纸业有限公司、迁安市恒茂纸业有限公司、迁安市富鑫造纸厂、迁安白天鹅纸业有限公司、斯道拉恩索正元包装有限公司、迁安市耀华包装材料厂。主要产品有胶印轻型书刊纸、白板纸、凸板纸、轻型纸、卫生纸及彩印包装等。2014 年，生产机制纸及纸板 6.4 万吨。7 家企业从业人数 1735 人，实现总产值 7.6 亿元，增加值 2.1 亿元。

包装业以斯道拉恩索正元包装有限公司为龙头企业，通过外拓市场、内强管理，公司已成为国内规模较大、技术设备一流的印刷包装企业。2014 年，公司各项经济指标都处于同行业前列，以先进的机器设备作为发展的硬件，引进国际上先进的德国预印生产线、意大利重型瓦楞纸板生产线、美国海博印刷机、德国海德堡印刷机、上光机、覆膜机、瑞士博斯特模切机、糊盒机以及韩国纸塑生产线等印刷包装设备。主要客户有摩托罗拉（中国）电子有限公司、天津三星通信电子有限公司、诺基亚通信有限公司、NEC 移动通信有限公司、LG 电子（天津）电器有限公司、亚利陶瓷有限公司、麦当劳、肯德基、爱芬食品等。产品涵盖电子、食品医药、化妆品、工艺品等多种行业，涉及印刷、包装、品牌策划、咨询服务等多个领域。

此外，建有 1 家金属包装公司，即迁安市思文科德金属包装有限公司，2014 年，公司年产 8 万吨金属印刷生产线建设项目获得 557 万元省技改专项资金支持。

（彭翠云）

食品加工业

【概况】 2014 年，全市有骨干食品工业企业 4 家，即：迁安三元食品有限公司（简称迁安三元）、河北蓝亨啤酒有限公司、千龙食品、唐山东方希望金豆动物食品有限公司。主要产品有：牛奶、白酒、啤酒、安梨汁等饮料、淀粉、饲料等。2014 年 4 家食品加工企业从业人数 938 人，实现总产值 6.8 亿元，增加值 1.6 亿元。

迁安三元是奶制品生产企业，建于 2004 年，是由北京三元食品股份有限公司与北京三元绿荷奶牛养殖中心、澳洲三元经贸有限公司合资组建的中外合资企业。公司主要产品有：超高温灭菌乳及含乳饮料。产品品种主要有：纯牛奶、早餐奶、巧克力牛奶等调制乳及哈酸乳、纤果汇乳饮料。公司液态奶生产工艺全部采用 PLC 控制系统，从原料奶收购到产成品装箱前全程实现封闭式灌装，界面操作，数据控制。液态奶生产采用国内最先进的闪蒸工艺，公司新近从瑞典利乐－拉伐公司引进的 TETRA PAK A3/FLEX 利乐砖无菌包装机，是国际先进的灌装设备，此设备具有快速转换 5 种包材型号、自动接纸、自动接 PP 条的先进技术，高速运转，每小时生产能力 8000 包。迁安三元从奶源管理、原辅料进厂、生产加工、储存运输、产品出厂过程方面不断加强质量管理，建立健全产品质量保证体系，经省级主管部门审核和推荐，已经达标行业准入，并于 2012 年通过食品工业企业诚信管理体系认证。公司依托北京三元食品股份有限公司 50 年专业品牌效力，雄厚的研发实力，成熟的销售网络，高标准、高起点、严要求的企业管理理念，计划用 2～3年时间培养和训练出一支有良好的职业素养和敬业精神的优秀团队，带动奶牛养殖小区和企业共同成长，把迁安三元打造为北京三元最大的液态奶生产基地。

（彭翠云）

医药化工业

【概况】 2014 年，全市入统的医药骨干企业有 4 家，即：河北百善（唐山）药业有限公司、唐山葵花药业有限责任公司、英诺特（唐山）生物技术有限公司、天圣制药。主要产品有胶囊、片剂、颗粒剂、口服液、软胶囊、针剂、大输液制剂 7 大剂型 160 多个品种。有年生产 20 亿（片）粒、1500 万瓶大输液的生产能力。全市入统的化工企业 7 家：迁安中化煤化工有限公司、唐山蓝海实业有限责任公司、唐山市宝利源炼焦有限责任公司、迁安市宏奥工贸焦化厂、迁安市联旺化工厂、迁安市九江煤炭储运有限公司、河北省迁安化肥有限责任公司。全市焦炭生产能力不断扩大，首钢焦化、联旺、蓝海、宏奥、宝利源、九江焦化 6 家企业形成焦炭生产能力 1220 万吨。生产的产品主要有焦炭、煤焦油、粗苯、硫铵等产品。2014 年，焦炭产量 489 万吨，实现现价总产值 100.33 亿元，实现增加值 21.7 亿元，实现利税 2.64 亿元。年内，医药化工企业实现总产值 158.5 亿元、增加值 35.3 亿元，实现利税 3.7 亿元。

【百善（唐山）药业有限公司】 2014 年，唐山市龙山药业有限公司和河北百善医药有限公司成功重组成立百善（唐山）药业有限公司，并投入资金 1 亿元，新建 20 亿片（粒）高技术药品豨蛭络达胶囊生产线，一期项目于年底完工。公司产品结构是中西药结合，品种有 55 个，知名品牌有抗脑衰胶囊、豨蛭络达胶囊等，现年产值 3000 万元。

【英诺特（唐山）生物技术有限公司】　公司位于迁安市现代装备制造业产业聚集区，是集科研、开发、生产为一体的诊断试剂高科技企业，为与河北联合大学校企合作企业，注册资金5000万元。公司有4600平方米净化车间（国内同行业最大之一），具有胶体金、荧光定量PCR、化学发光、ELISE、生物芯片5条诊断试剂生产线，具有年产2000万人份各种诊断试剂生产能力。

公司拥有强大的研发团队，由博士、硕士和高级专业技术人员组成。员工中本科以上学历技术人员占35%，其核心成员均具有多年仪器研发和诊断试剂方面的研究、生产、管理经验，其中，部分人员曾参加国家973课题、863课题，并获重大科研项目国家、省、唐山市级科学技术进步奖。公司长期以来与军事医学科学院、医科院基础所等合作，建立了联合研究机制，获得技术等方面的保证。公司2012年12月取得医疗器械生产企业许可证，2013年5月通过体外诊断试剂体系认证。2013年年底时申报巨细胞病毒IgG抗体检测试剂盒（酶联免疫法）、风疹病毒IgG抗体检测试剂盒（酶联免疫法）、弓形虫IgG抗体检测试剂盒（酶联免疫法）、弓形虫IgM抗体检测试剂盒（酶联免疫法）、巨细胞病毒IgM抗体检测试剂盒（酶联免疫法）、结核分枝杆菌抗体检测试剂盒（胶体金法）、肺炎衣原体IgM抗体检测试剂盒（胶体金法）等10个产品的产品注册证。2014年，英诺特唐山生物技术有限公司优生优育系列检测试剂技改扩建项目获得189万元省技改专项资金支持。

【化工企业技改项目和新建项目】　河北迁安化肥股份有限公司深化经营管理改革，在生产经营上就新思路、新思维进行了有益尝试，推进实施了多项技术改造项目，完成尿素控制系统DCS改造，总变110千伏综保系统升级改造，75吨/小时锅炉控制系统DCS更新，合成氨蒸发器改型等一批技改技措项目和扩容白煤棚，北料场防尘网延伸等工作。完成了以B炉、余热炉、2#气柜为代表的15台公司重点设备的单体大中修。“40万吨氨醇”大技改项目有了实质性进展，累计完成投资6143.36万元。

迁安市宏奥工贸有限公司焦化废水深度处理项目于11月15日投入试运行，该项目为资源节约综合利用国家鼓励项目，包括预处理系统和超滤、纳滤、反渗透三级过滤系统。项目年处理废水100万吨，回收利用75万吨，年节约水资源75万吨，项目总投资3100万元。处理能力140吨焦/小时干熄焦项目主体工程已完工，正在进行附属设备安装、工艺管路配制和电气仪表安装，至年底完成投资8500万元，项目计划总投资9273万元。

进一步谋划煤焦油深加工、粗苯精制、煤气深度开发利用三大产业链。至2014年已开工建设的煤气深度利用项目两个，分别是迁安怡蕙达新能源有限公司LNG液化天然气及加气站项目和迁安市翅冀天然气有限公司一期8亿标准立方米/年焦炉煤气制液化天然气项目。年内完成投资5.1亿元，累计完成投资11.4亿元，计划2015年内投产。

唐山市蓝海实业有限公司实施了“蒸氨塔技术改造项目”，项目总投资469.3万元，已于2014年11月竣工。

（彭翠云）

热电能源

【概况】　2014年，全市有两家热电公司，迁安恒晖热电有限公司和迁安大唐热电有限责任公司。恒晖热电公司有职工317人，厂区占地125亩，总装机容量36兆瓦。公司主要产品为电、蒸汽和热水。发电直接并入华北电网，年发电能力为36兆瓦，蒸汽和热水供迁安市城区18家工业企业用汽和城区160万平方米采暖，供热能力为168吨/小时。2014年，累计完成发电量2.5亿千瓦时，比上年增长4%，累计完成供热量403万吉焦，同比增加60万吉焦；实现总产值3亿元，比上年增长4%；利税7510万元，比上年增长28%。

河北大唐国际迁安热电有限责任公司一期工程于2007年9月开始试生产，工程投资9.6亿元，装机容量200兆瓦，年发电量10亿千瓦时，可满足284万平方米供热需求。2014年公司继续强化计划管理和预算管理，将重要任务、主要生产经营指标进行细化分解，逐级传递经营压力，逐级落实管理责任，确保生产经营目标的实现。年内累计完成发电量9.5亿千瓦时，同比增加1.69亿千瓦时；累计完成供热量177.57万吉焦，同比增加1.86万吉焦；实现总产值3.90亿元，比上年减少4.93%；利税2294.18万元，比上年增长102.18%。

（张永春）

市工业和信息化局

局　　长　时立新
副 局 长　孟令安（女）　胡春杰
　　　　　　王黎明　王玉军　徐立勇
主任科员　王黎明　苏万利
副主任科员　张　耐
副 书 记　蔡立华

电　　力

【概况】　2014年，国网冀北迁安市供电公司面对环境治理、产能化解、经济下行等严峻形势，认真贯彻落实冀北公司和唐山公司决策部署，深入开展党的群众路线教育实践活动，深入推进“两个转变”（转变电网发展方式、转变公司发展方式），电网建设步伐持续加快，管理水平大幅提升，安全生产态势平稳，员工队伍保持稳定，各方面工作取得显著成绩。全年累计实现购电26.90亿千瓦时，售电25.97亿千瓦时，电费回收率100%，综合线损率3.48%，供电可靠率99.975%，电压合格率99.975%，实现利税1566万元，安全生产实现无考核责任事故。

【体制改革】　继续全面落实“三集五大”（人力资源、财务、物资集约化管理，大规划、大建设、大运行、大检修、大营销体系）建设任务，严格按照批复方案调整ERP系统组织结构和人员岗位，机关合并精简机构2个、人员精简27%。严格贯彻落实国网公司通用制度，清理废止制度标准52项，匹配岗位制度标准2216个，公司“三集五大”体系机构人员规范工作全面完成，职责明确、流程规范的管理模式进一步固化。坚持以目标为导向，深化同业对标工作，在10项专业对标中，先后夺得安全、规划、营销、物资4项专业标杆，管理对标指标位列唐山十县（市）公司之首，被唐山供电公司评为“管理标杆”单位。根据供电所年售电量、服务客户数和公用配变台区数等完成类别划分界定；深入开展供电所同业对标活动，野鸡坨供电所被国网公司评为B类供电所“综合管理标杆”。

【安全工作】　以安全监察质量部的剥离组建和独立运行为契机，强化安全职能，落实安全生产监督管理机制。积极构建“三级”安全网络，逐级签订安全生产责任状，进一步完善安全管理组织架构。建立健全“应急抢修联动机制”。按照“属地相邻、组团联动、协同互济”的原则，组建7支应急抢修联动队伍，提高了应急处置能力。强化安全教育，分12期对公司安全员、“三种人”（工作票签发人、工作许可人、工作负责人）共计955人次进行集中培训和普考；邀请唐山市公司专家对“两票”（工作票、操作票）、危险点分析以及紧急救护等知识进行专题培训；组织开展标准化作业现场观摩。对389个检修施工现场进行安全检查，领导干部和管理人员到岗到位1556人次，纠正查处违章96次，有效杜绝了人身、误操作等事故的发生。公司被评为唐山市“安康杯”竞赛优胜单位。加强线下树障专项整治，清理10千伏～35千伏线路树障4.9万棵，清理属地化线路树障12.3万棵。圆满完成春节、两会、高考、十八届四中全会期间重大保电任务。代表唐山公司顺利通过国家能源局组织的安全生产标准化达标验收和国网公司安全性评价试点验收。

【电网建设】　按照迁安构建“3+5+6”现代产业体系总体框架，滚动修编2014～2020年配电网规划，突出电网建设与经济社会发展的承载性、兼容性，体现“适度超前、实际实用”的总体规划原则。配合唐山公司完成“智能电网支撑智慧城市”可研评审；《迁安市区配电网规划》顺利通过冀北公司专家组评审。加快主网项目建设，夏官营220千伏变电站完成项目核准；芦沟堡110千伏变电站完成项目选址；陈官营、步步川两个110千伏输变电工程如期开工建设。完善配网网架结构，农网大李庄110千伏变电站10

千伏出口工程、西李铺35千伏输变电工程、马兰庄35千伏输变电迁建工程圆满完工并一次性通过验收送电。加快全市重点项目电源的接入工作，先后完成龙天523、龙九514等4条10千伏线路投运及丁变513、苏变523线路负荷切改工作，为天洋城、第四高中等重点项目建设提供了电源支撑。通过对13条10～220千伏线路的迁改和3.5公里同塔三回线路的架设，为正大管业项目的落地实施开辟了“绿色通道”。

加强中低压线路管理，通过实施过弓子裸导线更换绝缘线及避雷器、接地极加装，实现10千伏线路鸟害和雷击故障跳闸同比分别下降21.6%和13.73%；通过采取绝缘子喷涂PRTV、线路加装避雷器、接地极及加强老旧设备改造等措施，使35千伏线路供电可靠性有了历史性突破，实现零跳闸；220千伏、110千伏变电站10千伏出口跳闸率同比下降40.43%。全力推进大修、技改项目及农网改造工程建设。全年完成技改、大修、农网工程项目30个，总投资5520.65万元，10千伏线路互联率由27.80%提升至32.96%；满足N－1水平线路由8条增加到16条；城市配网绝缘线由17.5千米增加到47.96千米；10千伏线路平均分段数为3.91，增加1.7百分点。在实施主城区5项绝缘化改造中，举全公司之力，机关基层齐上阵、领导职工齐到位、生产后勤齐保障，停电区域涉及10万客户、停电周期最长达到7天，无一投诉，创造工程进度、施工质量、群众口碑三项最佳。

【企业管理】　主动应对售电市场严峻形势，加快报装接电速度，高压平均接电时间同比缩短5天。积极推进用电信息采集系统建设，累计安装智能电表18.4万块，采集成功率99.29%。着力提升售电均价，实现综合售电均价627.31元/千千瓦时。重点推进电能替代和节约电力电量工作。完成替代电量1.09亿千瓦时，节约电力2.36万千瓦，节约电量1.77亿千瓦时。全面提升优质服务水平，成立配网抢修指挥班和非抢修业务远程工作站，建立相关部门之间“协调统一、专业管控、分级负责”的处理机制，加大监督考核力度，确保工单处理高效闭环，全年共受理各类工单1536件，处置率100%。加强营业窗口建设，印制营销服务口袋书，对118名营业窗口人员进行应知应会业务知识考试；常态化开展明察暗访活动，规范窗口服务行为；创新实施十项举措（一份交接单、一本花名册、一张连心卡、一份告知书、一次到现场、一本口袋书、一处一通报、一月一竞赛、一次办结清、一次一跟踪）保服务，十项举措（健全一套规章、设立一部电话、设立一个监督台、设立一个意见箱、设立一个公开栏、半月一次讲评、每月一次慰问、季度一次走访、半年一次生活会、一年一次座谈会）促廉洁的“双十”举措，强化员工自律，推进队伍监管，公司上下工作作风更加务实，工作效能全面提升。在全市民主评议行风活动中，连续13年夺得公益经营类“优胜单位”。

以冀北公司“两个提升”现场会的组织承办为契机，深化县级供电企业管理提升和乡镇供电所管理提升，形成“迁安特色”，实现了“迁安引领”，为唐山公司被国网公司命名为“县级供电企业管理提升先进单位”发挥了积极助推作用。开展廉洁高效供电所建设。推进供电所资料精简，使供电所各类资料由原来的382项精简到154项，精简率59.69%；试点安装服务评价器、服务计时器、双面显示屏等设备，乡镇供电所服务监督体系更加完善。开展供电所绩效考核、薪酬分配试点建设，在城关供电一所试点推行“工作积分制”，为建立健全岗位能上能下、收入可增可减的绩效考核新体系谋定而为、示范先行。

【党建、精神文明和企业文化建设】　扎实开展党的群众路线教育实践活动，创新实施“一联五进入”，即进乡镇、进农村、进农户、进企业、进重点对象所在地，与党代表、人大代表、政协委员、公司行风监督员和重点工作对象促膝谈心、征求意见；“领导接访三亲自”，即亲自接待体现真心、亲自处理彰显实心、亲自回访展示诚心；“三个转变接地气”，即变下跑为上跑、变上访为预防、变投诉为倾诉等特色活动，公司领导深入一线调研30余次，制定整改措施96项，整改落实率100%。积极开展“三比、三看、三做”（比为民、看实践，做岗位奉献员工；比务实、看服务，做客户满意员工；比清廉、看作风，做廉洁高效员工）和“党员一句承诺语，群众路线我践行”等活动，密切党群干群关系，堡垒建设得到巩固和提升，城关供电二所党支部被冀北公司授予“电网先锋党支部”。创新团组织管理形式，综合运用微博、微信等媒介，助推青工成长成才，公司团委被共青团迁安市委命名为“五四”红旗团委和“先进基层团组织”。严格落实中央“八项规定”，严控会议与活动规模，提高会议质量，规范行文、接待、出差、报销等审核流程，提高办事效率，业务招待费同比下降18.75%，发文数量同比减少25%；圆满完成公司办公场所的清理整顿和规范整合，腾出办公用房950平方米。

在全系统内组织开展“思想道德作风纪律建设走基层”活动，邀请市检察院有关领导为公司全体党员干部和关键岗位工作人员进行警示教育，接受廉洁从业和群众观念精神洗礼。落实人才强企战略，在市总工会的领导下，组织承办了公司“职业技能大比武”活动；积极开展职业技能鉴定和高级项目管理师、经营师等考试及专业技术资格评定工作，人才当量密度提高到1.103。以普调考活动为抓手，强化队伍素质提升，全年累计兑现普调考奖励资金22.12万元，营造了“尊重知识、重视人才”的浓厚氛围，催生出一大批成果，托举出一大批人才，在冀北公司计量专业竞赛中，公司4人入围唐山公司5人竞赛组，并代表唐山公司夺得团体第一名，职工檀舒以个人第一的好成绩，被冀北公司授予“技术能手”称号，被唐山公司评选为B级“首席员工”；在国网公司农村用电安全管理和技能知识调考中，职工翟亮取得个人第四十三名、冀北第一名的好成绩；在国网公司2014年物力集约化管理专业调考中，职工赵禹童代表冀北公司夺得第一名；在冀北公司农村用电安全管理与技能知识调考中，迁安公司3名职工代表唐山公司夺得团体第一名；在冀北公司《电力安全工作规程》知识抽考中，职工宋文明夺得线路专业第一名；在冀北公司人力资源管理专业调考中，3名中层干部代表唐山公司参赛，夺得第二名。在河北省“中国梦·劳动美·我与改革创新绿色崛起”主题演讲比赛中，职工朱亚军代表唐山市参赛，获二等奖。创新创效活动取得新突破，两项QC（质量管理）成果获唐山公司创新成果三等奖，三项“五小”（小发明、小创造、小革新、小设计、小建议）创新成果分获二、三等奖和优秀奖；《防水高亮度LED灯安全帽》等4项创新成果获国家专利。

以“见证历史、彰显价值、铭记使命、再续辉煌”为宗旨，精心规划构建公司企业文化展厅，为公司传承企业精神、塑造企业形象、凝聚奋进力量打开一扇亮丽的窗口。推进档案星级创建，被授予河北省档案管理五星级企业。深化志愿服务和精神文明创建活动。城关供电二所职工张宏伟、石亚坤、黑治强被命名为迁安市第六届“助人为乐”道德模范，蔡园供电所志愿服务队及杨店子供电所李伟光、温志刚、赵亚军3名职工分获集体和个人“道德模范提名奖”；迁安市、唐山公司“道德模范”——李建英作为县级公司唯一代表参加了唐山公司举办的“奋斗的青春最美丽”青年励志访谈分享会，传递公司主流声音，输送迁安正能量；组织公司全员为患病职工张健祎捐款10万余元，体现了互助精神，增强了归属意识。至2014年，公司连续9年被授予河北省“AAA级劳动关系和谐企业”。强化品牌建设，注重品牌维护，加大新闻宣传工作力度，先后在新华网、《中国电力报》《国家电网报》等主流媒体发表稿件210余篇；妥善化解矛盾，公司被河北省总工会命名为“模范群众工作室”；加强职工文化活动阵地建设，公司被中华全国总工会授予“全国优秀职工书屋建设示范单位”。

国网冀北迁安市供电公司

经　　理　高振峰
书　　记　李志文
副 经 理　郎亚光　贾玉清（11月任）
　　　　　　陆全忠　张国军
工会主席　贾玉清（兼，11月离）
　　　　　　张　磊（11月任）
纪委书记　贾玉清（兼，11月离）
　　　　　　张　磊（11月任）

（郭雅卓　高　锋）

交 通

【概况】 2014年，市交通运输局以党的群众路线教育实践活动为引领，以服务全市转型发展为中心，着力推进交通项目建设，严格规范执法和文明执法，加大超限超载治理力度，强化行业监管力度，规范道桥收费管理，交通运输工作服务水平进一步提升。1. 四项机制体制改革成效显现。一是人事管理体制改革。对全局32个部门的1486人实行全员聘任制，明确岗位职责和聘用关系，全局干部职工爱岗敬业热情得到极大激发。全局有4项QC成果获河北省优秀科技质量成果奖，分别是：提高箱梁混凝土28天回弹强度合格率、提高墩柱与盖梁系梁连接处砼观感质量、降低沥青混合料燃油消耗率、降低热料提升机轴承损坏率；有1项QC成果获交通部优秀科技质量成果奖，即提高沥青路面压实度的合格率。科技能手刘宝金研发的“物资流转远程无线管控系统”车牌号自动识别程序开发获得成功。二是公路养护体制改革。为解决市域公路管养水平偏低问题，实现全覆盖、零失养的目标，初步建立了地方道路管理站、养护中心、道班三级养护管理机制，地方道路管养水平得到提高，102国道路域环境综合整治活动扎实有效，受到唐山市路域环境提升办公室和唐山市交通运输局领导的交口称赞。三是财务体制改革。合理划分整合原财务科的职能、人员，成立财务结算中心、财务审计中心和国有资产管理中心，加强集中支付管理，提高支付透明度和控制监管能力，成功实现“统一财务管理、统一会计核算、统一结算支付”的大财务管理模式，建立了“事企分离、事财分离”的财务管理体制，推进了财务、资产的规范化、程序化、信息化建设。四是物资管理体制改革。引进首钢ERP（企业资源计划）系统，成立交通咨询管理中心，所有物资采购全部采用询价机制，货比三家，阳光招标，选用性价比高的进行采购，节约资金668万元。同时强化物资仓储和实时监管，强化加油站和机械设备的精细化管理，堵塞了管理漏洞。2. 交通项目建设实现新突破。一是投资33亿元、长35.58公里的第一条高速公路——京秦高速公路迁安支线于2014年7月6日投入运营；投资6.8亿元、全长7.3公里的第三通道工程顺利通车。二是完成重点项目建设22个，投资3亿元，新建、翻建道路187公里。投资9000万元，对40多公里的迁擂公路及延伸线全部进行翻修；投资2600万元，对涉及大崔庄、建昌营2个乡镇贯穿13个村庄全长19公里的老三抚公路进行彻底改造。长达3公里的建昌营镇鼓楼大街彻底翻新，沿街群众近20年的梦想得以实现，惠及百姓无不拍手称快；正大管业道路、津安钢厂门前路、马兰东路、野杨公路改造、69个村主街道硬化等为民实事工程全面竣工，完成投资1.84亿元。三是资金项目跑办卓有成效。通用机场项目已由省政府上报等待批复；水（水厂）曹（曹妃甸）铁路即将开工，北方钢铁物流园公路港项目被列入京津冀交通一体化项目，境内将形成4条铁路交叉闭合的格局；京哈高速公路迁安互通改造项目已完成方案比选和专家论证，迁（迁安）曹（曹妃甸）高速公路项目正积极推进。此外，迁安南客运站和城乡客运站项目已取得可行性研究报告的审查意见。3. 正风肃纪行动取得新成效。针对执法人员渎职受贿、职工酒后驾车等问题，利用1个月时间，开展防腐反贪正风肃纪活动，按照宣传发动、自查自纠、组织处理、整章建制4个环节扎实运作，明确了工作纪律、廉政纪律、执法纪律、生活纪律、人事纪律5个方面共40条纪律规定，全局各单位（科室）分别召开动员会和学习教育活动，专门组织交通执法人员到看守所参观学习，聘请检察院检察长进行预防职务犯罪警示教育讲座，通过现实说法、事实说教，使干部职工深受震撼，自觉增强了学法守法、依法行政的观念。4. 党的群众路线教育实践活动扎实推进。领导班子坚持标准，规范动作，通过群众提、自己找、上级点、互相帮等形式，聚焦“四风”查找问题，在6个征集中查找问题125个，梳理归纳为9大类42个。根据梳理出来的问题清单，制定了市交通运输局领导班子整改方案，明确整改重点，共确定4个方面、21项整改任务，逐项进行整改，特别是对群众反映强烈的出租车行业不规范、农村公交通达、农村公路管养等问题进行重点整改。针对出租车行业不规范问题，采取宣传引导、受理举报、视频监控、规范企业经营行为、加大违规车辆查处力度等多种举措，全年查处“黑出租”314辆、违规运营出租车466辆，规范和整治了出租市场秩序；针对农村公交通达问题，新增公交线路3条，调整延伸公交线路4条，村通公交率提升至96%；针对农村公路管养问题，在资金极度紧张的情况下，抓住群众最关心、反映最集中的沙河驿重点损毁道路、野杨公路等路段予以重点治理，保质保量完成了农村公路新建改建工程，提升了群众满意度。5. 安全生产势态良好。落实岗位责任制，形成层层抓安全的责任体系。组织行业安全生产教育培训，全系统参训人数650余人。多次开展安全生产应急预案演练，参演人数300多人。开展“安全生产月”“公路隐患排查月”、打非治违、公路水路运输安全年等专项整治行动，全年检查船舶86艘次，排除桥梁等安全隐患79处，规范了运输市场秩序，节假日、“两会”等重点时段的客货运输任务圆满完成。

（刘　伟　石海泉　腾　达　宗国英）

【京秦高速公路迁安支线通车】　2014年7月6日，历时3年建设的迁安市第一条高速公路——京秦高速公路迁安支线通车运营。京秦高速公路迁安支线2011年7月开工，路线全长35.58公里，概算投资33亿元，设计时速100公里/小时，全线设互通立交4处、收费站4处。路线南起迁安沙河驿镇刘庄子村西侧，向北经赵店子、迁安东西城区之间、马兰庄，北至迁安小崔庄西北的新三抚公路。路线起点至祺光互通采用双向六车道高速公路标准设计，路基宽度33.5米，祺光互通至终点采用双向四车道高速公路标准设计，路基宽度26米。京秦高速公路迁安支线是河北省“8+3”高速公路建设规划的重点工程，是冀东高速公路网主骨架和冀东北货运干线通道的重要组成部分，也是唐山市“两横三纵四条线”高速公路网规划“三纵”中的重要部分。该项目的建成通车使迁安市区快速通达京秦高速公路，大幅提高了迁安市的路网整体水平，对加速推进迁安融入京津冀一体化具有重大意义。

（刘　伟　石海泉　腾　达　宗国英）

【农村公路建设】　1. 农村公路提升改造工程。积极征得上级支持资金，加大农村公路资金补贴力度，强化技术指导、监督和管理。全年完成39个村54.9公里，全部通过检查验收。2. 7个老区村道路硬化帮扶工程。落实帮扶资金95.6万元，工程全部完工，解决了7个老区村农民群众的出行难问题。3. 实事工程。负责35个村、37条四级路、2条三级路、4条二级路和5座桥工程建设任务，市交通运输局出部分资金帮扶，进行技术指导和质量把关，年内全部完工。4. 完成建昌营东沙河桥、田家店漫水桥危桥改造工程，改善了附近村民通行条件。在农村公路建设中推进“七公开”制度及网络平台建设，即将工程的建设计划、资金来源、招投标过程、施工管理、质量监督、资金使用、竣工验收情况以公示牌的形式进行公开，并对公示牌照片采集上传网络。2014年，全市38个面貌提升村的38条线路，在醒目场所设置“七公开”公示牌197块，接受社会监督，规范了工程管理。

（刘　伟　石海泉　腾　达　宗国英）

【超限超载治理】　市交通运输局配强领导力量，安排5名局领导负责治超日常工作。改善配齐装备。投资500万元，购买皮卡车39部，为各中队配齐了对讲机、执法记录仪等治超设备。公安、交通部门协调联动，共同发力，合力治超。实施源头企业公示和责任倒查机制，强化源头管理。年内，查处超限、改型等违规车辆7204辆次，卸载货物13.8万吨，较好地扭转了治超被动局面。同时，根据交通执法工作实际，在执法机制上积极创新，于2014年8月成立了市交通运输史上第一支交通综合执法女子大队，2014年10月正式上路执法。女子执法大队以车主业户满意为最高标准，内强素质，外树形象，以规范标准的执勤，严格文明的执法，热情周到的服务，打出了“公平正义执法、优质热情服务”的特色品牌。

（刘　伟　石海泉　腾　达　宗国英）

【出租车管理】　2014年，全市有出租汽车389辆。加强出租车管理，一是规范出租车行业秩序，严厉打击不打表、乱要价、无证上岗、拼车载客等违规行为，查处违规运营车辆466辆。认真对待群众投诉举报案件，结案率100%，群众满意率95%以上；二是完成出租车营运证年审工作和特种行业许可证年审工作，两证审验合格率均达到100%；三是集中整治“黑出租”行动成效显著。利用晚上车流、客流较多，对出租车违规行为进行集中整治。用灵活多样的执法手段对“黑出租”和滦县等异地经营车辆予以查处，共查处违法运营车辆314辆。

（刘　伟　石海泉　腾　达　宗国英）

【驾校及培训】　2014年，全市有驾校9家，其中，一级驾校1家，二级驾校8家，驾校场地（含租赁场地）面积17万平方米，培训6500人次。规范驾校及培训工作，坚持执法检查常态化，严厉查处行业违规、异地经营，打击无证经营行为，取缔非法教练点11处，查处异地培训车辆16辆，查处违规教学教练车46辆，“黑驾校”和私设培训点逐步被清除。协助办理市域内各种类型从业资格证到期换证业务，全年受理换证3914个。

（刘　伟　石海泉　腾　达　宗国英）

【公路运输管理】　1. 完成节假日及日常旅客运输任务，全年安全发送旅客67万人，累计安排加班车719车次，未发生旅客滞留现象。组织开展“道路客运安全年”“安全生产月”“道路客运安全集中整治”等安全生产活动，召开经营者例会12次，安全大检查8次，累计查处违法违规经营客运车辆45部。2. 强化危险品运输行业管理。以危险品运输企业为重点，认真落实安全生产责任制，层层签订安全生产责任状，将责任落实到人，对4家危险品运输企业进行系统的、拉网式的检查，及时排除安全隐患。对全市辖区内符合安装条件的危险品运输车辆全部安装紧急切断装置，保障了车辆安全运行，未出现安全事故。全年累计完成汽车年审4600余辆。3. 规范车辆维修市场监管，整改违规维修企业，共检查维修企业103家，对7家维修企业进行限期整改，治理整顿黑修理厂90多家，取缔20多家。同时，有效开展维修企业质量信誉考核工作，累计考核企业413家。鼓励快修连锁经营，年内培育了一家一类维修企业——迁安市建华工程机械机动车修理有限公司，年底通过了唐山市交通运输局运管处考核验收，达到2A级维修企业标准，在唐山市范围内尚属首家。4. 规范机务检测工作，治理私改乱改现象。车辆性能检测工作做到务实、规范。严格落实不上站不予检测的制度，检测站全年整理档案8900份，检测合格车辆1.71万辆次，等级评定6530辆，营运证年审5039辆，新增车920辆，完成北斗导航安装510辆。

（刘　伟　石海泉　腾　达　宗国英）

【道桥收费管理】　不断规范道桥收费管理，明确岗位职责，实行过错问责制，增强干部职工的事业心和责任感。严格执行收费制度。局领导带头交纳道桥通行费，全系统干部职工规范自觉，主动交费蔚然成风。对其他单位和个人需办理月票的重新摸底，重新审批，取消特权，一视同仁，规范了收费依据和收费标准，用优质文明服务赢得了社会支持。有效解决突出问题。市交通运输局主动与野鸡坨镇和爪村协调处理车辆绕行逃费问题，既解决了扰民问题，又增加了道桥收入。积极开展“微笑服务”活动，对月微笑之星、季微笑明星、年微笑天使给予表彰奖励，3名协议工因此被转为引进人才，收费员队伍积极奉献、文明服务的热情空前高涨，在“唐山市第十五届职工职业技能大赛暨交通系统收费岗位技能比武竞赛”中，迁安代表队获“优胜团体三等奖”。

（刘　伟　石海泉　腾　达　宗国英）

【路产路权维护】　有效遏制公路抛洒、欺街占道、私设牌匾等不法行为。拆除非公路标志67块，清除可移动广告牌315块，清除路障41处，制止违章建筑43起，清理路边摊点670处，查扣在公路用地范围内穿管架线的违法车辆10辆，清除路边非法加水摊点17处。汛期，对重点道路易塌方、水毁路段进行排查整治，共发现或避免绿道山体滑坡37处，为杨柏线高速桥和彭李公路赵店子铁路桥排除雨后积水8次。此外，清理公路控制区内堆积障碍物330处，完成整修路肩2.1万米，疏通边沟1.6万米，清运垃圾3000立方米，维修挡墙护坡140处，粉刷树木2000余棵，整治私设平交道口、私填边沟2处，处理路损案件30起。

（刘　伟　石海泉　腾　达　宗国英）

【公共交通】　2014年，全市有公交公司两家，即迁运公交有限公司、联运公交有限公司。迁运公交有限公司有员工312名，营运车辆142辆，营运线路40条，线路总里程972.5公里，年输送旅客1600万人次；联运公交有限公司有员工104名，营运车辆53辆，营运线路11条，线路总里程255公里，年输送旅客695万人次。在全省率先实现区域公交一体化的基础上，年内新增公交线路3条，调整延伸公交线路4条，乡镇通公交率100%（省要求50%），村通公交率96%（省要求30%），达到全省领先水平。淘汰黄标公交车任务全部完成，在市财力不足、企业效益差、市场经营持续低迷的严峻形势下，淘汰公交黄标车110辆（2013年淘汰41辆），至年底，151辆公交黄标车全部淘汰完毕。彻底改变城市域内站牌站亭破损现状，新建公交站牌466个、候车亭232个，方便了群众，提升了交通形象。

（刘　伟　石海泉　腾　达　宗国英）

【迁安市运输分公司】　2014年，公司有职工117人，内设办公室、督察室、监控室、财务科、安保科、汽贸科、行政物业科、客运科8个科室，下设迁安市汽车客运站、建昌营汽车客运站、马兰庄汽车客运站、夏官营汽车客运站4个分站。迁安市汽车客运站主营旅客运输业务，先后被省交通厅命名为甲级站、文明客运站、先进“五型”班组、三星级窗口单位，2006年通过ISO 9001质量管理体系认证，是唐山市东北部重要的旅客集散地，是连接京、津、唐、秦、石、张、保、邯及东北、内蒙等地的重要交通枢纽。共有通车班线50条，投放客运车辆70部。其中，省际班线5条，投放客运车辆5部；市际班线18条，投放客运车辆20部；县（区）际班线27条，投放客运车辆45部。日始发客运班次76个，过路（经由）班次133个，日均客运量1837余人次，高峰期突破3101人次。2014年，客运量67万人次，旅客周转量9800万人公里。年内，强化安全管理，认真贯彻落实安全生产标准化，对照标准要求进一步加强基础管理和现场管理，严格落实各项安全生产管理制度。严格落实上级主管部门关于反恐防暴工作要求，加强安全反恐防范工作，全年安全无事故。强化服务管理，提升服务水平。结合旅客运输工作特点，客运站以“钢城天使服务班”为龙头，以“起点服务”为理念，对标“郭娜陆地航空班”服务标准，开展了售票进校园、企校共建、爱心传递、走进光荣院、关爱老年人等一系列延伸、拓展服务，把“天使”服务做到了校园里、特教学校中、社会上。一年来，共接待咨询14.1万人次，失物招领83人次，为特教学校捐款捐物合款5000余元，累计为旅客办好事2895余件，获表扬296次、锦旗6面。“钢城天使服务班”的事迹先后登上《河北日报》、河北省道路运输管理局网站、《唐山劳动日报》、唐山电视台、唐山人民广播电台、环渤海新闻网、集团公司网站、《迁安时讯》、迁安电视台、迁安人民广播电台等新闻媒体，获得迁安市文明委颁发的道德模范先进集体提名奖，受到各级主管部门和集团公司多次表扬。

（石丽娜）

市交通运输局
局　长　杨　华
副局长　赵增华（兼）
　　　　徐　国　刘兴华　廖英超
书　记　赵增华
副书记　马文玲
主任科员　郝满林
总工程师　彭玖良
迁曹高速公路筹建处副处长　徐　国　闫福云
迁安市运输分公司
经　理　王洪波（11月离）　冯合林（11月任）
副经理　薛祝民（6月离）　张　平（6月离）
　　　　刘新奇　马杨林

（刘　伟　石海泉　腾　达　宗国英　石丽娜）

邮　政

【概况】　2014年，全市有13个邮政支局（营业部），其中，杨店子、马兰庄、大崔庄、建昌营、夏官营、西环路、木厂口7个邮政支局为全功能支局，杨各庄、赵店子、滨河村、沙河驿、野鸡坨邮政支局和市邮政局营业部为单一网点，主要经营邮政传统业务。干线邮路150公里，设57个投递段，乡邮里程为2041公里，有投递员56名。市邮政储蓄所主要经营代理金融业务。全市共有邮政储蓄ATM机8台，报刊亭3个，邮筒18个。全年邮政业务收入4329.26万元，比上年同期增长17.9%，完成收支差额954.2万元。各项通信质量全部达标，机要通信万无一失，质量全红。全年抓住“抓发展，推改革，保稳定，促和谐”这一中心，把发展作为第一要务，不断加大邮政业务宣传力度，提升服务工作水平，被河北省总工会评为“AAA级和谐企业”。

【邮政业务】　加快推进发展方式转变，加大业务结构调整力度，邮政经办的业务主要有函件、包裹、汇兑、邮政储蓄、报刊发行、机要通信、集邮、特快专递、函件广告、代收话费、代收电费、代发工资、代理保险、代办电信、物流分销、电子商务等业务。

【函件业务】　完成函件数量：平常函件54.81万件，比上年同期增长19.96%；给据邮件1万件，比上年同期下降9%。函件业务收入230.87万元，同比下降32.3%。

【包裹】　完成包件业务量1.21万件，比上年同期下降20.4%。其中，普通包件7852件，比上年同期增长12.6%；快包4311件，比上年同期下降47.9%；实现收入18.83万元，比上年同期增长21.4%。

【汇兑】　出口汇票3.71万张，比上年同期增长20%；实现汇兑业务收入4.26万元，比上年同期下降80.3%。

【报刊发行】　完成报刊大收订流转额1166万元。继续稳定公费订阅，突出私费订阅，同时以开发企业形象期刊为突破点，开展图书展销会等多种形式活动，收到良好效果。全年实现报刊业务收入298.57万元，比上年同期增长0.83%。

【集邮业务】　积极开展生肖邮品、邮册等营销活动，开发形象年册1480册，新邮预订2000套。全年实现集邮业务收入305.1万元，比上年同期增长19.45%。

【特快专递】　特快专递业务完成出口速递件1.92万件，比上年同期下降30%；实现速递收入45.2万元，比上年增长1.11%。

【电子商务】　继续开展代理电信、代收话费、开办邮储短信、汇兑短信、速递短信、商务通绿卡、航空票务等业务，开展代收电费业务，代收移动、电信营业款，同时开展“自由一族”业务，实现电子商务收入380.6万元，比上年同期增长86.93%。

【邮政储蓄】　2014年，净增储额9319万元，期末余额达到16.26亿元。全年发放绿卡通2.02万张，其中开通绿卡通IC卡8618张。在储蓄业务发展过程中，不断加大宣传力度，提升服务水平。市邮政局储蓄所为全市余额最大邮政储蓄网点，期末余额为4.69亿元。

【代理保险业务】 继续发展代理保险业务，代理中国平安保险“鑫利B”、光大保险“金宝顺”、国华人寿“财富双收”等产品。全年代理保费2.96亿元，实现代理手续费收入878.96万元。

市邮政局

局　长　单学峰（1月离）
　　　　　李尚昆（1月任）
副局长　高　镜（1月任）　张洪波

（贾挽回）

联　通

【概况】 中国联通迁安分公司是迁安市固网业务和移动网业务均衡发展的全业务通信运营企业，具有国际通信技术水准的固定通信网络、移动通信网络和宽带互联网络，固定网和移动网乡镇覆盖率100%。2014年，公司获中国联通河北分公司授予的“五四红旗团支部”、获中国联通唐山分公司授予的“基层先进党组织”，获迁安市委、市政府授予的“优秀领导班子”“文明单位”等多项荣誉。全年通信服务收入同比下降0.99%，宽带用户数同比下降0.93%，移动用户数同比下降6.8%，固话用户同比下降0.91%。

【网络建设】 1.完成247个村的农村光改工程项目。城区45个小区光改工程项目完成23个，并具备装机条件，建设完成端口28626个。2.保障大客户业务运营，开通张家口银行、武警水电部队、民生银行、中信银行等大客户电路，开通碧桂园等光线专线20条，完成信用社55个网点、地税12个网点、中石油18个网点MSTP设备组网开通。

【电话资费】 固定电话：首次通话市话3分钟0.2元，以后每分钟0.1元，网话1分钟0.3元，国内长途6秒钟0.07元，被叫免费。移动电话：2G市话主要资费为1分钟0.1元，本地被叫免费，国内长途1钟0.3元；3G包月资费，市、网、长途均为0.15元，无漫游，被叫免费。ADSL宽带资费：1年660元，2年1200元，3年1520元。光纤宽带资费：1年720元，2年1360元，3年1680元。

联通迁安市分公司

总 经 理　李晓鹏（11月离）
　　　　　　常志强（11月任）
副总经理　张　旺（11月离）
　　　　　　宋立新　刘伟刚（11月任）
　　　　　　王力堡（11月任）

（司　磊）

移　动

【概况】 迁安移动公司内设综合部、市场部、运维部、集团客户部和区域营销中心，是电信全业务公司，主要经营移动电话通信（包括话音、数据、多媒体等），IP电话及企事业、家庭宽带互联网接入服务等业务。拥有“和”以及传统的“全球通”“神州行”“动感地带”等服务品牌。“和”即“和彩云”“和包”“和通讯录”“和阅读”等一系列的以“和”为理念的应用。客户号码段包括139、138、137、136、135、134、147、159、158、157、152、151、150、188、187、184、183、182。2014年，迁安移动公司以服务和业务发展双领先打造具有卓越品质的优质企业，投身“智慧城市”建设，积极引进现代化管理模式和先进的管理理念，持续优化组织机构建设，引入卓越绩效管理模式，培育卓越的人才，公司管理水平进一步提升。

【经营业绩】 1.快速布局当前最先进的4G通信网络，大力发展4G业务。率先于2014年2月14日在迁安市投入4G商用，到年底已完成县城及所有重点乡镇4G网络的全覆盖，4G客户数突破3万，达到快人一步、全民畅享4G的目标，让更多人体验到了移动真4G的超快网速和超值服务。至年底，有8个综合业务接入机房投入运营。2.在校园及重点区域开展无线宽带网络（WLAN）建设，着力推行移动家庭光宽带下乡入户建设，加快宽带网络完善升级，落实“宽带中国”战略。到2014年底，宽带用户数3500户，城市和农村家庭互联网接入带宽平均达到10兆比特每秒和8兆比特每秒，实现县城、部分重点乡镇和旅游景区覆盖，行政村无线宽带覆盖率达到80%。

【优质服务】　强化培训工作，提升服务水平。通过加强对营业人员服务素质的培训，强化礼仪服务意识和主动服务意识，大大提高一线营业人员的综合服务素质。推行“优质服务，满意100”活动，公司优质服务受到广大客户的好评，赢得社会广泛认可。公司秉承“正德厚生，臻于至善”的企业核心价值观，致力于“做优秀企业公民、促和谐社会构建”，勇担社会责任，积极回报社会，在建设和谐社会、智能城市等方面作出积极贡献。

中国移动通信集团河北有限公司迁安分公司

经　理　李志兴

副经理　王永贵

（谌海栋）

城乡规划

【科学编制规划】　为适应全市发展需要，特别是服务并科学引导宜居城市建设，完善和提升城市功能和品位，2014 年继续加强规划编制工作。市规划局组织开展综合交通规划、公共服务设施布局规划、防灾减灾规划、地下空间开发利用建设规划、高铁站周边控制性详细规划、滦河生态城发展策划、城市总体设计、特色地段城市设计以及绿道绿廊规划的编制工作，为城市建设提供科学依据和有效指导。对各镇（乡）规划编制工作进行督导，对全市城镇组团控制性详细规划、农村社区控制性详细规划和 48 个保留村的村庄规划编制工作进行督导，并取得阶段性成果。为确保规划成果的高水准，继续坚持委托高水平规划院所的成功做法，如委托北京市政规划院负责编制综合交通规划，天津大学规划设计院编制高铁站周边控制性详细规划，上海同济院编制城市总体设计、特色地段城市设计和公共服务设施布局规划，北京林业大学园林学院编制绿道绿廊规划，在滦河生态城发展策划的编制上，更是优中选优，先后委托王志纲工作室和仲量联行两家单位，先后分别进行独立编制工作并各自形成独立成果。

【规范规划审批】　年内，市规划局结合群众路线教育实践活动，深入查找规划审批工作中存在的问题，同时结合国土审计中暴露出的规划审批工作存在的具体问题，专门明确一名副局长牵头，抽调精干人员组成工作小组，负责厘清科室职能、规范和优化规划审批办理流程。其间，小组成员广泛搜集网上资料，并专程赴秦皇岛市城乡规划局进行业务学习和考察，组织多次内部讨论，形成《迁安市城乡规划局岗位责任制度》《迁安市城乡规划局建设项目审批流程实施细则》和《建筑面积管理办法》等制度草案。

严格坚持规委会集体审查制度、局内审批与方案审查分离制度，全年组织召开 6 次规划汇报会、3 次规划委员会，共审查 27 项规划及建筑设计方案，对《碧桂园地块设计方案》《蓝天综合幼儿园规划设计方案》《滦河生态城 7 号岛规划设计方案》等 7 项规划设计方案及建筑施工图进行了技术审查并出具审查报告；严格执行《迁安市城乡规划局建设项目审批流程》，全年受理规划行政审批事项 131 件，办结 131 件，其中，《建设项目选址意见书》6 件、“建设用地规划许可证”40 件、“建设工程规划许可证”83 件、“乡村建设工程规划许可证”2 件，按时办结率 100%，审批服务保持零投诉。

【强化规划管理】　继续坚持方案批后公示制度，对每一个批准的项目方案，均在项目现场和规划网站上进行同步公示，使批准的建设项目接受利益相关人及社会各界的全程监督，全年对碧桂园一期、钰泉·姑苏园一期、金融街等 21 个通过审批的项目设计方案进行批后公布；全面推行规划批后管理登记和跟踪逐层管理相结合的管理制度，在转入批后管理后，通过项目业主签订接受管理承诺，留存建设、施工、监理三方信息及联系人，并对包括批后公示、放线核实、基础垫层验线、验正负零等批后管理节点列成目录，提醒项目业主参照目录主动寻求相应的规划批后管理，按要求履行管理手续，对核验中与审批不符的当场予以纠正并责令整改，全年对60余个已批在建项目全面实施批后跟踪管理。同时，试行建设工程规划条件竣工核实制度，规范规划竣工验收管理。严肃处理各类违反规划审批的建设行为，维护规划的权威和规划执行的严肃性。

防止未批先建和私搭乱建现象发生，2014年市规划局主动加强与镇乡政府联系，对全市实行全域巡查监控，对镇乡规划区出现的违法建设行为及时发现，及时与镇乡政府沟通，及时处置。积极配合镇乡政府开展执法行动，全年向相关单位发送告知函17份，配合镇乡拆除违法建筑38起，拆除面积5970平方米，在全市营造了良好的规划实施环境。

【重视规划宣传】 做好《迁安规划》简报的印发和网站管理。《迁安规划》简报作为市规划委员会工作简报，主要记载和宣传全市城乡规划领域内发生的事项，总结和推介市规划工作的新做法、新经验以及新成就，到2014年已创刊7年，共出版印发90期。同时，迁安规划网站作为市规划局门户网站，及时向外传递规划工作动态和审批情况，并就相关规划热点问题与网民进行交流和探讨，至2014年年底总访问量超过500万次，日均访问量保持在5000次左右，已成为市民了解规划、参与规划的有效开放平台。

规划展馆为迁安市对外展示城市形象、对内宣传规划成果、向公众普及规划知识的平台，在政务接待、招商引资等活动中继续发挥重要作用。年内成功接待各类参观团体近500余次、计6000余人次，接待散客约2000余人，包括中央、省市各级领导及10余个国家的外宾，使各级领导和宾客对迁安未来有了深刻印象；接待了红星美凯龙、中海油LNG等行业领军企业客商，为各路客商入驻迁安投资兴业增加了信心；特别是作为全省县城建设现场会的重要参观现场，圆满完成会务接待任务。

【加强测绘服务】 市规划局为项目业主提供优质高效的测绘服务，完成市区、河西区、河南区1：1000现状地形图的实地补测，及时更新了原有的现状地形图；完成滦河开发工程完工后约24.5平方公里的现状测绘（祺光桥与四号橡胶坝之间），完成了城市内各类建筑的规划竣工及管线竣工测绘工作，乡镇内规划用图测绘工作；为国土局解决土地历史遗留问题提供勘测定界图、宗地图等测绘图纸（涉及项目246个，面积约1.3万亩）及土地复垦前后现状测绘、图纸绘制（涉及地块约50个）工作，基本完成全市大中小企业占地面积的实地测绘。

市城乡规划局

局　　长　周玉成

副 局 长　王长忠（兼迁安市曹妃甸临港产业园筹建办主任）

郑　勇　曹　录

主任科员　张小彬

副主任科员　钟宏波

（李清柳）

城乡建设

【概况】 2014年，迁安市城乡建设以“实施科学建设、打造宜居城市”为目标，以提升县城建设层次和水平为统揽，深入实施大城区战略，突出重点、破解难点、形成亮点，全面推进各项城市建设管理工作，实现住房和城乡建设事业跨越式发展。市住房和城乡建设局获“2012至2013年度省级文明单位”、迁安市“2013年度政府系统承办工作先进单位”“农业农村工作先进单位”“信访稳定工作先进单位”“精神文明建设工作先进单位”等荣誉。

【市政路网建设】 年内，投资400万元，实施了四高中门前道路新建工程。2014年，市建成区道路总长度达到165.11公里，道路总面积477.38万平方米，人均道路面积19.45平方米。

【市政设施管理】　市住建局以国家卫生城市、国家园林城市“双城复审”为契机，坚持“科学化、常态化、精细化”的管理目标，确保市政道路畅通、各项设施高效运行。1. 加大巡查力度，科学调度维修人员，实现维修工作常态化。结合市政设施分布情况，将维修人员分为5个组，按街道划分维修责任区，采取组长负责制，对市区内的市政设施进行不间断的检查巡视，将发现的问题逐一登记汇总，填写巡查记录台账。同时，数字化平台网络系统接到维修指令，按照事故地段明确责任权属，及时安排维修人员进行养护或维修。做到第一时间发现问题，第一时间解决问题，维修工作实现常态化。2014年，登录在案的巡查记录799条，接收数字化平台网络系统维修指令517条，接收市长和服务热线、城管委督办卡等派遣单18份，全部办结。2. 加大维修力度，确保市政设施便捷、高效、完好。在日常维修过程中，为保证施工进度，又不影响市民出行，维修人员早出晚归，错开人流高峰，利用下班时间加班加点组织维修，同时，集中人员组成多个维修小组，对需要维修的路面集中修补，做到小问题不过时、大问题不过夜，维修工作实现高效率。全年共维修路面10.6万平方米，其中，维修水泥及沥青路面1.7万平方米，维修人行道及草坪砖8.9万平方米。维修人行道大理石板7422平方米，维修、更换自行车停放架5620米，检查清掏污水井、雨水井、雨水箅子共1.15万余次，更换、维修路缘石1.8万米，树池板1.22万个，市政设施完好率98%以上。

【城区防汛】　健全市防汛指挥部和应急抢险领导小组，完善防汛应急预案。明确领导小组各成员单位的工作职责和工作任务，分工明确，责任清晰。市住建局根据自身职责，做好5项工作：1. 加大排水管网排查力度，全力做好城市排水设施清理疏浚工作。为确保汛期雨污水井有序管理，制定了《雨污水井管理制度》，严格标准，明确责任。成立检查疏通小组，出动专业车辆对市区102.27公里市政排水管网、7938个雨污水井（其中3041个检查井、4897个收水口）进行全面检查和清理疏通。同时，对井篦子、井盖进行维修更换，保证市区排水管网无溢水、道路排水口无垃圾堵塞、无井盖损坏丢失等现象。2. 做好市区六座桥梁的养护维修工作。制定桥梁安全管理制度，平时每月以目测的方式检查一次，用仪器和量具对各部位缺损、裂缝、移位、变形情况进行检查和测量。汛期坚持日检查制度，遇有损坏，及时修补，做到构件无缺损，桥面整洁，排水畅通，伸缩缝正常，保证雨季排水安全畅通。3. 做好两座污水泵站的检查监测工作。组织技术人员对两座泵站每月检查2次，汛期实行日检查，每周上报设备运行情况，并详细填写运行记录，发现问题及时排除，确保机组正常运行。4. 高质量完成两座雨水井加高加固任务。为保证滦河大桥下两座雨水井正常排泄，对其进行加高加固，提升总高度6.6米。5. 准备充足的防汛物资。备足沙袋、铁锹、尖镐、潜水泵、发电机及装载机、三轮车、双排车、挖掘机、管道输通车、拖拉机等物资及作业车辆，为有效做好防汛排涝提供保障。

【市政重点项目】　以燕山大路为重要景观轴线，加快两侧天洋城4代城市综合体、香巴拉家园、碧桂园等重点工程建设。其中，天洋城4代城市综合体项目，至年底，商业部分一期已全部完工，二期7#楼主体完工；住宅部分：一期A区投入使用，B区主体完工。香巴拉家园项目，已具备验收条件。碧桂园项目，至年底，示范区工程已竣工验收，货量区别墅及多层、高层正在进行主体施工。

【小城镇建设】　2014年，继续坚持城乡统筹、分类指导、典型示范、整体推进的原则，对各镇乡在道路建设、污水及垃圾处理、节能新材料新技术应用等方面进行有针对性指导，督导各镇乡加快建成区道路、给排水、污水处理、无害化垃圾填埋场等基础设施建设，完善城镇功能，提升城镇品位，发挥聚集效应，推进城乡一体化。全年实施城镇建设项目80个，已完工项目77个，在建项目3个，完成项目总投资10.98亿元。全年村镇建设完成投资11.5亿元。共完成危房改造433户，拨付补助资金611.08万元，超额完成国家400户的农村危房改造任务。在全市村镇建设中积极推广示范外墙内保温隔热措施、薄抹灰外墙外保温、页岩砖、挤塑聚苯板、中空玻璃窗等新型建筑节能新技术、建筑新材料和施工新技术，集中建设节能、环保、宜居型新民居，特别在农村危房改造新建户和马兰庄镇、建昌营镇、大五里乡、木厂口镇等集中建设的新型农村社区推广使用非粘土砖等新型节能环保建筑材料，促进城乡协调发展。

【国家园林城市复审验收】 2014年，迁安市顺利通过国家园林城市复审验收。年内，市住建局按照市委、市政府会议精神，成立了由一把手任组长的迎审工作领导小组，主要领导多次召开调度会，逐条逐项研究部署，保障迎审工作落实到位。结合实际，制定工作方案，明确责任分工，将任务细化分解到各相关科室、单位，建立健全工作推进机制，全面落实环境整治各项工作任务，对标达标。同时，住建局班子成员带队，分成4组，以燕山大路和兴安大街为分界线，逐片区进行拉网式检查，发现问题，及时解决，高标准、高质量的抓好各项工作落实。累计自查自检整改问题165项，落实上级交办整改事项37项。8月6～7日，河北省住建厅风景园林中心主任朱卫荣一行5人组成专家组到迁安市，就国家园林城市复审工作进行检查验收。专家组首先听取迁安市关于国家园林城市复查工作汇报，观看专题汇报片，随后，分两组对园林绿化和市政设施进行现场检查，实地查看了规划展示中心、龙形公园、市政广场、佛山公园、生活垃圾填埋场、污水处理厂等。在交换意见会上，专家组对迁安市国家园林城市复查工作给予充分的肯定，认为迁安市整体工作成效显著，各项指标均达到国家园林城市标准，部分工作在全省具有一定示范引领作用。

【河北省县城建设现场会在迁安召开】 10月16日～17日，全省县城建设现场会在迁安市召开。副省长姜德果出席会议并讲话。省住建厅厅长朱正举通报全省县城建设、住房保障和房地产市场等有关情况，安排部署全省加快县城建设工作。省政府副秘书长苏蕴山主持会议。迁安市委书记李忠在会上介绍了迁安城市建设情况，市长张淑云作了题为《城乡一体 产城互动 全力加快新型城镇化步伐》的典型发言。与会人员实地观摩了市规划展示中心、南部新城区、滦河综合治理工程、三里河生态走廊以及黄台山公园、龙形绿化带、奥体中心等地的景观夜景。迁安的县城建设工作得到省、唐山市领导及与会人员的充分肯定和高度评价。

【中国宜居城市年度巡查】 按照中国宜居城市的创建标准，中国宜居城市巡查组对已取得宜居城市称号的，每年进行一次年度巡查，巡查不符合标准的，将取消宜居城市的资格。10月25日至26日，中国宜居城市巡查组对迁安的宜居城市建设工作进行了巡查。巡查组成员在听取年度工作汇报后，实地查看了滦河综合开发工程、城市综合管理指挥中心、行政服务中心、矿山生态修复工程等，对迁安市宜居城市建设工作给予高度评价。迁安圆满通过中国宜居城市年度巡查。

市住房和城乡建设局

局　　长　韦长怀
副 局 长　钱治有　王建拥　蒋振清　贾　利
　　　　　　霍志国　贺继宗　王旭光
　　　　　　王彦钧（女）
书　　记　钱治有
副 书 记　韦长怀　赵　文
主任科员　高　权
副主任科员　李　扬

（张晓利　殷玉环）

房产经营服务

【住房保障】 继续认真执行国家住房保障政策，不断提升服务水平。1. 做好住房保障并轨、扩面、受理、审核等工作，进一步建立健全住房保障体系，统一申请条件，扩大保障群体，确保城镇中低收入家庭住房保障工作实现应保尽保。在受理审核工作中，坚持公开受理、阳光操作，年内新增住房保障家庭60户，并足额发放住房补贴。2. 进一步完善建立准入退机制。对租赁合同到期的394户保障性住房家庭进行全面复核，准确掌握保障性住房家庭收入、财产、保障对象变化情况，对不再符合住房保障条件的26户家庭及时清退。3. 做好保障性住房房租收缴工作。严格按照政策规定，实行按市场化租金分类减免，梯度保障，做到一户不漏，一户不差。

【房地产开发管理】 在贯彻执行国家关于房地产开发管理法律、法规、政策工作上，一是认真做好商品房预售审批工作。坚持做到手续齐全，逐项审核，现场查看，严谨把关，为强化对开发企业在预售审批后的监管，年内对全市房地产开发企业开展了两次拉网式执法检查，严肃查处开发企业在商品房预售、销售中的违法违规行为。同时，对商品房中介市场进行专项检查，依法维护消费者权益。二是认真做好商品房合同备案和房屋租赁登记备案工作，建立商品房市场管理的规范秩序。此外，为社会提供首套房购房登记备案记录查询服务。年内，办理商品房预售许可证26起，批准预售面积131.16万平方米，共12310套商品房，其中，住宅113.34万平方米，9863套；商业13.38万平方米，2360套；厂房4.44万平方米，87套。办理房屋租赁登记备案335件，商品房合同备案3256件，移交办证资料1298户，查询首套房购房登记备案记录1909件。

【房屋权属登记和房产交易管理】 为更好地便民利民，市房管部门进一步理顺业务流程，提高办事效率，各项业务平均缩短时限50%，由过去的15～30个工作日压缩到7～15个工作日。全年办理房屋初始登记24宗，总建筑面积14.28万平方米；变更登记64宗，总建筑面积2.11万平方米；补证登记16宗，总建筑面积1400平方米；换证登记16宗，总建筑面积2000平方米；新建商品房转移登记1817宗；二手房屋转让登记231宗，建筑面积3.18万平方米，交易金额7406.86万元；房屋抵押登记839宗，建筑面积121.54万平方米，抵押金额114.74亿元；房屋测绘34宗，总建筑面积214.87万平方米；房产评估372宗，评估面积66.94万平方米；住房信息查询3857宗；档案扫描1956册。业务办结率和准确率均达到100%，房屋权属档案入库率100%。

【住宅小区物业管理】 提高住宅小区物业管理水平，给广大居民创造安居乐业环境。1. 严格做好物业服务企业资质的申报审核工作，督导企业健全管理制度，配齐专业人员，提高服务水平。2. 组织全市物业服务企业经营管理人员培训，提高其管理能力。3. 认真调处物业纠纷，化解矛盾，年内近百件因物业问题引发的群访、信访问题得到妥善处理，维护了各相关方面的利益。4. 住宅专项维修资金监管进一步完善。2300户新建住户维修资金资料全部及时录入。完成全市维修资金专业银行管理系统录入工作。经逐级申报、依规审批，全市18个住宅小区动用维修资金进行共用设施、共用部位维修，耗资238万元，经公示无异议后分摊到户。5. 持续加强政府统建的3个保障性住房小区物业服务工作，在保洁、安保、绿化维护等工作上克服困难，强化管理，提升水平。

【直管公房管理】 至2014年，市房管部门负责管理的国有公产房有9675平方米，大多为商业用房。由专业人员负责日常维护维修和安保、消防工作，实现保值增值。所收租金用于房产维修和相关人员工资。

【农村新民居建设】 按照城乡建设总体规划，由镇、乡人民政府组织，市房管部门参与实施，为停批宅基地的村庄应解决住房之需的农户集中连片兴建农民保障性住房（简称：农保房）。2014年，新开工建设住宅楼9.53万平方米。其中，沙河驿镇9836平方米，建昌营镇一期1.5万平方米，二期2.03万平方米。大五里乡8870平方米，野鸡坨镇4.13万平方米。另有上年结转项目12.49万平方米，其中，夏官营镇1.95万平方米，迁安镇10.54万平方米。以上项目除大五里乡、野鸡坨镇、建昌营镇（二期）外，均已竣工或处于装饰装修阶段。实施农保房项目，推进了新型城镇化建设，明显提升了群众的住房水平，为实现农民向市民的转变创造了条件，而且节省了建设用地，为缓解土地资源不可再生的矛盾进行了积极探索。

市房产经营服务中心
主　任　王建拥

（张晓利　殷玉环）

城市园林绿化

【概况】　2014 年，全市建成区绿化覆盖面积增加 144.1 万平方米，绿地面积增加 144.1 万平方米，公园绿地面积增加 110.8 万平方米，绿化覆盖率、绿地率和人均公园绿地面积分别为 41.74%、40.81%和22.8 平方米，城市园林绿化景观明显提升。年内，迁安市顺利通过国家园林城市复审验收，圆满完成全省县城建设现场会、国家卫生城复审验收、中国宜居城市年度巡查等工作。市园林绿化管理局被省政府评为河北省先进集体，被唐山市绿化委员会评为唐山市城镇绿化工作先进单位、唐山市绿廊绿道建设先进单位。

（范学军　刘好学）

【绿化督导检查】　市园林绿化管理局配合数字化城市管理，全面落实环境整治工作，杜绝擅自砍伐、移植和占用绿地现象，协助做好绿地审批现场勘查工作。完成整改案件 300 多起，移栽乔灌木 458 株、宿根花卉 1.19 万株、色块 1450 平方米。

（罗成全）

【街道绿化养护】　年内新增 4 条道路和 1 个角园，至此，市内绿化街道达到 46 条，总长度约 116.3 公里，街头游园绿地 47 个，绿地面积达到 115.74 万平方米，行道树 2.41 万棵，地被植物 100 万余平方米，片林乔木约 16 万棵。年内栽植乔灌木 5222 棵，色块 8.76 万棵，地被植物 1455 平方米；色块、草坪修剪共 670 多万平方米。下辖两个苗圃，现存落叶乔木 1.16 万棵，常绿乔木 1100 棵，落叶灌木 7313 株，色块、宿根花卉 2.63 万棵。街道绿化养护管理任务日益繁重。

（王会林　潘玉民）

【公园管理】　市园林绿化管理局公园管理所负责管理市区内黄台山公园、三里河生态走廊、黄台湖景区和燕鑫公园，其中，黄台山公园以五星级标准进行日常养护管理工作。

黄台山公园位于城区阜安路西侧，西邻迁擂路，北起惠宁大街，南至钢城路，占地 66.7 万平方米。黄台山公园的植物配植大量使用乡土树木，突出地方特色，少量点缀外来树种，乔灌木、草花与周围的生物园相融合，形成多树种、多层次、多结构的自然景观。年内，公园一期部分补栽乔木 120 株，花灌木 2500 株，宿根花卉 1.83 万株，地被植物 4500 平方米，时令花卉 3.12 万盆，投放荷花 65 盆。公园二期部分完善绿化 2.3 万平方米，栽植乔灌木 3100 株，草坪 4200 平方米，宿根花卉 1.88 万平方米，摆放荷花 400 盆，整体上形成多层次多色彩百花群落，公园景观不断丰富。维修灯具 1420 盏，庭院灯改造 22 盏，园路路面统一补修，更换垃圾桶 118 个，新增座椅 9 处，维修 22 座，补换标识牌 74 块。制止损坏花草树木、园内设施 348 起，提醒游客注意安全 2514 人次，接待访客 1878 人次，举办各种大中型活动 7 次。

黄台湖景区、三里河生态走廊、燕鑫公园都处于正常养护管理阶段，各项工作有条不紊地进行。各管理部门根据需要对所辖区域内的绿色苗木进行施肥、修剪、浇水等，对斑秃或受损绿化部分进行修复，重新更换绿植。同时，对各种市政设施和灯具进行检测维修维护。年内，更换市政设施及灯具 300 多个，栽植乔灌木 5000 多棵，宿根花卉 5 万多平方米，恢复绿化面积 7000 平方米。

（钱晓光　贾　悦　朱小刚　曹艳艳）

【城区广场管理】　城区内的人民广场、市政广场、市标广场、文化广场、时代广场、兴安广场和龙形、云形绿化带同一标准统一管理。年内，栽植玉簪 2 万株、宿根花卉 3500 平方米、时令花卉 2.5 万余株，龙形绿化带 2600 平方米冷季型草坪更换为大花香水月季 2 万株，西侧假山处播种翠菊 1.5 万平方米，时令花卉 3 万余株；更换灯具 1 万个，其他设备设施 200 多处。接待领导参观 40 余次，组织车展、钢城之夜等展览文化活动百余次。

（唐立奎）

【新建工程进展情况】　2014年，新建的园林绿化工程主要为滦河站、市第三通道西侧、黄台湖8号岛和滦河右岸燕山大桥两侧的绿化工程，以及黄台山公园二期和佛山公园的完善工作。绿化面积达到75万平方米，栽植乔灌木233万余棵，地被植物50多万平方米。至年底基本完工，开始进入管护阶段。

（邹建伟　温仕英　王　所）

市园林绿化管理局

局　长　蒋振清

副局长　陆中刚　刘　玮

城市管理

【城管委工作概况】　2014年，市城市管理委员会印发各类文件33个；召开专项会议3次；刊发《城管快报》23期；下发环境整治任务218项、《城管委办公室督办事项》30项；先后印发“2014年迁安市城区环境综合整治责任分解表”3批，发现问题218项，涉及16个单位，年内全部整改完成；下发“迁安市城市管理委员会办公室督办卡”30项，全部完成。市城市管理委员会对城市管理部件、事件考评结果在《迁安时讯》《迁安广播电视报》等地方媒体通报25次。

【城市综合管理】　2014年，城市综合管理指挥中心共受理巡查员上报事件、部件问题65408件，结案率99.92%；受理12319热线3577个，结案率100%；受理12345市民公共服务热线电话7400个，办结率98.01%。指挥中心日均受理部件、事件案件270件，全年接待各项参观考察活动13次。

【城市亮化】　1. 功能照明。3条新修道路安装路灯120盏，变压器2台，共投资260余万元。新建路灯安装了城市照明智能监控管理系统，集中控制率保持100%；维修LED亮光灯管1866延长米，维修路灯8933盏次，更换电缆2027延长米、电线3200米，亮灯率保证在97%以上。2. 夜景亮化。对轩辕阁周边及城区重要节点的亮化工程进行督导。至年底，滦河文化产业园区、职中三栋住宅楼、荣富宫、颐景园小区等12处重点亮化工程全部完工。亮化督导办每月不定期对全市重点夜景照明设施进行巡查。全年组织巡查100余次，发现问题和故障150余处，修复147处。

【市容环境治理】　市城管局以“魅力城管优化年”为目标，以“双城”（国家卫生城市、国家园林城市）复审为抓手，不断加强市容环境治理工作。一是利用市区LED大屏幕广泛宣传迁安“双城”复审的重要意义；二是将城区划成7大片区，领导干部分包上片督导；三是迎审期间所有执法队员取消公休、事假，调整作息时间，全部投入到一线，全方位无遗漏的进行市容整治，保障迁安顺利通过了国家卫生城市和国家园林城市“双城”复审验收以及河北省县城建设现场会在迁安的顺利召开。全年治理流动摊点4.7万余摊次；治理占道修理、装修、堆放、晾晒、经营、洗车等违规现象5610家次；审批破路施工20余处，治理私自挖掘占道8处；查处违规三（四）轮车331辆；审批广告牌匾539块，集中规范牌匾338块，拆除不合格牌匾388块、私设电子屏264块、灯箱广告1783块，塑造广告牌匾示范街4条；清除各类窗贴、小广告1.5万余张，查扣散发小广告327起、2.6万余份；查处焚烧落叶行为7起、12人；办理建筑垃圾处置手续14起，发放准运证140张，更换准运证170张，查处擅自处置建筑垃圾29起、乱堆建筑垃圾31起、遗撒污染路面9起；办理超限车辆通行证820余张，查处超限车辆153辆；在惠泉大街两侧规划自行车停车位104个（520延米）、普通轿车停车位315个。

【执法队伍建设】　规范行政执法程序，打造作风严谨的行政执法队伍。5月，市城管局组织15名新增执法人员参加培训考试；11月，完成了《城市管理行政执法常用法律法规及规范性文件汇编》，囊括7大类101项城市管理行政执法常用法律法规及规范性文件，进一步提高了执法人员依法行政的能力和水平。始终坚持“城管全方位、服务零距离”的执法理念，努力创建和谐城管执法队伍，涌现出优秀集体和个人：2月，市城管局被唐山市爱国卫生运动委员会评为唐山市2013年度爱国卫生工作先进单位，副局长刘乔被评为唐山市2013年度爱国卫生先进工作者；3月，市城管局被唐山市政府评为2013年市民公共服务热线承办工作优秀单位；8月，市城管局成功开展“爱心街延伸工程”，号召广大市民积极参与爱心捐款活动，全年筹集各类善款9.55万元，资助优秀贫困学生90多名，市电视台及迁安时讯社等媒体给予关注报道；9月，市容二中队6名队员奋勇救火行为受到广大群众热烈好评；12月，市城管局被河北省照明行业协会评为2014年度优质服务窗口单位。

市城市管理局

局　　长　霍志国

副 局 长　董学军　刘　乔

时维伟（城市管理派出所所长挂任城管局副局长）

副主任科员　赵宇洁（女）

（王鹏远）

公用事业

【城市供水】　至2014年，城区有水厂2座，设计日供水能力4万立方米。主要负责城区居民生活、餐饮服务和机关事业单位用水。年内，市自来水公司完成香巴拉、奥润公馆、天洋城二期住宅、君和广场一期、上东水郡、碧桂园一期、颐景园二期、阚庄平改楼一期、南五村平改楼三期等10多个小区，新建公安大楼、新建法院大楼等行政单位，昌盛路北延、祺安大街、惠昌大街、丰喜路、丰庆路等5条道路的供水管网铺设任务。累计完成DN75以上管网铺设44.3千米，新增用水户5300户。到2014年底，DN100以上管网总长度达到155公里，用水户达到7.3万户。投资160多万元新建第二收费大厅，计划2015年5月1日投入使用。为方便用水户管网报修及业务咨询，设立了供水服务热线，24小时专人值守。8月，正式开通公司网站，实现网上交纳水费。用户还可以浏览网页、查看公司动态、了解相关供水知识、通过网站对供水各项业务提出建议。全年累计完成供水量1050万立方米，无供水事故发生，水质合格率100%。

【城市供热】　1. 河东区。供热入网面积1400万平方米，实际供热面积1200万平方米，热用户11.3万户，用热人数25万人，供热管网总长度401公里，供热站216座，城市热化率达到98%。2014年，自筹资金1.9亿元，完成工程建设、技术改造、设备维修、燃煤储备、经营管理等工作。一是投资1.35亿元，完成集中供热扩容150万平方米供热管网建设，以及环形供热管网联网工程，安装远程控制智能设施，初步实现全市热网管理智能化。二是投资400万元，完成7.7公里老旧管网改造。三是投资1720万元，对供热设备进行维修检修。四是投资1500万元，完善备用热源工程锅炉脱硫设施安装、改造。五是投资600万元，完成14.5万平方米的热计量改造项目。六是投资1300万元，完成迁化分公司备煤3000吨，为迁化生活区供热提供保障。同时，按照国家相关政策和市物价局文件标准，对经济适用房一、二、三期及安顺家园、杰作小区5个住宅小区的3077户、25.5万平方米，实行热计量收费，退费总额为5.23万元，涉及128户。2. 河西区。8月，迁安市翅冀热力有限公司完成注册，负责河西区供热，热源为煤气发电机组及九江线材等钢铁企业工业余热。年内铺设供热管道26公里，建设供热泵房2座，并开始为赵店子社区和迁安一中（新校区）进行集中供热，供热面积达到7.6万平方米。

【城市供气】　2014年，全市有3家管道燃气企业，分别是负责河东区管道供气的迁安华润燃气有限公司，负责河西区马兰庄镇区域（包括马兰社区）管道供气的迁安市建华燃气有限责任公司和负责河西区除大五里乡、沙河驿镇、马兰庄镇、赵店子镇之外区域管道供气的迁安中石油昆仑燃气有限公司。另有17家液化石油气站点。年内，全市新增居民用户9689户、工业用户22户、商业用户434户。2014年供管道天然气4885万立方米。新增高压管道12.45公里、中压管道5.55公里，基本达到城区主管网全覆盖。至

2014年底，全市已有49个居民小区安装天然气设施，具备供气条件的燃气用户5.5万户，实际使用管道天然气的居民用户3.67万户、商业用户516家、公福用户65家、工业用户28家。有天然气门（首）站4座、调压站2座，高压管道105.6公里、中压管道82.4公里、低压管道147.52公里。

【弱电管网建设】 2014年，投资2198.5万元建设地下弱电管网15沟公里、50管公里，建设地面基站15座、楼顶基站6座。到2014年底，累计投资1.1亿元，建设弱电通信管道145沟公里、711管公里，建设共用基站27座，共建共享居住小区30个，驻地网小区户数1万余户。河东区主干管网覆盖率达到90%，河西区覆盖率达到95%，高新技术产业开发区、经济开发区新修道路覆盖率达到100%。

【城市卫生】 以巩固提高“国家卫生城市”工作为中心，认真全面开展道路清扫、垃圾清运、公厕管理、垃圾填埋、设施维护等各项工作。全年完成城区（河东区、河西区）60条道路、480万平方米的日清扫保洁任务。道路清扫保洁率100%，道路机械化清扫率47%。清扫保洁作业实行“横到边、竖到底、无缝隙、全天候”作业模式，落实“四扫三保”制度，确定主干道不少于18个小时，一般街道不少于16个小时，小街小巷不低于8个小时的工作标准。管理上推行“两级管理、三级负责”制和“二班倒、四运转”的工作方法，推行地段责任制，实行定人、定岗、定责、定段，责任落实到人。实现“时时有人管、处处有人干”的良好局面。全年完成6.85万吨垃圾清运和处理工作，垃圾日产日清，运输密闭化，垃圾机械化运输率和无害化处理率达到100%。完成市区29座公厕保洁任务。公厕管理做到人员、制度、措施、时间“四到位”。加大环卫基础设施建设，建设生活垃圾中转站8座，配备8台密闭水平式压缩设备，2台配套运输车辆，配备果皮箱580个、垃圾桶1000个、清扫保洁三车轮400辆、道路洗扫车2辆。对市区内部分路段的果皮箱进行维修更换，更新560余个新型果皮箱。

【污水处理】 1. 污水处理稳定运行，减排工作成效显著。2014年，市污水处理厂在环保部门的多次例行检查中出水水质全部达标。全年处理城市生活污水2469.43万吨，日均处理污水6.88万吨，生产再生水1063.3万吨，外运污泥3771.91吨，化学需氧量消减量0.35万吨，氨氮消减量0.03万吨。2. 加大设备维护力度，实现生产稳定运行。完成对二沉池池底、粗细格栅、旋流沉砂池、B段曝气池推流搅拌器等的维修和维护工作，杜绝安全隐患，保障了生产正常运行和出水水质。3. 加强安全管理，实现全年安全生产。实行厂、班组、员工三级安全管理，采取多种宣传手段强化员工安全责任意识。4. 加强业务知识培训，提高员工整体素质。多次组织新老员工进行业务培训，培训内容包括工艺流程基础知识、清洁生产知识、安全生产知识、环保政策法规等，员工整体素质进一步提升。

（张晓利　殷玉环）

建　筑

【概况】 2014年，全市有建筑施工企业73家，包括总包施工企业32家，专业分包施工企业30家，劳务分包施工企业11家。32家总包企业中，二级资质的有17家，三级资质的有15家；30家专业分包企业中，二级资质的有3家，三级资质的有27家；11家劳务分包企业中，一级资质的有5家，二级资质的有6家。监理企业6家，其中，甲级资质的有2家，乙级资质的有4家。检测公司3家。招标代理机构5家，具有甲级资质的1家，乙级资质的4家（包括暂定级3家）。造价咨询公司4家，全部为乙级资质。年内，市住建局强化建筑业各个环节管理，全市建筑工程质量合格率100%、竣工验收备案率100%、安全监督管理覆盖率100%、安全生产达标率100%、文明施工合格率98%、特种作业人员持证上岗率100%、施工现场意外伤害保险投保率100%。

【工程招投标监督】 认真贯彻有关招投标法律、

法规，招投标监管工作不断完善创新，监管效能显著增强。2014年，共监督招投标单位工程199项，总中标价为33.55亿元，节约建设资金6594万元，其中房屋总建筑面积254.65万平方米，已报建工程的招标率达到100%，已报建应公开招标工程公开招标率达到100%。

【工程质量监督】 加强对建设工程各方责任主体质量行为的监督检查，加强对工程实体的质量监督，全面推进和加强工程质量监督各项工作。全年实施质量监督的单位工程351项，建筑面积245万平方米；办理竣工验收手续工程70项，建筑面积113万平方米。共巡查工程583项次，下发整改通知书97份。工程监督覆盖率100%，验收合格率100%。

【工程安全监管】 2014年，全市有29家市属建筑施工企业，其中，房建总承包二级企业15家、市政总承包二级企业1家、房建总承包三级企业12家、钢结构专业承包三级企业1家。建筑业安全监管，坚持“安全第一、预防为主、综合治理”的方针，除加强建筑施工现场日常检查外，相继组织开展春季消防安全检查、建筑起重机械安全检查、建筑工程重大火灾隐患集中整治专项行动、冬季防火百日行动、冬季安全生产大检查和“五一”、国庆、暑期、汛期等重要时段的安全专项检查行动，有效整治施工现场安全隐患，预防了各类生产安全事故的发生。全年监管建设工程38个，建筑施工项目部82个，建筑面积407万平方米。办理塔吊和施工升降机备案登记34个，使用登记150个；吊篮备案登记65个，使用登记891个。年内，市住建局还组织全市建筑施工从业人员参加起重机械作业人员培训并取得建筑施工操作资格证书，解决了人员无证上岗问题，最大限度的降低了起重设备安全生产事故的发生。

【建筑节能】 认真贯彻落实市域内居住建筑节能65%，公共建筑节能50%标准，执行率达到100%，并做到城乡全覆盖。全年累计开工节能项目31项、建筑面积220.68万平方米，总造价39亿元；竣工项目51项，建筑面积175万平方米，造价22.75亿元。投资1375万元完成永顺、常青、花园等老旧小区575户既有建筑节能改造5万平方米。可再生能源建筑应用呈现快速发展的良好态势。年内，全市使用太阳能热水系统的项目有48.95万平方米，使用地源热泵的有10.16万平方米，可再生能源应用占比达到40%，超过省定目标。

【建筑施工扬尘治理】 按照《河北省建筑施工扬尘治理15条措施》的标准要求，加强建筑施工现场扬尘管控，成立了迁安市建筑施工现场扬尘治理领导小组办公室，召开住建系统大气污染防治工作会议和扬尘治理工作现场会，并多次召开扬尘治理调度会，加强建筑施工现场扬尘治理监督检查，严格防止施工现场扬尘污染。经过整治，扬尘治理达标率达到100%。

（张晓利　殷玉环）

环境保护

【概况】 2014年，全市环境保护工作以创建资源节约型、环境友好型社会为目标，以治污减排工作为重点，以大气污染防治工作为中心，扎实开展钢铁、焦化、水泥、热电、玻璃“五大行业”污染治理专项行动，强化减排工程建设，推动环境综合整治。年内，城区空气环境质量达到及优于二级天数145天，二级天数达标率为39.7%；滦河出迁（迁安）口水质达到Ⅳ类标准，符合地表水水质要求，环境保护工作取得显著成效。

【污染减排】 2014年，唐山市下达迁安市四项主要污染物减排目标为：化学需氧量、氨氮、二氧化硫、氮氧化物分别削减3.1%、3.5%、6.5%、6%。据此目标和预测新增量，全市共需削减化学需氧量、氨氮、二氧化硫、氮氧化物分别为951.66吨、93.89吨、4744.38吨、2958.96吨。结合实际，2014年安排钢铁企业烧结机烟气脱硫、拆除脱硫烟气旁路、大唐热电公司锅炉烟气脱硝及钢铁企业废水深度治理回用、规模化畜禽养殖场治理等项目44个，年内全部完成。

2015年1月10日通过了环保部组织的总量减排核查，污染减排工作进展顺利。

【“五大行业”污染治理】 2014年，全市钢铁、焦化、水泥、热电、玻璃“五大行业”的30家重点企业，投资15.6亿元，建设和完成168项大气污染治理任务。至年底，全市51座高炉、32座转炉和39座球团竖炉的主要污染节点均已配套除尘设施，其中高炉、转炉已安装煤气放散自动点火装置；钢铁企业烧结机脱硫工程全部完成；拆除烧结机旁路43个；25家重点工业企业建设了60万平方米的挡风抑尘墙，实现四面闭合；6家焦化企业完成煤气放散自动点火装置；电力企业完成脱硫、脱硝建设任务；31家企业挥发性有机物治理全面展开，6家企业完成污染治理任务；“五大行业”企业全部开展清洁生产污染防治“对标”，有26家企业基本完成对标评估报告的编写工作。至年底，全市重点污染企业基本配齐了污染防治设施，企业环境管理水平明显提高，周边环境明显改善。

【大气污染防治】 2014年，以提升空气质量为目标，强力推进污染源综合整治。1. 取缔关停非法排污小企业100家，停产治理整顿小企业60家，进一步规范了小企业排放行为。2. 加大燃煤锅炉整治力度，强制推动清洁能源的使用。年内淘汰10蒸吨锅炉43台，改造清洁能源锅炉36台，超额完成唐山市下达的任务。3. 加强散堆料场污染整治，完成42个散堆料场苫盖围挡，完善12家企业散堆料场防风抑网建设。4. 深化采石场粉尘治理，取缔无环保设施的采石场23家，21家完成整治任务，7家采石场已批复生产。5. 严格治理餐饮业油烟排污，督导安装油烟净化设施20台套，取缔主城区外52家餐饮燃煤大灶，油烟治理基本完成。通过大气污染综合整治，全市空气质量有了明显改善，PM2.5浓度比上年下降15.79%，综合指数下降19.53%，超额完成任务。6. 全力做好重污染天气应对工作。进一步修订完善了《迁安市重污染天气应急预案》，按上级要求，2014年启动实施5次重污染天气应急措施，圆满完成各项应急保障任务。

【清洁生产审核】 为提高资源利用效率和利用水平，从源头减少污染物的产生，实现污染减排目标，加快企业合法化进程，推进企业依法管理和健康发展，2014年，对18家企业下达清洁生产审核任务。所有企业按照清洁生产审核7个阶段35个步骤认真开展工作，年底时大多数企业已进入第四至第六阶段的审核工作；在“五个行业”中积极组织创建“清洁生产标杆企业”。组织“五个行业”27家企业全部开展清洁生产污染防治“对标”工作。至年底，有26家企业基本完成对标评估报告编写工作。11月20～21日，协助省环保厅组织召开了清洁生产污染防治对标咨询会。

【农村环境综合整治】 1. 加强畜禽养殖场污染治理。2014年，制定了全市畜禽养殖业污染治理实施方案，养殖企业污染治理全面推开。实施了雨污分流、干清粪、沼气池、污水处理等工程建设，改善了养殖场生产环境，做到达标排放。2. 开展农村水源地管理工作。19个镇乡完成水源地保护区划分，杨店子镇、大崔庄镇、彭店子乡、太平庄乡编制完成技术报告，已上报唐山市环保局。3. 强化农村污水治理工作。制定《迁安市2014年农村面貌改造提升行动村庄生活污水处理实施方案》，建制镇积极推进污水处理厂建设，农村研究探讨分户污水处理方式。至年底，杨店子、沙河驿等镇乡污水处理厂基本建成；上金山院、凤凰山村污水分户处理模式试点已基本形成。4. 环保创建工作稳步开展。沙河驿镇李店子、二店子村完成省级生态村创建，通过了唐山市局组织的验收；市第三初级中学、第三实验小学完成省级“绿色学校”创建工作。

【建设项目审批】 2014年，市环保局围绕全市重点项目建设，主动帮企业跑省、进部办手续，切实为迁安项目建设保驾。年内审批建设项目253个，全部建设项目总投资120亿元，建设项目环保审批把关率达到100%，无误批、错批现象发生。拒批不符合政策要求的项目环评9个。同时做好建设项目竣工验收和“三同时”管理工作，确保建设项目应配套的污染治理设施与主体工程同时设计、同时施工、同时投入使用，年内对120家企业进行了验收。

【排污收费工作】 认真贯彻落实国务院《排污费征收使用管理条例》，加大排污收费力度，依法依规做好排污费征收工作。全年征收排污费1.2亿元，其中含2013年唐山市稽查补缴排污费2545.31万元；2013年截转至2014年排污费3238.45万元。

【环境监测】 2014年共获监测数据65678个，包括污染源常规监测261次（其中国省控20家废气污染源、5家废水污染源每季监测1次），获得监测数据38574个，收缴监测费647万元；对比监测160次，获得监测数据8526个；委托监测（包括信访监测）265次，获得监测数据4775个，排污许可证监测60家，获得监测数据2288个；环评监测20家，获得监测数据7443个；验收监测58家，获得监测数据4072个。按照监测规范要求，完成大气环境质量、水环境质量、声环境、大气降水等环境质量监测，并按要求，将环境质量、地表水、噪声、大气降水监测结果以及分析报告上报省环境监测中心站，同时抄报唐山市环境监测中心站。加强全市重点企业常规监测工作，对影响全市环境质量的污染源进行定期和不定期监测，对重点工业污染企业的排放情况进行跟踪监测，加强对重点污染源排放废水、废气的监测力度。

【在线监测体系建设】 污染源在线监控体系进一步完善，2014年，对全市9家重点排污企业下达57套污染源自动监控设施安装任务。同时，为充分发挥监控（信息）中心的监控作用，对在线监控数据超标、在线数据反映治理设施不正常运行、视频监控发现违法排污的企业进行通报，并责令停产整改。

【专项行动】 扎实开展环保专项行动，重点强化大气污染防治、水污染防治、执法后督察、网格化环境监管工作。同时，以专项行动为契机，深入开展打击污染环境违法犯罪行为，维护人民群众环境权益，市环保局联合公安局在5月25日至6月16日、7月1日至8月31日以及APEC会议期间在全市范围内开展集中整治偷排偷放行为的“利剑斩污”零点行动，共检查企业221家次，累计出动执法人员144人次，出动执法车辆36台次，严厉打击了企业偷排偷放、故意闲置或不正常使用污染物处理设施、污染物自动监控设备数据作假等违法犯罪行为，督促企业诚信守法，强化自律意识，切实改善了全市环境质量。

【环境信访案件查处】 从查处一个信访案件、消灭一个污染源、保护一方好环境的目的出发，对领导关注、群众反映强烈的排污企业坚决治理到位。2014年，接待处理信访案件383件。通过对信访案件的查处，增强企业的主动治污意识，密切企群关系，促进污染物达标排放。

【环境监管】 1. 合力开展污染治理督导监管工作。2014年，市环保局组成7个督导组，分别由局班子成员带队，深入企业督导污染治理工作，并逐企明确包企责任人，制定入企日程安排，签订责任状，督导企业全面进行污染治理工作。2. 组织开展整治违法排污企业保障群众健康环保专项行动。对全市重点企业累计出动人员1600余人次，排查排污企业680家，对排查出的175项环境问题分别下达限期治理通知书，立案160件，处理环境违法案件125件，收缴罚款330多万元。3. 对全市小型企业全面开展专项检查，共检查小型企业1194家。对其中206家存在严重环境风险的企业下达限期整改通知；对30家土石灰窑报请市政府取缔拆除；对23家造纸企业进行环境综合整治，4家企业被责令停产治理；对全市焦化企业地下水水质进行调查，责令6家企业做出地下水评估报告。4. 开展“利剑斩污”零点行动，重点企业巡查“四点行动”，集中力量整治偷排偷放，有效震慑偷排偷放行为。5. 不断推动网格化监管，编制了网格化管理实施方案，明确网格职责，搭建网格化管理平台，推进了分级负责、无缝对接、全面覆盖、责任到人的环境监管体系建设。

【环保服务】 1. 做好环评服务。市环保局围绕全市“项目建设年”活动，在严格执行国家相关法律法规的前提下，坚持服务至上，做到首问负责，跟踪服务，限时办结，对本级审批项目开辟环保审批绿色通道，缩短审批时限；对上级审批项目，主动帮企业跑省、进部办手续，为项目建设保驾。同时做好建设项目竣工验收和“三同时”管理工作，确保建设项目应配套的污染治理设施与主体工程同时设计、同时施工、同时投入使用，为企业服务，为社会把关。2. 为企业提供监测服务。在建设项目环评、污染治理设施竣工、排污许可证发放等过程中，需进行监测的均合理安排监测工作，监测人员不分节假日、双休日，不分昼夜及时为企业提供优质监测服务。3. 为企业污染源治理提供技术支撑。及时提供治理信息和技术，指导排污单位规范化设置排污口，在重点企业建立污染源在线监控系统。

【环境宣传】 以科学发展观为引领，细致、扎实、深入的做好环保宣传工作，凸现全市环保亮点，增强广大群众的环保意识。科学谋划、精心组织，开展丰富多彩的环保宣传教育活动。组织环保宣传进机关、进企业、进农村、进社区、进学校，共发放宣传彩页 2 万张、环保知识宣传册 3000 册、环保购物袋 1800 个，悬挂环保宣传条幅 7 条，陈列看板 30 个，并组织以“向污染宣战”为主题的环保签名活动。在活动现场设立环保咨询服务站，向市民讲解环保法律法规及环保知识，同时解答咨询，受理投诉。此外，利用 6 辆流动宣传车、市内 6 个电子大屏幕滚动播放环境保护宣传标语、环保专题视频片。

市环保局

局　　长　王　钧

副 局 长　王岩桐　王贺平　孟凡波　李　兴（3 月任）　张绍伟

主任科员　史晓东

副主任科员　朱广力

（姚宏伟）

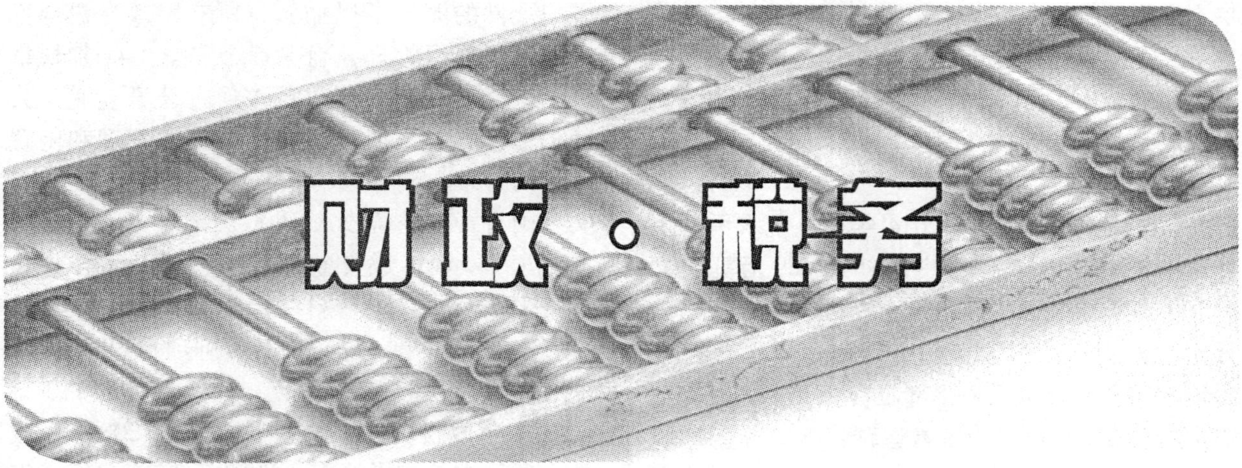

财　　政

【概况】　2014年，迁安财政工作坚持稳中求进的总基调，狠抓增收节支，着力保障重点，切实改善民生，深化管理改革，为全市经济社会发展提供坚实的财力保障。完成全部财政收入64.71亿元，占调整预算的100%，比上年下降15.1%；完成公共财政预算收入35.09亿元，占调整预算的100%，比上年下降5.6%；公共财政预算支出48.53亿元，结转下年支出2.88亿元。全年收支实现平衡。大力培植财源，推进新兴行业投产见效，累计投入资金1.7亿元，积极扶持润安、思文柯德、葵花药业等7家规模以上企业和40多家中小企业加快发展，进一步优化产业发展结构。积极推进金融行业规模化、规范化发展，增强金融行业发展活力。整合支农资金1.03亿元，用于林业绿化、冷口沙河治理、现代农业奖补等项目。同时加大向上争取项目和资金力度，全年共争取到位各类补助收入11.3亿元。

【加大社会保障投入】　2014年，社会保障总支出45293万元，占全市公共财政支出的9.3%。确保"老有所养"，实现城乡居民养老保险全覆盖。年内，城乡居民社会养老保险财政补贴共计1.09亿元，城乡居民参保人数共32.5万人，占符合参保人数的98.9%。确保"病有所医"，实现城乡医疗保险全覆盖。安排财政补助资金1.93亿元，年内城乡基本医疗参保人数18.35万人，2014年住院及门诊补偿共计2.32亿元。确保"住有所居"，推进保障性安居工程建设。2014年，财政投入资金820万元用于推进廉租房建设，安置低收入户326户。实行"雪中送炭"，扶危救困。落实城乡低保资金4142万元，有效保障城乡低保对象20151人的基本生活；发放五保户供养金1441万元，供养对象1987人；拨付城乡医疗救助资金418万元，受益群众36259人；拨付农村危房改造和残疾人危房改造资金611万元，受益农户433户。

【坚持教育优先发展】　2014年，财政用于教育的支出达到11.58亿元，占全市公共财政支出的23.9%。支出义务教育保障机制改革资金7151万元，确保全市中小学校正常运转；全面落实义务教育阶段寄宿学生"一免两补"（免除学生住宿费，对困难学生给予生活费、交通费补助）及学生资助政策资金247万元；兑现家庭困难寄宿生生活补助371万元；支出资金900万元专项用于校安工程项目。加大教育基础设施投入。支出专项资金2.38亿元，完成了一中西校区、职教中心以及各中小学修缮改造工程建设，全面改善办学条件，提升办学水平。

【支持卫生事业发展】　2014年，医疗卫生总支出5.58亿元，占全市公共财政支出的11.5%。加大医疗卫生基础设施建设投入。安排资金3093万元，用于市中医院和人民医院建设。积极支持医药卫生体制改革。安排资金4257万元，对基层卫生医疗机构实施基本药物制度经费补偿，确保基层卫生医疗机构正常运转。安排市级公立医院药品加成补贴1693万元，加快推进市级公立医院取消药品加成收入改革。

【落实惠农强农政策】 2014年，兑现农民种粮补贴4687万元、农作物良种补贴469万元、巩固退耕还林补贴2305万元、农机购置补贴360万元、农业政策性保险1633万元。支出资金4000多万元，保证了村干部工资、大学生村官工资正常发放和村级组织正常运转，支出资金2220万元用于乡村道路修缮维护，支出资金1500万元用于农村环境卫生综合治理，维护农村社会稳定，改善农村面貌，提升了农村群众生活质量。

【确保全市重点工程项目支出】 2014年，财政累计投入资金近9亿元，用于园林、交通、水务、住建等部门工程项目建设。围绕中心市城市建设规划，以河北省推进县城建设为契机，发挥财政间隙资金撬动、吸附作用，采取BT和BOT模式，创新投融资体制机制，全力保障市重点工程项目建设支出。统筹资金39.9亿元，用于临港工业园、滦河项目区等地块摘牌资金及奥体中心开发、滦河文化产业区基础设施建设。

【强化财政管理改革】 1. 加强预算管理改革。完善政府预算体系，坚持“四本预算”有机整合，在编制方式上逐单位、逐项目核定，增强预算编制的科学性；严格预算执行管理，增强预算执行的刚性；坚持厉行节约，制定出台了“三公”支出相关规定，2014年市“三公”经费支出比上年下降45.27%，财政资金使用效益显著提高。2. 稳步推进财政信息公开。分别在财政局内网、外网及政府门户网站对全市上年度财政预决算报告以及“三公”经费预算财政拨款等内容进行公开，增强预算执行的透明度。3. 国库集中支付改革全面深化。按照“横向到边、纵向到底，四个全覆盖”的要求，加快推进国库集中支付改革，确保财政资金安全高效；公务卡改革稳步推进，已办理公务卡2200张；认真开展财政专户再清理工作，对7户不符合开户条件的账户予以撤销，所有财政专户全部归并国库部门管理，确保资金安全。4. 加快推进国有资产经营管理改革。通过公开竞租、公开拍卖等方式，加强经营性资产的管理和闲置资产的处理，确保国有资产保值增值。2014年实现国有资本经营收入1500万元；处置拍卖公务用车155辆，成交金额1497万元，高出评估价格385万元。5. 农村综合改革工作取得突破。审查实施“一事一议”财政奖补项目89个，争取省级奖补资金1731万元，市本级补助183万元。6. 财政投资评审成效明显。对1200个财政支出项目进行严格评审，送审额2.36亿元，审减金额3540万元，审减率15%。7. 政府采购扩面增量。严格执行政府采购法规，进一步完善审批制度和规范政府采购程序，拓宽采购范围。2014年，实际采购规模2.33亿元，节约资金5390万元，节资率18.8%。8. 加强会计管理工作。完成本年会计继续教育学习7000人次，完成对20个预算单位账务和会计基础工作的检查。9. 财政监督卓有成效。扎实开展财政监督检查，积极配合国家审计署开展财政收支检查和国有土地收支专项检查，对查出的问题进行认真整改，提高了财务管理水平。

市财政局
局　长　孔祥会
副局长　宋志勇　郭玉金　李东林
主任科员　苗福悦　李晓明
非税收入管理局局长　马桂存
支付中心主任　彭琳娜（女）

（张春光）

国　税

【组织收入】 2014年，市国税局继续把组织收入作为第一要务，坚持“收入第一、征管首位”的工作思想，强化危机意识、大局意识和责任意识，认真分析各种变化因素，科学谋划，统筹协调，向落实政策要收入、向税源管理要收入、向税务稽查要收入。全年完成大口径税收收入27.2亿元，比上年减收7.9亿元，下降22.51%；完成公共财政预算收入5.54亿元，比上年增收1.9

亿元，增长52.19%。

【税收管理】 完善《迁安市国家税务局征管质量考核办法》《迁安市国家税务局办税服务厅税收业务考核办法》，加强对征管业务全部流程的监控管理。强化税源行业化管理，制定了《迁安市国税局行业管理实施意见》，以市五大重点税源行业预警监控管理为重点，对全局企业纳税人和部分个体户纳税人实行行业化管理，利用各行业大宗原材料消耗、人工成本、期间费用等数据与产成品、销售收入之间的对应关系，结合行业增值税预警税负和企业所得税贡献率，实现产量加税负的双重控管。2014 年，对全市钢铁、焦化、球团、铁矿等重点工业企业和铁精粉经销、煤炭经销、成品油零售、医药经销、汽车经销等商业企业基本实现行业化管理，在分局内部实现管理员按行业分工，有效促进了税源专业化管理的总体要求。抓好纳税评估，全年共评估 249 户，有问题 125 户，入库税款 210 万元，加收滞纳金 12 万元，进项税转出 2283 万元，调减留抵税额 137 万元，调整应纳税所得额 208 万元。

【税源管理】 强化"营改增"管理，结合全市实际，加大对分运业务、矿山厂区内倒运、个体运输代开等"营改增"的管理力度，针对"营改增"纳税人中交通运输、装卸搬运服务两类纳税人流动性大、个体运输车辆多、日常管理难度大的问题，制定了《货物运输业增值税管理指导意见》《装卸搬运纳税人管理指导意见》，采取由已办理税务登记的企业租入个体车辆，由企业统一运营、统一计算缴纳税款，增强企业营运能力，盘活了个体运输力。对不具备租赁经营条件的个体运输户，采取办理临时税务登记证，到办税服务厅代开发票的模式缴纳税款。同时，抓好铁路运输、邮政服务业、电信业"营改增"试点工作，加强税收分析，严密征管，增加公共财政收入。2014 年，市国税局共入库改征增值税 1.47 亿元，其中，交通运输企业入库 9586 万元，装卸搬运企业入库 2318.5 万元。强化重点税源监控，全面落实《重点税源行业纳税评估预警监控管理办法》，加强户籍管理，开展漏征漏管户的核查工作。

【综合治税】 开展个体和专业市场、加油站和以电控税三项税收治理专项行动，查补税款 14 万元，加收滞纳金 1 万元。全年调取医保卡信息 742 户次，通过与纳税人相关申报情况进行比对，发现纳税人存在申报信息小于医保卡信息问题 192 户次，补缴税款 54 万元，加收滞纳金 2 万元，罚款 2000 元。

【税种管理】 在货物与劳务税管理上，推行全省增值税进销数据分析监控系统和货物与劳务税辅助管理系统，全市 1989 户一般纳税人进、销项均纳入监控系统，纳入率 100%，利用该系统对纳税人增值税滞留票信息进行提取、分析，在已完成核查的 14 户企业中发现 8 户存在账外经营问题，共补缴增值税 303 元，消费税 6.7 万元，调减增值税留抵税额 35.6 万元，滞纳金 2.4 万元。发挥以票控税机制，全市 1670 户防伪税控一般纳税人按期报税率、经比对存根联采集率均保持 100%，全市采用远程抄报税的一般纳税人 1670 户，占已纳入防伪税控企业总户数的 100%；采用网上认证的 1989 户，占全部一般纳税人的 100%。加强对高风险优惠企业的日常监控，防范执法风险，对 6 户福利企业安装了残疾人职工监控系统，在线监控残疾人职工上岗情况，取消 3 户享受残疾人即征即退增值税企业优惠资格。在所得税管理上，深入落实"核实税基、完善汇缴、强化评估、综合管理"的要求，抓好重点企业管理，加强连续亏损企业检查，落实企业所得税税收优惠备案工作，对享受优惠政策企业认真执行先评估后退税办法，对中小企业积极稳妥地扩大核定征收面。做好 2013 年度企业所得税汇算清缴和 2014 年预缴工作。2013 年参加所得税汇算清缴的 1870 户纳税人中，盈利 1699 户，亏损 74 户，盈利面达到 90.9%；通过汇算清缴，市国税局所得税纳税人 2013 年度实现所得税 3.43 亿元，其中预缴入库税款 2.93 亿元，汇算清缴补缴入库 4973 万元，预缴入库税款占年度应入库税款 85.5%。年应入库所得税额总量同比增加 3300 万元，增幅 10.6%。至 2014

年三季度，市国税局企业所得税纳税人共预缴入库所得税2.07亿元，占收入总量的8%。在大企业和国际税务管理上，认真开展关联交易申报、审核分析工作，1211户企业的实际申报率和申报完整率均达到100%。加强与工商、商务等相关部门的信息交换，及时掌握非居民企业的基本信息及变化情况，形成系统、严密的非居民企业协税护税网络，累计入库非居民企业所得税328万元，同比增加138万元，增幅72.6%。扎实做好2013年度27户年纳税2000万元以上大企业税收自查及纳税评估工作，共评估补缴增值税483万元，调增应纳税所得额489万元。

【整顿税收秩序】 建立税务稽查长效机制，以查处税收违法案件为重点，认真开展省、唐山市局部署的专项检查及自身组织的日常检查，尤其对民政福利、资源综合利用企业、高新技术企业等严格把关，防范税款流失，累计查补入库税款2501万元，滞纳金288万元，罚款34万元，合计2823万元。

【税收优惠政策】 全面落实税收优惠政策，主动送优惠政策上门，累计办理各类减、免、抵、退税款8866万元。积极落实小微企业所得税和增值税优惠政策，促进小微企业健康发展。全年有1902户小微企业申报享受优惠政策3528户次，优惠税额127万元，有857户小型微利企业享受优惠，优惠面达到100%，减免所得税217万元。

【纳税服务】 深入开展“便民办税春风行动”，按时启动国地税联合办证工作，实现一窗受理一证通用。成立了纳税人学校，对一般纳税人、营改增和小微企业开展以便民办税措施和相关税收政策为主要内容的培训12期、34个班次、70个课时，参加人数5217人次。加强办税厅管理，添置传真机和复印机，为纳税人提供免费服务，增加饮水器具、应急药箱、便民工具箱、便民雨伞等物品。强化服务理念，合理设置业务窗口，统一岗位职责和工作流程，抓好政策服务、登记办理、发票领用、多元办税、投诉处理“五个提速”，减轻纳税人资料报送、表单填写、税务检查等负担。公开税收执法权力清单、纳税人信用状况清单、行政审批目录，全面落实首问责任制、一次性告知服务，杜绝纳税人多头跑、重复跑现象。积极开展纳税服务回访工作，回访内容包括税法宣传、办税服务、政策落实、税务稽查、行政处罚、投诉举报等。全年累计回访纳税人9233户，回访面100%，非常满意率100%。深入落实《县级税务机关纳税服务规范》，制作发票领用、发票开具、设立登记、变更登记等20种印有报送资料、业务流程、政策咨询维权电话等内容的“涉税事项明白卡”，帮助纳税人实现“清晰办税”。

【党风廉政建设】 结合落实中央八项规定和反对“四风”，强化监督制约，全员廉洁自律意识明显增强。1. 严格执行党风廉政建设责任制，层层签订廉政责任状，落实好“一岗双责”，形成一级抓一级、层层抓落实的工作格局。2. 以党的群众路线教育实践活动为契机，集中整治“四风”问题。清理办公用房，按照规定共腾退面积1052平方米（实际超标900平方米，多腾退152平方米），用于建设电教中心、健身室和员工宿舍等公共设施。对不在编制的基层分局车辆一律按要求清退。在压缩机关经费的前提下，对基层经费，按照实报实销加定额管理的办法进行规范，既保证对基层改善办公环境的投入，又减少不必要的项目支出。压缩“三公”经费支出，全年公务接待、车辆运行、会议费各项支出同比缩减35.6万元，减幅30%。3. 规范执法，加大税收执法过错责任追究力度，全年共人工追究4项执法过错行为，对全局8名税务管理员作出书面检查责任追究；深化“两权监督”，对交通运输业和个体核实户征收管理实施立项监督，提出监察建议8条，有效降低税收管理风险。4. 开展廉政教育，以集体参观迁安市政府廉政书画展，观看具有廉政意义的话剧、先进人物纪录片、犯罪忏悔纪录片等多种形式开展廉政警示教育，营造廉政氛围，做好预防工作。5. 建立明察暗访工作长效机制，每月对全系统各单位开展明察暗访，对发现的问题及时下发整改通知并对相关责任人进行问责。

【国税文化】 坚持“文化强税”的发展理念，以文化建设为载体，积极营造崇尚文化、弘扬文明的良好氛围。坚持以文化人、以文导人、以文育人，从形式到实质的多层次、软件和硬件的持续加强投入，有序拓展精神文化、制度文化、行为文化、物态文化建设。在不断提升干部队伍的精神境界、文化品位、道德修养，激发干部队伍的创造活力和凝聚力、向心力方面，发挥了积极和巨大的作用。

市国税局
局　　长 周殿新
副 局 长 张启余　陈　雷　张玉春　徐佐林
纪检组长 李雪光

（邢玉佳）

地方税务

【税费收入】 2014年，全市地税工作按照省地税局“四个更加注重”（更加注重现代征管体系建设，更加注重纳税服务体系建设，更加注重班子队伍建设，更加注重地税系统信息化建设）的总体思路，将省、唐山市局工作部署与地方经济发展战略紧密结合，千方百计组织税费收入。然而，由于受严峻复杂的宏观经济形势影响，全市经济总体处于低位运行态势，组织收入工作遇到前所未有的困难和挑战。通过大力开展税收专项治理、综合治税及狠抓税务稽查，上半年，地税局组织入库公共财政预算收入13.49亿元，同比增收0.63亿元，增长4.9%。圆满实现时间任务“双过半”，得到市政府领导的充分肯定。下半年，通过加大清理欠税力度，在土地使用税、房产税、个人所得税上采取多项有力举措，强化征管，堵漏挖潜，努力缩小收入缺口。2014年全年累计入库公共财政预算收入21.8亿元，圆满完成唐山市局年终调整后收入任务。

【税源管理】 部署开展了建筑业、房地产开发企业专项治理和土地增值税、房产税专项治理工作。共查补入库建筑业税收930万元，房地产业税收1082万元，出租业房产税65万元，清算审核房地产开发项目12户，清算入库土地增值税758.9万元。充分发挥部门协税护税作用，加强地方税源监控，积极与国税、工商、国土等部门联系，通过各类信息交换，加强信息比对，有效监控税源变化，进行纳税评估，堵塞税收漏洞。全年共评估约谈涉及耕地占用税纳税人3户、建筑施工企业1户、房地产行业纳税人3户、政府投资项目纳税人1户、累计清理入库税款11109万元。

【税收征管】 强化日常征管数据监控，利用“监控软件”平台，及时发现错误数据并整改，减少征管数据差错率。落实“日查询制度”，将责任落实到每一名管理员，每日查询征管程序相关数据，发现错误立即更正。落实“周通报制度”，委派专人每周发布网络通报，对错误数据及时督导整改。充分利用税收执法考核软件，对各基层单位和执法人员行使执法职权、履行法定义务情况进行考核评议。按月对各单位执法过错情况进行排名公布，对存在执法过错的税务人员进行通报。通过上述措施，征管及执法质效得到有效提升。

【稽查工作】 以整顿和规范税收秩序为目标，以打击各类涉税违法活动为重点，狠抓大案要案查处，严格规范执法程序，提高稽查执法水平和稽查质量，堵漏增收，充分发挥稽查“外查偷漏、内促征管”的职能作用。2014年，共对39户企业进行检查，有问题户39户，其中，选案、检查、审理、执行“四环节”检查29户，有问题29户；企业自查10户，有问题10户。“四环节”稽查查补入库税款1534.51万元、滞纳金41.28万元、罚款80.64万元，合计1656.43万元。企业自查入库税款、滞纳金合计1482.15万元，“四环节”稽查及企业自查入库合计3138.58万元。

【社保费管理】 结合税收征管，深化社保费征缴管理。强化费源管理，建立费源分级监控制度。强化欠费清理。按月查询欠费情况，通过实地核查和部门联合追缴欠费。建立征缴信息传递制度。通过联合社保部门，按月比对申报、入库数据，确保费款足额征缴到位。全年社保费入库7.14亿元，同比增收4835万元，增长7.3%。其中，基本养老保险累计入库6.68亿元，失业保险累计入库4559万元。

【纳税服务】 1. 开展便民办税春风行动。先后规范服务流程5项、落实免填单服务4项、创新税务服务举措2项，降低了纳税人的办税成本，纳税人满意度显著提高。2. 开展“联合服务”，打造纳税服务新模式。国、地税合作，打造“无缝隙”税收服务。地税局将征收人员派驻国税服务大厅，对到国税部门临时代开发票纳税人应缴纳地方各税实现现场随征，既防止了税款的流失，又方便了纳税人。国、地税联合组建迁安市纳税人学校，定期为纳税人提供税收政策辅导、咨询和培训服务，打造常态化税收宣传辅导平台。3. 开展税银合作，实现“信息共享”“业务共赢”。地税局与建设银行在行政审批中心建立联合服务窗口，方便了纳税人，获得纳税人的普遍好评。迁安地税局纳税服务工作得到省、唐山市局领导的批示肯定。

【班子队伍建设】 2014年，坚持“道德立局，文化强局，人才兴局”理念，把提高班子队伍整体素质作为完成工作任务、推动地税事业发展的根本保证，坚持常抓不懈。以考促学，提升人员业务素质。全年组织全员业务考试3次，新录用人员业务考试2次。通过“以考促学、以奖促学”，干部理论素养、学习作风明显改观，涌现出一批素质高、能力强的业务骨干。在唐山市局举办的2014年度各岗位业务知识竞赛中，迁安地税局取得团体第2名的优异成绩，4名同志分别荣获唐山市地税系统岗位业务标兵、能手荣誉称号。内化于心，外化于行，党的群众路线教育实践活动取得明显成果。按照中央和省委、市委部署，认真开展教育实践活动。在市委督导组的悉心指导下，全局广大党员干部积极响应、踊跃参与，整个活动顺利推进，进一步密切了党群关系、干群关系和征纳关系，营造了风清气正的良好风尚。党风廉政建设进一步加强，围绕“征、管、查、减、免、罚、人、财、物”九大节点，梳理各类职权，查找廉政风险点，做好清权、确权、晒权、控权工作。加强廉政风险防控平台的应用，充分发挥“事前有预警、事中有监察、事后有追究”的作用，降低了各类执法风险。

市地税局
局　　长 康煜星
副 局 长 张树林　靳向军　梅东付
纪检组长 韩　军
稽查局局长 李志新

（薛晓亮　李玉柱）

商务工作

【概况】 2014年，商务工作按照“稳中求进、跨越争先”的主基调，以消费购物中心建设、总部经济中心建设为重点，以项目建设、外经贸、商务执法、机关建设为抓手，较好地完成了全年各项目标任务。全年实现进出口总值26.6亿美元，同比增长38.6%。进口总额22.6亿美元，同比增长21.9%；出口完成4亿美元，同比增长5.5倍。进出口总额在河北省20个扩权县及唐山市各县区均排名第一；出口额度在全省20个扩权县中由第八位升至第二位。全年实现境外投资1093万美元。全市第三产业增加值304.6亿元，同比增长1.5%。全年实现社会消费品零售总额203.4亿元，同比增长12.1%。市商务局先后被评为唐山市整顿和规范市场经济秩序工作先进单位，迁安市文明单位标兵、招商引资工作先进单位、项目建设先进单位、先进基层党组织、优秀领导班子。

对外贸易，面对外经贸企业少、目标任务重的困难，市商务局强化服务意识，发挥职能作用，加强对外经贸企业的服务与指导，积极组织进出口企业参加各种对外贸易政策业务培训会，提高外经贸企业驾驭国际市场能力。年内组织市燕钢、浙江物产等企业参加省应对国际贸易摩擦培训班，提高企业应对国际贸易摩擦的能力。

对外经济合作，继续保持积极发展态势，实际完成境外投资1093万美元。至年底，有外经企业9家，投资总额为1.8亿美元，其中，中外合资企业1家，中方独资企业8家。外经企业中，斯道拉恩索正元包装有限公司对斯道拉恩索正元戴尔特印度私人有限公司实现境外增资193万美元；9月，迁安市九江线材有限公司在香港成立九江国际（香港）贸易有限公司，投资总额为900万美元。

【消费购物中心建设】 围绕打造消费购物中心，年内市商务局消费购物组主要跟进天洋城、红星美凯龙、兴安大街地下商场、万嘉商贸物流园、王府大酒店、澳润世恒商贸城6个重点项目建设；签约项目4个，即新滨河超商项目、鹏奥二手车交易市场及鹏奥汽配城项目、别克—雪佛兰4S店项目、家政网络服务中心唐山总部项目；意向项目6个，即50兆瓦光伏电站并网示范项目、二手车交易市场及车辆改装项目、全球商品采购中心项目、雨润农产品冷链物流项目、迁安市大润发超市项目及唐百、百信联营项目。具体工作中，一是以龙头项目建设为带动，促进城市服务业发展。加大对重点商贸项目的协调与督导力度，帮助企业解决项目建设过程中存在的实际困难，确保项目建设进展顺利。天洋城第4代城市综合体、万嘉商贸园、红星美凯龙家居综合体、王府大酒店、兴安大街地下商场、澳润世恒商贸城等一批重点商贸流通项目正在加紧建设中，消费购物中心建设后劲十足。二是聘请对外经贸大学编制完成了《服务业中长期发展规划》《物流业规划》《商业网点规划》《六大中心建设规划》。

【争取上级扶持资金】 通过对接上级政策，围绕电子商务进农村、万村千乡市场工程、中小企业国际市场开拓资金、乡镇商贸中心、农贸市场建设、农超对接、商贸企业直营店、冬储蔬菜等方面内容，带领有关企业赴省厅和唐山市局积极办理，为企业争取扶持补贴资金和优惠政策，增强企业发展后劲。国家电子商务进农村综合示范市项目获得国家1900万元资金支持，东安超商电子商务项目获省厅50万元资金支持，万嘉市场农产品批发市场基础设施建设项目获省厅80万元资金支持，斯道拉恩索正元有限公司获对外经济合作专项资金200万元，全市有5家外经贸企业共获得2014年度外经贸发展专项资金11.78万元，冀东线缆获得技改贴息17万元，全市有5家餐饮企业获得唐山市级奖励资金19万元。2014年获国家、省、唐山市财政支持的补贴资金达到2278万元。

【电子商务进农村】 按照国家、省、唐山市文件要求，2014年市商务局在充分调研的基础上，积极申报电子商务进农村工作。11月14日，迁安市入围国家电子商务进农村示范县行列。为学习外地发展电子商务经验，一是由副市长马文柏带队组织18人的考察团赴江苏省睢宁县沙集镇、浙江省义乌市、杭州市阿里巴巴总部参观考察；二是赴长春参加电子商务峰会，并同阿里巴巴集团高管进行洽谈；三是参加商务部组织的电子商务培训班，并与京东集团高管李贺明进行洽谈，达成初步合作意向；四是依据省商务厅、省财政厅关于印发《河北省电子商务进农村综合示范工作方案》（试行）的文件精神，结合迁安实际，制定《迁安市电子商务进农村综合示范工作方案》，明确了2015年电子商务进农村的工作任务和目标，为下一步全市开展电子商务工作打下扎实基础。

【招商引资】 1. 做好天洋城、红星美凯龙、兴安大街地下商场、万嘉商贸物流园、王府大酒店、澳润世恒商贸城6个重点项目的建设跟进工作。2. 广泛获取信息，主动走出去进行招商。通过与北京有关部门对接，了解北京产业转移项目情况，并向北京的有关部门介绍迁安的经济社会发展和发展总部经济的城市发展思路，吸引更多的科研技术企业到迁安兴业，使迁安成为科研成果转化的孵化基地。3. 与秦皇岛光彩服务产业集团进行深入洽谈，该项目已初步选址工会三楼作为办公地点，总投资3000万元，建设集居家养老、家政服务、远程健康监控、农超对接和村民服务等功能于一体的家庭服务网络中心唐山总部。4. 关注达成投资意向项目。迁安市大润发超市项目，由迁安市久鑫房地产公司与台湾大润发公司合作经营超市、百货等，台湾大润发公司总投资420万美元，注册资本210万美元，外方以上海的一家合资企业——康成投资（中国）有限公司获得的利润出资。项目选址定于阜安大路东侧，钢城大街北侧，占地70亩。项目已通过规划部门审批，设计14.8万平方米，租用2万平方米。年内招商引资的项目有两个，一个是滨河超商项目：投资2亿元，建设2.5万平方米的百货超市及娱乐餐饮项目，2015年元旦试营业；另一个是50兆瓦光伏电站并网示范项目：计划总投资4亿元，投资主体北京京东方能源科技有限公司与河北科信实德工程项目管理有限公司达成初步合作意向，选址拟定于五重安乡红峪口村庵子沟。

【商务综合执法】 加强对流通市场的执法检查力度，深入开展打击添加瘦肉精、注水肉等违法行为，继续无偿发放“瘦肉精”快速检测卡，督促生猪定点屠宰企业必须保证每批次不低于3%进行抽检，共快速抽检200余批次，抽样送检23批次。全年没有检验出含“瘦肉精”的可疑生猪，猪肉质量得到保证。做好酒类商品备案制度管理，严厉打击制售假冒伪劣酒类商品行为，加强酒类随附单运行监管，对全市啤酒市场进行专项整治，让百姓吃上“放心肉”、喝上“放心酒”。1～12月共查处各类违法案件187起，累计罚款53.44万元，保障了商务领域的经营秩序和食品安全。

【发挥行业协会作用】 1. 发挥餐饮协会网站作用，对网站内容及时更新，组织有关餐饮企业参加国家级钻石酒家评定和培训活动，使餐饮业上水平上档次。至 2014 年底，获评五钻酒店 2 家（锦江饭店、爱琴海西餐厅）、四钻酒店 3 家（柏合盛餐饮有限公司、万达酒店、米之兰西点西餐厅）、三钻酒店 2 家（大崔庄镇齐峰农家饭庄、人中客酒店）。2. 会同市人力资源和社会保障局、市总工会、市广播电视台共同组织了迁安市首届“乐丫杯”乡土菜厨艺大赛，邀请 4 名国家级、省级烹饪评委出席大赛并担任本次大赛评审委员会成员，来自全市的 7 支企业代表队和 20 名个人选手参加比赛。组织厨艺大赛，为餐饮企业搭建了学习交流的平台，也向外界展示了迁安的餐饮文化，推介了迁安特色的乡土菜，推动了迁安的餐饮走出迁安。

【农村商品流通网络体系建设】 1. 按商务部办公厅通知要求集中清理整治万村千乡市场工程中存在问题，对东安超商、东盛超市两家“万村千乡市场工程”承办企业的农家店进行实地考察，针对店容店貌、商品质量、配送率等方面提出具体要求，督促企业按文件要求落实整改。2. 加强市场监测工作。及时完成旬报、月报、周报，对生活必需品市场价格波动情况进行分析，并起草《关于做好 2014 年重大节日期间市场供应工作的通知》，下发各企业，规范市场秩序，保证节日期间的市场供应，市场运行监测工作在全唐山市的市场监测工作排名中位居前列。

【安全生产】 坚持“安全第一，预防为主”的原则，加强安全生产监管，做到安全生产工作常抓不懈，在“安全生产月”活动中，对全市 13 家大型商场、超市和 145 家加油站进行安全检查，发现隐患百余处，包括安全指示标识不明、疏散通道堵塞、消防栓前堆放货物、安全员配备不足、安全消防制度不健全等，均下发立即整改通知书，并对全市 140 家加油站进行了油气回收改造。按照市安委会要求，制定节假日、重污染天气、汛期安全等应急预案。完成全国第 13 个安全生产月各项任务。此外，开展新《安全法》学习、宣传，提高企业经营者和消费者消防安全意识和能力，营造安全放心的消费购物场所。

商品市场

【家乐超市】 家乐超市迁安店始建于 2002 年 6 月，总投资 7000 万元，是家乐公司连锁店，属大型仓储式超级市场。2014 年，营业面积 9500 余平方米，职工 600 人，商品品种有生鲜、副食、粮油、日杂、日化、服装、家电等 360 个小类、4 万多种。2014 年，实现销售总额 9854 万元，利润 42.08 万元，上缴税金 325.69 万元。

【东安超商·东购商场】 唐山市东安超商有限责任公司是迁安市第一家大型自选式综合商场，1999 年 11 月成立，至 2014 年，发展了东安超商、东安特价城、抚宁超市、抚宁东安副食超市、迁安东购商场、乐亭东安超商、东安首钢运动城 7 家子公司。总营业面积 5 万平方米，职工 2000 人。东安超商有限责任公司先后获“全国百城万店无假货示范店”“唐山市诚信服务示范店”河北省第六届“消费者信得过单位”“唐山市优秀企业”“全国商业 200 强企业”“唐山市价格信得过单位”“河北省价格信用体系 AAA 级单位”等 40 多项荣誉称号。20 年来，公司抓住改革机遇，不断扩张，转型升级，快速发展，使企业由一个服装店，发展成为以零售业为核心，商业地产、商业金融、物流配送中心、电子商务中心为支撑的大型商业企业集团。到 2014 年拥有唐秦地区 7 个综合百货店及购物中心，8 个商贸综合体，近百家社区超市及农家店；一个年周转量 15 亿元的物流配送中心；一个具有城市综合体、大型购物中心、商业步行街等以商业地产为主、独立开发能力的商业地产公司；一个年累计放贷 7 亿元的商业金融中心和多渠道一体化的电子商务中心。

【宏宇精品购物广场】 宏宇精品购物广场是宏宇商贸有限责任公司于 2007 年 7 月投资兴建的一家集电器、服装、鞋帽于一体的大型综合购物广场，注册资金 500 万元。2010 年，企业转变经营模式，全力发展家电产品销售，成为全市规模最大的“家电下乡”“家电以旧换新”销售备案企业之一，成功申报迁安市第一家家电下乡产品网络建设试点单位。至 2014 年，营业面积 9000 多平方米，拥有员工近100人。2014年，实现销售总额5630.5万元，利润26.7万元，上缴税金12万元。

【北购商场】 北购商场位于迁安市兴安大街中段，占地面积1万多平方米，总建筑面积2万多平方米，其中地上六层，地下一层，采用国内外最先进的样板设计，上下电扶梯、升降电梯、水冷式中央空调、自动报警、喷淋消防、大型停车场等设施齐全。从2008年开业至今，北购商场联织国内外各大知名企业、聚众多知名品牌于一家，同时兼顾广大市民一般消费水平，满足全社会对各类商品的需求。现已成为迁安商界中一颗璀灿的明珠。2014年，实现销售总额7061万元，利润-2万元，上缴税金147万元。

【一路购物广场】 一路购物广场有限公司2011年成立，由原几十平方米的一路鞋店发展壮大而来。公司注册资金510万元，是集购物、休闲、娱乐、餐饮、文化及景观体验为一体的大型综合商场。共设四层：生活超市、百货商场、电器商场、休闲中心。公司秉承日日有新意，天天有特价的经营理念，承诺保证商品质量、保障食品安全、保证价格低廉、保证退货方便、保证服务一流。至2014年，有营业面积1.8万平方米，职工1000多人。2014年，实现销售总额1.76亿元，利润426万元，上缴税金93.72万元。

【兴宝大百货】 唐山市兴宝大百货有限公司隶属于龙兴经济发展集团有限公司，位于迁安市兴安大街与燕山大路交叉口，由迁安市龙兴经济发展集团有限公司投资2亿元建造，占地面积5588平方米，总建筑面积3.1万平方米，其中商场部分建筑面积2万平方米。楼盘结构为地上十一层，地下一层，其中负一层（局部）至四层为商场，五层为影院和美食广场，北侧塔楼六层至十一层为办公区和快捷酒店。商场功能分布合理，人流车流畅通，电梯空调等设施齐全，错落分布购物、餐饮、休闲、娱乐等多种业态，实现“一站式”购物、休闲、娱乐的现代化经营优势。商场注册资金3000万元，2014年有职工366人，营业面积1.8万平方米，销售总额1亿元，利润500万元，上缴税金100万元。

【人人乐超市·崇尚百货】 迁安人人乐超市·崇尚百货隶属于人人乐连锁商业集团股份有限公司，由天津市人人乐商业有限公司设立，2011年12月31日开业，位于燕山大路南段，人民广场北侧。该超市集传统超市、时尚百货、家用电器于一体，购物环境优雅，产品种类齐全，价格合理。人人乐连锁商业集团股份有限公司前身为深圳市人人乐连锁商业有限公司，为中国连锁百强企业、中国快速消费品连锁百强企业，具有雄厚经济实力及正规的管理体系。2014年，迁安市人人乐超市·崇尚百货有职工160余人，营业面积32640.34平方米，销售总额7217.55万元，上缴税金170.92万元。

住宿餐饮

【概况】 在借力唐山2016世界园艺博览会，创建全国首个百家钻石酒家名市之际，市商务局积极组织餐饮企业开展国家级钻石酒家的申报工作，有7家饭店报名，全部审定通过，并获奖励资金28万元，其中，迁安市锦江饭店、迁安市爱琴海西餐厅被评定为“五钻级酒家”，各获奖励5万元；迁安市柏合盛酒店、迁安市万达酒店、迁安市米之兰西点西餐厅被评定为“四钻级酒家”，各获奖励4万元；迁安市人中客酒店、迁安市大崔庄镇齐峰农家饭庄被评为“三钻级酒家”，各获奖励3万元。至此，迁安市国家钻石级酒家已达7家。

市商务局
局　长　高雅利
副局长　范　臣　郭伟力　王晓飞
商务综合执法队大队长　郭伟力（兼）
主任科员　王志良
副主任科员　翁义彬

（李明芳）

供销合作商业

【概况】 2014年是基层供销社综合改革之年，

市供销社遵循上级关于加快供销合作社综合改革的一系列指示精神，按照改造自我、服务农民的要求，把发展、完善、规范农民专业合作社建设，打造实体性合作经济组织，作为工作重点，努力把供销合作社打造成农民生产生活服务的生力军和综合平台。全年新发展农民专业合作社16家，农民合作社联合社2家。农民合作社总数达到291家，入社社员达到6761户。其中，乡伊香农林专业合作社被评为国家级示范社；正农鹅养殖专业合作社被中华全国供销合作总社评为百强农民合作社示范社。乡伊香农林专业合作社和文华玉米种植专业合作社被评为省级示范社。

【供销合作社综合改革试点建设】 2014年迁安市被省供销合作总社列为供销合作社综合改革试点县，按上级社部署，市供销社先后两次编印《全省供销合作社综合改革工作会议材料读本》，组织系统干部职工逐篇逐句学习，深刻领会精神实质，并发至各镇乡，报送市委、市政府相关领导，全面推进改革试点县建设工作。组织全系统干部职工就供销社改什么、怎么改谈看法，集思广益，谋划综合改革工作。市供销社主任张玉泉执笔起草《迁安市供销合作社联合社综合改革试点实施方案》，并结合供销社发展历程和基层改革实践，撰写《实体性合作经济组织的思考与构想》，得到省社领导高度重视。《实体性合作经济组织的思考与构想》分别在省供销合作总社简报第十二期和《中国合作经济》2014第七期刊登，供学习交流。以此为基础，市供销社领导班子带头深入基层调研，探索改革新路径、新举措，从三方面入手，开展供销合作社综合改革试点建设工作。1. 夯实专业合作社，为联合社建设打好基础。重点对春良蔬菜种植专业合作社、正农鹅养殖专业合作社、千寻养牛专业合作社的社员构成、财务管理、利益分配等进行梳理完善，要求社员必须真正参股，盈余必须二次返还，合作社与社员真正结成利益共同体，为组建联合社，形成上下贯通的合作经济实体打好基础。2. 认真筹备组建农民合作社联合社。制定县级联合社由供销合作控股，镇级联合社由专业合作社控股；县级联合社与镇级联合社交叉参股的联合社组建形式和农民合作社联合社章程。为确保联合社组建规范，市社主任张玉泉专程去北京与中国人民大学农业与农村发展学院党委书记、中国合作社研究院院长孔祥智教授就联合社的社员构成、业务开展、利益分配等问题进行详尽探讨，为联合社建设提供理论支持。3. 谋划组建农村产权交易服务中心。市社以组建农村产权交易中心、资金互助合作社及与联合社相关联的经济实体为供销合作社综合改革主线，由一名副主任牵头，抽调3名经验丰富的基层领导组建了农村产权交易服务中心筹建工作小组，在学习武汉、成都等地先进经验的基础上，积极与省社相关处室联系，认真谋划筹建工作，确保此项改革落实到位。与此同时，积极构建“联合社 + 子公司”模式经济实体。注册成立了迁安市郭春良蔬菜种植合作社联合社，并以联合社为依托，由县级供销社以资产转资本形式参股成立了迁安市首家设施果菜农资销售有限公司，探索建立“供销合作社 + 农民合作社联合社 + 子公司”形式的上下融通的经济实体新模式。

迁安市供销合作社综合改革试点建设工作得到上级社充分肯定。7月19日，唐山市供销社副主任张树勤带领市社一班人到迁安市社调研，听取综合改革工作汇报，对迁安工作给予充分肯定。8月17日，江苏省扬州市供销合作总社党委书记、主任王正年和高邮市人民政府副市长杨文喜一行9人，在唐山市供销社副主任张树勤、迁安市委常委庞再明陪同下，就综合改革试点工作专程到迁安学习考察。迁安在综合改革试点工作中大胆尝试、先行先试等做法得到考察人员高度赞赏。

【规范合作经济组织】 按唐山市农合联制定的标准抓好“四个”规范：一是组织机构规范。农民合作社要有注册登记，有办公场所，理事会、监事会人员设置齐全；二是服务规范。农民合作社要实行“五个统一”，即统一采购农业生产资料、统一技术指导、统一防病灭病、统一注册品牌、统一产品销售，搞好自我服务；三是生产经营规范。推行标准化生产，品牌化经营。通过打造示范园、精品园，整合培育大品牌，依托主导产业创建品牌，围绕名优特色发展品牌，利用自身优势唱响品牌；四是制度规范。不断完善农民合作社章程制度，社员档案，会计账目，实行二次返利。通过对春良、正农鹅、乡伊香等有较大影响力的40家农民专业合作社进行规范，树立了示范典型，提高了农民合作社规范化建设水平，提升了农民合作社为成员服务的能力，吸收了更多的农民加入合作社。

【组建迁安市春良农资销售有限公司】 在巩固原有四大网络体系基础上，市供销社将工作重点放在构建新型农资经营服务网络上，确保农资安全。组建了注册资本金300万元的迁安市春良农资销售有限公司，市供销社利用资产转资本，出资105万元，占总股本比例35%；郭春良蔬菜种植合作社联合社入股195万元，占总股本比例65%。公司以设施果菜农资供应、优质及有机肥料、高效农膜推广、安全农药使用、农业技术培训、测土施肥及废旧农膜回收等综合经营服务为主，建立经营性和公益性相结合的农资经营网络体系。公司四层综合经营场所，在建昌营镇建设，于2014年12月竣工投入使用。

【盐业管理】 在“3·15”国际消费者权益日，广泛宣传食用盐安全知识。积极开展“食用低钠盐，远离高血压”健康年活动。同时注重源头管理，强化日常监管和执法力度，细化工作方案，完善碘盐供应安全网络体系建设，坚决杜绝私盐流入市场，让全市人民食用“放心盐”。

【农民大培训活动】 市供销社按照市政府和上级社统一部署，组织开展农民大培训活动，结合实际制定了详细的培训计划，明确了培训形式、方法和目标，印发14万字《农民专业合作社管理与规范资料汇编》2000册，发放科技光盘1000张，受到农民朋友的普遍欢迎。与此同时，采取举办培训班、以会代训、现场讲解等多种形式，开展农民培训活动，共组织开展短期培训班12期，培训人员286人。

【乡伊香农林专业合作社】 2014年迁安市乡伊香农林专业合作社再次入选“国家农民合作社示范社”，2013年该社首度获此荣誉。乡伊香农林专业合作社成立于2010年7月，位于杨各庄镇徐流口村南，是以唐山佳禾生态农业开发有限公司为依托，以迁安市乡香特色农产品展销中心为销售平台，联合当地和周边农林业户组建而成的集干鲜果品种植、收购、贮藏、销售为一体的农民专业合作社，注册资金500万元，社员107户。2014年，该社总资产714万元，专业合作社生产的“乡伊香”牌系列产品，越来越受到广大消费者的青睐。“乡伊香”牌商标被评为“河北省著名商标”，“乡伊香”牌板栗、纸皮核桃等产品被评为河北省名牌产品，并多次在全国农产品博览会上荣获金奖。

【正农鹅养殖专业合作社】 迁安市正农鹅养殖专业合作社成立于2011年，注册资金280万元，社员总数202户，是以鹅养殖、鹅蛋收购、孵化、雏鹅销售、鹅肉及蛋制品深加工为主导产业的农民专业合作社。2014年，合作社开展了120万羽鹅繁育基地扩建项目，新建孵化车间720平方米，新增全自动恒温孵化设备25台（套），购进每小时加工量为3吨的饲料加工机组1套，雏鹅繁育能力从原来的60万羽提高到180万羽。全年实现销售6750万元、利润1300万元，带动当地农户3000户，助农增收600万元以上，2014年正农鹅养殖专业合作社被中华全国供销合作总社命名为百强农民合作社示范社。

市供销合作社联合社

主　任　张玉泉

副主任　付国龙　郑之伟　刘海民

（张立茹）

粮油商业

【概况】 2014年，全市粮食工作着力抓好粮食宏观调控、执法监督、为民服务、产业化发展“四大体系”建设，深化国有资产监管和国有粮食企业改革，各项工作扎实有效开展。规范化管理储备粮，粮食储备轮换任务圆满完成。做好粮油供需平衡和夏粮预产调查及上报工作。通过调查了解，2014年，迁安市小麦亩产为315公斤，比上年的314公斤增长0.3%。小麦播种面积为68938亩，比上年的90501亩减少23.8%，小麦总产2.17万吨。秋粮播种面积43.37万亩，产量10.99万吨。年内为3家粮食经营者办理粮食收购许可证，并建立台账和案卷。

【粮食产业化工作有序开展】 重点培育行业领军企业。按照“扶优、扶强、扶大”的原则，引导和支持乐丫、贯头山等企业，通过技改扩建上项目扩大生产规模；努力培育知名产品品牌。积极引导龙头企业、粮油加工销售企业增强品牌意识和质量意识，申报无公害农产品、绿色食品、有机农产品和农产品地理标志“三品一标”认证，提升产品档次，增加品种、规模，提高产品附加值；提升粮油加工转化增值水平。引导粮油加工企业，延伸企业加工链条，加快粮油企业由粗加工向精深加工、由单一经营向综合经营的转变，促进粮食加工产品向“专、新、特、精”方向发展，粮油加工转化率达到75%以上。一系列工作的开展，促进了农业增效农民增收。

【粮情调查和食用油及油料供需平衡调查】 为适应粮食流通形势发展需要，切实掌握社会粮油供需动态信息，建立和完善粮油产销预警体系，更好地为政府的粮油宏观调控提供决策依据，确保全市粮油安全。按省、唐山市要求开展了2013年全市粮情供需平衡调查和食用油及油料供需平衡调查工作。2013年全市粮食总需求为33.11万吨，其中粮食消费总量为18.67万吨。工业用粮8419吨，种子用粮486吨。全市2013年粮食供给30.23万吨，本地粮食产量20.04万吨。

【粮食执法监督体系建设】 1. 开展“正风肃纪”主题教育月活动，打造作风过硬、熟知法规、执法严格、清正廉洁的执法队伍。2. 开展宣传活动，提升政策法规的社会知晓率。年内结合迎接国家卫生城市复审，创新宣传方式，为市区内所有粮油店免费制作了购买优质健康米、面、油常识的宣传看板。在5月26日国务院《粮食流通管理条例》颁布实施十周年之际，组织执法人员以“爱粮节粮、科学消费、保障粮食安全”为主题，深入到粮食企业宣传粮食政策法规、科学储粮知识，发放宣传单300余份，接受群众咨询百余人次。3. 做好库存检查工作，根据河北省、唐山市粮食局《2014年粮食库存检查工作方案》精神，按照“有仓必进、有粮必查、有账必核、查必彻底”的原则，对全市范围内所有县级储备粮进行全面检查。针对发现的问题和存在的薄弱环节责令企业立即整改，规范了企业的承储行为，提高了库存管理水平。4. 认真查处举报案件，履行依法管粮职责。5月21日，唐山市粮食局转来《河北省粮食局关于转办举报案件的函》和唐山市粮食局各位领导的重要批示。对此，组成专门调查组对全市20家“放心粮油店”进行全面调查。采取“看、索、问、录、签”五步工作法，即查看食用油、油桶相关情况；索要相关票据和资料；询问食用油、油桶购销使用情况；作好现场检查记录；调查人员和被调查对象双方签字。通过全面深入的调查，全市没有发现举报中反映的问题。5. 开展执法检查，确保全市粮食安全。严格按粮食监督检查的内容和程序对全市的粮食经营户开展粮食经营者履行最低和最高库存量核查、粮食流通统计制度执行情况及“放心粮油店”“十佳粮油经营示范店”专项检查，共出动执法车辆45台次，执法人员442人次，检查各类粮食经营者147家，维护了正常的粮食流通秩序。

【粮食为民服务体系建设】 1. 军粮供应公司建设取得突破性进展。一是完成了工商登记注册及后续手续。6月13日经工商部门依法注册为迁安市昌和军粮供应有限责任公司，为国有独资企业，各项后续手续已办理齐备；二是投入资金40.05万元，完成军粮供应站宿办室维修改造。翻建门市1间，新建厕所1座，新打水井1眼。三是军粮供应站改造方案已获得市发改局批准，各项手续办理完毕。工程计划总投资416.71万元，其中一期投资178.85万元。于9月23日进行了招投标，10月30日进场施工。2. 加强“放心粮油店”建设。2014年，市政府把“放心粮油工程”列入为民办实事工程之一。在已有20家“放心粮油店”的基础上，2014年又发展20家，使“放心粮油店”遍布全市19个镇乡。申报危仓老库维修改造项目。根据省财政厅、省粮食局关于印发《河北省国有粮食企业危仓老库维修改造工作实施方案》的通知要求，迁安市粮食局认真谋划军粮供应站以及大崔庄、野鸡坨、上庄、杨各庄4个承担储备任务的库站的维修改造项目，已上报到上级局。

【粮食安全监管】 1. 加强领导，市粮食局调整充实了安全生产工作领导小组，安全生产工作一级抓一级，层层有人管。2. 明确责任。制定了《2014年安全生产目标管理办法》，规定了日常管理考核、信息反馈和事故报告制度等考核管理制度，同时与8家承储、承租企业签订安全生产责任书，明确企业的主体责任，为做好全年安全生产工作奠定坚实的基础。3. 强化监管。按照“专项检查与综合检查相结合、职能部门检查与企业自查相结合、重大节日、重要时段检查与日常检查相结合”的原则，深入排查企业安全生产隐患，杜绝了安全生产事故的发生。4. 完善安全生产各项制度。完善信息上报、值班、事故报告等相关制度，同时建立检查记录和安全生产台账，严格落实各项防范措施，遏制各类安全生产事故的发生。

市粮食局
局　　长　纪万春
副 局 长　沈文瑞　赵晓峰
主任科员　裴瑞明
副主任科员　孙国强

（刘秀春）

烟草专卖

【经济效益和运行水平】 2014年，迁安市烟草专卖局（公司）坚持市场导向，强化宏观调控，克服地方经济效益大幅下滑带来的不利影响，实现了稳中求进的工作目标。销售卷烟2.75万箱，单箱销售收入2.18万元，同比增长3.01%。坚持品牌发展第一要务，通过网络平台宣传、终端站柜促销和实施“一店一品”工程等营销手段，实现零售客户资源与重点品牌的有效对接，推动重点骨干品牌稳定增长。一至二类卷烟销售5480箱，同比提高10.57%；一、二、三类卷烟分别占销售比重的13%、7%、46%。积极推进卷烟营销市场化取向改革，完善运行制度，强化与省局流程对接，提升服务市场能力。2014年，新商盟订货数2328户，网上订货率100%。建立明码实价互助小组62组，有效推进了明码实价工作的开展。建设AB店中A级店3户，B级店273户，一店一品达到20户。

【烟草专卖零售许可证管理】 坚持公正、公平、公开的办证原则，优化办证流程，对所有新办证零售户，专管员及时开展实地核查，丈量面积及距离，精细制图，提高办证质量与工作效率。全年受理新办证申请259份，变更46户，延续申请447份，停业15户，恢复营业2户，补办2户，依申请注销28户，停业整顿62户，整顿终结9户，暂停访销87户，恢复访销2户，注销1007户。同时，每月跟踪终端证件使用及变动情况，每月对专卖许可证管理工作进行抽查，对专卖许可证办理开展前置介入、过程监督和后续检查，建立证件跟踪管理模式，确保许可证管理规范到位，全面推进证件管理工作上水平。

【烟草市场管理】 把强化专卖管理作为掌控市场的根本手段，以“端窝点、破网络”为重点，完善“地方政府领导，部门协同作战”工作机制，密切与公安、工商等有关部门的协同沟通，集中开展“3·15”打假、“凤凰一号”“凤凰二号”等专项治理行动，进一步加大对制售贩假行为的打击力度，坚持守土有责，挖窝点、打源头、破网络，狠抓卷烟销售终端，重点对“名烟名酒店”“城中村市场”、宾馆饭店、公共娱乐场所公开摆卖“假、私、非”卷烟经营户进行清理整顿，提升市场监管实效，净化卷烟市场环境。全年查处卷烟案件143起，查扣卷烟55.45万支，案值29.727万元，其中，万元以上案件3起，市场净化率达97%。

【烟草专卖队伍建设】 结合职业技能鉴定，进一步建立健全职工学习培训制度，强化考核，员工业务素质和办案能力明显提升。利用每周五下午，对全体专卖人员进行烟草专卖法律、法规和高级烟草专卖管理员业务员业务知识培训，通过认真学习贯彻烟草专卖法律法规等内容，使全体专卖人员做好新旧法律、规定之间的衔接工作；组织学习《中华人民共和国烟草专卖法》《中华人民共和国烟草专卖法实施条例》《烟草专卖许可证管理办法》，提高专卖管理人员的实际工作能力；成立重大案件讨论小组，规范案件办理，提高案件处罚民主水平，提高队伍素质。

市烟草专卖局（公司）

局　　长　刘俊成
副 局 长　李恩国（2013年12月任）
副 经 理　谭黎明
纪检监察员　胡　渊（2013年12月离）
　　　　　　葛建利（2013年12月任）

（杨　悦）

旅　游

【概况】　2014年，全市旅游业围绕建设北方区域性游客集散中心、京津冀后花园和中国休闲旅游目的地城市的目标，狠抓重点旅游龙头，有效开展旅游招商，扎实做好宣传营销，不断提升行业管理，旅游工作健康有序发展。至2014年底，全市从事旅游相关产业人员2万余人，累计接待游客704.9万人次，实现旅游收入34.45亿元。其中，2014年接待游客128.4万人次，同比增长33.1%；实现旅游总收入4.5亿元，同比增长21.6%。1. 景区（点）建设成效显著。至年底有国家AAAA级景区1家（山叶口旅游区）；国家AAA级景区2家（白羊峪长城旅游区、红峪山庄旅游区）；国家AA级景区3家（灵山旅游区、九龙泉旅游区、成山旅游区）；全国特色景观旅游名村2个（白羊峪村、山叶口村）；全国工业旅游示范点2个（贯头山酒工业园区、弘业地毯集团）；全国休闲农业与乡村旅游示范点1个（白羊峪长城旅游区）；河北省风景名胜区1家（白羊峪长城旅游区）。成功打造了“白羊峪长城旅游区观花节”和“迁安金秋采摘节”2个靓丽节日旅游品牌，获得“全国休闲农业与乡村旅游示范市”称号。近年，谋划实施了黄台湖、黄台山公园、佛山公园、人民广场、博物馆、规划展馆、三里河生态走廊、龙形云形带状公园等一大批公益旅游项目，形成极具现代活力的城市旅游新景观。黄台湖被评为国家级水利重点风景区，三里河生态走廊获“全国人居环境范例奖”和“世界景观奖”。2. 饭店、旅行社等配套服务设施逐步完善。至2014年底建有星级饭店7家（其中，四星级饭店3家——迁安锦江饭店、万达商务酒店、艳春楼大酒店；三星级饭店4家——栢合盛酒店、奥特宾馆、西湖宾馆、忠德商务酒店），拟评五星级饭店1家（奥体中心九江大酒店），在建五星级饭店2家（王府大饭店、荣福宫大厦）；拥有国内旅行社10家、国际分社1家、国内分社1家、服务网点1家。

【旅游龙头项目】　1. 龙湾·国际项目。为2014年唐山市十大旅游重点项目、迁安市旅游龙头项目、迁安市重点外资项目。全年完成投资2.8亿元，地面形象悠然而伫，游艇俱乐部、滦河文化5#风情廊、精品店等主体工程完工。2. 长城国家公园项目。通过市旅游局“去香港敲门招商”“请进来开门迎商”，与投资方、设计方反复洽商，迎来跨越式发展。项目总体规划于11月顺利通过市规委会评审，迈入实质招商阶段。市规委会高度肯定长城国家公园项目是全市转型发展的龙头，设计方香港著名建筑设计师郭志舜鼓舞人心地表态“迁安是我的一个梦，这不是钱的问题，我们要推动迁安的发展”。

【万宝沟军事乐园】　为2014年唐山市十大旅游重点项目、迁安市旅游新业态项目，是首家以军旅题材为主题的景区，7月6日开业。项目依托迁安国防教育训练基地发展军事旅游，打造军事体验、培训、娱乐中心，设有国防教育展馆、室内外实弹射击场、真人CS模拟战术训练场、军事体验馆、高标准拓展训练场、网络游戏室，配套有大小会议室、客房、学员宿舍、餐厅等，可同时接纳300人。该项目为进一步丰富迁安旅游产品做出有益尝试，为全市旅游市场的开发提供了崭新的思路，使迁安市体验型、参与型旅游项目实现突破。

【大龙庙景区项目成功签约】　2014年，迁安“包装嫁女”发展旅游产业实现突破，由政府包装的大龙庙景区项目成功签约。政府项目大龙庙景区经过两年的工程建设，形成一定的开发基础，按照市委市政府当初包装嫁女的思路，市旅游局通过各种途径不断努力招商引资，自2014年4月起与唐山创新地产接洽，通过30余次反复邀商、洽谈，于11月28日签约，签约总额2亿元，项目投资期限为三年，分三期建设，以原始村落风貌为基础，对内实施高端改造、将其建成具备中小型会议接待能力的高端度假村，同时开发长城景区观光、原生态养殖基地、特色山野菜种植大棚、地被景观、水库、瀑布等生态项目，以及山地高尔夫、滑雪场等项目。投资方将在新址建设新村，置换老村（对老百姓66户房产新房换旧房）；为年满18周岁的大龙庙村民缴纳农村社会养老保险；建设养老公寓，为大龙庙村符合国家法定养老年龄的老人无偿养老。至年底，项目已完成租用土地丈量、老房屋评估及树木收购评估，项目建设用地已取得规划测绘图，勘察打井点4处。

【旅游规划】 2014年，旅游项目规划通过市规委会评审的数量为历年最多，全年有长城国家公园、万宝沟军事乐园、成山农禅文化旅游度假区、张家峪千野湖旅游度假区和塔寺峪景区5项规划获市规委会通过批准。此外，首份全市性旅游文件《迁安市人民政府关于全市旅游资源保护与开发的实施意见》出台。

【旅游宣传】 扎实推进旅游宣传。1. 制作《迁安旅游风光片》。对全市所有旅游资源整合打包宣传，5~10月在市内人流密集的重要交通路口7块户外LED电子大屏滚动播放，增强市民及外来游客对迁安旅游及风土文化的熟知度和关注度。2. 举办迁安旅游专场推介会。新年伊始，为加强业内合作，推广迁安三日游线路。市旅游局与唐山旅游联盟联合，举办了2014年迁安旅游专场推介会，全国各地300多家著名旅行社经理参会。市旅游局制定优惠政策，详细推介迁安旅游业发展。3. 包装兴福山驿站和红峪口驿站。作为绿道公共服务设施先行试点开发建设，精心包装并投入使用，集中宣传展示了迁安整体旅游资源、长城山野绿道、长城国家公园项目等，打造了驿站样板，以点带面，逐步引导绿道两侧公共服务设施规范建设。4. 设置86块绿道旅游标识牌，为方便域外游客，完善了绿道旅游引导服务功能。5. 设置20块迁安汽车站广告宣传牌，针对全市10多个景区景点进行集中宣传。此外，在《2014北京旅游交通图》河北区域上标注迁安旅游景区、展示迁安城市形象图文；创新思路，与企业合作开展2014中国迁安白羊峪风景区吉祥之旅系列活动；组织全市涉旅企业参加各级旅交会、旅游文化节等活动，通过购买展位、发放宣传资料、对接旅行商等多种方式较好地推介迁安旅游产品；加强网络和新媒体动态信息宣传，充分利用迁安旅游网、微信、微博、二维码等新渠道进行宣传。

【行业管理】 行业管理不断提升。一是力促农旅融合发展，龙泽谷酒庄成功创建唐山市级乡村旅游示范点，兴福山驿站和齐峰农家饭庄分别被评为唐山市四星级农家乡村酒店、唐山市三星级农家乡村酒店。二是发展农家旅馆8户、建设标准间48个，给予每间5000元奖励，促进农家接待户住宿提档升级，提升山叶口、白羊峪景区标准间接待能力。三是全市旅行社新批1家，备案服务网点4家，变更事项3家，注销2家；完成7家星级酒店年度复核；全年旅游安全生产检查35次，排查安全隐患21处，处理旅游投诉4起，全年旅游安全无事故；组织旅游消防安全培训、《中华人民共和国旅游法》培训、旅游景区管理人员培训等各类培训10余次，行业整体水平得到提高。四是引导旅游商品发展，汇远纸厂手工书画纸获河北省第七届旅游商品大赛银奖。

市旅游局

局　　长　邵　民

副 局 长　虞志军　何爱军

副主任科员　李金辉

（林　君）

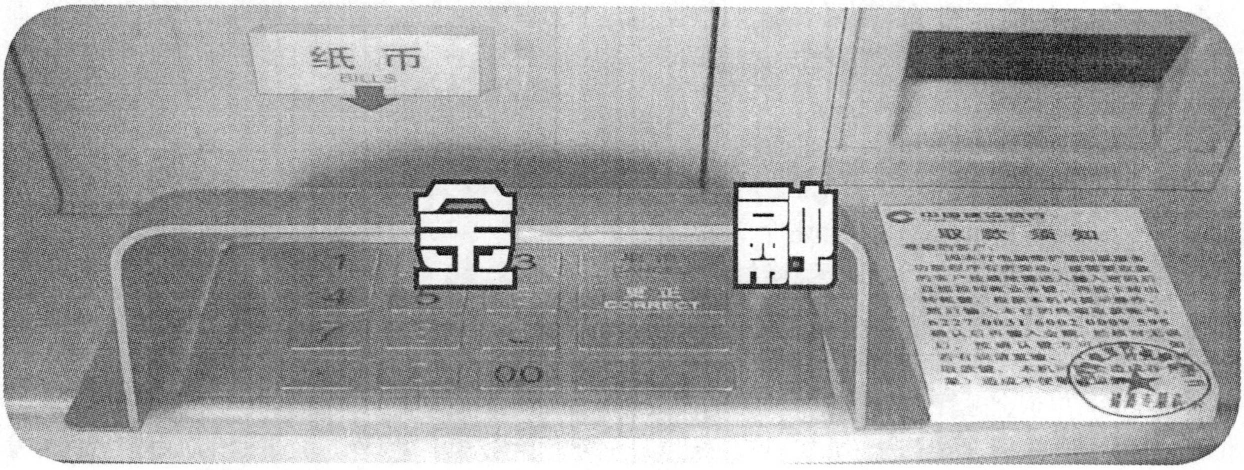

银　行

【金融运行概况】　2014 年，全市金融机构认真贯彻执行稳健的货币政策，优化金融服务，金融业继续保持良好的运行态势。

各项存款适度增长。12 月末，全市金融机构人民币各项存款余额 656.31 亿元，同比增长 7.7%。其中，单位存款余额 186.97 亿元，比年初减少 1.93 亿元；人民币个人存款余额 450.4 亿元，比年初增加 34.34 亿元；财政性存款余额 8445 万元，比年初减少 1387 万元。

各项贷款适度增长，增速放缓。12 月末，全市金融机构人民币各项贷款余额 385.96 亿元，同比增长 2.78%。其中，短期贷款余额 208.94 亿元，比年初增加 9.62 亿元；中长期贷款余额 166.55 亿元，比年初增加 3.67 亿元。票据融资余额为 9.98 亿元，比年初减少 3.35 亿元。

存贷比例情况。12 月末，金融机构本外币存贷比 59.59%，比年初减少 3.07 百分点；金融机构人民币存贷比 58.81%，比年初减少 2.84 百分点。

损益情况。12 月末，金融机构本外币利润余额 14.87 亿元，同比增加 2205 万元；人民币利润余额 14.85 亿元，同比增加 2976 万元。

（陈宝生）

中国人民银行迁安市支行

【落实稳健货币政策】　注重对各家金融机构的政策引导和督导，进一步制定完善了《金融业支持实体经济发展的指导意见》，引导金融机构合理安排信贷投放的力度、节奏和重点，增强服务实体经济能力。加强与银监部门和经济主管部门之间的联系，研究制定配套政策和具体落实措施；推动召开重点项目推介会、资金调度会和银企座谈会 5 次，加强政、银、企的对接和交流；灵活运用再贴现货币政策工具，发挥对金融机构资金流向实体经济的引导和调节作用，年内累计为迁安联社审批办理再贴现 21 包、金额 8.5 亿元；加强对地方法人金融机构的信贷监测，根据实际信贷需求情况先后 9 次为迁安联社向中国人民银行唐山市中心支行（以下简称中支）申请调增信贷规模 9.3 亿元，支持了实体经济的信贷资金需求。进一步加强金融生态环境建设，2014 年 7 月，河北省人民政府办公厅发出通报，授予全省 27 个县（市）“金融生态县”称号，迁安市名列其中。

【加强金融管理】　加强法人金融机构风险管理，组织开展对辖区 10 家金融机构涉农信贷政策导向效果评估工作，组织开展对辖区 15 家金融机构执行人民银行信贷政策导向效果评估工作，组织开展对农村信用社专项票据后续监测审核工作和对襄隆村镇银行财务经营情况的监测考核。密切关注经济金融运行过程中出现的新情况、新问题，加强辖内金融机构对重点行业如冶金采选业、房地产业贷款投向以及与担保中心业务开展情况的监测；组织开展对迁安襄隆村镇银行的金融风险监测，对辖区3家小额贷款公司经营情况实行按月监测。进一步健全和完善“两管理、两综合”工作体系，即对新开设金融机构实施业务准入管理、对金融机构重大事项管理，对金融机构执行人民银行政策情况进行综合评价、对金融机构实施综合执法检查。年内受理襄隆村镇银行关于设立黄台山和滨河支行、张家口银行迁安支行筹建重大事项以及张家口银行迁安支行、沧州银行迁安支行申请金融管理与服务事项的审核工作，实施对民生银行迁安支行、张家口银行迁安支行等新增设机构的从业人员进行上岗资格考试，组织开展外汇、人民币、结算账户等领域综合执法检查工作。开展了对迁安联社2014年度银行间市场业务现场检查工作。扎实做好存款保险条例征求意见期间的相关工作，为存款保险制度出台做好准备。

【强化支付体系建设】 完成ACS系统相关子系统上线及系统升级换版工作，加强ACS系统日常运行管理。进一步加强账户管理，2014年，共核准账户1125户、变更账户627户、撤销各类核准账户424户。开展账户年检工作，年内完成账户年检7133户，年检率97.84%。推进银行卡助农取款服务长效机制建设，持续推动了农村支付服务环境改善工作向纵深发展。《金融时报》以“人行迁安支行提升履职成效”为题刊登了做法。多措并举推动银行卡助农取款服务工作向纵深发展的做法，被石家庄中心支行以加编者按的形式在参阅信息第103期刊发肯定。

【履行经理国库职责】 严格内部控制与人员管理，确保国库资金安全完整。全年共报解税款32.29万笔，组织收入132.56亿元；预算拨款2776笔，直接支付18629笔、授权支付3778笔，支出总额152.09亿元；办理各级退库730笔，金额1.72亿元；各部门更正282笔，金额13.12亿元，未发生任何差错事故。

【加强人民币流通管理】 继续推进小面额现金备付制度，优化流通中人民币券别结构。督促商业银行履行社会责任，继续做好冠字号码查询和银行业金融机构现金全额清分工作。年内累计残币鉴定166张，金额12785元；收缴假币611张，金额58875元。年内完成对邮政储蓄银行等14家金融机构的人民币收付业务检查。

【完善征信管理和服务】 加强征信系统数据质量管理，落实个人信用报告互联网查询服务，拓宽征信系统数据应用范围。按照行政许可工作要求，全年累计为155户企事业单位办理贷款卡发卡手续，为40户自然人办理配卡手续；及时为企业提供信息查询服务168次，为个人提供个人信用报告查询服务6894次；组织开展贷款卡年审工作，累计办理贷款卡年审791户，年审率97.41%；建立健全个人信用报告查询收费台账和登记簿，设立征信业务大厅，进一步优化了征信业务办公环境；组织辖内金融机构按进度要求开展征信宣传工作；继续组织辖区各金融机构完成新开户企业机构代码证信息录入和发证工作，对已发放的机构代码证信息进行核对修改，年内累计修改错误信息400余条。

【提升统计分析质量】 按时完成辖区金融统计报表的核对、查询工作，及时向地方市委、市政府及有关部门提供金融统计报表数据；加强非现场监测，提高统计分析质量，为做好统计分析工作掌握较为详实的第一手资料；按照属地管理的要求，完成辖区村镇银行及3家小额贷款公司统计数据的核对、录入和上报工作；创新统计工作管理，制定出台了《迁安市金融统计工作质量监测考评办法》，得到上级行的肯定；组织开展2011～2013年农村经济金融发展现状统计指标统计表人民银行相关年报核对工作。

【做好外管服务】 贯彻落实上级行2014年外汇管理工作会及上级局的会议精神，配合市外汇局开展对斯道拉恩索正元包装有限公司外汇业务的现场检查工作；扎实做好外汇政策宣传、解答客户有关外汇政策咨询等基础工作。

【强化金融消费者权益保护】 实施“3111”工作法，即搭建组织协调、沟通交流、信息共享三个平台，提升金融消费者权益保护工作管理机制的“规范性”；构建一个“金融消费者权益保护宣传立体化网络”，增强金融消费者权益保护宣传工作的“实效性”；签署一个“迁安市金融机构保护金融消费者权益公约”，提高辖区银行业金融机构金融消费者权益保护行为的“约束性”；建立一个“综合评价和考核体系”，强化人民银行监督管理效果的“严肃性”。积极推动金融知识进农村、进校园、进社区，组织金融机构开展“维护金融消费安全，服务社会普惠公众”为主题的“3·15”金融消费者权益日宣传周活动。累计出动金融从业人员60余人次，设置LED滚动展示屏宣传标语及横幅40余条，发放宣传材料3000余份，设置咨询台30余个，解答网点客户提出的相关问题670余个。提高了金融消费者对金融消费产品风险点的认知和风险防范意识，树立了金融业良好的社会形象。

【提升服务水平】 加强干部队伍建设。以积极培育和践行中共十八大提出的“24字社会主义核心价值观”为总揽，将培育和践行社会主义核心价值观和日常履职紧密结合，涌现出一批践行社会主义核心价值观的典型事迹，有3名个人和1个支行集体的典型事迹被中支网站刊发肯定。强化窗口部门优质服务。2014年，市政务服务中心从“即时评价、日随机回访、周电话跟踪回访、领导单独约谈和月集中测评”五方面进行综合评议，金融窗口服务质量满意度均达到100%。

中国人民银行迁安市支行

行　　长　滕海涛

副 行 长　马荣成　陈宝生

纪检组长　李建强

（陈宝生）

中国工商银行股份有限公司迁安市支行

【概况】 2014年，中国工商银行股份有限公司迁安市支行（以下简称工行迁安支行）有在职员工107人，内设市场营销部和办公室。下辖营业室、燕山支行、明珠支行、惠宁支行、阜安支行、马兰庄支行6个网点。到2014年12月31日，全年实现中间业务收入4913.18万元，收入额在唐山分行排名第三位；实现拨备前利润18595.8万元；各项存款较年初增长3.45亿元，其中储蓄存款增长2.34亿元、列唐山分行第三名，对公存款增长1.11亿元、列唐山分行第二名。全年销售个人理财产品30.61亿元，年末存量6.27亿元，销售量列唐山分行第二位；对公理财产品销售6.17亿元，在唐山分行理财产品竞赛中取得第一名。个人贷款较年初增加1.39亿元，在个人贷款“创首位、超百亿”营销竞赛活动中取得第四名；国际业务结算量9.6亿美元，比上年同期增加1.44亿美元，国际结算量排名列唐山分行第一名；办理票据贴现29.8亿元，列唐山分行第二位。2014年度被评为工商银行河北省分行先进集体、经营绩效县域支行十强、工会先进集体，唐山分行党风廉政建设和案件防范先进单位、运行管理先进单位；在迁安市行风评议中获第二名。

【资产业务成功转型发展】 迁安是一个钢铁业支撑的资源型城市，国际石油暴跌、大宗商品价格下滑严重影响了当地钢铁企业的发展。面对各种不利局面，工行迁安支行及时调整思路，支持地方经济，对迁安特色产业思文科德薄板技术、人民医院建设等提供信贷支持。将贸易融资、中小企业、个人信贷业务作为贷款投放重点，较好的完成了转型发展的阶段任务。各类资产业务笔数和金额在唐山分行系统排名均处于领先位置。

【优质服务】 内强素质，外塑形象，打造优质服务品牌。将服务机制建设作为一项最重要的工作来抓，成立服务工作领导小组，形成“一把手”亲自抓、负总责，副职具体抓，部门负责人日常抓，形成一级抓一级、一级带一级的良好局面。一是迁安支行以“星级网点”建设为契机，以迁安阜安支行“五星级网点”为标杆，开展了其他网点都要达到星级网点标准的活动，推动网点标准化建设。二是增加“自助银行”的投放，年内新增自助银行4个，方便了广大客户的同时，扩大了社会影响力。三是在全行开展评选服务明星活动，以典型带动，推动全行服务水平进一步提高。四是在全行开展向“感动工行”员工学习热潮，让榜样的力量为支行发展注入强大的精神力量。通过服务机制的建设，在辖区树立了良好形象，在迁安市行风评议中取得金融系统第一名。

【中间业务快速发展】 理顺过去几年的业务发展规律，制定打牢基础、抓住优势、以优势业务带动其他业务发展模式，推动全行各项业务快速发展。一是用好省行结算与现金管理综合业务方案，对所有融资企业提供现金管理服务。二是加强对钢铁行业上下游客户的营销，不断增加结算业务量，扩大工行结算业务收入。三是抓住股市“牛市”机遇加大代理保险、代理基金营销力度，扩大代理业务收入总量。四是加大贵金属业务营销，推介积存金、品牌金、品牌银及金银递延业务。五是发展国际结算业务，扩大国际结算业务量，扩大贸易融资安排费及开证手续费等中间业务额度。六是继续扩大票据贴现（优势业务）的营销力度。

【风险防控】 以“安全经营就是最大的业绩”为指导思想，在加快业务发展的同时严格内控管理，以管理保安全。一是贯彻落实总省行的员工禁止性行为，把好操作关，在全行认真学习《员工行为守则》《员工禁止行为规定》、“省行六个严禁”、总行《十项重点查处的员工违规行为》、省行《十个重要风险点》等相关规定。获唐山市分行组织的“学习处理规定、增强案防意识”知识竞赛活动二等奖。二是抓核算及柜面操作风险，二三类风险事件控制在总省行水平之下，杜绝一类风险事件发生，及时加强日常核算管理，核算质量稳步提升，特别是加强对新员工的业务培训。三是贯彻落实省行信贷无瑕疵活动，把住信贷风险关，特别是信贷的贷后管理工作。如对项目贷款的监督支付，对商品融资的押品管理，对各类贷款的押品重评及贷款企业经营状况的了解等。每个客户经理按照规定对所管贷款客户的经营情况了如指掌，建立贷后管理日志，包括资金的归行率，存贷款占比，有效压降“剪刀差”等。

中国工商银行股份有限公司迁安市支行

行　　长　袁国新
副 行 长　蔡永江　吴大卫
见习副行长　陈秀艳（10月离）
内控监察员　秦兆华（5月任）

（黄立宏）

中国建设银行股份有限公司迁安支行

【概况】 2014年，中国建设银行股份有限公司迁安支行（以下简称建行迁安支行）围绕唐山市分行年初确定的“同业最强、系统最优”总体目标，认真落实“一行一策”发展战略，积极开展“践行核心价值观、爱岗敬业”主题教育活动，落实“抓基础、抓管理、抓落实、抓创新，提高执行力；抓渠道、抓客户、抓产品、抓源头，提高有效客户占比”的支行工作思路，各项业务取得较好业绩。特别是一般存款、对公新开结算账户、个金产品、个人贷款、网点综合化建设、信用卡分期等工作发展较好。至12月31日，全口径存款余额达到38.43亿元，一般存款日均新增4.04亿元，其中，对公存款日均新增3.2亿元，个人存款日均新增8392万元，迁安、首钢两行存款总量继续保持同业第二位；各项贷款余额14.49亿元，其中，个贷业务保持领先优势，累计发放1.32亿元，新增7398万元，公积金委托贷款发放2.23亿元；信用卡分期2945万元；网银签约活跃客户新增2838户、手机活跃客户3257户、短信签约1.1万户；借记卡2.75万张；结算通卡1679张，信用卡5418张；销售保险2409万元；实现中间业务收入2936万元；实现考核利润1.02亿元；对公全量客户新增216户。分别有1人次、4人次和多人次获总行、省分行和唐山市分行嘉奖，两个网点被省分行评为“平安支行”。全年没有发生案件和任何责任事故。

【完善管理机制】　梳理流程，全面加强制度建设和长效机制建设，确保工作的有序进行。1. 抓服务工作管理，提高网点服务质量。以服务促发展、向服务要效益，出台“迁安建行柜面服务办法”，对所属7个网点开展每月一次的服务督导检查，通过现场和录像相结合方式对每名员工现场打分，并对检查情况及时通报全行落实奖惩，在省行神秘人检查中，有6个网点获得优秀；在“客户服务年”活动中有6个网点获得优胜奖，一人获先进个人奖；支行营业室再次被省分行评定为“青年文明号”窗口。2. 建立业务管理制度，理顺业务流程。个人业务方面，支行出台了《主要产品营销流程与责任》《主要产品买单指导意见》《高端客户维护管理办法》《信用卡营销管理办法》等一系列办法，建立全行统一的《产品营销台账》，做到责任到人、奖惩分明；公司业务方面，出台《客户经理一日服务流程》《表格化管理办法》等营销管理制度，明确项目营销推进进程，清晰反映客户经理维护和拓展客户情况以及营销业绩。在此基础上，个金部、公司部利用企业网邮箱、网点业绩展示栏等平台，抓好存贷款业务营销和产品销售等工作的督导检查落实，对强化管理、促进业务发展起到促进作用，使支行各项业务，尤其是个人业务的管理进入精细化、流程化轨道，规范了网点和部门绩效分配规则，绩效分配做到全行统一、简化清晰，便于操作，做到公正、公开。3. 组建营销团队，为重点产品营销打好基础。根据业务发展需要，组建了公司业务产品、个人业务产品和电子银行产品3个专门的营销团队，分别负责三块重点业务的营销推进工作，并制定相应的管理考核办法。团队成立后，积极宣传营销，为重点业务拓展夯实了组织基础。4. 稳步推进网点综合化建设。按照省、唐山市行要求，在规定时限内完成了全行符合条件的所有网点综合化转型。一是以营业室为主，早谋划、早起步稳妥推进；二是加大人员整合力度，确实做到综合网点、综合柜员、综合营销；三是减少高柜、增加低柜数量，实现“减高增低”；四是加大员工培训力度，提高柜员的综合业务素质，采取市行集中培训与支行单独组织相结合，岗下培训与跟岗学习等办法，在唐山市分行组织的营销主管、营运主管和高级柜员竞聘中有11人通过考试走上新的岗位；五是稳步推进，防范风险。综合柜员制打破了办理对公、对私业务的界限，柜员综合处理业务的能力与现实要求还有差距，所以，支行特别加大了风险防范的力度，保障业务平稳运行。通过积极推进网点综合化建设，马兰庄支行开立对公账户6个，蔡园支行开立对公账户4个，其他支行此项工作也在积极进行中。

【“四抓四进”营销活动】　为深入挖掘存量客户资源、拓展增量客户资源，迅速提升有效客户规模，深入开展了“四抓四进”联动营销活动，明确抓客户、抓发卡、抓代工、抓全员的四个抓手和进社区、进园区、进商区、进校（院）区的四个营销方向。1. “驻大厅、抓两端”开户和项目储备实现快速发展。抓住商事登记制度改革的机会，“驻大厅、抓两端”，常驻审批大厅为客户提供一站式服务，取得明显效果。4月起，在地税大厅住点营销新开账户180个，得到唐山市分行的肯定和表扬。此外，营销迁安市“住房维修基金专户”实现上线运营，开专户4个，存款达6000余万元；成功营销迁安市政府“公共交易中心”“迁安市投资公司”在支行开户运作。抓住京津冀一体化协同发展、产业外移的大好机遇，在迁安与北京对接过程中，成功营销总投资50亿元的北商国际泵阀、投资2.5亿元的德清环保等重点项目在支行开立基本账户。与此同时，为省及重点项目“滦河迁安市河道综合治理”提供6亿元固贷已完成总行授信审批。另储备迁安必达房地产开发二期等项目，授信20亿元。2. 抓长效机制建设，存款业务扭转被动局面。深入落实“对公存款长效机制”，通过建立信息搜集和相应反馈机制，客户营销维护机制，资产带动机制，存款动态监控机制等措施，进一步细化“客户经理管客户”的具体要求，把客户维护工作分解到行长、主管行长和客户经理名下，定期上门联系走访客户，促进对公存款业务的发展。到2014年底，一般性存款日均新增4.04亿元，居同业第二位；个人存款时点新增占比（不含首钢）居第三位，日均新增居同业第二位；对公存款日均新增3.2亿元，新增占比（含首钢）居第一位，不含首钢居第二位。无论是时点还是日均都取得显著提升，存款工作初步扭转落后的局面。3. 各项产品营销取得长足发展。到年底，借记卡发卡27491张，居全行第一位，办理结算通卡1679张，居县域第一位；聚财宝369户、约定转存签约6963户，均居县域第一位；金管家签约居县域第二位；保险11月10日单日出600万元和200万元两笔大单。一般分期和专项分期合计2945万元，居县域第三，其中安居分期居县域第一位、专项分期居县域第二位。同时，抓好项目带动，迁化集团500张卓越龙卡项目完成审批；成功营销红星美凯龙和万嘉家居POS项目，布放POS机11个，办理商户结算通卡200张；成功营销新滨河商场MIS直连项目，办理商户结算通卡300张。与此同时，对公产品营销成绩显著，善融商务新增5户，完成100%；企业电子银行活跃新增550户，完成113%；回单柜新增702户，完成1170%，排名第一；信用证新增8户，完成267%，排名第一；通存通兑新增94户，完成157%；结算卡新增463张，完成299%；全量账户新增新开216户，完成121%。各项产品均超额完成任务。企业电子银行业务获省行“先进集体”称号。

中国建设银行股份有限公司迁安支行

行　长　林付华

副行长　李　振　赵宇欣（女，6月离）
陆润涛（6月任）　张印鹏

（张金桥）

中国农业银行股份有限公司迁安市支行

【概况】　2014年，中国农业银行股份有限公司迁安市支行（以下简称农行迁安支行）积极应对错综复杂的经济金融形势，牢牢把握稳中求进总基调，着力强化综合营销能力，完善激励、考核机制，克服经济下滑的压力，经受住了各种风险考验，在加快经营转型工作中迈出新步伐，各项工作及经营指标均取得良好业绩。至年末，各项存款余额达到177.17亿元，其中储蓄存款余额147.59亿元，对公存款余额29.58亿元；各项贷款余额74.27亿元；实现中间业务收入9528万元；实现拨备后经营利润4.51亿元，人均创效161万元。全行未发生一起责任事故和案件。

【认清形势，逆势发展】　面对市场经济持续疲软、经营环境受到严重挤压和同业竞争日趋激烈的多重压力，深入查找制约业务发展的突出矛盾，制定切实可行的应对措施。借势上级行“春天行动”综合营销工作部署，及时召开全行“春天行动”动员大会，要求每名员工认清面临的严峻经营形势，增强加快业务发展的使命感、“等不起”的紧迫感、“慢不得”的危机感、“坐不住”的责任感，坚定发展的信心和决心，全力打好“春天行动”攻坚战，确保增量份额稳居当地同业第一。成立以行长任组长的“春天行动”工作领导小组，制订《农行迁安支行“春天行动”综合营销方案》，“方案”对活动目标及各项目标认真计划，围绕零售业务提速、对公业务拓展、资产处置带动和“三分营销”提升等进行严格界定，确保了板块、项目、层次“三位一体”式的深层营销。

【强化服务，塑造形象】　2014年，以“一切为了客户”为目标，坚持对员工进行多层次、多角度、全方位的服务礼仪培训，进一步规范员工服务行为，强化员工服务意识，使员工牢固树立“服务是企业生命”的理念，增强“全员为客户服务，全行为社会服务”的“大服务”意识。按照《文明服务规范》相关要求，严格规范与客户沟通用语，推行微笑服务，要求窗口人员做到接待客户热情周到、有问必答，仪容仪表整洁大方、举止端庄，不管是大客户，还是新客户，都一视同仁，让每名前来办理业务的客户进门前就能感受到服务，进门后享受到服务，出门后满意服务。在此基础上，在全行开展“首问责任制”“一站式”及“限时办结”服务等，柜员的优质服务水平明显提高。全年累计收到客户表扬信3封，在多次神秘人检查中均未发现员工违规违纪问题，农行社会知名度明显提升。

【合力营销，扩大份额】 抓住利率上浮的有利时机，组织员工进社区、进市场、进单位，利用宣传单、看板、海报、条幅和语音广播等广泛宣传农行利率上浮规定和定期存款赠礼政策。并在外拓工作中专门购置外拓帐篷、桌椅、音响器材和小礼品，大造宣传声势。为促进客户使用农行信用卡消费，提高农行贷记卡刷卡收入，与唐山市东安超商有限责任公司、一路超商等5个商户、7家商场联手开展刷农行卡消费促销赠礼主题活动。刷卡赠礼活动的开展，不仅进一步吸引了客户用卡积极性，有效激发持卡消费的热情，而且进一步提高了金穗信用卡在当地的知名度和美誉度。

【提高信贷质量，助推企业发展】 依据国家行业政策和农行信贷政策，初步筛选出迁安徐工机械制造基地、思文科德薄板公司等符合信贷支持条件的客户，组织专人进行维护，重点推介信贷、理财、现金管理等产品，在条件具备的情况下提供信贷支持。对于暂时不成熟的企业，保持沟通联系，营销客户在农行开立对公结算账户，提供本外币结算服务，进而营销对公存款、代发工资、电子银行等各项金融产品。继续加大签发差额承兑汇票业务，为荣茂集团、商祺商贸等客户办理差额承兑汇票金额8.81亿元。在做好传统业务的基础上，积极向客户推荐新业务，促进银行信贷业务转型，仅一季度，成功为商祺商贸办理2笔“金益宝”，金额5000万元；为燕山钢铁办理2笔跨境参融通，金额1.98亿元，新业务不仅降低了客户融资成本，增加了客户收益，也为银行带来显著的经济效益。

中国农业银行股份有限公司迁安市支行

行　长　石瑞武

副行长　刘艳东　裴瑞鑫　陈子民（4月任）
孙　勇　许　卿（4月任）
王　保（12月离）

（张　春）

中国农业发展银行迁安市支行

【概况】 2014年，中国农业发展银行迁安市支行（以下简称农发行迁安市支行）严格执行国家宏观调控和“三农”工作政策措施，着力实施“建设新农村银行”的品牌形象工程，全力抓好存、贷款营销工作，夯实基础管理，完善服务手段，下大力气防范和化解信贷风险，提高信贷资产质量，全身心投入党的群众路线教育实践活动，形成经营业绩持续增长、作风建设显著增强、员工队伍和谐稳定的良好局面。至年末，各项贷款余额18.25亿元，较年初增加2.22亿元。全年累计发放贷款5.1亿元（其中，南市区农民集中住房项目贷款4亿元，粮食收购贷款500万元，西李铺棚户区改造项目贷款1.03亿元，土地储备中心土地储备项目200万元）；收回到期贷款2.82亿元；核销粮食附营业务挂账停息贷款579万元；办理展期贷款1469万元。

【业务发展】 1. 项目营销。及时市政府、财政、发改、国土、水利、住建等有关职能部门沟通协调，进一步了解迁安经济发展及项目安排建设情况，力争掌握第一手资料。2. 存款和中间业务。教育引导全体员工树立“存款兴行，存款增效”的理念，组织开展“首季开门红”和“红五月”活动，认真落实“高端营销”“全员营销”和“一揽子营销”战略，成效明显，企事业单位存款稳步增长，财政存款进一步巩固，中间业务顺利完成任务。3. 呆账核销工作。通过积极向市政府主要领导及分管领导汇报，在工商、税务、粮食等部门支持和帮助下，附营业务挂账停息贷款核呆工作得到省分行批复，核销贷款579万元，信贷资产质量进一步优化，也为粮食部门摆脱了沉重的历史包袱。至年底，企事业及财政存款余额4.85亿元，日均存款余额3.67亿元；销售货款归行率100%；中间业务收入101万元；

各项贷款应计利息1.11亿元，实收1.11亿元，综合收息率100%；实现账面利润4105万元。

【内控管理】 1. 结合“信贷管理基础年活动”，狠抓新制度和操作流程的学习掌握、贯彻执行，提高员工业务水平和尽职能力，认真做好客户的评级授信、库存监管、风险排查、贷后评价等工作，落实风险防控制度。2. 加强资金计划管理，坚持小额勤调，有效降低资金运营成本。严格执行利率政策，定期认真检查利率执行情况，确保准确无误。3. 强化信息安全管理与技术保障，确保网络及各应用系统的运行安全，未发生任何事故。4. 加强财务会计管理，开展“每日五题”等特色培训，强化财会人员履职行为，提升服务客户的水平。5. 加强各应用系统的操作管理，重点关注IC卡管理、业务处理、签退管理、账务核对等环节，保证系统安全稳定运行。加强监督检查和综合控制，在做好柜面监督的同时，对重要事项进行逐一检查和专项核对，认真落实财务收支计划，加强费用支出和固定资产管理，严格控制不必要支出。财审会对费用开支票据的合规和月度财务计划执行情况进行认真监督，合理分配周转金的使用，坚持大额支出集体审议。6. 认真开展纪检监察与安全保卫工作，落实安全保卫工作责任制，增强员工的责任意识、安全意识，筑牢思想防线，严格落安全检查制度，组织开展内部控制评价和案件防控检查工作，做到及早发现问题，及时进行整改。深入开展行风建设，落实行风建设承诺制，领导干部带头诺廉、述廉，党支部书记郭存文以围绕“凝聚正能量、实现强行梦”活动主题，为干部职工上了一堂生动的廉政党课，组织全员收看教育影片，从中汲取深刻教训，提高党员干部拒腐防变的意识和能力。

中国农业发展银行迁安市支行
行　长　郭存文
副行长　余水生　李子强

（李子强）

迁安市农村信用合作联社

【概况】 2014年，迁安市农村信用合作联社（以下简称迁安农信社）本部设19个前、中、后台职能部（室、中心），下辖1个营业部、26个信用社、23个分社，共50个营业网点；全辖有员工496人。年末各项存款余额181.64亿元，各项贷款余额130.15亿元，存贷比为71.7%；不良贷款余额1.7亿元，较年初下降2050万元，不良贷款占比1.33% ，较年初下降0.17百分点。经营效益平稳发展。坚持量入为出的原则，全方面算好经济账，节约成本，压缩开支。一是严格控制、清查无息资产，对应收款项执行逐级审批制度，严格控制低效资产。二是严格费用管理，进一步调整和完善费用控制项目，使其更加合理化，杜绝不合理费用及超权超比例列支等现象的发生。至年末，实现利息收入11.11亿元，实现账面利润3.62亿元，公用费用率为7.87%，控制在核定指标之内。中间业务收入2811万元，同比增长114万元。

【优化信贷结构】 按照“抓营销、增总量，调投向、降风险，调结构、增效益”的总要求，大力推行抵押、质押贷款，限制保证类贷款，提高抵（质）押贷款比重。至年末，抵（质）押贷款余额62.6亿元，占比48.1%，较年初增长1.53个百分点。一是重点营销。继续加大对优质客户的营销力度，对商贸、建材、化工等行业中符合国家产业政策和信贷政策的重点企业加大营销投放力度。年内，重点对中海油迁安怡蕙达新能源有限公司等以抵质押方式进行评级授信工作，并及时上报咨询，降低和防范信贷风险，确保了收益的稳定、资金的安全。二是落实退出制。根据国家产业政策和上级信贷政策要求，对客户进行类别管理，坚决落实“退出制”，即对不具备继续支持条件的，控制总量，逐步压减；对不符合政策要求的，坚决淘汰、及时退出。三是完善信贷管理机制，创新业务品种，不断支持小微企业发展，为贷户提供个性化、专业化、灵活多样的金融信贷服务，全力满足贷款户正常、合理的资金和服务需求。积极推出“农贷宝”和“商贷宝”，推动小额信贷业务持续健康发展，分散了贷款风险。至年末，小贷中心累计发放贷款

17 笔，金额 1000 万元；开办农贷宝业务 5 笔，金额 30 万元。

【改善资产质量】 继续把不良贷款余额、占比“双降”作为工作的重中之重。一是在实行全年经营指标考核的同时开展小指标竞赛活动，加大考核力度，确保完成全年经营指标。二是发挥职能科室作用，做到上下联动，相关职能科室积极协助各基层社制定清收措施，督促检查各社的清收进度。三是继续发挥清收主体作用，依靠党政、司法部门，加大依法清收力度。迁安农信社与金融法庭密切合作，加大审执力度，至年末，共调解案件 189 笔，涉及金额 8465 万元；全年判决 101 笔，金额 5584 万元；裁定 655 笔，金额 1.3 亿元；送达支付令 24 笔，金额 68 万元；2014 年末立案未开庭 393 笔，金额 1.14 亿元。全年通过配合法院工作，现金收回 1852 万元诉讼贷款，促进了不良贷款的高效清收。

【提高服务水平】 2014 年初，迁安农信社被中国人民银行授予“2009 至 2012 年度农村支付服务环境建设先进集体”。年内，继续加强自身服务功能和服务设施建设。完善改造营业网点功能，全面增设自助机具。至 12 月末，全辖累计发行信通卡 69.5 万张，较年初增加 7.41 万张；开办短信平台业务 4.15 万户，较年初增加 1.6 万户；开办电话银行业务 9.08 万户，较年初增加 2.62 万户；安装 ATM 机 89 台、存取款一体机 27 台、离行式取款机 5 台，安装 POS 机 507 台、EPOS 机 461 台，开办特约商户 243 户；开办个人网银 2.02 万户，企业网银 423 户；发展“助农金融服务点”461 个，461 台助农取款 EPOS 机让老百姓足不出户就能享受到现代化的金融服务。

【提升风险防控能力】 年内把行风建设、风险防控和安全保卫工作放在突出位置，常抓不懈。一是以“四大中心”（对账中心、远程视频监控中心、事后监督中心、集中授权中心）建设为抓手，严控操作风险。二是充分利用稽核管理系统、综合柜员和安全保卫远程监控管理系统，加强非现场监督检查，促进合规经营规范操作。三是加强安全保卫工作。进一步提高人防、物防、技防水平，增强员工处置突发事件的应对和防卫能力，确保“零”案件和“零”事故。

迁安市农村信用合作联社

理事长　（1～11 月空缺）　郝志刚（12 月任）
主　任　郝志刚（12 月离）　邓佳栋（12 月任）
监事长　段宝华
副主任　云宏伟（12 月离）　张会涛
冯宝林　李兴勇（12 月任）

（狄艳红　唐延军　徐立彬）

中国银行股份有限公司迁安支行

【概况】 2014 年，中国银行股份有限公司迁安支行（以下简称中行迁安支行）继续以唐山分行党委提出的“做唐山最好的银行”为履职尽责第一要求，以上级行举办的各项活动和重点产品竞赛为主线，狠抓重点项目、重点客户的营销，以内控制度建设为保障，以区域发展优势为依托，安全合理运作资金，服务当地经济发展。至 2014 年底，各项存款余额 26.47 亿元，较年初增长 5.6 亿元，其中对公存款余额 8.36 亿元，较年初增长 1.34 亿元；储蓄存款余额 18.04 亿元，较年初增长 4.19 亿元。各项贷款余额 8.14 亿元。实现本外币收入 4538 万元。

加强队伍建设。以全员作风整顿为契机，进一步加强全员业务培训和技能练兵活动，加强网点规范化管理和文明优质服务，提高全体员工的综合素质，特别加强对新入行大学生的指导和培训，在分行组织的全辖业务技能测评中，中行 35 岁以下员工 100% 达到三级以上能手水平。

【营销宣传】 依托区域优势，抢抓机遇，全力营销，各项存款快速稳步增长。一是抓住迁安加快项目建设的良机，把营销大客户存款作为加快公司存款业务发展的一项重要举措，一方面，行领导亲自挂帅，及时了解掌握项目、资金等方面信息，对重点大优客户开展营销，年内为迁安市城市建设投资发展有限公司成功办理 5 亿元投融通业务；另一方面，采取上门服务，主动为企业高端提供理财咨询、拓宽业务合作范围等方式，稳定老客户，拓展新客户，收到实效。加强对优质贷款项目的营销，积极营销非钢大企业、大项目。到年末，中行迁安支行公司存款余额达到5.85亿元。个金业务方面，成功营销了碧桂园5.5亿元住房按揭项目，开办助农取款点100家并营销储蓄存款4.2亿元，居唐山中行全辖第一位。二是提早动手、认真谋划，储蓄存款稳步增长。一方面，及时召开各层次会议传达贯彻唐山分行业务发展研讨会议精神，引导储蓄网点，认真分析周边环境和市场形势，寻找和培育2014年新的增长点，有的放矢地开展工作，抢占市场先机。另一方面，通过开展“首季开门红”“淡季增长”等劳动竞赛和宣传营销等活动，宣传中行，扩大在社会上影响。同时，坚持和落实网点单所核算考核办法，指标到人头，切实作到奖优罚劣、多劳多得，充分调动和保护储蓄一线员工工作积极性，推动储蓄业务快速增长。

【服务当地经济】　抢抓市场机遇，服务当地经济。一是面对授信发起业务集中上收新形势，从迁安区域经济特点出发，加强对重点建设项目、阳光产业、公用事业单位中优质客户、优良贷款项目跟踪调查，积极向上级行推荐，主动营销。为首钢迁钢公司办理借新还旧贷款5亿元，为浙江物产（迁安）国际物流、浙金荣信、鑫达矿业、军丰工贸等新客户提供授信。二是立足良好的外部经济环境，积极拓展以汽车消费和住房按揭为主的消费信贷业务，改善资产结构。到2014年末，支行汽车消费和住房按揭为主的消费贷款余额为2.29亿元。三是面对激烈的市场竞争局面，领导带头，以助农取款点建设为有力抓手，全面进军农村金融的蓝海市场，加强与乡镇一级政府的沟通联动，强化战略布局。共开办助农取款点100家，揽存4.2亿元，填补了银行在农村市场的空白。此外，与市卫生局签署相关协议，成功营销迁安市70万张健康卡发卡业务，至年底发卡40万张，两项业务快速增加了个人客户数量，为个金业务发展打下良好基础。

【风险防控】　继续加强内控建设，杜绝各类风险。一是坚持以人为本指导思想，开展警示教育、案例剖析和行领导与员工定期谈话等活动，及时掌握员工思想动态，加强对员工合规教育和思想政治工作，使员工树立起责任意识、风险意识，进一步提高依法经营、合规操作的自觉性。二是深入开展“案件和风险隐患排查”，落实“安全明白纸”问题等防范措施，认真查找本岗位操作流程和规章制度中存在的漏洞，查摆业务操作中存在的违规行为，对照内控准则及时完善制度，落实整改，建立内部控制长效机制，彻底消除工作和业务中存在的风险和隐患。三是继续严格贯彻落实“双十禁”规定，加强对重点岗位人员管理。四是加强监督检查，实现内部控制规范化、制度化。采取实地检查与调阅录象相结合，严格落实网点负责人每日必查、安全保卫每周必查，行领导每月必查制度。确保合规操作、合规经营。

中国银行股份有限公司迁安支行
行　长　刘宗义
副行长　侯大友　张艳春

（高福君）

唐山市商业银行迁安支行

【概况】　2014年，唐山市商业银行迁安支行加大市场拓展力度，加强基础管理，调整经营策略，推进经营机制改革，全行各项工作健康发展，经营效益大幅提升。至2014年12月31日，各项存款余额达到23.88亿元，较年初增长10.42亿元，其中储蓄存款时点达到8.97亿元，较年初增加3.25亿元；对公存款时点达到14.91亿元，较年初增加7.17亿元。贷款余额达到25.53亿元，较年初增加12.60亿元。

【存款营销】　年内，在贯彻总行“政府银行、市民银行”的方针的同时，按照迁安实际，组织了多种多样的宣传活动，树立唐山市商业银行在迁安的品牌形象。特别是下半年，根据总行改革，向迁安支行调入营销客户经理28人，加大了迁安市场的开拓与宣传。迁安支行组织员工在商厦、街道进行常态化宣传，经过一年的社区宣传，客户资源进一步扩大，存款稳定性也有所提高。员工自身服务水平和业务素养进一步提高的同时，支行的宣传工作起到“润物细无声”的效果。主要采取两项措施：一是对公存款，分系统制定对公客户营销方案，组织实施专项攻坚活动。二是针对一般授信客户及小微企业客户制定营销方案，组织实施专项攻坚活动。以现有优质客户为核心辐射上下游，发掘新的优质客户，扩大对公业务的发展空间，将客户做实，实现链式营销。2014年度圆满完成各项业务考核指标。

【风险防范】 1. 组织内控制度学习，开展合规教育培训，加大业务整改力度，保证业务合规发展，有效防范金融风险。合理安排时间组织制度性文件的学习，并将实际操作中出现的疑点难点与文件相印证，保证全体员工对各项制度有清晰、明确的了解。此外，定期或不定期地对各项业务进行专项自查自纠，2014年先后展开对银行结算账户、现金统计以及反洗钱等工作进行自查自纠，及时发现业务发展过程中出现的问题和存在的隐患，积极整改。2. 继续坚持开展业务技能比学赶超活动，提高业务熟练程度。对于与日常业务办理息息相关的各项制度，组织定期和不定期业务理论知识考试，检查员工对业务知识的掌握情况，并以考试督促员工进行制度性文件的再学习。坚持业务交叉检查和营业室主管行长复查的方法，严格控制风险，加强业务检查和业务培训，建立健全奖惩机制，降低差错发生率，核算质量在合规和效率两个方面都得到改进。

【安全保卫】 继续进行安全保卫的软硬件建设，按照《唐山市商业银行安全保卫工作达标标准考核实施细则》要求，建立完善安全保卫档案，将安全保卫的方方面面纳入对人防档案、物防档案、技防档案、消防档案和案件防范档案管理之中，确保安全保卫工作落到实处。按照半年组织一次防盗抢演练要求，在6月、9月、11月进行三防演练，提高员工思想认识和防范意识，安全保卫基本达到“达标标准”要求。同时，美化营业环境，提高员工办公环境质量及网点整体服务水准。

唐山市商业银行迁安支行

行　长　冯颖辉（女，2月离）
　　　　　张俊元（2月任）

副行长　许敬军　湛毅凯（1月离）
　　　　　杨洪海（7月任）　钱志刚（1月离）
　　　　　罗翔琼（1～9月）　郭　健（9月任）

（张永超）

保　险

中国人寿保险股份有限公司迁安支公司

【概况】 至2014年底，中国人寿保险股份有限公司迁安支公司有从业人员859人，其中，机关员工44人（党员15人），业务员815人。公司内设综合管理部、客户服务部、个险销售部、团险销售部、银行保险部5个部门，内设1个收展部、5个城区营销部、19个乡镇营销服务部。全年收取保费4.02亿元，赔给付支出2.3亿元，上缴各项税金514万元。

按照迁安市委及中国人寿总公司和省、唐山市公司安排部署，认真组织开展党的群众路线教育实践活动，公司上下形成风清气正、勤俭节约的良好环境和氛围，干部职工的思想境界全方位提升。在5月18日全国第24个助残日，公司司务会成员及营销精英30多人到迁安特教学校看望师生，给学生每人送去一个书包，并且参观了孩子们义卖的手工作品，看着孩子们制作的一件件精美作品，在场人员纷纷解囊购买，特教师生们深受感动和鼓舞。此外，根据全市安排，帮扶软弱涣散党组织——野鸡坨镇朱庄子村，投资2万元，帮助该村进行基础建设。

【提高服务水平】 加强基础管理，继续以“服从要务、办结事务、搞好服务”为宗旨，坚持

"专业、真诚、感动、超越"的服务理念，加强对所有业务人员的教育培训及日常监督，加大督察力量，规范服务行为，加快理赔速度，理赔、保全、承保、收付费等业务实行限时办结制度，提升服务品质。解决管理与发展的矛盾，探索服务管理工作的新途径，处理好"两个关系"、做到"四个确保"。即处理好管理与服务、支持与管控之间的关系，确保满足客户对服务的需求、确保满足一线营销员的需求、确保符合上级公司的考核要求、确保公司业务快速发展的要求。为此，各部门各岗位员工坚持每天填写工作日志，每周一小结，每月一总结，使员工干工作有目标、有抓手、有结果。针对市政府惠民工程——新农合意外伤害保险业务，为进一步提升服务质量，成立了专门服务于新农合参保客户的新农合理赔科，服务效率大大提高。全年受理各种赔案4329件，赔付总金额2327万元。其中新农合赔案1375件，赔付金额1145万元。

【风险管控与业务拓展】 做好风险管控工作，一是积极开展诚信教育活动，强化销售人员诚实守信的理念；二是进一步强化全员遵章守纪、合规经营的职业道德理念；三是认真组织参加内控合规知识、反洗钱知识、打击非法集资活动培训及考试，提高全体员工及营销人员的风险防范意识，从思想上引起高度重视，并落实到实际行动中，增强公司风险防范能力。同时，创新工作思路，创造性地开展工作，收到显著效果。全年组织召开利益派送会200余场，使参保客户利益最大化。加强农村营销服务部建设，巩固农村保险市场，下大力度发展农村营销服务部，逐渐填补空白村，确保村村都有中国人寿的代理人为群众提供服务，全年承保人数61.26万人次。此外，不断扩大保险覆盖面，拓展新的保险业务领域，与卫生局合作开展新农合意外伤害保险业务、与民政局合作开展老年御险业务、与计生局合作开展计生家庭保险业务、与教育局合作开展学生平安保险业务、与信用社及邮政局联合开展贷款人人身意外伤害保险业务、为农民办理农村小额人身意外伤害保险业务、与各银行等单位合作开展银行保险业务。全年办理保单抵押借款业务1635件，总金额达5102.1万元，为客户提供了及时的资金支持。

中国人寿保险股份有限公司迁安支公司
经　理　李小青（女）
副经理　温晓峰（女）　郗晓光

（任晓峰）

中国人民财产保险股份有限公司迁安支公司

【概况】 2014年底，中国人民财产保险股份有限公司迁安支公司有从业人员269人，其中，机关承保、理赔人员81人（党员35人），业务员188人。公司分设车险、非车险及理赔分中心三大业务部门，下辖10个营销服务部。2014年全年收取保费1.87亿元，处理各类赔案1.47万件，支付赔款9822.82万元，案件处理率99%。上缴各类税金近2000余万元。

【提升队伍素质】 2014年，公司继续在党员干部中深入开展"为民服务、创先争优"活动，要求全体党员坚持群众路线、密切联系群众，树立"大服务"理念，全面加强服务能力建设，持续提升公司客户服务能力和客户满意度，打造"价值共创型"企业。全体党员争作转变观念的先锋、业务发展的先锋、经营管理的先锋和文明服务的先锋。为构建"学习型"组织，公司组织员工参加上级公司组织的各专题培训。2014年继续实施"五个一"工程，即坚持班子成员每个月读一本书，亲自动手写一篇学习心得，每周开展一次读书分享，每周开展一次培训和考试，每月开展一次集体活动。倡导"学习学习再学习，培训培训再培训，考试考试再考试"的风气，全体员工都参加了人保财险总公司网络学院的网络学习，全部完成年度学分，取得较好成绩。各项学习活动的开展，提高了广大员工的综合素质。

【提高服务水平】 2014年，积极落实总公司"总部示范、上下联动、横向联合、以点带面"

工作要求，打造 PICC 第一服务品牌，以服务促进业务发展，将理赔无忧、车险快捷等一系列服务承诺贯彻到日常工作中，创新服务举措，让客户感受人保，享受优质服务，提升客户满意度。在媒体上公开推出服务承诺，主动接受社会监督。2014 年客户节以“倾听您的声音、服务您的需求”为主题，面向社会推出“走出去、请进来”主题活动，“走出去”对重要客户进行上门回访，深入了解客户诉求，增进双方共识与互信；“请进来”邀请客户走进公司，采取举办座谈会、研讨会、互动会等多种形式，增进客户对公司、对产品服务的了解，更重要的是听取客户的需求和意见建议。客户节同时继续深化“多快好省”理赔服务、“倾听心声 绿动中国”活动、4001234567 人保电话车险“真情回馈 心系车主”活动、“保险 e 体验”——ePICC 网上人保 24 小时不打烊活动、“人保在行动”公益系列活动、“十一”黄金周客户自驾游服务活动。此外，为满足广大农村保险客户就近出单需求，公司对下辖的 10 个营销服务部进行整合、升级改造，使现有营销服务部均能自行出单，方便了迁安各乡镇人民。

【做好惠民险种】　继续坚持以“服务迁安、建设迁安”为出发点，认真履行保险责任，践诺民心工程，积极开办与迁安民众息息相关的各险种，满足迁安人民的保险需求。农业险开办了能繁母猪保险、政策性奶牛保险、种植业小麦保险、玉米种植险、花生险、大棚蔬菜和森林险等险种，组建了专业的农业保险承保理赔队伍，通过上门承保、当日查勘、当日赔付、限时送赔款到户等多种方式让参保农户得到及时保障，发挥保险业在农业和农村发展中的社会“稳定器”和经济“助推器”作用。2014 年 5 月，公司继续承办了全市治安保险，累计为 182 个村、27230 户居民承担了近 6.49 亿元的风险保障。当年 6 月起，1 万余户治安险参保农户因大风、雷电、暴雨等恶劣天气造成大范围农房、家电、大棚、农田等受损，公司迅速启动紧急理赔预案，快速反应，走入各农户，为其提供查勘、定损等保险服务，为保障人民群众的财产安全、建设和谐社会做出积极贡献。此外，为迁安社保所有参保职工提供大额医疗补充保险服务，2014 年共向大病患者承担最高 496 亿元的风险保障，减轻了大病患者的负担。

中国人民财产保险股份有限公司迁安支公司

经　理　王华新

副经理　何海利　侯赛玉（女）
杨静文（女）

（杜　鹏）

科学技术

综　　述

【科技概况】　2014年，全市科技工作继续围绕实施“四五”转型攻坚计划，以提高科技创新能力为重点，推进科技创新体系建设，促进科技成果转化，充分发挥科技对经济社会发展的引领支撑作用。迁安市科学技术局被河北省科学技术厅评为2013年度科技管理工作先进单位，被省知识产权局评为2013年度河北省知识产权优势县（市、区）培育工作先进单位。

加强科技队伍建设。坚持“不求所有，但求所用”的原则，以大型企业、院士工作站、博士工作站以及各类创业中心、园区、基地为载体，深入实施“院士联谊”“假日博士”等借智工程，通过合作、技术入股、聘请顾问团等形式，多渠道、多层次、多形式引进各类科技人才，服务全市经济社会发展。同时，启动校企联动人才培养基地建设，开展产学研人才培养试点，实现大学、科研院所与企业高端人才的对接和流动，培养实用型创新人才。

【高新技术及其产业发展】　立足“无中生有”，培育高新技术产业和战略性新兴产业。围绕新能源、新材料、生物医药、装备制造、现代服务等新兴产业，加强产业核心技术和产品的研发，加大科技成果引进、转化、支持力度，加强高新技术企业、科技型中小企业培育，投入科学研究与试验发展经费200多万元，实施英诺特结核检测试剂、力通纳米化磷酸铁锂电池材料、金沙污水净化剂等创新成果转化项目，有力地推进了全市高新技术产业发展。英诺特研制的结核分枝杆菌多种抗体检测试剂获得国家药监局的生产批文，并已申请国家发明专利；力通研发的磷酸铁锂产品技术水平处于国内领先地位，年产量200吨，实现销售收入1700万元。把高新技术企业申报和加强企业自主创新能力建设相结合，以高新技术企业认定为契机，加大宣传力度，推动企业开展科研创新活动，注重专利等知识产权申请，以此带动提升企业自主创新能力。益昌电子有限公司、唐山晒阳太阳能科技有限公司2家企业成功步入国家高新技术企业行列，至此，迁安市高新技术企业达到10家。2014年，新认定省级科技型中小企业66家，总数达到115家。

【科技推广与应用】　做好科技成果推广应用工作。运用高新技术和先进适用技术改造提升传统产业。围绕钢铁、冶金、化工等传统产业，以工艺改造、产品研发、技术引进、设备更新为重点，投入科学研究与试验发展经费300多万元，带动企业投入1500万元，运用高新技术不断提高装备水平，改进生产工艺，优化产品结构，实施了思文科德电镀锡基板、彦博彩涂板、津唐氧化法高纯生铁等15项链条延伸、技术改造、节能减排科技创新项目，每个企业的装备水平、技术水平、产品档次有较大幅度的提升，企业的创新能力明显增强。其中，迁安市津唐球墨铸管有限公司依托河北联合大学进行铸管铁水球化处理工艺改进技术研究，采用喷镁球化法替代冲入法处理高炉铁水，使铁水合格率达100%，年增加经济效益750万元；冀东普天线缆有限公司研发的环保型电线电缆，具有优良的阻燃性、耐腐蚀性，综合技术指标和工艺性能指标达到国际领先水平。培育战略性新兴产业，立足新能源、新材料、生物医药、装备制造、现代服务等新兴产业，加强产业核心技术和产品的研发，加大科技成果引进、转化、支持力度，加强高新技术企业、科技型中小企业培育，投入科学研究与试验发展经费200多万元，实施了英诺特结核检测试剂、力通纳米化磷酸铁锂电池材料、金沙污水净化剂等创新成果转化项目，推进了新兴产业发展。英诺特研制的结核分枝杆菌多种抗体检测试剂获得国家药监局的生产批文，并已申请国家发明专利；力通研发的磷酸铁锂产品技术水平处于国内领先地位，年产量200吨，实现销售收入1700万元。

【农业科技创新】 1. 做好农作物新品种、新技术引进与示范，促进农民增收。投入45万元实施了“千户科技示范工程”，引进花生、玉米等新品种种子2.5万公斤、优质肥料40吨，在全市确定1000户作为科技示范户，免费提供新品种、新肥料，通过示范户种给农民看，把科技示范工作做到田间地头，做到农民身边。在上庄乡建立了30亩玉米新品种展示区，组织召开现场观摩与培训活动。全年引进示范农作物、果树和养殖新品种15个，引进示范“奶牛乳房炎中药防治技术”等科技成果5项，示范推广生物农药、微生物制剂等新技术10项。2. 培育农业特色产业，提高农业科技支撑能力。围绕特色果品、中草药种植、功能杂粮、健康养殖等特色产业，加强农产品标准化生产技术研发与精品农业科技示范，示范推广一批规模化养殖、设施栽培等促进农业标准化关键技术，建设一批农业特色产业基地。如市金福祉奶牛养殖场实施了“奶牛规模化健康养殖技术示范”这一国家星火计划课题，建立了10个奶牛标准化养殖示范点，集成示范奶牛规模化健康养殖新技术8项，奶牛乳房炎发病率降低11%，牛奶产量提高10.2%。市润青中药材种植技术开发中心实施“燕山山脉野生药用植物资源保护与种源繁育研究”项目，建设了野生药用博物馆，采用“公司+农户”模式，建立野生中药材人工驯化基地1200亩。3. 实施科技示范基地和科技示范园区建设工程，提高示范带动能力。市隆兴科技示范场重点实施了“西红柿高效生产技术研究与示范”项目，在上庄、杨各庄等镇乡推广示范5000多亩，增加农民收入400多万元，促进设施蔬菜产业的健康发展。依托市正福畜牧养殖专业合作社建设了唐山市奶牛养殖技术研发示范基地，在5家示范场进行奶牛常见疾病综合防治技术示范，建立起主要疫病远程诊疗网络平台。依托市润青中药材种植技术开发中心建设唐山市中药材种植技术研发示范基地，开展药材规范化种植技术研究，制定了中药材田间管理、病虫害防治、采收和加工、包装、储藏、运输的标准操作规程（SOP）。

【专利工作】 落实好专利申请资助和补贴政策。鼓励企业及个人申报专利，并将企业申报专利数量作为企业立项和项目验收的重要依据，确保全市专利申请、授权数量和质量得到大幅提升。2014年专利申请量167件，授权量68件。其中，葵花生物医药有限公司的“一种原料药反应釜装置”被唐山市科技局评为专利奖一等奖。积极组织省、唐山市专利资助工作，有16项专利获1.52万元省专利资助，19项专利获1.75万元唐山市专利资助。

以创建国家知识产权示范城市为契机，认真贯彻知识产权战略，创新工作机制，完善工作体系，落实推进计划，优化服务环境，提高企业核心竞争力。强化知识产权宣传，通过“4·26”知识产权宣传、举办企业专利培训班等活动，展出各类图板40余块，发放各类法律法规、知识产权宣传资料1.4万余份，参加现场咨询的人数2000余人，提高了全社会科技创新意识。健全知识产权保护体系，加大知识产权的执法检查力度，联合工商、质监等部门进行专利执法检查，切实保护知识产权所有人的合法权益，为企业科技创新营造良好环境。推行企业贯标活动，引导和支持企业推行国家标准，全面提升企业知识产权管理能力。葵花药业有限公司被省知识产权局确定为贯标（贯彻《企业知识产权管理规范》国家标准）企业，开展企业知识产权管理标准推行工作。

（毛立兵）

科技管理

【概况】 围绕转型攻坚计划，谋划、实施一批推动迁安市资源型经济转型、产业结构优化升级的科技研究和成果转化项目。1. 加大本级科技项目实施力度。为规范科技计划项目与经费管理，会同市财政局印发了《迁安市科技计划项目及经费管理暂行办法》，从项目立项、组织实施、经费管理、项目验收等方面作出明确规定。4 月，及时印发了《迁安市 2014 年度科技计划项目征集指南》，并对征集项目进行深入调研，聘请农业、工信、发改、环保等行业专家对项目进行评审论证，根据专家意见，确定 2014 年科学技术研究与发展计划项目 30 项，安排资金 800 万元。实施中，加强项目督导、检查，指导项目承担单位健全管理制度，规范经费使用，按时完成项目任务，提高项目实施效果。通过项目实施，带动企业投入 9000 多万元，创造经济效益 1.3 亿元，推进了企业自主创新和高新技术成果转化，为全市改造提升传统产业、培育发展战略性新兴产业、发展现代农业、强化平台建设提供了有力的科技支撑。2. 支持企业申报上级科技项目。把开展“进企业，搭平台，谋项目，促增长”活动作为工作主线，多次深入企业调研，掌握企业生产与科研动态，做好项目申报储备。按照上级项目申报指南要求，强化业务指导，帮助科技基础好、创新能力强的企业谋划项目，认真组织申报材料，进一步提高项目申报成功率。组织申报省级科技计划项目 10 个、中小企业创新基金项目 2 个、农业科技成果转化资金项目 2 个，组织市瑞阳农业技术开发有限公司加入省设施蔬菜创新联盟。2014 年有 9 个项目获得 634 万元国家、省创新资金支持，激发了中小企业的科技创新热情。其中，英诺特（唐山）生物技术有限公司“结核分枝杆菌多种抗体芯片检测试剂研发与产业化”项目被列为省重大科技成果转化项目，获得资金支持 200 万元。

【科技成果转移转化】 积极参与技术市场体系建设，为企业提供科技、人才、信息等咨询服务，构建校企开发合作平台，为企业建立技术依托。通过资源整合，明确记录买方、卖方之间技术市场交易额，以企业需求为导向，技术转移服务为纽带，促进产学研相结合。通过联系相关高校院所科技处和拜访有关专家以及利用网上查询等方式，搜集中科院、钢研总院、清华大学、北京工业大学等最新科研成果，并分期以科技项目小册的形式和科技信息网向社会发布，同时按项目领域在重点企业开展有针对性地推介。瑞格特机械设备制造有限公司与燕山大学合作研发的金属温挤压精密成形项目已入驻市科技企业孵化器；九江线材有限公司与清华大学就“熔渣粒化及显热回收技术示范”项目达成初步合作意向；明营玻璃制造有限公司与北京工业大学就“高效能建筑保温防火泡沫玻璃材料制备”项目达成初步合作意向。

【科技创新环境优化】 知识产权维权援助体系不断完善。迁安市知识产权维权援助工作站高效运转，为企事业单位和个人提供知识产权纠纷的智力援助和服务，提供知识产权法律法规咨询、专利法律状态查询等服务，受理知识产权侵权、违法行为的举报投诉，承担举报投诉有关案件的移交移送等。以支撑全市科技创新为核心，以优化科技资源和提高科技创新能力为重点，认真贯彻落实《中华人民共和国企业所得税法》《企业研究开发费用税前加计扣除管理办法》等相关政策，引导企业实施科技创新，扶持中小企业发展。围绕推动科技创新工作，推进科技管理体制创新，制定了《迁安市关于进一步加强人才工作若干政策的实施意见》《迁安市人民政府关于促进产业结构优化升级的意见》《迁安市招商引资优惠政策》等一系列政策性文件，建立人才激励、促进企业研发、科技成果转化、产学研合作等政策支撑体系，进一步增强企业的创新热情。

【创新研发平台建设】 按照“抓好新建、管好已建、培育拔尖”的原则，加大对企业研发中心的培育力度。年内，支持迁安市思文科德金属包装有限公司组建了迁安市金属包装工程技术研究中心，引导葵花药业集团（唐山）生物制药有限公司和佳木斯大学合作组建迁安市生物提取技术工程技术研究中心。依托高校、科研院所，引导支持研发平台提高质量、晋级升格，组织葵花药业集团（唐山）生物制药有限公司、唐山市金沙工贸有限公司、燕禾泉饮料有限公司、迁安市职业技术教育中心4家研发中心参加唐山市科技局组织的研发中心专家论证。对已建研发中心加强业务指导，强化日常监管，严格年度考核。依托思文科德、隆兴院士工作站及各研发中心，加大关键技术研发与推广，推广应用了八色无专色印铁、果蔬高效生产等先进实用技术32项，金海机械厂等企业实施了圆锥磨、温挤压精密成形技术等4项科技成果转化项目，均取得良好的经济效益，企业的创新能力进一步提高。

【科技孵化平台建设】 拓展、提升迁安市科技企业孵化器和昌安耀滨2家省级孵化器的服务领域和服务水平，营造有利于科技型企业发展的良好环境。加大支持力度，落实关于资金、立项等方面的优惠扶持政策，增强孵化器的吸引力。充分挖掘和发挥燕山大学等高校的技术、人才优势和先进的管理经验，积极探索市科技企业孵化器的科学运作模式，通过强化专家服务平台建设、加大招商力度、实施创业培训等多项举措，深化产学研合作，为市钢铁、冶金等主导产业提供技术服务，促进科技成果转化，增强中小企业创新活力。强化服务，帮助昌安耀滨孵化器建立中小企业公共管理信息化服务平台，通过借助各种社会资源搭建项目测评平台、项目申报平台、公共技术服务平台、风险投资及股权交易平台等多项服务平台，帮助入孵的中小企业向信息化推进，提高员工工作效率，规范企业的多层次全方位管理，促进入孵企业科技成果转化，提高创业成活率和成功率。市科技企业孵化器在孵企业15家，昌安耀滨孵化器在孵企业14家。

【科技成果与奖励】 年内，市政府表彰2013年度迁安市科学技术进步奖89项，其中，科技进步一等奖19项、二等奖27项、三等奖43项。

2013年度迁安市科学技术进步奖授奖名单

表16

序号	项目名称	完成单位	主研人员	获奖等级
1	生态文明型小流域综合治理模式推广应用	迁安市水务局	李宏霞 陈钊洋 李姝鸿 杨娜 付杰 冯春梅 张艳霞 庞文胜 李伟 魏秋艳 王刚 马艳丽	一
2	河北省迁安市国家科技进步示范市建设	迁安市科技局	杨玉良 徐瑞军 王建良 李迎新 李近水 毛立兵 郭雪梅 温雪松	一
3	依托必利联合复方阿嗪米特治疗功能性消化不良疗效观察	迁安市人民医院	符雪松 郑秀丽 王文颖 张艳华	一
4	山地核桃丰产栽培技术	迁安市农业畜牧水产局	孙海昆 李祥龙 王会玲 李丹丹 甄城 徐满成	一
5	浅析供热管网设计与施工要点	迁安市热力总公司	王敬伟	一

续表 16

序号	项目名称	完成单位	主研人员	获奖等级
6	北京城市绿地土壤 PH、可溶性盐及孔隙度特征研究	迁安市林业局	马秀梅	一
7	ApoA－1 和 α1－AT 预测Ⅲ期非小细胞肺癌同步放化疗敏感性的价值	迁安市人民医院	沈静侠　王立东　崔庆贵　王淑颖	一
8	迁安市离退休人群代谢综合症检出情况及其与血尿酸水平的关系	迁安市老干部局保健中心	杨海霞　庞淑兰　薛　玲　张新茹　赵志荣　沈向旭　懂　威　裴玲君　王文中	一
9	利用铁尾矿制备蒸养墙体材料的研究	迁安市建筑工程质量监督检测站	徐雪松	一
10	整合信息技术资源，提高英语教学效率	迁安市迁安镇小寨中心完全小学	徐海侠	一
11	多媒体教学设备对学生视力影响问题的思考及建议	迁安市迁安镇丁官营中学	吕晓芬　吕庭娟　王立民　王建春	一
12	钢绳编织内固定联合中药治疗髌骨骨折 28 例报告	迁安市人民医院	王爱国　邓爱民　李国祥　邵进宝	一
13	安梨规范化栽培与精深加工产业化技术研究与示范	迁安市燕禾泉饮料有限公司	张晓丽　武爱敏　刘成学　杨　壮　宁　阁　牛春祥　田钢林　郭振强　郝清洁	一
14	闭合复位持续牵引治疗第一掌骨基部骨折	迁安市人民医院	王爱国　李　海　李浒泊	一
15	浅谈唐山市水资源严格管理与科学配置	迁安市水务局	张翠侠　杨　超	一
16	浅谈建筑结构中后浇带的施工技术	迁安市房产经营服务中心	邢　宇	一
17	发展农业循环经济意义	迁安镇人民政府	郝海涛	一
18	盆腔炎汤灌肠治疗盆腔炎性疾病疗效观察	迁安市人民医院	马淑田　赵丽霞　张翠琴　郭颖艳	一
19	秋冬季节蛋鸡的综合管理	迁安市畜牧水产技术服务中心	周鹏飞	一
20	水质污染现状及其治理措施	迁安市环境保护局	张玉梅	二
21	Positive inductive effect of IL－18 on virus－specific immune responses induced by PRRSV－GP5 DNA vaccine in swine	迁安市畜牧水产技术服务中心	高　磊	二
22	参蛇消瘤方加减联合化疗治疗晚期胃癌临床研究	迁安市中医医院	吴金平　李文静	二
23	休闲农业技术支撑体系探究	迁安市农业畜牧水产局	侯　勤　陶海滨	二
24	物联网技术在设施农业种的应用	迁安市农业畜牧水产局	杨冠军　孙海军　杨　霞	二
25	交通运输经济建设中金融风险管理分析	迁安市交通运输局	宫　健	二
26	花生高产精量施肥技术推广	迁安市农业畜牧水产局	刘向辉　高金平　冯燕燕　周桂平　翟立军	二

续表 16

序号	项目名称	完成单位	主研人员	获奖等级
27	疏肝理气辩证治疗功能性消化不良的临床研究	迁安市中医医院	蔡书玲　郎友新	二
28	企业文化与人力资源管理之间的联系	迁安市自来水公司	宫　静	二
29	板栗早果丰产优质栽培技术中试与示范	大崔庄镇人民政府	宋志强　李小龙　商　朋　金顺利　孟令生　张立云　张学强	二
30	环境条件对果树生长发育的影响	迁安市林业局	代　静　徐满成　李丹丹　赵　楠	二
31	五角枫移植技术	迁安市林业局	黄　潇　赵　楠　郭宗方	二
32	试论加强民政部门绩效管理	迁安市民政局	王秀敏	二
33	河北省迁安市无公害油葵生产技术操作规程	迁安市农业畜牧水产局	袁文敏　林　侠	二
34	增强标准化规模养殖 促进迁安市畜牧业发展	迁安市畜牧水产技术服务中心	孙太福　陈会云	二
35	优种核桃综合管理技术应用与推广	迁安市林业局	刘金柱　郭向华　马秀梅　曹景权　黄　潇　郭久丞　王绍良　靳焕焕	二
36	隔滦河小流域治理的经验与做法	迁安市水务局	林志红　李文霞　卜志军	二
37	迁安市水土保持生态文明建设思路与举措	迁安市水务局	李宏霞　卜志军　王　薇	二
38	动物抗病毒药物的应用及研究进展	迁安市畜牧水产技术服务中心	于四洋　刘伟新	二
39	稻米油分子蒸馏脱酸工艺优化	迁安市科技局	牛春祥	二
40	土木工程施工项目质量管理初探	迁安市房产经营服务中心	韩　冰	二
41	土建结构工程的安全性探究	迁安市热力总公司	韩立杰	二
42	建筑工程现场施工管理提高策略的几点思考	迁安市房产经营服务中心	邢　颖	二
43	以河北省为例解读农业信息化在农业经济中的重要角色	迁安镇人民政府	郝海涛	二
44	规模化奶牛场的绿色饲养	迁安市畜牧水产技术服务中心	王　伟　张秀艳　阚秋霞	二
45	谈建筑施工中的协调与管理	迁安市热力总公司	刘晋玲	二
46	新植大树管护技术	迁安市林业局	张新荣　肖　红	二
47	影响甲氨蝶呤单剂量肌内注射治疗异位妊娠效果的相关因素分析	迁安市人民医院	陈云书　王淑侠　张翠芹　张艳辉	三
48	核桃青皮单宁测定方法的研究	迁安市林业局	玄立春　王红霞　孙晓丽　高　仪　张志华	三
49	地被植物在北方地区的应用	迁安市林业局	谌　洋	三
50	杜仲栽培及管护技术	迁安市林业局	肖　红　马　更　高　见	三

续表 16

序号	项目名称	完成单位	主研人员	获奖等级
51	提高设施果品品质的关键技术	迁安市林业局	王　静　郭宗方　高　见	三
52	玉米主要病害的发生与防治	迁安市农业畜牧水产局	李国强　凌寅梅	三
53	大棚葡萄主要栽培技术	迁安市农业畜牧水产局	李祥龙　孙海昆　王会玲 徐满成　甄　城　李丹丹	三
54	日光温室番茄根结线虫的发生与防治	迁安市农业畜牧水产局	许金虎	三
55	迁安市春玉米测土配方施肥田间肥效校正试验的研究	迁安市农业畜牧水产局	冯燕燕	三
56	优质核桃品种高效改良栽植示范项目	迁安市农业畜牧水产局	赵晓光　赵　宝　王芳芳 陶海滨　张新立	三
57	日光温室佛手瓜套种西芹栽培技术	迁安市农业畜牧水产局	林　侠　袁文敏	三
58	温针治疗类风湿性关节炎 30 例疗效观察	迁安市中医医院	高小伶	三
59	矿山植被恢复工程应注意的问题	迁安市林业局	杨建杰　郑文美	三
60	矿山植被恢复工程的适宜树种及造林方法	迁安市林业局	刘红松　郑文美　杨建杰 张新立	三
61	葡萄有机产品栽培技术研究与示范	闫家店乡政府	叶文林　李艳冬　宫晓霞 刘艳惠　郭新颖　丁向芝 黑宏亮	三
62	山区杂粮及设施园艺高效生产技术引进与示范	迁安市科学技术局	金士广　于爱民　李连海 刘书娥　李丽媛　孙海军 黑宏亮　张友青　冯艳武	三
63	观光农业采摘园树种引进与生产技术研究	迁安市农业畜牧水产局	张友青　张国新　凌寅梅 李凤娟　刘淑娥　何琳琳 梁志伟　高慧芳	三
64	设施青椒春提前栽培管理技术	迁安市农业畜牧水产局	李振云　陈英杰	三
65	迁安市来昌垣苹果标准园创建	迁安市农业畜牧水产局	赵木阁　白红芬　陈英杰 刘　帅　赵晓光　魏腾飞 庞红丽　林　侠	三
66	农业部最新主导品种京科 968 示范应用	迁安市农业畜牧水产局	马　功　周文武　魏腾飞 王琳琳　邹建波　徐宏伟 陈秀鹏	三
67	河北省依托优势建设农业产业化之浅见	迁安镇人民政府	李海侠	三
68	开颅血肿清除术中 BIS 调控丙泊酚 TCI 的临床应用	迁安市人民医院	冯连秋　闫　娜	三
69	燕山地道中药材规范化生产技术体系研究	迁安市润青中药材种植技术开发中心	孔增科　客绍英　郭　庆	三
70	易激胶囊联合色甘酸钠治疗腹泻型肠易激综合征 45 例临床观察	迁安市人民医院	郑秀丽　聂淑英　高艳红 符雪松　尹淑新　王玉刚	三

续表 16

序号	项目名称	完成单位	主研人员	获奖等级
71	夏季池塘养鱼常见疾病的防治	迁安市畜牧水产技术服务中心	刘伟新　于四洋	三
72	关节镜下治疗胫骨平台骨折	迁安市中医医院	代红国	三
73	H5N1 亚型禽流感的流行现状与防控策略研究	迁安市畜牧水产技术服务中心	玄丽娟	三
74	一例猪副伤寒病的诊治	迁安市畜牧水产技术服务中心	宁必武	三
75	三种方法治疗产后尿潴留效果观察	迁安市人民医院	赵丽霞　张翠琴　郭颖艳	三
76	中小企业会计电算化成本核算技巧	迁安市工信局	王凤艳	三
77	迁安市农技推广体系合作运行机制创新研究	迁安市农业畜牧水产局	刘秀艳　杨倍贝	三
78	果树生产中品种方面存在的问题与解决措施	迁安市林业局	王绍良　刘金柱	三
79	一例猪支原体肺炎的诊治	迁安市畜牧水产技术服务中心	张　超	三
80	秸秆生物反应堆技术引进与示范项目	迁安市隆兴农业科技示范场	金士广　李连海　李丽媛　刘书娥　孙海军　章　国　高金平　杨冠军　董爱玲　宋桂芬　裴建华	三
81	刍议建筑工程质量监督管理及措施	迁安市建筑工程质量监督检测站	杜春合	三
82	浅谈基层干部的集体“三资”管理	迁安市自来水公司	高树荣	三
83	使用猪瘟活疫苗应注意的问题	迁安市畜牧水产技术服务中心	张守友	三
84	中医养生指导对维持性血液透析患者并发症的影响	迁安市中医医院	张翠芹	三
85	猪附红细胞体病的综合诊治体会	迁安市畜牧水产技术服务中心	蔡永清	三
86	迁安市农村集体经济财务审计面临的问题与对策	迁安市农业畜牧水产局	任宏艳	三
87	花生绿色防控技术研究与示范	迁安市农业畜牧水产局	何国梁　李东风　张国新　杨　霞　王海鹏　金文芳　袁文敏　李国强	三
88	大黄、芒硝联合抗生素治疗剖宫产术后切口脂肪液化 70 例疗效观察	迁安市妇幼保健院	冯艳红　蔡香君	三
89	盆栽苹果栽培管理技术	迁安市林业局	殷洪云　李铁刚　郭久丞　郭　江	三

（毛立兵）

科技活动

【科技交流与合作】　鼓励企业与高等院校、科研院所建立合作关系，组织开展产学研对接活动，注重引进创新型人才和科技成果，充分利用市外人才与资源服务科技创新，促进成果转化。

2014年，先后促成晒阳太阳能科技有限公司和科源激光再制造有限责任公司与燕山大学国家大学科技园就太阳能汽车研发和设备修复、激光器应用方面开展技术交流。晒阳太阳能科技有限公司与燕山大学国家大学科技园就太阳能汽车研发签订产学研合作协议；科源激光再制造有限责任公司与燕山大学国家大学科技园共同建立了“产学研合作基地”。

组织专场技术对接会。联合工信局、招商局共同邀请东北大学钢铁共性技术协同创新中心专家团到迁安市举行钢铁企业技术对接交流会。专家团到市燕山钢铁有限公司、思文科德薄板科技有限公司等钢铁企业的生产一线开展现场调研和技术指导，在轧制技术及连轧自动化、线热处理、材料检测以及材料设计等方面提出很多有益的建议。

【科技招商】 “走出去”，围绕科技招商活动，市科技局两位副局长带队，赴京津地区开展驻点招商。对清华大学等19家高校、科研院所和中国冶金科工集团等12家企业开展敲门招商活动，搜集与迁安市产业发展相适应的最新科研成果及项目信息500条，重点推介成熟适用的科研成果40项。请进来，邀请北京神州冠捷科技发展有限公司等7家企业高层到迁安市进行实地考察、对接项目。会同市工信局、招商局邀请东北大学、燕山大学等高校专家到迁安调研和指导，为企业把脉问诊，并举行钢铁企业技术对接交流。聘请高校和科研院所100多名专家组建了迁安市科技创新专家库，帮助企业制定规划、研发产品、攻克技术难题等，为企业创新提供智力支撑。重合作，积极联系相关高校和科研院所，协调解决合作中的实际问题，促进校企、院企合作成功，争取更多的科技项目落户迁安市。与北京科技大学多次洽谈，北科大科技园有意与昌安耀滨科技企业孵化器合作，共同建立北科大科技园迁安分园或中式基地。九江线材有限公司与清华大学“熔渣粒化及显热回收技术”项目、明营玻璃制造有限公司与中科院“自清洁减反增透玻璃生产”项目等已达成初步合作意向。

【科技下乡】 开展科技下乡、科技培训等活动。春季重点培训良种良法栽培、病虫害防治以及当年重点推广的玉米单粒播种技术、花生线虫病防治技术等新技术，参加培训人员200多人。聘请河北省农林科学研究院孔德军研究员在大五里乡进行板栗早果丰产技术专题培训指导，聘请河北科技师范学院项殿芳教授在建昌营镇进行密植苹果优质高效生产技术专题讲座，聘请唐山职业技术学院刘玉祥教授在上庄乡进行保护地密植桃优质高效生产技术专题讲座，解决技术问题，提高农民科技素质。全年向社会提供科技信息500条，向农民印发科技实用小册子5000册，组织科技讲座28场次。

（毛立兵）

防震减灾

【概况】 2014年，迁安市继续全面推进防震减灾三大工作体系建设，坚持经济建设同防震减灾工作一起抓，提高公众的防震减灾意识，增强防御地震灾害能力。市科技局（地震局）被省地震局评为2013年度先进集体，唐山市马兰社区被省地震局评为河北省地震安全示范社区。

【地震监测预报】 1. 做好地震监测工作，严格遵守24小时值班制度，落实前兆异常不过夜，并及时反馈。2. 做好震情短临跟踪工作，根据唐山市范围内的有感的地震情况进行分析，按时参加唐山市地震局组织的各次地震趋势会商会，提出趋势判定意见。3. 加强台站设备完善和更新工作。因徐流营地震台站水位监测设备已老化不能正常工作，只能人工测量。为确保观测数据的实时传输，投入20万元专项资金对徐流营台站设备进行完善和更新。4. 加强对全市“三网一员”（地震宏观测报网、地震灾情速报网、地震知识宣传网、防震减灾助理员）网络体系管理。年内，对“三网一员”重新核实和登记，共有灾情速报员523人、地震宏观观测哨71个、宏观观测员71人、防震减灾助理员和防震减灾宣传员20人，保障了“三网齐全，人员到位，责任明确，信息畅通”的网络体系。完善杨各庄镇福园奶牛场宏观观测点建设，该场已经有观测人员、有记录、有协议、有动物档案，并悬挂了标牌和警示牌。

【震害防御】 继续认真落实《中华人民共和国防震减灾法》《河北省地震安全性评价管理条例》和《唐山市防震减灾管理条例》等法律法规，2014年有37项建设工程项目按规定程序和审批时限通过抗震设防要求审批，其中地震安全性评价项目2项，有效确保了建设工程的安全。

【地震应急救援体系建设】 1. 完善地震应急避难示范场所建设。参照国家应急避难场所建设标准，完成了黄台山公园应急避险示范场所完善工作，根据职能区的分布制作了《迁安市城市公园应急避难场所设施分布图》，安装各种标志牌，以保障应急救援任务高效完成。全市已建成2所地震应急避难示范场所。2. 加强地震应急预案体系管理。根据国家、省、唐山市新修订的地震应急预案，重新修订了《迁安市地震应急预案》和《迁安市地震局地震应急预案》，对地震应急工作进行了安排部署。指导防震减灾指挥部成员单位及各镇乡、街道办制定地震应急预案，对所有地震应急预案进行整理和备案，为应对地震灾害打下坚实基础。

【地震安全示范工程】 1. 加强地震安全农村民居建设工作。利用科技宣传周、防灾减灾日和镇乡大集等时间到部分镇乡、村开展以地震安全农居建设为主题的宣传活动，引导农民建设抗震房屋。为农民建房发放技术指南、提供抗震设防咨询服务。同时，开展创建唐山市地震安全示范工程，组织沙河驿镇红庙子村创建唐山市地震安全示范村，至年底红庙子村的创建工作基本完成。2. 加强农村示范社区的服务和管理。及时与市农工委联系，先后到蔡园社区、淞护新村、滨河新区等社区进行现场指导。帮助省级地震安全示范社区马兰庄镇马兰社区加强管理，2014年，马兰社区再次被唐山市地震局推荐申报国家级地震安全示范社区，为全市地震安全社区建设发挥示范带动作用。3. 推进科普示范学校建设。与教育局合作，利用校园宣传栏和黑板报等开展地震基本知识、成因、发生规律和国内外重大地震灾害及地震发生时如何紧急避险、自救互救和有关地震法律、法规知识的宣传工作，起到“教育一个学生、带动一个家庭、影响整个社会”的宣传效果。至2014年，迁安市有5所科普示范学校，其中蔡园镇中学正在申报创建唐山市级地震安全示范学校，准备迎接唐山市地震局验收。

【防震减灾宣传】 1. 以3月1日《唐山市防震减灾管理条例》颁布实施日、“5·12”防灾减灾日和“7·28”唐山大地震纪念日为契机，在市文化广场、社区、农村大集等人口密集的地方开展“依法防震减灾，建设地震安全家园，努力提升应急救援能力”大规模科普宣传活动。悬挂宣传条幅、摆放宣传展板、发放宣传资料、设立咨询处，宣传地震科普知识、应急避险知识、农村民居抗震设防知识。活动中发放防震减灾知识手册2000册、地震报1500份、地震常识资料2000份，累计解答群众咨询3000人次。2. 利用《迁安广播电视报》刊登地震法律常识、农村民居建设和避险知识等方面的知识问答题，使广大群众进一步了解防震避险知识。

市科技局

局　　长　杨玉良

副 局 长　徐瑞军　王建良（女）

副主任科员　张　旭　穆怀明（回族）

（毛立兵）

气象工作

【气象基础业务】 2014年，气象工作继续以“观云测雨传冷暖，防灾减灾为民安”为服务宗旨，基础业务稳中有升，圆满完成县级综合气象业务改革要求的各项任务。全年地面测报错情率为0.0‰，没有发生重大差错、责任性事故、系统性误差和使用超检仪器现象，报表质量无错情。年内有2个省地面气象观测工作优秀个人通过验收，并被推荐为全国地面气象观测工作优秀个人。按照市应急办和安委办要求，重新修订《迁安市重大气象灾害应急预案》。全年国家级自动气象站、区域自动气象站全部运转正常。在6

月16～17日举行的“第一届唐山市气象行业职业技能竞赛”中，迁安市气象局获得地面气象测报团体第二名、农业气象观测优秀组织奖。4名业务人员分别获得农气比武第一名，地面气象测报个人全能第二、第四名，计算机单项第六名。

（贾石蕊）

【气象服务】 提供准确的气象服务，主动及时提供重大天气过程、关键农时季节的决策服务。全年发布《迁安气象》月刊12期，《重要天气报告》6期，《专题气象报告》26期，《重大活动服务》10期，《一周天气预报》51期，《天气预报信息》7期，《专项服务》51期，《雨情快递》43期，发布道路结冰、大雾、霾、暴雨、雷电等预警信号35期。在2013年度省气象局决策气象服务材料评比中，迁安市气象局撰写的《未来多雷雨，抢收抢种是关键》荣获二等奖。继续与市林业、国土、环境、卫生等部门合作，联席会商，共同研究，联合发布森林火险、地质灾害、晨练指数、紫外线指数等气象预报。为做好直通式气象服务工作，市气象局确定迁安市文华农业信用合作社和春良绿色蔬菜种植专业合作社为服务对象，开展气象服务需求调查，将其纳入服务用户数据库并积极开展服务。以“世界气象日”“防灾减灾日”“安全生产宣传月”“宪法日”等活动为载体，推进气象科普工作，使群众了解到更多的气象科普和气象灾害防御知识。发放气象科普宣传材料2500余份，解答群众咨询百余人次。

（宋　义）

【人工影响天气作业】 适时开展增雨防雹作业。2014年，市气象局抓住有利的天气时机，作业13次，其中火箭增雨作业9次，发射火箭弹120发；烟炉增雨作业4次，燃烧烟条60根。通过人工影响天气，充分利用了空中水资源，增雨效果十分显著，缓解了全市的旱情、改善了土壤墒情、降低了森林火险等级，促进了农作物的增产增收。加强设备的维护和保养，严格遵守人工影响天气作业的规章制度，做好增雨火箭架的保养维护工作，同时做好“三七”高炮的冬季保养工作，确保作业安全可靠。

（宋　义）

【气象行政审批】 注重加强气象行政管理职能建设，按照市政务服务中心要求，气象局行政审批主管领导每周至少到审批中心窗口现场办公一次，指导与组织单位中心窗口人员学习掌握相关业务知识和技能。2014年，办理行政许可193件，为保障全市公共安全和社会安全作出贡献。

（宋　义）

【规范防雷安全监管】 开展执法检查活动，对于违法施放气球、拒绝防雷年度检测、未经审核擅自施工、未经验收擅自投入使用等重点企业场所违法行为严厉打击，全年开展执法检查16次，排除隐患50余处，全部督促整改，并经复检合格。未发生任何防雷安全生产事故。

（宋　义）

【气象防灾减灾体系建设】 2014年，全力建设以气象灾害防御指挥部为核心、以气象灾害防御中心为支撑、以气象信息服务站和气象信息员为延伸的气象防灾减灾体系。至年底，市气象灾害防御指挥部办公室实体化建设任务全部完成。在气象灾害防御过程中，指挥部充分发挥组织、协调作用。全年共发文6次，发送气象预报预警短信30余万条，召开“全市防汛暨气象防灾减灾工作会议”和“重大气象灾害防御工作会议”2次，并针对可能发生的重大气象灾害，认真部署并做好相应的防御准备工作和应对措施。6～7月，对全市气象信息服务站的协理员、气象信息员进行培训，分6场次，培训300余人。此外，为更好地促进气象为地方经济社会发展服务，协调迁安市人民政府与唐山市气象局签署了《共同推进气象为迁安市经济社会发展服务合作协议》。

（宋　义）

市气象局

局　长　远红杰（女）

副局长　马茂来

综　述

【教育基本情况】　至2014年底，境内有省属大专院校1所（华北理工大学迁安学院），在校大学生3402人，教职工168人，专任教师62人。有迁安市属各级各类学校166所，其中，小学107所、初中30所、普通高中5所、特殊教育学校1所、教师进修学校1所、体育运动学校1所、职教中心1所、电大1所、成人学校19所；有幼儿园238所。小学在校生53312人、初中21042人、普通高中12529人、职业高中6016人、特殊教育学生111人，在园幼儿3.11万人；共有教职工8915人。

全市教师全部具备相应教师资格。小学教师学历达标率100%，专科以上学历教师达到93.3%；初中教师学历达标率99.3%，具有本科以上学历教师达到88.3%；普通高中、职业高中教师学历合格率分别达到99.5%、100%；获得符合要求的普通话合格证的专任教师达到100%；中小学校长学历合格率达到100%，并全部取得任职资格培训证书和提高培训合格证书。现代教育技术装备水平显著提高，中小学计算机教室、多媒体教室普及率均达到100%，开通城域网，中心小学以上学校实现优质教育资源共享，小学、初中、高中计算机生机比分别为8∶1、7∶1和6∶1，生均教学仪器设备值分别达到925元、1623元和585元。有60个中小学图书馆达到省一级标准，小学、初中、高中生均图书分别达到28册、48册和35册。

年内，全市学前三年入园率为93%，残疾儿童入学率保持98%以上；小学入学率、巩固率、毕业率保持100%；初中入学率始终保持100%，在校生年巩固率保持99.3%以上；高中阶段毛入学率保持94%以上。2014年高考创佳绩，本科二批以上上段1831人，上线率45%，达到历史最高点，一中有3名学生被北京大学录取。职教中心2014年招生2004人，创造历史新高，为唐山市各县（区）职中招生人数之首；10月，迁安市技工学校正式升格为迁安市技师学院。全市成教学校共举办培训596期，培训6.2万人次；开展“社区教育集中展示”活动50场次，培训2万多人次。迁安电大年招生1356人，保持全省县级电大年招生总量和在校生规模两个第一。全市素质教育深入推进，迁安体校学生常园夺得青奥会女子拳击51公斤级冠军，尹军花在仁川亚运会女子拳击60公斤级比赛中获金牌；在唐山市中学生田径运动会上，迁安市获团体总分第一名；在第29届青少年创新科技大赛及全国青少年信息学奥林匹克分区联赛中，迁安市有200多位师生获奖。

2014年，迁安市以“十星级”学校创建为抓手，全面提升学校管理水平。创建“五星级”以上学校75所，其中“八星级”以上学校20所。加大名师、名校、名校长培养选拔力度，充分发挥“三名”工程的示范引领作用。教师节，市委、市政府对首批20名名师、6所名校、6名名校长命名表彰。落实《学校文化建设三年行动计划》，逐步实现由经验管理、制度管理向文化管理模式转变，培育文化精品校27所。积极探索自主、合作、探究、充满活力的高效课堂教学新模式，确定高效课堂实验校63所，全市中小学高效课堂创建氛围日益浓厚。

年内，积极推进教育开放，努力打造区域性教育培训中心，迁安市教育培训园区管理中心挂牌成立，并开展工作。北大学园迁安教育园项目和香港伟才国际化幼儿园项目已经落地；河北师范大学合作发展迁安实验学校项目（六实小）于6月挂牌。与北京实验二小、北京科技大学、北京乐美学投资管理公司初步达成合作意向。

2014年，迁安市被国务院教育督导委员会授予“全国义务教育发展基本均衡县（市、区）”，被河北省教育厅评为“教育督导评估成绩突出县”“河北省首批省级农村职业教育和成人教育示范县”，被唐山市政府授予“学前教育工作先进县（市、区）”和“义务教育均衡发展工作先进县（市、区）”。市教育局被省教育厅授予“学前教育工作先进单位”，被唐山市教育局授予“学校体育艺术教育工作先进单位”“基础教育管理工作先进单位” “教育技术装备工作先进单位”。11月，中央电教馆馆长王珠珠到迁安调研时，对迁安市教育信息化建设和农村教学点利用数字资源普及学科教学等工作给予充分肯定。

【教育系统党的群众路线教育实践活动】 年内，按照上级要求，市教育局党委精心组织，扎实开展党的群众路线教育实践活动。教育局党委所辖机关总支部和15个基层支部，共454名党员参加活动。全体党员干部集中学习9天、自学27天。共学习51份材料，观看9个教育影片及视频资料，党员干部学习笔记累计280余万字。组织开展了领导干部蹲点调研、领导换位实践体民情等活动，召开专题座谈会48次；走访党员244户、群众278户、“两代表一委员”41人次，谈心谈话795人次；共收集各类意见和建议115条，发放征求意见表3042份。归纳梳理出问题意见4条，整理工作建议20条；整改落实46条，办实事好事72件。

【廉洁从教“三诺”活动】 成立迁安市教育局开展廉洁从教“三诺”活动领导小组》，制定《迁安市教育局关于在全市中小学教师中开展廉洁从教“三诺”活动的实施方案》《廉洁从教公开承诺书》，在全市中小学、幼儿园教师中广泛开展廉洁从教“公开承诺、履职践诺、民主评诺”活动，大力弘扬新风正气、狠刹歪风邪气。

【开学初学校安全大检查】 2月15日，市教育局组成7个督导检查组，利用双休日休息时间深入各校，对全市学校开学初安全工作进行督导检查。检查组重点对安全隐患台账建立情况、安全隐患排查及整改情况、层层落实责任制情况、开学初安全管理情况、安全卫生、教育教学管理进行检查，并现场反馈意见。

【学校餐饮工作培训】 3月13日，市教育局在杨店子镇初级中学召开教育系统餐饮工作培训会。各中小学（幼儿园）主管食堂的校长、园长和食堂管理员近100人参加培训会。与会人员首先参观了杨店子镇中学食堂，听取了食堂管理员关于食堂各功能间操作使用情况的汇报。培训会邀请市食品药品监督管理局科长沈文对学校食堂食物中毒的原因、分类、预防和学校食堂布局、设施流程、人员管理等内容进行培训。

【全市学校安全法制卫生工作会】 4月21日，市教育局在第三中学组织召开全市学校安全法制卫生工作会。各镇（乡）中心学校完小以上校长、安全工作人员，市直学校（园）长、安全工作人员，民办学校（园）长，局机关科室负责人，共280余人参加会议。会上，对2013年度学校安全法制卫生先进单位和先进工作者进行了表彰；镇（乡）中心校、市直学校校长与市教育局签订《2014年安全法制卫生工作目标管理责任状》；教育局副主任科员郃立军总结2013年度全市学校安全法制卫生工作情况，部署2014年度安全法制卫生工作。

【“依法治校示范校”验收】 4月，市第三初级中学、彭店子初级中学、野鸡坨镇卜官营完全小学、第一实验小学、木厂口镇初级中学、蔡园镇蔡园初级中学、第五实验小学、阎家店中心完全小学、建昌营高级中学9所学校顺利通过唐山市教育局组织的第一批市级“依法治校示范校”验收。10月，市第四实验小学顺利通过河北省第二批“依法治校示范校”复查验收。

【消防安全教育示范校创建】 市教育局、公安消防大队联合组织开展“消防安全教育示范学校”创建活动。10月底，教育局、公安消防大队组织相关人员分成4组，对部分学校进行验收，30%的学校、幼儿园顺利通过验收，圆满完成预定目标。其中，达到优秀标准的学校25所，达到合格标准的学校27所。

【全市中小学校长安全管理工作培训】 11月6日，教育局在市第三中学组织开展全市中小学、幼儿园安全管理专题培训会。全市各乡镇中心校校长，市直学校、幼儿园校（园）长、民办学校（园）长300余人参加培训。此次培训聘请北京教育学院副院长——李雯教授作了题为《学校危机处理三部曲》的报告。

【唐山市学校安全卫生工作现场观摩拉练】 11月26日，唐山市教育局在迁安市组织召开学校安全卫生工作现场观摩拉练活动。各县（市）区、开发区（管理区）教育局分管安全卫生工作的副局长，安全卫生科室负责人，市直高校保卫处长，市直中小学（幼儿园）、中专分管安全卫生工作的副校（园）长共计80余人参加活动。观摩团成员先后深入到市第一实验小学、金苹果幼儿园、第三初中、第三中学4所学校，对校园警卫室建设、安全档案管理、校园安全防范、心理咨询室建设、卫生保健室建设、学生宿舍安全管理、食堂管理等方面进行观摩交流。观摩人员对迁安市学校安全卫生工作给予充分肯定。

【防范能力不断提升】 年内，按省教育厅统一标准完成了全市180所完小以上校（园）警卫室建设；投资20万元，对原有视频监控系统进行维护维修；投资80万元，为新建、改建校舍增设视频监控系统。

【中小学幼儿园安全知识网络竞赛获佳绩】 根据《教育部基础教育一司关于做好2014年中小学幼儿园安全工作的通知》要求，为进一步普及安全知识，增强广大师生的安全意识和技能，持续抓好学生的安全知识教育，市教育局定于3月28日至11月30日举办2014年迁安市中小学、幼儿园安全知识网络竞赛活动，主题是“强化安全意识，提升安全素养”。全市有61所学校、1.16万名中小学师生、家长参加竞赛活动。参加竞赛活动，使全市中小学生增强了交通、消防、用电、饮食、地震、气象、网络等方面的安全防范知识，提高了危急情况的应急处置能力。迁安市获河北省级“优秀组织奖”。

（侯建兵）

普通教育

【“三名”工程】 加大名师、名校、名校长培养、选拔力度，确定名师培养对象35名，名校培养对象13所，名校长培养对象14名。与北京宽高教育集团等团队合作，强化干部教师培训，采取名家讲座、专业研修等方式先后开展培训90余场，接受培训的干部教师1.7万余人。2014年，评选出迁安市首批名师20名、名校6所、名校长6名。教师节期间，市委市政府对首批迁安市级名师、名校、名校长进行了命名表彰。

附：

迁安市级首批“名师”“名校”“名校长”名　单

迁安市级名师（20名）

张玉如　迁安市第一中学
李　刚　迁安市第一中学
窦贵臣　迁安市第一中学
路见光　迁安市第二中学
王月峰　迁安市第三中学
马建华　迁安市第三初级中学
马淑霞　迁安市第三初级中学
焦立娜　迁安市第四实验小学
吴立东　迁安市第六实验小学

金　玉　迁安市第一实验小学
信小杰　迁安市杨各庄镇明德小学
王满利　迁安市上射雁庄乡初级中学
范飞飞　迁安市光彩幼儿园
陈立强　迁安市第一中学
潘建英　迁安市第一中学
孙艳侠　迁安市第二实验小学
凌志杰　迁安市职业技术教育中心
李福元　迁安市职业技术教育中心
刘梅香　迁安市教育局初中教研室
杜立彬　迁安市教育局小学教研室

迁安市级名校（6所）

迁安市第一中学
迁安市第三初级中学
扣庄乡扣庄初级中学
迁安市第三实验小学
迁安市第四实验小学
杨各庄镇明德小学

迁安市级名校长（6名）

周育合　迁安市第一中学
梁玉国　迁安市第二中学
刘凤军　建昌营高级中学
李书业　迁安镇第一初级中学
张书民　迁安市第三实验小学
王丽华　迁安市光彩幼儿园

【“十星级”学校创建】　落实《“十星级学校”创建标准》，细化管理措施，提高学校依法管理、自主管理和精致管理水平。5月，市教育局采取检查环境、查阅资料、推门听课、抽测实验、参加教研活动、与领导师生座谈等方式，对29所初中、109所小学进行集中验收指导，评出六星级以上学校45所，其中，十星级学校8所，九星级学校4所，八星级学校8所。将“十星级”学校考核验收结果纳入对学校和学校领导班子业绩考核，与学校及校长的评优评先挂钩。加大对“十星级”学校创建工作中成绩突出单位的表彰力度，评选出创建“十星级”学校先进单位20个。

【学校文化建设】　落实《迁安市学校文化建设三年行动计划》《迁安市教育局关于推进学校文化建设指导意见》，整体推进学校文化建设。成立了专家指导组和督查组，聘请唐山教育学院彭贤志教授，对30多所学校文化建设工作进行指导和督查。召开文化建设培训会、经验交流会，评选出第四实验小学、扣庄中学等10个“学校文化建设工作先进单位”。通过一年的文化建设，各校管理水平明显提升，扣庄中学的“幸福文化”、第六实验小学的“君子文化”、第三初级中学的“全人格文化”、彭店子中学的“夷齐文化”初具雏形。特别是第四实验小学“爱的文化”教育，特色鲜明、成效显著，已成为全省乃至全国知名品牌。

【中小学艺术展演】　3月至6月，迁安市中小学艺术展演活动成功举办。5月，市教育局组织专家评审组，对19个镇乡和市直各单位的510个艺术节展演节目、1500幅美术作品进行评选。经过筛选，确定56个节目参加在锦江会堂举行的集中调演，并对226幅作品进行装裱，在市文化馆集中展出。部分节目参加了5月在唐山市教育局举办的2014年中小学生艺术节活动。

【音乐教师各级比赛获奖】　4月，在唐山市教育局举办的2014年中小学音乐学科教学比赛中，迁安市教师邓永峰、岂丽娜、宓文丽获一等奖，翟志红等9人分获二、三等奖。8月，马兰庄中学王楠、上庄乡陶辛庄小学邓永峰代表唐山市参加了河北省音乐教师基本功大赛。12月，上庄中学教师李卫超代表河北省参加了全国音乐优质课评比。

【体育教师各级比赛获奖】　3月，在曹妃甸举办的唐山市体育学科优质课评比中，王立立、董彪、王飞飞综合成绩获二等奖，李玉梅、殷艳军获三等奖。在唐山市体育学科教学设计评比中，迁安5人获一等奖，9人获二等奖，10人获三等奖。在唐山市体育学科优秀论文评比中，迁安有6人获一等奖，21人获二等奖。10月，在唐山一中举行的全市体育教师基本功大赛中，迁安市获团体总分第一名，并获优秀组织奖，有14名教师获一等奖，15名教师获二等奖。2013年，河北省体育工作先进个人评选，扣庄学校张彩立校长、第五实验小学张玮娜老师获省教育厅表彰。

【各级体育赛事学生获奖】 3月，在唐山市中小学乒乓球比赛中，迁安市小学女子组获团体第三名、县区组团体第一名；小学男子组获团体第八名、县区组团体第四名；中学女子组获得团体第三名、县区组第一名；中学男子组获得团体第二名、县区组团体第二名。4月，在唐山市中学生田径运动会上，迁安获初中组团体第三名、高中组团体第二名、团体总分第一名。7月，彭店子乡八家寨小学乒乓球队代表迁安参加山东青岛全国幼苗杯比赛，获得乙组团体第二名，丙组团体第五名。在唐山市中学生篮球赛中，迁安市男女队均获第三名。7月，迁安市体育运动学校学生常园夺得青奥会女子拳击51公斤级冠军；10月，尹军花在仁川亚运会女子拳击60公斤级比赛中获金牌。

【中小学生春季田径运动会】 4月9日至11日，迁安市中小学生春季田径运动会在迁安市第三中学举行，有36个代表队、988名运动员参加了108个项目的比赛。第三实验小学、杨各庄镇中心校代表队分获国办小学组和乡镇小学组团体总分第一名，扣庄乡中心校和职教中心代表队包揽了初中组和高中组团体总分第一名；第三中学等12个代表队获道德风尚奖。有3人4项5次打破4项迁安市田径最高纪录。

【中小学生篮球赛】 6月9日至27日，迁安市中小学生篮球赛在市第三中学举行，全市各镇乡、国办中小学校的77个队，811名运动员参加比赛。经过200余场角逐，上庄中心校、木厂口中心校、沙河驿中心校、扣庄中心校分别获得小学男子组、小学女子组、初中男子组、初中女子组冠军。

【冬季长跑比赛】 12月27日，迁安市“君和杯”全民健身迎元旦暨学生阳光体育冬季长跑比赛在君和广场举行，来自各镇乡、城区办和中小学校的近1000名选手参加了比赛。

【迁安市第四届中小学科技节】 市第四届中小学科技节于3～12月举行，其间收到全市各级各类学校上报的科技作品783件，其中，《我与发明创造》主题征文31篇，科学幻想绘画347幅，科学研究论文31篇，科技实践活动40项，学生创新发明216项，教师科教制作118项。经评选，评出一等奖67个，二等奖100个，三等奖176个，优秀组织奖10个。

【各级青少年科技赛事师生获奖】 在全国青少年信息学奥林匹克分区联赛（河北赛区）复赛中，迁安镇第一初级中学的朱汇彬获二等奖。3月，第29届唐山市青少年科技创新大赛作品终评展示活动在唐山一中举行，迁安有8件作品进行了展示，有2名学生获得“唐山市首届青少年科技创新标兵”称号。在第29届河北省青少年科技创新大赛中，迁安获一等奖2个，二等奖7个，三等奖10个。建昌营镇东密坞小学教师刘双艳的作品《新型登山鞋底》参加全国第29届青少年科技创新大赛，获三等奖。

【中央电教馆副馆长到迁安调研】 1月8日，中央电教馆副馆长丁新、办公室主任陈莉、技术部主任费龙、培训部主任韩俊等一行5人到迁安调研现代教育技术发展情况。丁新等参观了迁安市规划馆，观看了迁安市教育发展规划影片，听取教育局副局长高绍文对迁安市现代教育技术工作现状及发展设想的汇报，并就相关工作提出建设性意见。

【省教育装备核查调研小组到迁安调研】 9月18日，省教育装备中心科长郑美芬一行4人对迁安市教育装备情况进行随机走访核查。调研核查小组深入市第三初级中学、赵店子镇中小学和木厂口镇中小学等10所学校，对仪器的性能、使用状况进行随机询问了解，对学校实验教学的开展和实验室的管理进行检查。调研核查小组对迁安市仪器管理和实验教学开展工作给予高度评价。

【中央电化教育馆馆长王珠珠一行到迁安调研】 11月5日至6日，中央电教馆馆长王珠珠一行在河北省教育厅副厅长李胜利、基础教育处处长曾超敏、电教馆馆长李淮和唐山市教育局局长刘绍辉、调研员杨文、电教馆馆长陈国忠等陪同下，到迁安市调研教育信息化建设和农村教学点利用数字资源普及学科教学工作。王珠珠一行先后到扣庄乡寺前小学、东牛山小学、唐庄小学和迁安镇第一初级中学就农村教学点如何利用数字资源进行学科教学普及和学校的教育技术装备、网络应用、信息化建设等情况进行详细的调研。中央电教馆馆长王珠珠对迁安教育信息化技术建设给予充分肯定。

【电教实验成果在国家级和省级评比中获奖】 1. 彭店子中学谢桂菊老师讲授的《夷齐恒久远，精神代代传》在“我的中国梦”读书活动中获国家级三等奖；教师进修学校张军老师的演讲《追梦》获河北省一等奖，第一实验小学彭会娟老师的征文《我的中国梦》获河北省一等奖。2. 5月26～30日，中央电化教育馆在安徽合肥举办2014年新媒体新技术教学应用研讨会暨第七届全国中小学互动课堂教学实践观摩活动，迁安市第三中学刘向辉老师的《交互式白板》优秀课被评为国家一等奖。3. 在第十八届全国教育教学信息化大奖赛基础教育组作品评比中，迁安镇教师李书英、张向宏制作的《长方体和正方体的特征》课件获基础教育组一等奖，迁安镇第一中学教师杨晶晶、马金红、张伟力制作的《甲午中日战争》移动终端课件获二等奖。4. 在第十二届全国高中信息技术与教学融合优质课大赛暨现代教育学术年会上，迁安一中教师潘建英讲授的《基因工程及其应用》、迁安第三中学教师王令凤讲授的《圆与圆的位置关系》和马秀江讲授的《超重与失重》研讨课均获二等奖。5. 在2014年第五届“中国移动校讯通杯”教师论文大赛中迁安市有4篇论文获一等奖。

（侯建兵）

成人教育

【成人教育概况】 2014年，全市有成人教育学校19所，专职干部教师263人，大中专在校生746人。10月，市教育局成职科利用一个月时间对全市19所乡镇成人学校的功能定位、学校管理、办学思路、办学条件等标准化建设情况进行了调研指导。12月，迁安市利用河北省级农村职成教育示范县建设补助资金，为全市乡镇成教学校添置办公计算机189台、移动投影仪20台、笔记本电脑20台、照相机19台、便携式摄像机20台，累计资金100多万元，提升了乡镇成教学校的办学条件和办学水平。

【“引培推”成果展评活动】 11月12日，迁安市首届成教学校“引培推”成果展评活动在迁安镇成教中心举行，本次活动展出成果48件，其中，野鸡坨镇的马宝银老师推广的富硒产品获得一致好评。

【首届社区教育教材及社区教育课联展评比】 7月，各镇乡成教校长和主抓社区教育工作的教师40余人，在迁安镇成教中心参加了首届社区教育教材展评活动，活动展出教材12种、51册。社区教育课联展评比活动持续近一个月，抽调教学经验丰富、业务水平过硬的骨干教师组成评审团，集中时间、集中地点进行评审，评选出社区教育联展课（优质课）21节。

【农村劳动力素质提高及社区教育培训】 2014年，全市各乡镇成人学校共举办大中专学历培训1200多人；举办各类农民培训596期，涉及手工编织、养生保健、林果栽培和管理、幼儿家庭教育、优良品种引进推广、法律知识讲座、科普知识讲座、健康保健等多门类，累计培训人数6.2万余人；各镇乡社区教育中心结合自身实际开展了各具特色的社区教育活动50多批次，培训和教育人数1.2万余人，内容涉及党建知识、老年人门球赛、趣味农民运动会、健康知识讲座、家庭教育培训、中华传统美德教育、万亩苗木花卉技术培训、果树管理等。

【电大办学】　2014 年，迁安电大有在校生 4785 人，其中，开放教育2419 人，奥鹏教育2366 人。开设92 个专业，213 个教学班。有教职工 70 人，专任教师均达到本科及以上学历，其中，硕士研究生 3 名，研究生结业班毕业的教师 26 名，20 人具有高级职称，30 人具有中级职称。2014 年招生 1395 人，位居河北省县级电大前列。年内电大获中央电大优秀奥鹏学习中心优秀服务奖、教材支持服务先进奖；获河北省电大开放教育招生一等奖、获河北省电大网络教育先进集体称号；获大连理工大学招生工作组织优秀奖，获东北大学、北京语言大学、北京外国语大学“优秀校外学习中心”称号；获唐山电大开放教育招生先进单位、唐山电大教学管理先进单位称号；在唐山市教育局、唐山电大组织的奥鹏远程教育办学水平评估中获第一名，获唐山市教育局社区教育先进单位称号。

（侯建兵）

职业教育

【概况】　迁安市职教中心始建于 1983 年，是一所融中等职业教育、成人教育、技工教育、各类短期培训为一体的多功能、综合性的国家级重点职校。学校 1996 年被确定为首批国家级重点职业高中，2003 年被命名为国家级重点中等职业学校，2012 年被批准为第三批“国家中等职业教育改革发展示范学校建设计划”建设学校，2014 年学校经省政府批准升格为“迁安市技师学院”。学校有教职工 464 人，全日制在校生 6016 人。“双师型教师”比例达到 93.84%。学校对接区域经济，秉承开放式、社会化、灵活化、多功能的办学理念，建立起“办学对接市场，专业对接产业，人才培养对接岗位需求”的一体化办学模式，实现专业发展与产业发展同频共振，建成装备制造、电工电子等八大实训基地，两大生产性实训基地，在企业建立 15 个“厂中校”。设有现代农艺、机电技术、机械加工、钢铁冶炼、工业仪表、信息工程 6 类 18 个专业，形成优势特色专业群，与行业部门建立创业培训、特种作业安全生产、会计证、农村党员塑形等 17 个培训基地。毕业生稳定就业率连续多年超过 98%。学校于 2012 年迁入新校区，校园占地 552 亩，建筑面积 11.5 万平方米，各类实训实习设备齐全，可容纳全日制在校生 7500 人，短期培训学员 1 万人。

【成立迁安职业教育集团】　5 月 30 日，经迁安市人民政府批准，迁安市职业教育集团成立。迁安职业教育集团是以迁安市政府为主导、行业组织为指导、以专业或专业群为纽带、以迁安职教中心为龙头，实现行业企业与学校共同培养技术技能型人才的产教联合体，在职教集团运行中，行业组织主要在行业人才培养发展规划、资源配置、办学方向、专业改革、评价监督等方面指导集团化办学。在办学层次、专业布局、教学业务、科研开发、质量监控等方面实行相对统一规划、管理和考核。在师资、实验实习设施、实训基地、职业技能鉴定、课题研究成果、教育信息、产教结合等方面，实现职教资源优化配置和共享，最大限度发挥效益。其宗旨是整合多方力量，推动现代职业教育体系建设；建立政府主导、行业指导、企业参与的职业教育办学机制，系统培养与企业需求紧密对接的技能型、技术型、应用型人才。

【市职教中心升级为技师学院】　11 月初，河北省人力资源和社会保障厅做出批复：同意在迁安市职教中心（技工学校）的基础上，设立迁安市技师学院。全省只有两家学校获此批复。近年来，市职教中心以迁安转型发展为契机，以“对接产业、多元合作、长短并进、服务社会”为办学理念，不断加速学校的提档升级，致力于服务市域经济，对接迁安产业、行业需求，培养了 3.8 万技能人才。2012 年，学校正式启动技师学院申办项目，从原来培养中级工逐步向培养高级工、技师转变，逐渐成为迁安市高技能人才培训基地，省级示范专业、实训基地，国家级示范专业、实训基地，成立了政、企、校三方主体的职教集团。年内，根据人力资源和社会保障部《技师学院设置标准》，经专家组评估、省技师学院设置评议委员会评审，一致认为学校已具备举办技师学院资格，并报请省政府批准，同意设立迁安市技师学院。技师学院的成功创办，标志着迁安职教办学走在了全省职业教育的前列。

【省技能大赛再创佳绩】 12月6日，2014年中国技能大赛——河北省电子信息职业技能大赛电子设备装接比赛项目在河北工业职业技术学院举行，参赛人数170余名。迁安市技师学院自动化工程系任立杰、顾三乐、李凤侠、董青、张宏5位老师参加比赛，荣获团体一等奖。由任立杰、顾三乐两位教师指导的学生获团体二等奖。迁安市技师学院在本次大赛中获奖人数和获奖名次均创历史新高。

【全国文明风采大赛成绩卓越】 11月，在全国中等职业学校“文明风采大赛”中，迁安市技师学院荣获“卓越组织奖”，有63个师生作品获奖，是河北省参赛学校中获得奖项最多的单位。2014年，职教中心广泛开展征文、演讲、摄影、书画、动漫、微电影、才艺等比赛，参加校级初赛的作品有2922个。

【朱玉龙获迁安市第六届道德模范奖】 在迁安市第六届道德模范评选中，迁安市技师学院2012级仪表专业学生朱玉龙获“孝老爱亲”道德模范奖。同时，11机械4班“微尘共青团服务站”获道德模范提名奖。

（侯建兵）

特殊教育

【家长进课堂】 1月2日，市特殊教育学校邀请118名学生家长到学校，开展以“家校携手同行 共创美好未来”为主题的家长进课堂活动。家长走进学校，走进课堂，了解学校管理，了解课堂教学，效果良好。

【评选师德标兵】 5月9日，市特殊教育学校举办以“夸夸身边好同事，传播师德正能量”为主题的师德标兵评选活动。经过教师演讲、同事推荐，共评选出优秀师德标兵4名。

【学生手工作品义卖活动】 5月18日，在第24个全国助残日来临之际，市特殊教育学校在文化广场举办了学生手工作品义卖活动暨首届艺术节汇报演出，众多市民前往观看并献爱心。

【爱心捐助】 4月11日，市工信局局长时立新，副书记蔡立华，副局长孟令安、徐立勇，市发展改革局主任科员刘宪华，副局长任振利、郭海军等到迁安市特殊教育学校奉献爱心，为学生购买校服和书包118套。12月27日，阳光易贷总公司唐山分公司为特教学生赠送了价值近万元的文具、围巾和生活用品。

【“爱之翼志愿者团队”活动】 1月22日，迁安市特殊教育学校“爱之翼”志愿者团队到市第一福利院进行慰问演出，为福利院的老人们表演了精彩节目，并送上学生亲手制作的礼物，为老人们送去了新年的祝福。3月5日，“爱之翼”志愿者团队到市人民广场附近拾捡周边白色垃圾，擦拭广场上的公共用品和锦江岗附近的交通护栏，以实际行动践行雷锋精神。12月24日，市特殊教育学校“爱之翼”志愿者团队到迁安市汽车客运站，举办了以“传承博爱，回报社会”为主题的公益演出，将自己精心编排的节目奉献给客运站的工作人员和乘客。

【特殊教育硕果累累】 2月，市特殊教育学校被评为唐山市现代教育技术先进单位；3月，被评为唐山市中小学德育工作先进单位；10月，被评为2014年“燕赵少年读书系列活动优秀组织单位。两位教师在河北省“我的中国梦”演讲和征文活动中获二、三等奖。白力元同学被评为唐山市美德少年，并被推荐到河北省参评。

（侯建兵）

学前教育

【幼儿园升级升类】 5月28日，迁安镇毛家洼幼儿园、夏官营镇中心幼儿园、杨店子镇第二幼儿园顺利通过河北省农村示范园验收；博苑幼儿园（民办）顺利通过河北省城市一类园验收。7月2日，马兰庄镇童之梦幼儿园以946分顺利通过河北省城市示范园验收，成为迁安市第二所农村省级示范园。7月9日，蔡园镇镇区幼儿园、建昌营镇童乐幼儿园，顺利通过河北省农村示范园验收；木厂口镇中心幼儿园、木厂口镇宗佐幼儿园、五重安乡旭阳幼儿园和夏官营镇团新庄幼儿园顺利通过河北省农村示范园复查验收。12月，上庄乡平林镇幼儿园、扣庄乡郎庄幼儿园等16所园被认定为河北省农村一类园。

【幼教教师素质提升】　5月和11月，举行幼儿园优质课评比，评出优质课104节。6月，举行优秀教学设计评比，评出优秀教学设计149篇。11月，举行优秀论文评比，评出优秀论文166篇。5月，光彩幼儿园李艳丽老师和市直幼儿园张艳华老师代表迁安参加了在唐山市举办的幼儿园教学能手大赛，分获一、二等奖；10月，李艳丽老师代表唐山市教育局参加了河北省教学能手大赛，获二等奖。

【举办各类培训活动】　4月，组织农村园长、教师近100人到市直幼儿园、光彩幼儿园参观学习，市教育局幼教教研室工作人员进行了“室内环境创设、户外玩具制作”现场专题培训。5月，组织20名园长到唐山丰南第三幼儿园参观学习。6月，组织部分教师到唐山参加“幼儿教师创意美术培训”。7月，对迁安市级第二期骨干教师培养对象进行提高培训。8月，组织独立园园长到唐山参加幼儿活动课程培训。9月，对全市幼教教研员、公办园和民办园园长做了关于加强幼儿园一日保教规范的培训。10月，组织全市独立园园长及部分教研员30余人到北京市三教寺等8所名园参观学习。

【“指南”宣传月活动】　5月至6月，组织全市幼儿园开展落实教育部《3—6岁儿童学习与发展指南》宣传月活动，共发放宣传材料5000余份，制作“指南”宣传栏100多块，城区各大集中场所LED显示屏连续播放“学前教育宣传片”一个月。开展落实“指南”领域教学研讨，引导教师将“指南”理念科学运用于各领域教学中，防止和纠正幼儿园教育“小学化”倾向。

【省市领导到迁安调研】　3月24日和7月2日，唐山市基教处处长熊朝阳和河北省教育厅基教处副处长梁永良分别到迁安市对落实第一期“学前教育三年行动计划”情况进行调研。他们对迁安市的项目建设、幼儿园管理等情况给予充分肯定。

【唐山市丰润区园长到迁安参观学习】　11月13日，唐山市丰润区幼儿园园长、骨干教师50多人在丰润区教育局副局长李保顺的带领下到迁安市参观学习，先后参观了市光彩幼儿园和马兰庄镇童之梦幼儿园，对两所园先进的教育理念、优美的环境布置、创意的区域活动给予高度评价。

（侯建兵）

教师队伍

【改善支边支教点办公生活条件】　1月，市教育局筹措资金140多万元，采购办公桌椅、电脑、床、炊具等办公生活用品，新建食堂宿舍28间，用以改善支边支教点办公生活条件，缓解教师食宿困难，稳定了支边支教队伍。

【“吃空饷”专项治理】　3月初至8月底，在41个会计单位中查出有32个单位存在“吃空饷”现象，涉及教职工180名，市教育局按照相关规定进行了处理，其中，3人被辞退，1人被双开，6人主动辞职。按照上级要求，教育系统需追缴吃空饷资金共计83.3万元，已经收缴61.91万元，3人尚未缴清，欠缴金额将继续按月在其工资中追缴。

【出台《教职工请销假制度》】　4月，出台新的《教职工请销假制度》。新制度明确规定教职工请假审批权限，将教职工休假时间与工资和年度考核挂钩，实现请销假规范化、制度化管理。同时采取公示工资表、不定期抽查等方式督导检查，促使各校将此项制度落到实处。

【校长考核】　5月，出台新的《领导班子和领导干部考核方案》。新方案确立了公正公平、分类考核、定性评价与定量评价相结合、注重实绩、鼓励进步的五大基本原则，考核内容在“德能勤绩廉”五个大项基础上，细化出20多个子项，并把校长工作业绩确立为考核的重点。8月，完成了对331名各级各类校长的考核。

【绩效工资分配改革】 5月，发放2013年度奖励性绩效工资8698.03万元，涉及9021人。绩效工资发放继续坚持向一线教师、成绩优秀的教师、高中教师、偏远学校、寄宿制学校倾斜，确保提高工作量大、工作条件艰苦、成绩优秀的教师工资待遇，实现绩效工资按学期核算，按年发放，解决了“秋后算账”的弊端，强化了绩效工资的实效性和激励作用。

【职称评聘】 7月，出台《专业技术岗位聘用方案》。新方案确定了教学一线优先聘用的原则，并采用量化赋分排序的方法，实现工作在教学一线、工作量大、教学成绩好的教师优先聘用。12月底，完成高、中、初职推荐申报和认定工作，共推荐高职98名，中职194名，认定初职228名。职称申报做到全程公开，层层公示。市教育局重点从严控指标、严格申报条件、严查证书真伪和严肃课堂教学能力测试纪律四方面入手，达到严堵跑要指标、教学一线优先申报、抵制虚假证书、公平参与测试的目的。

【校长交流】 8月底，调整校长50名，其中，提职15名，轮岗交流30名。此举合理配置了干部资源，解决了部分校长在同一岗位工作时间过长而产生的工作热情衰退、经验主义严重、家长作风浓等突出问题，促进了校长在新环境中进步和成长。

【教师交流】 推动城区教师到农村支教，共选派38名优质师资充实到8个乡镇16所边远农村学校，有效缓解农村学校缺编的问题。完成城乡教师短期交流前期调研和方案制定，计划于2015年开始实施。指导、督促各乡镇调控教师合理流动，推动农村超编学校教师支边，促进师资均衡配备。

【校长业务素质提高培训】 以《如何抓住学校管理的核心》《如何很好的实现教育理念的转变与教学行为的创新》等6个热点研究专题为研修学习主题，聘请6名教育专家，为校长举办专家讲座引领式培训6场次，受训校长3000余人次。

【教师业务素质提高远程培训】 组织6913名适龄（50周岁以下）教师扎实开展为期6个月的业务素质提高远程培训，创下培训管理综合考评位居全省195个县（市、区）首位的好成绩。

【骨干教师培训】 年初启动第三期骨干教师培训，全年为骨干教师培训对象举办专家讲座引领式培训6场次，分学科组织教学研究式培训112场次。经过严格的过程考核、最后的综合考评和结业审定，有677名培训对象顺利结业，72名培训对象被评为优秀学员。

【现代教育技术专项特色培训】 年内，以教师进修学校培训教师自主研发的培训新课程——“如何有效解决多媒体课件制作与使用中所存在的问题”为培训内容，为中小学幼儿园教师举办现代教育技术专项特色培训86场次，培训教师6800余名。

（侯建兵）

教学研究

【国家课程校本化】 年内，以课题研究的形式，在全市小学范围内开展“国家课程校本化”研究。经过评选，全市有183个小课题获准立项，500余名教师参与课题研究。

【小学高效课堂建设】 3月，组织开展语文、数学、英语学科高效课堂示范课，确立了“基于课程标准的单元目标尝试教学”的高效课堂基本模式；7月、8月，组织全市124名教师，完成语文、数学、英语3个学科课程标准的二级目标梳理；9月，评选出市第一实验小学、市第二实验小学、市第四实验小学、杨各庄镇明德小学、扣庄乡寺前小学、阎家店乡中心小学、马兰庄镇社区小学7所高效课堂建设先进校；11月，在杨店子镇中心小学举办高效课堂培训，全市300余名教师参加。举办试卷分析会和命题培训会，全市600余名小学教师参会；12月，组织全市范围内的“高效课堂”汇报课，有81名教师参与展示，观课教师1000余人次。

【小学校长工作室建设】 2014年，开展小学校长工作室活动8次。5月和11月，组织部分校长和教师赴上海打虎山路第一小学等学校进行挂职学习。

【“结对子、同研共进”活动】 市教育局积极为各校搭建交流平台，组织校际间“结对子、同研共进”活动。活动采用交叉执课、同课异构、交流研讨、集体备课等形式，最大程度实现学校之间合作交流、资源共享、共同提高。全年学校之间“同课异构”课达到270余节。

【初中教师获奖】 8月，五重安乡旭阳学校教师崔彩荣被评为“全国模范教师”；11月，迁安镇第一初级中学教师李秀丽在河北省信息技术优质课大赛中获一等奖；迁安镇第一初级中学刘洁、野鸡坨中学杨院生、潘营中学杜艳敏、彭店中学杨静元4位教师在河北省首届微课大赛中获省级一等奖。

【高考创佳绩】 2014年高考，参加普通类高考考生总数为4071人，比上年减少54人。本科一批上段390人，比上年增加115人，上线率为15.28%，比上年增长4.75百分点，上线人数及上线率分别比上年上升2个位次。本科二批上段1831人，比上年增加106人，升学率45%，增长3.16百分点，上线人数及上线率分别比上年上升1个位次。迁安一中谢昀霏同学以698分居唐山市理科第7名，荣获十县区理科状元；马欣彤同学以641分居唐山市文科第4名，在十县区中名列第2。一中谢昀霏、殷智斌、李妞妞3名学生被北京大学录取，改写5年来迁安没有考上清华、北大的历史。

【课题研究】 7月，迁安第二中学梁玉国“根植学生自主管理文化的课堂模式探究”、迁安第三中学刘向辉“电子交互技术与学科教学有效整合的课堂教学模式研究”、建昌营高中刘凤军“高效课堂下碎片化向整体化教学方式转变的实践与探究”、教育局高中教研室徐绍利“高中语文‘少教多学’背景下的‘翻转课堂’探究”被河北省教育科学研究所评定为“十二五”规划2014年度课题中的重点课题或专项课题。迁安第三中学张红运的“微课在英语教学中的辅助作用研究”被评定为唐山市立项课题。

【高三备考研讨活动】 3月，成功承办唐山市政治学科高三备考二轮复习研讨活动，迁安一中教师王晓琳、刘书娟两位老师上示范课。9月，成功承办唐山市英语学科高三备考一轮复习研讨活动，迁安一中侯剑锋、杨早、葛新3位老师上示范课。

【唐山市名师送课下乡】 11月30日，唐山市名师讲学团一行7人到迁安开展送教下乡讲学活动。开滦一中语文教师宗世勇、唐山二中英语教师夏秋明、唐山一中数学教师窦连辉、开滦二中历史教师周瑞刚、唐山二中生物教师孙瑞华、开滦一中物理教师闫增宁分别在迁安一中、迁安二中、迁安第三中学为相关学科教师进行专题培训。迁安市相应学段、学科820余名教师参与了教学研讨活动。

【高三优质课评比】 12月，市教育局组织高中高效课堂建设研讨暨高三优质课评比活动，共9个学科70多名高中教师参加比赛。

【高中教学评比获奖】 1月，市教育局高中教研室朱文远老师的《利用微积分教学培养学生的哲学思维》在河北省中小学学科教学评比中获论文评比一等奖。3月，迁安一中教师梁小海《关注心理特征，提升思维品质》、迁安第三中学教师刘向辉《弹力》和教育局高中教研室教师王福良《曲线运动及处理方法复习教学》在河北省中小学论文评比中获奖。3月，迁安第三中学教师张建军《设计的一般原则》在河北省高中通用技术课堂教学设计评比中获一等奖。9月，迁安第三中学教师刘小红《深化课堂改革，提高学习效率》获河北省生物学科教学论文评比二等奖。10月，迁安一中教师梁小海《楞次定律》获河北省物理学科优质课评比二等奖，教育局高中教研室教师王福良获省级指导教师二等奖。

（侯建兵）

招生考试

【普通高中学考】 3月，学考报名4611人，其中，文化科目17220科次，实践考查17296科次，共设置3个考点、146场；9月，报名6165人，文化科目35413科次，实践考查17947科次，共设置3个考点、160场。

【自考工作】 上半年，全市有95名考生报考了158科；办理毕业28人，其中本科26人、专科2人，2人办理了免考，免考科目4科。下半年，有90名考生办理现场信息确认，报考148科；办理毕业20人，其中本科19人、专科1人。5人办理了免考，免考科目共10科。

【中考工作】 2014年，全市有4752名学生报名参加中考。体育考试考点设在市第二中学，共233组，历时5天，总分30分；信息技术考试共设三个考点（一镇中、二镇中、三初中），共123组，历时4天，总分20分；理化实验操作考试共设三个考点，共192组，考试时间7天，总分20分。体育、信息技术、实验操作成绩均计入中考总分。文化课考试全市共设三个考点159个考场（其中迁安一中54场、迁安二中52场、迁安三中53场）。普通高中录取3184人。2014年，迁安一中普通类公助生录取分数线为578分，普通类指标分配生最低控制分数线为528分，公助生指标作废统招分数线为535分，普通类择校生录取分数线为519分。

【高考工作】 2014年，普通高考报考人数为4392人，被高职单招录取310人，体育单招4人；实际参加普通高考考试考生为4078人，其中文史考生982人、理工考生1534人、艺术文考生961人、艺术理考生80人、体育文考生179人、体育理考生335人，对口类考生7人。全市设一个考区，3个考点，共137个考场。高等院校录取3906人，录取率为88.93%，其中，本科录取2377人，专科录取1529人。

【成人高考工作】 全市成人高考报名人数为725人，其中，专科升本科433人，高中起点本科7人，高中起点专科285人。

【八年级地理、生物考试工作】 2014年，全市有6759名八年级考生报名，共设3个考点、226个考场，其中，迁安一中83场、迁安二中71场、迁安三中72场，总分200分，按20%折合后，按40分计入2014年中考总分。

（侯建兵）

教育经费

【加大教育投入改善办学条件】 投资2.38亿元，实施教育建设项目87个。1. 投资3.19亿元的一中西校区于9月1日投入使用。2. 总投资1.52亿元的23个校安工程全部投入使用。3. 投资3.98亿元的职教中心项目已完工投入使用。4. 投资604万元的市体校运动场改造项目已经完工。5. 投资2266万元实施中小学幼儿园校舍维修改造项目59个，其中利用上级资金2210万元，本级配套资金56万元，工程已全部完工。6. 利用上级资金312万元实施市二实小操场改造项目，已经完工。7. 利用上级城区学校扩容改造资金360万元，完成对二镇中扩容改造。8. 利用上级农村学校附属设施专项资金300万元，在太平庄中学新建学生宿舍楼2000平米，已投入使用。9. 由农民企业家杨柏春投资1260万元捐建的沙河驿柏春小学已投入使用。

【开展股级单位校长经济责任审计】 年初开始，市教育局财审科抽调4名业务骨干组成审计小组，对11位离任股级单位校长和31位在职股级单位校长进行了校长离任和任期经济责任审计，分别出具了审计报告，撰写了总体情况汇报。

【义务教育经费】 2014年，预算共安排中小学公用经费5764万元。其中，中央补助3686万元，省补助1508万元，迁安配套570万元。生均公用经费标准为城市小学按每生每年600元，城市初中每生每年800元，农村小学每生每年685元，农村初中每生每年885元核定。对寄宿制学校适当提高标准，按照寄宿学生人数，落实初中每生每年1500元、小学每生每年1000元的标准。

【实施“一免两补”】 2014年，全市共有21042名初中生，53312名小学生，其中，初中寄宿学生3410人，小学寄宿学生852人。共落实义务教育阶段寄宿学生“一免两补”（免除学生住宿费，对困难学生给予生活费、交通费补助）资金254万元。市教育局制定具体的实施方案，召开专题会议，严格把关，逐项审核，规范操作，保障补助资金及时足额落实到位。安排专门人员，深入各寄宿制学校，通过查看账目、找学生及家长座谈等方式，检查资金落实情况，确保资金专款专用。

【高中阶段免费教育】 2014年，共安排资金1745万元，惠及学生1.7万余人。迁安市从2008年春季起在全市实施高中阶段免费教育，所需资金全部纳入财政预算。凡具有迁安市户籍且就读迁安市境内公办普通高中、中等职业学校的学生均享受免费政策。按照省级示范性普通高中、职业高中每生每年1000元，一般高中每生每年800元的标准免除学生的学费。

【义务教育阶段非寄宿家庭经济困难学生资助】 迁安市从2012年春季学期起，在全市义务教育阶段非寄宿学生中实行资助政策，对义务教育阶段非寄宿家庭经济困难学生给予资助，资助标准为小学每生每年600元，初中每生每年900元，按学期发放。2014年投入资金200万元，有5641人次享受资助。

【生源地助学信用贷款】 2014年，迁安市生源地信用助学贷款领导小组继续加强政策宣传和与信用社、民政局等部门的协调工作，抽调2名工作人员负责办理此项业务。全年收取申请表232份，提交195份，批准136份，共放贷79万元。

【普通高中家庭经济困难学生资助】 2014年，共落实资金374万元，享受资助学生4694人。迁安市从2010年秋季学期开始实施普通高中家庭经济困难学生国家资助制度。设立助学金，用于资助普通高中在校生中的家庭经济困难学生。资助面占在校生总数的20%。分为1000元和2000元两档。

【中职学校资助工作】 落实国家助学金政策，把助学金及时准确地发放到学生手中。2014年，为692名中职学生落实国家助学金51.9万元。

（侯建兵）

设施与设备

【迁安一中西校区投入使用】 位于市西部规划区内，滦河西侧第三通道北侧（麻官营村西）的迁安一中西校区投入使用。2014年招录高一新生760人。校区占地248.7亩，建筑面积10.66万平方米，项目投资3.19亿元。设计规模30轨90个教学班，可容纳在校生4500人。项目于2012年4月开工建设，2014年9月正式投入使用。

【23个校安工程全部投入使用】 2012年，迁安市选择城镇社区所在地及保留村庄所在地23所学校进行改造加固。改造、新建面积8.5万平方米，投资1.53亿元。至2014年底，23个校安工程全部完工并投入使用。

【迁安镇第二初级中学扩建教学楼完工】 迁安镇第二初级中学扩建的教学楼面积2263平方米，投资360万元，可满足800名学生上课。项目于2014年4月开工，当年12月完工。

【太平庄中学新建宿舍楼投入使用】 太平庄中学新建宿舍楼面积1998平方米，投资311万元，可满足300名学生住宿。项目于2014年4月开工，当年10月完工投入使用。

【市二实小运动场改造后投入使用】 市第二实

验小学运动场施工面积5500平方米，投资220万元。项目于2014年9月开工，当年11月完工投入使用。

【体校运动场改造后投入使用】 市体育运动学校运动场施工面积2.3万平方米，投资604万元。项目于2014年11月完工投入使用。

（侯建兵）

民办教育

【民办教育现状】 2014年，全市有民办教育机构107所，其中，九年一贯制学校1所，幼儿园94所，其他培训学校12所。有教职工1269人，在校学生9966人。

【民办教育机构年检】 3月，市教育局在学校自查的基础上，依据《迁安市民办教育机构年检评估标准》，采取听汇报、查资料、看现场、和教职工座谈等方法，对持有“中华人民共和国民办学校办学许可证”的民办学校（幼儿园）进行年检，参加年检学校48所，其中，九年一贯制学校1所，民办幼儿园36所，培训机构11所，年检全部合格。

【清理整治无证幼儿园】 5月，市政府组织市教育局、食品药品监督管理局、公安消防大队、各镇乡政府（城区街道办事处）等部门对全市所有无证幼儿园采取一次告知，第二次封停的方式进行治理。共封闭无证民办幼儿园97所，张贴封条238条，涉及幼儿5039人。

【民办教育机构大检查】 12月，对全市范围内各类民办教育机构进行“拉网式”校舍安全管理、师德建设、办学行为大检查，共检查127所民办教育机构，其中有证民办教育机构102所，无证教育机构25所（查封19所，另外6所正在办理审批手续），张贴封条168张，对其中76所存在各种问题的有证幼儿园下达了限期整改通知书。

【规范民办教育机构审批】 严格按审批标准和程序办理民办教育机构的审批，全年共审批59所民办幼儿园、3所民办培训学校，为2所民办幼儿园办理了变更举办者审批。

（侯建兵）

市教育局

局　　长　刘东友
副 局 长　李保国　高绍文　高常桂　邸雪松
书　　记　李保国
副 书 记　刘东友　王宝军
主任科员　李　江
副主任科员　郇俐钧　李文刚

（侯建兵）

农广校教育

【概况】 市农广校继续围绕全市“四五”转型规划，充分发挥职能作用。2014年，累计招收中专、大专、本科等各类学员368人，举办各类培训班36个，培训农民2100人，送科技下乡发送各类图书、资料1万份，科技电波覆盖5万人。2014年度被河北广播电视大学评为全省电大系统“一村一名大学生计划”试点工作先进单位，被唐山市农牧局评为农业广播电视教育工作先进单位。

认真开展党的群众路线教育实践活动。2月起，历时10个月，在市委第九督导组的指导下，紧密联系学校工作实际，坚持教育和实践并重，扎实完成了活动任务。活动中，校领导班子下乡入村入户蹲点调研，分别到五重安乡刘皮庄村、贺庄村，马兰庄镇前裴庄村，大崔庄镇步步川村，野鸡坨镇大山东庄村、安山口村及张都庄村3户农民家庭，与农村干部、群众进行座谈，了解群众需求，为今后有针对性地开展职业教育掌握第一手资料。采取会议征集、网络征集、书面征集、谈心征集等六种形式，征求到各类意见建议16条。通过“三堂会诊”“四个必谈”“三轮沟通”等形式，查摆问题，及时整改，深入建章立制。已废止3项制度，建立了1项新制度。全体党员干部的工作作风与精神风貌明显提高。

【全民创业培训】 以服务促转型，深入开展全民创业培训。一方面加大宣传推介力度，通过舆论造势，吸引有创业想法和创业愿望的人前来报名学习；另一方面主动与市就业局、乡镇联系，以乡村为单位，组织有创业意愿的农民和社会人员，开展为期10天的系统创业培训。学校健全了培训工作流程、工作人员管理条例、培训教师岗位职责、培训学员考勤制度、出勤奖励制度等各项制度，培训工作规范有序。3～11月，学校分别在五重安乡贺庄村、沙河庄村，马兰庄镇前裴庄村，大崔庄镇擂鼓台村及城区举办培训班，创业培训共结业207人。累计27人领取营业执照，成为工商企业小老板。

【新型职业农民培育工程】　以培训促转型，实施新型职业农民培育工程。共承担新型职业农民培训任务250人，其中，生产经营型培训任务150人、专业技能型和社会服务型各50人。实际培训294人，其中，在迁安镇开展社会服务型动物防疫员培训63人，在上庄乡春良合作社开展专业技能型蔬菜园艺工培训30人，在木厂口镇北营村开展专业技能型果树园艺工培训28人，在阎家店乡六股道村、北赵庄村开展生产经营型畜禽养殖专业培训71人，在野鸡坨镇开展生产经营型果树种植、畜禽养殖专业培训44人，与职教中心联合在保定河北农业大学开展生产经营型项目类培训18人，在大崔庄镇步步川村开展生产经营型果树种植专业培训40人。为保证培训质量，聘请本市高级职称的专业技术人员授课61人次，聘请唐山市农牧局、昌黎果树研究所、河北农大教授专家授课13人次。在培训形式上，采取“案例教学＋模拟训练”“学校授课＋基地实习”“田间培训＋生产指导”等相结合的方式，突出技能培养，同时免费为学员发放笔记本、笔和教材，并在交通、饮食等方面提供便利。在课堂教学的同时，先后组织294名参训农民进行实训指导和外出现场参观交流。分6个批次到乐亭县丞起现代农业产业示范园、建昌营镇郑庄村任志民百亩核桃园、杨各庄镇包各庄村朱雁华养鸡合作社、迁安顺鑫小店种猪繁育有限公司等地参观学习。

【“致富早班车”和科技电波进村入户工程】　以广播信息传播促转型，至2014年，以农村大喇叭为载体的“致富早班车”站点已达到16个乡镇119个试点村。学校实施“六统一”管理（即统一装备、统一制度、统一牌匾、统一播放时间、统一提供内容、统一播放程序）。及时了解农民所需，教师成立了4个包村小组，加强对包乡联络员的督导检查，以农广信息员为中介，不定期走访农户，查询效果，征询意见，改进工作，播放内容更加适应农业生产的需要，真正成为农民学习农业技术的直通车。丰富播出内容，学校组织专业教师编印《农广实用技术信息》12期、《致富早班车专刊》5期。同时为各试点村发放技术光盘450片，科技资料5000份。扩大科技信息服务覆盖面，在迁安电台开设《金色田园》栏目，为广大农民架起科教致富的空中桥梁。栏目每周播放1期，每期播放3次，全年播放52期，节目播出时间2340分钟。节目播出安排注重时效性，根据农时安排节目内容。

【“入村户送科技促增收”活动】　以科技下乡促转型，按唐山市农广校统一安排，组织开展“入村户送科技促增收”活动。每名任课教师选定一个村作为联系点，入村开展“六个一”活动（即搞一个调研，联系1～3个大户，送一项先进技术，解决一个技术难题，讲一堂技术或政策法规课，送一批技术资料或明白纸），有针对性地为他们送科技、搞服务、办实事、解难事。教师们在8～9月选定了联系村，开展调研，摸清底数，深入村户开展科技培训活动。10～11月，进村入户集中开展活动，培训大户50户，发放科技资料和明白纸200份，达到送科技促增收的预期。

【农业科技项目和基地建设】　1. 大力推广“板栗—栗蘑立体栽培技术”。按照项目建设3年帮扶计划，学校投资2万元，完成在大崔庄镇步步川村科技示范推广“板栗—栗蘑立体栽培技术”，延长板栗产业链条，种植栗蘑菌种2万棒，示范面积1500平方米。在农广校专业教师的悉心指导和项目业主管理下，栗蘑长势良好，板栗产量明显提高，增加经济效益5万多元。2. 农广校走进春良绿色蔬菜种植专业合作社，建立基地，培训职业农民。4月3日，学校聘请唐山市农科院副研究员王永存授课，培训职业农民60名，职业农民素质不断提高，合作社的经济效益逐步增加。

【农村干部正规化学历教育】 5月19日，市委组织部下发《中共迁安市委组织部迁安市农广校关于做好2014年度农村干部正规化学历教育招生工作的通知》，对2014年度农村干部正规化学历教育招生工作进行详细部署。学校加强与乡镇的沟通与服务，校领导班子成员分工包片，采取全部走访和重点指导相结合的方法，及时帮助有困难的乡镇出谋划策，制定有效措施，重点乡镇反复督导；农广校教师分包乡镇，招生实行“一条龙”服务，到乡镇耐心细致地指导招生、报名工作。年内招收中专、大专学员162人。

【联合办学】 加强与上级大专院校合作，培养中高等实用人才。一是抓好与河北省电大联办的开放教育专科的招生工作，实施好“一村一名大学生”工程，加大宣传力度，稳定招生规模；二是扩大东北农业大学网络教育招生规模，面向社会培养更多中高级实用人才。2014年累计招收204人。

【农口专业技术人员继续教育培训】 继续完善有关管理制度，职能科室责任到人，对报名、登记、订书、考勤、考试等工作负责到底。合理确定培训内容，对聘请的师资认真审核和选聘，配合人社局做好考核验证工作。对全市农口部门专业技术人员进行的继续教育培训分农业、林业、畜牧、农机、水利5个专业，涉及全市19个乡镇和市直13个单位，共培训454人，专业课56学时。

【教学管理】 认真执行省唐山市农广校和联办大专院校的教学计划，贯彻落实《中共迁安市委组织部迁安市农广校关于农村干部大专班教育教学管理规定》，加强对教学班的管理，全面做好29个教学班1165名在校学员的在校管理工作，确保教学质量。全年完成18个中专教学班、7个大专教学班及4个成教教学班的教学任务，教学时数近6000学时，平均每个教师讲课时数300多学时。同时加强考风考纪建设，强化考务管理，树立良好的教风、学风、校风。全年完成8批次考试，其中，东北农大考试共126场次，乡镇、成教中专考试共34场次，电大考试共138场次，累计参考人数7180人次。

【获赠农业部“农业科技直通车”】 争取中央农广校、省农广校支持，获得一辆农业部配发的价值15万元的“农业科技直通车”。该车配备有笔记本电脑、投影仪、DVD等仪器设备，既可作宣传培训，也可随车接待、解答农民科技咨询，实现零距离解决农民生产中遇到的各种实际难题，极大地方便了群众，架起了一座科技与农村直通的桥梁。6月3日，在赵店子镇大集上开展了送科技下乡活动，发放科技图书500本，科技明白纸3000份。

主 管 领 导 庞再明
常务副校长 刘瑞民
副 校 长 柳总青 殷自新（女，满族）

（刘立文）

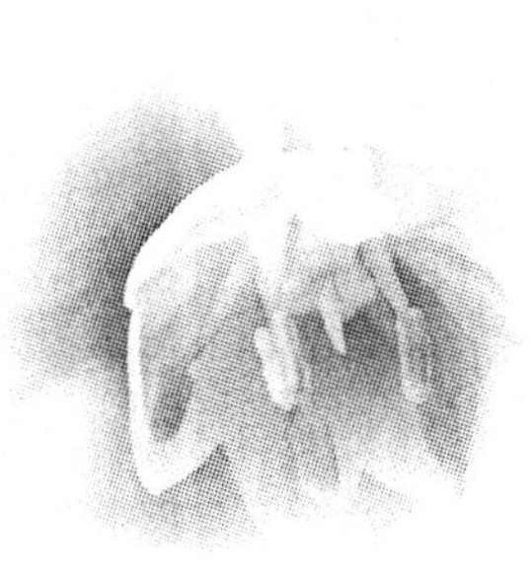

文　化

综　述

【概况】　2014年，全市文化工作围绕市委、市政府工作重点，结合党的群众路线教育实践活动，认真谋划，扎实推进，多项工作受到上级表彰，各项事业取得长足发展。年初，在首次全国镇乡文化站评估定级工作中，全市19个镇（乡）文体站全部被评为国家一级文化站，成为河北省唯一上等级率和镇乡一级站率100%的县级单位。年内，根据群众所需所盼，按自筹与补贴1：1比例配套70多万元，为镇（乡）、村购置了大量文体设施。同时，进一步完善档案资料，市、镇（乡）、村三级公共文化阵地管理更加规范，功能更加完善，服务水平全面提升。继续实施文化惠民演出工程，5月中旬，“文化惠民”巡回演出在杨店子镇殷官营村拉开帷幕。12月，150场演出全部结束，惠及全市20个镇（乡）城区办，为广大群众送上了一道精彩文艺盛宴。市文广新局在蹲点帮扶活动中，为沙河驿镇潘庄子等帮扶村，配备了一批文艺器材和健身设施，完善一批供水、供电、保洁等公用设备，开展了音乐、舞蹈、美术等一系列辅导培训活动，赢得如潮好评。同时，创新工作方式，组织送光盘（U盘）下乡活动，将人们喜闻乐见的文艺节目和各类科技信息资料，以光盘（U盘）的形式送到农民手中，满足群众需求。

【迁安市再次荣膺全国文化先进单位】　12月，文化部发出公告，对全国文化先进单位拟表彰对象名单和复查结果进行公示，迁安市通过复查验收，再次被文化部评为全国文化先进单位。全国文化先进单位实行动态管理，每5年复查一次。本次《全国文化先进单位（文化先进县、市、区）评选标准》共51项内容，涵盖文化体制机制建设、公共文化设施网络、文化投入、文化队伍建设、公益性文化服务等以及文化建设工作的各个领域。迁安市境内历史遗存和人文景观众多，文化工作始终处于全国先进行列，2009年11月被文化部授予“全国文化先进单位”称号。此次复查验收，全国共有541个县（市）区通过验收，唐山有包括迁安在内的4个县（市）区名列其中。

【文艺创作】　市艺术团演艺有限责任公司成立后创排的第一部评剧——《燕赵汉子》，在9月第九届中国评剧艺术节上获参演剧目奖，并多次在河北电视台播出，引起强烈反响。在第三届唐山市群众艺术节上，迁安市受到唐山市委、市政府命名表彰；在唐山市首届“群星奖”评选活动中，迁安获优秀组织奖，并有8个集体和个人、22部文艺作品获奖，部分作品被唐山市纪委、迁安市纪委抽选参加“廉政清风”书画作品展。在2014年度燕赵少年读书系列活动中，迁安市获唐山市级荣誉22项；在唐山市首届群众原创文艺作品展演活动中，迁安市有3部作品获奖。市文化馆选送多部作品参加唐山市“清风廉韵”美术书法摄影作品展和唐山市农民书画摄影作品展活动，获得多项殊荣。在第十九届“颂祖国，唱迁安”合唱节中，市文化馆员工积极创作词曲，多首歌曲以其轻松明快的节奏，朗朗上口的歌词被合唱节参赛队伍选用。12月，市诗词学会会长霍志国的作品《长河一念》由作家出版社出版发行，该书汇集作者创作的现代诗188首。中国诗歌学会原副会长、中华诗词学会原副会长、《中华诗词》常务副主编、当代著名诗评家丁国成为该书作序。

【迁安市艺术团演艺有限责任公司成立】 4月10日，迁安市艺术团演艺有限责任公司在唐山市工商局注册成立，业务经理王晶。公司始建于1951年，于2014年转制为国有独资企业，隶属于迁安市文化广播电视新闻出版局。60多年来，艺术团走遍大江南北，长城内外，以弘扬民族传统文化为己任，致力于民间文化的挖掘，革新助推民间文艺振兴与发展，令“冀东三枝花”之首的评剧之花永开不凋，曾多次以精品剧目参加全国大赛，摘金夺冠，央视多次播出该团创新精品剧目。演艺公司除承办各类大、中、小型文化活动外，同时设有艺术培训中心，为社会、机关、企事业单位、学校培养优秀艺术人才。

【群众文化】 “两节”（元旦、春节）期间，开展“秧歌闹春”和“灯谜竞猜”活动，参与群众3万余人次，成为全市新春佳节的文化盛宴。第十届“钢城之夜”群众文化展演，累计演出60余场，文艺节目特色鲜明，高潮迭起，精彩不断，将新时期迁安人昂扬向上的精神风貌展现得淋漓尽致，为全市影响力最大、参与性最广的品牌文化活动。第十九届“颂祖国、唱迁安”合唱节盛况空前，一首首经典老歌与一大批原创佳作交相辉映，相辅相成，为推动迁安转型发展增添了正能量。燕赵少年读书系列活动、广场舞培训、诗词创作培训、青年歌手大赛、评剧票友大赛、大鼓书公演等丰富多彩的文化活动，深受群众喜爱。

【郭宝皮影传承馆落成】 8月26日，冀东最大皮影艺术个人展馆——郭宝皮影传承馆在迁安落成。该馆分迁安皮影发展、皮影制作工艺、皮影造型、皮影戏表演体验和皮影收藏5个展区，总面积300平方米。为筹建皮影传承馆，郭宝广泛搜集资料。展馆内收藏明清以来皮影造型近5万种、影卷1000余本，有历届党和国家领导人与皮影的情缘照片，还有埃及、泰国、印度尼西亚等国家皮影造型，其中1915年由德国一传教士整理出版的《燕影剧》和1936年哈佛大学出版的《中国灯影戏》为稀世罕见珍品；1935年从日本艺人手中用皮影交换的《影芝居艺话》为国内仅有的复制本。37岁的郭宝自幼喜欢雕刻，从2000年开始从师学习皮影雕刻技艺。经过多年探求钻研，郭宝发掘整理了几千种皮影造型。2003年，他和妻子一起成立了郭宝皮影传承工作室，从村里招来20多位农家妇女在家里专门从事皮影雕刻，每年创收30余万元。

【新华书店图书发行】 2014年，市新华书店创新经营，科学管理，完成销售码洋2564.68万元，比上年增长17.4%；实现利润235.5万元，比上年增长58.59%，超额完成上级下达的经济指标任务。

【图书馆图书阅览】 2014年，市图书馆征订期刊745种，其中，成人期刊505种、少儿期刊130种、亲子期刊110种。纸质报纸资源100种，电子报50种。采购阿帕比电子图书5.3万册，超星电子图书18万册。配备知网、万方数据库。2014年全馆纸质文献资源总藏量23.6万册。

为更好服务读者，图书馆进一步调整作息时间，全年开馆时间较往年延长1000多小时（夏季晚9：30闭馆，冬季晚8：30闭馆），全年总流通21万人次，书刊文献外借6.34万人次，书刊外借11.36万册次，办理读者借阅证1.6万张。

寒假期间，图书馆举办系列少儿活动，包括图书荐读、第四届“故事大王赛”、寒假读书之星评比、电影展播、小小图书管理员等。在4月23日世界读书日之际，举办以“知识助力赶考行，阅读培育价值观”为主题的系列读书活动，包括现场办证、现场借阅、中外名著推荐、共享电影专场——《周恩来的四个昼夜》《焦裕禄》、让图书“回家”——“4·23”逾期图书免责日、为特教学校残障孩童送书等内容，共发放宣传资料2000份，现场办理读者卡40个，接受咨询300余人次，受到广大读者的关注和欢迎。

6月21日，“品读乡情乡味 爱我大美燕赵”迁安市2014年度燕赵少年读书系列活动正式启动，各单位、各学校师生代表近500人参加启动仪式。活动历时4个月，其间开展主题荐读、乡情乡思美文推荐、主题摄影图文展示、诵读比赛、电影展播等系列活动，全市各中小学近万名学生参加本次活动，参评作品内容丰富、形式多样，共计178个单位及个人在迁安市评选中获奖。中国新闻网、中国经济网、河北新闻网、长城网、唐山环渤海网、唐山文明网、迁安电视台、迁安电台、迁安时讯社、迁安信息港等网站及媒体分别对本次活动进行宣传报道，迁安市图书馆的社会影响力进一步提升。

为更好地了解读者心声，合理配置馆藏资源，7月24日至8月底，市图书馆开展了“你购书，我买单”万人采书活动，活动期间，市图书馆公开四批待选的电子图书目录，共计4.9万余本，516名读者参与此次活动，选出2300余册图书。

同时，市图书馆充分发挥自身职能作用，将图书馆服务由馆内延伸至社会各个角落，广泛开展送图书进集市、进乡镇、进社区、进学校、进工地等活动。2014年，购置了图书流动服务车，先后开展送书进万嘉公司、进特教学校、进乐丫生态文化产业园等30多次送书活动。至2014年底，已建立馆外流动服务点48个。

【电影放映】 2014年，迁安数字电影放映事业继续保持繁荣发展势头。全市4家数字影院全年共放映影片262部、1.54万场次，累计观影人数20.9万人。

【文物保护与管理】 年初，迁安市下发了《关于开展文物安全检查工作的通知》，安排部署全市田野文物安全检查工作，由各镇乡严格落实安全责任制，对辖区内各级文物保护单位、文物保护点开展自查，市文保所对镇乡检查情况进行抽查，对部分重点文物保护单位开展重点巡查，全面排查和整治安全隐患。同时，市文广新局还与镇乡签订了《2014年度文物保护安全责任书》，强化属地管理原则和安全责任制。对长城、爪村遗址、安新庄遗址等省、唐山市文物保护单位开展全面巡查，确保文物安全。

3月，迁安博物馆对馆内文物库房及展厅所有藏品进行清点，确保文物账本与藏品总数数目相符。6月，《爪村遗址保护规划立项报告》经财政部、国家文物局批准，获得中央专项补贴，保护规划项目即将启动。

6月14日是中国第九个文化遗产日，市文广新局积极制定方案组织开展文化遗产日宣传活动。在人民广场开展了“让文化遗产活起来”主题宣传活动，通过悬挂标语条幅、播放流动字幕、现场咨询、举办知识展览、发放宣传资料、网站刊登专栏等形式，向群众传播文化遗产保护知识，展示文化遗产保护成果，提高群众自觉参与保护的意识。7月，与来自全国各地高校的50余名大学生在市白羊峪景区举行了2014年千名学子长城保护宣传大型徒步活动。在景区活动现场，举办了保护长城图片展，与广大群众和游客进行长城保护签名、讲解采访等互动，进一步传播长城文化，增强群众保护长城意识，激发青年爱国热情。

进一步推进可移动文物普查工作，制定普查宣传工作方案，开展可移动文物认定工作。组织开展了散存石刻文物调查工作，向各镇乡转发省文物局《关于加强散存石刻文物安全工作的意见》，利用一个月时间对全市散存于田野或村庄，具有一定的历史、艺术和科学价值的石质文物开展调查，摸清辖区内散存石刻底数，为加强文物保护管理和安全工作提供重要依据。为摸清古城镇、古村落底数，积极做好城镇化建设、农村面貌改造提升过程中的文化遗产保护工作。

【纪念“九一八”事变图片展暨爱国主义教育基地揭牌仪式】 9月18日，迁安市纪念“九一八”事变83周年图片展暨河北省爱国主义教育基地揭牌仪式在迁安博物馆举行。市委宣传部副部长田军民，市文广新局局长刘海出席开展仪式并为爱国主义教育基地揭牌。此次展览以抗日图片为主，遴选了侵华日军罪行照片107张，馆藏日军侵华物证37件，多角度揭露了日军的侵略行径和日军统治下中国百姓的悲惨遭遇，展现了中国人民顽强抗争的伟大精神。展览将从9月18日开始持续到10月8日，为期20天。

【文化市场监管】 2014年，完成全市259家文化经营单位的年度审核工作，其中，书店42家、音像店16家、电子出版物1家、出版物印刷3家、包装装潢印刷6家、其他印刷厂43家、复印部60家、网吧44家、歌舞娱乐场所20家、营业性演出团体20家、游艺娱乐场所2家、电影放映单位2家。对文化市场坚持规范严格管理，一是强化规范执法，制定落实了《文化市场行政处罚自由裁量权标准》，统一执法文书，明确执法程序，全面核查整理了执法案卷，严格执行文化市场综合执法办公系统，加快文化市场管理规范化、科学化、信息化、公开化进程。全年检查文化市场300多次，举办文化业主培训6期，开展安全演练活动3次。二是突出监管重点，针对重要时期和重点区域，先后开展“两节”期间安全生产大检查、迎“两会”专项整治、打击非法医疗广告2014、学校周边文化市场整治等较大行动20次。在山叶口庙会、石佛寺庙会期间，执法人员提前介入，全程监管，保障了市场的安全稳定。三是明确综合职能，将执法范围延伸至体育市场和文物保护等领域。开展了全市体育场馆执法检查工作，排查了安全隐患；及时制止、查处北冷口长城保护区违建行为，避免了一起恶性事件；落实《户外电子大屏管理制度》，净化公共视听载体。广电管理工作中，在继续履行委托监播协议、定期通报的基础上，建立了监播平台，营造了良好的播出环境。2014年，共出动执法检查3400余人次，检查经营单位960余家次，处罚违规经营单位57家次（其中立案处罚19家，当场处罚38家），受理群众举报20起，取缔无证复印部3家、游商地摊34起、封建迷信算卦摊点20个。全市文化市场继续保持繁荣稳定局面。

市文化广播电视新闻出版局
局　长　刘　海
副局长　何府忠　李保金　杨明晨　孟祥缔
　　　　　邵　民
市文化市场综合执法大队队长　杨明晨
主任科员　何府忠　李聪敏（女）

（李建新　赵红强）

广播电视

【概况】 2014年，迁安广播电视台围绕全市中心工作，把握正确的舆论导向和先进的文化宣传基调，唱响主旋律，为建设“魅力钢城、绿色迁安”营造浓厚的舆论氛围。获得河北省综合技术维护管理优胜单位、唐山市广电系统先进集体、唐山市外宣工作先进单位、唐山市文明单位等荣誉，有22人获荣誉称号。1. 围绕中心、服务大局、唱响主旋律。电台、电视台继续发挥舆论导向作用，有针对性地开展宣传报道。在《迁安新闻》中先后开办“贯彻落实市委五届四次全会精神”“转型进行时”“做好双城迎审、共建美好家园”“食药安全在行动”“创业之星”等15个专栏，围绕市委五届四次全会各项目标任务的落实、党的群众路线教育实践活动等进行全面、深入的宣传报道，突出“转型攻坚”主题，做好“有中生新、无中生有”两手抓、民生等方面的宣传报道。全年共播出新闻10800分钟；播出板块节目12个624期。2. 加强对外宣传，提高外宣质量。强化外宣意识，拓宽外宣渠道，根据上级台不同时期的宣传重点，结合迁安实际，挖掘新闻报道亮点，做好新闻的选题对接，使对外宣传取得新突破。2014年，有241篇稿件被唐山市级以上电台、电视台采用；在全国、省、唐山市好新闻评比中，有20篇作品获奖，好新闻评比工作已连续10年位居河北省和唐山市前列。3. 加强技术维护，确保安全优质播出。高度重视技术维护和安全播出工作，始终坚持每周二例会制度，定期技术维护，及时排除隐患，解决各种设备和技术问题，实现广播电视节目安全优质不间断播出，至2014年连续19年被评为全省综合技术维护管理工作优胜单位。4. 创新广播电视文艺节目。加强广播、电视节目创新，根据广播电视媒体发展规律，结合频率频道特点和观众收听收视需求，打破陈规、精心策划，将本土特色和时代元素有机结合，对电台、电视台频率频道和栏目进行全新包装。电台推出了全新的文艺节目和《多彩迁安》等栏目，电视台推出《家长课堂》等新栏目。这些节目个性鲜明、喜闻乐见、观众认可，拉近了与百姓的距离，丰富了群众的业余文化生活。

【重大宣传报道活动】 一是贯彻落实市委五届四次全会精神。围绕全市深入实施的转型攻坚计划做好宣传报道。电台、电视台节目采编中心在《迁安新闻》中分别开办“贯彻落实市委五届四次全会精神”“转型进行时”“创业之星”专栏，对全市项目建设和招商引资工作进行集中报道。报道迁安市全力服务项目建设、积极改善投资环境的典型经验和做法，迁安的投资区位优势、产业发展优势和良好的投资与发展环境，外来投资企业在迁安发展的先进典型等。努力营造“人人关心项目，人人支持项目”和“一切围绕项目、一切服从项目、一切服务项目”的浓厚氛围。二是认真做好党的群众路线教育实践活动宣传报道工作。将群众路线教育实践活动列入每期编委会议程，明确宣传重点，精心策划新闻选题。电台、电视台在《迁安新闻》中开办“反对‘四风’、服务群众”“加强基层建设、夯实基层基础”“厉行节约，反对浪费”专栏，深入报道全市各级各部门践行党的群众路线的新思路、新举措、新进展，宣传摒弃“四风”服务群众的先进典型，积极传播正能量，营造风清气正的舆论氛围。

【农村电影放映工程】 按照市委、市政府要求，市广播电视台科学谋划，认真开展农村电影放映工程。电影公司积极克服资金困难，深入农村、学校、敬老院、社区、企业、驻迁部队和农民工工地放映影片，全年放映影片5496场。

市广播电视台

台　长　毛广丰（兼）

副台长　徐忠刚　李小光　王志国

（高卫华）

《迁安时讯》

【新闻宣传】 1. 围绕中共十八届四中全会和市委五届四次全会等重大活动开展主题宣传报道。党的十八届四中全会和市委五届四次全会召开后，报纸在头版显著位置开设《贯彻落实党的十八届四中全会精神》和《学习贯彻市委五届四次全会精神》专栏，推出十几篇系列评论员文章，同时连续报道市发改、规划等部门及全市各镇乡学习贯彻党的十八届四中全会和市委五届四次全会精神的具体做法和典型经验。2. 针对项目建设进行重点宣传报道。做好重点项目建设宣传特别是对科技创新企业的宣传是时讯社2014年新闻宣传的重中之重。拿出优势版面，图文并茂强势报道了思文科德薄板科技有限公司、英诺特生物技术有限公司、明续科技有限公司及唐山科源激光再造项目建设发展情况。同时，在重要版面开设《全面对接 协调发展 加快构建“3+5+6”产业体系》栏目，强势报道市高新技术产业开发等项目建设的丰硕成果。时讯社还与市西部工业区、北方钢铁物流产业聚集区等联合策划《西区报告》《北方钢铁物流》月刊等专栏。对全市重点项目建设情况进行跟踪式密集宣传；对滦河综合开发工程、文化产业发展和绿道旅游等项目进行重点报道，使全市上下对“3＋5＋6”产业体系建设情况有更加深刻的了解和认识，进一步形成共识，鼓舞干劲。3. 围绕农村环境整治开展宣传报道。全市农村环境整治战役开始后，时讯社派出三组骨干记者，集中利用一个月时间进镇入村，采用消息、图片、侧记、言论等多种形式全方位跟踪报道迁安镇安新庄村、彭店子乡八家寨村等十几个镇乡开展农村面貌改造提升工作的典型经验和成果，营造基层干部群众倾尽心血改善农村面貌、提高生活质量的成果。4. 围绕社会事业普惠民生开展宣传。为打造幸福迁安，时讯社始终坚守社会责任，不遗余力地做好社会事业普惠民生的宣传工作，年内《迁安时讯》刊发市委市政府加强社会事业发展普惠民生的稿件、图片50余篇（幅）。5. 此外，时讯社还对扩大开放、环境建设、改革创新、推进新型工业化、信息化、城镇化和农业现代化融合发展等方面给予重点关注。6. 围绕党的群众路线教育实践活动精心宣传策划。全市党的群众路线教育实践活动开始后，《迁安时讯》于2月初在一版开设了《反对“四风”服务群众 深入开展党的群众路线教育实践活动》专栏，连续刊发市四套班子、市纪委、迁安镇等二十几个部门和镇乡深入开展党的群众路线教育实践活动的文章和图片；时讯社还同步组织刊发系列评论员文章和党的群众路线教育活动专稿，为推动全市党的群众路线教育实践活动向纵深发展营造浓厚舆论氛围。此外，时讯社拿出4个整版选登市四套班子领导党的群众路线教育实践活动体会文章，为全市各级党组织和基层干部深入认真开展党的群众路线教育活动起示范和引领作用。7. 围绕全市教育教学成果精心策划宣传。市高考捷报频传，时讯社迅速在重要版面刊登喜讯，又派骨干记者深入迁安一中、迁安三中采访，连续刊发几个版面的专稿，提振全市高中教育教学工作者的信心。教师节前后，针对市教育局推出的首届名校、名校长、名教师评选结果，连续刊发30期名校、名校长、名教师的典型事迹和典型经验，向全社会展示教育教学改革创新成果和教育教学工作者风采。8. 围绕黄帝文化研究精心策划宣传。《迁安时讯》利用副刊积极配合市委市政府倡导的黄帝文化建设，先后组织刊发《黄台濡水话沧桑》等4篇力作，特别是“文化大观”版面推出了《论黄帝胜迹在迁安》和《专家眼中的“黄帝胜迹在迁安”》等稿件。同时，时讯社利用栏目平台培育、发现、鼓励文化新人，使孤竹文化、滦河文化、长城文化、旅游文化、手工造纸文化等研究成果得到有效展示。

【广告发行】 1. 广告经营管理科学规范。时讯社坚持对广告内容从严审查，对经营人员严格约束，确保正确的导向。严格审核拟登广告的有关证明和文件，凡可能产生歧义，或内容违反法律法规的一律不允许刊登。同时，时讯社对特困户、伤残人员等弱势群体刊发遗失声明等广告实行免费，年内免费刊登160余人次。2. 丰富广告形式，提高经营效果。2014年，时讯社在充分利用报花、报眉、专栏、专版等形式做好广告的基础上，还探索了君和广场报花与专版相结合、迁安碧桂园、上东水郡等房地产活动策划与专版相结合等方式，收到广告宣传与经营的良好效果。3. 严格对印刷投递的监督与指导。时讯社主要领导与印刷厂随时保持联系和沟通，派专门人员到现场监督并提出改进意见，保证印刷质量。在投递环节，时讯社继续对市邮政局直属和下属支局的50多个投递段发投情况进行随机抽查、电话直访，投递中丢村甩点和投递不及时等现象进一步减少，有效遏制报纸不投递、错投递、乱投递行为。

【队伍建设】 以人才队伍建设为重点，全方位推进时讯社整体工作。认真组织开展党的群众路线教育实践活动。严格把握各个环节，不折不扣开展活动。组织全体员工开展学习《党的群众路线教育实践活动学习资料》《习近平总书记一系列重要讲话精神》《党的群众路线重要论述摘编》等内容，每人撰写2万字的学习笔记和3篇各

2000余字的学习心得。时讯社领导班子成员坚持每天学习不少于3个小时，把学来的知识，结合时讯社工作实际，利用每周五的编委会、学习日给大家辅导讲解，引导大家互相研讨，在全社上下营造讲学习干事业的浓厚氛围。结合开展党的群众路线教育实践活动，在组织领导班子成员集中学习的基础上，认真开展“三堂会诊”暨反向测评、“三轮沟通”谈心交心等活动，班子成员进一步增进了团结，加强了友谊，促进了工作，提高了领导班子的整体水平。以新颖灵活的形式强化队伍的政治意识和职业道德教育。时讯社领导班子和党员干部采用个人自学、组织培训、主题辅导、观看影片、撰写心得等多种形式激发大家的求知欲，增强队伍整体的政治意识、大局意识、责任意识。在干部队伍职业道德建设方面，更加注重增强采编人员的岗位责任、职业道德，培养教育采编人员始终坚持新闻的真实性原则，坚守社会责任，恪守职业道德，坚决抵制虚假报道、有偿新闻；坚持不懈地进行“走基层、转作风、改文风”，把更宽的视野放在基层，让优秀的作品展示出迁安发展的新成果。

【惠民服务】 2014年，市委组织部派选副总编辑孙继银等到彭店子乡八家寨村蹲点服务，他们在该村组织实施美化亮化、媒体宣传士气、义诊体检、免费演出等活动，均取得良好效果，得到彭店子乡党委和八家寨村村民的广泛赞誉。

迁安时讯社
社长兼总编辑 周晓英
副 总 编 辑 田艳林 孙继银

（李得华）

档案工作

【概况】 市档案局（馆）内现存档案166262卷另225913件，资料14000册。其中，2014年接收档案5605卷另91238件。此外，2014年接收录像带139盒，光盘79张，磁带37盒，照片14卷。接待群众查阅档案4000人次。年内，举办企业档案管理培训班2期，举办机关单位档案管理培训班3期。市档案局被评为河北省档案宣传工作先进单位、唐山市档案工作先进单位标兵，市第三中学、市第二中学、市公安局、沙河驿镇人民政府、沙河驿镇唐庄子村、人民法院被评为唐山市档案工作先进集体。

【“记载转型轨迹，助力升级发展”主题活动】

为加强企业管理做好服务工作。全市档案工作会后，档案局积极开展“记载转型轨迹，助力升级发展”主题活动。一是与发改局、国资办、工业和信息化局等单位联系，联合下发《关于开展“记载转型轨迹，服务升级发展”主题活动实施方案》，对活动开展进行部署。二是开展调查研究，摸清企业底数。结合党的群众路线教育实践活动，由局长韩进昌带队，带领相关科室，深入市内重点企业，对企业档案管理情况进行调查，确定开展这一活动的重点企业。通过调查，全市初步确定12家重点企业，均为转型升级的重点企业，投资都在亿元以上。同时对市红星美凯龙、天洋城、英诺特（唐山）生物技术有限公司、葵花药业、北京滦水控股集团有限公司等重点项目进行检查指导。三是举办档案管理培训班。讲解企业档案管理知识和《企业文件材料归档范围和保管期限规定》，受到企业欢迎。四是抓试点，以点带面。通过调查研究，抓了葵花药业集团生物制药有限公司和北京滦水控股集团有限公司两个试点。

【“阳光档案、服务万家”活动】 一是制定了迁安市《开展“阳光档案、服务万家”活动方案》，将方案发放到乡镇，推动活动开展。二是抓点带面。在全市19个镇乡抓一个村做为试点，规范“阳光档案、服务万家”的内容，接受群众监督。至2014年底，全市有480个村开展了此项工作，分别建立公开橱窗式看板，党务、村务、产权合同等内容每半年至少公开一次。三是抓社会主义新农村市级示范档案室建设。在沙河驿镇唐庄子村抓了市级农村档案示范室建设，按照唐山市局确定的标准，对该村档案室的档案重新进行整理。并把它和“阳光档案、服务万家”工作结合起来，一起推进。至年底，唐庄子村档案室档案已重新整理完毕，村里建有30平方米档案室，30平方米阅览室，60平方米实物档案室。档案室全部装有防盗窗和遮光窗帘，有铁皮柜6组，空调机1台，灭火器1个，计算机、打印机各1台。共整理1956年至2014年档案145卷、1071件，有图书资料5000件，各类牌匾奖励等实物档案54件，照片档案2盒100多张。档案局请唐山市一家软件公司设计了村级档案信息化软件，对该村档案室所存档案进行扫描。在2014年底唐山市档案局组织的对各县市级农村档案室验收中，唐庄子村档案室名列前茅，并获5000元的资金补助。与此同时，在市农业企业瑞阳农业大观园、乐丫农村合作组织抓了档案管理工作，在新型农业合作组织建立了档案试点。

【重大活动档案管理工作】 党的群众路线教育实践活动开展以来，档案局把抓好党的群众路线教育活动档案管理作为加强党的建设的重点工作来抓。及时转发了河北省党的群众路线教育实践活动办公室和省档案局转发的《关于做好党的群众路线教育实践活动文件材料收集归档工作的通知》的通知，并制定了《迁安市党的群众路线教育实践活动档案资料整理细则》。与此同时，档案局与市委活动办一起，举办了由各单位活动办资料员参加的实践活动档案管理培训班，全市120名资料员参加培训。在省确定第二批党的群众路线教育实践活动基本结束后，档案局及时下发通知，接收党的群众路线教育实践活动档案。到2014年底，已接收法院、检察院、杨店子镇、建设局、城管局、畜牧中心、司法局等单位活动档案5560件，照片档案14盒，光盘档案46张，录像带6盒。2013年底起，国家审计署对迁安进行国家资金使用和土地收储情况审计，多次调阅农村房屋征收档案。为确保审计工作质量，经市领导协调，年内3月将原拆迁工作组成员划分成5个组，对已接收进馆的档案进行检查整理。档案指导科进行指导，使此项工作如期完成，确保了国家审计工作的顺利开展。此外，积极参与农村土地延包经营权确权登记工作。圆满完成省档案局组织的档案执法检查验收工作，省局对迁安的档案执法给予肯定。

【民生档案管理】 2014年，档案局把抓好民生档案管理，作为为全市经济社会发展服务的重要内容来抓。一是抓指导，规范民生档案内容。近两年来，在进行大西区和推进农村城镇化建设中，对杨店子、赵店子两个乡镇征收10个村，拆迁改造涉及农民5000多户。国家审计署两次到迁安，对国家资金使用和土地收储情况进行审计，为确保审计工作的顺利进行，确保国家、集体、个人三者利益，2014年3月起，市档案局与房征办一起，多次深入这两个乡镇，对农民房屋征收档案进行指导，组织人员整理，至年底有9个村整理完毕。二是抓接收。把接收民生档案做为重中之重，在指导整理的基础上，先后接收教育系统教师（死亡）档案800卷，环保会计凭证卷300卷，接收民政局2010～2014年上半年婚姻档案5.2万件，接收新农合档案712卷，审计档案2034卷，接收房屋征收档案3.33万件。接收工商档案813卷，316件。在指导市重点项目葵花药业档案管理过程中，发现原晁康药业改制后，企业已转行房地产开发。原改制档案滞留在企业没人管。晁康药业是迁安市改革开放后建立的制药企业，为当时调整产业结构的重点企业。为防止企业档案丢失，市档案局多次和企业主接洽，得到原企业的理解，一次性接收原改制企业档案1759卷，录像带133盒，光盘33张，磁带37盒，各种奖牌、奖杯等近百个。防止了改制企业档案的流失。在此基础上，按照集聚资源的原则，将涉及民生的档案集中管理，建立民生档案馆。馆内储存有农村土地延包、新农合、农村房屋征收、公证、民政婚姻、企业改制等档案73509卷184524件。为开展民生服务奠定了基础。三是加强管理，热情服务。在档案馆设置了民生档案查阅须知（11条）看版，规范了民生档案的管理手续。对查阅民生档案人员，工作人员千方百计提供方便。6月23日，《中国档案报》以《新馆为民建，服务为民生——河北迁安市“民生档案馆”打造为民服务新亮点》为题在第一版专题报道了迁安市关于民生档案管理的做法。

市档案局
局　　长　韩进昌
副 局 长　刘金娣（女）　代晓艳（女）
副主任科员　郑海燕（女）

（杨　扬）

体　育

【群众体育】　根据城乡群众分布状况，坚持集散结合、分散为主，以大到小、以点带面，有区别、有步骤地开展全民健身活动。全年开展了“迎元旦”万人长跑、乒乓球赛、棋类赛、健身秧歌展演、全民健身徒步登山、全民健身展演、老干部运动会、广场舞大赛等大中型活动10余次，参与人数数万人。同时督导各镇乡每两年举办一次综合运动会。市直单位、厂矿企业在市级活动的引导下，积极组织一系列特色鲜明、群众、职工喜闻乐见的健身活动。各项活动的成功举办和常年坚持，对于引导广大群众建立科学文明的生活方式，营造和谐的社会氛围起到促进作用。2014年，全市开展各类文体活动300次以上，全市体育人口比例达到40%，达到国家健康城市的建设标准。

在抓好群众健身活动的同时，注重培养和建设基层体育骨干队伍。2014年，全市有8人通过唐山市优秀社会体育指导员认证，4个站点被评为唐山市优秀社会体育指导站。为进一步满足群众的健身需求，4月23～25日市文广新局组织社会体育指导员暨广场舞培训，来自各镇乡（城区办）、市直机关、企（事）业单位的200多名健身爱好者参加此次培训。到2014年底，全市有社会体育指导员1215人，其中，国家级3人、一级13人、二级118人、三级1081人，并以每年百余人的速度逐年递增。

2014年，国民体质监测中心运转正常，年内开展检测1000多人。

【竞技体育】　竞技体育工作稳步提升。4月28日至30日，迁安市体校40名学生代表参加唐山市中学生田径运功会，获团体总分第一名，其中，高中组获团体总分第二名，初中组获团体总分第三名。迁安市运动员在河北省省运会中夺得17枚金牌、10枚银牌、14枚铜牌。迁安市九江拳击队员常园在2014年保加利亚世界青少年拳击锦标赛中，夺得女子组49公斤级世界冠军，并代表中国参加2014年在南京举办的第二届世界青年奥运会，在拳击项目51公斤级比赛中获得金牌。在2014年仁川亚运会上，尹军花以绝对优势战胜东道主对手夺得女子拳击60公斤级金牌，此枚金牌是本届亚运会中国拳击代表团获得的唯一一枚金牌，司海娟获女子拳击51公斤级第五名。在2014年全国女子拳击冠军赛上，迁安市九江拳击队员司海娟、程绪、尹军花分别获得51公斤、57公斤、60公斤三个级别冠军，杨文璐获得64公斤级亚军。

【体育设施】　加强基础设施建设，大五里乡、上庄乡、木厂口镇分批申报了“环京津体育健身休闲圈”全民健身户外活动基地、乡镇体育健身示范工程、乡镇体育健身工程。另有60余个农村面貌改造提升村上报了新民居农民体育健身工程。11月，全市启动实施新一轮农民体育健身工程，计划到2015年5月将健身设施安装到位，进一步推进城乡文体设施均等化。

【迁安市第三届全民运动会】　9月14日，迁安市第三届全民运动会在迁安奥体中心隆重开幕，唐山市体育局副局长张荣，迁安市四套班子主要领导出席开幕式。唐山市体育局副局长张荣、迁安市市长张淑云致辞，迁安市委书记李忠宣布“2014年迁安市第三届全民运动会开幕”。开幕式上，工间操、广场舞和太极拳三个展演项目以其强大的阵容、恢宏的气势和壮观的场面，征服了现场所有观众，活动规模、质量和档次已远远超出县级运动会水平。迁安市全民运动会每四年举办一次，此次运动会是继2006年、2010年两届全民运动会之后的又一次全市大型体育盛会，运动会自7月16日开始到9月15日结束，历时三个月。设羽毛球、乒乓球、篮球、田径4个项目，各镇乡、市直单位、厂矿企业等36个代表队1036名运动员参赛。经过激烈角逐，迁安镇、城区办、杨店子镇分获镇乡组团体总分前三名；教育局、交通局、卫生局分获市直组团体总分前三名；首钢迁钢、九江线材、荣信钢铁分获企业组团体总分前三名。同时，首钢迁钢、教育局、大崔庄等22个单位获得体育道德风尚奖；教育局、公安局、奥体中心、迁安学院等12个单位获特殊贡献奖。

【第六次全国体育场地普查工作】 为贯彻落实国家和省关于开展六次全国体育场地普查工作的通知精神，迁安市第六次全国体育场地普查工作于3月初全面启动，至10月底结束。成立了普查领导小组，下设办公室，组建25个普查组，有80名普查员。首先对80名普查员进行集中培训，然后分25个普查组深入基层，采取地毯式摸底调查方式，对辖区内各系统、各行业的各类体育场地进行实地丈量，逐个登记，采集数据。对全市体育场地基本情况、大型场馆运营情况及全民健身活动中心、农民体育健身工程、乡镇体育健身工程、全民健身路径、户外活动营地等进行了摸排了解。迁安市普查工作资料填写规范，数据统计全面，得到唐山市局领导的一致好评，并委托迁安对迁西、玉田、滦南、南堡、高新区、曹妃甸、开平7个县区所报资料进行审查核准。7月5日，省专家组对迁安市普查工作进行验收，迁安市高标准、高质量的工作受到专家肯定，至10月底，普查工作圆满结束，为更好地掌握全市体育场地现状，更加科学的配置体育场地资源提供了详实可靠的数据。

【承办赛事】 2014年，迁安奥体中心陆续承办了2014CKF（Chinese KungFu）中国功夫争霸赛唐山分站比赛、2014年“迁安九江线材杯”全国男子拳击锦标赛、2014年“河北体彩杯”全国女子拳击锦标赛、2014年全国女子举重锦标赛暨亚运会选拔赛、2014年全国男子柔道、古典式摔跤冠军赛等国家、省、唐山市级大型体育赛事，迁安在国际国内的知名度进一步提升。至2014年，国家女子拳击训练基地、国家游泳队训练基地、河北省体育学院教学实践基地相继落户迁安，为迁安竞技体育提供了良好的发展空间。

（李建新　赵红强）

综　述

【概况】 2014年，迁安市黄帝文化研究会编辑出版《黄帝文化研究》期刊6期，共刊登文章100余篇，总字数30余万字；同时充分发挥网络媒体反应迅速、互动性强的优势，将期刊稿件上传到“迁安黄帝文化研究”新浪博客，以此为平台，加大迁安黄帝文化研究面向全国的宣传力度。同时，向在全国各地的迁安籍各级领导、文化名人邮寄期刊500余份，得到各界人士的关心和支持。全力推进轩辕阁布展工作，于3月26日、9月22日两次在北京大学组织召开轩辕阁布展大纲编纂研讨会。通过专家论证，有力提升了迁安黄帝文化的科学性、严谨性和权威性，迁安黄帝文化逐步融入全国炎黄文化的大局之中，逐步走上炎黄文化的全国性舞台，并占有独具特色的一席之地。轩辕阁布展工作更是对迁安黄帝文化研究的一次再梳理、再论证和再提升，是一次理清脉络、明确思路的过程，取得《论黄帝胜迹在迁安》《专家眼中的“黄帝胜迹在迁安”》等一系列研究成果。通过从考古有证、史有所载、地有其利、民有所诵、专家认同五个方面，以及专家的视角，进一步论证了迁安的黄帝文化，提升了迁安黄帝文化的知名度，增加了迁安打造黄帝文化品牌的信心和决心。

【圆满完成轩辕阁布展大纲编纂工作】 为使大纲更加突出迁安特色，符合迁安发展的现实需求，2月底，组织座谈会就大纲初稿提出完善建议，并于3月3日，把意见及时反馈给中华炎黄文化研究会。3月26日，在北京大学组织召开了轩辕阁布展大纲编纂研讨会。中华炎黄文化研究会赵德润、张希清、鲁谆、虞音、王培英5位副会长和14位专家出席研讨会。与会专家认为，迁安市开展黄帝文化研究以及建设轩辕阁适逢其时，有特色、有意义，必将成为一张弘扬传统文化、彰显黄帝文化的靓丽名片，要把轩辕阁打造成中华轩辕黄帝文化第一阁、弘扬传统文化第一楼，把轩辕阁打造成闻名全国的文化地标。研讨会后，编纂组对轩辕阁布展大纲进行了进一步修改和完善，于5月初完成大纲定稿。

【全力推进轩辕阁展陈规划设计工作】 为尽早完成轩辕阁布展工作，争取轩辕阁早日投入使用，与展陈规划设计单位密切配合，先后组织4次会议，全力推进布展规划设计和施工建设。7月7日、9月19日两次组织人员参加轩辕阁展陈规划设计座谈会，就轩辕阁展陈具体规划设计方案进行深入探讨，并进一步提出改进、完善意见。同时，明确专人与设计单位搞好对接。9月22日，再次在北京大学组织召轩辕阁布展研讨会，中华炎黄文化研究会副会长张希清、鲁谆、王震中、虞音、任大援出席会议，对轩辕阁规划设计方案进行研讨、把关，确保规划设计方案高质量。10月12日，迁安市2014年第二次城乡规划委员会，专题听取了轩辕阁布展规划设计方案汇报。中华炎黄文化研究会副会长张希清、鲁谆、王震中，市委书记李忠，市长张淑云等市四套班子领导出席会议。会议对近一年来，轩辕阁布展工作所取得的成果，给予充分肯定，进一步坚定了传承、弘扬黄帝文化的信心和决心，并对轩辕阁布展规划设计方案给予高度肯定，决定轩辕阁布展正式开始。

市黄帝文化研究会办公室
主　任　邵　民（兼）
副主任　胡琳冶　张　森

（玄兆海）

专　文

编者按　早在2002年，治学严谨的社会活动学家、全国人大常委会原副委员长费孝通先生就为迁安题词："黄帝胜迹、光耀千秋"。历经十多年的研究，迁安黄帝文化研究不断取得新进展。2012年，迁安黄帝文化研究会成立，聘请中华炎黄文化研究会、中国社会科学院等权威机构专家学者，对迁安与黄帝的关系进行更加深入的研究。2013年11月，备受瞩目的轩辕阁布展设计开始，中华炎黄文化研究会专家受我市之托，担纲布展大纲的撰写，对"黄帝与迁安的关系"从史料、考古等方面进行了再梳理、再深化、再提高。通过权威专家的系统研究，"黄帝胜迹在迁安"终于从一家之言，发展到众多专家的共同认可，迁安的黄帝文化研究开始融入全国炎黄文化研究的大格局中。

论黄帝胜迹在迁安

徐春瑞

黄帝是古华夏部落联盟首领，因有土德之瑞，故号黄帝。黄帝播百谷草木，始制衣冠、建舟车、制音律、创医学等，统一华夏，成为中国远古时代华夏民族的共主，被尊为中华"人文初祖"。迁安黄帝文化研究历时十余载，轮廓越来越清晰，依据更加坚实，也得到了学界认同、专家肯定。现从"考古有证""史有所载""地有其利""民有所诵""专家认同"五个方面对迁安"黄帝胜迹"加以梳理汇总，以期黄帝文化研究在迁安更加深入人心。

一、考古有证

1. 中国考古学之父李济曾呼吁，中国人应多注意北方，那里有我们更老的老家

1928年至1937年，他主持了震惊世界的河南安阳殷墟发掘，使殷商文化由传说变为信史，并由此将中国的历史向前推移了数百年，对20世纪整个下半世纪的中国考古学的发展起到了决定性的影响。李济结合诸多先秦考古挖掘，曾有"长城以北，列祖列宗"的思考，他在20世纪50年代所著的《中国上古史之重建工作及其问题》等文章中，呼吁史学界：中国人应该多多注意北方；忽略了历史的北方，我们的民族及文化的原始，仍沉没在"漆黑一团"的混沌境界……我们以研究中国古史学为职业的人们，应该有一句新的口号，即打倒以长城自封的中国文化观；用我们的眼睛，用我们的腿，到长城以北去找中国古代史的资料。那里有我们更老的老家。张光直、李光谟编《李济考古学论文集》进行了深层阐述：中华民族的形成，曾经过长期的奋斗。大约两万年以前的黄河流域一带，人种已是相当复杂，那时候我们的老祖宗大概只是若干成分中的一个。阪泉、涿鹿之役，就如特洛伊城的战争一

样，是奠定中国文化与民族在华北立足的战争。他们的来处呢？我相信，中国的历史不能以长城为界限。内蒙古的新石器时代早期遗物的发现，给了我们很大的刺激。

2. 苏秉琦考古寻根，黄帝主要活动中心在燕山南北

著名考古学家苏秉琦先生在其所著的《中国文明起源新探》中说，“考古发现正日见清晰地揭示出古史传说中‘五帝’活动的背景，五帝时代以距今5000年为界可分为前后两大阶段，以黄帝为代表的前半段主要活动中心在燕山南北”。苏秉琦在《华人·龙的传人·中国人——考古寻根记》中再次肯定得出结论：“黄帝时代的活动中心，只有红山文化的时空框架可以与之相应。”当二十世纪七八十年代初，辽西地区红山文化的考古新发现开始的时候，苏秉琦就提出了“中华五千年文明曙光”“古文化古城古国”“龙出辽河源”等观点。他在上世纪90年代初《关于重建中国史前史的思考》一文中指出：从发展顺序看，中原并不都是最早，不都是从中原向四周辐射。从旧石器中晚期到新石器初期，很可能辽河流域比海河水系早，海河水系又比黄河中游早……8000年前阜新查海玉雕龙玉器群遗址以及其后牛河梁红山文化“祭坛、女神庙、积石冢”的发现，是辽河流域前导地位最有力的证明。1983年，苏秉琦在辽宁朝阳的一次考古座谈会上，做了《燕山南北地区考古》的讲话，他指出，“我国统一的、多民族国家形成的一连串问题似乎最集中地反映在这里（燕山南北地区），不仅仅秦以前如此，就是以后，从‘五胡乱华’到辽金元明清，许多‘重头戏’都是在这个舞台上演出的”。

3. 黄帝胜迹遗存——安新庄遗址

中国社会科学院历史研究所研究员、中国先秦史学会常务理事兼秘书长宫长为教授，主要从事先秦史、简帛学和国学的研究。他在2012年6月30日先秦史学会专家团赴迁考察的座谈会上指出：“迁安文化底蕴深厚，从新旧石器、夏商周三代、辽金再到明清，延续完整。如此绵长的历史，龙头在哪里呢？龙头就是黄帝文化……迁安的安新庄新石器遗址，和黄帝生活年代属于同一时期，在这里我们能找到两者相通的文化特征。”河北文物研究所文启明教授，在社科院考古所主办的《考古》（1998年第八期）刊登了一篇《安新庄遗址再认识》的文章，重点阐述了安新庄遗址与其他新石器时代文化之间的关系，以及其自身的特色。“泥质红陶和夹砂红褐陶成为冀东地区这一时期的陶系代表，在滦河中下游地区表现尤为突出。安新庄新石器时代遗址呈现了北方赵宝沟、小山、红山文化与冀南下潘汪、后岗下层文化以及当地土著文化相互融合的多元文化类型。”近年来，在滦河中下游发现的有关遗址中，除安新庄外，很少有赵宝沟与红山文化共存的遗址。为什么会出现这种情况呢，专家推测：这是辽西的兴隆洼、赵宝沟等遗存所代表的北方文化，沿着老哈河、大凌河向西即冀东地区发展时，在不同地区受到北上的中原文化及当地土著文化不同程度的抵制，最终与滦河中下游地区的文化得到融合，形成以安新庄文化两种文化共存为代表的文化。根据本地老学者张德生亲眼所见，1976年安新庄村南高台地因下雨土坎塌陷，发现大批的陶钵、陶罐覆放，保存得相当完整，专家认定这是一个早期祭坛遗址。这里坐落于滦河北岸向阳高耸的台地上，背依燕山，向南有大范围的河滩区域，临河而居，渔猎农桑都非常适合。发掘时，有大量的居住址、红烧土面、灰坑及大面积的夯土层，说明有宫殿居址。进一步推断，应该是北来游牧的大型史前部落来到这里，在这水草丰美、适宜居住的地方建立了大本营。此外，位于卢龙塞（今迁西）近旁的西寨遗址，是一处集祭祀、居住、制陶、制石、渔猎于一体的大型史前遗存，祭祀地点和太阳纹刻石的发现，对研究古代宗教和艺术的产生与发展具有重要意义。而此大型祭坛与迁安安新庄遗址相距仅20公里，这同样说明这个地区的重要性和独特性。迁安有新石器时代遗址18处之多，毗邻地区的新石器时代遗址遗存也有很多：东面卢龙1处、抚宁7处、昌黎2处，西面迁西10处、遵化1处、玉田2处，南面滦县1处、滦南1处、乐亭2处，北面最多：青龙10处、宽城2处、兴隆10处、平泉11处、丰宁5处。燕山南麓迁安、迁西、青龙较多，燕山以北兴隆、平泉要多些。

4. “天鼋”是黄帝部落的图腾，已得到专家的广泛认可

北京大学考古文博学院导师葛英会为迁安题词“中华之源，燕山是根”。在实地考察后的座谈会上，葛教授指出：“迁安历史非常悠久，商代的孤竹国、春秋的令支国，还有一个小国——小肥子国，都在这个地方。汉代，在迁安这里设立了两个县，一个是令支，一个是肥如。迁安这个地区，先秦时候有很多小国，这些小国，都是燕国范围以内的。这些情况都是黄帝以后在我们这里历史的延续……任何古老的民族都有一个图腾信仰，在安新庄发现了大量的石制龟状石器，更重要的是还发现了陶制的，这就说明这是人为制作的，意义非常重大。黄帝部落图腾应该是龙，红山文化图腾就是龙，龙有九子，这些龟状的石器实际也是龙的一种形态，称它为天鼋，这是黄帝部落龙的图腾，也是很好的证明材料。”

中国社会科学院历史研究所研究员曹定云主要从事甲骨文、古文字和殷商考古研究，并参与1965年春安阳殷墟发掘，是上古图腾的研究专家。2014年3月26日，在轩辕阁布展大纲北大研讨会上，他介绍了最新的研究成果《庙底沟类型与黄帝部落的图腾研究》。对迁安出土的“天鼋”，他指出：“迁安是黄帝部落和蚩尤部落进行涿鹿之战所经过的地方，是黄帝到过的地方，因此留下了遗迹和传说，我们打黄帝文化品牌是有根据的。郭沫若讲过天鼋是黄帝部落的图腾，安新庄遗址出土的天鼋，不完全是石器的，还有陶制的。发现陶天鼋意义非同一般，它说明这是人们有意识制作的，对于认定天鼋是黄帝部落的族徽是很有说服力的，也进而证明迁安黄帝文化是非常厚重的。天鼋就是轩辕氏黄帝部落的图腾标志，跟姬姓、跟周人关系非常密切。迁安的轩辕姓氏非常重要，这个姓氏比较少，如何利用轩辕姓氏，需要认真研究。”

二、史有所载

1. 郭沫若先生中华探源，聚焦北方

著名史学家郭沫若先生主编的《中国史稿》中也把黄帝作为北方的氏族部落来写，在《我国古代传说中的氏族和部落》中写道：“当夷人和羌人的一些氏族和部落活动在黄河流域的时候，有一些氏族和部落从我国北方发展起来。传说中的黄帝，就是这些氏族部落想象中的祖先。传说黄帝号有熊氏，又号轩辕氏（即天鼋），也号缙云氏，这显然是把北方许多氏族部落的想象祖先集中到所谓黄帝的头上了……这个部落南下到达黄河流域之后，有很大的发展。”在黄帝十二姓的六个部落联盟中，“其中比较突出的有姬、祁、任、姞（jí，南燕密须，皆姞姓之国）四姓。祁姓有传说中的陶唐氏，即唐尧所属的氏族部落。陶唐氏原在今河北省的一些地方，所以说‘唯彼陶唐，帅彼天常，有此冀方’……姬姓的迁移和陶唐氏有相同的地方。如后来的北燕国，姬姓，其中心在今河北北部地区……值得注意的是，这十二姓中有一些戎狄。如骊戎是姬姓；狐戎是姬姓；白狄中的鲜虞，后来建立中山王国，也是姬姓。那些以黄帝为想象祖先的北方氏族部落，原来也是戎人和狄人，后来才融为华夏，因而黄帝才被奉为华夏族的始祖的。传说中的黄帝后裔还有夏后氏，姒姓，也是戎人。有的记载把夏禹称为‘戎禹’。当夏后氏南下之后，有些戎人还留在原来地方。例如‘匈奴，其先祖夏后氏之苗裔也’”。

2. 中国社会科学院学部委员王震中教授理清黄帝与迁安的史学依据

在《永平府志》、多个版本的《迁安县志》《周书》《淮南子》《汉书·地理志》等著作中均提到：“令支国乃山戎属国，令支有孤竹城，盖即商之孤竹国，周之令支、孤竹二国地也。”《东周列国志》第二十一回《管夷吾智辨俞儿，齐桓公兵定孤竹》开篇写到：“话说山戎乃北戎之一种，国于令支（注：令支，音零枝即今永平府迁安县也），亦曰离支，其西为燕，其东南为齐鲁。”文中又援引史官之诗文曰：“山有黄台水有濡，周围百里令支居。”

中国社会科学院学部委员、中国社会科学院历史研究所副所长王震中教授著有《中国文明起源的比较研究》《中国古代国家的起源与王权的形成》等一批权威论著。为理清黄帝与迁安的史学依据，王震中教授把目标聚焦于山戎，并做了详尽的分析：迁安乃春秋时期山戎之地，山戎是戎狄之一种，而《史记》说山戎一名实可上溯到

唐尧虞舜之前的时代，这样《山海经》所说的“北狄”“山戎”由黄帝繁衍而出的关系，也就是迁安与黄帝的关系。山戎是上古时期北方的戎狄部族。《史记·匈奴列传》说：“唐虞以上有山戎、猃狁、荤粥，居于北蛮，随畜牧而转移。”唐虞是指唐尧和虞舜，所谓“唐虞以上”就是尧舜禹之前的时代，这是说山戎一名由来久远，可以上溯到唐虞之前的炎黄时代。在古史传说中，黄帝部族中有一支族团来自北方的戎狄。如《山海经·大荒西经》说：“有北狄之国。黄帝之孙曰始均，始均生北狄。”这是说北狄乃与黄帝族一系。《大荒北经》说：“黄帝生苗龙，苗龙生融吾，融吾生弄明，弄明生白犬，白犬有牝牡，是为犬戎。”可见犬戎也与黄帝族是一系。《山海经》的这些说法反映了黄帝部族与上古戎狄之间的关系。“武王克殷及商，未及下车而封黄帝之后于蓟”《礼记·乐记》，蓟在今燕山南麓，长城脚下，古迁安也属于这个区域。黄帝族中的一支族团属于古戎狄族，与迁安地区唐虞时代之前的山戎实属同一部族集团，它们之间有渊源关系。

在史书中，山戎又与后来的鲜卑有渊源关系。如《史记·齐世家》集解引服虔说：山戎，北狄，盖今鲜卑也。《国语·齐语》韦昭注也说山戎即后世的鲜卑。因此，史书中说鲜卑族是黄帝有熊氏和轩辕氏的后裔是有道理的。例如，《晋书·慕容廆》说鲜卑的祖先是“有熊氏之苗裔，世居北夷……号曰东胡”。《北史·魏本纪》也说：“魏之先出自黄帝轩辕氏。黄帝之子曰昌意，昌意之少子受封北国，有大鲜卑山，因以为号。”王震中教授总结：迁安属于山戎，令支、孤竹都属于山戎体系，燕山南北都是戎，范围很大，戎的祖先是黄帝。因此，黄帝族中的一支曾到古迁安地区繁衍生息，迁安是黄帝族活动的重要地区，称之为“黄帝胜迹”是恰当的，有历史文献依据的。

三、地有其利

1. 古迁安地区生态交错、山水相依、气候温润适合早期文明的产生

中国地理学家、气象学家竺可桢在《中国近五千年来气候变迁的初步研究》一文中指出，距今5000～3000年前，黄河流域的年均温较今高约2度，冬季温度高3～5度，相当于今长江流域。从气候上说，迁安的爪村、杨家坡、小何庄均有大象化石出土，证明迁安远古时期气候的确非常温暖，适宜的温度和降水条件，为人类的活动提供了优越的条件。从生态上说，迁安地处山海之间过渡带，地形多样、河流纵横，为早期人类文明的发展提供了宽广的舞台，现存爪村动物群遗址、杨家坡古菱齿象化石等7处化石遗址。从地形地貌上说，迁安正处于燕山南麓的山前平原即滦河冲积扇上，又位于燕山——长城南北地区的生态交错带上，地处重要的地理通道上，是古代连接华北与东北的交通枢纽，重要的地理通道也正是文化交流融通之地。

2. 滦河与青龙河交汇于燕山南麓的河曲，适宜人类早期文明的产生和发展

现代历史学家、国学宗师钱穆先生在《中国文化之地理背景》中也说：“人类文化的最先开始，他们的居地，均赖有河流灌溉，好使农业易于产生。而此灌溉区域，又须不很广大，四周有天然的屏障……那一种两水相交而形成的三角地带，似一个水桠杈，古书里称之为汭。在此环境下人类文化方易于萌芽。埃及尼罗河、巴比伦两河流域、印度恒河莫不如此。”迁安北依燕山，燕山南麓的古濡水（滦河）、古玄水（青龙河）在彭店子乡南丘村交汇，恰恰形成了这样的三角地带。众多考古实践证明，新石器时期古人喜居山前或丘陵，这一时期的人类文化遗址均出现在山前冲积扇、河谷盆地以及湖泊边缘地区。古人逐水而居的习惯，在古老的迁安大地得到畅快淋漓的展现。迁安新石器时代遗址18处之多，主要分布在青龙河、滦河两岸，趋近两河交汇处附近非常密集。另外还有夏、商、周遗址42处，战汉时期遗存67处。我们今天谈及的迁安是1227平方公里的“小迁安”概念，清代雍正年以前涵盖今迁安、迁西、青龙、宽城全境，遵化、丰润小部分地域，即约达六万平方公里，相当于今迁安市的40余倍。如果是清代的“大迁安”概念，我们的遗址数量会更多。以此上溯至明永平府迁安县、宋平州府安喜县、隋唐平州府肥如县、晋汉辽西郡令支县直至商周令支和孤竹。孤竹国存世900多年，地跨唐山、秦皇岛、

辽宁朝阳，国都及核心区域即今滦河、青龙河交汇处一带。

3. 古迁安地处重要的地理文化通道，是文化相融的集合点

社科院学部委员、先秦史学会会长、中国社会科学院历史研究所先秦史研究室主任宋镇豪教授领军甲骨学界，他主笔的《商代史》填补了商断代史著述的空白，为“拉长”中国古史作出了开创性的贡献。宋镇豪教授在2012年6月30日先秦史学会专家团来迁考察的座谈会上谈到：“迁安有地下青铜铭文出土的时间为公元前1300年，即迁安信史年代为距今3300年左右；《夏商周断代工程研究》用了11年时间，其中涉及迁安的有几条，《史记索引》载‘商汤三月丙寅（前1600）封孤竹’，即迁安的孤竹与中央是君与侯的关系；迁安马哨村出土的一个铜鼎、一个铜簋，铜鼎上的“卜”字铭文，所有者应为掌管卜筮的文官，铜簋上有个箕子的“箕”，上面是分叉的，有地方的文字风格在里面。”他还重点指出：“迁安位于燕山南麓，自古以来燕山山脉把中原农耕文明与东北、内蒙草原游牧文明阻隔。山的隘口表面是河流的通道，其实是战时的军事要塞、和平时期的文化通道。滦河遇到大山阻碍形成了潘家口水库后，从这里流向大海，这就是闻名史册的卢龙塞。《水经注》载：濡水东南径卢龙塞，塞道自无终县东出度濡水，向林兰陉，即今喜峰口，东至青陉，即今冷口，卢龙之险，峻阪萦折，故有九峥之名。从中原地区经太行以东的这条路，由邢台、满城到北京，再从北京向东，经辽宁的朝阳、凌源，于是北方赵宝沟文化、红山文化与中原文化进行融合。在更早的黄帝时代也反映了这条文化的通道，在发展的过程中间，经过跟炎帝阪泉之战、跟蚩尤的涿鹿之战，形成了三祖文化。在融合的进程中，与地方集团产生了碰撞、交汇甚至互相的猜忌，从而实现了文化之间的融合。迁安既有北方红山文化因素在里面，也有南边的山东地区文化，还有中原文化因素在里面，迁安既是交通的要道也是文化融合的集合点，文脉一直这样传承下来，各种文化都在这里交汇。迁安是黄帝文化的早期落脚点，更是黄帝文化传递四方并发扬光大的一个焦点，一直向东发展到海边，黄帝文化涵盖到这里太多的层面，并始终在动态中发展。黄帝文化向四方传播，迁安属于是向东发展的，在这里光大的一个地点，成了一个区域的亮点，为后来的多民族统一、中华民族大融合，奠定了很好的基础。”

中国社会科学院历史研究所研究员罗琨教授，是著名考古学家、古文字学家罗振玉先生的孙女，她主要从事以甲骨文为重点的先秦史研究。早在2002年就为迁安撰文《古代的迁安与历史之谜的探索》写道：“更重要的是迁安是否曾为黄帝与大禹身临之地的思考，将人们的目光引向迁安，引向滦河流域，而这里的确是探索中华文明的重要地区之一……燕山南北地区埋藏着可以解开历史之谜的钥匙，北方文化和中原文化在这里交汇，要了解从交汇到交融的进程，首先要找到文化传播的道路。从辽宁的朝阳地区到青龙、迁安，中间是努鲁儿虎山和燕山山脉的重叠山峦，所以穿行其中的滦河及其支流的谷地成为重要的通道，而有多条河流流经的迁安及其临近地区成为这条通道上的一个驿站。”

四、民有所诵

迁安拥有全国独有的地缘和血缘相互印证的轩辕黄帝嫡系后人——轩坡子村的轩氏家族。轩坡子全村1400多人，轩氏一族就有250余人。当代历史学泰斗，夏商周断代工程专家组组长、首席科学家李学勤先生为迁安题词“轩辕姓氏、薪火相传”。现迁安境内534个行政村中，与黄帝有关的村名有106个，山川河流中，反映黄帝遗迹的山有14座，河流有6条。代表性村庄有：轩坡子、车辕寨、蚕姑庙、擂鼓台等。在迁安民间，百姓口耳相传着黄帝擂鼓战蚩尤、黄帝收风后、嫘祖植桑养蚕等有关黄帝部落的传说故事。这些都反映了迁安地区深厚的黄帝文化底蕴。

河北省文联副主席、省民协主席郑一民在“中国轩辕黄帝姓氏文化之乡暨中国轩辕黄帝姓氏文化研究中心”专家评审会上指出：“轩坡子是一个文化符号的代表，可以表达为燕山怀抱中的轩辕部落、罕见的轩辕黄帝文化遗存、神秘的轩辕部落聚群。轩辕姓氏文化是迁安黄帝文化的“根”与“魂”，要复兴一座城市的“根”与“魂”，就不能仅仅满足于捡拾那所剩无几的历史

碎片，而应从整体上，也就是从时间的纵向、地域的横向以及全方位、多角度地使其再现。”

五、专家认同

中华炎黄文化研究会常务副会长兼秘书长、北京大学历史文化研究所所长、北京大学历史系暨中国古代史研究中心主任张希清在来迁座谈会上，深入交流了炎黄文化研究以及挖掘传统文化的现实意义。他指出：“炎黄文化是一面旗帜。作为中华民族精神的代表，炎黄精神有很多层面，有敢为人先的创新精神；有以人为本的仁爱精神；有吃苦耐劳的勤奋精神等等。五千年文明的源头就是炎黄文化，五千年传统文化就是炎黄文化。当前，国家对黄帝文化、炎帝文化的高度重视。迁安确实是中华文明的早期发源地之一，历史悠久，积淀深厚，有挖掘、开发黄帝文化得天独厚的条件，在这个地方有我们祖先创造的辉煌历史。黄帝是一个部族，前后有八九百年的历史，在全国各地都有遗迹，我们的费孝通会长把这里定义为‘黄帝胜迹’，是非常准确的。”

中华炎黄文化研究会副会长、《光明日报》原副总编辑鲁谆指出：“炎帝黄帝是中华民族的人文始祖，炎黄文化与民族精神一脉相承，新时期探寻炎黄文化与中华民族伟大复兴息息相关。人们常用‘上下五千年’来概括中华民族的悠久历史和灿烂文化，五千多年的中华文化自炎黄二帝开始。习近平总书记强调，不忘历史才能开辟未来，善于继承才能善于创新。炎黄文化对于实现中华民族伟大复兴的中国梦，具有重要的现实价值。炎帝、黄帝是中华民族公认的人文始祖。学习、掌握炎帝、黄帝及其时代历史文化的基本知识，才能深刻认识中华优秀传统文化的根脉所在，使其得到更好地继承与创新。”鲁谆副会长说：“黄帝是我们的人文始祖，哪里都可以拜祭，哪里都可以纪念，哪里都可以研究，哪里都可以有一定的设施。文化自觉是费孝通老会长提出来的，文化自觉就是对自己的文化有自知之明。自知之明就是要看文化哪里来的，有什么特点，有什么发展趋势，有什么长处，有什么短处和不足。我觉得迁安有文化自觉，迁安有轩辕村、轩辕擂鼓台，有当地的民俗传说等黄帝文化资源。我觉得迁安黄帝文化是可以做的，也应该能够做好。”

中国艺术研究院中国文化研究所原副所长任大援教授，在轩辕阁布展大纲北大研讨会上谈到：“习近平总书记反复强调，如果我们断了传统文化，我们就断了我们的血脉、我们的根基。迁安现在做的这个事情，通过黄帝文化来弘扬中华传统文化是国家的需要，要以弘扬传统文化为最终目的。”

十多年来，迁安的黄帝文化研究一路走来，经历了风风雨雨，取得了一定的成绩，也经历了一些曲折。但令人高兴的是，迁安的黄帝文化研究正一步步向前发展，逐渐得到更多权威专家的认可，融入全国炎黄文化研究的大格局中，成为中华炎黄文化研究大家庭中的一员。当然，我们现在的成果还是初步的，“黄帝胜迹在迁安”这一命题还需要进一步丰富、完善和提高，我们期待着更多的专家学者，更多的有识之士，融入到迁安黄帝文化的研究大军中，坚定信心，到更多的史籍中去寻找，到更广阔的大地中去寻找，让“黄帝胜迹在迁安”的证据更充分，让“黄帝胜迹在迁安”名扬天下。

（选自迁安市黄帝文化研究会主办的《黄帝文化研究》2014 年第 5 期）

专家眼中的“黄帝胜迹在迁安”

胡琳泊

迁安的历史文化是怎样的悠久绵长、源远根深？迁安与黄帝关系的史学依据有哪些？全国很多地方都做炎黄文化，迁安还能不能做？十多年来，这些问题广为迁安社会各界所关注，特别是我市文化新地标———轩辕阁建设和布展工作开始之后，对这些问题的解答更为迫切。

自2011年7月，市黄帝文化研究会正式成立以后，为了解决好上述社会各界关注的问题，更好地宣传迁安的黄帝文化，让迁安的黄帝文化研究更有权威性，更具科学性、严谨性，市黄帝文化研究会通过各方面的关系，不断走出去，请进来。邀请各知名大学和科研院所的权威专家来迁安，为迁安的黄帝文化把脉问诊，出谋划策。在3年多的时间里，接待了中华炎黄文化研究会、中国社会科学院历史研究所、北京大学历史研究所等权威专家60多人次。在一次次的交流和互动中，在专家们的一次次考察中，专家们从不了解走向认可，从认可走向支持。作为历次活动的亲历者，笔者亲身感受了专家们这一认识过程中的转变。专家们在走进迁安、深入了解迁安后，他们普遍认为迁安历史文化厚重，源远根深，“黄帝胜迹在迁安”依据充足，迁安挖掘和弘扬黄帝文化恰逢其时，既有全国意义，又具迁安特色。

一、专家们对迁安历史文化深厚是赞同和认可的，他们认为迁安历史文化悠久绵长、源远根深

通过多方联系，2012年6月，宋镇豪教授带领专家团来迁安考察调研。宋镇豪教授是中国社会科学院学部委员兼先秦史研究室主任、中国先秦史学会会长，我国当代著名历史学家、考古学家、古文字学家。他主编了《甲骨文献集成》《百年甲骨学论著目》等多部鸿篇巨著，领军甲骨学界。他主笔的《商代史》填补了商断代史著述的空白，为“拉长”中国古史作出了开创性的贡献。6月30日他带领先秦史学会专家团一行6人，先后参观了我市的博物馆、爪村旧石器时期遗址、安新庄新石器时期遗址后，对我市的历史文化给予高度评价。

在座谈会上他指出：“我一直关注迁安的文化发展，虽然我以前没来过迁安，但是对你们迁安很熟悉，很早就用过你们迁安的资料。”宋镇豪教授还说，“前些年我们用八年时间编写了《夏商周断代工程研究》，直到出版用了11年，其中有一块涉及迁安。商初‘汤三月丙寅（公元前1600年）封孤竹’，它和中原王朝关系就是君与侯的关系；甲骨文中还记载，武丁时期孤竹国的人从这里到安阳朝拜商王，并把孤竹的女子嫁给商王，是否作为王后还有待考证。这些珍贵的甲骨文史料都是地下出土的，是真实文字记载的可信资料，从中原王朝的角度记载和孤竹国的关系，但是以前一直没有找到迁安本地出土的文物来印证和中原王朝的关系，今天在博物馆看到迁安马哨村出土的两件青铜器就是最好物证：一个铜鼎、一个铜簋。‘卜’字铭文的铜鼎，说明所有者为商王掌管卜筮的文官。大概比甲骨文所记载的孤竹国要晚300年，迁安有地下出土文字的时间是公元前1300年（直接把迁安信史年代定格到公元前1300年），距今3300年左右。铜簋耳柄的下面是上钩的，上钩的这种铜器一般要晚一点，铜簋的铭文为箕子的‘箕’，应该是周初箕子国留下的器物。这里反映了极为丰富的古代历史文化信息，是迁安的至宝!”

著名的考古学家、河北省文物局原副局长谢飞多次参与我市爪村遗址的发掘，对我市的早期历史文化的重要性给予高度评价。2011年10月，我们专程去石家庄拜会谢飞同志，并邀请其来迁安。他说，迁安历史悠久，源远根深。迁安的爪村遗址很重要。爪村骨锥，在全国最具独特性，号称“中华第一锥”。爪村动物群遗址不仅是燕山南麓最早发现的旧石器时代晚期遗址，也是华北地区第四系晚更新世地层和化石动物群的标准地点之一，成为燕山南北远古文明的根脉，被列入科学著作和教科书，这些都可以做些文章，有必要进行深层次的发掘、研究、宣传。

10月19日，谢飞同志专程来迁安考察，在座谈会上他说：“迁安谈黄帝文化最大的根本，就是这里属于红山文化的分布区，是燕山的一部分。迁安虽然不是河流的源头，但却是滦河文化的源头。滦河文化的历史是非常古老的，在整个燕山地区，爪村遗址也是最古老的，考古挖掘最早层次是4万多年，它上面还有一个层次约一万年前后。迁安和黄帝有关的新石器时代遗址非常多，最典型的是万军山遗址。万军山位于青龙河畔，环境非常好，遗物非常多、非常丰富，时代的延续一直到商周战国秦汉阶段，最早能到五六千年，是比较典型的红山文化，这就是黄帝文化的一个重要例证。安新庄遗址不是典型的红山文化，是赵宝沟文化。滦河流域在红山文化之前，先后有两支文化：兴隆洼文化和赵宝沟文化，其中和红山文化比较接近的就是赵宝沟文化，赵宝沟文化有红山文化的因素。这三种文化不仅仅出现在赤峰辽河流域，在滦河流域也广泛分布，遍布燕山南北……总体来说，迁安除了具有丰富的铁资源之外，爪村遗址、安新庄遗址等也是重要的历史文化资源。迁安文化底蕴深厚，有充足的条件打文化牌。”

二、专家们对“黄帝胜迹在迁安”是认可的，他们认为“黄帝胜迹在迁安”史学依据是充分的，是恰当的

2013年10月，通过在民进中央工作的迁安老乡林海处长的多方努力，我们联系到中华炎黄文化研究会，并于10月30日专程赴北京拜会中华炎黄文化研究会常务副会长兼秘书长、北京大学历史文化研究所所长、北京大学历史系暨中国古代史研究中心主任张希清、北大历史研究所副所长柴宝亭教授等专家。十多年了，迁安的黄帝文化研究终于找到了正式的“组织”，找到了“娘家”。

张会长热情地接待了我们，并表示在此之前并不知道河北迁安也在搞黄帝文化研究。当他认真听完迁安黄帝文化研究的基本情况后，特别是看了2002年费孝通老会长给迁安写的“黄帝胜迹，光耀千秋”的题词后，感到很惊讶。他们说：“真没想到，十多年前，我们的老会长就给迁安题过词，说明迁安的黄帝文化研究开展得也比较早，也取得了很好的成果!”，柴宝亭教授曾任费孝通基金会的办公室主任，他说：“费老治学严谨是有名的，他不是轻易给哪里题词的，费老给迁安题词，一定是看了很多资料后，给迁安题的词，说明他对迁安黄帝文化的认可。”张希清会长表示，我们老会长十多年前就给迁安黄帝文化题词了，我们会大力支持迁安的黄帝文化研究与开发。从那以后，迁安与中华炎黄文化研究会正式取得了联系，并保持了密切的关系。

2013年11月7日，中华炎黄文化研究会专门组织了中华炎黄文化研究会副会长、中国社会科学院历史研究所副所长王震中，《光明日报》原副总编辑鲁谆等多名专家组成的考察团来我市考察，在考察完我市文化古迹后，在9日的座谈会上，张希清副会长说：“在北京的时候我们听到了迁安黄帝文化研究会的材料汇报，又用了一天时间参观了古迹遗存以及诸多文化产业项目。因此我们得出结论，迁安确实是中华文明的早期发源地之一，历史悠久、积淀深厚，有挖掘、开发黄帝文化得天独厚的条件，在这个地方我们的祖先创造了辉煌的历史。黄帝是一个部族，前后有八九百年的历史，在全国各地都有遗迹，我们的老会长把这里定义为‘黄帝胜迹，光耀千秋’是非常准确的。”

在11月9日的座谈会后，中华炎黄文化研究会接受委托，为我市轩辕阁布展撰写大纲，并成立了以中国社会科学院历史研究所副所长王震中为组长的大纲编纂组。一开始，治学严谨的王震中教授认为“黄帝胜迹在迁安”的史料证据不足，而且对过去的一些研究成果的科学性和严谨性表示了质疑。在接受了大纲编纂任务后，作为社科院博士生导师的他带领编纂组的几名博士于12月18日到20日来迁安考察，通过轩辕阁布展对迁安黄帝文化研究进行再梳理、再挖掘。在原有的基础上，通过梳理迁安和山戎、山戎和黄帝的关系，理清了迁安与黄帝的关系。在今年10

月 12 日的座谈会上，刚刚当选中国社会科学院学部委员的王震中教授说："迁安在春秋时期叫山戎，根据《史记》，山戎是远古时期北方的戎狄，是尧舜禹时期的民族，《山海经》又说尧舜禹时期的戎狄来自于黄帝，这样在学术上站住脚了，这个很重要，这也是我们编纂大纲时候一个非常大的收获和进展。"王教授还表示，将来时间允许，还要为迁安写一本专著，论述黄帝与迁安的关系。不仅如此，作为中国社会科学院的学术权威，作为中华炎黄文化研究会的副会长、学术委员会常务副主任，当有人问起黄帝与迁安的关系时，王教授还当起了迁安的宣讲员。

宋镇豪教授在 2012 年 6 月的座谈会上讲到："我一直非常关注迁安，尤其关注其独特的地理位置。在史书里面都有记载的卢龙塞就位于迁安西北部。(《水经注》濡水东南经卢龙塞，塞道自无终县东出度濡水，向林兰陉，即今喜峰口，东至青陉，即今迁安冷口，卢龙之险，峻阪萦折，故有九峥之名。）滦河与燕山交汇的卢龙塞，既是军事要塞还是文化的通道，使得燕山南麓的古迁安地区折射出文明的亮点。迁安既有北方红山文化因素，也有南边的山东地区龙山文化因素，还有中原文化因素，迁安既是交通的要道也是文化融合的集合点，文脉一直这样传承下来，从旧石器时代，人类在这里就有活动，各种文化都在这里交汇。迁安是黄帝文化的早期落脚点，更是黄帝文化传递四方并发扬光大的一个焦点，一直向东发展到海边，黄帝文化涵盖到这里太多的层面，并始终在动态中发展。黄帝文化向四方传播，迁安是属于向东发展的，在这里光大的一个地点，成了一个区域的亮点。迁安把黄帝文化作为核心品牌来打造，开发历史文化资源是非常好的，政府是非常有眼光的。黄帝文化是引领一切文化的，向前可以追溯到旧石器时代，向后可以到夏商周，乃至近代，是承上启下的一个历史文化的切入点，也是历史文化展示的最具包容性的大平台！"

谢飞在 2011 年 10 月的讲话中对我市的黄帝文化研究的方向给予肯定，他说："在黄帝文化研究这方面，迁安是遵循苏秉琦先生的理论来进行研究的，这个思路我非常赞成。而且我为这个也写了一些东西，用考古学文化解释黄帝、炎帝、蚩尤这三个传说，传说并不意味着是假的，可以通过考古学来证明，证明的结果就是燕山是中国文化最厚重的一条根！苏秉琦先生在其所著《华人·中国人·龙的传人》一书里指出：燕山叫燕人之山，龙的发源之山，黄帝的根就在燕山。谁的根呢？燕人的根，燕人是黄帝的后代。这是苏先生的一个基本思想。"

三、专家们对黄帝时期的图腾"天鼋"的认识得到了统一

在安新庄遗址发现如此大量的"天鼋"器物，是我市黄帝文化的一个重要证据之一，但对迁安安新庄出土的"天鼋"的认识更是经历了一些曲折。一开始，有的专家认定那个多角形石器就是"多角形砍砸器"，有的专家笑称"迁安人真的有想象力，挺能联想，能把多角形的石器和'天鼋'联系起来。"但是当专家们进行深入研究，尤其是发现陶制的"天鼋"后，观点发生了改变。

据郭沫若先生考证：黄帝为姬姓，《国语·周语》载"我姬氏出自天鼋"。在青铜器铭文中有一种由天字和龟或蛙形图案组成的族徽铭文，被释读为"天鼋"。他在《殷周青铜器铭文研究》一文中指出，铭文"天鼋"即轩辕。在安新庄遗址出土的"多角形"数量庞大，又有石质和陶质的，反映了独有的地方文化因素，且其形状近似于青铜器族徽铭文中"天鼋"之"鼋"。多位见过实物的史学专家均认为：安新庄遗址出土的陶质、石质的"多角形器"——天鼋形器，即为轩辕黄帝图腾的一种地域性的特色表达。

北京大学考古文博学院导师葛英会在 2012 年 6 月实地考察后的座谈会上，指出："任何古老的民族都有一个图腾信仰，在安新庄发现了大量的龟状石器，更重要的是还发现了陶制的，这就说明这是人为制作的，意义非常重大！黄帝部落图腾应该是龙，红山文化图腾就是龙，龙有九子，这些龟状的石器实际也是龙的一种形态，称它为天鼋，这是黄帝部落龙的图腾，也是很好的证明材料。"

中国社会科学院历史研究所研究员曹定云主要从事甲骨文、古文字和殷商考古研究，并参与

1965年春安阳殷墟发掘，是上古图腾的研究专家。今年3月26日，在轩辕阁布展大纲北大研讨会上，他介绍了最新的研究成果《庙底沟类型与黄帝部落的图腾研究》。对迁安出土的“天鼋”他指出：“迁安是黄帝部落和蚩尤部落进行涿鹿之战所经过的地方，是黄帝到过的地方，因此留下了遗迹和传说，他们打黄帝文化品牌是有根据的。郭沫若讲过天鼋是黄帝部落的图腾，安新庄遗址出土的天鼋，不完全是石器的，还有陶制的。发现陶天鼋意义非同一般，它说明这是人们有意识制作的，对于认定天鼋是黄帝部落的族徽是很有说服力的，也进而证明迁安黄帝文化是非常厚重的。天鼋就是轩辕氏黄帝部落的图腾标志，跟姬姓、跟周人关系非常密切。”

四、专家们认为深入挖掘弘扬黄帝文化，既有全国意义又具迁安特色，恰逢其时

中华炎黄文化研究会常务副会长兼秘书长、北京大学历史文化研究所所长、北京大学历史系暨中国古代史研究中心主任张希清，在2013年11月9日的座谈会上，深入交流了炎黄文化研究以及挖掘传统文化的现实意义。他指出：“炎黄文化是一面旗帜。作为中华民族精神的代表，炎黄精神有很多层面，有敢为人先的创新精神；有以人为本的仁爱精神；有吃苦耐劳的勤奋精神等等。五千年文明的源头就是炎黄文化，五千年传统文化就是炎黄文化。当前，国家对黄帝文化、炎帝文化高度重视。迁安正在做的弘扬黄帝文化的系列举措是符合中央精神的，是符合时代潮流的。”

中华炎黄文化研究会副会长、《光明日报》原副总编辑鲁谆指出：“炎帝黄帝是中华民族的人文始祖，炎黄文化与民族精神一脉相承，新时期探寻炎黄文化与中华民族伟大复兴息息相关。人们常用‘上下五千年’来概括中华民族的悠久历史和灿烂文化，五千多年的中华文化自炎黄二帝开始。习近平总书记强调，不忘历史才能开辟未来，善于继承才能善于创新。炎黄文化对于实现中华民族伟大复兴的中国梦，具有重要的现实价值。炎帝、黄帝是中华民族公认的人文始祖。学习、掌握炎帝、黄帝及其时代历史文化的基本知识，才能深刻认识中华优秀传统文化的根脉所在，使其得到更好地继承与创新。”鲁老还说：“黄帝是我们的人文始祖，哪里都可以拜祭，哪里都可以纪念，哪里都可以研究，哪里都可以有一定的设施。文化自觉是费孝通老会长提出来的，文化自觉就是对自己的文化有自知之明。自知之明就是要看文化哪里来的，有什么特点，有什么发展趋势，有什么长处，有什么短处和不足。我觉得迁安有文化自觉，迁安有轩辕村、轩辕擂鼓台，有当地的民俗传说等黄帝文化资源。我觉得迁安黄帝文化可以做，也应该能做好。”

中国艺术研究院中国文化研究所原副所长任大援教授，在今年3月轩辕阁布展大纲北京大学研讨会上谈到：“习近平总书记反复强调，如果我们断了传统文化，就断了我们的血脉、我们的根基。迁安现在做的这个事情，通过黄帝文化来弘扬中华传统文化是国家的需要，要以弘扬传统文化为最终目的。”

五、迁安的“黄帝胜迹”定位和“轩辕姓氏”的切入点独具特色

北京大学历史文化研究所常务副所长、北京大学文化产业研究院研究员柴宝亭教授在2013年11月9日的迁安座谈会上说：“在黄帝文化的定位问题上，一定要展开说。因为我过去跟费老一起工作过，我就谈谈费老的题词：黄帝胜迹，光耀千秋。如果知道老先生的生活习性，就该知道老先生对历史文化的严谨态度。他是搞社会学的，是很慎重的，老先生一定是经过深思熟虑的。关于‘胜迹’，《晋书·王导传》载‘敦导及诸名胜，名胜皆骑从’。我理解的‘胜迹’应该是这样的一个内涵：除了有传统的、文化的、著名的遗迹在这里之外，最重要的一点，是迁安人在今天创造了当代的奇迹。我理解的黄帝文化的内涵应该是黄帝胜迹，不跟别人争古都、争故里，我们是“黄帝胜迹”，这个是没有问题的，不是谁都能称为胜迹的，不是哪个地方都能称名胜的。”

王震中等专家在2013年12月召开的轩辕阁布展的座谈会上说，迁安黄帝文化定位为“黄帝胜迹”，在学术界不会产生争论，也符合现已掌握的材料和迁安的实际情况。展示大纲以黄帝文化为龙头，同时展示历史和现代的迁安亮点，做到脉络清晰，每一层都主题突出、个性鲜明。

今年3月在北京大学召开的轩辕阁布展研讨会上，西北大学历史系教授兼博士生导师、中国先秦史学会副理事长刘宝才教授深有感触地说“我觉得迁安的黄帝文化研究以轩辕姓氏为切入点是独具特色的”。中国艺术研究院中国文化研究所原副所长任大援说“可以肯定的说，就全国而言，迁安不是研究黄帝文化最重要的地方，但是他是独一无二的，是其他地区代表不了的。”

社会科学院历史所研究员、中国先秦史学会常务副会长兼秘书长宫长为教授，在2013年12月8日来迁考察座谈会上谈到：“迁安和黄帝文化相对应的文化元素是非常丰富的。黄帝庙也可以是轩辕阁、轩辕庙、蚕姑庙，山可以是黄台山，坡有轩坡子。迁安要以黄帝文化为龙头，走出属于自己的特色之路。我去过很多地方，关于姓氏文化迁安是独树一帜的，姓氏文化属于祖根文化。轩辕村、轩辕姓氏就是一种最具特色的文化现象，迁安申报‘中国轩辕黄帝姓氏文化之乡’和‘中国轩辕黄帝姓氏文化研究中心’的思路是非常正确的。我的老师李学勤先生也很重视，认为迁安黄帝文化研究以姓氏为切入点是亮点、是特色。李先生特意给迁安题字：轩辕姓氏故乡，文明薪火传承。迁安的文化传承，可以追溯到人类发展的早期，我们可以在迁安市博物馆看到这条清晰的历史文脉，在全国也是少有的。做黄帝文化需要大量的史实、文献来支撑。迁安多年来的研究已初见成效，但还需继续做好基础性地方文化资源梳理工作。”

原涿鹿县委副书记，炎帝、黄帝、蚩尤三祖文化的提出者和实践者任昌华先生发言指出：“一定要把轩辕阁建设好、应用好。黄帝是我们中华民族的人文初祖，是共祖，谁都可以有，谁都可以祭祀。迁安市委、市政府很重视，要让学者专家都来看，赢得大家的认可，这非常重要。轩辕姓氏研究要继续深入，中国有15615个姓氏，有一些姓氏是少数民族的，如此浩繁的工作要一点点的梳理，哪些是直接与黄帝文化相关的姓氏文化，哪些是后衍生出来的，分布在哪里等等。把黄帝生平的功绩、轩辕姓氏都全面真实的展示出来，要让人看了感觉非常震撼，非常专业。要邀请河南新郑、湖南随州、陕西黄陵、河北涿鹿的专业人士，让他们提建议，让他们推不倒，让他们看到我们做的黄帝文化是最具说服力、最包容的大文化。”

当前国家高度重视传统文化的继承和弘扬，专家们对“黄帝胜迹在迁安”给予充分的肯定和认可，增加了我们打造黄帝文化品牌的信心和决心。但毋庸置疑，我市的黄帝文化研究和开发工作做得还远远不够，特色文化品牌打造需要一个长期过程，挖掘、宣传等工作还要大量工作去做，未来任重而道远。我们要以高度的文化自信、文化自觉，凝聚起各方面的力量，以更大的信心，更有力的举措，积极做好文化研究和应用两方面工作，把“黄帝胜迹在迁安”这块金字招牌擦得更亮，叫得更响！

（选自迁安市黄帝文化研究会主办的《黄帝文化研究》2014年第6期）

卫　生

综　述

【医疗卫生资源配置】　2014年，卫生系统有各类医疗机构28个，其中，公立医院27个，包括二级医院2个，即市人民医院、市妇幼保健院；三级甲等中医医院1个，即市中医医院；疾控中心、血站、社区卫生服务中心、传染病医院、精神病医院各1个；乡镇卫生院19个。二级民营医院1个，即燕山医院。拥有集体村卫生室406个，门诊部、医务室及诊所374个。全市拥有诊疗床位4958张，万元以上大型医疗设备3313台（套）。有卫生人员4384人，其中，卫生专业技术人员3603人，注册乡医1199人。

【卫生工作概况】　2014年，卫生工作以让群众"看得上病、看得起病、看得好病、防得住病"为目标，不断巩固完善基层医改，深入推进县级公立医院改革。在全省率先实施城乡居民基本医疗保险制度，取消新型农村合作医疗制度和城镇居民基本医疗保险，对两种资源进行整合，实现城乡居民医疗保障等值化。成功创建国家级慢病防控示范区，顺利通过国家卫生城市复审验收。扎实推进公共卫生、农村卫生、爱国卫生等重点工作，全年完成门诊量122万人次，住院8.1万人次，抢救危重病人2520人次，抢救成功率96%。招商引资成效显著，投资20亿元的肿瘤医院项目落户迁安。全市医疗保障能力和医疗服务水平有效提升，群众"看病难、看病贵"问题得到逐步缓解。1. 医药卫生体制改革成效显著。基层医改：抓好5个优化，即优化绩效分配方案，优化科学考核机制，优化长效补偿机制，优化村级服务网络建设，优化乡医队伍建设。2014年，全市基层医疗卫生机构门诊29.85万人次，住院1.15万人次；门诊次均费用62.8元，住院次均费用1475元；基层医务人员月工资增加到3288元。公立医院改革：一是实施药品零差率销售，破除以药补医机制。市人民医院药品零差率销售已累计让利于民4574万元，上调医疗服务价格增加业务收入1632万元，CT、核磁等大型设备检查及医用耗材降价累计让利773万元。继市人民医院医改后，11月30日0时起，市中医院也实行药品零差率销售，同时降低大型设备检查费用10%，调整医疗服务价格2722项，公立医院改革又迈出实质性一步。二是完善实施方案和法人治理结构。修订完善《关于进一步深化迁安市人民医院综合改革的实施方案》及其配套文件，明确理事会和监事会的主要职责，完善《理事会章程》《监事会章程》和《院长任期目标细则》，理事会、监事会工作正式启动。三是聘请台湾惠宏医疗企业管理公司科学制定了人民医院岗位设置方案、竞聘上岗实施细则和岗位绩效工资制度，制定各岗位的岗位说明书、岗位晋升路线等，推进人事分配制度改革。四是通过对接京津、加强科室合作、专科建设等措施，提升医疗技术水平。11月14日，迁安市公立医院改革工作顺利通过河北省卫计委考核验收。2. 项目建设有效推进。一是投资5亿元的市中医院迁建工程年内完成投资3.8亿元，完成总工程量的90%。二是传染病医院二期项目，主体工程已完成，预计2015年5月投入使用。三是全市改建卫生厕所1.43万座，超额完成318座。四是先后与北京301医院、香港东捷绿能环保投资有限公司等优质医疗资源有效对接合作。年底前市人民医院体检中心、肿瘤治疗中心合作项目已经签约并启动前期。独资20亿元建设的肿瘤医院建设项目已经签约，其他合作项目有序推进。3. 国家卫生城市巩固管理工作取得显著成效。顺利通过暗访复审。11月20～21日，全国爱卫办对迁安市进行了暗访复审。暗访专家表示，迁安卫生城管理工作氛围浓厚，群众参与度较高，“五小”行业监管到位，健康教育、控烟和病媒生物防制工作较深入，所暗访的理发店、宾馆、餐饮店、浴池健康宣传、控烟和卫生管理、消毒措施落实较好，认为迁安市基本通过国家卫生城市复审，将再次被命名为国家卫生城市。

医政与药政管理

【卫生行政审批】　2014年，经进一步清理和合并，共行使6项行政许可审批事项和1项便民服务事项，即供水单位卫生许可、公共场所卫生许可、医疗机构设置及执业许可、医师执业注册许可、放射诊疗许可、省直以外医疗机构的护士延续注册许可和餐饮具集中消毒服务单位备案。所有的行政许可审批事项及所有审批环节全部进驻政务服务中心，统一由行政审批科负责，彻底实现批管体制的分离，达到“开放式服务，一站式办公”和“一口对外、一门受理、一次告知、一站办公、一地办结”的服务要求。加强行政审批科建设，强化服务，主管领导每周到政务服务中心现场办公一次，随时解决问题。加强公开公示制度，接受社会监督。卫生局实施的所有许可审批事项的设定依据、办理条件等均在政务服务中心大厅及政务服务中心网站公开公示，不存在违规设立审批事项和私自设置前置条件、审批标准的问题。加大网上审批力度，所有审批业务在采用专网审批的同时，均在市政务服务中心网同步操作并予以公示。完善各项规章制度，增强人员约束机制，确保各项工作良性运转。在制定和完善如首问负责制、一次性告知、限时办结制、超时默许制、AB岗责任制等一整套规章制度的基础上，进一步加强对各项制度落实情况的监督检查，强调责任追究，彻底将各项权力关进制度的笼子，确保各项审批服务规范有序进行。不断提供便民服务，提高整体服务质量和服务形象。加强零障碍服务全程协办机制，窗口明确一名工作人员为窗口协办员，负责所有前来办事人员的全程协办工作。进一步完善样本服务和服务指导规范，将所有本单位涉及的许可审批事项的设定依据、办理条件等，统一装订成册，并在政务服务中心网站和中心窗口予以公开和公示。加强文明服务和廉洁服务意识，提倡文明用语，并强调廉洁服务，避免出现门难进、脸难看、事难办、话难听的“四难”现象和吃、拿、卡、要现象的发生。落实超时默许制，年内共1500余件许可，无一例超时办理现象；五是坚持统一着装，并注意个人卫生和集体卫生，保持室内外整洁卫生。

【医政科研】　以促进全市人民身体健康为重点，不断加强医院内涵建设，严格医疗护理质量管理，加强医疗安全管理，全面提升医疗服务水平，为全市人民营造安全、有效、方便、价廉的医疗服务。一是加强质量控制，提高医疗服务能力。加强医院的各项管理工作，建立健全医院各项工作制度职责及医疗质量管理体系，强化医务人员“三基三严”（“三基”即基本理论、基本知识、基本技能；“三严”即严格要求、严谨态度、严肃作风）训练，组织开展临床基本药物合理应用培训等业务培训十余次。二是加强重点专科建设，提高临床技术水平。引导和促成市人民医院、中医医院、妇幼保健院与京、津、冀知名医院协作，中医医院已与北京中医药大学东直门医院和北京安贞医院建立合作关系，人民医院与北京友谊医院和泰达国际心血管医院建立合作关系。人民医院消化内科和肾内科已成为唐山市级重点发展专科，中医医院的脑病科被评为国家级重点专科，脾胃病、肾病科被省中医药管理局评为重点专科，中医妇科、针灸科、心病科被评为市级重点专科。三是加强护理及院感管理，提升护理工作水平。在全市深入开展优质护理服务示范工程，市直医疗单位临床科室100%推行优质护理示范服务，基层医疗单位也先后逐步开展优质护理服务。在迎接第102个护士节期间，组织开展“记录点滴事件，感悟护理人生”为主题的有奖征文比赛。四是加强人才培养，实施“科技兴医”战略。开展以全科医生培训为重点的基层医疗卫生队伍建设。组织农村医务人员参加河北省基层卫生人员成人大专学历教育。多渠道、多形式开展继续医学教育，邀请好医生技术顾问冯雪飞对河北省继续医学教育管理ICME系统管理使用进行专题培训。邀请上级专家到迁安讲课，抽调市人民医院、中医医院技术骨干培训基层，对常见病、多发病进行专题讲座，提高医务人员技术水平。制定并下发《关于申报2013年度科研奖励的通知》，组织各医疗卫生单位申报2013年度科研成果、发表科技论文和人才培养等信息，收到申报登记的科研立项2项、科技成果9项、科技论文27篇、医务人员到三级医院进修10人。举办了4期基层中医药适宜技术推广培训班，广大学员进一步掌握了针灸、刮痧、拔罐等中医药适宜技术治疗常见病多发病的诊疗知识。五是不断加强中医药服务能力提升工程建设。以“国医堂”建设为抓手，以普及和提高基层卫生人员中医药服务能力为基础，加大人员培训、设施配备和基础设施建设。6月，唐山市“国医堂”建设现场会在迁安召开，迁安受到高度赞誉。10月，省中医药管理局副局长徐少华一行对迁安市的中医药服务能力提升工程建设情况进行督导检查，通过对市中医医院、马兰庄中心卫生院、马兰庄镇印子峪村卫生室、兴安社区卫生服务中心等医疗单位的中医药工作进行实地检查、访谈及查看资料等形式的全面考核，专家组成员对迁安的中医药工作开展情况给予充分肯定。

【和谐医患关系构建】 市卫生局以强化医德医风建设为切入点，加强制度建设，铸造和谐基石，牢固树立“救死扶伤、爱心奉献”理念，坚持“管行业必须管行风”“谁主管、谁负责”的原则，将医德医风建设纳入目标管理，做到与业务工作同部署、同检查、同考核、同奖惩，全力构建和谐稳定的医患关系。1. 坚持思想教育常抓不懈。结合党风廉政建设和行业特点，相继开展为人民健康服务的宗旨意识教育和职业道德、职业技能、职业纪律、职业责任为基础的“四职”教育，《医疗机构从业人员行为规范》和卫计委“九不准”规定等法律法规为主要内容的法制教育以及有针对性的警示教育活动。2. 狠抓群众反映的“热点”问题。结合党的群众路线教育实践活动，抓专项治理，对乱收费、多收费、开单提成、药品回扣等进行长期治理，有效遏制医药行业不正之风；抓窗口，着力解决医疗服务中生、冷、硬、拖等不良问题，使患者看病更方便、更容易；抓服务质量，从提高医疗技术水平，加强责任心入手，树立病人至上的理念，最大限度地方便病人。3. 狠抓制度化、规范化建设。各医疗单位制定了较系统完善的医德医风建设规章制度和监督制度、激励机制。建立医德医风档案，作为评优、晋职的评选条件，对医德医风出现问题的单位和个人按照有关规定予以处罚。同时，全市实行了医疗费用清单制等一系列规章制度，基本实现医疗服务制度化，医德医风建设及行风建设规范化。4. 抓监督管理。各医疗单位成立医德医风监督小组，定期召开座谈会，分析医德医风情况，及时解决有关问题；在系统内开展“三对照、三检查”活动，即对照规章制度，检查存在问题；对照岗位职责，检查医疗质量；对照“病人第一”，检查服务态度。设立医德医风举报箱，公布了举报电话。在社会上聘请医德医风监督员，随时听取意见和建议。

疾病预防控制与妇幼保健

【疾病预防控制】 一是组织居民免费健康体检。2014年共体检16.05万人，体检人数创2009年开始体检工作以来历史最高。二是强化居民健康档案管理工作。全年建立城乡居民健康档案59.38万份，全部录入电子档案系统，建档率80.63%。三是宣传普及健康知识，推进全民健康生活方式行动。2014年开展宣传活动22次，发放宣传资料5.37万份，悬挂横幅标语26条，设置宣传展牌31块，开展健康咨询2720人，受教育群众2.12万人。四是传染病疫情监测工作、重点传染病疫情防控有序开展。全市 27 家公立医疗单位疫情网络直报工作设专人管理，并实行 24 小时疫情值班，做到及时、准确、规范报告；全年有效处置手足口疫情 34 起，处置学校水痘、腮腺炎等聚集疫情 9 起，并对全部 157 例出血热患者和 130 例布病患者进行流调处理；重点开展以霍乱为主的急性肠道传染病、流行性出血热和布病重点人群监测工作；做好结核病、地方病、病媒生物、寄生虫防制工作；强化艾滋病防治知识宣传，组织艾滋病筛查实验室和检测点培训班，积极开展高危人群干预，努力争创艾滋病综合防控示范区。五是深入实施国家扩大免疫规划，不断提高计划免疫信息化管理水平。2014 年，各种疫苗接种率达到 98% 以上，安全注射率 100%。全市 8.48 万名 0～6 岁儿童已实行信息化管理；全年开展 2 次麻疹疫苗集中查漏补种工作；对全市各预防接种门诊报告的 47 例疑似预防接种异常反应，按照《疑似预防接种异常反应监测方案》要求进行规范处置；对全市各医疗机构报告的 39 例疑似麻疹病例均按照《全国麻疹监测方案》和《处置指南》的相关要求开展调查与处理，最终确诊 23 例。六是巩固国家慢病综合防控示范区创建成果，做到慢病危险因素监测系统化、高危人群发现和干预科学化和慢性病患者管理规范化，死因监测和肿瘤登记工作逐步开展。2014 年，为全市 600 余名儿童免费实行窝沟封闭术或龋齿填充术。七是推进中医药服务项目深入开展。2014 年为 4.1 万名 65 岁以上老年人提供中医体质辨识，服务率 65.59%，为 1.84 万名 0～36 个月儿童提供中医药健康管理服务，服务率 67%。八是不断提升精神卫生工作水平。2014 年，全市共管理重型精神疾病患者 2050 人，全部纳入系统规范管理。

【妇幼保健】 2014 年，以开展“妇幼健康年”活动为载体，不断强化妇幼卫生保健体系。1. 组织妇幼保健技术大比武活动。在唐山市级比武中，迁安市获县（市）级综合成绩第一名，妇幼保健院李晓静代表唐山参加了省级比武，获个人第二名。同时，组织“母乳喂养周”“妇幼健康宣传周”等主题宣传活动，开展多种形式的妇幼健康宣传教育，收到良好效果。2. 落实孕产妇和儿童保健项目管理。加强孕产妇健康管理，2014 年全市产妇数 8973 人，活产数 9036 人，孕产妇系统管理人数 8847 人，管理率 97.91%。管理率同比提升 1.13%，住院分娩率 99.97%，同比下降 0.03%，剖宫产率 65.70%，同比下降 6.25%；扎实开展儿童保健管理，2014 年全市 3 岁以下儿童系统管理率 97.45%，同比上升 1.44%，3 岁以上儿童保健覆盖率 100%，5 岁以下儿童死亡率 4.46‰，同比下降 2.05‰，婴儿死亡率 3.21‰，同比下降 1.68‰。3. 深入落实“妇幼健康惠民行动”，妇幼重大公共卫生服务项目顺利实施。免费增补叶酸预防神经管缺陷项目将目标人群由农村扩展到全市孕前和孕早期妇女，实现增补叶酸项目全覆盖；做好农村孕产妇住院分娩补助发放工作，全市住院分娩产妇享受到国家的惠民政策。2014 年，农村孕产妇住院分娩补助报销完成 8478 人，超额完成上级下达指标；在全市 19 个镇乡全面开展农村妇女“两癌”免费检查项目，2014 年，宫颈癌取材完成 5914 例，完成率 98.57%；乳腺癌检查完成 600 例，完成率 100%。4. 以爱婴医院复审为契机，妇幼保健技术水平不断提高。对全市从事助产技术服务和人工终止妊娠技术服务人员进行培训和考核，严格准入资格，2014 年从业人员全部取得相应技术服务资格证书；规范“出生医学证明”管理，制定规范，健全组织，明确职责；建立孕产妇抢救绿色通道，保障全市孕产妇的应急抢救和母婴安全。

基层卫生

【社区卫生】 2014 年，社区卫生服务中心紧扣深化医药卫生体制改革的主旋律，围绕“走进社区、贴近居民、服务家庭、维护健康”的服务宗旨，着力服务城乡医保，全面提升基本医疗和公共卫生服务能力，较好地履行社区卫生服务中心功能。一是重绩效、分配制度改革成效明显。建立了绩效考核制度和绩效工资分配与超劳务奖励办法，以基本公共卫生服务及基本医疗服务为考核重点，实行以工作质量和工作数量取酬的激励性分配机制，将工作任务细化到每一名职工，通过质量考核小组公平、公正、公开的考核，促进医务人员履职尽责。二是惠民生、城区居民基本医疗保险工作全面开展。医师设施完备、人员有素。配备读卡器等设备，择优配备3名专职工作人员，全部经过业务培训，业务熟练。政策宣传贴心到位。发放一张明白卡，设立一个公告牌，发送一条提示短信，打一个告知电话，一对一进行政策讲解。标示醒目，院内外悬挂有定点医院、办事处及报销窗口的标识和参保、报销、慢病、住院报销流程图及公示栏，让居民对医保的报销政策及业务流程一目了然。住院报销方便快捷，所有住院报销均于20个工作日内办结。医疗护理质优价廉。三是强基础、基本医疗服务能力显著提升。着力引进人才，加强业务培训。先后引进妇产科副主任医师、中医专业硕士研究生和医疗专业本科生等人才，为中心的发展注入新活力。人才培养方面，除每月组织全体社区医生参加业务培训外，还鼓励参加医师规范化培训和各级学历教育，为各科室定制专业报刊。年内派3名技术骨干到上级医院进修，提升业务素质。至年底，门诊人次达到3万人次。启动运行全科病房。6月，社区卫生服务中心抽调骨干医疗及护理人员，开设全科住院病区，开放床位30张，配有中心供氧系统和呼叫系统，主要收治患心脑血管疾病及消化、呼吸系统疾病的慢性病人和老年康复病人。实行药品零差率和一般诊疗费制度，低廉的价格和优质的服务，吸引越来越多的患者前来就诊。四是加强中医能力建设，成立国医堂特色诊区。推进中医药在预防、医疗、保健、康复等领域的广泛应用，完善中医服务能力、突出中医药的综合服务特色。6月，中医诊区正式被唐山市卫生局挂牌“国医堂”。且唐山市“国医堂”建设现场会于6月20日在社区卫生服务中心召开，会上迁安作为先进典型进行经验介绍，6月26日在全省“国医堂”建设现场经验交流会上，迁安社区卫生服务中心再次作典型发言。五是强内涵、扎实有效抓好公共卫生工作。借鉴上海市下杭区经验，确定标准工作量，并按照标准工作量对所有公共卫生人员确定数量和质量指标，使所有公共卫生服务项目工作全面细化量化到服务站和每个社区医生，并全面落实量效挂钩的绩效工资分配办法，有效地调动公共卫生人员的积极性，效果明显。各项公共卫生服务指标达到国家规定要求，在全市排名不断靠前。11项基本公共卫生服务工作扎实开展。

【农村卫生】　1. 以培训促提高，乡医服务能力明显上升。分别开展村医、乡镇卫生院业务骨干和乡镇卫生院院长三个层次培训，组织乡村医生全科医学培训，10月在迎接省卫计委的基层培训工作检查时得到高度评价。落实卫生适宜技术进社区培训项目。按计划，以集中视频教学为主，对19个乡镇卫生院和社区卫生服务中心的医务人员及乡村医生进行集中培训，通过对农村卫生工作综合管理和乡村医生重点培养，全市涌现出一批优秀的乡村医生和先进的村卫生室。乡村医生张立红获“唐山最美乡医”“唐山乡村名医”等称号，为全市乡村医生树立了标杆，带动了市基层卫生队伍的发展。2. 一体化管理工作取得显著成效。重点加强对村卫生室及乡村医生依法执业监管，落实基本药物制度、药品零差率销售及一般诊疗费等基层医改政策。全年村卫生室零差率销售药品2782万元，减轻农民负担417.3万元。规范管理村卫生室药品，实行季盘点制度，防止乡医用不正当手段套取药品零差率补助现象。继续以“三化”管理为抓手，强化乡医考核与监督。对村卫生室选任乡医进行年度考核，共考核乡医988人。迁安市乡村卫生服务一体化管理经验受到国家、河北省业界关注。年内，又先后有吉林省榆树市卫生局、秦皇岛市海港区卫生局和邢台市威县卫生局领导们到迁安考察学习。3. 基层医疗机构签约服务工作成效显著。根据唐山市卫生局关于《唐山市全科医生（乡村医生）签约服务暨账单式服务督导方案》的通知要求，认真部署迁安市全科医生签约服务工作。至年底，全市总签约率达到95%。4. 维护医疗市场秩序，协调处理村级医疗纠纷。为保护乡村医生和患者的合法权益，维护医疗市场正常秩序，对上访的医疗纠纷，本着实事求是、公正公平的原则，耐心、细心解答患者疑问，与卫生院密切配合，协调处理村级医疗纠纷9起。

【城乡居民基本医疗保险】 2014年1月1日起，迁安市对新型农村合作医疗和城镇居民医疗保险进行整合并轨，在河北省率先实施城乡居民基本医疗保险制度，由市卫生局统一管理。并轨后，2014年参保人数58.35万人，比原来两项制度参保人数总和还多7200多人，共筹集资金2.33亿元。至12月底，基金支出总额2.58亿元，补偿101.56万人次。其中，住院支出1.92亿元，补偿5.81万人次；孕产妇分娩定额支出172万元，补偿4295人次；门诊特殊慢病支出517万元，补偿7984人次；门诊统筹支出1579万元，补偿94.06万人次；重大疾病补偿支出131万元，补偿74人次；大病补充补偿支出2490万元，补偿4491人次；一般诊疗费补偿支付713万元；一次性支付中国人寿保险股份有限公司迁安支公司意外伤害保险费用963万元。为做好此项工作，成立了迁安市城乡居民基本医疗保险管理中心，作为全市城乡居民基本医疗保险业务经办机构，在镇乡卫生院和社区医疗服务中心设立城乡居民医保办事处，配合镇乡政府、城区办收缴参保居民缴费及进行各种信息的收集与反馈等工作。制定了《迁安市城镇居民基本医疗保险与新农合整合工作实施方案》《迁安市城乡居民基本医疗保险制度实施方案》和《迁安市城乡居民基本医疗保险制度实施细则》，明确整合思路和目标。其间，抓好八项具体工作：一是完成软件升级改造。本着合理、便民的原则，重新设计城乡居民医保报销程序，使程序升级更加完善，更加科学。二是强化业务培训。先后组织5次集中培训，不断提高城乡居民医保管理经办队伍的政策水平、管理水平和服务能力。三是加强政策宣传和解读。通过发放宣传单、制作专题片、播放电视字幕等形式进行政策宣传，同时在《迁安时讯》上刊登城乡居民医保政策介绍，利用《迁安卫生》专刊对政策进行宣传解读，提高居民的政策知晓率。四是进一步完善保障体系。与中国人寿保险股份有限公司迁安支公司反复协商，就解决参保居民意外伤害住院医疗保障问题达成协议。五是完成门诊特殊慢病鉴定。对1308人门诊特殊慢病申请者组织体检及鉴定工作。六是开展一般诊疗费专项检查。对全市一般诊疗费运行情况开展大检查活动。共查出违规一般诊疗费10.48万个诊次，违纪金额104.82万元，予以全额扣除。七是开展“霹雳行动”专项行动。按照唐山市安排，开展了“霹雳行动”，对市民营医疗机构燕山医院和康俊医院进行检查，此次检查共抽取342份病历，其中，燕山医院145份、康俊医院197份，检查中发现违规行为比较严重，按照《城乡居民基本医疗保险定点医疗机构服务协议》对违规行为给予扣除年度指标的处罚。八是开展医保基金领域专项检查行动。制定城乡居民医保基金专项检查行动实施方案，保证专项检查取得实效。为借鉴迁安模式，11月18日河北省卫生计生委在迁安召开二保合一研讨会，省领导对迁安市城乡居民医保工作给予肯定。

【基本公共卫生】 2014年，基本公共卫生主要以规范项目管理为目标，不断完善基本公共卫生管理机制。一是重新修订项目实施方案和考核标准，为基层实施基本公共卫生项目提供依据和参考，探索项目考核督导新方式，提升工作效率，促进项目工作开展；二是实行以奖代补，总评分低于95分的单位扣减相应的公共卫生经费，扣减的补助经费采取以奖代补的形式，全部用于对先进单位和先进个人的奖励，充分发挥基本公共卫生资金活力；三是加强基本公共卫生人员培训，对市、乡、村三级从事基本公共卫生服务项目人员进行业务培训，使基层专业技术人员知识掌握得更加牢固，提升整体队伍专业技术素质。

卫生执法与监督

【医疗市场监督】 市卫生管理部门采取日常监督与集中整治相结合的方式，开展联合执法、专项督查，着重对非法行医、无证黑诊所、非法医疗广告以及非法医疗美容等进行集中整治。2014年，对786家医疗机构进行巡查，巡查1724户次。对10家未取得“医疗机构执业许可证”的“黑诊所”实施了取缔，对10家医疗执业违规机构和1家发布非法医疗广告机构以及2家未取得“医疗机构执业许可证”擅自开展医疗美容的机构进行了立案查处。

【学校及公共场所卫生监督】　贯彻落实《学校卫生工作条例》《学校卫生监督工作规范》等法律法规和规范性文件，加强学校卫生监督执法工作。2014年，对辖区内169所中、小学校进行卫生专项监督检查，对其中5所学校开展了学校卫生监督综合评价，针对检查中出现的难点重点问题积极与教育部门合作寻求解决办法，确保广大师生的人身健康。公共场所卫生专项监督检查工作扎实开展。年内开展公共场所经常性监督5.82万户次、公共场所经营单位环境监测440家，同时对公共场所经营者开展法制宣传教育，积极指导和协助公共场所经营单位对从业人员进行卫生知识培训和教育。

【饮用水监督】　对2个市政供水、5个二次供水单位进行监督检查，按丰、枯水期进行水质监测，共采集出厂水8份、水源水3份、末梢水12份、二次供水7份，均符合国家生活饮用水卫生标准；对农村集中供水单位进行监督检测，丰、枯水期共采水样81份，其中24份水样不合格，合格率70.4%，列为下步工作重点；开展暑期生活饮用水监督监测工作，完成各类水质送检427份；妥善处理了五重安乡石门村水污染事件。

重点医疗卫生机构

【市人民医院】　2014年，市人民医院以“改革、创新、发展”为主线，以创建北方一流名院、建设人民群众满意度更高的医院为目标，咬定“管理和服务”两大主题不放松，医院各项工作取得新进展。全年门诊量36.5万人次，业务总收入3.5亿元。被中国医院协会评为动态管理第四周期全国百姓放心示范医院，被确定为河北联合大学非隶属附属医院。被市委、市政府评为文明单位和人口与计划生育工作先进单位，被市卫生局评为医疗护理质量管理及科技工作、工会工作、爱国卫生（控烟工作）、中医工作先进单位。职工李学锋被评为市见义勇为先进个人，刘书琴被评为市第五届“十佳敬老好儿女”，魏彩第、蔡新苗被评为唐山市优秀护士，医院乳腺肿瘤科被评为唐山市三八红旗集体，神经内科一病区被评为市巾帼文明岗，李学军、王艳丽、梁素敏、刘红宾被市妇联、市文明委评为巾帼文明标兵、巾帼建功标兵和巾帼技能标兵；杨玉恒、宫进亮、裴立文等被市卫生局评为科技工作先进个人。1. 整章建制，基础整改。医院把2014年确立为基础工作整改年，各科室主任与院长签订全年目标责任状。一是组织召开对口支援座谈会，新技术、新项目论证会，院外监督员会和职工代表大会，广泛征集意见建议。二是抓好医院内部运行体系建设，进一步规范医院值班制度，推行科学、规范的精细化管理，建立健全各项规章制度，明确岗位职责和工作流程。三是坚持因病施治，不断降低药占比，确保合理检查、合理用药、合理治疗，提高大型医疗检查设备的阳性率。严格执行职工医保和城乡医保有关规定，严格检查管理，避免违规行为。四是坚持公立医院的公益性，把社会效益放在首位，严格控费、树立诚信。对药品价格、收费标准进行公示，建立住院费用查询系统和一日清单制，全部执行河北省药品集中招标采购及中标价格，让利于民。与41家药品、耗材供应商签订廉洁诚信协议书和治理商业贿赂责任协议书，廉洁行医。五是推行临床路径和单病种收费。医院于9月组织10个临床科室主任赴玉田县医院考察学习电子临床路径管理工作，回院后制定了临床路径管理工作实施方案，初步确定拟开展的27个临床路径实施病种。六是开展优质服务年活动，优化急诊、门诊和住院各环节的服务流程。2. 抓住改革机遇，激发医院活力，推动医院管理水平上新台阶。一是明确各个管理委员会工作制度、职责以及所承担的目标任务。二是积极推进人事制度和绩效分配改革。聘请北京市艾德蒙医院管理咨询有限公司专业人员进行现代医院管理培训，推行“品管圈”质量管理模式。同时管理咨询公司对医院重点发展的心内科、妇产科、乳腺肿瘤科和急诊科进行发展战略规划设计，进一步完善医院绩效评估制度及方案。在实行全员聘任制的基础上，制定《迁安市人民医院岗位说明书》，逐步落实全院干部职工竞聘上岗，彻底将职工的身份管理变为岗位管理。全院的绩效工资发放与科室每位职工的工作行为、工作质量、工作效率相挂钩，行政后勤绩效根据工作执行力和临床一线的综合评价。3. 抓好等级医院评审准备工作，提高医疗护理质量和服务水平。一是根据医院工作实际，建立以等级医院评审为医院医疗质量安全的主轴线，抓好内涵建设，强化质量管理。完善质量考评体系，严格落实医疗核心制度。二是加强“三基训练”与考核。医务科、护理部定期组织全院医师和护理人员进行专业技能训练，积极参加国家、省、唐山市专业技能比赛活动，医务科长兼心内三科主任杨玉恒在中国医师协会主办的急性冠脉综合征诊疗演讲比赛中获冠军。在“2014 中国技能大赛”暨唐山市第十五届职工职业技能大赛中，胸心外科护士长杨杰取得第十名，同时获“技术能手”称号。三是医教研齐头并进、共同发展，制定人才培养和科研奖励办法。推进“树名医、培名护、建名科、创名院”活动，在消化内科、肾内科成为唐山市重点发展学科的基础上，中医科又顺利通过唐山市重点专科现场评审。积极开展科研工作，2014 年在河北省卫计委、唐山市科技局科研立项共 4 项，2 项获河北中医学会二等奖，在核心期刊发表医学论文十余篇。顺利通过省教育厅、省卫计委评审，成为河北联合大学（后更名为华北理工大学）非隶属附属医院。开展颈动脉支架术等数十项新技术、新项目，四肢脊柱科成功开展的微创内固定骨折复位术，泌尿外科成功开展的腹腔镜下前列腺癌根治术和肾脏肿瘤肾脏部分切除术等新技术，填补了迁安市医学空白。成立孕妇学校，开展 45 岁以上人群免费血压、血脂监测活动。顺利通过省卫计委内镜诊疗技术审核评估，获得神经血管介入诊疗技术、综合介入诊疗技术和口腔种植等相应专业技术资格。开展复明工程，为 200 多名白内障患者送去光明。联合办医、招商引资迈出实质性步伐，肿瘤治疗中心合作项目已正式签署合作框架协议。积极与北京 301、协和、友谊医院，天津肿瘤医院、泰达国际心血管医院等建立协作关系，进行专科对接，打造医院服务品牌。继续做好对各乡镇卫生院的对口支援工作。四是认真抓好护理工作。继续开展“优质护理服务示范工程”活动，进一步细化和量化考核指标，持续改进和提升护理质量。开展护士安全教育活动，巩固爱婴医院成果，顺利通过爱婴医院复核评估。五是抓好医院感染控制工作。成立院感科，积极开展医院感染管理年活动，做好麻疹、手足口病、埃博拉出血热的防控和发热门诊、肠道门诊等工作，顺利通过上级检查和考评。

【市中医医院】 2014 年，市中医医院新址建设工程顺利推进，医院改制进一步深化，继续坚持以病人为中心，突出中医药特色，不断提高中医药服务能力和综合服务能力，经济效益和社会效益稳步提高。全年医院门诊量 34. 8 万人次，收住院患者 2. 5 万人次，业务总收入 2. 44 亿元，同比增长 17. 4%，医疗收入与药品收入比为 61. 1∶ 38. 9，平均病床使用率 93%，实现收支结余 934 万元。1. 发挥中医药特色优势，提高中医临床疗效。一是立足科研兴院，推动技术进步。开展中医药科研工作，成功立项申报河北省中医药管理局中医药类科研计划项目 5 项，组织申报迁安市科技局科研立项 1 项，并已成功通过鉴定。2014 年，取得科技成果 2 项，完成河北省中医药学科学技术奖、迁安市科技局科研立项、论文、进修奖 6 项，在国家级、省级核心期刊发表学术论文 18 篇。开展新技术、新项目 10 项。成立心血管病流行病学与人群防治研究室，并下乡宣传 15 次，与河北联合大学（后更名为华北理工大学）合作开展动物实验指导课题工作；组织全市高血压普查，筛查继发性高血压并指导治疗。二是以专科建设为亮点，突出特色优势。肺病科、内分泌科、骨伤科被成功确定为唐山市级重点中医专科。继续大力发展现有的国家级重点专科脑血管病科，省级重点专科肾病、脾胃病科，唐山市级重点专科妇科、心病科、针灸科，严格按国家“十二五”重点专科建设项目、河北省和唐山市重点专科（专病）建设标准要求，定期对医院各重点专科进行检查评估。医院在河北省医院管理年经验交流会上作了题为《发展重点专科、突出特色优势，全力提升中医医院服务能力》的典型发言，受到参会领导及专家的好评。三是实施人才战略，促进结构优化。开展院内培训 24 次，医院所有中层干部轮流到上级医院进修学习。继续深入开展医院名老中医学术经验继承工作和西学中工作，并安排名老中医学术经验继承人参加中医培训。按《迁安市中医医院住院医师规范化培训》要求，对临床基础薄弱人员进行住院医师规范化培训。四是完善护管体系，提高服务品质。将中医操作项目融入日常护理工作中，年内医院共开展拔罐、艾条灸、刮痧等中医护理5.84万次。开展中医养生大课堂活动，传授患者循经复健操、十八段锦等中医养生操，组织中医药基础知识技能培训40学时。选派护理骨干外出进修学习18人次，其中，高压氧舱有2名护士取得上岗证，血透室、急诊科分别有2名护士取得专科护士资格证。积极参加河北省及唐山市组织的中医护理技能竞赛，获得唐山市理论竞赛第一名，综合成绩第二名；1名护士代表唐山市参加河北省级技能竞赛并获二等奖。五是增加制剂品种，改进制剂工艺。成功试制中药祛腐生肌膏；完成醒神通脑液及醒脑正天液两种雾化吸入制剂；与妇科门诊配合制备了更年期药物安坤胶囊；开发了儿科制剂和阳胶囊，解决了多动症患儿在市内无药物医治的困难；开发了儿科制剂紫癜一号合剂等。全年实现利润1400万元。2. 以特色优势为着力点，积极开展对口支援。一是定期选派各专业骨干到受援医院进行坐诊、查房等业务，加强双向转诊。二是开展中医适宜技术培训及中医下乡指导活动，组织科主任、业务骨干对乡镇卫生院、乡医进行业务指导，组织讲座3次，开展健康知识百场讲座10次。3. 开展四项主要工作，提升医院综合实力。一是以三级中医医院标准开展各项工作。为迎接三级甲等中医医院中期评审工作，5月医院成立三甲持续改进工作领导小组。二是新院区建设进展顺利，预计2015年年初具备搬迁条件。三是深化医药卫生体制改革，提升服务能力和服务质量。实现“药品零差价”，有效缓解病人看病贵问题。四是狠抓医疗质量，确保医疗安全。加强医疗质量管理，落实科室教学查房制度、主任查房制度和科室讨论制度。对病案质量加强环节质量监控，严格按《中医病历书写基本规范》对病历中三级医师查房、病例讨论、医嘱等方面进行实时监控；注重提高终末病历质量，每月抽查各科病历，每月对全院的医疗质量进行全面监督检查，发现问题限时整改，将责任落实到人，与质效基金挂钩。

【市血站】　2014年，血站共采集全血7872人次，采血量257万毫升；采集血小板388人623个治疗量。为临床供血248.4万毫升，供血小板581个单位。1. 多措并举，保障临床用血供应。一是调整、延长采血时间。二是加大无偿献血宣传招募力度。三是大力倡导互助献血。四是加强临床用血指导。组织全市临床用血知识讲座，更新各医疗单位临床用血观念，增强临床输血的风险意识，提高科学合理用血整体水平，减少不合理用血现象，节约宝贵的血液资源。2. 以保证血液质量为核心，全面加强质量管理。一是加强职工教育培训，提升职工综合素质。二是持续改进质量管理体系，确保质量管理体系有效运行。根据新版《血站技术操作规程》等标准规范，对全站质量体系文件进行全面改版，于6月10日完成D版质量体系文件的改版发布工作，25日正式实施。7月，邀请唐山市中心血站业务骨干为内审员，对全站质量体系运行情况进行认真细致的审核。8月，省卫计委督导检查中，提出12项整改问题。针对问题提出纠正预防措施，相关责任科室限期整改。坚持月质量考核制度，质管科等职能部门按照《质量管理考核细则》要求，每月进行一次全面、细致的内审式检查，重点检查各科室学习培训、记录填写、操作规程执行情况等内容，发现问题及时纠正解决。三是加强过程监管，严格质量控制。在血液采集方面，严格执行《献血者健康检查标准》，做好献血者健康检查工作。血站转氨酶复检报废率仅为0.28%，居全省最低水平。在成分血液制备方面，成分制备室装备了大容量低温离心机、操作冷柜和空气消毒机等设备，所使用的无菌物品均经过高压灭菌，合格后在有效期内使用，工作人员严格执行无菌操作规程，保证成分制备过程中的血液质量。在血液储存、发放方面，贮血设备上全部安装温度监控装置，确保各种血液成分始终在规定的条件下贮存。严格执行血液出库检查核对制度，做好发血前血液质量检查，认真核对血液品种、血型、数量等内容，把好血液发放关。严格把好关键物料质量关。对血袋、试剂等关键物料的采购，严格落实索证制度，不符合规定的、证件不全的，一律不得采购。对购入的每批试剂、血袋等原辅材料均进行质量抽检，确认合格后方投入使用。对各种血液产品定期进行质量抽检，确保各种血液产品质量符合国家标准。2014年，共质控抽检血液55袋，原辅材料质控抽检51批次，对采供血工作环境空气进行工艺卫生监测153次，未发现不合格现象。3. 因地制宜开展多种形式宣传，营造良好的无偿献血社会氛围。一是发挥新闻媒体的宣传效应，扩大无偿献血影响。二是利用活动，促进宣传。利用“国际红十字日”“世界献血者日”等活动日，举办无偿献血专场文艺演出、现场有奖答题、无偿献血知识竞赛等活动，不断扩大无偿献血的社会影响，提高宣传效果。三是开展无偿献血进校园活动。四是不断扩展无偿献血宣传方式，打造无偿献血宣传阵地。在3条公交线路的公交车外做无偿献血宣传车体广告，利用35辆公交车内和16个大型商场酒店的69个多媒体电视播放无偿献血公益广告，在20个路牌上张贴无偿献血宣传画，在市内10个高端社区40部电梯内安装无偿献血宣传栏，并以多种方式在市区和农村进行持久宣传。五是开展无偿献血知识竞赛活动。4. 增强服务意识，规范服务行为，提升服务水平。一是关爱无偿献血者。血站通过手机短信平台系统，为献血者发送生日祝福、提示定期献血、告知血液检测合格结果、发布血液需求信息。在“6·14世界献血者日”、中秋节等纪念日和节日，派送有纪念意义的小礼物。二是做好献血后跟踪回访服务。责成专人负责献血后电话回访工作，献血者的回访率为99%。同时，通过献血热线、投诉电话等，解答市民咨询，让市民了解无偿献血、免费用血报销及献血服务投诉等，保持血站与服务对象的顺畅沟通。三是全力做好血费报销工作，落实《河北省实施〈中华人民共和国献血法〉办法》有关血费报销的规定，保障献血者的合法权益。2014年，为279人报销血费近26.4万元。四是全面实施血费出院即报制度。2014年6月初，在全市所有用血医院实施血费出院即报制度，为献血者及其直系亲属报销血费提供方便。至年底，共为62人报销血费4.9万余元。

市卫生局

局　　长　阎双友
副 局 长　仝云华　廉　佐　王文中
书　　记　胡春刚
副 书 记　付　山
主任科员　李文柱
副主任科员　李学辉

（李香云　万思源）

食品药品监督管理

【概况】　2014年，全市食品药品监督管理在加强日常监管的同时，着重抓六方面工作。1. 抓专项治理。先后组织开展餐饮食品安全百日行动、餐饮具清洗消毒、保健食品“打四非”、药品电视购物、药品经营企业GSP专项整治、医疗器械“五整治”、医疗机构药品质量提升等12项专项整治行动。2. 抓打击违法犯罪。全年出动执法人员1.1万人次，出动执法车辆3000台次，检查经营单位8342户次，查办行政处罚案件485件，其中，一般程序案件224件、当场处罚案件261件，罚没款总额107.1万元，涉嫌销售假药案件移送公安部门2起，涉嫌药品违法广告移送工商部门5起。3. 抓社会监督体系建设。畅通投诉举报途径，开通了“12331”投诉举报受理电话，并利用各种机会广泛宣传食品药品安全投诉举报电话，实行24小时值班制度，接受社会监督。对各类投诉举报做到及时受理、及时查处、及时反馈。全年累计接到各类投诉举报38个，全部按相关规定进行查办。4. 抓诚信体系建设。一是对辖区内持证餐饮单位、持“河北省保健食品经营企业审核意见表”的253家保健食品经营企业建立食品安全信用档案；二是在此基础上，建立黑名单制度，定期汇总违法违规企业和个人“黑名单”，对失信行为予以惩戒；三是开展示范创建活动。已建立示范街4条，示范店71个，“唐山市食品安全诚信单位”5家；四是推行“明厨亮灶”工作。至年底，完成“明厨亮灶”餐饮单位69家；五是修订完善《迁安市药品零售企业信用等级评定考核标准》。5. 抓新兴经营业态监管。一是将小饭桌、小餐饮、鲜奶吧均纳入监管视野，实施登记式管理。全年登记“小饭桌”43

家、小餐饮37家、鲜奶吧23家；二是组织开展化妆品经营企业备案登记工作，全年发放“唐山市化妆品经营单位（个人）登记表”229份。6. 抓药品质量安全。加强对重点生产企业的监督检查，开展医疗器械量化等级评定，做好基本药物电子监管工作，按照新修订GSP要求，推进电子处方，完善药品经营网络监管。加强GSP跟踪检查，及时发现存在的安全隐患，堵塞漏洞，防止质量管理滑波，保证药械质量安全。

【加强监管能力建设】　1. 加强日常监管。按照“谁监管，谁负责”的原则，进一步完善《网格化监管办法》，全面推行“网格化”监管，落实以科室、以执法人员为单元，分区划片，责任到人的监管体系，促进监管工作任务和责任落实，消除监管盲区。2. 加强餐饮服务许可工作。通过设立便民咨询电话、提供餐饮服务许可装修前期指导，提供许可申请材料样本、公开办事流程、实行延时服务、实行15个工作日办结及超时默许制度等举措，严格餐饮服务许可，提高审批速度及服务质量。3. 加强监管人员培训。通过选派优秀监管人员赴外地培训、组织集中培训、编写贴近工作实际的培训内容等举措，提高培训工作水平，促进执法能力提升。2014年，累计举办各种专题培训8场次，参训人员300余人次；基层协管员培训8期，500人次。4. 加强快检技术应用。积极推进快检技术应用，全市已有82家中型以上餐饮企业、学校食堂配备自检设备，开展了食品快速检测工作，已形成“一般项目企业自检、即时品种快速检测、重点品种监督抽检”的检测体系。5. 加强监督性抽验工作。全年完成监督抽检餐饮具1609份，肉及肉制品、食用油120份，药品45批次，保健食品10批次。餐饮具合格率80%，其余抽检样品合格率均为100%。6. 加强风险监测体系建设。通过完善相关制度、健全监测网络体系、加强涉药单位药械不良反应（事件）培训等举措，提升药品不良反应监测工作水平。全年上报药品不良反应报告564例，医疗器械不良事件报告136例。7. 加强食品药品安全知识宣传。利用食品安全周、药品安全月等时间节点，通过悬挂标语、摆放看板、接受咨询等形式开展大型集中宣传活动。年内累计开展集中宣传活动34场次，受教育群众1.6万余人次；邀请人大代表、政协委员、老干部代表、媒体记者、群众代表、家长代表等参加食品药品监督开放日，近距离接触食品药品安全监管工作，宣传食品药品安全知识。全年组织开放日4场次，参加人员150余人次；组织医疗机构以及药品经营企业到马兰庄印子峪村、赵店子镇营里村、大五里乡贯头山村等进行送医送药活动，活动发放宣传资料2000余份，累计送药金额约3万元。8. 加强信息载体建设。利用广播、报纸、微信、机关网站等平台，不断提高信息宣传的质量，拓展信息宣传的广度和深度。在《迁安时讯》刊载食品药品安全知识专栏48期；在迁安广播电台刊播食品药品安全知识专题节目720条次；上报各类食品药品安全信息106篇次，在《河北日报》《唐山劳动日报》、人民网、新华网等新闻媒体刊载食品药品安全信息214篇次。在微信公共平台刊载食品药品安全知识52期。9. 加强宣传阵地建设。在全市范围内建立饮食用药安全科普宣传站12个，形成辐射农村、覆盖全城的饮食用药安全知识科普宣传网。全年开展科普宣传35场次，受教育人员5000余人次。

【丰富监管手段，创新监管工作】　1. 谋划过期失效药品回收新举措。通过设立固定回收点、定期开展宣传活动、建立激励机制等举措，使过期失效药品回收有了合法安全的渠道。2014年，累计收回过期失效药品近505个品种，价值10余万元，已全部销毁。2. 创建食品药品安全隐患排查新方法。市药监局遴选执法骨干与原岗位脱钩，分别入驻药品、食品领域的经营企业，协助企业做好隐患排查工作，及时发现并消除各类安全隐患，保障饮食用药安全。全年累计排查安全隐患1000余项。3. 研究食品药品安全监管工作新机制。与市公安、教育、住建等部门建立定期联合检查工作机制。全年开展联合检查20余次，发现违法违规案件线索10余条，全部依法依规处理；建立药企间互动检查工作机制，全年开展互动检查10场次；建立执法人员互查互看和现场评比机制；建立定期隐患排查和风险研判机制，明确风险隐患关键点，抓好重点监管。全年组织3次食品安全隐患排查和分析研判会。4. 开拓农村餐饮食品安全监管新路子。对流动厨房实施登记备案公示指导制度，对合格的流动厨房发放“迁安市流动厨房登记信息公示牌”，已实施登记挂牌153家；规范农村集体聚餐的报告工作，全年农村集体聚餐累计报告823餐次，全部实现分级指导；实施“两类三级五统一”的“农家乐”监管模式。“两类”是按经营规模将餐饮经营单位分为两类，单餐承接能力在50人及以下的为一类，实施登记式管理；符合办理餐饮服务许可证条件的为一类，鼓励申办许可证，进行规范。全年登记43家，发证12家。“三级”是对实施登记式管理的评定星级，根据其餐饮服务食品安全状况由优秀、良好到一般，评出三星、二星、一星3个星级。对持有餐饮服务许可证单位实施餐饮服务食品安全监督量化分级管理，评定年度等级和动态等级。“五统一”即推行五统一模式，统一培训、统一体检、统一受理、统一现场核查、统一登记或发证。5. 建立保健食品安全监管新手段。推行“保健食品电子监管系统”，取消繁重的纸质登记，全面推行“一填就有、一查即知、简便易用”的电子式登记台账；利用“广播电视广告监测仪”对迁安广播电台、电视台的广告实施24小时不间断监测，及时发现违法宣传行为。6. 打造餐饮服务食品安全培训新体系。通过集中就地培训、结合健康体检培训、结合企业内部培训等举措，提高餐饮单位食品安全管理水平，实现从业人员岗前培训工作日天天有，基层监管人员、餐饮协管员培训工作常常有，农村餐饮从业人员、流动厨房的培训定期有的全方位培训体系。至年底，累计培训从业人员7500人次。7. 搭建药品安全监管工作新平台。搭建药品实时监控系统平台，实现药品监管工作效率大幅提升；搭建药监服务QQ群平台，随时对药品经营企业管理情况进行实时检查。年内检查药品质量负责人是否在岗100余次。

【食品药品安全市创建工作】 根据《河北省食品药品安全县创建活动方案》，迁安市作为第一批“河北省食品药品安全县”创建城市参加了2014年度河北省食品药品安全市创建活动。通过悬挂宣传条幅、播放宣传短片、发放宣传材料等多种形式，采取进校园、进社区、进机关等多种途径，使用环保购物袋、挪车卡、有奖知识竞赛、食药安全知识手册、有奖征文等多种载体，广泛宣传创建工作意义，引导消费者树立健康、科学的食品药品消费观念，动员全社会力量参与创建工作。年内，累计发放环保购物袋2万个、挪车卡2万个、宣传桌牌5万个、有奖知识竞赛试卷5000张、食药安全知识手册2万本，征集有奖征文65篇。通过监管人员的努力，辖区内食品药品安全环境得到有效治理，各项创建要求有效落实。至年底，经市本级自查自评，完成了食品药品安全市创建任务，拟提请省政府食安办、省食品药品监管局予以综合评价。

【落实食品医药产业规划，深入开展招商引资】

围绕全市构建“3+5+6”产业体系，市食品医药工作领导小组在招商引资活动中，重点按照对接京津、培育特色、板块引导的发展思路，招商引资效果明显。天津鼎康瑞洁餐饮具消毒服务有限公司投资建设的餐饮具清洗消毒项目已正式投产；河北泽群医药贸易有限公司在迁安的医药批发企业建设项目基本完成，预计2015年3月可经营运转；餐厨废弃物转化生物柴油项目，项目可研、技术合作、方案设计等工作已完成；英诺特与河北冀中能源、华药集团下属金坦生物技术股份有限公司关于三类体外诊断试剂的研发与生产，山东威海迪沙药业集团与英诺特企业建设中药制剂生产基地等5个项目正在洽谈中。

市食品药品监督管理局

局　　长 刘向东

副 局 长 李一凡　徐秀云（女）

王青松　李　誌

副主任科员 任红亮

（逯晨曦）

社会保险

【概况】 2014年，全市社会保障体系进一步完善，社会保险覆盖面进一步扩大，社保基金安全运行，社会保险事业健康发展。全市各险种覆盖884393人次，全年新增参保34283人次，共征缴社会保险费156113.83万元，支出118257.73万元，基金滚存结余225808.78万元，各项社会保险待遇按时足额发放率100%。机关事业养老保险参保单位186个，参保职工25392人，征收养老保险费25259.17万元，为5999名离退休人员支付养老金24879.67万元，基金滚存结余1366.43万元；企业养老保险参保单位786个，参保职工114577人，其中离退休14387人，征缴基金66646.96万元，为离退休人员支付养老金36878.35万元，基金滚存结余130229.99万元；城乡居民社会养老保险参保327261人，其中领取养老金91073人，基金收入15491.54万元，支出12639.45万元，基金滚存结余52284.96万元；共有10个镇乡96个村10782名农民参加失地农民养老保险，为8216名领取待遇人员发放养老金3271.55万元；失业保险参保单位209个，参保人员39800人，享受待遇11797人次，征缴基金4554.21万元，支出1061.96万元，基金累计结余3423.04万元；工伤保险参保单位487家，参保职工151006人，享受待遇10794人次，征缴基金8120.61万元，支出8364.84万元；城镇职工医疗保险参保单位880个，参保职工116800人，收缴基本医保费33308.88万元，为16216人次支付医疗费27923.21万元，基金累计结余30702.05万元；城镇职工生育保险参保98775人，收缴职工生育保险费2370.15万元，为4206人次报销生育医疗费和生育津贴1927.22万元，基金累计结余3031.79万元。

【城乡居民社会养老保险政策全面完善】 2014年，根据《国务院关于建立统一的城乡居民基本养老保险制度的意见》和《河北省人民政府关于完善城乡居民基本养老保险制度的实施意见》，迁安市出台了《迁安市人民政府关于完善城乡居民基本养老保险制度的实施意见》，将城乡居民基本养老保险从个人缴费档次、政府缴费补贴上做了调整：缴费档次统一为100~3000元，分13个档次，政府为缴费人员的补贴档次统一为30~150元，参保人自主选择缴费档次，多缴多得；对缴费超过15年且符合领取待遇的参保人员，每多缴费1年，其月养老金由增加1%变为增加1元。按照省政府《关于做好原农村社会养老保险与城乡居民基本养老保险制度衔接工作的通知》和河北省人力资源和社会保障厅《关于做好原农村社会养老保险与城乡居民基本养老保险制度衔接工作的通知》文件精神，迁安市于6月底开展原农村养老保险制度与城乡居民基本养老保险制度合并衔接工作，对43059名参保人员进行审核摸底，并成功实现无缝隙衔接，确保了参保人员的利益不受损失，进一步提高了社会保险经办水平。

【职工医疗保险市级统筹顺利对接】 根据唐山市城镇医疗保险市级统筹要求，迁安市对本地各项医疗保险政策进行相应调整，健全完善各项医疗保险数据信息，对医保“两定点”和医保网络建设进行规范。8月18日，全市226家城镇职工医保定点单位（其中定点医院14家、诊所23家、零售药店189家）成功与唐山市医疗保险信息网络系统联网，实现了与唐山市医保运行程序和业务经办流程的对接，实现市级统筹平稳过度，各项医保信息数据开始由唐山市局信息中心统一存储管理。联网后，参保职工可持社会保障卡在唐山辖区内定点药店和医疗机构购药，在迁安市内选定的定点机构就医，出院即报，有效提升了市城镇医疗保险统筹层次和保障水平。社会保障卡工程快速推进，共完成信息采集39.1万人，发放社会保障卡36.3万张。调整了城镇职工大额补充医疗保险政策，市人社局下发了《关于调整城镇职工医疗保险有关政策的通知》，参保职工一个自然年度内大额补充医疗保险报销封顶线由20.5万元提高到35万元，基本医疗保险报销最高限额5.5万元不变，城镇职工医疗保险报销封顶线由过去的26万元提高到40.5万元。

【企业离退休人员养老金按时足额发放】 以“养老金按时足额社会化发放”为重点，进一步巩固企业离退休人员养老金发放成果，全年新增企业退休人员1118人，按时足额发放率100%。根据河北省人力资源和社会保障厅、河北省财政厅《关于2014年调整企业退休人员基本养老金的通知》精神，对企业离退休人员养老金进行调整，涉及人员13516名，人均月增加195.24元。调整后，企业退休人员月人均养老金1876.13元，全市统筹基金每年增加支出3166.6万元。根据省委组织部、省委老干部局、省财政厅、省人力资源和社会保障厅《关于提高离休干部护理费标准的通知》精神，对64名企业离休人员的护理费进行调整，月人均增加275元。调整后，离休干部的护理费达到600～1200元/月。根据唐山市人力资源和社会保障局文件精神，对市老工伤人员的护理费进行调整和补发。按照护理等级不同，人均增加115.12元/月。对企业退休人员的生存状况进行调查，核实待遇领取人员信息，更新数据库人员信息。

市社会保险基金管理中心

主　任　田　克

副主任　王　咏（女）　秦建军

（石晏春）

就业服务

【就业再就业目标完成情况】 实现农村劳动力转移就业5750人，完成目标5600人的102.7%；城镇新增就业6750人，完成目标6600人的102.3%；下岗失业人员再就业1290人，完成目标1210人的106.6%；城镇登记失业率为2.86%，控制在3%以内。开展职业技能培训3756人，完成目标2000人的187.8%。开展创业培训1002人，完成目标1000人的100.2%；新发放小额担保贷款2820万元，完成目标2000万元的141%。引进各类急需人才885人，完成目标800人的110.6%；推荐高校毕业生就业见习604人，完成目标600人的100.7%。

【发挥平台作用促就业】1. 充分发挥人力资源市场桥梁作用。2014年，市场交流洽谈活动改为每周六举行，全年共组织各类招聘会43场，为企业登记招聘4964人次，进行职业指导6631人次，成功介绍就业2916人次。2. 重点开展“就业援助月”“春风行动”“民营企业招聘周”等专项活动。3. 推动公共就业服务向基层延伸。按照计划，年内重点做好夏官营镇、大崔庄镇、蔡园镇、大五里乡4个镇乡劳动就业社会保障服务所改（扩）建工作，顺利通过省厅考核验收，获得省级奖补资金24万元。

【加强职业技能培训】 加强职业技能培训，不断提高城乡劳动力就业创业能力。1. 完善职业培训基地认定管理。按照省、唐山市职业培训基地认定管理办法，择优认定12家定点职业技能培训基地、3家创业培训基地，增加了育婴员、美容师、化妆师、养老护理员等新专业，健全贴近农民、覆盖城乡的职业培训自选超市网络。2. 强化全程监管。以“五真”（真学员、真培训、真出勤、真合格、真就业）和“七合格”（身份合格、考勤合格、笔记合格、抽查合格、考试合格、就业合格、档案合格）为标准，严格执行职业培训政策要求，切实保证培训质量。3. 强化就业保障。加强培训学校和用人单位的联系，加大订单、定向培训，促进招生、培训、就业工作的有效衔接，提高培训就业率。

【优化创业环境】 优化创业环境，促进创业带动就业。1. 加大小额担保贷款发放力度。按照规定，参加创业培训考试合格，自领取营业执照之日起 1 个月以上 36 个月内，有固定经营场所且达到一定规模，雇佣 2 人以上就业的，即可申请办理小额担保贷款。全年新发放小额担保贷款 2820 万元。2. 加大创业培训力度。积极与培训机构和基层乡镇沟通，将创业培训班按计划办到乡镇村，更加便捷有创业意愿的农民参训。全年有 1002 人参加创业培训。3. 加大创业帮扶力度。在每一期创业培训班上举办创业专家指导会，由工商、税务、财政、银行等创业指导专家对学员进行创业扶持政策、工商注册流程、创业项目推荐等方面指导。

【加强人才引进和培养】 加强人才引进和培养，为经济转型提供人才智力支撑。1. 研究制定人才引进和培养优惠政策。通过对江浙地区四市、县（区）学习考察，配合组织部起草了《中共迁安市委、迁安市人民政府关于实施“智汇迁安”人才强市战略的意见》，并征求各方面意见，对“意见”做进一步修改完善。2. 组织用人单位赴外招聘人才。为满足用人单位对各类人才的需求，在摸清人才需求的基础上，有针对性地组织用人单位参加各相关高校的毕业生洽谈会，提早动手引进急需专业的高校毕业生。组织燕钢、九江、思文科德、人民医院等 10 家重点企事业单位参加第十七届唐山中国陶瓷博览会人才技术交流大会，达成意向 256 人。3. 多形式培养急需人才。积极与迁安学院等全国各大高校、科研院所和各类培训机构联系，依托高校智力培养自有人才。密切与北京科技大学联系，组织好在职研究生班考勤等日常管理工作。

【促进高校毕业生就业】 1. 大力实施高校毕业生就业见习计划。确定 7 家企事业单位为见习基地，征集见习岗位 1019 个，推荐高校毕业生就业见习 604 人。2. 开展高校毕业生实名登记活动。采取入户走访调查方式，对 1296 名应届离校未就业高校毕业生进行实名登记，填写“唐山市离校未就业高校毕业生就业服务卡”，宣传高校毕业生就业创业政策，为进一步落实高校毕业生就业创业扶持政策，开展有针对性就业服务提供依据。3. 积极引导高校毕业生到基层就业。做好“三支一扶”（支农、支教、支医和扶贫）毕业生接收、“大学生村医”日常管理、考勤考核工作，及时落实待遇。全年接收“三支一扶”毕业生 14 名。

市就业服务局
局　长　刘子玉
副局长　徐少华　罗永红

（刘渝施）

民政工作

【拥军优抚】 广泛开展宣传工作。利用电台、电视台、《迁安时讯》《迁安民政》等各级媒体宣传各行业涌现出来的拥军优属新典型；坚持重大节日期间慰问工作。各类抚恤补助标准均高于国家标准，全年累计发放抚恤定补款 1759 万元，城镇、农村义务兵家庭优待金户均分别达到 16000 元和 15930 元。开展“关爱功臣”活动，累计为驻迁部队、残疾军人和重点优抚对象发放慰问款物 80 余万元。出台《迁安市 1－6 级残疾军人医疗保障实施细则》，施行“一站式”医疗结算制度，全年报销医疗费 49 万元。烈士褒扬工作成效显著，投入资金 196 万元维护烈士纪念设施及散葬烈士墓，开展烈士纪念日活动，以每人 200 元的标准，为在乡烈士遗属、烈士子女、残疾军人发放慰问金，并为全市所有烈属悬挂光荣牌。

（裴亚光）

【退役士兵及转业士官安置】 及时足额兑现义

务兵家属优待金。2014 年，农村籍义务兵家属优待金为每年每户 15930 元，城镇义务兵家属优待金为每年每户 16000 元。全市 19 名军队离退休干部的政治待遇和生活待遇均得到较好落实。

（裴亚光）

【基层民主政治建设】 1. 农村基层政权建设。一是按照省、唐山市要求，结合全市实际，认真研究制定了《关于做好村“两委”换届选举工作的实施方案》，对换届工作的目标要求、工作原则、方法步骤提出明确要求。二是组织召开全市村“两委”换届工作动员大会。动员会后，市委组织部、市民政局联合组织相关人员业务培训。2. 城乡社区建设。一是依照城市建设总体规划，以主干道路为界和便于管理、社区人口规模适度设定原则，将社区居委会由 16 个增至到 39 个；二是积极为马兰社区争取社区建设项目资金。

（邓芳冰）

【社会福利】 认真贯彻落实省政府关于加快推进养老服务体系建设的意见，坚持“党政主导，社会参与，全民关怀”的为老服务方针，超前应对人口老龄化的严峻形势，积极探索以居家养老为主、社区养老为辅、机构养老为补充的新型社会养老服务体系，提高养老保障水平，并取得成效。一是迁安市老年综合服务中心已建成一所集光荣院、敬老院、老年公寓三院合一型的养老机构，占地 1 万多平方米，拥有 160 张床位。二是 5 所福利院通过引进社会工作等先进理念，进一步完善软硬件设施，强化干部职工队伍管理，管理服务水平显著提高。2014 年，5 所福利院均被评为省三星级养老服务机构。三是大力支持社会力量兴办养老服务机构。按照“谁投资、谁管理、谁受益”的原则，建立公开、平等、规范的养老服务业准入制度。全市有 10 家民办养老服务机构已取得“养老机构设立许可证”。四是积极探索新型农村养老模式，农村互助幸福院老人生活无忧。按照《河北省深化加强基层建设年活动帮扶村互助幸福院建设实施方案》，至 2014 年底，全市已建设农村互助幸福院 435 个，院内生活设施齐全，均配备呼叫服务系统，休息室、活动室、室外场所可为老人提供休闲、娱乐、健身等个性化服务。居家养老服务中心发展迅速。至 2014 年底，全市已建成燕阳、燕祥等 21 个居家养老服务中心，建筑总面积 650 平方米，床位 151 张；在农村和社区建成 435 个居家养老服务站，覆盖面达到 100%。全市建立的居家养老呼叫服务网络为辖区的 400 户居家老人安装了电子保姆，提供家政服务、生活料理和精神慰藉等社会化服务。

（邓芳冰）

【儿童福利】 加强儿童福利机构建设和收留孤儿的管理。2014 年，民政系统收养社会弃婴及残疾儿童 56 名，常年在院供养 18 人，内设婴儿室、生活室、康复室、特教室、学习室等设施，充满童趣和温馨家园气息，为孤残儿童提供照料、教育、康复、医疗等服务。坚持“用爱心促进孩子们健康成长，用诚信呵护孩子们的幼小心灵，用细心照料孩子们的衣食住行，用恒心关注孩子们的点滴变化，用精心营造孩子们的温馨家园”的服务精神，对儿童的照料由传统的“养、教、治”三个基本功能，进一步向“情、能、智”方向发展。针对不同年龄段孤残儿童不同的心理特征、不同的残疾状况，实施心理疏导、矫形及康复训练，使孤残儿童身、心、智全面发展，融入社会、享受亲情。

（孙艳平）

【救灾救济】 2014 年，提高城乡低保、“五保”标准被列为迁安市委、市政府为民办实事之中。其中，农村低保标准从每人每年 2900 元提高到每人每年 3150 元、城镇低保标准保持每人每月 450 元。全年累计为 20149 位城乡低保对象发放保障金 4142 万元，实现动态管理下的应保尽保。落实农村“五保”供养标准自然增长机制，2014 年，集中供养标准为每人每年 7600 元、分散供养标准为每人每年 5000 元、分散特护供养标准为每人每年 8000 元。全年共为 1987 位“五保”对象发放供养金 1229.77 万元。筹资 100 余万元完成 5 所福利院消防改造项目。全年为 1032 位城乡困难群众发放医疗救助金 395 万元。

（李大鹏）

【民政管理】 婚姻登记管理规范有序进行。全年累计办理结婚登记 7453 对、离婚登记 2231 对，为遗失、损毁结（离）婚证当事人补证 2063 对，婚姻登记合法率100%。殡葬管理。采取疏堵结合的办法，推进殡葬改革，落实免除死亡人口基本火化费政策，累计减免费用260余万元。完成《唐山市地名文化丛书》迁安部分的编写校对和地名命名、标志牌维护更新等工作；启动建设区划与地名管理GIS系统平台。坚持培育发展与监督管理并重的方针，民间组织健康有序发展，2014年，全市有民间组织221个，会员总数6000余人。

（孙艳平）

【老龄工作】 至2014年底，全市有60周岁以上老年人口10.86万人。其中，60—69周岁老年人6.79万人，70—79周岁老年人3万人，80—89周岁老年人9812人，90—99周岁老年人907人，100周岁以上老年人9人。全市空巢老人2333人，占老龄人口的2%。失能、半失能老人2.16万人，占老龄人口的20%。创新机制，实施一系列惠老、助老政策、制度，使老年人生活得到有效保障和周到服务。2014年，市政府颁布的十大实事工程及重点工作中将“助老健康御险”和发放高龄老人生活补贴工作列入其中。至年底，累计筹资80.8万元，资助2.7万位五保对象、低保对象、重点优抚对象中的老年人及其他特困高龄老年人参加“助老健康御险”；扩大高龄老人养老保健津贴发放范围，在全省率先实施建立80周岁以上高龄老人高龄补贴制度，年内按照80—89周岁每人每月100元、90—99周岁每人每月200元、100周岁（含）以上每人每月300元的标准，全年累计发放高龄老人养老保健津贴1328.1万元。继续落实《河北省老年人优待办法》，2014年全年发放老年人优待证6859本，累计发放5.5万本。

（宋海波）

市民政局

局　长　张金铭

副局长　陈志今　刘志会　梁玉清　李志平　刘宗衍

书　记　张金铭（兼）

副书记　宁志军

（孙艳平）

人口和计划生育

【概况】 2014年，全市全面贯彻中共十八大和十八届三中、四中全会精神，以党的群众路线教育实践活动为契机，强基础，抓关键，重服务，保质量，人口和计划生育工作继续保持健康发展态势。年内全市出生人口11206人，出生率15.12‰，符合政策生育率88.7%，出生人口性别比106.05。

【人口计生政策】 市委、市政府继续把人口和计划生育工作纳入全市工作重点。1. 加强工作部署。研究部署综合治理出生人口性别比、流动人口管理服务、免费技术服务、宣传载体建设、计生惠民政策等重点工作；继续将免费孕前优生健康检查、免费生殖健康检查工作列入市委、市政府为民实事工程；2. 加强工作调度。市委、市政府定期对各镇乡（城区街道）、市直相关部门履职履责、财政投入情况进行督查督办，加强对基层人口计生工作指导，市委、市政府每季召开一次综合治理出生人口性别比工作调度会，对出生人口性别比倒排前三名的镇乡进行约谈问责，促进工作开展。3. 强化责任落实。市、乡、村三级层层签订人口计生目标管理责任书，将人口和计划生育指标作为各镇乡（城区街道）、市直各单位约束性指标，纳入全市经济社会发展全局，纳入综合考评“一票否决”内容，形成一级抓一级、层层抓落实的工作格局。

【计划生育管理】 坚持依法行政，继续加强出生人口性别比综合治理，推进流动人口计生服务管理。1. 综合治理出生人口性别比。一是严厉打击“两非”（非法终止妊娠、非法鉴定胎儿性别）行为。年内，发挥性别比办公室和公安、卫生、药监等相关部门职能作用，采取明察暗访、有奖举报、线索倒推等手段查处“两非”案件11件，罚款4.9万元。二是强化监管。全市认真落实“三级两全包保”责任制，实行引流产定向管理，加强未婚同居、新登记结婚和一胎女孩家庭等重点人群的监管和服务。三是加强宣传。在全市范围，倡导男女平等、关爱女孩、男到女家落户等婚育新风尚，转变群众生育观念。四是继续实行跨区域协作。与周边县区建立出生人口信息互通、“两非”案件协办配合的工作机制。2. 加强流动人口计划生育服务管理。一是建立健全市、乡、村、组四级工作网络，对流动人口搞好服务管理。二是建立避孕药具免费发放平台。在全市安装计生药具智能发放机15台，为流动人口提供全天候、零距离的免费药具服务。三是推进均等化服务。开展流动人口服务进社区、进家庭、进市场、进企业、进工地、进学校、进军营“七进”活动，为流入人口办理各类证照56人次，开展免费生殖健康检查2871例，办理“流动人口婚育证明”308件。四是建立试点。在城区建成3个流动人口新市民服务中心（明珠社区、钢城路社区、阜安路社区），辐射周边10多个居民小区、近百家机关企事业单位和500多户个体经营户，服务流动人口3200人。3. 推进计划生育依法行政管理。一是加强队伍素质教育。结合群众路线教育实践活动，加强全市计划生育系统党员干部思想素质教育，进一步转变作风，提升服务意识和水平。二是落实计划生育初审制度。三是依法依规落实处罚。全年依法依规征收社会抚养费2134.06万元。四是维护社会稳定。市政府成立重点案件攻坚小组，由人口和计划生育局、所在镇乡主要领导、信访局分包领导建立7个维稳小组，由通晓人口和计划生育政策的领导进行政策解释，确保社会稳定。

【计划生育奖励扶助政策】 结合实际，以关怀困难计生家庭为重点，创新机制，采取多种有效措施，开展计划生育帮扶救助活动。1. 认真落实计划生育奖励、扶助、救助政策。全年，发放资金1181.93万元。其中，落实独生子女父母三项奖励资金484.01万元，惠及27097人；落实农村计划生育双女家庭奖励资金15.39万元，惠及513个家庭；落实奖扶资金460.8万元，惠及4800人；落实特扶资金114.4万元，惠及170人；落实计划生育三级以上并发症特扶资金10.68万元，惠及48人；落实计划生育关怀救助资金22.2万元，惠及56户；落实计划生育“三三三”公益救助资金74.45万元，惠及307户。2. 开展亲情关爱活动。2014年，投资4.1万元，为全市116户独生子女死亡、伤残家庭免费配置智能化“电子保姆”自动呼叫器，为困难计生家庭提供各种快捷服务；开展救助贫困母亲活动4次，救助贫困母亲125位，资金6.2万元；开展“春蕾”女童救助活动16次，救助贫困女童381名，金额21.18万元；开展大病救助44人，资金15.4万元；开展“慈善助医”322人，金额13.8万元，减免特殊计生家庭门诊费6.1万元。3. 推进优先优惠政策落实。一是建立医疗保险计划生育奖励制度。农村计划生育独生子女死亡户和伤残户的医疗保险缴费由市财政全额资助，农村计划生育独生子女户和双女户的父母的医疗保险缴费由市财政资助50%。全年落实医疗保险计划生育奖励4.06万人，资金142.56万元。二是落实养老保险计划生育奖励政策。全年对566个符合计划生育独生子女户和农村计划生育双女家庭条件的个人，落实社会养老保险金增加10%的奖励。

资　料

“三三三”公益救助：即“三种筹资渠道、救助三类人群、三种救助方式”。三种筹资渠道。一是引导民营企业参与人口和计划生育公益事业。二是发动机关干部捐助。三是发动人民群众捐助。救助三类人群。一是独生子女死亡计生家庭中还没有达到政策救助年龄标准，但生活相对困难的；二是不符合奖扶特扶范围的抱养人群中子女死亡或伤残的；三是突发意外事故生活陷入困境的计生人群。三种救助方式。即一次性救助、临时性救急、长期性帮扶三种救助方式。

【计划生育服务】 坚持以人为本，提升计划生育优质服务水平。1. 宣传服务。一是在全市推广“一园（一个人口文化园）、一墙（一面国策墙）、一馆（一个人口健康均衡发展馆）”宣传教育模式，将“单独两孩”政策、关爱女孩、性别平衡等内容作为重点进行宣传教育。二是组织镇乡村干部、计生专干、育龄妇女小组长、育龄群众，开展“人口计生工作论坛”“计生专干上讲台”活动，增强国策意识，提高服务能力。三是深入开展婚育新风进万家活动。利用重要节日、纪念日等宣传节点，开展各类宣传服务活动40余场次，发放宣传品5万余份，解答群众咨询3000余人次，引导群众树立正确的婚育观念。2. 便民服务。一是在全市进一步完善乡级人口计生便民服务大厅，强化软硬件建设，优化服务环境，为群众提供一站式服务。二是推进计生政务公开。完善市、乡、村三级公开，及时更新公开内容和三级举报电话，确保群众知情权和监督权。三是简化生育证件办理程序。实行一次性告知、即时办结、限时办结、计生专干代办或预约服务等，提高服务效率和服务水平。四是推进阳光计生。开展“请农民兄弟姐妹评计生”和“请流动人口评计生”活动，聘请行风监督员对计划生育行政执法、管理服务等工作进行有效监督。保持阳光热线12356畅通，做好群众政策咨询解答。3. 技术服务。一是进一步加强乡级计生服务站和村级计生服务室建设，优化服务环境。二是强化“窗口”建设。在市民政局婚姻登记处设立计生政策咨询台，解答群众咨询，宣传生殖健康知识和政策法规。三是认真开展免费服务活动。全年为9168对育龄夫妇进行免费孕前优生健康检查，为14.2万名已婚育龄妇女进行免费生殖健康检查。

市人口和计划生育局

局　长　张金涛

副局长　李旭东　杨书慧（女）

　　　　　徐艳敏（女）

主任科员　李宝军

计划生育协会常务副会长　肖金彩（女）

（何长山）

迁 安 镇

【概况】 迁安镇位于迁安市中部，为市委、市政府所在地，镇政府驻市区惠泉大街西段。辖6个党工委，76个行政村、11个社区居委会，总面积128.14平方公里，耕地面积3812.71公顷。总户数72768户，总人口177363人，人口自然增长率9.15‰。2014年，完成规模以上工业总产值（现价）31.35亿元，同比增长2.1%；完成规模以上工业增加值9.59亿元，按可比价同比增长6.6%；实现规模以上工业利税2.98亿元，同比下降32.3%；全社会固定资产投资67.21亿元，同比增长22.1%；完成全部财政收入9.33亿元，同比增长2.2%；完成公共财政预算收入6.11亿元，同比增长10.5%；农民人均纯收入18700元，同比增长9%。

【项目建设】 继续围绕工业强镇目标，开展大招商，实施大项目，延伸大链条，培育大产业，增强经济发展后劲。全年实施重点项目17个，其中一产项目2个，二产项目4个，三产项目11个。计划总投资45.4亿元，已完成投资42.88亿元。斯道拉恩索正元包装有限公司增资项目、颐景园住宅小区二期工程、奥润世恒商贸城等6个项目已于年内达产达效；计划总投资21亿元的万嘉综合商贸物流园项目累计完成投资16.5亿元，计划2016年6月完工。计划总投资120亿元的迁安中央商务区天洋城4代城市综合体项目，累计完成投资76.2亿元，计划2018年11月全部完工。新开工项目4个，其中投资1.2亿元的津唐球墨铸管有限公司技改扩建项目已完工，投资2.5亿元的农村保障性住房一期C段项目、投资1.1亿元的河北百善药业老年常见多发病系列药品生产线项目和投资1.2亿元的福鑫家园项目等正在紧锣密鼓的建设中。同时强化项目储备，做到投入不断档，发展不停步。成功签约计划投资10亿元的迁安钰泉姑苏园项目和计划投资5000万元的迁安市蓝天幼儿园新建项目，为全市经济蓬勃发展注入活力。

【城建环境】 按照新型城镇化要求，立足服务城市发展，在推进城市建设中当先锋、做表率。1. 为确保建设工程如期开工，组织出动300多人次，完成东部工业园区石材厂项目和金融街项目的清场任务。2. 积极开展规划区内违章建筑控建。组织出动600多人次，对60余处违章建筑进行强制拆除，遏制了抢建违建之风。3. 西李铺返迁楼建设工作稳步推进。安置楼多层楼房有67栋，其中31栋楼房主体已完工。高层楼房有28栋，正在进行浇筑和钢筋绑扎工作。4. “南五村”、阚庄村和石岩庄村群众平稳回迁。立足消化拆迁的老问题，杜绝产生分配中的新问题，按照公平、公正的原则，未雨绸缪、平稳启动，圆满完成“南五村”、阚庄村多层楼房以及石岩庄村高层楼房分配工作，1857户群众喜迁新居。

【民生福祉】 继续坚持经济发展成果与民共享，

人民群众幸福生活指数不断提高。1. 农村环境持续改善。以国家卫生城复审工作为契机，扎实开展环境综合整治工作。全镇抽调170余名机关干部分包44个相关村，集中人力、物力对城中村环境进行重点整治，清理垃圾7000余吨，清除杂草1.5万平方米，拆除街道小栅栏1000余处，清理流动摊贩500余家，彻底消除卫生死角死面。同时，对所辖村主要街道进行集中清理，街道进行涂白，达到村容村貌干净、整洁。同时，镇党委、镇政府拿出150万元专项资金对城中村道路硬化进行补贴，完成道路硬化3.2万平方米，使镇村面貌焕然一新，镇域环境明显改善。2. 农保房一期C段加紧实施。占地90.4亩，共计960户，总建筑面积10.93万平方米的农保房一期C段于年内3月开工建设，至年底全部封顶，二计划2015年底投入使用。3. 公益性骨灰堂项目建成完工。概算投资1000万元的迁安镇公益性骨灰堂项目2013年7月开工，至2014年底全部竣工。项目位于迁安镇前丁官营村东南，十里河西岸，占地11.5亩。建筑面积1627.45平方米，可容纳2万具骨灰存放。项目的建成满足了广大人民群众对丧葬基础设施建设的基本需求，同时对节约土地、保护环境、移风易俗、减轻群众负担具有重要现实意义。

【社会稳定】　稳定形势持续向好。1. 夯实安全生产工作。坚持党政同责、一岗双责、齐抓共管，强化属地管理、部门监管、企业主体“三个”责任，把责任逐级传导到基层、落实到岗位、具体到人头。严格实行领导干部安全生产问责制，镇领导班子成员按照分管战线和所分包重点企业进行责任分包，定期入企开展安全生产检查，有效遏制各类事故的发生。2. 调整信访工作方式。认真执行干部包村包案、领导重点接访、倒逼化解问题等措施，带着感情解决群众的合理诉求，严厉打击非法闹访，维持社会稳定。

【党的建设】　继续围绕“抓党建、促发展”的工作思路，加强执政能力建设，基层党建取得长足进展。一是深入开展党的群众教育实践活动。坚持领导带头，突出问题导向，开门纳谏，真查真改，取信于民，务求实效。从群众“三最”问题入手，解决群众最关心、最直接、最现实的利益问题156件，镇领导班子39项整改任务已整改33项，各基层党组织2151项整改任务已整改1989条，正在整改的162条，党风、政风、民风明显好转。二是加强软弱涣散党组织整顿。王家园、谌新庄、石岩庄等12个软弱涣散党组织全部完成转化。三是扎实开展党建示范点、示范区创建活动。创建周官营、官立口、建设等党建示范点10个，布局合理，连点成区。四是农村两室规范化建设得到加强。投资70万元，推进村级组织活动场所和农村“两室”规范化建设，全镇村级组织活动场所标准化率达到100%。五是不断加强党风建设，做好反腐倡廉工作。进一步完善党风廉政建设责任制，深入开展领导干部廉政承诺，按照中央“八项规定”，认真开展正风肃纪专项行动，加大对违纪违规案件查处力度，干部作风切实转变。

书记	任　顺
副书记	赵永兴　董志国
镇长	赵永兴
副镇长	张玉红（女）　张建民 李小波（5月离）
人大主席	李秀红（女）
人大副主席	毕秀琴（女）
武装部部长	兰健升
组织委员	付殿波
宣传委员	崔　杨
纪委书记	武保和
城区党工委书记	李子义
于洪庄党工委书记	张晓明
西李铺党工委书记	樊玉良
毛家洼党工委书记	彭振旭
丁官营党工委书记	朱俊秋
潘营党工委书记	孟　乐

（张　宁）

扣　庄　乡

【概况】　扣庄乡位于迁安市东部，乡政府驻地扣庄村位于市区东6.7公里处。辖27个行政村，总面积71.26平方公里，耕地面积3757.09公顷。总户数12791户，总人口43715人，人口自然增长率8.98‰。2014年，扣庄乡主动适应经济发展新常态，深入开展党的群众路线教育实践活动，按照“转作风、提效能、保稳定、促发展”的工作思路，积极作为，主动应对，克难奋进，经济社会发展实现稳中有进、稳中向好。完成规模以上工业总产值（现价）14.67亿元，比2013年增长25.4%；规模以上工业增加值5.6亿元，按可比价比2013年增长15%；规模以上工业利税8633万元，比2013年下降25.3%；全社会固定资产投资11.8亿元，比2013年增长21.6%；全部财政收入6343万元，比2013年增长33.7%；公共财政预算收入1786万元，比2013年下降11.3%；农民人均纯收入17354元，比2013年增长8.6%。

【项目建设成绩显著】 投资2.56亿元的葵花药业集团（唐山）生物制药有限公司现代生物制药项目、投资2.46亿元的万通德润混凝土搅拌异地迁建项目、投资5000万元的一诺饲料年产30万吨畜禽水产饲料项目和投资3000万元的河北大唐国际迁安热电有限责任公司烟气脱硫提效改造项目等10个项目已完工。河北泽群医药物流项目、迁安市鹏奥汽车销售有限公司二手车市场项目、迁安市兆和书画纸业有限公司书画纸生产项目、陈官营110千伏输变电工程项目和富民农业产业园项目正在加快建设。桑德环境资源有限公司生活垃圾焚烧发电及清运项目、大唐热电2×35万千瓦热电联产项目等正在积极推进。

【基础设施全面提升】 多方筹措资金加大对乡村基础设施的投入，投资40万元新修上阶地至万灵路段水泥路2200米、投资25万元修建唐庄至夏陈路段水泥路1600米，投资12万元翻建寺前至任庄段6米桥一座；投资20万元修通了寺后粉丝小区至园区500米的排水管道，将粉丝小区排水排入全市污水管网；投资10万元修缮平整乡村道路20公里；推进完成农村改厕3056个；农田新打机井50眼，铺设主管道8.24万米，新上80千伏安变压器6台，架设高低压线路10.6公里，有效改善了9000多亩耕地的农业生产条件。

【城乡面貌持续改善】 按照城镇建设总体规划，扎实推进第三产业发展，不断改善城镇形象，在迁徐公路两侧城镇规划区内完成投资3200万元，新建商贸楼12栋；投资30余万元，重修了迁徐路两侧排水沟6公里，高度重视农村环境面貌改善提升，提升全乡形象。全年新增社会造林1998亩，栽植各类苗木10.8万株，林木成活均在90%以上，蟒山、安新庄、上阶地、邓新房子4个村街道绿化栽植木槿、白蜡、太阳李等8800株，取得很好的绿化效果。

【社会事业繁荣发展】 坚持办实事、厚民生，群众幸福指数显著提升。1. 努力推进老区村项目建设。上阶地、毕新庄、东牛山、西牛山4个革命老区村，在市老促会等部门的大力帮扶下，投入资金126万元，完成打井上电、修路修桥、电网改造、河道治理等基础设施建设项目6个，推进了老区村经济发展。2. 稳步提高社会保障水平。农村养老保险参保人数14376人，收缴保费185万元，全乡有6411人享受城乡居民社会养老保险待遇，城乡居民医疗保险普及率98%以上，累计实施农民免费技能培训155人，实现农村劳动力向非农产业转移333人。3. 落实弱势群体帮扶救助政策。全年累计为1340人发放最低生活保障金240万元，为104名分散五保户发放供养资金30余万元，为350名优抚对象发放定补资金100余万元，为630位80周岁以上老人发放高龄津贴80多万元。解决危房户住宅改造32户。

【安全生产长效监管】 安全生产工作常抓不懈。严格落实安全生产责任制，深入开展“六打六治”、尾矿库安全专项整治等活动，加强重点行业和重点领域安全监管，开展安全生产大检查，遏制重大安全事故发生。食品药品安全监管建立长效机制。以食药安全县创建工作为契机，建立联防体系，对辖区内食品生产、食品流通等行业进行摸底检查和建档造册，加强食品行业监管力度和协管员培训力度，完善食品药品安全监管长效机制，保障人民群众饮食、用药安全。

书　　记　张利民
副 书 记　薛　东　史　钧
乡　　长　薛　东
副 乡 长　杨　秀　王进伟　张永奎
人大主席　张　海
武装部部长　马宝田
组织委员　李泓波
宣传委员　崔小丽（女）
纪委书记　郭欣光（女）

（马保员）

夏官营镇

【概况】 夏官营镇位于迁安市东南部，镇政府驻地夏官营距市区10公里。辖28个行政村，总面积71.81平方公里，耕地面积3338.92公顷，总户数10684户，总人口33925人，人口自然增长率9.85‰。2014年，面对增长速度换挡期、结构调整阵痛期、前期刺激政策消化期“三期”叠加的经济新常态，面对钢铁产业产能压缩、环保约束的双重压力，夏官营镇党委、政府与全镇人民一道在困难中找出路，在调整中寻发展，夯实了转型发展的基础，积蓄了经济增长的势能。全年完成规模以上工业总产值（现价）23.6亿元，同比下降48.2%；规模以上工业增加值8.66亿元，按可比价同比下降57.9%；规模以上工业利税2.97亿元，同比下降74.7%；完成全社会固定资产投资11.93亿元，同比增长22.9%；全部财政收入6194万元，同比下降1%；公共财政预算收入2519万元，同比增长9.8%；农民人均纯收入17878元，同比增长10.6%。粮食总产量15087.54吨，比2013年增长9.6%；农民人均纯收入17878元，比2013年增长10.6%。

【项目建设】 以重点项目建设为主线，产业结构不断优化，经济发展后劲强劲。2014年全年续建项目4个，即昌安耀滨科技企业孵化器项目，已有16家企业入孵，已投产企业10家，累计完成投资7500万元；河北海钺耐磨材料科技有限公司钢球自动生产线项目，已完成项目一期试生产，累计完成投资1.8亿元；迁安滦丰生态农业观光园项目，建成以生态养殖为核心，观光旅游、休闲度假为一体的现代化农业生态园区，总投资3000万元；河北钢铁集团迁安红山铁矿有限公司项目，至年底项目主井井筒已完工，累计完成投资1.2亿元。新开工项目5个，即计划总投资4000万元的明续（迁安）科技发展有限公司大数据云平台开发；计划总投资5亿元的信地房地产公司富达中小企业园二期项目；计划总投资1200万元的唐山市意昌达科技发展有限公司机械零部件研发及加工制造项目；计划总投资1300万元的衡安钢构配套新建项目；计划总投资1100万元的迁安市夏官营镇坤龙水族器材厂项目。签约项目3个，即计划总投资3亿元的迁安市泽华环保工程有限公司水处理环保成套设备制造项目；计划总投资1000万元的金客隆超市项目；计划总投资1200万元的迁安市唐人网络科技电子商务有限公司家居电子商务项目。谋划项目6个，即计划总投资2亿元的金轮自行车集团祥龙自行车有限公司迁安生产基地项目，计划总投资3亿元的天津宝地农业科技发展有限公司食用菌生产及深加工项目等6个。

【小城镇建设】 严格遵照迁安市小城镇建设总体规划，立足中部文化生活区的发展定位，统筹推进城乡建设，城乡一体化水平进一步提升。1. 新镇区不断完善。高标准建设夏官营社区，项目占地120亩，计划总投资2.5亿，建设内容主要是22栋住宅楼，至年底已有16栋入住，解决了350户住房问题，带动周边餐饮、商贸发展。2. 镇区服务功能显著提升。启动实施镇区绿化、亮化、美化、硬化等基础设施建设，投资40万元为镇内无亮化的背街小巷安装路灯，投资10万元接通农业推广站暖气管道；投资2.8万元疏通了2000米下水管道，增强了镇区的综合承载能力和服务水平，人民群众生活更便利、更幸福。3. 农村面貌焕然一新。以“镇村联动，全面推进，重点突破，务求实效”为指导思想，实行领导干部包片、一般干部包村、村干部包街制度，完善包村干部和两委干部考核奖惩机制，根据平时表现和拉练观摩排名进行奖惩，充分调动干部群众积极性，全年累计投入资金120余万元，清理垃圾5800余吨，清理杂物1600余吨，清理庭院9357个，拆除残垣断壁10多处，改造院墙600多平方米，环村绿化植树1000株，村容村貌焕然一新。

【环境建设】 围绕“树形象、塑面貌、促提升”的思路，加强环境建设。1. 生态恢复治理成效显著。对涉税土地的企业、个体工商户进行全面测量，已完成460余家、4900余亩；对东峪、西峪、永兴庄、洪庄4个村5000亩高标准基本农田示范区进行设计，为高标准建设和保护基本农田做好准备；对夏官营8处500亩的工矿废弃地进行实地勘察，确定复垦规模和复垦利用方向，计划到2015年全部完成；集中开展大气污染治理行动，对重点企业脱硫、除尘等环保设施安装改造，对成达、三联等企业进行节能改造。天蓝、水净、山青、村美的优美环境已经显现。2. 经济发展环境逐步提升。以打造良好的政策环境、法制环境、服务环境和人文环境为核心，打造“投资夏官营，你我都双赢”的环境品牌，提升发展的软环境。积极构建村—镇—市“三位一体”服务新模式，各村设立“为民服务全程代办室”，两委干部轮流在村部值班，为群众代办计划生育、养老、医疗、低保申请等工作，方便群众办事。镇机关设立了“为民服务全程代办中心”，民政、社保、计划生育等部门值班人员轮流在“代办中心”值班，与农村“为民服务全程代办室”相衔接，按照“对口”原则，及时登记，相关部门负责人积极办理，完成一件，注销一件，有效解决了群众生产生活中的实际问题，深受群众好评。

书　　记　郭小峰
副 书 记　王克骄　董星明
镇　　长　王克骄
副 镇 长　郝艳琴（女）　贾志丹　周志国
人大主席　王　满
武装部部长　李郑军
组织委员　郝爱红（女）
宣传委员　王小光
纪委书记　杨建锋

（梅冬静）

彭店子乡

【概况】 彭店子乡位于迁安市东南部，乡政府驻地彭店子村距市区20公里。辖18个行政村，总面积40.55平方公里，耕地面积1974.17公顷，总户数7493户，总人口23206人，其中党员966人，人口自然增长率7.49‰。境内东部、南部是平原，土质肥沃，地下水资源丰富；西部、北部是丘陵，铁矿资源丰富。青龙河和滦河从东西南三面环抱该乡。陆路交通便利，东西方向有京沈高速公路和102国道贯通，乡政府驻地距京沈高速公路卢龙入口6公里；南北方向有迁（迁安）卢（卢龙）公路纵贯全境。水路交通便捷，距秦皇岛港75公里，距京唐港60公里。电力充足，有3.5万伏变电站一座，距11万伏主变电站4公里，电信配套设施齐全。辖区内有迁安市文物保护单位八里塔汉代遗址和唐山市文物保护单位杨家坡新石器时代遗址。

2014年，全乡完成规模以上工业总产值（现价）28.8亿元，比2013年下降24.8%；规模以上工业增加值13.6亿元，按可比价比2013年下降22.6%；规模以上工业利税8.7亿元，比2013年下降41.7%；全社会固定资产投资7.4亿元，比2013年增长21.3%；全部财政收入2245万元，比2013年下降39.2%；公共财政预算收入966.8万元，比2013年下降41%；农民人均纯收入17601元，比2013年增长8.5%。

【项目建设】 2014年，实施在建项目15个，其中一产项目6个、二产项目6个、三产项目3个。产业链条纵深推进。扶持投资2.15亿元的迁安市弘旭工贸有限公司与江苏麒麟房地产开发公司合作高级门窗项目；推进投资1.1亿元的迁安市耀阳工贸有限公司电炉锻造钢球（段）项目，至年底完成6条生产线并投入使用。新型战略项目加快发展。重点实施了投资8000万元的迁安市万信汽车安全综合性能检测有限公司机动车环保定期检验项目、投资0.9亿元的迁安市京安大华汽车4S店及综合服务检测站项目，均已投入运行。现代农业项目稳固创新。投资6600万元的迁安春牧人养殖有限公司养殖基地及生物有机肥制造项目进展顺利，正在进行厂房主体建设；投资4000万元的冀东民俗文化产业园二期项目稳步展开，已完成酒窖、展厅建设。

【农业农村经济】 设施农业建设力度不断加大。在发展花卉苗木1500亩的基础上，建设高标准鲜切花棚室50座，竹柳苗圃基地初具规模。畜牧工作，以顺发现代化养殖示范项目、迁安春牧人养殖有限公司养殖基地为引领，发展规模养殖场23个，散养户99户，打造迁安东部标准化养殖基地。积极发展农民专业合作社组织，彭店子乡富佳汇果木种植专业合作社成立。推动科技兴农，完成全乡7个村庄、16户科技示范户的物资补贴发放工作。推进绿化工作，绿道建设及植树造林力度不断加大，京哈高速两侧栽植树木2.2万株，完成绿化面积3141亩，高质量完成全年造林绿化任务。

【群众路线教育实践活动】 全面完成三个环节任务目标。学习教育，听取意见，强化务实导向。组建活动指导组，坚持将学习教育贯穿活动始终，乡科级干部集中学习13天，其他党员干部学习5天，普通农村党员学习至少3天。召开专题会议50余次，发放征求意见表6056份，走访5947户6360人，收集来信来函6件，接待来访来电16次，归类整理43大项264条意见建议、39个问题。严肃批评，边查边改交出实在答卷。以整风精神开展批评和自我批评，组织“三堂会诊”“四必谈”，开展班子及个人对照检查，相互指出问题、收集意见建议282条。针对问题撰写领导班子“两方案一计划一清单”和班子成员“一措施一清单”，立行立改，压缩会议11次、文件12份，调整清理办公用房面积132平方米，清查“吃空饷”人员3人，清退“空饷”47358元。整改落实，建章立制落实惠民实事。进一步完善机关学习、考勤、请销假等15项规章制度，创新建立“两非”（非工作时、非工作日）预约服务制度；开展“三进四问五送”工程，“三进”即进田间地头、进生产一线、进村入户，“四问”即问村情民意、问存在困难、问致富经验、问现实需求，“五送”即送政策、送信息、送技术、送服务、送温暖。制定并落实了建设高李庄省级示范幼儿园、在乡中学路口设置减速带、推进农村危房改造等8件惠民实事。

【新农村建设】 夯实农村基础设施建设。完善乡一级社区规划体系，推进全乡保障性住房项目的规划、建设工作，改善群众生活质量；抓好基本农田水利设施建设、防汛抗旱和减灾体系建设，改善农业生产条件，提高农民收入。开展农村面貌改造提升工作。建立环境卫生长效保洁机制，组建道路清理护路队，负责乡域内所有道路的维护和清扫工作，全年累计清理垃圾1760吨、杂物1300吨，清理庭院1020户、断壁危房4万平方米，在5月全市“四清”工作现场观摩中获得第三名；完成八里塔、崔李庄等8个村庄的改厨、改厕工作，年内改厨1000户、累计达到3500户，改厕1773户、累计达到5000户，顺利通过唐山市抽查验收，被评为唐山市爱国卫生先进单位。全年绿化树木2.5万株，印发宣传环境卫生保护资料2000份，美化墙壁50万平方米，亮化街道5万平方米，改路约20万平方米，“四化”工作取得良好效果。

【基层党建】 阵地建设“固本强基”。对村民活动中心办公场所进行整体大排查，督导修缮柏庄、南丘等村的办公设施、村务公开栏；成立乡一级便民服务中心，村委会设立便民服务站，值班干部为代办人员。队伍建设“补钙壮骨”。落实党委中心组学习制度，通过开展“周五大讲堂”和党委书记讲党课等深入推进学习型党组织创建；利用远程教育播放、主题党日活动、党员“分类定责、亮诺争星”等活动增强农村党员干部党性教育、提高致富本领；注重发挥党员先锋模范作用，建立示范基地4个，辐射带动群众共同致富。作风建设“踏石留印”。严格遵守八项规定，整合使用办公用房，编制内运转公车，“钉钉子精神”落实蹲点服务制度。年内召开乡科级干部党员、群众代表座谈会20场次，走访党员群众269户，征求意见33条，形成调研报告11份；党员活动日开展义务劳动180人，解决实际问题17个，化解矛盾纠纷6个。后进基层党组织“晋档升级”。因村制宜制定彭店子、坨上两个后进村的整顿转化方案，积极实施村庄亮化、排水沟渠疏通、安全饮水工程等多项为民服务项目，两个村均完成转化任务，顺利通过唐山组织部验收。

【党风廉政建设】 深入开展“正风肃纪”专项行动，乡纪委不定时对机关干部在岗情况进行监督检查，机关作风明显转变；召开全乡廉政警示教育大会，以党委书记讲廉政党课，市纪委、检察院专业人士授课等方式强化廉政意识；修订行政职权目录、权力运行流程图各30个，完善风险防范措施27条；落实“一为主两报告”制度，规范信访接待、登记，加大案件查处力度，共查结案件7起，其中经济案件5起，其他案件2起，处分党员7人；加大廉政文化宣传，全年制作廉政文化宣传牌匾26块、宣传标语32条，开展廉政书画比赛2场、廉政文艺演出4场次。

【社会管理】 社会治安综合治理成效显著。广泛开展“综合治理宣传月”“法律进校园、法律进万家”等法制宣传活动；推进农村治安集中整治工作，全力创建“平安彭店子”；加强人民调解在维护社会稳定中的“第一道防线”作用，乡调委会调解纠纷15起，成功调解15起。信访工作明显加强。全面落实领导信访接待日制度，采取诸多稳控措施确保全乡社会稳定；全年接待市级以上群众来访6件次，乡18件次，结案率100%，被市委、市政府评为信访稳定工作先进单位。

【社会事业】 社会保障任务圆满完成，完成7937人的养老保险费征缴、3340人的待遇核定工作；发放社保卡11496张；做好就业失业登记管理工作，开具未就业证明142人次，审核小额贷款20笔，带动就业78人。计划生育工作稳步开展，计划生育率达到89.24%，出生统计求实率97%，出生人口性别比106.54。食品药品安全监管工作有序推进。建立“六员联防”体系，开展“省级食品药品安全县创建”工作。开展食品药品安全知识科普宣传活动3次，悬挂条幅10余条，张贴食品药品安全倡议书40余份，发放各种宣传品1万余份。精神文明建设全面加强，组织开展“文明交通——志愿服务”“文明伴我行”“中国梦·赶考行”集中宣讲、“迎七一·唱红歌·农民歌咏比赛”等系列文明创建活动，被市委、市政府评为文明镇乡。“三城同创”工作加快发展，举办健康教育知识专题讲座6次，率先在全市范围内完成健康宣讲任务；组织开展“小手拉大手、共创无烟环境”“感恩教师情、创建健康城”免费义诊等系列健康城市创建活动。文体工作再创佳绩，通过河北省一级文体站复查验收；投入20万元，举办各类文体活动20余次，在9月全市第十九届“颂祖国·唱迁安”合唱节活动中获一等奖。国土资源管理工作有效开展，加大辖区内违法采矿采砂和违法建房等土地巡查工作力度，下达《责令停止违法行为通知书》18份，查处洗砂厂3处、粉石厂2处、采砂场2处；开展涉税土地清查专项行动，摸底调查322家企业与工商户，涉及面积1789.8165亩；汇总清查辖区内“五小企业”44个，按时做好卫片监测图斑共35处的核实整改工作。

书　　记 李浩胜
副 书 记 李国良　刘广欣
乡　　长 李国良
副 乡 长 王　力　杨书军　马千里
人大主席 贾艳明
武装部部长 刘术臣
组织委员 杨春林
宣传委员 吉海力
纪委书记 宁玉茹（女）

（梁文侠）

杨各庄镇

【概况】 杨各庄镇位于迁安市东北部，镇政府驻地杨各庄村距市区18公里。辖37个行政村，总面积76.01平方公里，耕地面积3997.74公顷，是典型的农业大镇。总户数12222户，总人口39968人，人口自然增长率7.9‰。2014年，镇党委、镇政府围绕为民务实清廉主题，紧密聚焦“四风”问题，扎实推进党的群众路线教育实践活动。围绕转型攻坚和绿色崛起主线，紧抓新机遇，培育新优势，全面深化改革，实现经济社会健康平稳发展，“生态农业强镇、文化旅游大镇”建设迈出坚实步伐。全年完成规模以上工业总产值（现价）9.68亿元，比2013年下降37.6%；规模以上工业增加值2.81亿元，按可比价比2013年下降31.6%；规模以上工业利税1.09亿元，比2013年下降55.9%；固定资产投资6.03亿元，比2013年下降4.7%；全部财政收入2056万元，比2013年下降64.5%；公共财政预算收入1198.5万元，比2013年下降68.8%；农民人均纯收入15728元，比2013年增长8.5%。粮食总产27112吨，同比增长10%；牲畜（包括猪、牛、羊等）共出栏51436头，同比下降0.1%；肉（包括猪、牛、羊肉等）产量3689吨，同比增长2.1%；鲜奶10307吨，同比下降3.7%；禽蛋产量1159吨，同比增长81.7%；农业增加值52459万元。

维护社会稳定，为群众办好事，让群众好办事，为群众办实事好事近千件。坚持矛盾纠纷排查制度，发现问题及时处理。全年发生各级访81起，141人次。其中，镇访44起96人次，迁安访19起27人次，唐山市访13起13人次，河北省访5起5人次。至年底有3起未办结案件，其他信访案件全部办结，办结率96%。

【项目建设】　举全镇之力实施全民招商，内激外引推动全民创业，扎实开展经贸洽谈活动，以京津冀协同发展为契机，以中国百强、行业领军企业为重点，登门拜访25人次，接待客商15人次，达成一批意向项目，实现项目建设新突破。高峰（迁安）糖业有限公司100万吨果糖一期项目完工；迁安市华农发展有限公司年产7.2万头原种猪扩繁场一期项目完工；投资2100万元的兴阳百益食用菌生产园区二期项目完工，新建菌棚118个，引进灵芝等新品种，通过了部级食用菌标准园验收；新培育占地200亩的民赢食用菌园区，累计完成投资880万元，发菌棚、出菇棚基本建设完毕，已成功育菌40万棒；新引进了占地205亩的佳农草莓园项目，累计完成投资2080万元，建设标准化棚室49个，首批优质草莓已于春节前上市，在京、津、冀、蒙等外部市场初步打响了“欧C”草莓品牌；北京航天恒丰科技发展有限公司与福盛科技畜牧有限公司合作“年产5万吨微生物肥料项目”主体工程已经完工，正在进行设备安装调试。做好项目谋划工作，迁安市华农发展有限公司年产7.2万头原种猪扩繁场二期项目，河北正元农业生态开发有限公司徐流口综合旅游开发自动化日光温室花卉、蔬菜种植示范基地项目，上海吉斯经贸发展有限公司花木城项目，北京市盈月新能源汽车有限公司电动汽车组装加工项目正在积极办理，力促落地。7月23日，成功迎接唐山市委书记姜德果带领市四套领导班子、各县区一把手领导观摩7.2万头原种猪扩繁场一期项目拉练；8月7日，成功迎接市四套班子领导带队的佳农农业开发有限公司草莓谷项目、江苏省牧羊集团有限公司饲料加工项目拉练活动。

【社会主义新农村建设】　以群众路线教育实践活动为契机，全力建设美丽乡村，推进新农村建设。投资198万元实施养殖小区、果树嫁接等富民工程19项，投资336万元实施道路硬化、引水上山等基础设施建设工程11项，投资300万元实施校安工程4项。新增低保87户、核查信息928户，养老保险收缴168.1万元。实施危房改造39户。新增造林面积974.9亩。构建网格化监管体系，净化食品药品市场。完成涉税土地清查工作，开展安全生产大排查活动，投资20万元更新环境治理设备设施，按季度开展环境综合整治4次，改善群众生产生活环境。成功举办第二届婆媳文化节，开展“孝德大讲堂、道德明星表彰、美丽家庭创建”等主题实践活动。组建好媳妇志愿者服务队，开展健身舞大赛，把“全民健身、舞动人生”的理念根植于广大群众之中。群众自编自演十八届四中全会精神宣传文艺演出和教育实践活动文艺展演，展现了基层干部群众的文艺风采，丰富了群众文化生活，营造了文明和谐的新风尚，相继被“中国文明网”、《河北经济日报》等多家媒体报导。

【特色农产品】 杨各庄地区多样的物种注定了饮食的丰富多彩，大豆制作出的水豆腐鲜嫩可口、豆皮营养丰富、豆片嚼劲十足；红薯制作出的粉条Q弹顺滑，制作出的酸辣粉可为人间一绝；红薯面加野山菜制作的蒸饺，入口微甜，嚼后清香四溢；糯米面加黄豆面制作的驴打滚，软糯香甜。豆片卷大葱、豆皮仟、炸粘元宵这些日常的吃食成为各个农家饭庄的主打、头牌。徐流口村的豆片加工、粉条加工至今仍沿用古老的传统制作工艺，流程复杂、加工精细，产品远近闻名，是人们争相品尝、馈赠亲朋的上好佳品；椊林村的铁器打造、泥瓦盆烧制仍在生产，纯手工制作，结实耐用；椊林村胜产白薯，用生产白薯粉的渣料土法酿造的白酒口感绵软，香醇四溢；程序繁冗的家织布工艺，从采棉纺线到上机织布，要经过大大小小七十八道工序，工艺传统、技艺传承。

【基层组织建设】 以党的群众路线教育实践活动为主线，全面加强基层组织建设。打造阎官屯、小套等1个党建示范区和4个示范点，放大典型效应；健全两委班子，消除矛盾隐患，5个后进支部顺利通过唐山检查验收。积极争取上级支持，实施两室规范化建设。5个老区村代表迁安迎接了唐山市老促会的调研观摩。增强党员干部活力。巩固实施党前教育“摇篮”工程、两委干部“素质提升”工程和党建示范工程，发挥远教作用，开展特色创建等主题实践活动。先后有11名党员和村干部带头创办蘑菇、草莓、农产品加工等一批致富项目，带动近千户农民增收。森罗寨循环经济示范园被评为省级远程教育示范站点。强化考核抓作风。制定《农村干部规范化管理办法》，完善考核评价机制，在服务中转作风、树形象。全镇200名预备党员和入党积极分子募集摇篮爱心基金1万元，帮扶困难群众30名。

书　　记　周泽红（女）
副 书 记　何振宇　陆金生
镇　　长　何振宇
副 镇 长　魏彦民　金瑞卿
人大主席　郑晓明
武装部部长　王延飞
组织委员　刘福山
宣传委员　国立英（女）
纪委书记　张　池

（史 伟 高 洁）

建昌营镇

【概况】 建昌营镇位于迁安市东北部，北依燕山，扼守冷口关，是青龙、迁安交界地。全镇总面积89.92平方公里，辖50个行政村，山场面积5.5万亩，耕地面积2912.22公顷。2014年，全镇有16111户，46511口人，人口自然增长率10.72‰，是汉、回、满等9个民族聚集地。全年完成规模以上工业总产值（现价）3.79亿元，同比增长9.8%；规模以上工业增加值1.72亿元，按可比价同比增长15.9%；规模以上工业利税1367万元，同比下降19.4%；完成全社会固定资产投资8.82亿元，同比增长24.1%；全部财政收入3974万元，同比增长6.7%；公共财政预算收入2303万元，同比增长11.1%；农民人均纯收入16328元，同比增长8.6%。粮食总产14748吨。

【项目建设】 年内，建昌营镇围绕市四大园区共享平台和镇生态农业旅游资源优势，推进全员抓项目。全年实施重点项目14个，其中，结转项目3个，新开工项目11个，计划总投资15.07亿元，年内完成投资6.7亿元。此外，签约项目3个，谋划项目5个。其中，分别在市经济开发区和高新技术产业开发区建设的滦中实业调温钢生产基地项目和华固特石英石板材加工项目，都已竣工投产；在镇区建设的军英蚯蚓生态养殖与加工项目，已完成土地流转和办公厂房、围墙等建设，试投放蚯蚓种苗100亩；与香港东捷国际绿能环保有限公司合作的肿瘤治疗中心项目，一期投资6000万元。

【旅游产业】 按照迁安市打造北部长城民俗古镇战略部署，结合国家长城公园建设，依托绿道实施休闲旅游金瓜工程。定位旅游和生态农业的发展方向，突出特色，重点谋划推进一批有一定基础的长城旅游项目。计划总投资2亿元的大龙庙国际生态旅游度假山庄项目于2014年11月28日签约，主要以原始村落风貌为基础，实施高端改造，建成具备中小型会议接待能力的高端度假村。同时开发长城景区观光、原生态养殖基地、特色山野菜种植大棚、地被景观、水库、瀑布等生态项目。加大文化旅游资源开发力度，继续搜集整理相关民间传说、典故，增强“千年古镇”底蕴。

【农业工作】 以绿色家园建设为根基，以休闲旅游产业和现代农业项目为抓手，推进农业项目建设不断突破。投资1000万元，建成占地1200亩，集休闲、旅游、观光、采摘、度假、垂钓、农事体验等为一体的北新庄石砚山观光休闲园项目；推进果品提质增效工程，完成石门子核桃高枝嫁接改造1000亩，创建东密坞板栗园、郑庄核桃园、新房子梨园3个市级精品园，精品园个数居全市19个镇乡之首；新成立农业合作社5个，其中互利玉米种植专业合作社农机保有量居全市19个镇乡之首。同时，高标准实施造林绿化，对绿道两侧采矿坑、裸岩、石灰窑等特殊地块实行阶梯式绿化，完成造林面积11230亩。

【城镇建设】 稳步推进社区保障性安居工程，缓解全镇居民住房用地紧张状况，一期工程4栋楼144户，已于2014年11月8日顺利交房入住；启动鼓楼大街重修改造工程并顺利通行，镇财政投资200多万元，配合市交通局完成了部分基础配套项目；提高土地利用效率，拓展建设用地空间，对工矿废弃地进行复垦和调整利用；扎实部署农村面貌改造提升行动，全镇环境面貌取得质的飞跃和提升。2014年7月，建昌营镇作为小城镇建设发展的重点和龙头，被住房城乡建设部、国家发展改革委、财政部、国土资源部、农业部、民政部、科技部确定为全国重点镇。

【社会事业】 社会稳定持续改善。发挥村级第一道防线作用，完善包村制度，变群众上访为干部下访，落实信访新规，依法办事。坚持原则和底线，依法依规打击处置缠访、闹访、无理访人员。拓宽社保覆盖面，社会保障工作迈上新台阶。2014年，养老保险缴费人数总计1.5万人，累计缴费金额221万元；开展全民健康体检、食品药品安全检查等活动，健康意识明显增强；打造发展软环境，提升百姓文化品味，开展丰富多彩的文化娱乐活动，创作优秀文艺作品。以道德模范的感人故事为基础创作出话剧小品《喻长富的美好人生》和京东大鼓《闪光的人生》，以历史故事为题材创作出话剧小品《仁义胡同》等作品。开展道德大讲堂活动，弘扬仁义礼智信的道德准则，树立新风正气。

书　　记　朱　冰
副 书 记　蔡爱军　张学军
镇　　长　蔡爱军
副 镇 长　金士强　周福满　杨振红（女）
人大主席　孟祥稳
武装部部长　张政日
组织委员　王冬美（女）
宣传委员　李素艳（女）
纪委书记　于　昆

（石　梅）

上射雁庄乡

【概况】 上射雁庄乡（上庄乡）位于迁安市东北部，乡政府驻地上射雁庄距市区10公里。总面积44.34平方公里，耕地面积2458公顷。辖24个行政村，总户数8206户，总人口25145人，人口自然增长率6.12‰。2014年，完成规模以上工业总产值（现价）6.1亿元，比2013年增长11.7%；规模以上工业增加值2.1亿元，按可比价比2013年增长15.8%；规模以上工业利税3997万元，比2013年下降0.9%；全社会固定资产投资15.3亿元，比2013年增长23.5%；全部财政收入1.4亿元，比2013年增长24.9%；公共财政预算收入6672.8万元，比2013年增长31.9%；农民人均纯收入16540元，比2013年增长8.5%。

扎实推进党的群众路线教育实践活动，走访座谈各层面人员4800多人次，征求到意见17条、建议33条，涉及环境整治、现代农业等14

个方面31个问题。针对意见建议，认真开展立行立改专项行动，完成上庄集贸市场改造、北代营烈士陵园修缮、设施农业保险和化解信访积案等工作。对存在问题，制定限期整改责任台账，建立、完善了《村干部工作目标管理和绩效考核制度》等9项制度，促进作风建设常态化。教育实践活动的开展，提高了党员干部服务群众的思想意识，促进了党群干群关系的融洽，形成求真务实的工作作风。

基层党建工作取得长足进展。完成3个党建示范点以及上庄乡党建示范区上报工作，发挥党建示范点的引领示范作用。开展“蹲点服务”，发放联系卡25张、连心卡2800余张，竭尽全力为群众办实事、解难事。推进后进村转化，完成北代营、下庄、二层庄3个村软弱涣散基层党组织整顿转化工作。加强便民服务站建设，累计办理农村养老保险收缴、大病救助补贴、农村80岁以上老人补助等事项1000多人次，为群众提供了方便。加强党风廉政建设，全乡党风、政风明显好转。

【项目建设】 2014年，上庄乡不断加大项目引进力度，积极谋划新项目，项目建设实现新突破。全年实施重点项目5个，累计完成投资11.5亿元，其中计划投资12.8亿元的翅冀LNG一期项目进入试车阶段；计划投资1500万元的春良农业园扩建提升项目、计划投资2000万元的绿洲花卉观赏展示园项目投资过半；计划投资5000万元的金沙工贸年产100台（套）节能环保型清洁煤粉燃烧系统项目和计划投资1亿元的瑞安奶牛养殖项目正在加快建设。招商引资成绩斐然，成功谋划了翅冀LNG二期、年产10万吨锻造钢球、金沙工贸年产5万吨压裂用支撑剂、长胜山养生院和年产5万吨有机肥等5个项目，计划总投资16.6亿元，全乡经济发展后劲进一步增强。

【城镇化建设】 坚持“以人为本、因地制宜”的原则，进一步统筹城乡发展，推进城镇化步伐。1. 基础设施建设日益完善，投资100多万元完成了上庄集贸市场改造工程，方便了群众生产生活；投资210万元启动陶新庄至东代营等7段连村路新建、翻建项目，至年底已完成招标工作，全乡路网将进一步优化；2. 农村环境实现长效保洁，进一步完善“户清、村集、乡转运”的垃圾处理模式，农村环境卫生整治工作向纵深发展；在全市环境卫生拉练评比中，上庄乡成绩名列前茅。

【民生保障】 民生保障持续改善。精神文明成果丰硕。深入开展了“文化、卫生、科技三下乡”等科普活动；组织开展群众文化展演、农民运动会等文体活动，极大丰富了群众的精神文化生活。公共卫生得到加强。全面实行农村合作医疗保险制度，全乡参保率100%；高度重视食品药品安全工作，全乡未发生食品药品安全事故。民政工作成效显著。新增低保户136户、279人，五保户3人；累计发放扶贫济困、优抚等资金22余万元。计划生育工作再上新台阶。全乡出生人口性别比保持在正常水平；“春雨计划”累计帮扶对象38户。社保工作得到加强。农村养老保险参保面进一步扩大，参保人数达到7876人，累计收缴养老保险金114万元。各项惠民政策得到落实。农业机械，花生、玉米良种等获得补贴80余万元；全乡农业投保面积达到3.5万亩；动物防疫密度100%；聘请农业专家讲课6场次，培训农民1200多人次，农民农业科技应用水平得到提升。和谐社会建设扎实推进。积极化解和处理各种矛盾纠纷，共接待群众来访200余人次，解决矛盾纠纷33件，办理信访案件76件，结案69件，办结率97%。加强社会治安综合治理，全乡无恶性治安案件发生。深化安全生产专项整治活动，全乡无重特大安全事故发生。

书　　记　王　武
副 书 记　曹艳军　王启生
乡　　长　曹艳军
副 乡 长　廉志友　杨学文　李　兵
人大主席　章瑞金
武装部部长　王合成
组织委员　赵文震
宣传委员　张翠香（女）
纪委书记　宋　晖

（张芝福）

赵店子镇

【概况】 赵店子镇位于迁安市西南部，隔滦河与市区相望，镇政府驻地赵店子距市区15公里。东临平青大一级公路，西部野兴路南北贯通，南部京秦铁路东西穿越全境，北靠钢城大桥。辖15个行政村，总面积39.43平方公里，耕地面积1855.16，总户数8550户，总人口22876人，人口自然增长率13.05‰。拥有丰富的铁矿资源和沙地资源。2014年，赵店子镇认真贯彻落实市委五届四次全会精神，以推进资源型经济转型为主线，以项目建设为引领，以保障和改善民生为根本，凝心聚力、攻坚克难，保持了经济社会平稳较快发展。全年完成规模以上工业总产值（现价）149.51亿元，同比增长11.7%；完成规模以上工业增加值44.12亿元，按可比价同比增长23%；完成规模以上工业利税9.37亿元，同比增长27.1%；完成全社会固定资产投资41.55亿元，同比增长22.9%；全部财政收入1.32亿元，同比下降32.1%；公共财政预算收入5745.3万元，同比下降10.3%；农民人均纯收入18866元，同比增长8.5%。

扎实开展党的群众路线教育实践活动。自2月起，围绕为民、务实、清廉主题，聚焦反对“四风”，在全镇党组织和党员干部中开展了党的群众路线教育实践活动。1. 学习教育。采取中心组带头学、机关全体集中学、个人安排自由学、影音资料辅助学等形式，深入学习中央、省委、唐山市委和迁安市有关文件和资料，组织观看《周恩来的四个昼夜》等教育片，扎实开展各项活动，组织“我是谁、为了谁、依靠谁”演讲比赛，将学习教育引向深入，广大党员深受教育和洗礼。2. 查摆问题。通过会议、书面、谈心、调研、深入困难户、网络等多种途径和方式，广泛征求意见建议，组织召开专题会议进行集体“会诊”，查找领导班子和党员干部的“四风”突出问题。召开座谈会3次，走访“两代表一委员”106人次，走访党员、群众275人次，谈心谈话110人次，征集意见500余条，归纳整理整改任务59项。组织召开党政班子专题民主生活会，以整风精神开展批评和自我批评，找问题，挖根源，进一步明确整改方向和措施。3. 整改落实。根据征求到的意见建议和查摆出来的问题，制定整治方案，党委成员按照职责分工，自行认领，制定个人整改措施和整改清单，立行立改、务求实效，切实解决一大批群众关心的热点难点问题，密切了党群干群关系。通过教育实践活动，全镇党员干部普遍经受了一次深刻的思想洗礼，进一步坚定了理想信念，增强了践行群众路线、干事创业为民的坚定性和自觉性，教育实践活动取得实实在在的成效。

【产业结构转型升级步伐加快】 以转型发展为主线，加快推进项目建设，不断优化产业结构。全年谋划实施重点项目17个，计划总投资62.3亿元。其中，在建项目8个，完工项目4个，谋划项目5个。1. 钢铁产业继续做大做强。依托产业基础优势，实施了燕钢2×600吨/天麦尔滋并流蓄热式石灰窑项目、饱和蒸汽回收发电项目、2×20万吨转底炉固废处理环保项目、1780毫米热轧平整分卷工程4个项目，在支柱产业的转型升级上迈出坚实步伐；迁安双安矿产品贸易有限公司投资的年产50万吨铁矿地下开采和20万吨铁粉精选项目开工建设，为钢铁产业发展积蓄力量。2. 耗钢产业建设进度加快。作为全市重点耗钢项目，总投资12.5亿元的正大250万吨焊接钢管项目于9月竣工投产，推进了钢铁业精深加工，促进了钢铁产业的转型升级。该项目在全市组织的两次项目拉练中，分别荣获第一名和第二名，并被列入唐山市项目拉练重点观摩项目，排名位居前列。3. 非钢产业快速壮大。总投资8000万元的迁安新钢联钢铁物流项目投入运营，总投资5110万元的赫原奶牛养殖场二期项目于8月竣工。此外，全民创业和民企二次创业取得突破性进展，年内，全镇新增规模以上企业1家，个体工商户113户，新增企业15家，新增合作组织1个。

【镇园一体发展成效显著】 科学规划小城镇建设布局，推进镇园一体发展，全方位提高城镇化发展水平。1. 违法违规建筑得到治理。以规范城镇管理为重点，在治违上下功夫，积极营造依法、有序、整洁的发展环境。全年开展2次集中整治活动，依法强制拆除违法建筑15处，有效遏制了违法占地、非法乱建行为。2. 承载能力有效提升。投资225万元，修建赵店子社区周边道路3000米；投资180万元，新建新庄子出村路1624米，改善了镇区交通环境。同时，正式启动京秦高速迁安支线两侧绿化工程，绿色通道逐渐显形。3. 园区设施不断完善。完成燕山工业园区11条电力线路和2条通信线路改线架设工作，推进园区扩能增效；修建园区道路2条，计2600米，完善园区交通网络。4. 社区建设顺利推进。至6月底，完成赵店子保障性住房工程18栋居民住宅楼和社区中心、幼儿园的内外装修。7月，完成赵店子、申刘庄村540户拆迁户的选房工作。至年底，社区水、电、网、暖气管道和社区道路、路灯等全部建设完成。

【农村面貌有效改善】 2014年，赵店子镇有6个村被列为省级农村面貌改造提升重点村。全镇以提升农民生活品质为目标，以15件实事为抓手，与驻村工作组紧密结合，深入开展农村面貌改造提升行动。1. 集中开展环境卫生整治行动。以6个村为重点，实行以点带面，全面推进全镇农村环境卫生整治。在全市组织的拉练观摩评比中，李官营、新庄子、马古寺被评为环境整治优秀村庄。2. 推进村庄绿化美化。按照经济效益与社会效益兼顾的原则，投资30万元，在小店村栽植精品核桃343亩，投资35万元完成6个重点村庄绿化工作，共栽植苗木1680株，花草442平方米，提升了环境美化效果，促进了农民增收。3. 办好为民实事。对马古寺、康官营、郑店子等3个村实施自来水改造，铺设供水管道2.75万米，解决了近4800口人、1700户的饮水安全问题。投资500万元，对6个重点村累计完成道路硬化3万平方米，铺设道砖6600平方米，安装路灯442盏，改造厕所618个，提高了群众生活质量。4. 提升群众文化素养。以“善行河北”为主题，组织绘制文化墙，提升群众文化素养，营里、三港湾、郑店子、康官营文化墙绘制工作已经完成，进一步美化了村容村貌。

【各项社会事业全面进步】 优先保障民生投入、优先解决民生问题，加大保障和改善民生力度，促进发展成果共享。1. 就业和社会保障体系不断完善。实施免费技能培训，提高农村劳动力就业率，完成农村剩余劳动力向非农产业转移450人；扩大社会保障范围，累计发放优抚补助款40多万元、五保供养金20多万元；积极落实农民社会养老保险制度，城乡居民养老保险参保人数6012人，参保率97%。2. 卫生计生事业稳步提升。卫生院新建工程已经获批，全年为5935人次补偿医药费15.55万元；计划生育工作保持良好态势，出生婴儿性别比106.94。3. 社会管理创新深入推进。信访、综治、维稳工作扎实有效，全年共接待受理群众来访85批次，出镇访11批次，比2013年下降56%；安全生产和食品药品管理得到加强，全年未发生重大安全生产事故。4. 文体教育事业蓬勃发展。积极组织文体活动，先后开展元宵节猜灯谜、北代庄第一届农民秧歌文化节、书法培训班、全民运动会等活动，丰富群众文体生活；改善教育环境，康官营小学和小店小学已开工建设，赵店子完小迁建至中心校工程已启动。5. 精神文明创建深入开展。组织赵店子好人评选活动，弘扬讲文明的良好风尚；在文明镇村评比中，北代庄村被评为“省级文明村”，赵店子镇被评为“唐山市文明单位”。此外，积极化解各村债务285万元，申领村级公共运行奖补资金200多万元。

【基层组织建设明显加强】 全面加强党员干部队伍建设，提素质、转作风、树形象，为各项工作顺利开展提供坚强保障。1. 提升党员干部综合素质。以15个终端站点和远教广场为依托，定期组织党员学习。各远教站点播放次数达400次，受益党员、群众7000余人，获市委组织部授予的“远教工作先进单位”称号，北代庄、李官营、三港湾等5个终端站点获市委组织部授予的“远教工作示范终端站点”称号。规范机关周四学习日制度，提高机关干部素质。加强农村“两委”干部教育培训，提升农村干部服务群众的能力和水平。同时，对120名入党积极分子开展集中培训，强化党性教育。2. 弘扬实干为民的工作作风。以教育实践活动为契机，进一步改进干部作风，把广大党员干部的思想和精力引导到加快转型发展上来，引导到为民干实事上来。特别是在正大制管项目建设过程中，机关同志协助企业办理工商注册、规划、立项、环评、土地等手续，督导做好停电施工、方案审批、专家评审等工作，新庄子、李官营、营里等5个村的广大党员干部带头做好土地流转工作，为加快项目建设创造良好环境。同时，搭建全新服务平台，初步建立便民服务中心，实施为民服务全程代办制度，代办村民各项事务1000余件。3. 培树干净干事的良好风气。围绕落实中央“八项规定”，深入开展在编不在岗等“吃空饷”问题专项治理工作，积极推进公车改革，整改办公用房；严格落实党风廉政责任制，推进惩防体系建设，加强反腐倡廉教育，从源头上预防腐败问题发生；加强财务管理，严格控制公务接待，推进镇村开支合规、合法、透明；严格党员干部监督管理，协同市纪委严肃查办违纪违法案件，全镇形成干净干事的良好风气，树立了廉政为民的良好形象。

书　　记　彭海军
副 书 记　李尉弘　董柏林
镇　　长　李尉弘
副 镇 长　刘友玲（女）　林竹秋　孙国兴
人大主席　张　国
武装部部长　李　巍
组织委员　王东元
宣传委员　张淑香（女）
纪委书记　朱立东

（刘欢欢）

野鸡坨镇

【概况】　野鸡坨镇地处迁安市南部，东、南与滦县毗邻，镇政府驻地野鸡坨村距市区20公里，为河北省小城市建设试点镇。辖21个行政村，总面积75.27平方公里，耕地面积3385.41公顷，总户数11940户，总人口38426人，人口自然增长率为9.23‰。区位优越，102国道、京沈高速公路、京哈铁路横贯东西，平青大公路、冷大公路、野兴公路纵穿南北，南距205国道15公里，津秦高铁客运站（滦河站）坐落境内，京沈高速公路在此设有出口，京哈铁路在此设有二级城际客货运站。2014年，全镇经济社会实现平稳发展。完成规模以上工业总产值（现价）59.61亿元，同比增长6.2%；规模以上工业增加值完成33.26亿元，按可比价同比增长17.8%；规模以上工业利税22.28亿元，同比增长6.6%；全社会固定资产投资28.6亿元，同比增长22.1%；全部财政收入8680万元，同比下降20%；公共财政预算收入4258万元，同比增长15.7%。粮食总产1.19万吨，同比下降4.7%；生猪存栏30093头、牛8139头、羊5665头，同比分别增长0.15%、29.11%、22.17%；猪肉2591吨、奶产量16595吨、禽蛋产量4635吨，同比分别增长1.97%、46.1%、12.5%；农村经济总收入8.45亿元，同比增长15.12%；农民年人均纯收入17139元，同比增长8.52%。

【项目建设】　坚持项目带动策略，全年实施重点项目12个，完成投资20亿元。1. 传统产业优化升级。燕钢谋划投资5亿元的2×20万吨转底炉固废处理项目和投资20亿元的1580热轧卷板项目，为传统产业转型升级起到了示范带头作用；投资1.2亿元的中国重汽亲人配件唐山销售中心项目，为适应循环经济发展，迁址到野鸡坨村南，已步入正轨；投资1200万元的永固油井水泥年产35万吨预拌干混砂浆项目，已完成项目可研性报告；总投资11亿元的中铁物产铁矿石物流基地项目，已完成投资4亿元；中运物流增资扩建项目，计划投资8亿元，已完成项目可行性研究报告。2. 新兴产业迅速崛起。小鸟河北贸易有限公司OTO项目，总投资2000万元，运用OTO营销模式，批发和零售进口食品、化妆品、户外用品等，运营情况良好，发展前景广阔；唐山晒阳太阳能光伏屋顶发电项目，完成投资450万元，厂房框架基本完成，正在完善基础配套设施；迁安晶澳光伏有限公司20兆瓦地面光伏电站项目，晶澳太阳能投资（中国）有限公司预计投资2亿元，计划2015年5月开工建设；计划投资4000万元的河北建朗天然气CNG加气母站项目，正在办理前期手续。

【现代农业】 1. 做大做强龙头企业，拉长农业产业化链条。龙泽谷国际酒庄及酒葡萄基地项目，总投资3.5亿元，2014年新增投资4000万元，生态湖、种植园等基础设施已基本完成，与之配套的酒葡萄基地投产见效，500亩葡萄采摘园已经开园接待游客。红酒酒庄建设完工，已投入使用，垂钓园已建设完成，种植园基础工作已完成，正在进行路面硬化。2. 建设现代休闲农庄，加快农业产业化发展。龙山兰草休闲农庄项目，占地1630亩，已完成投资1200万元，建设设施大棚7栋、垂钓园30亩，已开始接待游客观光。爱尚张都休闲生态农庄项目，水电路基础设施配套已完成，补植葡萄1万株，建设景观廊架800米，正在筹备建设接待中心中；计划总投资2000万元的香山樱桃、核桃采摘园项目累计投资700万元，实现了水电路基础设施配套。

【生态建设】 1. 环保治理成效显著。为做好亚太经合组织会议空气质量保障工作，对所有污染和节能减排不达标的企业实施了关停，所有车辆实行单双号运行。严格落实燃煤锅炉综合整治方案，淘汰非工业企业燃煤锅炉9家，对60家企业进行环保专项治理。与21个村签订目标责任状，秸秆禁烧工作得到百姓认可。2. 人居环境不断改善。按照全省农村面貌改造提升行动要求，认真落实道路硬化、改厕等15件实事工程。年内被列为农村面貌改造提升省级重点村的张都庄村和丁庄子村，在驻村工作组的帮助下，分别硬化水泥道路1500米、2100米。改厕工程再立新功，全镇在原有水冲厕所2501座的基础上，动员丁庄子、张都庄、爪村、东周庄4个村新建水冲厕所693座，改善了农村环境和农民生活条件，有效地预防了疾病。3. 绿化造林全面铺开。配合市林业局搞好京哈高速、京秦高速支线绿化工程造林，完成4个村绿化带及村村通绿化带补植补造；扩大社会造林规模，在龙泽谷路两侧种植野花组合1500延长米，建设香山樱桃、核桃种植采摘园100亩，恢复原有废弃果园，果品生产面积达到900亩。全镇的森林覆盖率大幅提升，实现“城在林中、人在绿中”的生态效果。

【小城镇建设】 城镇化水平显著提高。1. 社区建设稳步推进。龙山社区在原有14栋楼的基础上，投资1100万元，新建15号楼一栋，基本解决周边3个停批停建村48户村民住房难的问题。此外，野鸡坨村的滦河社区已完成选址，进入立项审批阶段。2. 小城镇建设全面加快。围绕城镇组团建设规划，配合交通局，对野兴公路、102国道进行部分翻修，方便群众出行。对102国道及镇区进行绿化亮化，镇域主次干道12人的保洁队全天保洁，镇容环境卫生保持良好。3. 住房问题落到实处。按照“一户一宅”和严禁占用基本农田原则，结合全镇城镇组团的规划安排，按照镇国土所提供农宅预审名单涉及的139户，合理安排了农村宅基地。全年完成危房改造14户，其中修缮3户、新建11户，解决了困难群众的住房安全问题。

【社会事业】 社会事业不断推进。1. 加大教育投入。投资2950万元，完成野鸡坨中学和丁庄子中学校园建设工程。丁庄子中学投资1650万元建设小学部、中学部教学楼2栋，至年底中学部投入使用；野鸡坨中学投资1300万元建设5060平方米的教学楼和实验楼各一栋，计划2015年初投入使用。两所学校的建成满足了全镇中小学生就近上学的需要。2. 健全保障体系。2014年，全镇新型农村合作医疗保险参保30138人，参保率98%；新型农村社会养老保险参保人员11662人，参保率99%，累计收缴保费156万元；完善低保动态管理，全镇低保、五保户563户、1302人，发放低保生活费235.13万元，分散五保供养金26.52万元，做到了“应保尽保、特困重保、超标退保、阳光施保”。3. 推进其他事业。以“三城同创”为载体开展形式多样的文化活动，积极参加第四届河北旅游文化节、迁安万人徒步大会和迁安钢城之夜文化展演活动，联合省心连心艺术团开展慰问演出；深入开展计划生育优质服务，在稳定低生育水平的基础上，加强出生性别比治理；加强村级财务管理，完成对21个行政村的“三资”清查审计，实现村级财务透明化、规范化。

【基层组织建设】 基层组织建设整体水平不断提高。1. 抓班子队伍强核心。领导干部实行“三包”责任制，每人重点包一个村、一家企、一个项目，明确责任，一包到底。做到信访事件不出村、农业项目有效推进，企业安全生产不出事。机关干部实行“一岗双责”制度，干部职工在做好分管工作的同时，把主要精力放到抓大事、抓项目、抓稳定上来。2. 抓阵地建设聚民心。“两室”规范化建设21个村全部达标，新安装了党务、村务公开栏，能够及时更新，制度展板全部上墙，档案资料齐全，记录规范。利用每月10日的党日活动和远教平台，加强党员教育和管理。3. 抓作风建设纠“四风”。围绕“为民、务实、清廉”活动主题，聚焦“四风”，按规定动作认真完成学习教育、听取意见，查摆问题、开展批评，整改落实、建章立制三个环节各项工作。先后组织座谈会62场次，接待来访来电100多人次，共查找出问题35个，征集到意见建议101条。召开专题民主生活会和组织生活会，深入开展蹲点服务活动，与群众面对面交流谈心，征集到问题51项。领导班子明确了18项整改任务、8项专项整治内容，至年底已落实25项。领导干部确定整改事项86条，整改到位82条。

【党风廉政建设】 1. 案件查办态度坚决。按照综合治理，标本兼治，惩防并举方针，全年查处案件7起，处理违纪党员7名。积极受理信访举报，全年受理信访举报12件次，处理违纪党员与干部10名。2. 正风肃纪不打折扣。镇纪委对机关以及各村违反“八项规定”行为进行明察暗访10多次，对顶风违纪的严厉惩处并在全镇予以通报。认真执行《野鸡坨镇机关考勤和请销假制度》，严肃查处迟到早退现象。实行节假日期间公车封存制度，扎实开展“吃空饷”专项治理活动，严厉杜绝违纪违规现象发生。3. 惩防体系规范透明。在公务接待活动中，严格执行接待标准，重新完善招待费管理制度、财务管理制度、机关管理制度、公车管理制度等，并严格执行。认真落实党内监督制度，全镇科级以上领导干部每年进行2次述职述廉和领导干部报告个人重大事项。建立镇干部考勤考核制度、值班制度，督查工作纪律，各项事务规范透明运行。

书　　记　李志勇
副 书 记　马玉国　魏江荣
镇　　长　马玉国
副 镇 长　刘建东　朱春峰
人大主席　李沛宏
武装部部长　贾庆来
组织委员　彭学军（女）
宣传委员　梅春柏
纪委书记　许小飞

（韩　东　韩红珊）

大崔庄镇

【概况】 大崔庄镇位于迁安市西北部，长城脚下，属半山区乡镇，镇政府驻地大崔庄距市区17公里。辖21个行政村，总面积66.12平方公里，耕地面积1565.36公顷，林地面积4364公顷。全镇8448户，27091口人，人口自然增长率12.64‰。2014年，大崔庄镇以党的群众路线教育实践活动为统领，深入实施“开放兴镇、旅游富民、生态保护”三大主体战略，在经济社会发展、对外开放、休闲农业与乡村旅游产业发展、生态文明建设、民生事业改善等方面均实现新提高。全年完成规模以上工业总产值（现价）10.98亿元，同比增长8.3%；规模以上工业增加值6.23亿元，按可比价同比增长9.5%；规模以上工业利税6907万元，同比下降57.4%；完成全社会固定资产投资7.72亿元，同比增长22%；全部财政收入3156万元，同比下降12.6%；公共财政预算收入1731.4万元，同比增长16.4%；农民人均纯收入16964元，同比增长8.5%。

【开放工作】 成功举办大崔庄镇经贸洽谈月活动，组织召开大崔庄籍在外工作人员和企业家座谈会1次，成功签约总投资6000万元的今麦郎天然饮用水生产线项目和投资5000万元的别克－雪佛兰4S店项目，建设了美合食用菌种植基地、擂鼓台冷棚二期等一批调整农业产业结构的好项目，新增个体工商户87户，新增企业8

家，新增规模以上工业企业1家，镇域发展活力进一步增强。

【休闲农业与乡村旅游业】 谋划实施了桃园山庄二期、白羊峪中药材种植基地、齐安养生养老休闲度假山庄等一系列休闲农业乡村旅游项目，进一步完善了观光路两侧精品采摘园建设。精心策划并举办了碧桂园·2014中国迁安白羊峪风景区吉祥之旅系列活动，活动历时一个半月，吸引全国各地3000多名游客积极参与，为景区增添了一道靓丽风景。广泛开展农业技术、餐饮服务等技能培训650人次。2014年，旅游业收入2.4亿元，群众得到了切实的利益。

【生态保护】 完成春季造林绿化600亩，代表迁安市接受省、唐山市领导视察，得到充分肯定；完成京秦高速支线两侧绿化220亩；完成长城山野绿道两侧雨季造林900亩；完成绿道两侧植树1.4万株，栽植爬山虎1.5万株。顺利拆除京秦高速支线两侧100米范围内铁矿3家。淘汰水泥企业3家，淘汰落后产能70万吨，生态环境得到进一步巩固。

【民生事业】 圆满完成年初确定的一批为民实事工程。翻修镇域内老三抚公路14千米，沙四路翻修工程正在做前期工作。圆满完成新增企业养老保险、医疗生育保险、工伤保险等各项任务。扎实开展农村低保、五保户核实确认工作，实施了农村危房改造、大病救助、“春雨计划”等系列行动，增强对社会弱势群体的关爱。投资300万元，改善镇域中小学办学条件。农村面貌改造提升行动扎实显著。制定了《农村环境整治巩固提升实施方案》，明确街道、庭院等重点部位的治理标准，突出干部带头、党员示范、强化责任、重点突出、量力而行、注重宣传、经常督导、严明奖惩八项原则，严格落实“周检查、月考评、季拉练”制度，农村面貌有效提升。

【基层组织建设】 扎实开展党的群众路线教育实践活动。先后开展理论中心组学习19次，锤炼了党性观念。深入查摆领导干部“四风”问题，共计132条。“废、改、立”机关各类制度11项、154条，完成机关办公用房、公务用车整治。认真开展服务型基层组织创建活动，实行机关干部全员包村制度，每月定期入村开展工作，机关设立了便民服务台和便民服务大厅，为群众提供便捷式服务。基本完成农村“两委”换届选举，进一步加强了发展党员、党日活动、阵地建设、党员教育、办事行为五个方面的规范化建设，党员干部为民服务、敢于担当的责任意识不断增强。

【幸福平安镇村建设】 扎实开展领导干部“一岗双责”和信访联席会制度，坚持领导信访值班和包案制，积极应对信访案件，全年发生信访案件65起，调查处理54起，接到上级交办件46件，办结39件，召开专题信访调度会26次。加大安全生产和食品安全督导检查力度，全年开展安全生产大检查356家次。建立食药安全“六员联防”网格监管体系，规范农村集体聚餐及流动厨房的管理。成功举办“绿色大崔庄、共筑‘中国梦’”主题文艺汇演、第六届全民运动会、广场舞培训等群众性文体活动，有效推动了村风民风建设。

书　　记	彭顺辉
副 书 记	宋景伟　宋志强
镇　　长	宋景伟
副 镇 长	王兴国　邹　亮（6月离） 贾秀梅（女）
人大主席	李满泉
武装部部长	张福合
组织委员	满朋鹏（女）
宣传委员	玄巍巍
纪委书记	梁玉龙

（乔　芳）

阎家店乡

【概况】 阎家店乡地处迁安北部，乡政府驻地阎家店村距市区12公里。辖17个行政村，总面积42.39平方公里，耕地面积1883.2公顷。总户数7933户，总人口25624人，人口自然增长率

11.84‰。2014 年，完成规模以上工业总产值（现价）4.77 亿元，比 2013 年下降 68.1%；规模以上工业增加值 2.71 亿元，按可比价比 2013 年下降 64.5%；规模以上工业利税 1.21 亿元，比 2013 年下降 82.5%；全社会固定资产投资 7.4 亿元，比 2013 年增长 23.7%；全部财政收入 2429 万元，比 2013 年下降 65.3%；公共财政预算收入 592 万元，比 2013 年下降 76.3%；农民人均纯收入 17872 元，比 2013 年增长 8.5%。累计完成农村劳动力转移 260 人，免费培训农村劳动力 130 人。

【项目建设】　围绕项目建设，着力增强乡域经济发展后劲。2014 年，全乡有上年结转在建项目 1 个、年内新开工项目 4 个、签约项目 2 个，完工项目 3 个。1. 结转在建项目，即英诺特（唐山）生物技术有限公司生物制药产业基地项目中的纳米金新型系列读卡仪及配套检测试剂技改扩建项目，计划 2015 年完工投产，年内完成投资 1326 万元。2. 新开工项目：一是令支纸文化发展有限公司与北京 FV 传播集团合作的计划投资 10.37 亿元的迁安手工书画纸产业园项目，年内完成投资 1600 万元，到 8 月底完成一期手工书画纸生产线及附属配套设施建设；二是迁安市佳源牧业有限责任公司计划投资 1000 万元的 600 头肉牛繁育及育肥项目，已完成投资 360 万元，牛舍主体完工，已购进肉牛 100 头；三是计划投资 500 万元的兴叶嘉林果种植园油用牡丹项目，已完成投资 410 万元，油用牡丹和有机核桃已栽植，正在进行办公用房及油用牡丹展示中心建设；四是由唐山市钧阳机械有限公司与燕山大学科技开发公司共同研发，并由唐山市钧阳机械有限公司计划投资 3 亿元建设的单缸液压圆锥破碎机项目，已完成投资 1000 万元，租赁厂房区正在进行试生产，下一步准备选址建设新厂区。3. 签约项目，一是天圣制药集团河北有限公司制药基地 GMP 建设项目；二是由迁安市乐达特种陶瓷制品公司与北京中航新材料股份公司、个体业主邱健共同签约的特种高温新材料扩建项目。4. 完工项目，一是迁安市万荣汇泽汽车贸易有限公司长安福特 4S 店项目，于 6 月完工营业，完成投资 3920 万元；二是迁安奥森工贸公司 CLT 重型木结构生产线项目，7 月底完工投产，完成投资 1000 万元；三是迁安市乐达特种陶瓷制品有限公司高韧度 B4C 防弹陶瓷项目，11 月完工投产，完成投资 1100 万元。

【农业发展】　2014 年，以东北部绿色崛起为契机，以提高农产品质量和市场竞争力为重点，扎实推进农业区域化布局、产业化经营、特色化发展，不断加快现代农业发展进程。1. 以粮油高产创建为契机，加强新品种、新技术的引进推广。全面推进万亩玉米高产示范基地建设，顺利实施花生地膜覆盖综合配套技术示范项目、1000 亩玉米高产示范区项目、华田生态种植专业合作社玉米高产示范方项目，促进农业增效、农民增收和农村富裕。2. 农业产业化项目建设稳步推进。年内实施三个农业项目，一是隔滦河村佳源牧业有限公司 600 头肉牛繁育项目；二是西峡口村利超肉牛养殖项目；三是洗甲河村油用牡丹综合开发利用项目。3. 以科技发展示范县建设为契机，以新型职业农民培训为阵地，不断培育技术型职业农民。以国家新型职业农民培训启动年为契机，利用农广校、农牧局师资力量，开展新型职业专业技术培训，共培训 2010 余人次，为全乡农业发展提供有力的技术支撑。4. 利用粮油高产示范项目的实施，培育壮大农民专业合作社，为全乡农业发展献力。年内新建种植专业合作社 1 个，养殖专业合作社 1 个，同时积极引导赵庄华田生态种植专业合作社承担 800 亩玉米高产示范方建设项目，对农民专业合作社的健康发展起到引领示范作用。5. 以规模化养殖为引导，确保畜牧业稳步发展。年内发展隔滦河、西峡口两个规模肉牛养殖，打破了肉牛养殖零的突破，加强动物防疫，确保全乡畜牧业健康稳定向前发展。

【农村环境改造提升】　1. 加大农村环境整治工作宣传力度。在全乡范围内悬挂宣传标语、发放宣传资料、进行广播等，为农村环境整治工作营造良好氛围。2. 开展环境卫生集中治理活动。共清理垃圾 500 余吨、杂物 300 余吨，清残垣断壁 1800 余延长米，美化庭院 4500 多个。3. 做好绿化造林工作，服务产业项目。完成重点区域绿化2040亩，共11万株。一是在乡域主干道马兰路两侧实施通道绿化完善提升工程，补植杨树、火炬27亩，1300株。二是对芝草坞村马兰路东段两侧进行新植，共栽植杨树、核桃270亩，1.49万株。三是为更好的推进和服务手工书画纸产业园项目，以马兰路两侧20米绿化带为试点栽植条桑57亩，共30多万株，为企业桑植园建设项目打好基础。四是狠抓矿山生态环境恢复治理。在西峡口村西排土场实施矿山绿化75亩，栽植火炬1.8万株、紫穗槐13.8万株，防止水土流失和地质灾害的发生。

【基层组织建设】 1. 深入开展党的群众路线教育实践活动。一是加强党委自身建设，提升领导班子的服务水平。在党的群众路线教育实践活动中，乡领导班子成员通过学习、征求意见、三堂会诊、召开生活会、制定整改方案等各项工作，全面提升为民服务意识和水平。二是以蹲点服务工作为切入点，密切党群干群关系。通过蹲点服务活动，乡领导班子成员带头联系党员和群众，带头为群众排忧解难，带动全乡党员干部密切联系群众，进一步增强党同人民群众的血肉联系。三是以工作落实为动力，提升机关干部队伍整体素质。年内，通过领导包村、指导群众路线教育、组织党员回社区报道等工作，全面提升机关干部的工作水平。四是以正风肃纪行动为要求，严肃机关干部工作纪律。机关干部严格执行八项规定，遵守各项工作纪律，树立在群众中的良好工作形象。2. 软弱涣散党组织整顿工作取得实效。于家坎和隔滦河2个村被列为软弱涣散党组织。通过整顿，于家坎村选配了新村班子，同时化解了村内矛盾，村内形势趋于稳定；乡党委免去了隔滦河村原支部书记和1名支部委员的职务，并于10月在村里组织提前换届，选出新的支部班子，该村也趋于稳定。3. 完善农村两委干部队伍建设。严肃两委干部工作纪律。年内，重点就财经纪律、民主程序、工作纪律对村干部进行教育。通过出台两委干部坐值班规定，严格规范两委干部行为，使各村支部每日有人值班，方便了群众办事。

【社会民生】 保障民生，促进和谐，着力实现社会稳定。一是继续做好新农保新增、补缴以及养老保险金发放工作。全乡新农保新增190人，补缴59人，新农保参保人数达到8431人，缴费金额达到112.75万元，全乡293名适龄人员及时领到养老保险金，87名困难群众正常享受了养老保险待遇。二是继续加大对农村劳动力的管理，对人员就业变动情况进行更新，及时掌握劳动力动向，为企业用工、人员求职、政府制定相关政策提供依据和保障。帮助260人实现就业、再就业、创业。三是加强农村公共设施和基础设施建设。投资约40万元，完善学校路门前西延北伸道路工程，全长1.5米；投资40万元，完善全长1000米的小城市排水工程；投资70万元对坎新庄—于家坎—东峡口段约2公里的连村路工程进行修缮；安装太阳能路灯240盏，方便了村民夜间通行；按要求对22户危房进行改造，全部通过验收；对商业街排水沟进行治理，彻底解决雨天道路积水问题。四是做好其他各项社会保障工作。为98户低保户办理了低保手续；组织社会各界善心人士帮助困难家庭，慈善协会和红十字会资助低保和特困家庭26户，共8万元；积极化解信访案件，将矛盾化解在萌芽状态；计划生育工作继续保持全市先进行列。

书　　记　蔡金艳（女）
副 书 记　马天军　石太岩
乡　　长　马天军
副 乡 长　于四安　王福顺　张汝平
人大主席　王利财
武装部部长　玄曼彤（女）
组织委员　邹小刚
宣传委员　王大为
纪委书记　宁文生

（阚　迪　王春晖）

五重安乡

【概况】 五重安乡位于迁安市西北部，乡政府驻地五重安村位于市区北偏西25公里处。西与迁西县相临，北与青龙县相接。辖29个行政村，总面积67.71平方公里，耕地面积1410.65公顷。总户数8729户，总人口27545口人，人口自然增长率5.59‰。2014年，继续按照“统筹区域发展，加速东北部绿色崛起”的思路，全力打造科学发展典范。全年完成规模以上工业总产值（现价）2.95亿元，比2013年增长9%；规模以上工业增加值1.56亿元，按可比价比2013年增长11%；规模以上工业利税3739万元，比2013年下降26.7%；全社会固定资产投资3.5亿元，比2013年增长9%；全部财政收入3098万元，比2013年下降52%；公共财政预算收入1014万元，比2013年下降51.9%；农民人均纯收入16636元，比2013年增长8.5%。

扎实推进党的群众路线教育实践活动。全乡33个基层党组织共1423名党员参加教育活动，最终征求到意见175条、建议802条，制定和修改完善6项制度，乡领导班子和班子成员123项整改任务基本整改到位，谋划实施惠民工程23项，形成转变作风、提高效率的一整套长效机制，有效夯实了基层组织基础。

【生态旅游】 全乡生态旅游开发又上新台阶。一是万宝沟军事乐园项目，是唐山市十大旅游重点项目之一，计划总投资1.5亿元，占地1500亩，至年底其子项目——迁安市民兵训练基地工程完工投入运营。二是红峪口老年养生中心项目，已投资1200万元，完成土地平整、塘坝砌护等工程建设，正在进行休闲长廊、40亩生态养殖小区及游客接待中心建设。

【造林绿化】 春季开展“千人义务植树大造林”活动，植树2万余株，栽植面积近1300亩。雨季造林1200亩，红峪口、马井子、新开岭、大何庄4个村为雨季造林示范点。此外，加强禁牧工作宣传，全乡畜牧业一律实施圈养，严禁进入山林放牧，同时制定和落实了巡查、处罚等相关措施。

【项目建设】 五重安乡把项目建设作为促进全乡经济结构战略性调整的根本性举措。1. 长城文化旅游项目。占地100亩，计划投资5.4亿元，至2014年年底完成投资5.8亿元，年内接待游客10万人。征用山场土地500亩，建设配套景观及休闲设施，新建景区道路3000米，并绿化美化旅游接待房屋。2. 迁安市典尚家具（红木）制造项目。已完成投资8000万元，建设一条红木家具生产线，年可制作红木家具500套。该项目已完工投入生产。3. 上海美本集团公司电动车生产、组装项目。计划总投资5亿元，完成投资4700万元。建设电动车研发、生产、组装基地，为出口创汇企业。至年底，临时厂房租赁已完成并投入生产，正在进行喷漆技术升级改造及新产品研发，订购进口组装设备生产线2套。同时正在办理新址征地等手续。

【废弃地复耕及矿山恢复】 高古庄工矿废弃地复耕新增可利用耕地21亩；小崔庄工矿废弃地复耕正在进行招标。矿山恢复治理方面，五重安乡针对绿道两侧可视范围内尾矿库、排土场进行高标准综合治理。至年底工程全部完工，矿山土地恢复平整12.5万平方米，并按规划设计绿化，栽植紫穗槐、火炬、核桃等树种13.8万平方米。

【社会事业】 1. 社会保障服务深入开展。年内全乡收缴保费123.12万元，缴费人数9647人。农村最低生活保障户数610户，人数1181人。新农合参合人数24130人，全乡参合率98.99%。2. 人口和计划生育工作成效显著。加大人口计生经费投入力度，2014年自筹计生经费21万元，人均经费达到11元。投入资金6.4万元打造了计生便民服务中心，提高了计划生育工作的服务效能。3. 村民文化生活丰富多彩。5月到10月，开展国家惠民工程电影下乡活动，放映电影174次，580场。9月组织开展迁安市第十届“钢城之夜”群众文化展演五重安乡专场晚会，获“优秀组织奖”“演出奖”。10月下旬，开展“文化惠民”演出活动，丰富全乡干部群众的精神文化生活。4. 城建工作取得新成就。2014年，全乡完成危房改造38户；投资360余万元，实施商贸街二期开发工程，总建筑面积3000多平方米；投资80万元完成长1800米、宽5米的贺庄至曹古庄必经之路硬化工程，已完工通车。

【安全信访】 1. 畅通社情民意反映渠道，排查社会矛盾，化解信访隐患。全年接待群众来访110人次，排查隐患70件，排查率100%，化解率100%。2. 落实安全生产责任制。2014年，排查安全隐患116起，下达整改通知书116份。处理采选矿上访事件5起，通过调查、取证，协商完成苏家沟、更新庄等上访事件的处理工作。3. 加大纪检监察工作力度。乡纪委接待群众来访23人次，办理市纪委“两要”案件1件、市检察院转来信访案件1件。同时，成立专项治理小组，全面开展“公车治理”“办公用房清理”“吃空饷”等专项整治行动，完成自查自纠工作任务。

书　　记 陈春山
副 书 记 康继顺　刘书宏
乡　　长 康继顺
副 乡 长 杨全玲（女）　李宝富　郭　明
人大主席 （1～12月空缺）
武装部部长 郭立生
组织委员 郭建新
宣传委员 郭　伟
纪委书记 马　力

（倪　佳）

杨店子镇

【概况】 杨店子镇位于迁安市中部偏西，镇政府驻地杨店子村距市区10公里。辖36个行政村，总面积94.21平方公里，耕地面积3422.84公顷，总户数24728户，总人口85889人，人口自然增长8.47‰。2014年，杨店子镇围绕全市“四五”转型攻坚计划，凝心聚力“打造钢城龙头，建设魅力河西”，经济社会实现平稳较快发展。完成规模以上工业总产值（现价）24.1亿元，比2013年6.8%；规模以上工业增加值13.35亿元，按可比价比2013年增长11%；规模以上工业利税7.39亿元，比2013年下降10.9%；全社会固定资产投资47.41亿元，比2013年增长21.38%；全部财政收入5.88亿元，比2013年18.8%；公共财政预算收入2.46亿元，比2013年增长19.9%；农民人均纯收入18396元，比2013年增长8.5%。

【项目建设与招商引资】 服务市属重点工程建设，先后多次协调迁钢公司、徐工集团等企业与车辕寨、蚕姑庙等村的收量、收尾及占地纠纷，协调完成九江公司水源管道改线、电力局西李铺变电站修建工程，积极处理京秦高速两侧超占、涵洞积水等遗留问题，在市第三通道西延工程建设中，顺利完成大张庄村125处房屋土地使用凭证收取验证、收量、核量工作，签订房屋拆迁协议111处。与发改局、招商局等职能部门协调联动，从企业选址到项目落地提供全程跟踪服务。全镇有在建项目15个，计划总投资49.81亿元，其中新开工项目7个，计划总投资24.68亿元，结转项目8个，计划总投资25.13亿元。首钢迁钢CCPP发电、迁安市世龙商贸有限公司法兰盘加工、河北蓝亨啤酒有限公司啤酒厂二期等5个项目已完工，其他10个项目正在紧张有序建设当中。以“经贸洽谈月”活动为契机，大力推介杨店子镇作为首钢迁钢所在地的区位优势和优良的投资环境，先后结识接触了加拿大NMT公司等企业10家，其中，中国百强企业2家、行业龙头企业1家、一般企业7家，达成意向项目2个，签约项目2个。年内新签约项目2个，分别是：计划总投资2300万元的迁安市新滨河超商项目、计划总投资1亿元的迁安市阜安远通建筑有限公司网架结构加工基地项目。阜安远通建筑有限公司网架结构加工基地项目已开工建设，厂房基本完工，迁安市新滨河超商计划2015年元旦开业。谋划项目6个，计划总投资32.8亿元。在全市重点项目观摩拉练评比中获得第一名。

【新农村建设】 始终遵循迁安市城市总体规划，按照“一河两区”中“河西区”的城市定位，不断完善城市基础设施建设，改善农村环境面貌，力促全镇城市建设水平再上新台阶。2014年重点做好滨河社区、右岸嘉苑、湾子安置社区居住环境的完善提高工作，滨河社区及右岸嘉苑大部分入住，湾子安置社区楼房主体施工顺利完成，已具备入住条件，滨河社区居民服务中心、污水处理厂陆续投入使用，社区基础设施建设更加完善。

【农村面貌改造提升】　实行主要领导包片、股级干部包村的工作机制，对除刘东庄、朱官营（两个村已整体拆迁搬入社区）外的34个村开展集中整治工作，对连村路、河道旁、村周边的建筑垃圾及村内街道等进行集中清理，全镇出人工1.8万余人次，动用机动设备3000余台次，清理垃圾2.5万余立方米。推行“户清、村集、镇运”管理模式，全镇配备保洁员181名，发放保洁工具180套，垃圾箱150个，垃圾桶1万个。全镇完成厕所改造2034个，张官营、后胡各庄、殷官营、田新庄、高引铺5个省级改造提升重点村共打机井4眼，铺设自来水管道2.4万米，更换水表1062块，新增饮水设备2台，村内道路硬化1.41万平方米，巷道硬化1.2万平方米，连村路硬化5200平方米，变压器增容80千瓦，改造低压线路3.5千米，电表升级700块，安装路灯70盏、线杆70个，清理庭院3258个，铺设排水管道860米，危房改造2户。

【绿化】　以“四环、三沿、两山”为绿化重点，5个省级农村面貌改造提升村的环村街道绿化全部完成，环村植树4.8万株，村内新植乔、灌木2.5万株，对钢城路、祺光路、彭李路等道路两侧补植柳树3500株、连翘1000株、卫矛2.2万株，完成京秦高速支线工程绿化100亩、社会造林800亩、补植补栽200亩，改善了高速沿线两侧生态环境。

【社会事业】　1. 社会保障。对全镇412名因信用社系统升级不能领取农村养老保险金的人员进行身份验证、修改、录入，恢复其养老待遇，补发金额44990元；对涉及暂停福利工程（即失地保险）的群众进行详细耐心的政策解释，未产生负面影响；城乡居民养老保险达到全覆盖，全镇参保19338人，收缴费用金额3452178元；发放社保卡22131张，审批小额贷款18笔；扶持全民创业和民企二次创业，开展创业培训，受训达到750人次，居委会组织的妇女串珠小组第一批产品已投入市场；镇团委设立2万元专项中小学贫困生帮扶基金，资助中学生15名、小学生25名，其中中学生每人每月120元，小学生每人每月90元。2. 精神文明建设。广泛开展“四德”“筑魂”工程及各类主题教育活动。在各中小学校开展“端午节中华经典诵读”、清明节扫墓、“学雷锋事迹报告会”，在镇机关组织开展“践行焦裕禄精神、学习齐庆三”演讲比赛、烈士纪念日活动，深入开展《道德堂》修身活动，开设“道德讲堂”3场，受教育人数1000多人次。积极宣传全镇经济社会发展情况，发表外宣稿件21篇，内宣稿件70篇，网络宣传引导帖200篇。3. 计划生育。顺利通过河北省、唐山市卫生和计划生育委员会验收，人口统计求实率100%，政策内生育率85.58%，人口出生率15.25‰，自然增长率9.62‰，生殖健康检查免费服务率96%，所有计划生育技术服务项目免费率100%，药具全部免费发放，及时率、有效率均达100%。4. 安全生产。建立、健全重点企业驻企制度，定期组织安全生产检查，与村、企签订安全生产责任书130余份，完成检查100余处，开展渗坑排查工作，对部分存在重大安全隐患的工矿企业及尾矿库进行停业整顿，淘汰辖区内10蒸吨以下燃煤锅炉，采用管网供热，防治大气污染，改善区域环境质量。5. 信访稳定。充分发挥社会矛盾综合调控中心作用，实行镇领导班子成员信访接待日制度及临时组建工作组制度，确保小事不出村，大事不出镇，全年接待本级信访案件104件，接待群众来访600余人次，处理上级交办信访案件73件。

【党的群众路线教育实践活动】　按照市委安排部署，成立党的群众路线教育实践活动领导小组，下设4个办公室，结合市委提出的13个方面问题，制定了详细具体、可操作性强的实施方案，使活动有章可循。1. 广泛宣传阶段。在全镇各村民中心和主要街道悬挂条幅76条，张贴标语2566条，利用3块电子屏滚动播放标语30条，广播144次，开辟专栏50块，教育实践活动家喻户晓、妇孺皆知。2. 督查指导阶段。镇党委选派58名政治觉悟高、业务能力好、责任意识强的机关党员为各支部教育实践活动指导员，全程跟踪，掌握基层支部活动的第一手资料，促进整个活动开展。3. 学习教育阶段。镇党政班子集中学习17次，机关支部集中学习13次，各支部对老弱病残、行动不便的党员，采取入户讲学、送资料上门等形式进行学习教育，使全体党员对党的群众路线教育实践活动深入透彻了解，党员的宗旨意识、服务意识进一步强化。4. 征求意见阶段。专门召开领导班子会议，制定《谈心征集实施方案》，对谈心谈话的时间、内容、范围均作出明确具体规定。累计谈心谈话300人次，召开座谈会50余次，参加人员1000余人次，发放调查问卷300多份，班子成员逐一对照检查，认真查摆“四风”方面问题，深刻进行党性分析，发现问题及时整改。多种形式的意见、建议征集活动营造了大家敢说真话、能说真话的氛围，拉近了党员干部与基层群众的距离。5. 整改落实阶段。镇党委围绕“纠四风、抓整改、建机制、促发展”的核心，精心制定整改方案，扎实推进整改落实，经讨论研究，共计“废、改、立”各项制度21项，其中，新建13项，修改完善8项，工作作风得到进一步转变，基层组织建设成效显著，北张庄村、新立寨村、湾子村3个软弱涣散党组织转化顺利完成，基层组织凝聚力、战斗力得到加强。

书　　记　李　超
副 书 记　赵福军　王立松
镇　　长　赵福军
副 镇 长　梁玉军　贺卫东　宋瑞林
人大主席　李昕生
人大副主席　刘　金
组织委员　张　祝
宣传委员　李冠娥（女）
纪委书记　孟德智

（崔学伟　肖国杰　黄晓儒）

蔡园镇

【概况】　蔡园镇位于迁安市西部，镇政府驻地小蔡庄村、万太路北，距市区15公里。辖26个行政村，总面积55.71平方公里，耕地面积1134.71公顷，8784户、26665口人，人口自然增长率10.82‰。2014年，全镇牢牢把握稳中求进工作主基调，倾力打造“富裕蔡园、和谐蔡园、美丽蔡园”，镇域经济社会平稳有序发展。全年完成规模以上工业总产值（现价）279.2亿元，比2013年下降2.6%；规模以上工业增加值142亿元，按可比价比2013年增长12.2%；规模以上工业利税121.5亿元，比2013年增长15%；固定资产投资34.6亿元，比2013年增长21.5%；全部财政收入2.77亿元，比2013年下降22.1%；公共财政预算收入8753.4万元，比2013年下降3.6%；农民人均纯收入22678元，比2013年增长8.6%。农业产值2.14亿元，粮食总产量4674吨，猪肉产量2340吨，奶禽蛋产量2811吨，农村经济总收入288亿元。

加强党的建设，按照“建强支部、集中帮扶、促进增收”三位一体模式，如期完成玄安子、好树店、刘庄子3个后进村转化工作。全面推行“三级平台”“两个代办”制度，建立镇级便民服务中心和村级便民服务站。高标准、高质量完成农村两委换届工作。

扎实开展群众路线教育实践活动。自2月底开始，在全镇各级党组织中开展教育实践活动，围绕“为民、务实、清廉”这个主题，聚焦“四风”，深入查摆问题，有效地推动了活动的深入开展。全镇共征集意见建议400多条，涉及党委自身建设、项目建设、城镇建设、安全信访、民生民计等33个方面，经过梳理，需要整改的共77项。按照边学边改、立行立改的原则，整改所有问题。党员干部经受了一次深刻的思想洗礼，提升了境界，提纯了党性，扎牢了群众观点，优化了党风政风环境，营造了风清气正、干事创业的氛围。

安全信访持续好转。全年化解办理各类信访案件152件，其中上级交办56件，结案率100%，镇级信访案件96件，结案率达98%。贯彻学习新《中华人民共和国安全生产法》，认真落实“党政同责”“一岗双责”安全生产责任制，扎实开展安全生产培训，“安全生产月”、安全生产隐患大排查及应急预案演练等活动，年内未发生安全生产及人员伤亡事故。

【项目建设】 树立“项目第一、项目最急、项目最重”意识，内激外引并举，不断培育和壮大市场主体。全年实施重点项目15个，其中，结转项目8个、新开工项目7个，完工项目8个，计划总投资24.9亿元，累计完成投资18.6亿元，年内完成投资8.58亿元。在全市重点项目观摩拉练中处于前列。在市经贸洽谈月活动中签约项目1个，即与阿特斯（中国）投资有限公司签订了40兆瓦光伏发电项目。谋划项目6个。

【全民创业和民企二次创业活动】 以激活民间沉淀资本为目标，先后组织召开金岭铁矿、隆宇公司、佳源公司等重点民营企业家参加的民企二次创业座谈会、项目信息发布会，并组织民营企业家赴“丝网之乡”衡水安平、广东顺德、北京及天津高新技术产业园区等地学习考察，同时，积极为创业者提供政策咨询、项目开发、创业指导、跟踪辅导等服务，民营企业家对管业项目、尾矿砂综合再利用等项目产生浓厚兴趣。全年新增个体工商户109家，新增企业14家，新增规模以上企业2家。

【城镇建设】 树立抓城建就是抓转型、抓发展的理念，推进城镇建设上水平、上质量、出品位。1. 社区功能逐步完善。强力推进农民居民化、农村社区化进程，不断拓展社区服务半径，派出所东移至新镇区，新建商铺20多家，完成镇区周边道路硬化、绿化、亮化工作，新镇区的人口吸附能力逐步增强，初步形成功能完备、设施完善、宜居宜业、环境优美、个性鲜明的新型城镇。2. 农村面貌改造提升工作成效显著。10个省级重点村累计硬化道路5.51万平方米，铺设道砖4.31万平方米，改厕1448个，安装节能路灯298盏，栽植火炬树、紫穗槐、冬青等树木7840棵，新植环村林带、花草灌木3.58万平方米，建长城墙1400平方米，修水渠800米，新建文化广场2个。加大农村环境综合整治力度，完善“户清、村集、镇运输”集中处理模式，逐村建立长效保洁机制。3. 危房改造工程全面推进。完成马官营、孟官营、小蔡庄等9个村、共14户的危房改造任务。

【社会事业】 社会保障事业稳步推进。新农保提前完成全年任务，城镇居民医疗保险和企业医疗、养老、工伤保险均超额完成任务，并继续保持全市领先地位。卫生事业健康发展。大力开展食品药品安全县创建工作，建立健全各种健康档案，食品、药品方面安全无事故。精神文明建设蓬勃开展。在市“魅力钢城之夜”大合唱活动中获优秀组织奖。积极开展元宵灯谜竞猜、秧歌调演、戏迷协会唱演、广场舞汇演等群众喜闻乐见的活动，丰富群众的业余文化生活。计划生育工作有序推进。计划生育率、统计求实率均达到100%，小儿出生人口性别比控制在合理范围，并处于全市前列。旅游事业取得新进展。全力打造灵山景区绿道“金瓜”，宣扬和传承佛教文化。投资210万元完成寺院内基础设施、接待中心建设，投资450万元完成龙王殿、万仙堂建设。

书　　记	唐延海
副 书 记	沈燕和（5月离）
	唐　锐（5月任）　杨海燕（女）
镇　　长	沈燕和（5月离）
	唐　锐（5月任）
副 镇 长	商　云　王　磊
	孟令永（5月离）
人大主席	唐　锐（5月离）
	（6～12月空缺）
武装部部长	许志诚
组织委员	赵红权
宣传委员	全桂臣
纪委书记	王大永

（杨艳华　张　强）

大五里乡

【概况】 大五里乡位于迁安市西部，乡政府驻地大五里村距市区18公里。总面积50.5平方公里，耕地面积1042.22公顷，辖16个行政村。总户数7115户，总人口18638人，人口自然增长率为2.39‰。2014年，完成规模以上工业总产值（现价）54.61亿元，同比增长14.5%；完成规模以上工业增加值14.14亿元，按可比价同比增长1.7%；实现规模以上工业利税 -793亿元，同比下降102%；全社会固定资产投资15.9亿元，同比增长24.5%；全部财政收入5981.3万元，同比下降8.3%；公共财政预算收入3167.7万元，同比增长15.5%；粮食总产4020吨；牲畜出栏5.21万头（只）；奶产量7333吨；禽蛋产量1233吨；农民年人均纯收入18668元，同比增长8.5%。

【支柱产业】 狠抓项目建设，招商引资，调整结构，延伸链条，培育新产业，推进经济发展转型提升。在全市“招商月”期间，累计对接企业、协会18家，接待考察客商70多位，签约项目4个。扎实开展全民创业和民企二次创业，新增个体工商户54户，新注册企业8家，新增规模以上企业1家。投资20亿元的思文科德60万吨电工钢、镀锡板项目全面达产，八色印涂铁二期项目全面投产，镀锡板质量可与宝钢产品相媲美，印涂铁产品正在向多样化、特色化、定制化方向发展。思文科德已成为全市企业转型升级的一面旗帜。总投资1.88亿元的增洲钢管42万吨精品焊管技改一期项目进入试生产。投资5500万元的顺翔机械一期、投资2000万元的轧一建材一期项目相继投产，投资1亿元的润泽建材复合墙板项目开工建设。投资1.1亿元的智联农牧循环农业二期项目已投产，成为全市农业标准化、规模化养殖的龙头企业。中汇（迁安）国际动漫岛有限公司注册并开始运作；乡党委、乡政府经过艰苦努力，促成迁安市政府与好莱坞（中国）投资集团签订战略合作框架协议，拟投资300亿元，共同建设以派拉蒙（中国迁安）主题影视科技创新岛及度假地为核心的好莱坞中国梦想城项目。大五里乡产业转型升级步伐走在全市前列，发展活力显著提升。

【休闲旅游】 根据自身地理环境，充分利用独特的地质、森林和人文资源，围绕全市西部森林生态绿道建设，大力发展休闲旅游。国家AAAA级景区大五里乡山叶口景区在“十一”黄金周单日接待游客破万人次，创全市旅游行业新纪录。投资1亿元的挂云山景区完成基础设施建设，投资1亿元的塔寺峪景区完成道路建设。总投资2亿元的张家峪千野湖景区总体建设规划已通过市规委会审定，计划投资3.3亿元的后天山庄项目正在积极推进。

【美丽乡镇建设】 继续以建设“生态之乡、宜居家园”为总揽，推进农村面貌改造提升、农民保障房社区建设和生态环境整治工作。1. 农村面貌改造提升。10个省级重点村改造提升工作全面完成，其中山叶口村被评为河北省“美丽乡村”。全乡投入资金2714.5万元，累计清运垃圾4.9万立方米，粉刷墙壁5.9万平方米，改厕742户，砌长城墙7400延长米，创建美丽庭院210个。生态环境继续向好。2. 新民居建设。投资2.1亿元实施了农民保障房社区建设项目，一期6栋住宅楼全部投入使用，二期工程已封顶。保障房社区建设进展迅速。3. 绿化攻坚。实施远山造林1300亩，累计栽植各类树木20万株，补植苗木5000余株。实施祺光路大五里段两侧绿化美化工程，营造了“三季有花、四季常绿”的景观。

【社会事业】 继续加大社会事业投入，促进教育、科技、文化、卫生等事业发展。1. 社会保障与就业。城乡居民养老保险参保率达到90%，对新型农村合作医疗和城镇居民医疗保险进行整合，1月1日起实施城乡居民基本医疗保险制度。全乡新增各类参保人数1184人。全年转移农村富余劳动力350人。2. 弱势群体生活保障。走访慰问全乡371户低保户、61户五保户及129名优抚对象，发放低保款103.75万元、优抚款54.57万元；为全乡1227名老人缴纳保险费3.68万元；开展慈善助困16户，发放救助款9000元；救助大病患者31人，发放救助款6.1万元。协调解决危房住宅改造12户。全乡计划生育率控制在94.23%。3. 精神文明建设。广泛开展精神文明和公民道德教育，召开“弘扬美德、传承文明”先进模范事迹报告会，开展“歌颂孝行、传递孝心”孝德大讲堂，组织“人人动手、清洁家园、美化环境”等活动，荣获省级“文明乡镇”称号。全市首个“爱心助学基金”救助各类学生35人，发放助学基金3.96万元。全乡计划生育率控制在94.23%。

书　　记　魏建国
副 书 记　王小东　马小明
乡　　长　王小东
副 乡 长　司文志（5月离）　瓮义明
　　　　　杨东华
人大主席　韩向新
武装部部长　李瑞民
组织委员　林秋菊（女）
宣传委员　董玉阁（女）
纪委书记　朱洪国

（李　超）

马兰庄镇

【概况】　马兰庄镇位于迁安市西北部，镇政府驻地西马兰庄村距市区15公里。辖17个行政村，总面积49.16平方公里，耕地面积526.14公顷。总户数9444户，总人口24722人，人口自然增长率8.57‰。2014年，马兰庄镇以“建设发展最快、最文明、最和谐马兰”为目标，着重推动资源型城镇经济转型，全年完成规模以上工业总产值（现价）271.87亿元，同比增长6.5%；规模以上工业增加值153亿元，按可比价同比增长16.2%；规模以上工业利税121.9亿元，同比下降3.2%；完成全社会固定资产投资35.7亿元，同比增长21.8%；全部财政收入7.03亿元，同比下降36.5%；公共财政预算收入1.92亿元，同比下降44.6%；农民人均纯收入24491元，同比增长8.5%。

围绕“为民、务实、勤政、清廉”主题，深入开展党的群众路线教育实践活动，共查找19个方面的问题，征求到意见11条、建议75条，确定了18项整改任务，提出整改措施56项，解决各类问题148个。并重点对领导干部办公用房配备、公车配备、文山会海、信访积案化解、还利于民等进行自查整改，及时组织通报评议，满意率达98%。

【马兰庄新农村示范区荣膺全国建筑节能“节约之星”】　马兰庄新农村示范区建设广泛应用太阳能供应热水、地源热泵供暖、雨水收集、污水处理、中水利用等建筑节能新材料、新技术，达到国家规定的65%的建筑节能标准，成为新农村绿色建筑的典范。10月，被中宣部宣教局、中国经济网评为建筑节能“节约之星”。

示范区于2007年5月启动建设，集中联建、异地迁建，涉及7个矿区村及全镇缺房户，规划住宅项目1万户、占地1400亩、总建筑面积120万平方米。至2014年，示范区已完成投资10.2亿元，总建筑面积70万平方米，水电暖路等基础设施完备，有3299户、8000口人入住。

示范区建设之初，即定下坚持绿色、环保、节能的建设原则。建设中严格执行国家建筑节能强制性标准。该区住宅全部使用页岩空心砖，外贴40毫米厚的聚苯挤塑保温板。住宅外窗使用中空玻璃塑钢窗，公共建筑外窗使用彩色塑钢中空玻璃和隔热断桥铝。他们还安装了各种导光和反光装置将天然光引入室内照明；采用了双管系统供热，使散热器可以自行调节流量；设置变频水泵，控制用户末端流量。示范区室内照明采用光控加声控开关，实现人走灯灭，以户为单位安装热流量表、水表、电表和燃气表，并依量收费。在不影响正常生活的情况下，居民养成了做饭时将火稍微拧小一点、冬天将暖器阀门稍微拧小一点、洗脸时将水龙头拧小一点的好习惯，而且原来的“长明灯”“长流水”现象也没有了，节约节俭蔚然成风。

同时，以“孝诚和美”为文化主题，修建了以二十四孝雕塑为主题的孝道街，以范公亭为核心的廉政勤政文化广场，以知足常乐为主题的和谐园，以三字经、弟子规为主要内容的美德墙、景观雕塑小品。加强管理，成立了社区服务中心，设一站式便民服务大厅，建成马兰庄镇便民服务站，推行为民服务全程代办、重点项目全程代办制度，提供党建、民政社保、民调治保、计划生育等多项服务。

【项目建设】　1. 在建项目4个，总投资8.3亿元。其中，投资1.1亿元的迁安市海文工贸有限公司城市家具生产加工项目开始进行试生产；投资2亿元的武警水电支队迁安应急中心项目已竣工；投资4.7亿元的河北迁安化肥股份有限公司40万吨/年氨醇技术改造项目已于6月开工，预计2015年底竣工，项目建成后年可实现销售收入6亿元，税收7000万元；投资5000万元的鑫力铁矿硐采项目开始设备采购。2. 计划新开项目4个，总投资17亿元。分别是投资2.2亿元的中建集团混凝土天津有限公司迁安矿山固废综合利用项目、投资1亿元的天津首德信科技有限公司重型机械精密配件铸造项目、投资1.2亿元的鸿瑞建筑工程有限公司年产2500万平方米防水卷材新型建筑材料项目及投资12.6亿元的晶澳太阳能控股有限公司光伏电站项目。

【全民创业和民企二次创业】 联旺实业、凯达公司、新水铁矿及西马铁矿等企业利用废弃尾矿坑造地890亩，发展立体农业、高效农业。联旺实业、隆宇工贸等企业积极投身迁安城市中心建设，进军房地产、城市绿化、文化产业等，建成联旺大厦、钢城家园、鸿运书院等地标建筑，并带动了一批农村能人围绕机械制造、生态修复治理等市重点工作纷纷创业，建成一批零部件配套等中小微项目。至年底，全镇新增个体工商户96户，新增企业17家。

【生态环境恢复治理】 1. 实施煤改气工作，淘汰燃煤锅炉，使用天然气供暖，淘汰10蒸吨以下燃煤锅炉13座，总蒸吨18.5吨。2. 推进矿山废弃地复垦置换，完成首钢马兰庄铁矿、凯达公司铁矿、鑫利铁矿、鑫源铁矿、西马兰庄村铁矿、宫店子村铁矿及宇达铁矿7家项目单位的矿山生态修复与土地复垦利用工作。3. 以清垃圾、清杂物、清残垣断壁、清污染企业、清庭院，实现净化、绿化、亮化、美化为重点，积极推广"户清、村集、镇运转"模式，培树李家沟村及马兰社区两个"精品示范点"及东马兰庄、北马兰庄、侯台子3个河北省农村环境综合整治村。

【和谐马兰建设】 1. 开展人民调解、行政调解、司法调解"三位一体"大调解，通过听证会、民调会等多种形式及时有效处置户口待遇、要水冲沙压补偿等等各类信访案件和矛盾纠纷。办理信访问题56件，涉及地质灾害、土地纠纷、矿农纠纷、社会保障等四大类，结案率92%。2. 强化工矿企业规范化管理，全年下发隐患整改通知书236份，整改375处，未出现重特大安全生产事故。

【民生工作】 免费举办以回乡高校毕业生为重点的农民自主创业、职业技能培训，为创业者提供政策咨询、项目开发、开业指导、跟踪辅导等服务，建成东马兰庄草莓大棚，李家沟特色种植、养殖业，侯台子手工布鞋及柳河峪服装厂等，实现劳动力培训416人次。农村养老保险参保人数累计5411人，推进新农合、城镇医保转城乡居民基本医疗保险工作，城乡居民基本医疗保险参保人数达到15624人，覆盖率100%。马兰庄镇卫生院被列为全省医改工作示范点，医疗条件和设备在全省处于领先地位。修建了17个农村标准卫生室，免费为农民进行健康检查并实行档案跟踪管理，村医医疗服务水平逐步提高。

书　　记　彭清江
副 书 记　廉　波　陈晓东
镇　　长　廉　波
副 镇 长　李志生　田　曾　李金华
人大主席　孙会民
武装部部长　杜宏伟
组织委员　刘　军
宣传委员　李　阳（女）
纪委书记　孙振生

（吴学智）

沙河驿镇

【概况】 沙河驿镇位于迁安市西南部，镇政府驻地沙河驿村距市区29公里。辖19个行政村，总面积40.77平方公里，耕地面积1633.81公顷，总户数9867户，总人口30125人，人口自然增长率10.12‰。2014年，面对经济下行压力持续加大、结构性矛盾集中迸发等诸多难题，镇党委、镇政府继续围绕"镇园一体化"这一核心，把握"北方钢铁物流产业聚集区、西部工业区南片区和全国重点镇"三项重点，团结和带领全镇干部群众，负重求进，攻坚克难，使全镇经济和社会各项事业保持平稳较快发展的良好势头。全年规模以上工业总产值（现价）132.16亿元，同比下降0.9%；规模以上工业增加值40.54亿元，按可比价同比增长21.6%；规模以上工业利税-1.78亿元，同比下降126.4%；全社会固定资产投资34.36亿元，同比增长23.5%；全部财政收入9816万元，同比下降58%；公共财政预算收入5052万元，同比下降39%；农民人均纯收入17648元，同比增长8.5%；粮食总产6653万吨，牲畜出栏6.91万头（只），猪肉产量4532吨，奶产量2907吨，禽蛋产量1928吨。

【北方钢铁物流产业聚集区规模效应凸显】　按照“一年打基础、两年加速度、三年大跨越、五年成规模”的总体建设思路，突出“成规模”这一主题，全力推进北方钢铁物流产业聚集区建设，打造产业承载的高端平台。完善基础设施配套，夯实经济发展基础。按照“大配套适度超前，小配套随项目跟进”的原则，物流园区基础设施建设全力跟进。卑杨公路、杨柏桥新建及西沙河河道改造工程已经全部竣工，正式投入使用，有效缓解了出入物流园区交通压力；计划总投资1460.5万元的通达路项目累计完成投资850万元，已完成路基、雨水、污水管道的施工，配套绿化、亮化等工程稳步推进。该项目完工后，将全面完善园区内水、电、路、讯等基础设施建设，能够显著提升园区的产业承载能力。狠抓重点项目建设，增强经济发展动力。按照开工项目抓进度、签约项目抓落地的总体方案，不断推进重点项目建设进度，坚持项目兴园，推动物流园区多元发展。全年共实施生产性物流重点项目4个：一是天津物产（迁安）综合物流服务中心项目一期续建工程，已累计完成投资2.7亿元，4个原料库已竣工，办公楼、附属楼及道路亮化等配套工程也已完工；二是投资5000万的河北佳兢硅钢剪切加工项目，于5月份开工，5条生产线已全部完工，实现加工量7000吨；三是赛诺钢铁物流园项目，现已完成投资4500万元，购置运输车辆40台，实现营业收入4000万元；四是平钢物流高炉除尘灰处理仓储项目，现已完成投资4000万元，项目一期两条生产线已完成设备安装。同时推进前期项目5个，计划总投资47.28亿元，分别为神华集团迁安煤焦产品物流园、京唐港迁安矿石铁路综合物流、顺天诚通钢材加工基地、公路港、新奥集团LNG等项目，各项前期工作正在全力推进。创新招商引资思路，寻求经济发展后劲。紧紧抢抓京津冀协同发展的历史性机遇，按照“高起点谋划、高标准推进、高层次对接、高质量完成”的工作方针，坚持“走出去、请进来”并举，不断强化举措，招商引资工作成效显著。全年联系客商400余家，接待到迁安客商40批次，组织外出拜访招商20余次，特别是在经贸洽谈月活动对接重点企业39家，涉及世界500强4家、中国百强1家、央企1家、行业龙头5家。其间重点拜访了北京铁路局、交通运输部、新奥能源集团等京津冀地区一批重点企业，与北京京东方能源科技有限公司、中国国际合作交流集团、新兴重工集团等进行了深入对接。经过努力，与维可得（天津）食品有限公司速冻食品加工项目、平钢物流项目、公路港达成意向项目，与新奥能源化工LNG项目、北京顺天诚通钢材加工基地项目完成签约。融资效果显著，与建行、商行就公路港项目达成融资意向；帮助浙江物产（迁安）国际物流有限公司申请省物流专项扶持资金200万元；为天津物产迁安物流有限公司争取的省物流专项资金200万元已经批复。

【西部工业区南片区加快转型步伐】　调整宏观调控思路和方式，倡导改革先行，抓好钢铁链条延伸，全力推进二三产业协调发展。激发企业活力，培育经济发展的内生动力，加快西部工业区南片区转型升级、结构优化。1. 以延伸产业链条为抓手，探索转型升级合理路径。以科学发展观为指导，以自主创新为支撑，推进资源型产业高技术化、集聚化、生态化发展。一是荣信公司计划总投资1.5亿元实施的余热发电项目，为结转项目，2014年计划投资5000万元，已完成全部投资，建成并投入运行。二是投资1500万元的蓝海公司玻璃微珠项目已建成投产。三是投资5000万元的佳兢钢材剪切加工项目，年底前四条生产线已安装完毕，开始试生产。四是投资1.5亿元的昌宇石油储备库项目，基础设施建设基本完工，6月13日获商务部成品油仓储经营批准证书。2. 以环保专项治理为抓手，改变高耗低产，转型升级持续推进。一是重点企业环保治理。全镇重点治理企业共涉及环保治理项目38项。至年底，10项按期完工，16项已开工建设。其中，鑫达公司计划总投资2.5亿元实施的环保综合治理项目，至年底7座烧结机全部安装烟气脱硫设施并拆除旁路、4座竖炉的烟气脱硫设施基本完成安装；耀华公司的窑炉脱硫项目已完工并投入使用。二是取缔独立烧结竖炉企业。全镇第二批实施强制取缔淘汰措施的独立烧结竖炉企业共涉及33家企业39座竖炉。年内，除唐力强竖炉司法介入外，其他全部拆清。三是强化环保督导。督导APEC会议期间大气污染防治工作，及时响应中度污染天气应急预警，下发预警通知，严密监督各企业污染物排放情况，企业应急响应措施全面落实到位。

【以全国重点镇为契机打造宜居环境】 抓住被住房城乡建设部等七部委确定为全国重点镇的机遇，坚持城乡统筹、产业聚集和人口聚集互动，以城带乡，推进全国重点镇建设进程。1. 城镇组团建设再上新高度。刘庄子新民居二期项目主体基本完工，棚户区改造工程取得突破性进展，相继完成规划审批、环评备案、立项批复等前期工作，2015年将开工建设。沙河驿生活污水处理厂及配套管网项目完成投资3000万元，土建工程95%已完工，管网铺设1700米。由知名企业家杨柏春出资1300万元实施的柏春小学翻建项目已完工并投入使用。2. 农村面貌再上新水平。投资1043.4万元，对8个省级重点村进行全面提升和改造。与此同时，充实和增补已有的保洁员队伍，并按月兑现保洁员每人每月600元的财政保底工资，确保长效保洁机制正常运行。镇城管办严格执行“日巡检，月评分，季拉练，年考核”制度，农村面貌改造提升工作得到上级有关部门的充分肯定，年内累计6个月次被唐山市考评组评为优秀乡镇，唐庄子村获省“美丽乡村”荣誉称号。

【服务群众，巩固和谐稳定良好局面】 把服务群众作为工作的重中之重，加强社会管理，打造服务性政府，真正让百姓得实惠。1. 强化先导意识，“救急难”试点工作全面展开。构建镇干部包村、村干部包片、计生生育小组长包组、包户的网格化管理体系，形成“救急难”试点工作全覆盖、全方位、全动态、全过程的管理机制。建立健全家庭档案，实行一户一档，为制定救助标准、健全各项救助机制奠定坚实基础。2. 强化责任意识，安全生产工作水平不断提高。实行镇领导干部安全生产负责制，全面检查、督导、指导所包范围内各类企业和公共场所的安全生产工作。开展企业间安全生产互查活动，对钢铁、焦化、玻璃等企业做全面检查，结合企业开展的自查自纠活动，共检查出安全生产隐患277项，全部及时整改到位。3. 强化稳定意识，各项维稳制度有效落实。继续加强社会综合治理，全年接待来访人员320人次，成功调解信访案件71起。4. 强化保险意识，各种社会保障解民忧。城镇、农村保险工作进展顺利，城乡居民基本医疗保险参保人数24015人，参保率99.1%；城乡居民社会养老保险参保人数8894人，收缴养老保险基金131.4万元，参保率85%。农村劳动力向非农产业累计转移1039人，组织633人参加人才技能培训。5. 弘扬传统美德，促进民风改善。以开展教育实践活动为契机，在全镇广泛宣传社会主义核心价值观，开展以“庭院美、居室美、厨厕美、身心美、村庄美”为主题的“美丽家庭”创建活动，并在全镇评选“孝老爱亲”“诚实守信”“敬业奉献”“助人为乐”等方面的道德模范，推进家风、村风、镇风、民风建设，全镇形成党风带民风，互促共进的良好局面。

书　　记 王学龙（满族）
副 书 记 彭艳杰　孙雅民
镇　　长 彭艳杰
副 镇 长 张敬平　卜子田　赵　军
人大主席 刘德友
武装部部长 刘　军
组织委员 胡凤艳（女）

宣传委员 邵秀元
纪委书记 张建路

（李 迪 敖铁强 裴丽侠）

木厂口镇

【概况】 木厂口镇位于迁安市西南部，镇政府驻地木厂口村距市区21公里。辖16个行政村，1个社区（松护社区，包含原松汀村、护国村、白龙港村），总面积58.79平方公里，耕地面积1079.27公顷。总户数8282户，总人口25002人，人口自然增长率8.09‰。全年完成规模以上工业总产值（现价）160.5亿元，比2013年下降10.9%；规模以上工业增加值40.5亿元，按可比价比2013年下降14.8%；规模以上工业企业万元增加值能耗降低率16.5%；规模以上工业利税-4.1亿元，比2013年下降137.6%；全社会固定资产投资49亿元，比2013年增长22.9%；全部财政收入4.99亿元，比2013年下降15.2%；公共财政预算收入1.89亿元，比2013年增长17.1%；农民人均纯收入21957元，比2013年增长8.5%。农村劳动力向非农产业转移289人，农村劳动力转移培训486人。

党的建设得到加强，执政能力明显提升。狠抓服务型农村党组织建设，落实“两委”干部坐值班制度，建立“乡镇便民服务中心、村便民服务站”服务体系。白龙港党支部“为民、务实、民主、清廉”的典型做法得到唐山市委的肯定，引起唐山市及省级新闻媒体关注。扎实开展党的群众路线教育实践活动，把践行群众路线落实到推动转型发展、服务群众的具体行动上。强化社会治安综合治理，信访稳定形势好转。及时化解各类矛盾，广泛宣传，严厉打击非法信访，全镇信访初访量同比下降91.5%，实现“零”非法访。精神文明建设有声有色，文明素质全面提升。开展社会公德、职业道德、家庭美德和个人品德教育，深化“仁、孝、诚、爱”主题实践活动，结合“阳光培训”“道德讲堂”“善行班级、德润校园”“十星级”文明户评比和志愿服务、培树道德模范等系列活动，着力解决农民“钱袋鼓、脑袋空”问题，群众的思想意识、文化道德水准、生活习惯发生较大变化，各类纠纷和赌博行为明显减少，民风纯正、镇村和谐。

【项目建设】 狠抓项目，产业转型提升取得新成果。积极融入京津冀一体化发展大局，围绕构建“3+5+6”产业体系，有中生新抓升级，无中生有促转型，在产业转型上做文章、从升级上找出路、在规模上要效益。年内，全镇谋划实施24个项目，其中，结转项目7个，新开工项目8个，谋划项目9个。累计完成投资26.8亿元，其中2014年投资19.5亿元。

【现代农业建设】 依托西部森林生态绿道，继续围绕“顺藤结瓜”战略，在调整上下功夫，在置换上求发展。新建集科研、示范、采摘、休闲于一体的特色山区旱作农业示范区5000亩，栽植、改良优质核桃、板栗、大枣3.5万株；打深水井5眼，建立集雨水窖210个，总容积9200立方米；推广种植小香米、黄豆等精品杂粮600亩；绿化荒山1200亩、封山育林2000亩，种植文玩核桃300亩。榆山村按照“龙头企业+专业合作社组织+基地+农户”四位一体运作模式，实施荒山造地工程，成功打破土地瓶颈制约，探索出一条土地流转、置换的新路，开辟了民企二次创业、工业反哺农业，引领传统农业向现代农业、生态旅游业发展的先河，受到唐山市和河北省的充分肯定，国家、省、唐山市级新闻媒体高度关注并广为宣传，加速了农业转型步伐。

【小城镇建设】 以城镇建设为切入点，吸纳新项目、新企业，为小城镇建设提供产业支撑，聚集人流、带动物流，激活商贸流通、餐饮服务、加工运输等产业，促进农民增收；以规范小城镇管理为重点，在治乱上下功夫，积极营造依法、有序、整洁的发展环境；以整治农村“脏、乱、差”为突破口，扎实推进农村面貌改造提升行动，人居环境明显改善；集中清理整治违规广告牌匾、小广告、乱贴乱画现象，综合治理店外经营、占道经营现象，强化商户的环境保护和文明经商意识；采取集中突击和日常巡查相结合的方式，整顿集贸市场，查处私搭乱建，镇区容貌焕然一新。

【社会事业】 社会事业全面发展，幸福指数明显提升。完善初级医疗保障体系，落实基本药物制度，规范村卫生室建设，解决农民就医难、看病贵的问题。全面落实农村新型合作医疗，全镇共报销医药费157.67万元；粮食直补工作扎实到位，发放资金147.8万元；落实农民养老保险5881人，缴纳养老保险金117.5万元，参保率96%；农村低保实现应保尽保，重症病人大病救助金和农村分散五保户、集中供养人员生活费逐年提高；拓宽群众就业门路，合理转移农村劳动力，农民非农收入明显增加，民众生活质量和幸福指数普遍提高。

【企业管理服务】 以服务企业为中心，帮助企业解决用地难等问题；安全生产工作坚持“预防为主，防重于治”的原则，实行“一岗双责”安全管理责任制，分企划片包干负责，全程监控企业生产；加强管理，督促整改薄弱环节，突出对矿山、钢铁企业、交通、加油站、饭店、旅馆、超市、食品药品、校车、隐患路段等重点部位排查，根治隐患；综合整治，对无证采矿停止供电、遣散人员、拆除设备；对采矿企业进行拉网式安全生产大检查，摸清明采、硐采企业基本情况和底数，杜绝乱采乱挖，实现安全生产“零”事故；配合交通部门开展安全运输活动，在整治超速超载的基础上，加大运送学生车辆改装、超员、私运综合治理。

书　　记　郭桂军
副 书 记　康守满（5月离）
　　　　　郝晓华（5月任）　惠　海
镇　　长　康守满（6月离）
　　　　　郝晓华（6月任）
副 镇 长　王凤亭　张纳臣　刘彦君
人大主席　耿国军
武装部部长　许海余
组织委员　周　心
宣传委员　张红蕊（女，满族）
纪委书记　韩国辉

（何海玉）

太平庄乡

【概况】 太平庄乡位于迁安市西南部，乡政府驻地太平庄距市区35公里。辖16个行政村，总面积65.08平方公里，耕地面积1448.49公顷。总户数5802户，总人口16774人，人口自然增长率7.22‰。2014年，完成规模以上工业总产值（现价）21.02亿元，同比下降16.9%；规模以上工业增加值4.78亿元，按可比价同比下降11.5%；规模以上工业利税－404万元，同比下降102.8%；固定资产投资18亿元，同比增长24.1%；全部财政收入6948万元，同比下降39.7%；公共财政预算收入2530万元，同比下降38.3%；农民人均纯收入16632元，同比增长8.5%。粮食总产7134吨，牲畜出栏5.02万头，猪肉产量2151吨，禽蛋产量2901吨，奶类产量3.61万吨。

【项目建设和对外开放工作】 1. 创新招商引资方式，优化发展环境。派驻精干人员与北商国际泵阀产业园组成招商团队，于8月底成功举办首届“新迁安智造国际论坛”，先后参加国际矿业展览会、国际流体机械展览会和国际矿业大会。年内与5家金融服务企业、4家行业协会、13家企业，就共建生产性服务业平台达成合作意向；与近100家生产性企业达成入园意向；与英国卡迪夫大学、江苏大学就共建泵阀学院达成战略合作协议。在市经贸洽谈月中，成功签约项目5个，达成意向项目6个。特别是经过不懈努力，中国经济社会理事会把迁安市列为生产性服务业建设平台课题组全国首个调研点，并于11月5日，由全国政协常委、全国工商联副主席孙荫环带领课题组赴迁安市调研，得到市委、市政府主要领导的充分肯定。2. 立足当地实际，加快项目建设。精细煤化工产业板块，依托宏奥焦化、中海油LNG项目，积极推进资源综合化利用、产业链深度延伸，形成完整多元的煤化工产业体系。投资2000万元的中海油太平庄加气站项目正在加紧建设；投资1.8亿元的宏奥110万吨干熄焦项目已完工；投资8000万元的LNG物流园项目即将开工建设。玻璃深加工板块，立足润安建材玻璃原片优势，深度扩张玻璃产业链条，促进玻璃深加工，壮大产业规模，提升产品档次。推进明润达玻璃深加工项目建设进度，至年底完成投资2.4亿元；投资5000万元建设润安建材玻璃熔窑烟气处理项目。循环产业园区板块，力争尽快形成具有较大影响和带动作用的清洁能源优势板块。至年底，投资12.3亿元的中海油LNG项目进展顺利，即将进入试生产阶段。总投资50亿元的北商国际泵阀产业园项目已开工建设，其中投资8亿元的泵阀展示交易中心完成投资3亿元。投资30亿元的旺佰欣精细煤化工产业园项目，即将开工建设。3. 发展壮大本地企业，拓展发展空间。推进成长性好、发展潜力大的优质企业通过资本市场做大、做强。路明实业和北商泵阀于10月23日通过天津股权交易所专家评审，11月6日成功挂牌上市，实现迁安上市公司“零突破”。在全市项目建设观摩测评中，北商国际泵阀产业园项目位列第1位，中海油LNG项目和明润达玻璃深加工项目成为唐山市观摩项目。全年，新增个体工商户42个；新增企业16家；新增规模以上工业企业1家；新增家庭农场4家，新增农民合作组织3个。

【现代农业建设】 1. 推动农业特色化、特色农业产业化。按照“一轴两区五基地”布局，充分发挥绿道的带动效应，打造农村经济发展舞台。投资2000万元建设成山休闲农庄项目，扩种5万株金银花，栽植枸杞1000株，被确定为省级中药材示范园，同时，栽植柏树8万株、错季果树3万棵。以上年为基础，提升“四千工程”的品质效益，至2014年已种植金银花1300亩，油葵1600亩，七彩红薯1500，观光采摘园1000亩。2. 推动农业产业项目发展壮大。发展订单农业。与天津利民调料有限公司合作，建设辣椒种植基地500亩。推动养殖业，新建规模化养殖场3个，绒山羊存栏增加3000余只，奶牛增加400余头。推广高产粮食作物，建立1个粮食高产千亩试验方和1200亩粮食高产示范区。把乡村旅游业作为新的经济增长点，扶大、做强、搞活，成功举办第八届金秋采摘节，接待游客近5万人，推动了群众致富增收。3. 开展植树造林活动。坚持以绿化带动生态建设、以生态建设推动产业发展为抓手，实现经济效益与生态效益的有机统一。实施春季造林521亩，全乡更新造林5万株，雨季造林2600亩，栽植容器苗28万株。加大森林防火工作力度，成立迁安市首个半专业化村级森林消防队——东蛇探峪村森林消防队。

【社会民生】 1. 推进农村面貌改造提升。整体推进连村道路、学校、卫生室、村民活动中心的绿化、美化和厕所改建、河道整治工作，提升群众生活质量。投资55.9万元改建厕所559个；投资77.9万元铺设步道砖1.63万平方米；投资92万元安装路灯283盏；投资5万元进行墙体美化2.3万平方米；清理垃圾及杂物4万多立方米，清残垣断壁30处，清庭院2000多个。2. 抓好为民实事工程。举办劳动力免费培训班3个，培训学员93人。转移农村剩余劳动力341人。加强社会保障工作，新增企业养老保险参保人员347人，占目标的173%，新增企业医疗保险参保人员336人，占目标的336%，新增企业工伤保险参保人员271人，占目标的253%。加强教育工作，七家岭、尚庄两所小学和中学宿舍楼建成并投入使用，完成太平庄小学翻建工程。完成危房改造13户，汛期发放油毡170捆，保障了弱势群体全部安全度汛。3. 做好维护全乡稳定工作。把每月信访稳定联席会制度、领导干部公开接访制度、村干部接访陪访制度等长效机制的落实做为维护全乡稳定的保障。通过干部入村入户成功排查并妥善处理29起信访隐患，结案率100%。成立由30人组成的治安巡逻队，对境内102国道、京秦高速、京秦铁路、京沈铁路、企业学校等重点部位，加强巡查，圆满完成全国两会、暑期、国庆、十八届四中全会、APEC会议等特殊时期的安保和铁路护卫工作。重点对企业矿山、道路交通、民爆物品、食品卫生、消防等行业进行检查整治，全乡发展环境和谐稳定。

【基层党建】 1. 扎实开展党的群众路线教育实践活动，切实转变工作作风。广开言路听取意见。班子成员深入村、企，听取各方意见和建议，发放《致全乡党员群众的一封信》5000余份，召开22次专题座谈会，参加人员逾400人次，累计走访群众803户，发放调查问卷1400余份，谈心谈话230人次，整理归纳各类意见建议104条，总结出班子14个方面的“四风”问题，班子成员自查132个具体问题。建章立制全力整改。新建制度5项，修改完善4项，做到以制度管人、管事、管权。对查找出的问题，建立整改落实台账，至年底，班子及成员查摆的问题全部整改到位。大力整治“四风”。乡党政领导班子带头开展“正风肃纪”“还利于民”专项行动，带头纠正“四风”。年内治理“吃空饷”人员3人，全面清理调整办公用房，清理超编公务用车4辆，会议压缩40%，文件减少55%。2. 全面提升基层组织建设科学化管理水平，夯实党建工作基础。加强党员干部队伍管理，增强基层党组织堡垒作用。大力推行“4121”（四议一审两公开一监督）工作法，实行党代表任期制，“党员大讲堂”等体制机制。开展警示教育2次，组织党员技能培训7次。坚持教育与惩处并重，处置违纪党员2人。严把党员入口关，杜绝“带病入党”，发展党员11人，取消预备党员资格1人。提升村级组织活动场所的综合使用效率，筹资49万元对崇家峪、苏庄营等5个村级活动场所进行改造提升，建成集党建、团建、妇建、协会建设和便民服务站为一体的活动场所。全乡16个村级组织活动场所全部达标。以整修村内街道，完善档案资料，解决出行、吃水等问题为切入点，推动软弱涣散党组织转化工作全面完成。东山村翻建了1.7公里年久失修的道路，与乐丫公司达成农产品购销协议；三岔峪村修缮了村级活动场所，打井、修路和村内亮化工作也在稳步推进。

书　　记　贾春民
副 书 记　杨秀丽（女）　刘永会
乡　　长　杨秀丽（女）
副 乡 长　洪伟生　蔡立江　任立军
人大主席　全少云
武装部部长　张　政
组织委员　柴春江
宣传委员　程艳秋
纪委书记　刘海棠

（玄利臣）

城区街道

【概况】　2014年，新建安康、燕祥、石岩庄3个社区居委会，取消原惠宁东社区居委会，重新组建广场馨园社区居委会。至年底，城区街道办事处辖兴安、青杨、丰乐路、常青、花园街、永顺街、燕阳、明珠、安顺、燕春、福盛、永惠、广场馨园、帝景、燕经、碧水花苑、河畔、迁钢、燕祥、安康、石岩庄21个社区居委会，辖区总户数35559户，总人口106707。城区街道办事处在保障辖区平安稳定的基础上，创新党建思路，加强基层建设，提升城区环境，保障和改善民生，社区工作保持健康发展的好势头。城区街道办事处被唐山市委市政府评为唐山市文明单位，明珠社区被省委省政府评为省级文明社区。

【党建工作】　深入开展党的群众路线教育实践活动，全面推进社区党的建设。1. 学习教育、听取意见。组织党员、机关干部、社区委员等1014人集中学习56次，提高广大党员干部的思想认识。通过会议征集、书面征集和登门征集三种方式征求意见253条、建议301条，发现与社区工作直接相关的问题21个方面。2. 查摆问题、开展批评。围绕反“四风”，深入查找突出问题，对查摆出的“四风”问题和征求到的批评意见，起草撰写班子及个人对照检查材料，并召开专题民主生活会，深入开展批评与自我批评，制定整改措施。3. 整改落实、建章立制。在深入分析产生“四风”问题原因的基础上，建立健全反对“四风”、改进作风的各项规章制度。已完善包括考勤制度、值班制度、工作制度、会议制度、学习制度等在内的17项制度，使整改事项规范化、制度化、常态化。4. 调整布局、队伍结构最优组合。结合社区规划，共调整社区干部90人，其中，主任11人、书记15人、副主任20人。大胆启用人才库储备人员到新成立社区担任书记、副主任等职务，社区干部队伍从年龄结构、文化结构等方面达到最优组合。同时，启动第二批后备干部选拔，及时补足社区干部人才库。

【精神文明建设】 开展名牌社区和文化单位创建活动，丰富文体生活，提高市民素质。1. 擦亮文化品牌，引领主流文化发展。利用春节、元宵节、清明、端午、中秋等传统节日，开展以“品味传统、传承文化”为主题的“我们的节日”系列活动30余场，为社区发展提供强大的文化支持和精神动力。2. 培养文艺队伍，壮大群众文体力量。指导各居委会组建社区舞蹈队、合唱队、戏曲班等各类文体组织，社区文体活动异彩纷呈。3. 加强精神文明建设，提高居民素质。开展“道德讲堂”活动25场次，引导社区居民感悟道德、感悟经典。依托市民学校组织各居委会开展学习12期，帮助居民科学、文明生活。充分发挥社区志愿者协会作用，开展环境清扫、关爱空巢老人、关爱未成年人、交通志愿服务等大型志愿者服务活动22次，弘扬“奉献、友爱、互助、进步”的志愿服务精神。12月启动以“孝老爱亲”为主题的感动社区人物评选活动，评出10名感动社区人物，传承了中华传统美德，弘扬了时代精神。

【保障和改善民生】 全面落实党的各项惠民政策，广大居民充分体会到党和政府的关怀。1. 食品药品安全工作。对辖区内食品生产、销售、餐饮店进行排查摸底，建立台账，向17个不规范的生产、销售、餐饮店下达整改通知并督导整改，及时消除隐患。2. 民政工作。关注弱势群体，加大救助力度。全年为16户城市居民办理城市最低生活保障；对辖区内148户低保户实行动态管理，清理出不符合条件的城镇低保户3户；全年发放救灾款3万元、发放大米和面粉各78袋；走访慰问贫困户70户，筹集善款8640余元；帮助32名特困群众获得特困医疗救助款9.2万元；为燕阳社区刘森小朋友组织爱心捐款22.08万元，保障社区困难群众的基本生活。做好优抚工作。春节期间，走访慰问优抚对象89人，发放春节慰问金2.55万元、特困春节慰问金6900元、义务兵优待金150万余元、自主择业金96万余元，做到专款专用、及时足额发放。落实高龄老人养老保健津贴制度和老年证办理工作：为386位80周岁以上、16位90周岁以上高龄老人办理高龄老人津贴，为60周岁以上老年人办理老年证556个。为32名70周岁以上贫困老人发放慰问金9600元。3. 社保工作。城镇居民医疗保险和城乡居民养老保险工作成效明显，完成养老保险收缴1202人，向社保局缴纳养老保险费81.7万元。完成收缴医疗保险18369人。4. 下岗失业人员再就业工作。为263名无业人员办理就业失业登记证；为68名就业援助对象办理“就业援助对象认定”手续；为281名灵活就业人员办理社会保险补贴申报手续，补贴总额为109.68万元；为34名创业人员办理小额担保贷款申请手续。5. 计划生育工作。依法依规落实违反政策生育人员的处罚处理，征收社会抚养费40万元；积极稳妥开展单独二胎审批工作，办理二胎证246个；深入开展计划生育优质服务活动，免费为8900名育龄妇女提供生殖健康检查。严格落实奖扶政策，发放奖扶资金90.6万元，惠及2104人，落实率100%。

【社区服务】 强基固本，改善软硬环境。1. 重新划分设置社区居委会。会同规划、民政等部门，对所辖范围进行重新调整、界定，经市政府新批复社区39个，其中迁安镇辖11个。社区重新划分后，布局更加合理，便于开展社区管理、合理利用社区资源及提高工作效率。2. 完善各居委会办公环境。均配齐办公桌椅等配套设施，建立一站式便民服务大厅，满足社区正常办公、服务居民等需要。同时，根据实际情况，对成立居委会条件尚不成熟的社区实行靠挂管理，方便居民办事，确保社区服务无缝隙全覆盖。3. 提升社区干部综合素质。办事处请专人对社区干部开展业务知识培训和礼仪培训；为全体干部职工配备工作证，所有人员均持证上岗，“亮证”服务社区，增强队伍的自我约束力和服务意识。4. 畅通上下渠道，严把数字城管。按时办结数字化城管任务708件，办结率98.01%。按时办结迁安市人民政府城市综合指挥管理指挥中心部事件派遣单及唐山市市民公共服务热线32项任务，办结率100%，科学管理实现新突破。

【社区稳定工作】 对安全稳定工作抓细抓实，常抓不懈。1. 抓好信访稳控工作。强化“两节”“两会”“十八届四中全会”等重点时期和敏感时期稳控措施，坚持党政领导接访，解答疑问，化解矛盾；严格落实“日排查、周调度、月汇总、季分析”制度，加强排查工作，将不稳定因素消灭在初萌状态，共排查日常矛盾隐患21起，化解率100%。2. 抓好安全生产工作。开展消防设施、消防通道安全检查专项行动，为88个过期灭火器换粉，确保消防设施完好有效和安全疏散出口畅通无阻；通过开展居家安全知识讲座、知识竞赛答题、“消防演练”“高空逃生”演练活动，增强居民的消防安全意识，提高居民的自救能力；开展安全生产排查和专项整治行动，在元旦、春节、“两会”及汛期等高度敏感时段，集中对老旧小区、高层住宅楼的楼道、地下室、电梯等重点部位，就乱堆乱放、疏散通道堵塞、燃气管网外漏损坏等安全隐患开展排查，居民安全感进一步增强。3. 抓好普法工作。通过宣传栏、宣传单、电子显示屏等多种形式开展法律“进机关、进社区、进家庭”活动，居民法律意识进一步提升；通过张贴标语、播放反邪教文章、组织居民参加反邪教知识竞赛、开展“无邪教社区”评比等活动，提高居民反邪教意识。

【社区环境建设】 以国家卫生城市、国家园林城市复审为契机，全面提升社区环境质量。1. 社区环境卫生管理制度化。组织开展保洁员培训，落实《非物业管理小区卫生保洁管理办法》，明确保洁标准和保洁任务，提高保洁水平，推动社区环境卫生管理制度化。2. 社区施工流程规范化。制定《社区内施工管理办法》《社区建筑垃圾管理办法》，对要在小区施工的单位均按照先申请、再审批、施工后恢复验收的流程进行管理，降低施工对小区秩序和居民生活的不利影响，为居民打造宜居环境。3. 老旧小区改造重点化。投入100万元，完成对明兴小区、毛纺厂家属院、绿色家园和永惠等小区的绿化补植工程，补植面积2.07万平方米。更换破损垃圾桶388个、保洁手推车55辆、污水井盖24个。4. 环境整治常态化。对兴安、青杨、燕春、煤建小区、毛纺厂家属院、明兴小区、绿色家园、花园街、燕阳、常青10个小区进行环境整治，开展大规模环境集中治理活动5次，清理生活垃圾1350车、清除杂草6.5万平方米；全年开展“五乱”治理行动三次，制止乱围乱种2000多平方米；清除乱挂铁丝绳索1430根，拆除私挂条幅55条；清理废弃物堆放586处、建筑垃圾97车；抓获张贴散发小广告当事人180人，扣留非法广告17190张，清除非法广告2077张；审批门店招牌7块；治理流动摊点265个；下达环境污染限期整改通知书20份，市容环境变得整洁有序。

书　　　记 张振军
副　书　记 何宏伟　李　远　李艳玲（女）
办事处主任 何宏伟
办事处副主任 邹景林　王友辉　王丽华（女）
人大联络办主任 李　远（兼）
武装部部长 李海军
组织委员 冯艳军（女）
宣传委员 梁红香（女）
纪委书记 佟　宝（满族）

（孙东旭）

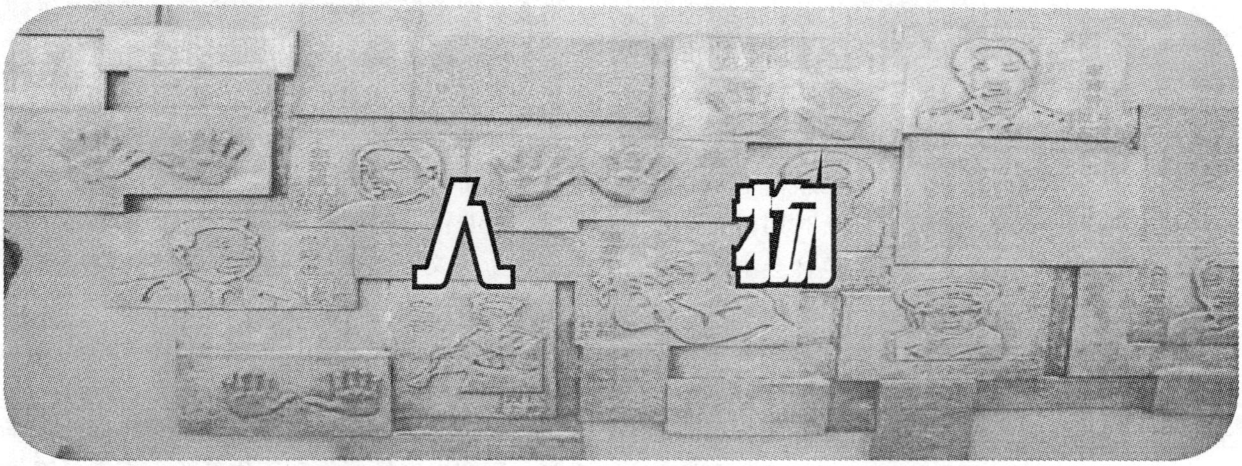

模范人物

全国五一劳动奖章获得者

李晓波　男，汉族，1965 年 4 月出生。中共党员，本科学历，高级工程师。2007 ~ 2013 年任迁安市交通运输局局长期间，团结和带领全局干部职工，实施了总投资近 100 亿元的工程建设，新增公路 160 公里，改造农村公路 680 公里，全市路网规模和等级大幅提升，构筑了现代交通运输体系的全新格局，迁安市交通运输局在 2007 年和 2011 年两次获得河北省“五一”劳动奖状。

勤于学习，坚持科技先行。李晓波深入工地、深入企业、深入执法现场，不断学习，充实自己，为交通工作的行家里手。2010 年，按照迁安市委决策，组织工程技术人员经过踏查、缜密论证、科学规划，制定了大交通战略计划，建设直通三大海港（秦皇岛、曹妃甸、京唐港）、对接京津两大都市、辐射周边地区的主干路网，打造高速化、便捷化、信息化的现代化交通运输体系，把迁安建设成为辐射“三北”、连接冀东腹地与沿海地区的陆运枢纽和港口城市。规划得到上级主管部门的高度评价，为迁安交通运输科学发展奠定坚实基础。

敢为人先，坚持创新驱动。交通是资金密集型产业，资金是困扰交通发展的难题。多年来，他不等不靠，勇于探索，把改善投融资作为突破，积极推介项目，采取项目法人制、BT 等方式融资 50 多亿元，启动了三抚公路迁安段改建工程、京秦高速公路迁安支线工程等重大项目，交通建设实现从“财政输血”到“融资造血”的改变，融资成为迁安交通重点项目建设的重要保障。

亲力亲为，坚持身先士卒。面对繁重的工程建设任务，李晓波按照分工，深入一线，现场督导、现场办公、靠前指挥，由坐着办公到站着指挥，由室内决策到现场调度，由听取汇报到掌握实情。鼓舞了斗志、做出了表率，更加快了工程进度，屡次刷新迁安交通建设的新纪录，形成迁安交通特有的“牛马”精神。

勇于奉献，坚持倾心为民。2007 年，刚刚到任的李晓波开始接手困难重重的城乡客运公交一体化工作，原有个体车主设置重重障碍，百般阻挠，他坚持“城乡公交一体化是历史车轮，必须坚定不移地向前推进”。带领干部职工完成了原有班线车辆收购、新公交公司组建等攻坚工作，在全省率先实现城乡公交一体化，日均发送乘客 6 万人次，公交票价比原来的班线票价下降 20% ~50%。

以事业为重，以单位为家，没有节假日，他一心扑在项目办理、施工管理、交通服务上，交通工作得到组织和群众的认可。2007 年他被授予唐山市委优秀党务工作者，2009 年被授予唐山市人民政府二等功。2010 年、2011 年被评为迁安市劳动模范，2012 年被评为唐山市劳动模范。2012 ~ 2013 年度李晓波获全国五一劳动奖章。

张振玲 男，汉族，1960年1月出生。中共党员，大专学历，2010年11月至今任迁安市总工会党组书记、常务副主席。多年来，张振玲以对工会工作的高度热爱，团结带领迁安工会一班人，与时俱进，继往开来，开拓创新，不断适应新形势新任务的要求，研究谋划新时期工会工作新思路和新举措，坚持走中国特色社会主义工会发展道路，围绕中心，服务大局，突出重点，打造亮点，使迁安工会各项工作实现较大跨越。高标准建立了全国首家“普惠化”职工服务中心，至今已发展到3家，总投资900多万元，总面积6800平方米，由职工服务大厅、帮扶超市和健身娱乐活动中心三部分功能区组成。2012年，市总工会再投资200万元，建立职工蔬菜基地，与市职工服务中心帮扶超市联营，为全市职工提供物美价廉的新鲜有机蔬菜。中心常年对工会会员开放，工会会员凭市总工会印发的会员卡到职工服务中心帮扶超市购物，全部享受平价优惠，各级劳模在享受会员价的基础上再优惠10%、困难职工再优惠15%，特困职工每季度再享受300元帮扶救助。中心成立以后，相继迎接全国总工会、省及唐山市总工会和浙江、廊坊等地工会的多批参观考察团，在省内外产生较大影响，被评为《工人日报》河北十佳创新工作第一名和河北工会十佳创新成果，荣获全国总工会帮扶工作先进集体和河北省“五一劳动奖状”；围绕全市打造“3+5”产业体系、培育6大区域性功能中心的目标，致力于动员广大职工立足本职建功立业，促进经济转型发展，在全市经济建设大潮中不断提升工会工作的凝聚力、战斗力和创造力。围绕服务经济发展，依托职教中心、电力公司等单位，建设职工技术技能比武大平台；工会基层组织建设实现质量规范、手段规范、政策规范，确保镇、村、企事业单位建会全覆盖，职工入会全覆盖；工会经费收入首次突破1000万元，一跃成为全省县级工会第一；《河北工人报》年征订量连年保持河北首位。4年来，市总工会12项工作在省、唐山市有关会议上介绍经验；迎接了包括全国总工会经费审查委员会主任李世明，省人大常委会副主任、省总工会主席马兰翠等各级领导的多次检查指导，迁安工会各项工作得到上级领导的充分肯定和高度评价。张振玲任职以来，迁安市总工会累计获唐山市以上荣誉39项，连年被迁安市委市政府评为“优秀领导班子”和“文明单位标兵”，连续第七届被唐山市委、市政府命名为“文明单位”，连续第八年获得“省优秀县级工会”荣誉称号。张振玲也连续多年被迁安市委嘉奖，被省、唐山市总工会评为“优秀工会工作者”。

张振玲在企业和党政部门主要领导岗位工作多年，具有丰富的领导和工作经验，不管是工作还是生活上，始终对自己严格要求，各方面以身作则，率先垂范，始终保持奋发有为、事争一流的精神状态，保持务实奉献的工作作风，在工会干部和职工群众中树立了良好形象。工作中注意集中集体智慧，充分调动和发挥每位班子成员的积极性，对各位副职体谅多、理解多、尊重多、支持多、帮助多，遇到困难冲在前，荣誉面前靠后站，展现了良好的人格魅力，多年来，在其无私奉献、忘我工作精神的感召下，机关上下风正、劲足、心齐、气顺，一心一意干工作、凝心聚力求发展的良好工作局面已经形成，为迁安总工会连创省级先进奠定了基础。

2012～2013年度，张振玲获得全国五一劳动奖章。

逝世人物

白福臣 男，1927年3月出生，中共党员，建昌营镇回民村人。1957年被迁安县总工会评为迁安县工会工作先进个人，1958年被迁安县政府评为文教单位先进工作者，1959年被唐山市总工会评为唐山市文教单位先进工作者，1959年被河北省总工会评为河北省省级劳动模范，2014年7月去世。

高级专业技术人员名表

2014 年迁安市获正高级职称人员情况表

表 17

姓名	性别	出生日期	工作单位	专业类别	资格名称	职称等级
刘向辉	男	1972.06	迁安市农牧局	农业	农业技术推广研究员	正高
孙太福	男	1966.09	迁安市农牧局	农业	农业技术推广研究员	正高
冯连秋	男	1964.07	迁安市人民医院	卫生技术	主任医师	正高

迁安市人民代表大会常务委员会工作报告

——2015年2月4日在迁安市第五届人民代表大会第五次会议上

市人大常委会主任　郝可军

各位代表：

我受市五届人大常委会的委托，向大会报告工作，请予审议。

过去一年的主要工作

2014年，市人大常委会以党的群众路线教育实践活动为引领，深入贯彻落实市委决策部署，牢牢把握工作的着力点和突破口，依法履行各项职责，切实改进工作作风，全力助推转型发展，顺利完成了市五届人大四次会议确定的目标任务。

一、把推动中心工作作为人大的责任坚守，紧紧围绕转型发展发挥作用

一年来，常委会紧紧围绕市委中心工作，积极发挥职能作用，全力推动迁安转型发展。

（一）在广泛参与中为转型发展增添前进动力

紧紧围绕3+5+6产业体系建设、新型城镇化建设、生态环境治理、民生改善等关系转型发展的中心任务，谋划安排专题视察、执法检查、调查调研等17个监督议题，切实突出监督重点，努力使常委会各项工作紧贴中心任务，服务转型发展。坚持把分包的产业和重点项目作为服务中心工作的重要平台，带领4个产业小组赴北京、上海、湖南、广州等地开展点对点招商，对接企业26家，新奥能源LNG、金牛管材北方中心等6个项目签约落地；督促相关单位密切配合，积极推进产业发展和项目建设，协调解决存在的困难问题，为翅冀LNG、首钢实业金属包装、泽群医药物流、金融街、老年公寓等项目的加快推进作出了积极努力。

（二）在监督支持中为转型发展提供助力支撑

把项目建设、新型城镇化建设、旅游业发展作为调结构、促转型的关键环节和重要引擎，先后深入迁安镇、正大制管、山叶口景区等13个单位和项目现场，开展了5次视察、调查和执法检查，了解建设进度，询问困难问题，督促政府优化投资环境、提升服务效能，加快推进产业结构转型升级。加强对计划预算执行情况的监督，深入有关部门和部分镇乡开展专题调研，了解经济社会发展态势，查找问题不足，督促政府强化经济运行调节调度，坚定不移调结构、促转型。加强对财政资金使用情况的监督，听取和审议了2013年财政预算执行及其他财政收支的审计工作报告、审计结果处理情况的报告，审查批准了2013年财政决算，督促政府强化预算执行的约束力，完善管理制度，不断提高财政资金的经济效益和社会效益。认真贯彻落实新《预算法》，组织常委会组成人员、人大代表和专业人员，对2015年财政预算进行初步审查，提出意见建议，督促整改落实，预算审查监督迈出实质性步伐。

（三）在选举任免中为转型发展夯实组织保证

把有利于推动转型发展作为选举任免工作的重要标准，坚持党管干部与人大依法任免相统一的原则，严格落实《选举法》、《地方组织法》、《市人大常委会任免地方国家机关工作人员办法》的有关规定，依法选举任免地方国家机关工作人员84人次；进一步加强任后监督，听取审议"两院"和政府组成部门负责人工作报告16项，督促选举任命人员依法行政、公正司法、勤政务实，为落实转型发展任务、加快转型发展进程提供了组织保证。

二、把促进民生改善作为人大的使命担当，努力维护人民群众根本利益

一年来，常委会始终关注民生民本，努力提高解决民生问题的及时性、准确性、高效性，保证人民赋予的权力始终用来为人民谋幸福。

（一）努力增进人民福祉

把生态环境恢复建设、为民办实事工程、农村面貌改造提升作为提高人民群众幸福指数的民生工程，组织人大代表先后深入7个镇乡、10个村、6家企业，开展了3次专题视察，并听取和审议有关工作报告，督导市政府进一步加大环境治理力度，确保生态安全，让人民群众喝上干净水，呼吸上新鲜空气；建议市政府提升执行力和公信力，按时推进实事工程建设，真抓实干、把事干成、造福百姓，确保承诺如期兑现；督促市政府不断改善农村人居环境，引导百姓改变生活方式，切实提高群众生活质量。

（二）切实保障人民安全

把"平安迁安"建设作为提升人民群众安全感的重要载体，组织部分人大代表和金融、教育、卫生、农村等社会各界代表，采取座谈交流、实地察看、听取汇报等方式，调查了解"平安迁安"建设的基本情况和存在问题，督促政府加大31个治安卡口、800多个视频监控点位的建设、维护和整合力度，充分利用科技手段打击违法犯罪活动，为降低治安刑事案件发案率，全面提升人民群众的安全感和满意度做出了积极努力。把依法惩治刑事犯罪作为维护人民群众生命财产安全的重要抓手，深入市法院、市检察院开展刑事审判和刑事审判监督工作调查，广泛听取人大代表和农村干部的意见建议，高度关注抢劫、重伤等严重暴力犯罪和抢夺、诈骗等多发性侵财犯罪的审判、监督工作，督促"两院"完善审判、监督的体制机制，破解瓶颈制约，增强威慑作用，确保人民群众在每一个司法案件中都感受到公平正义，全力维护社会和谐稳定。

（三）积极维护人民权益

着眼于提高社会保障水平，扎实推进《农村五保供养工作条例》贯彻实施，深入8个五保家庭、2所福利院开展调查，并与基层民政所长和五保户座谈交流，了解情况，认真研究面临的新情况、新问题，提出对策建议，努力维护农村最困难群体的根本利益。着眼于提高劳动者的专业技能和就业能力，深入教育局、人社局和职教中心等单位，对《职业教育法》贯彻实施情况开展调查，督促政府提高重视程度，适应市场需求，提高教学质量，推动职业教育加快发展。着眼于维护人民群众的合法权益，认真做好信访工作，收到的42件信访案件已经全部转交有关部门办理，并加强重点案件的督办工作，积极化解社会矛盾，促进社会和谐稳定。

三、把发挥代表作用作为人大的基础基石，鼓励支持广大代表依法履职

一年来，常委会不断研究探索有利于代表履行职责、开展工作的方式方法，充分发挥代表作用。

（一）充分发挥人大代表的权力主体作用

始终把人大代表作为国家权力机关的主体来尊重和看待，研究制定了《代表守则》，为广大代表依法履职提供了制度依据；坚持邀请代表列席常委会会议制度，鼓励代表建言献策；先后安排100多名（次）代表参与视察、调查、执法检查等活动，广大代表监督“一府两院”工作的渠道进一步拓宽；采取上门督导、邀请代表参与调查等方式，加大代表建议督办工作力度，75件代表建议中，加大农业扶持力度、增加农村教育投入、治理农村环境卫生等31件代表建议得到了较好落实，2013年列入计划解决的代表建议又有18件得到圆满解决，保障和实现了人大代表当家作主的权力。

（二）充分发挥人大代表的先锋模范作用

继续组织广大代表开展“走访选民心连心，扶贫济困献真情”活动，量化走访标准、明确帮扶要求，引导代表倾听群众呼声，了解群众疾苦，解决群众困难。到去年年底，广大代表累计走访群众1100多人次，帮助困难群众400余人次，捐助物资40多万元。认真谋划，精心组织，深入开展代表集中培训活动，参训代表达190多人，广大代表履职尽责的能力水平进一步提高，发挥先锋模范作用的积极性和主动性不断增强。评选表彰了30名优秀代表和10件优秀代表建议，培树先进典型，弘扬先进精神，充分发挥榜样引领作用。

（三）充分发挥人大代表的桥梁纽带作用

及时向广大代表通报经济社会发展、重大项目建设、重要人事调整等情况和信息，定期寄送常委会会刊、《公民与法治》等文件和资料，努力为代表学习宣传党的路线方针政策和市委重大决策部署创造条件、提供便利。扎实开展走访代表活动，鼓励和引导广大代表收集群众意见，反映群众要求，回应群众期盼。代表们提出的58条意见建议将在人代会后集中交“一府两院”办理。

四、把加强自身建设作为人大的永恒主题，不断提高常委会的工作效能

一年来，常委会深入开展党的群众路线教育实践活动，切实改进工作作风，不断加强制度建设，进一步提高了履职尽责的能力和水平。

（一）以教育实践活动推动作风改进

扎实开展党的群众路线教育实践活动，围绕习近平总书记系列讲话和专题专辑深入学习研讨，到农村基层广泛听取人大代表和人民群众的意见建议，对照“四风”方面反复深入查摆自身存在问题，在民主生活会上开诚布公地开展批评和自我批评，并坚持立行立改，加强整改落实，得到了广大代表和人民群众的认可。活动中，我们累计征求人大代表和干部群众意见建议84条，对照查摆的52条“四风”方面问题已经全部整改到位，开展蹲点调研活动90多次，走访党员群众300多人，为联系点协调帮扶资金100多万元，帮助群众解决了修路、亮化、绿化、河道治理等实际问题，进一步密切了与人民群众的联系，有力推动了常委会作风转变。

（二）以政治理论学习增强素质能力

坚持把加强理论学习、强化理论武装作为筑牢抵御“四风”防线、提高履职能力水平的关键来抓，深入学习习近平总书记系列讲话、十八届四中全会和中央、河北省庆祝全国人大成立60周年大会，以及唐山市委人大工作会议精神，不断丰富学习内容，改进学习方式，深化学习效果，进一步增强了理论自信、道路自信、制度自信，对坚持和完善人民代表大会制度、加强和改进新时期人大工作有了更加清醒的认识和把握，增强了把人民代表大会制度坚持好、完善好、发展好的信心和决心。

（三）以规章制度建设规范履职行权

为进一步加强对权力运行的监督制约，研究制定了《加强和改进监督工作的意见》、《讨论决定重大事项的规定》和《党风廉政建设责任制制度》，作出了《关于加强自身建设的决定》，修改完善了机关公务接待、财务管理等内部制度，构建了标准明确、程序严密、配套完善、有效管用的规章制度体系，进一步规范了常委会职权行使和机关运转。认真坚持民主集中制原则，在审议讨论时坚持发扬民主，在作出决议决定时严格依法办事，保证了人民赋予的权力始终用来为人民谋利益。

各位代表，一年来，常委会的各项工作取得了新成绩，实现了新发展，步入了新常态，这是市委正确领导的结果，与“一府两院”的协调配合密不可分，更得益于广大代表和人民群众的鼎力支持。在此，我谨代表市五届人大常委会，向关心支持人大工作的社会各界表示衷心的感谢并致以崇高的敬意！

各位代表，总结成绩是为了增强自信，正视差距才能知不足而奋进。当前，一些法律赋予的职权还没有完全行使到位，人民群众的期待要求还没有完全落实到位，加强跟踪监督、督促整改落实还没有完全推进到位，这既是我们工作中的薄弱之处，也是今后需要重点攻坚的课题。

2015 年工作意见

人民代表大会制度的建立和发展让我们坚定制度自信，迁安转型发展的探索和实践让我们坚定路径选择。新的一年里，市人大常委会要以习近平总书记在庆祝全国人大成立 60 周年大会上的讲话为指导，秉持“依宪治国”、“依宪执政”的工作理念，深入贯彻落实市委五届五次全会精神，认真履行宪法和法律赋予的职责使命，运用法治思维和法治理念助推转型发展取得新进展、再创新辉煌。

一、坚持党的领导，充分发挥人大制度优势。

习近平总书记指出，“60 年的实践充分证明，人民代表大会制度是符合中国国情和实际、体现社会主义国家性质、保证人民当家作主、保障实现中华民族伟大复兴的好制度”。我们要深刻认识人民代表大会制度的重大意义和科学内涵，牢固树立宪法意识、国家意识和制度意识，进一步增强政治责任感和历史使命感，坚定自觉地坚持和完善人民代表大会制度。要牢牢把握人大工作正确的政治方向，切实增强党的观念，自觉接受党委领导，服从党委决定，善于把党的主张通过法定程序变为国家意志，确保人大及其常委会始终沿着正确的方向前进。要更好发挥人大在全面深化改革中的重要作用，紧紧围绕事关改革发展稳定大局和社会普遍关注的问题，全力支持和监督各项改革措施的落实，保障重大改革决策依法进行，不断开创人大工作新局面。

二、强化监督职能，助推经济社会转型发展。

要紧紧围绕产业转型、深化改革、环境保护、民生改善等方面，科学合理地选择监督议题，有计划、有针对地开展视察调研和审议监督，切实保障党委重大决策部署、人大决议决定和审议意见的落实。要推动依法治国，按照有利于维护国家法律尊严，有利于维护社会主义法制权威，有利于维护公民、法人和其他社会组织合法权益的原则，做好对依法行政和公正司法的监督，促进法律法规的贯彻落实。要加强全口径预算的审查监督，通过开展初步审查、严格调整变更、监督审计问责等方式，督促政府建立“编制有标准、执行有约束、效果有考核”的公共预算体系，形成“收入全部进笼子，支出全部进盘子”的预算管理新格局。要拓展监督方式，启动实施专题询问、规范性文件备案审查、审议意见书等监督手段，拓宽监督渠道，增强监督刚性，提高监督工作的针对性和实效性。

三、改进代表工作，密切同人民群众的联系。

要坚持把发挥代表主体作用作为人大工作的力量源泉，引导、鼓励、支持代表依法履职。落实人大代表联系选民制度，组织代表加强与选民的直接接触，与他们面对面、心贴心地交流，深入了解群众所思所想所盼，使群众的困难、意见和建议能够得到及时反馈。搭建人大代表履职平台，以镇乡为单位划分代表小组，并组织各代表小组围绕事关发展大局的重大问题、群众关注的热点难点问题开展专题调研和视察，激发为民代言的政治热情；届内力争让每位代表都列席一次常委会会议或参加一项监督活动，搭建好代表及时反馈群众意见、督促政府改进工作的快捷通道。认真办理代表建议，通过办前沟通协商、办中跟踪督导、办后追踪问效等方式，着力构建好人大、政府、承办部门和人大代表多方联动的工作机制，推动代表建议落到实处。

四、加强自身建设，提升履职能力和水平。

要把加强自身建设摆在更加重要的位置，不断提高依法履职水平。加强思想建设，教育和引导人大常委会组成人员和机关干部，强化党的观念、大局观念、群众观念，紧紧围绕党委重大决策部署、市场经济理论和法律法规，组织常委会组成人员和机关干部开展专题学习，不断提升依法开展工作的本领。加强制度建设，建立健全监督机制和监督程序，使监督的原则、内容、程序具体化、规范化，增强可操作性。加强作风建设，树立履职为民之风，深入到群众中去，虚心听取他们的意见和呼声，反映他们的意愿和诉求，使人大的各项工作建立在广泛的群众基础之上；树立民主团结之风，坚持民主集中制原则，集体行使法定职权，倍加珍惜团结，倍加顾全大局，做到思想上合心，行动上合拍，工作上合力，最大限度地发挥集体优势。

各位代表，加快推进转型发展是大势所趋、人心所向，任何困难和挑战都不能阻挡迁安人民对美好生活的向往与追求。新的一年里，让我们在中共迁安市委的坚强领导下，强化责任担当，勇于攻坚克难，奋力爬坡过坎，加快推进迁安经济转型升级步伐，为再创转型发展新辉煌而努力奋斗！

中国人民政治协商会议迁安市第五届委员会常务委员会工作报告

2014年2月17日在政协迁安市第五届委员会第三次会议上

市政协主席 陈子存

各位委员、各位同志：

我受政协迁安市第五届委员会常务委员会的委托，向大会作工作报告，请予审议。

2013年的工作回顾

一年来，市政协常委会在中共迁安市委的领导和唐山市政协的指导下，在市政府的大力支持下，团结带领全市广大政协委员，深入贯彻落实党的十八大和市委五届三次全会精神，坚持把促进发展作为履职第一要务，认真履行政协职能，卓有成效地开展工作，为推动我市经济发展和社会进步做出了应有贡献。

一、围绕中心，服务大局，深入开展协商议政

一年来，市政协坚持把围绕中心、服务大局、促进科学发展作为履职的第一要务，以“献策增加权重、议政体现价值”为基本要求，发挥各方智慧，运用多种形式，为我市全局工作建睿智之言，献务实之策。

为构建“3+5+6”转型格局建言献策。构建“3+5”产业体系、打造六大功能中心，是市委、市政府作出转型升级的重大战略部署。市政协围绕工作中心，精心谋划并组织广大政协委员进行广泛调研，成立16个专题小组，用三个月的时间开展了形式多样的调研活动，形成专题调研报告16篇。活动中，为使委员明确方向、把握重点、知情明政，先后两次组织政协常委和参加调研的委员学习相关文件，视察重点项目。为使各专题小组调研成果相互交流、互为借鉴，市政协又适时召开五届十次常委会议，印发所有报告书面交流，选出6篇重点进行了大会交流。在此基础上，形成了《市政协关于推进构建“3+5+6”转型格局的九项建议》，建议案经市政协五届十次常委会议审议通过后及时上报市委政府领导，受到有关领导的充分肯定，并要求有关部门认真阅研。

为推进迁安科学发展广集民智。按照市委安排部署，市政协认真组织开展了“解放思想、改革开放、创新驱动、科学发展”大讨论活动，结合实际研究制定了符合政协特点的活动实施方案。活动中，市政协通过召开不同界别政协委员座谈会、发放征求意见表等形式，共征集到109名政协委员提出的17个方面142条意见和建议，涉及转型发展、优化环境、民企创业、改善民生、对外开放、人才引进、文化旅游等多个方面，体现了广大政协委员极高的参政议政热情。市政协对委员提出的意见建议，进行了认真梳理、汇总，并以大讨论活动专报形式上报市委政府领导，得到了市领导的很好评价。

二、发挥优势，创新形式，有效实施民主监督

一是以委员视察为切入点履行监督职能。一年来，市政协先后组织政协常委和相关界别委员，围绕重点项目、城市建设、关注民生等方面开展视察活动3次，通过视察，常委和委员们高度赞同市委、市政府做出的一系列决策部署，并在加快推进和抓好落实上，提出了20多条可行性的意见建议，有效地促进了重点工作的加快实施。二是以委员提案为重点创新监督形式。提案工作是政协一项特色鲜明、影响深远的重要工作。五届二次会议共收到委员提案121件，立案并交办102件。对立案的提案，市政协协同市政府通过召开提案交办会和加大督办等措施，确保

提案得到有效办结。通过积极有效的办理委员提案，使一批事关人民群众切身利益的热点、难点问题得到解决。如关于老旧小区基础设施和节能改造的提案，引起市政府高度重视，把老旧小区基础设施和节能改造纳入市重点民生工程，组织市住建局、城区街道办事处等单位和部门对老旧小区进行调查摸底，制定详细改造方案。在市财力十分紧张的情况下，压缩行政办公经费，安排专项资金，将全市63个老小区划分为10个物业管理服务责任区，集中实施改造工程，有效提升了老小区居民生活环境。截止到去年10月底，立案的102件提案均已办结，承办部门答复率为100%，委员满意率达到98%。三是以评议听证为载体深化监督效果。市政协高度重视并认真组织委员积极参加各种形式的评议听证活动。一年中，在对全体委员加强专业培训的基础上，共推荐60多名议事水平高的委员参与主管部门组织的多种听证会、座谈会、评议会等，如实表达群众意愿要求，并就有关部门改进作风提高办事效率方面提出建议，有效促进了相关单位的依法行政、勤政廉政。

三、团结鼓劲，凝心聚力，为和谐迁安建设做出积极贡献

一是协助市委政府做好民族宗教工作。促进民族团结、宗教和睦、社会稳定是政协的重要责任。我们牢牢把握团结民主两大主题，积极参加回族开斋节等重大民族宗教活动，会同相关部门对各清真寺进行走访慰问，举办宗教界上层人士座谈会，积极引导宗教界人士和广大信教群众弘扬爱国爱教、团结进步、服务社会的优良传统，促进民族团结进步事业蓬勃发展。通过与民族宗教界代表人士协商沟通，城关基督教堂、石佛古寺建设等涉及民族宗教的相关问题，均得到很好解决，收到了事半功倍的效果。二是积极组织委员参与公益事业，为群众办实事办好事。一年来，我们以政协联络组为单位，委员自觉自愿参加，筹集资金20万元资助40多名贫困大学生和60多名中小学生，筹集8万余元慰问50多位贫困户。有的委员还自发成立了“四通爱心基金”、“迁安市民间爱心助学小组”、“东安贫困母亲救助基金”等组织，积极参与捐资助教、关爱贫困母亲、救助失学儿童、扶危济困等各种公益慈善活动，捐助款物达60多万元。我们还组织部分医药卫生界政协委员和相关医疗单位组成专家医疗队，分别深入到五重安乡和阎家店乡等地开展义诊活动，使300多位当地群众在家门口就享受到了专家的优质医疗服务。政协委员乐善好施、热心公益的善行义举受到社会的广泛好评。三是广泛联系，多方交流。一年来，我们热情接待了省、唐山政协和市内外兄弟县（市）政协，就“督办省政协1号提案”、“实施蓝天工程，改善空气质量”、“城市建设”、“项目建设”、“文化产业发展”等来迁学习参观考察，共15批180多人次。在轩辕文化研究专家任昌华和台湾中华三祖祭祖活动组织者林其贤来迁安指导轩辕文化建设期间，我们及时组织文化界的政协委员就如何挖掘迁安历史文化与专家进行了广泛交流。通过这些活动的开展，为深入研究迁安历史文化，促进迁安文化大发展、大繁荣起到积极的推动作用，同时交流了经验，增进了友谊，促进了工作。

四、发挥优势，搭建平台，扎实开展主题实践活动

2013年，市政协结合自身实际，在全体委员中组织开展了“履职有为、岗位建功”主题实践活动。通过活动，极大地激发了委员爱岗敬业、履职尽责的积极性和主动性。据统计，一年中，委员参与招商项目10个，引进资金达18亿元，新上、扩建项目16个，投资金额28亿元，新安排就业900多人，项目全部达产后，年可缴纳税金16.8亿元，进一步助推和引领了全民创业及民企二次创业的开展。广大政协委员倾情回报社会，关注弱势群体，在扶贫帮困、捐资助教等公益事业上自觉捐款物达260多万元，委员主体作用得到了充分发挥，“履职有为、岗位建功”活动取得了新成效，为迁安经济发展、社会和谐作出了应有贡献。

五、强基固本，完善制度，不断加强自身建设

一年来，市政协在自身建设方面，着力于四个加强。一是着力加强对委员的服务和管理，注重发挥委员的主体作用。尊重和维护委员的各项

权利，引导委员说真话、讲实情、进诤言，努力营造民主和谐的议政环境。健全委员参加政协会议和活动制度，完善出台了《政协迁安市委员会全体会议工作规则》，极大地调动各界别委员参加活动的积极性。一年来，委员参与调研视察、座谈活动150多人次，各种会议参会率和撰写提案人数都大大提高，委员参与活动的覆盖面不断扩大，主体作用得到进一步彰显。二是着力加强对镇乡联络组的联系和指导。政协乡镇联络组是政协组织在乡镇基层的延伸，是拓展基层政协工作的大胆探索和有益尝试。市政协通过召开专门委员会会议、联络组长座谈会、组织重点项目视察活动、主席约访委员、邀请联络组长列席政协常委会等形式，加强工作联系和指导。三是着力加强政协机关自身建设。注重抓好思想理论建设和班子建设，以建设"学习型、服务型、创新型、和谐型、廉洁型"机关为载体，以提素质、上水平、创建一流机关为目标，认真开展"干部读书"活动，不断加大机关干部教育培训力度，围绕市委中心工作，积极组织学习传达上级和市委重大决策部署，全年共组织机关全体干部学习、座谈交流15次，撰写学习心得体会45篇，切实提高了机关工作人员的履职能力和服务水平。四是着力加强对外宣传。注重加强与上级政协的沟通与联系，积极参加唐山市政协举办的"创建学习型政协、做知行的表率"主题实践活动成果展。一年来，先后在《中国政协》、省《乡音》、政协委员网等多家新闻媒体发布稿件16篇、宣传委员20多人次，报道政协各类活动20次，其中，"迁安市政协1号提案办理记"、"迁安市政协以组织重点项目建设视察活动为契机助推迁安转型升级"、"迁安市政协组织开展'服务基层、情系百姓'义诊活动"等文章被省政协《乡音》和《政协委员网》刊载。"搭建'四个平台'助推委员发挥主体作用"被《唐山政协》选用。通过对外宣传，推荐了迁安，扩大了迁安对外知名度，同时展示了委员风采，树立了政协形象。

在过去的一年中，市政协常委会认真履行职能，较好地完成了五届二次会议确定的目标任务，各项工作都有了新的进展，取得了显著的成绩。这都是市委的正确领导、市政府及有关单位大力支持的结果；也是市政协各参加单位和全体政协委员与时俱进，积极进取，努力奋斗的结果。借此机会，我代表市政协，向给予政协大力支持的各级领导及有关部门，向全体政协委员和各族各界人士表示衷心地感谢和崇高的敬意！

同时，我们也清醒认识到，面对新的形势和任务，市政协的工作还存在一些不足，实践中还面临不少新的课题，还需要我们在今后工作中加强学习，提高素质，以推进政协工作创新发展。

2014年工作意见

2014年是全面学习贯彻党的十八届三中全会精神的开局之年。在新的一年里，我们要在中共迁安市委的领导下，认真贯彻党的十八大、十八届三中全会和市委五届四次全会精神，围绕全市中心工作履行职能，围绕加快转型升级建言献策，围绕推进全面建成小康社会献计出力，以积极向上、大有作为的精神状态，为建设生态和谐、幸福富裕、更具活力魅力的迁安做出应有贡献。为此，要重点抓好以下五个方面工作：

一、把握正确方向，在创新政协工作和落实市委全会精神上要有新举措

深入学习贯彻落实好中共十八届三中全会和市委五届四次全会精神，引导全体政协委员增进改革的共识，凝聚改革的力量。适应新的形势和任务，研究制定年度协商工作计划，规范协商内容和程序，拓展协商形式，实施市政协主席季度协商会议制度，定期召开专题协商、对口协商、界别协商、提案办理协商会议，增加协商密度，加快"推进协商民主广泛多层制度化"进程，发挥好人民政协民主协商作用。紧紧围绕市委五届四次全会提出的重要战略部署，不断探索创新政协工作方法，把握政协工作服务大局的结合点、履行职能的切入点、发挥作用的着力点，在加快转型攻坚步伐上积极有所作为，努力做出贡献。

二、把握工作重点，在协商议政、民主监督上要有新作为

围绕转型升级选准课题开展协商议政，为加快经济发展谋良策。按照市委、市政府坚持"有中生新、无中生有"两手抓，使传统产业焕发生机活力，战略性新兴产业和服务业的比重、水平

大幅提升，现代特色农业更具规模，加快构建“3+5+6”产业体系的目标任务，动员广大政协委员深入一线，深入基层，精选题目，搞好调研，在调研的基础上，开展协商议政，提出建设性意见和建议。多形式开展民主监督，推进全市重点工作加快落实。认真组织开展不同形式的民主监督活动，寓民主监督于委员视察、民主评议及行风评议等各项工作之中。通过不同形式的民主监督，助推市委、市政府部署的重点工作和重大项目加快落实。

三、推进和谐社会建设，在凝心聚力上要有新贡献

认真做好提案和反映社情民意工作。提案是人民政协履行职能最直接、最有效、最灵活的方式。全体政协委员要充分发挥联系广泛、智力密集等界别优势，结合工作实际，在各自岗位上，主动了解和反映不同阶层、不同群体的利益诉求，依法依规撰写提案，反映社情民意，通过提案实现政府与民众有效沟通，促进各项事业和谐发展。认真做好民族宗教工作。充分发挥好人民政协政治上包容性强的优势，加强与民族宗教界代表人士的沟通交流，积极为他们参政议政提供有利条件，妥善处理好民族宗教事务，促进民族团结、宗教和睦。密切关注社会各阶层正当的利益诉求，引导社会各界人士在建设和谐社会中发挥更大作用。深入挖掘迁安文化底蕴，弘扬优秀历史文化。发挥政协人才荟萃的优势，组织力量着手征集迁安历史文化资料，为编辑出版《迁安历史》一书奠定基础。通过追溯迁安历史文化脉络起源，继承和发扬有益的文化精髓，让迁安的优秀历史文化得到很好传承。

四、搭建平台，发挥作用，在开展“履职有为、岗位建功”活动上要有新成效

继续开展“履职有为、岗位建功”主题实践活动。号召全体委员和政协各参加单位积极贯彻落实市委五届四次全会精神，唱响稳中求进工作主基调和转型攻坚主旋律，立足本职岗位，发挥政协特点和委员各自专长优势，通过多种形式，履行职能，开展工作。鼓励和支持民营经济界政协委员，积极投身转型攻坚，引导他们树立干大事、创大业的思想，在民企二次创业中进一步施展才智，发挥作用。发挥政协委员人脉优势，抓住京津产业转移重大机遇，主动对接、主动联系，促进招商引资、项目建设取得实效。鼓励引导有一定经济实力的政协委员，发挥示范带头作用，积极参与绿道节点建设，在旅游观光、现代农业和循环农业开发上摸索出一条可持续的经营模式。关注新农村建设，尽全力支持农村面貌改造提升行动，在加快推进农村土地流转、促进规模农业发展上做表率。全体政协委员，要认真履行职责，深入开展以“五个一”，即：提出一件提案、反映一条社情民意、参与一次视察调研、办一件好事实事、参加一次公益活动为主要内容的“讲奉献、树形象”活动，形成同心协力促跨越谋发展的良好局面。

五、践行群众路线，在加强自身建设上要有新突破

以十八届三中全会精神为指导，不断研究探索政协组织在协调关系、汇聚力量、建言献策、服务大局中的新思路和新方法。一是建立健全常委会工作机制，提升常委会议议事质量，提高新形势下常委会领导政协工作的能力。二是按照市委整体部署，认真开展以为民务实清廉为主要内容的党的群众路线教育实践活动，紧密结合工作实际，组织政协机关干部和广大政协委员主动深入群众之中，倾听群众呼声，反映群众诉求，汇聚群众智慧，为党政分析、把握舆情提供参考，积极营造融洽和谐的社会环境。三是进一步加强委员队伍建设，强化学习培训，不断夯实履职基础，提升履职能力。加强政协机关建设，努力造就一支政治坚定、业务熟练、作风优良的高素质政协干部队伍。

各位委员，同志们，新的一年承载着挑战与责任，更充满着机遇和希望，让我们在中共迁安市委的坚强领导下，坚定信心、勇于担当，发挥优势、扎实工作，思想上同心同德、目标上同心同向、行动上同心同行，为加快转型攻坚步伐，努力开创“魅力钢城、绿色迁安”建设新局面做出新的更大贡献！

迁安市人民检察院工作报告

——2015年2月4日在迁安市第五届人民代表大会第五次会议上

市人民检察院检察长　孙玉军

各位代表：

现在，我代表市人民检察院向大会报告工作，请予审议。

2014年，迁安检察院在市委和上级院的正确领导下，认真贯彻落实党的十八届三中、四中全会精神，落实“政治建检、业务立检、公信树检、素质兴检、科技强检”的检察工作布局，以执法办案为中心，强化法律监督、自身监督和队伍建设，更加主动顺应人民群众对反腐倡廉、公平公正、司法公开的新期待，忠实履行宪法和法律赋予的职责，为我市经济社会科学发展提供了有力的司法保障。

2014年主要工作情况

一、围绕中心，着力服务全市工作大局

坚持履职与服务并举，提升检察工作服务大局贡献率。始终坚持把检察工作摆到全市经济发展大局中来认识，开展了“服务重点工程建设，优化经济发展环境”主题活动。严厉打击危害市场经济秩序、侵害企业合法权益、妨害重点工程建设等破坏经济发展环境的犯罪，全年共办理此类案件26件35人；加大了对生态环境、矿产资源的司法保护力度，共办理非法采矿等破坏矿产资源案件3件5人，查办破坏环境犯罪5件5人；依法惩治非法吸收公众存款、虚开增值税发票、金融诈骗等经济犯罪7件9人。办案不忘服务，打击不忘保护，在积极办理案件的同时，我院深入开展法律服务“五进”工作，走进企业特别是将服务非公经济发展作为检察工作的重要延伸，为市场主体提供平等的司法保护。工作中，准确把握法律政策界限，注意方式方法和办案节奏，慎重使用强制措施，避免给企业的正常生产经营带来负面影响，尽力维护企业形象和投资者合法权益。

坚持打击与治理并举，推进平安迁安建设。严厉打击侵害群众利益、破坏发展环境、严重刑事犯罪以及其他影响群众安全感的多发性犯罪。共批准逮捕各类刑事犯罪嫌疑人270件377人；提起公诉554件762人。积极参与社会治安综合治理，坚持把化解矛盾贯穿于执法办案始终，实现案结事了，全年共不批准逮捕39人，不起诉12人，适用刑事和解案件8件8人，接待群众来访180余人次，化解各类矛盾38起，继续保持涉检零上访零投诉记录。

坚持查办与预防并举，推进反腐倡廉建设。突出查办重点行业领域和关键岗位职务犯罪案件，加大打击行贿犯罪力度，始终保持惩治贪污贿赂等职务犯罪的强大声势。共查办贪污贿赂案件17件19人，查办渎职侵权案件6件6人，监所部门查办职务犯罪案件2件2人。查办与百姓利益息息相关的医疗卫生系统公职人员犯罪2件2人。其中重点查处了交通部门11名公职人员职务犯罪案件，目前已全部被作出有罪判决，针对当前行政执法不规范的突出问题，真正发挥了纠偏纠错纠正顽疾的警示作用。去年下半年我院接受河北省纪委指派，参与数起重大职务犯罪案件的侦办工作，专案组一路攻坚克难，取得预期效果，部分案件顺利结束并进入诉讼程序。省纪委充分肯定了我院承办大要案的工作能力和干警们严谨务实的工作作风。

坚持惩防并举，积极开展以“侦防一体化”为重点的职务犯罪预防体系建设，开展重大项目专项调查5次、开展预防宣传和警示教育15次、提供行贿犯罪档案查询350次，发出检察建议6件。

二、紧扣核心，全力实现司法公正高效

转变执法理念，促进司法公正。以全面贯彻

执行“两法一规”为契机，转变执法理念。特别是立足重点岗位、重点环节、重点案件，从细节入手，查摆问题，自查自纠，自觉革除执法陋习，收到了较好的效果，全体检察干警树立了正确的执法理念，筑牢了严格执法、公正司法的思想根基。

规范执法行为，确保司法公正。2014年，我院开展了规范执法专项活动，在案件管理中心的规范督导下，将全部案件投入检察机关统一应用业务软件系统中，建立了执法业绩档案，完善了执法质量考评机制，形成了权责明确、流程控制、执法规范、过程公开、考核严格、奖罚分明的执法管理格局。全年所办案件的立案准确率、批捕准确率、起诉准确率、有罪判决率和法定期限结案率均为100%，继续保持了执法质量在唐山市检察机关中的领先水平。

深化检务公开，推动司法公正。按照全面公开、广泛公开、灵活公开的原则，拓展检务公开的辐射效果，采取请进来、走出去的方式，一方面依托检务信息发布平台以及案件信息查询平台，实现案件动态、权力运行、执法意见等检务信息的开放透明，保障群众的参与权和知情权。另一方面，组织执法评议，开门评检活动，充分交流检情和舆情。健全代表委员联络制度，邀请人大代表、政协委员、人民监督员等视察检察工作，组织开展检察开放日，宣传检察工作、公开执法活动、发布检察信息，主动接受社会监督。

强化诉讼监督，维护司法公正。进一步加强立案监督、侦查监督、审判监督、民行监督和刑罚执行监督，对人民群众反映强烈的执法不严、司法不公等问题，加大监督力度，增强监督实效，切实维护诉讼当事人的合法权益。共监督公安机关立案13件16人，追捕漏犯19人，追诉漏犯8人，追诉漏事实18起，追漏罪名5人，提出刑事抗诉11件13人，纠正侦查活动违法12次，纠正审判活动违法35次，进行捕后羁押必要性审查11人，在审查逮捕、审查起诉中移送职务犯罪案件线索5件7人，其中立案2件3人，提前介入重大案件指导公安机关侦查2次，民行部门发出再审检察建议2份。

三、凝聚人心，大力提升检察队伍形象

2014年，在党的群众路线教育实践活动全面进行过程中我院开展了以“坚定理想信念、提升职业修为”为目标的队伍建设集中教育整顿活动，要求检察干警务必保持高度自醒、自警、自律，进一步增强检察干警的危机感、敬畏感和责任感；开展了岗位廉洁性评价专项活动，深入推进纪律作风和自身反腐倡廉建设，严格落实党风廉政建设责任制，探索建立廉政风险防控机制，加大对检风检纪的督察力度；开展“治庸问责”和“维护人民群众合法权益、解决反映强烈问题”专项检查，切实改进工作作风；开展了“检民直通车”实践活动，成立10个驻村联系组，党组成员带头走访村民300余人次，开展法律服务、排查矛盾隐患、调处各类纠纷、为民做实事办好事，用具体行动打通服务群众的“最后一公里”。

各位代表，过去一年所取得的成绩，是市委正确领导，人大有力监督，政府、政协和社会各界关心支持的结果，是广大检察干警戮力同心，勤勉工作的结果。在此，我代表迁安市人民检察院全体干警向所有关心我院检察工作和队伍建设的各位代表、各位委员、社会各界人士表示衷心的感谢和崇高的敬意！

回顾一年来的工作仍然存在一些不足和问题：在转变执法方式、增强检察工作公开性、透明度上还需要解放思想，加大实践探索的力度；面对依法治国的新要求，保障人权、程序公正的执法理念还有待强化；法律监督的职能作用需要进一步发挥，力度和成效有待加强；检察工作职业化、专业化仍需进一步提升。对此，我们将高度重视，采取有效措施加以改进。

2015年工作打算

各位代表，我市迈入了调结构转方式的发展新阶段。迁安检察院将全面贯彻落实党的十八届四中全会和市委五届五次全会精神，适应新常态、抢抓新机遇、探索新机制，唱响干事创业的主旋律，顺势而为，全面履职，为“魅力钢城、绿色迁安”建设保驾护航。

立足职能，服务全市发展。始终保持对严重刑事犯罪的高压态势，严惩黑恶势力犯罪、严重暴力犯罪、多发性侵财犯罪，维护人民群众的生命财产安全；坚决查办涉及工程建设、土地管理、环境保护等领域侵害群众切身利益的贪污贿赂和失职渎职犯罪，狠抓执法办案能力建设，提高对举报线索的核查能力、案件取证突破能力和深挖窝案串案能力。积极参与整顿和规范市场经济秩序，依法惩治严重破坏市场经济秩序犯罪，维护平等竞争、有序经营的市场环境。

依法履职，建设法治迁安。做推动法制体系建设的探索者、实践者，积极发挥惩治和预防贪污贿赂、渎职侵权等职务犯罪的作用，全面履行审查逮捕、审查起诉、法律监督等职能，依法依宪推进法治迁安、平安迁安建设。

强化监督，打造公信检察。坚持以公正促公信，做到实体公正和程序公正并重，坚守防止冤假错案底线；坚持以规范促公信，严格工作制度和流程，遵守办案纪律；坚持以监督促公信，深化廉政风险防控机制建设，强化执法办案的内部监督制约；坚持以公开促公信，细化检察环节执法办案公开的内容，确保检察权在阳光下运行。

执法为民，加强队伍建设。坚持为民务实清廉，落实党的群众路线教育实践活动整改措施；以提高法律监督能力为核心，进一步推进检察队伍正规化、专业化、职业化建设；紧紧扭住职业良知、制度约束、公开运行等环节，端正执法理念，改进执法作风，建设一支信念坚定、执法为民、敢于担当、清正廉洁的检察队伍。

各位代表，在新的一年里，全市检察干警将以更加奋发有为的精神状态、更加求真务实的工作作风，坚守法治，秉公司法，履职尽责，不辱使命，为开创我市科学发展新局面作出新的更大贡献！

迁安市人民法院工作报告

——2015年2月4日在迁安市第五届人民代表大会第五次会议上

市人民法院院长　王建民

各位代表：

现在，我代表迁安市人民法院向大会报告工作，请予审议。

一、2014年工作回顾

2014年，市法院在市委的正确领导、市人大及其常委会的有力监督和政府、政协及社会各界的大力支持下，深入学习贯彻党的十八届四中全会和习近平总书记系列讲话精神，充分发挥审判职能，扎实推进平安建设、法治建设和队伍建设，各项工作取得了新进展。全年共审执结各类案件7751件，同比上升83.4%，创历史新高；一审服判息诉率达89.7%，上诉案件改判和发还重审率为1.52%，全院年度结案超百件的有22人，其中，超200件的3人，案件质效进一步提升。

（一）严格依法履职，维护社会公平正义

一年来，坚持以执法办案为第一要务，以公正司法为第一责任，积极拓宽思路、创新机制，审判执行工作实现新突破。

刑事审判注重量刑规范，宽严相济惩治犯罪。2014年，深入

贯彻宽严相济刑事政策，共审结刑事案件638件，判处人犯855人，最大限度维护了社会稳定。一是依法严厉打击严重暴力犯罪和侵害人民群众生命财产安全的多发性犯罪，审结故意伤害、抢劫、盗窃等犯罪案件266件328人，切实增强了人民群众安全感。二是依法加大对职务犯罪的打击力度，审结贪污、贿赂、挪用公款等犯罪案件19件43人，推进了反腐败斗争深入开展。三是探索实施轻微刑事案件快速办理机制，全年适用轻刑快办程序审结案件15件15人，平均审限14天，不断提高刑事司法效率。

民商事审判注重调判结合，定纷止争促进和谐。坚持以案结事了为目标，依法妥善解决各类矛盾纠纷，最大限度促进了社会和谐。全年共审结民商事案件6123件，同比上升125%；其中调解撤诉4164件，调撤率为68%。一是以保障民生为重点，依法妥善审结婚姻家庭、交通事故、劳动争议等案件2248件，有力地维护了人民群众合法权益。二是以规范市场行为为重点，依法高效审结买卖、借贷、担保等合同纠纷案件2530件，有力地促进了社会诚信体系建设。三是以化解社会矛盾为重点，关口前移、重心下移，进一步加大诉前调解力度，全年共诉前调解纠纷688起。

行政审判注重实质性化解，加强协调解决争议。坚持保护行政相对人合法权益与支持监督行政机关依法行政并重，不断完善行政诉讼协调和解机制，最大限度促进了官民和谐。全年共审结行政案件16件，办理非诉审查案件31件、非诉执行案件30件。特别是对征地拆迁、环境保护、社会保障等涉及群体性、矛盾易激化案件，更加注重内外协调，妥善化解争议。

执行工作注重多措并举，高效联动保障民生。坚持以人民满意为标准，强化措施，重拳出击，共执结各类案件913件，同比上升5.5%，为当事人追回债权逾亿元，最大限度维护了人民群众的合法权益。一是采取公布“失信者黑名单”、限制高消费等措施对失信被执行人进行信用惩戒，促使被执行人主动履行义务。二是与金融机构建成“点对点”查控网络，进一步提高了执行效率。三是开展集中打击拒不执行判决、裁定等犯罪行为专项行动，与公安、检察机关联手打击“拒执”犯罪，目前，已将8件8人移送公安机关。

（二）践行能动司法，服务地方发展大局

牢固树立大局意识和“有为有位”理念，紧紧围绕全市中心工作，勇于担当，积极作为，全力促进经济社会发展。

主动融入大局，服务经济转型升级。工作中，找准职能定位，不断创新工作思路和方法，有效推动了辖区经济健康发展。依法稳妥处理涉建源钢铁有限公司系列纠纷，得到了市委书记李忠同志的批示肯定；对多个因资金链断裂和突发事件陷入困境、引发一系列债务纠纷的重点企业，提前介入，多方协调，全面平衡利益关系，通过债转股、委托经营等方式促成债权人和债务人“抱团取暖”，共度难关，依法保障了企业的正常生产经营；突出服务的主动性和针对性，对涉及重点项目和重点工程的各类矛盾纠纷依法妥善化解，为加快全市经济转型升级提供了有力的司法保障。

切实关注民生，落实便民利民举措。准确把握群众司法新需求，进一步加强立案大厅和诉讼服务中心建设，全面建立优质、高效、便民的诉讼服务机制；依托信息化建设，推行网上预约立案，降低群众诉讼成本；健全案件繁简分流和速裁工作机制，不断提高审判效率；认真落实司法救助制度，为弱势群体开通诉讼“绿色通道”，全年共减、缓、免诉讼费48万余元；扎实推进“一乡（镇）一法庭”建设工作，进一步方便群众诉讼。

坚持标本兼治，做好涉诉信访工作。强化源头治理，通过加强审判质效管理，落实诉讼指导、风险评估、判前释法、判后答疑和定期回访等制度，从源头上预防和减少涉诉信访案件的发生；畅通信访渠道，完善院长接待日制度，开通网上申诉信访和视频接访，第一时间化解初信初访；严格落实信访责任制，及时实现息诉罢访。全年共接待来访群众233人次，化解信访案件52件。

（三）强化队伍建设，树立法院良好形象

一年来，按照习近平总书记提出的“五个过硬”要求，以开展党的群众路线教育实践活动为契机，努力打造一支信念坚定、执法为民、敢于担当、清正廉洁的法院队伍。

理想信念更加坚定。在教育实践活动中，领导干部带头查摆问题，带头开展批评与自我批评，带头制定落实整改措施，以实际行动践行群众路线，并在全院组织开展革命传统教育、党性教育、正反典型教育，使广大干警的理想信念进一步坚定，群众观念进一步增强。

司法作风不断改进。扎实开展正风肃纪、提质提效等专项行动，按规定清理超标办公用房，严格公务（警务）用车管理，着力除“四风”、转作风、扬清风；完善落实经费管理、公务接待和精简会议等规章制度，机关公务接待费用、文件和会议数量实现大幅下降和减少。

司法能力有效提升。积极组织法官进行法学理论与审判实务研讨、相互观摩庭审、裁判文书互查等交流学习活动，不断提高法官适用法律、驾驭庭审、化解矛盾、撰写文书等综合能力。全年共开展业务培训10次，组织业务考核3次，先后有1人撰写的论文获国家级奖励，2人获省级奖励，市法院被省高院评为先进集体。

廉政建设持续推进。认真落实党风廉政建设责任制，完善各种监督制约机制，开展经常性警示教育，全面推进惩防体系建设。工作中，通过定期轮岗、重点岗位廉政风险评估、开展廉政承诺等举措，确保司法公正廉洁。

（四）坚持公正司法，着力提升司法公信

始终把公正司法、高效司法作为核心要素，加强审判管理，提升案件质效，努力以司法公正引领社会公正。

深化司法公开，以公开促公正树公信。扎实推进审判流程、裁判文书、执行信息三大公开平台建设，实现了以公开促公正。全年上网公开裁判文书8103件，案件流程信息、执行失信信息、开庭公告信息均实现100%公开，位居唐山法院系统前列；加强数字化庭审建设，全年利用网络庭审直播28个；开展公众开放日活动，让群众“零距离”感受阳光司法；开通官方微博，向公众及时传递司法“正能量”。

加强审判管理，以规范促公正树公信。根据案由划分各业务庭的审判执行任务，实现了同类案件的专业化审理；严格案件流程管理，实现各个节点全程、无缝隙监控，并对审限情况进行全天候巡查，对临届审限案件及时进行催办、督办；完善案件质量评查相关规定，对审结案件逐案评查，通报到人，实现了案件质效不断提升；每月下发审判管理动态通报，将各项审判指标进行全方位比对，增强了全院审判工作的前瞻性和能动性。

自觉接受监督，以监督促公正树公信。自觉接受人大及其常委会的监督，认真负责地向人大及其常委会汇报工作；健全完善联络沟通机制，坚持定期走访，主动邀请人大代表旁听案件审理；对人大监督的案件和人大代表、政协委员提出的意见和建议，实行专人登记、院长督办、及时反馈；积极落实人民陪审员制度，新增人民陪审员64名，有效推动了司法民主。同时，虚心接受检察机关诉讼监督、新闻媒体的舆论监督和社会各界的监督，加强和改进了法院工作。

各位代表，2014年市法院工作取得的成绩和进步，离不开市委的正确领导，离不开市人大及其常委会的有力监督和政府、政协的大力支持，离不开各位代表、委员、社会各界和广大人民群众的关心帮助。在此，我代表市法院，向关心支持法院工作的各位领导和同志们表示崇高的敬意和衷心的感谢！

同时，我们也清醒地认识到，法院工作还存在一些问题和不足：个别法官的大局观念仍需进一步增强，司法作风有待进一步转变；对新类型疑难案件的研究和探索不够，审判工作与人民群众的司法需求尚有一定差距；信息化建设有待进一步加强。这些问题和不足，我们将高度重视，采取有效措施，切实加以解决。

二、2015年工作思路

各位代表，2015年，市法院将进一步牢固树立进取意识、机遇意识、责任意识，全面落实党的十八届四中全会和各级政法工作会议精神，以“努力让人民群众在每一个司法案件中都感受到公平正义”为目标，以司法为民、公正司法为主线，深化司法改革，推进司法公开，强化司法监督，不断提升队伍素质、审判质量和司法公信力，为全市改革发展稳定提供更加优质高效的司法服务和保障。

一是要在服务发展大局、发挥职能作用上下功夫、求实效。主动适应经济发展新常态，及时研判、妥善处理经济转型升级过程中引发的各类矛盾纠纷，为全市经济转型升级提供更加有力的司法支撑；积极推进平安迁安建设，依法惩治各类违法犯罪，妥善调处各类矛盾纠纷，维护社会稳定，促进社会和谐；完善行政纠纷实质性解决机制，进一步发挥行政审判职能作用，助推法治政府建设。

二是要在树牢司法为民宗旨、着力满足群众司法需求上下功夫、求实效。高度关注人民群众多元司法需求，加强诉调对接工作，推行繁简分流审判机制，深化巡回办案、网上立案等便民举措，为人民群众提供优质高效便捷的诉讼服务；依法妥善审理损害赔偿、住房、食品卫生等民生类案件，充分保障群众合法权益；加大弱势群体司法救助力度，让有理无钱的群众打得起官司，让有理有据的当事人打得赢官司。

三是要在深化司法体制改革、提高司法公信力上下功夫、求实效。按照中央和上级法院的部署，对体制性改革问题积极探索、有序推进。改革案件受理制度，变立案审查制为立案登记制，充分保障当事人诉权；改革审判权内部运行机制，不断完善主审法官、合议庭办案责任制，实现让审理者裁判，由裁判者负责；改革涉诉信访工作，实现诉访分离，推动涉诉信访问题在法治轨道内解决。

四是要在推进司法公开、提升案件质效上下功夫、求实效。以构建开放、动态、透明、便民的阳光司法机制为目标，进一步推进审判流程、裁判文书、执行信息三大公开平台建设，继续通过法院网站、微博、公众开放日等形式向社会公开法院信息，不断拓展司法公开的广度和深度，以公开倒逼审判质效的提升。发扬司法民主，完善人民陪审员制度，进一步扩大参审范围，保障人民群众依法参与司法、监督司法。

五是要在继续深化巩固教育实践活动成果、加强法官队伍建设上下功夫、求实效。通过深化党员示范岗、业务标兵评选、办案竞赛等活动，确立职业道德、专业知识、实践经验“三位一体”的法官培养标准，打造高素质的法官队伍；进一步完善司法作风建设长效机制，以刚性的制度规定和严格的制度执行，确保改进司法作风规范化、常态化、长效化；开展廉洁司法集中教育活动，不断增强干警廉洁自律意识。

各位代表，全面深化改革的壮丽蓝图催人奋进，守护司法公正的光荣使命任重道远。在新的一年里，市法院将在市委的坚强领导下，在市人大及其常委会的有效监督下，在政府、政协及社会各界的大力支持下，忠实履行宪法和法律赋予的职责，不负重托，不辱使命，求真务实，开拓进取，为迁安转型发展作出新的更大贡献！

迁安市2014年国民经济和社会发展计划执行情况与2015年国民经济和社会发展计划（草案）的报告

——2015年2月3日在迁安市第五届人民代表大会第五次会议上

市发展改革局局长　郎文昌

各位代表：

我受市政府委托，向大会作迁安市2014年国民经济和社会发展计划执行情况与2015年国民经济和社会发展计划（草案）的报告，请予审议，并请市政协各位委员和其他列席人员提出意见。

一、2014年国民经济和社会发展计划执行情况

2014年，面对错综复杂的宏观形势和经济下行压力持续加大的严峻考验，在市委的正确领导下，在市人大和市政协的监督下，全市上下始终坚持“稳中求进”的主基调，扎实推进转型攻坚，经济社会实现了平稳健康发展。预计全年实现地区生产总值1016亿元，增长4.1%；完成固定资产投资521.5亿元，增长16.2%；完成社会消费品零售总额199.8亿元，增长10.1%；实际利用外资6421万美元，增长6.7%；城镇居民人均可支配收入达到29860元，增长8.2%；农村居民人均可支配收入达到17120元，增长10.4%。

（一）产业结构进一步优化。一是三个千亿级产业集群加快推进。精品钢铁业提档升级，7家钢铁企业全部进入工信部钢铁行业规范企业名录，天津物产整合地方钢铁企业正在积极推进，燕钢热轧卷板等一批项目竣工投产，钢铁业实现了深度延伸，实现增加值129.5亿元，增长4.1%。装备制造业发展迅猛，总投资142.7亿元，实施了正大通用制管等28个重点项目，北商泵阀产业园等大项目落地开工，装备制造业实现增加值41.3亿元，增长19.5%。现代物流业全面提速，总投资62亿元，实施了万嘉综合商贸园等20个项目，天津物产一期基本完工，新增物流吞吐量2000万吨，实现物流总收入488.7亿元。二是五个百亿级产业板块快速发展。投资104亿元，实施了52个五大板块项目，葵花药业生物制药、思文科德八色印铁二期等项目竣工投产，翅冀LNG、怡蕙达LNG等项目正在加紧建设，煤化工、包装建材、节能环保、食品医药、高新技术五大产业板块不断壮大，实现增加值60.2亿元。三是六大服务业更加繁荣。红星美凯龙、天洋城一期正式营业，北大学园正式进驻，龙湾游艇俱乐部、商企联盟电子商城等一批项目正在加紧建设，轩辕阁、梅墨生艺术馆等项目竣工投入使用。四是现代农业加快发展。农业生产条件不断改善，发展节水灌溉面积2万亩，治理水土流失面积28.1平方公里，完成土地流转12.86万亩，新改扩建规模养猪场20个、规模奶牛场3个、规模养鸡场15个。四条绿道带动作用进一步增强，实施了华农循环经济等50个“绿道金瓜”工程。农业产业化步伐不断加快，新增省级龙头企业、省级农民专业合作社示范社各1家，全市农业产业化率达到75.5%。

（二）转型活力不断增强。一是项目建设有序推进。10个立市项目和100个重点项目加快推进，当年完成投资160亿元，15个项目被列为省、唐山市重点项目，88个项目被列为唐山市“千个项目攻坚行动”项目。二是内激外引成效显著。对内，深入开展全民创业和民企二次创业活动，分行业组织企业外出学习考察30多批次，民营经济发展水平显著提升，全市新注册民营企

业946家、个体工商户6162户。对外，牢牢把握京津冀协同发展的重大机遇，积极开展精准招商、以商招商、产业招商等招商活动，精心组织了经贸洽谈月活动，成功引进了金牛管业等知名企业，全年新签约项目37个。积极推进外经外贸，累计实现进出口总额26.6亿美元，同比增长38.6%。其中，出口创汇3.95亿美元，同比增长547%。三是园区发展水平不断提高。高新技术产业区、经济开发区、北方钢铁物流产业园区获批全省首批清洁生产试点示范园区，高新技术产业区被评为全省重点项目建设先进单位，经济开发区被列为全省承接京津产业转移的40个重点平台之一，北方钢铁物流园区获评全国优秀物流园区，滦河文化产业园区荣获全省十佳文化产业园区。四是承载能力不断增强。京秦高速迁安支线正式通车，迁擂公路大修等道路工程顺利完工，路网体系进一步改善；实施工矿废弃地复垦3248亩，土地开发补充耕地2284亩，用地制约得到有效缓解；完成了4条10千伏线路投运及2条线路负荷切改工作，电力供应能力显著增强；北商国际泵阀和路明实业股份公司在天津股权交易所挂牌上市，掀开了上市融资的新篇章；金融机构贷款余额达到386亿元，较年初增加10.4亿元，金融环境不断好转。

（三）城镇化建设全面提速。一是城市规划体系不断完善。高标准完成了《城市综合交通规划》、《公共服务设施规划》等11项规划，提升了城市建设起点。二是城市建设步伐不断加快。三大城市板块建设快速推进，城镇化率达到53.3%。现代化标志区建设迅速，碧桂园高档商住开发、金融街等一批项目加快建设。滦河生态休闲区加速推进，滦河综合治理一期工程基本完工，新增6座建设用岛。右岸新城建设扎实开展，一中西校区正式投入使用，中医院迁建等项目正在加快建设。三是城市管理水平不断提高。完成了44.3公里供水管网铺设、18公里天然气管线铺设、150万平方米集中供热扩容、575户既有居住建筑节能改造等城市基础设施工程，城市功能不断完善。顺利通过国家卫生城市、国家园林城市复审验收和中国宜居城市年度巡查，城市管理水平得到进一步提升。四是新农村建设持续推进。累计投资1.8亿元推进农村面貌改造提升，40个省级重点村和3个唐山市级精品村面貌明显改善。农村基础设施不断完善，累计完成村庄道路硬化39.6万平方米，建设文化广场1.3万平方米，改造农村危房224户。总投资331万元，解决了3个村2582人的饮水不安全问题。

（四）改革创新持续推进。一是科技创新体系进一步完善。推广科技成果36项，圆锥破碎机技术填补国内空白。新增晒阳、益昌2家国家高新技术企业，66家中小企业被认定为省级科技型企业。二是人才支撑作用明显。全年共开展公务员培训1230人次，专业技术人员继续教育培训13020人，引进各类人才885人。三是综合改革全面深化。大力精简行政审批事项，累计削减本级行政审批、非许可类和监管类等事项72项，承诺办结时限压缩率达61%。“三级平台”、“两个代办”制度扎实启动。继人民医院实行医改以后，又实行了中医院药品零差率销售，累计让利群众4218万元。

（五）生态环境不断优化。一是节能减排扎实推进。实施了钢铁企业烧结机烟气脱硫、拆除脱硫烟气旁路等节能减排项目49个，万元生产总值综合能耗明显下降，主要污染物排放有效削减。拆除35吨转炉4座、450立方米高炉2座，化解炼铁产能104万吨、炼钢产能209万吨。拆除水泥粉磨设备6台、旋窑生产线1条，淘汰落后水泥产能130万吨，熟料产能31.1万吨。二是环境保护力度加大。全面开展“五大行业”大气污染治理攻坚行动，投资15.6亿元，完成了168项大气污染治理任务，空气环境质量达到或优于二级天数145天；深入开展重污染行业企业污染治理攻坚行动，全市122个主要污染节点均已配套安装高效除尘设施；积极推进滦河、沙河沿岸企业水污染综合治理，水质达到环境功能区划要求。三是生态建设不断加强。全面推进矿山生态环境恢复治理，实施治理项目26个，完成矿山地貌修复2155亩、生态修复2600亩。全力开展“四环、三沿、两山”造林绿化工作，不断加大荒山、沙区、矿企的绿化治理力度，共完成营造林5.8万亩，全市森林覆盖率达到了40.8%。

（六）保障和改善民生工程快速推进。一是社会保障体系不断完善。新增企业养老、医疗、生育、工伤保险人员1.6万人，社会保障卡持卡人数达32.2万人，实现了社会保险制度全覆盖；城镇职工医疗保险报销封顶线提高到40.5万元；城镇低保和农村低保标准分别提高到470元/月和3150元/年；累计发放城乡低保金4142万元，发放五保供养金1230万元；大力开展助困、助医、助学、助老等慈善救助活动，累计发放善款192万元。二是就业再就业工作扎实推进。全年新增城镇就业6750人，城镇登记失业率为2.75%，下岗失业人员再就业1290人，实现农村劳动力转移就业5750人。三是社会事业实现协调发展。文体事业繁荣发展，顺利通过全国文化先进市复查验收，19个镇乡文化站全部被评为国家一级文化站，成功举办第三届全民运动会，在仁川亚运会、南京青奥会等大型赛事中，九江拳击队员获得多项冠军。教育事业不断进步，职教中心成功升格为技师学院，23个校安工程全部竣工，北大学园与一中、河北师大与第六实验小学实现合作办学，被评为“全国义务教育发展基本均衡县”。卫生事业快速发展，新建精神病医院投入使用，疾病预防控制体系不断健全，成功创建国家慢病综合防控示范市，率先在全省整合城镇居民医保和新型农村合作医疗，实现二保合一。双拥优抚工作水平大幅提升，累计发放抚恤定补款1759万元，累计为驻迁部队、残疾军人和重点优抚对象发放慰问款物80余万元。计生、档案、气象、民族宗教、外事侨务、公共安全等其它社会事业也均实现了长足发展。

虽然我市国民经济和社会实现了平稳发展，但仍存在着一些问题，主要表现在：经济下行压力依然存在，投资增长乏力，实现经济的逆势增长困难重重；结构调整阵痛显现，环境约束日益趋紧，化解产能的任务艰巨；企业科技创新能力不强，经营管理水平亟待提高；市场主体活力不足，要素支撑能力有待提升，等等。对上述问题，我们将采取更加有力的举措认真加以解决。

二、2015年国民经济和社会发展计划安排

按照市委五届五次全会的总体要求，确定2015年国民经济和社会发展主要指标计划是：地区生产总值计划增长5%，公共财政预算收入计划增长5%，固定资产投资计划增长16%，城镇居民人均可支配收入计划增长8%以上，农村居民人均可支配收入计划增长8.5%以上。

（一）狠抓重点领域，推动经济稳步增长。一是全力扩大有效投资。继续开展“项目建设年”活动，以扩大有效投资为主攻方向，突出抓好10个立市项目和100个重点项目建设，支撑经济持续发展。不断完善项目支撑条件，积极破解瓶颈制约。土地上，完成工矿废弃地复垦不低于2900亩，土地整治补充耕地1600亩，缓解项目建设用地需求；资金上，积极推进企业上市融资，力争1－2家企业上市，进一步规范金融市场，有效防范和化解金融风险，提升金融机构对项目的支持力度；交通上，实施第三通道西延、老三抚公路改建等工程，尽快启动龙山大桥翻修工程，提升通达能力；电力上，重点抓好步步川2个110KVA输变电和城东2座35KVA变电站双电源新建工程，提高电力供应能力。二是积极扩大消费需求。以打造区域性中心城市为目标，充分挖掘消费潜力，积极开发特色消费和品牌消费，大力培育新型消费业态，进一步激发市场活力，着力改善消费环境，努力扩大消费需求，扎实推进电子商务进农村示范市建设，力争社会消费品零售总额增长10%以上，服务业增加值增长6%以上。三是强力抓好双向开放。牢牢抓住京津冀协同发展的重大机遇，加强与中唐集团等大集团的联系，加大招商力度，力争全年引进外资6000万美元。切实加强外经外贸工作，力争年内进出口总额增长5%以上。四是不断激发企业活力。完善规模以上工业企业培育机制，落实“个转企、小升规”后续扶持政策，力争年内新增规模以上企业20家以上。全面加强工业经济运行监测，加大对企业帮扶解困力度，确保企业正常生产经营，力争规模以上工业增加值增长5%以上。继续开展民企二次创业和全民创业活动，力争年内新增民营企业400家以上、个体工商户3600户以上。五是大力发展园区经济。充分发挥园区主阵地作用，加快实施道路、给排水、供热等基础设施工程，进一步提升园区承载能力。健全园区管理体制和运行机制，积极引导项目入园

发展，增强园区发展实力。力争全年园区主营业务收入增长15%以上，固定资产投资增长18%以上。

（二）加快构建现代产业体系，推动产业转型升级。一是做强三大产业集群。精品钢铁业，全力推进天津物产整合荣信、鑫达、松汀三家地方钢铁企业工作，广泛开展企业对标达标等活动，支持企业实施技改提升工程，增强行业整体竞争力。按照精品化、差异化、链条化的思路，重点抓好燕钢精品钢材等一批链条延伸项目建设，提升产品结构。积极稳妥地做好钢铁过剩产能化解工作，在完成压减任务的基础上，力促企业减少损失，确保钢铁产业健康发展。装备制造业，重点抓好北商泵阀产业园等项目建设，推进装备制造配套产业集群化，积极推进正大制管二期等项目建设，培育一批钢铁初深加工企业，力争年内装备制造业增加值增长8%以上。现代物流业，重点抓好天津物产综合物流服务中心等项目建设，吸引上下游关联企业聚集发展。加快推进物流企业与工业企业、金融企业深化合作、融合发展，延伸物流服务功能，不断扩大物流业的服务领域和范围。力争年内物流业增加值增长8%以上。二是做大五个产业板块。煤化工业重点抓好怡蕙达LNG、冀东溶剂年产30万吨无水乙醇等项目建设，提高煤气、焦油、粗苯三大附属产品利用率，实现煤化工产业集群和精细化发展。包装建材业全力抓好思文科德八色印铁生产经营，拓展金属包装市场。重点抓好金牛管业塑料管材北方基地等项目建设，培育新型建材产业链，力争年内包装建材业产值增长5%以上。节能环保产业重点抓好海纳成套环保设备产业化等项目建设，促进环保产业迅速形成规模。食品医药业重点抓好天圣GMP制药基地等项目建设，确保今麦郎天然饮用水生产线等项目年内竣工投产，壮大食品医药产业规模，力争年内食品医药业产值增长5%以上。高新技术产业重点抓好富达新智慧科技创新基地等项目建设，积极引进龙头企业和科技成果，加快形成集聚规模效应，力争年内新增高新技术企业3家以上。三是做高六大服务业。抓好龙湾游艇俱乐部、长城国家公园等项目建设，进一步完善生态绿道配套设施，开展丰富多彩的旅游活动，促进休闲旅游产业快速发展。进一步深化与北京实验二小、北京科技大学、中医药大学的联系对接，争取有更多的优质教育资源落户迁安。抓好人民医院肿瘤治疗中心等项目建设，推动养生养老产业率先突破。加强与中国电子商会等机构的联系对接，力促文化创意产业实现新突破。抓好昌安耀滨企业孵化器等项目建设，研究制定鼓励总部经济发展的优惠政策，力争科技研发、总部经济取得实质性突破。四是积极发展现代农业。不断改善农业生产条件，治理水土流失面积6平方公里，改造坡耕地6650亩，新改扩建规模养猪场25个、规模奶牛场3个、规模养鸡场18个。以生态绿道为承载，抓好亚滦湾国家农业创新产业园等现代农业项目建设，新培育4家以上农业龙头企业。大力发展农业经合组织，力争年内培育规范性农民专业合作示范组织20家以上，培育农民专业合作联合社试点3－5家。

（三）加快新型城镇化步伐，提升城市发展水平。一是加快特色城市建设。全力推进三大板块建设，加速推进城市扩容升级。滦河生态休闲区着力提升滦河综合治理工程景观效果，完善细化二期工程规划设计，继续推进岛屿绿化美化、沿河景观带建设。力促中国国际动漫体验岛、中唐遗乐城等项目签约落地。现代化标志区重点加快碧桂园等项目建设，鼓励红星美凯龙、天洋城引进国际国内一线品牌，提高城市集聚和辐射能力。右岸新城重点推进佛山公园等项目建设，以招商促开发，逐步完善基础设施。进一步提升城市综合承载能力，加快实施市政道路建设、绿化提升等23项工程，提高城市宜居水平。以户籍改革为契机，广泛吸引人口入城定居，力争全市城镇化率提高1.2个百分点以上。二是提高城市综合管理水平。继续开展市容环境卫生专项整治活动，全面提高城市市容环境卫生管理水平。做好河北省人居环境奖评比、智慧城市和“海绵城市”建设推进工作，进一步建立健全长效、高效、精细的市政设施管理机制。继续在京津地区投放城市宣传片，加强对山、水、绿、文这一城市特色的宣传推介，提高城市知名度。三是统筹城乡一体化发展。积极推进四级城镇发展体系，加快城镇组团设施配套和功能完善，提高城乡建设整体水平。加快西李铺、阚庄等回迁安置房建设，重点实施60个农村面貌改造提升工程，改善农民居住条件。加快推进农村基础设施建设，完成45.3公里的农村公路新改建工程。继续开展农村饮水安全工程，解决12个村1.36万农村人口的饮水不安全问题。

（四）全面推进改革创新，不断增强发展活力。一是完善科技创新体系。加强以企业为主体的研发平台建设，鼓励企业开展产学研合作，力争年内培育3家产学研示范基地、2家唐山市级以上工程技术中心、新增国家高新技术企业2家。着力加强关键技术研发，力争年内实施创新成果转化项目5项以上。不断提升科技企业孵化器等机构的服务领域和服务水平，吸引更多中小微企业入驻孵化，打造科技企业孵化基地。二是强化人才支撑。积极开展人才引进培养，加快形成层次有序、各尽其能、优势互补的人才结构。年内力争引进各类人才800人，开展专业技术人员继续教育1万人。三是全面深化综合改革。稳步推进行政审批制度改革，积极推进“三级平台”建设，全面落实“两个代办”制度，提高审批效率。积极推进医药卫生体制改革，巩固基层医改，深化县级公立医院改革，推进“三医”联动，巩固和扩大医改成果。深化国有企业改革，推进国有资本监管和管理机制创新，提高资本运营效益。积极推进社会事业改革，提高公共服务水平和能力。进一步规范农村“三资”管理和审计工作，积极开展集体经济股份制改造试点工作。

（五）深化节能减排，提升生态文明水平。一是加大节能减排力度。大力发展循环经济，积极推行清洁生产审核制度，创建一批清洁生产企业。重点抓好钢铁企业燃煤锅炉改造、余压余热利用、球团设备烟气脱硫等节能减排项目建设，确保圆满完成省、唐山市下达的节能减排任务。二是强力推进环保治理。深入推进大气污染防治，重点抓好烧结机及竖炉脱硫治理、转炉二次烟气除尘改造等项目，确保空气质量达到或优于二级标准的天数稳步增加。突出抓好钢铁、焦化、热电、玻璃、水泥等重点行业企业污染治理，做好企业全面达标建设，达到排放限值要求。进一步加强水污染整治，加大监管力度，确保废水达标排放，改善水体环境质量。三是加强绿色生态建设。扎实推进全国生态保护与建设示范区申报与建设工作，开展矿山环境整治，年内治理2000亩以上。持续开展绿化迁安行动，扩大“四环、三沿、两山”区域绿化规模，完成营造林5万亩以上。

（六）改善社会民生，构建幸福迁安。一是不断完善社会保障体系。继续推进“五险”扩面工作，确保年内新增参保人员6000人。推进城乡居民基本医疗保险稳步运行。不断完善社会保障标准自然增长机制，稳步提升社会保障水平。大力开展救助活动，发展慈善事业，保障困难群体的基本生活。二是努力做好就业再就业工作。完善公共就业服务体系，开发就业岗位，拓宽就业渠道，力争全年城镇新增就业6000人，城镇登记失业率控制在3%以内。加强职业技能培训，促进城乡劳动力充分就业，确保年内实现职业技能培训2000人。三是加快各项社会事业发展步伐。坚持教育优先发展，研究解决城区小学班容量大、农村部分小学生上学远等问题，进一步推进城乡教育均衡发展。推进卫生事业加速发展，大力开展爱国卫生运动，不断扩大健康城市创建成果，启动“120”急救指挥中心建设，完善医疗条件，提高医疗水平。坚持计划生育基本国策，降低出生人口性别比，提高出生人口素质。严格落实安全生产责任制，加强职业健康管理，全力抓好安全生产和食品药品安全。进一步密切军政军民关系，切实提升双拥工作水平。稳步推动文化与体育、社会治安综合治理、文物保护、气象、档案等其它社会事业发展，促进经济社会全面协调发展。

各位代表，今年国民经济和社会发展任务艰巨、责任重大，让我们在市委、市政府的正确领导下，在市人大、市政协的监督支持下，坚持稳中求进的主基调，加快转型升级，为开创迁安更加绚丽的明天而努力奋斗！

关于迁安市2014年财政预算执行情况和2015年财政预算（草案）的报告

——2015年2月3日在迁安市第五届人民代表大会第五次会议上

市财政局局长　孔祥会

各位代表：

我受市政府委托，向大会作迁安市2014年财政预算执行情况和2015年财政预算（草案）的报告，请予审议，并请市政协各位委员和其他列席人员提出意见。

一、2014年财政预算执行情况

2014年，在市委的正确领导和市人大的支持监督下，全市上下深入贯彻党的十八届三中全会和市委五届四次全会精神，积极应对严峻形势挑战，克服经济运行中诸多不利因素困扰，狠抓财政收入征管，优化支出结构，深化财税改革，重点保障和改善民生，全力推进各项工作落实，保证了财政预算的平稳运行。

市五届人民代表大会第四次会议审议批准我市2014年全部财政收入预算为787970万元，公共财政预算收入为408000万元。受经济形势影响，经市五届人大常委会第二十五次会议批准，将全部财政收入调整为646972万元；公共财政预算收入调整为350774万元。

2014年全市全部财政收入实际完成647110万元，占调整预算的100%，比上年下降15.1%。公共财政预算收入实际完成350861万元，占调整预算的100%，比上年下降5.6%。

市五届人民代表大会第四次会议批准我市2014年公共财政预算支出为452040万元。在预算执行过程中，上级专项转移支付43022万元，上级一般转移支付37582万元，地方债券收入6400万元，上年结转支出35245万元，调减支出指标60153万元，到2014年底公共财政预算支出总指标为514136万元。

2014年全市公共财政预算实际支出485302万元，结转下年支出28834万元。全年收支实现平衡。

各位代表，2014年是我市财政收入形势异常严峻，支出压力极为巨大，收支矛盾空前突出的一年。一年以来，面对异常复杂的财经形势，财税部门紧紧围绕全市中心工作，加强税费征管，科学调度支出，保证了全市各项社会事业的发展需要。

（一）收入征管力度持续加大。一是完善收入征管机制。始终把组织收入工作放在突出位置，强化部门协作，不断加大对重点行业、重点企业、重点税（费）源的征管力度，拓宽财政收入领域，在危机和困境中保持了财政收入均衡入库。二是强化收入组织督导。定时分析收入形势，跟踪收入变化趋势，加强对财源、税源和税（费）种结构的调查研究，随时掌握征收进度，深挖财政增收潜力。三是加大综合治税力度。开展了“以电控税”、房地产行业税收治理、建筑施工企业税收治理等8个专项行动，共清缴入库税款4.18亿元；同时对全市涉税土地进行清查统计，共清查土地总面积12.7万亩。四是加强公共财政预算收入征管。重点加大地方税种的征缴力度，加强非税收入督导和征管，着力提升地方可用财力。2014年全市共完成公共财政预算收入350861万元，其中：国税系统完成55356万元；地税系统完成218079万元；财政系统完成77426万元。五是积极争取上级资金支持。积极研究财政政策，加大向上争取项目和资金支持的力度，全年共争取到位各类补助资金11.3亿元，为全市各项事业发展提供了有力的支持。

（二）民生保障水平明显提高。一是优先保

障和发展教育事业。2014年投入教育资金11.6亿元，占全部支出的23.9%，其中：投入资金7509万元，用于实施十二年免费教育、“一免两补”及学生资助政策；投入资金472万元，用于兑现家庭困难寄宿生生活补助；投入资金3300万元，用于校安工程建设；支出资金2.38亿元，重点支持了一中西校区、职教中心以及各中小学修缮改造等教育工程项目建设，全市教育资源进一步优化。二是构建社会保障全覆盖体系。2014年投入社会保障资金4.5亿元，占全市公共财政支出的9.3%，其中：落实农民养老保险金1.26亿元，参保人数达到32.5万人，切实做到全市农民老有所养；落实城乡低保资金4142万元，发放五保户供养资金1441万元，实现了城乡低收入家庭应保尽保。三是提升医疗救助能力。全面落实城乡居民医保政策，兑现住院及门诊补偿资金2.32亿元；支出资金418万元，用于城乡医疗救助；支出资金5116万元，兑现公立医院和基层卫生基本药物零差价补贴，实现了城乡医疗救助全覆盖。四是改善城市宜居条件。投入资金1057万元，用于80岁以上老人生活供养；投入廉租房建设资金820万元，安置低收入群体326户，有效缓解了低收入家庭的住房困难。

（三）新型农村建设扎实推进。一是支持现代农业项目建设。全年统筹安排资金1.59亿元，重点保障了现代农业示范项目、绿道建设、林业项目、耕地水土综合治理、牲畜防疫等项目建设。二是支持农村社会事业发展。支出资金4569万元，用于村干部工资、大学生村官工资及村级组织经费保障；支出“一事一议”财政奖补资金1654万元，推进了农村公共事业发展。三是落实各项惠农补贴政策。全年累计向农民发放粮食直补和综合直补资金4687万元，发放农作物良种补贴资金476万元，发放退耕还林补贴资金2155万元，发放农机购置补贴资金393万元，支出农业政策性保险资金1633万元。四是改善农村人居环境。投入资金1272万元，用于农村饮用水安全工程建设；投入资金4830万元，用于乡村环卫和农村道路养护；投入资金680万元，用于农村改厕工程建设；投入农村危房改造资金611万元，改善了457户群众住房条件。

（四）经济调整转型明显加快。一是中心城市扩容升级。2014年，财政累计拨付资金9亿元，分别投向交通、水务、住建、园林等城市功能性服务领域，城市承载能力进一步提升。二是金融行业发展加快。按照“3+5+6”产业体系建设的目标要求，加快投融资平台建设，引导小型投融资公司规模化发展，增强了全市金融发展活力。三是经济发展后劲支撑有力。拨付资金8664万元，用于排污治理和节能减排支出，支持企业绿色发展；从增加政府投资、落实税费减免等方面，鼓励和支持产业产品结构优化升级，加快民营经济和服务业发展，经济结构转型迈出实质性步伐。

（五）财政管理水平显著提高。一是推进财政支付改革。继续推进以公务卡和惠农资金“一折通”为主体的财政支付方式改革，有效降低了行政运行成本，使财政资金支出进一步规范化和透明化。二是精简资金审核审批程序。按照“从简、从速”的原则，对财政资金拨付流程进行精简，大幅提高了财政资金拨付效率。三是提高财政资金使用效益。严格执行财政资金绩效评审，全年对1200个财政支出项目进行了评审，评审额23608万元，审减金额3540万元，审减率15%；强化政府采购管理，不断扩大政府采购范围与规模，2014年全市采购规模23282万元，节约资金5390万元，节支率18.8%，财政资金使用效益显著提高。四是规范财政支出管理。严格遵照新《预算法》要求编制2015年财政收支预算，努力提高预算编制的精细化、规范化水平；厉行节约，制定出台了“三公”经费支出相关规定，2014年全市“三公”经费支出比上年下降45.27%。五是稳步推进财政信息公开。对全市2014年度财政预算、决算报告以及“三公”经费预算拨款等内容进行了公开，增强了预算执行的透明度。

在总结成绩的同时，我们也必须清醒地看到，财政经济运行过程中还存在着一些不容忽视的问题：全市财源基础的结构和质量还需进一步调整和提高，财政收支矛盾仍然十分突出，勤俭节约意识还需进一步加强。上述问题需要我们通过进一步培植财源、深化改革、加强管理，采取有力有效措施逐步加以解决。

二、2015 年财政预算（草案）

2015 年，我市财政预算编制的指导思想是：深入贯彻落实党的十八届三中、四中全会和市委五届五次全会精神，围绕全市中心工作，牢牢把握“稳中求进”主基调，抢抓京津冀经济对接有利机遇，围绕“三个转变”，支持“3 +5 +6”经济体系建设，保持财政收入平稳增长，调整优化财政支出结构，集中财力保民生、保运转，为促进社会经济快速健康发展提供坚实保障。

根据上述指导思想，在预算编制过程中，坚持积极稳妥、厉行节约、关注民生、集中财力办大事的原则，科学确定财政收入总量，合理安排财政各项支出，确保财政收支有序。

（一）2015 年财政收入预算

1. 全部财政收入。全部财政收入预算为 697130 万元，比上年增加 50020 万元，增长 7.7%，其中：国税系统 332030 万元，比上年增加 60370 万元，增长 22.2%；地税系统 287100 万元，比上年减少 10925 万元，下降 3.7%；财政系统 78000 万元，比上年增加 575 万元，增长 0.7%。

2. 公共财政预算收入。公共财政预算收入为 368000 万元，比上年增加 17139 万元，增长 5%，其中：国税系统 63000 万元，比上年增加 7644 万元，增长 13.8%；地税系统 227000 万元，比上年增加 8920 万元，增长 4.1%；财政系统 78000 万元，比上年增加 575 万元，增长 0.7%。

3. 政府性基金收入。政府性基金收入预算为 213040 万元，其中：专项基金收入 6670 万元（墙体材料专项基金收入 300 万元、廉租房出租收入 100 万元、彩票公益金收入 800 万元、交通局车辆通行费 5470 万元），市政配套费收入 1000 万元，城市公用事业费附加收入 8000 万元，国有土地出让金收入 197370 万元。

4. 社保基金收入。社保基金收入预算 154971 万元（含企业职工及城乡居民基本养老保险、城镇职工及城乡居民医疗保险、生育保险）。

（二）可用资金情况

根据 2015 年财政收入预算，全市公共财政预算收入可用资金为 412451 万元。

政府性基金收入可用资金为 213040 万元，剔除专项基金 6670 万元，国有土地出让金、公用事业费附加收入和市政配套费收入形成的可用资金为 206370 元。

（三）2015 年财政支出预算

1. 公共财政预算支出。根据“量入为出、收支平衡”原则，2015 年安排公共财政预算支出 412451 万元，其中：安排工资福利性支出 208402 万元，安排社会保障支出 25888 万元，安排机关正常经费和专项业务费 40687 万元，安排社会公益性支出 71616 万元，安排农业产业项目支出 9000 万元，安排重点工程项目支出 12910 万元，安排偿债性支出 43728 万元，安排基金转公共财政预算支出 220 万元。

2. 政府性基金支出。安排政府性基金支出 213040 万元，其中：专项基金支出 6670 万元，市政配套费支出 1000 万元，城市维护支出 8000 万元，国有土地出让金支出 197370 万元（主要用于农业土地开发、国有土地收益、廉租房保障、土地补偿、地上附着物补偿以及土地出让成本等支出）。

（四）2015 年预算安排的重点

——保障和改善民生。一是保障公教人员工资发放。安排资金 71766 万元，用于公教人员工资发放；安排资金 54140 万元，用于落实津贴补贴提标、养老及工资制度改革、公积金提标预留及乡镇干部工作补贴政策；安排资金 2224 万元，用于落实公检法辅警人员工资及保险；安排资金 1883 万元，用于落实交通路政执法人员工资、大学生村官及公益性岗位人员工资。二是强化社会保障职能。安排资金 2.59 亿元，用于社会保障性支出，其中：安排抚恤、社会福利、安置、优抚医疗等支出 3134.3 万元；安排城乡低保和救济支出 2550 万元；安排城乡医疗救助补助支出 483 万元；安排改制企业退休人员生活补贴支出 1328 万元；安排城乡居民养老保险支出 4950 万元；安排城乡医疗地方配套支出 7740 万元。三是提升城市宜居度。安排资金 5000 万元，用于全市供热补贴；安排资金 360 万元，用于全市公交补贴。

——支持公共事业发展。一是支持教育事业

发展。2015年共安排教育支出76128万元，占全部支出18.5%，其中：安排高中免费教育资金1754万元；安排教育附加资金12000万元，主要用于教育系统工程项目建设。二是支持科技文体事业发展。安排科技三项费支出500万元；安排乡村旅游示范项目资金500万元。三是支持卫生事业发展。安排公立医院改革及卫生医疗机构零差价销售补贴资金2493万元；安排农村基本公共卫生服务经费本级配套资金825万元。四是支持社会管理。安排“120”急救指挥中心建设资金120万元；安排交警设施购置及维护资金2073万元。

——支持农业农村发展。一是支持农业项目建设。统筹安排农业发展资金9000万元，主要用于落实农业奖补政策、农业综合开发、林业项目建设等农业重点项目建设。二是改善农村生活环境。安排农村环卫资金2196万元；安排乡村道路养护资金3640万元；安排农村改厕项目配套资金635万元，改造农村厕所14000座。三是支持农村社会事业发展。安排农村税费改革支出8474万元，其中：村干部工资及保险6711万元，农村离任村干部工资补贴240万元，义务兵家属优待金1523万元；安排乡镇体制支出基数及分成资金22954万元。

——推动区域经济发展。一是支持经济建设。安排招商引资资金600万元；安排城市宣传费用3000万元。二是支持环境整治。安排企业排污治理资金1000万元；安排2015年滦河购水资金1300万元；安排黄标车淘汰补贴资金1500万元。三是支持交通路网建设。安排偿还二级公路贷款配套资金1000万元；安排农村公路重点路段养护资金1000万元。四是积极化解清偿债务。安排资金34828万元，用于偿还银行贷款本息及工程性欠款；安排乡镇化解农村债务奖补资金2900万元。

——保障城市运行。安排污水处理和垃圾填埋场运转资金1000万元；安排城市规划支出500万元；安排环卫清洁支出2000万元；安排城市路灯亮化电费及维护费1120万元；安排档案馆、会展中心、广电大楼、文图博三馆、行政办公中心运转经费2866万元；安排市政维修资金950万元；安排城市园林绿化养护费3800万元；安排老旧小区基础设施修缮及改造资金100万元；安排省级文化示范区建设资金100万元。

三、强化管理，依法理财，确保圆满完成2015年财税工作任务

（一）狠抓征管，确保收入稳定入库。一是继续推进全市产业结构优化升级，努力培植和涵养税源，为财政收入的稳步增长提供后续支撑。二是继续推进综合治税体系建设，调动全社会护税、协税的积极性，强化对重点行业、重点企业和税源大户的监管，抓好零散税收的征管，严厉打击偷税、漏税行为，确保税收及时足额入库。三是严格执行《迁安市非税收入管理办法》，严格落实“收支两条线”规定，强化收费稽查，努力提高非税收入质量。四是强化国有资产管理，对国有资产配置、运营、处置和转移等内容进行核查和规范，建立资产管理与预算管理、财务管理相结合的运行机制，确保国有资产保值增值。

（二）健全机制，加强财政预算管理。一是严格贯彻执行新《预算法》。着力提升财政工作和财政管理法制化、科学化、精细化水平，更好地服务和保障全市经济社会发展和民生改善。二是硬化预算约束，加强对财政预算执行的动态监控，规范财政资金拨付程序，严格按照国库集中支付制度的要求强化预算拨款管理。三是强化财政监督。重点抓好惠农补贴、转移支付、政府采购、社会保障等专项资金跟踪监管，加大事前审核、事中监督、事后检查的力度，完善财政规范运行的跟踪监督机制。

（三）厉行节约，严格控制财政支出。一是严控财政新增支出，严格执行市人大审议通过的年度预算，切实维护预算的严肃性。年度中除上级政策调整以及重大突发事件支出外，原则上不追加临时支出预算，确保全年预算收支平衡。二是严控一般性支出，从严控制公务用车、会议经费、公务接待费用支出，建立行政事业单位经费节约考核机制，加强对厉行节约工作的监督检查，特别是对要求压缩、降低和削减的经费情况逐项跟踪检查，确保实现“三公”经费零增长。三是深化财政资金管理改革，继续推进国库集中支付“零余额”、公务卡和惠民一折通等支付方式改革，确保财政资金阳光下运行。

（四）强化管理，提升科学理财水平。一是进一步加强政府投资评审管理，探索在项目支出中的“先评审、后资金”、“先评审、后采购”的评审工作机制，为财政改革和项目支出预算管理提供机制保障。二是强化财政集中支付监督职能，加强对各预算单位报销票据的审核把关，确保财政资金安全。三是加强乡镇财政管理，合理划分市、乡两级财政支出范围，加强对乡镇财政支出范围、审批程序的监管；严格落实乡镇财政体制激励政策，充分调动乡镇发展经济、提升实力的积极性。四是进一步加强政府债务管理，逐步建立“举债有度、偿还有方、管理有序、监管有力”的长效机制。

各位代表，2015 年的财政预算任务十分艰巨。我们将在市委的正确领导和市人大的监督支持下，全面贯彻落实市委五届五次全会精神，稳中求进，攻坚克难，努力完成全市收支预算和各项工作任务，为迁安经济社会又好又快发展做出积极的贡献！

2014 年迁安市国民经济和社会发展统计公报

迁安市统计局　国家统计局迁安调查队

2014 年是迁安发展史上极不平凡的一年。面对持续低迷的宏观经济形势，市委、市政府始终坚持稳增长、调结构、惠民生的发展理念，以加快资源型城市转型为主线，牢牢把握“稳中求进”的主基调，全市上下齐心合力、攻坚克难，抢抓新机遇，适应新常态，全力打造“3＋5＋6”的产业体系，全市经济呈缓中趋稳的运行态势，转型发展后劲进一步增强，结构调整步伐进一步加快，各项社会事业平稳推进。

一、综合

2014 年，全市总户数 25.99 万户，总人口 75.9 万人，其中非农业人口 15 万人，农业人口 60.9 万人。全年出生 11206 人，人口出生率 15.12‰；死亡 4573 人，死亡率 6.17‰，人口自然增长率 8.95‰。

综合实力稳步提升。据初步核算，2014 年全市实现地区生产总值（GDP）993.7 亿元，按可比价格计算，比上年增长 4.1%，其中，第一产业增加值 43.2 亿元，同比增长 3.4%；第二产业增加值 645.9 亿元，同比增长 5.1%；第三产业增加值 304.6 亿元，同比增长 1.5%。三次产业比重进一步优化，三次产业的比重为 4.3∶65.0∶30.7，第三产业比重较上年提高 1.3 个百分点。按户籍人口计算，全市人均地区生产总值 13.2 万元，约合 2.1 万美元。

图 1：2010－2014 年 GDP 总量及增长速度

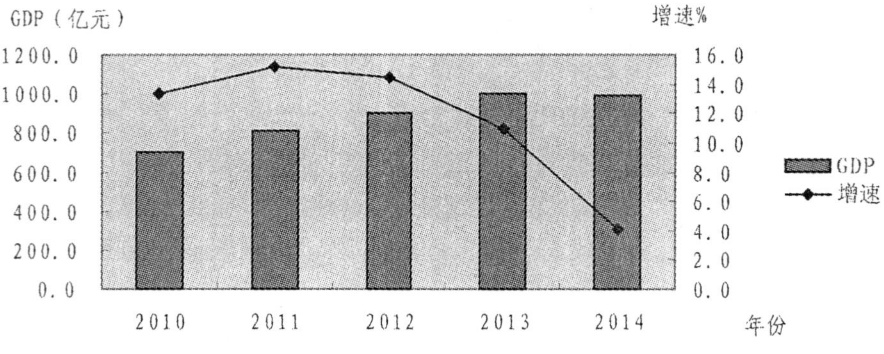

市场物价平稳回落。2014年，全市居民消费价格总指数为101.2%，较上年回落1.4个百分点；社会商品零售价格总指数为100.2%，较上年回落2.3个百分点；农业生产资料价格总指数100.8%，较上年回落0.3个百分点。

图2：2010－2014年居民消费价格指数

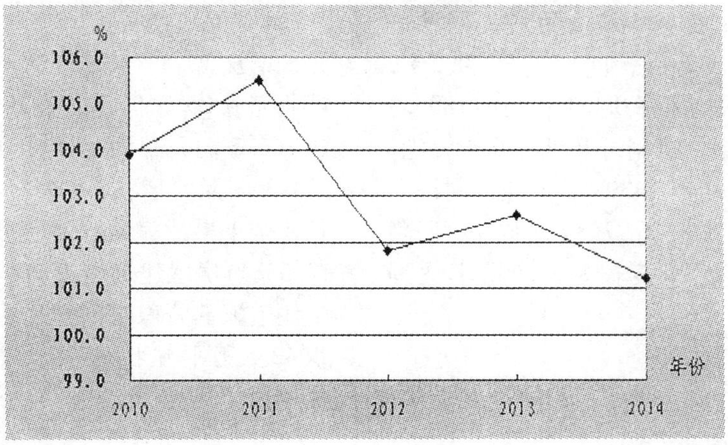

二、农业、农村

2014年，迁安市农业以生态、高效、富民为主线，以提升农业产业化经营水平、推进规模农业发展、强化科技创新和现代农业服务体系建设为重点，休闲农业、设施农业、循环农业和农业产业化经营蓬勃发展。农业生产平稳增长，全市实现农林牧渔业总产值71.5亿元，比上年增长5.4%；实现粮食总产18.4万吨，同比下降8.4%；蔬菜总产94.5万吨，与去年同期持平；实现生猪出栏74万头，同比增长1.3%；家禽出栏744.3万只，同比增长0.9%；肉类总产8.7万吨，同比增长0.4%。

农业产业化水平进一步提高，2014年底，全市农业产业化龙头企业已达到88家，其中省级龙头企业2家，唐山市级龙头企业29家。全市农业产业化率达到75.9%，比上年提高0.7个百分点。

三、工业

2014年，迁安市工业进一步优化产业结构，提升产品质量，实现了新常态下的持续平稳运行。全市工业累计完成现价工业总产值1731.4亿元，工业增加值621.4亿元，按可比价计算，同比增长5%。其中规模以上工业总产值1619.2亿元，工业增加值582.9亿元，同比增长5%。在全部工业中，钢铁业完成工业总产值717.6亿元，工业增加值142.7亿元，同比增长4.1%；装备制造业完成工业总产值101.4亿元，工业增加值41.3亿元，同比增长19.5%，比重由2013年的4.5%上升到2014年的6.6%。

图3：2010－2014年规模以上工业增加值及增长速度

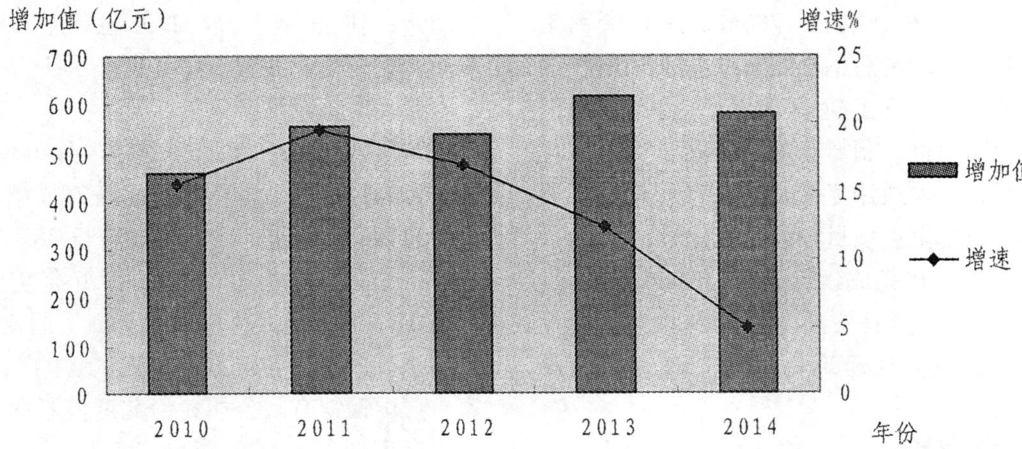

从十种主要产品产量上看，呈现“一平三升六降”的格局。2014 年，全市累计平板玻璃 1097.1 万重量箱，与去年同期持平；生产钢材 1580.4 万吨，同比增长 8.2%；地毯 23.4 万平方米，同比增长 9.3%；焦炭 953.2 万吨，同比增长 0.1%；水泥 138.6 万吨，同比下降 24.5%；生铁 1925.2 万吨，同比下降 0.8%；钢坯 1895.9 万吨，同比下降 0.2%；机制纸及纸板 6.4 万吨，同比下降 62.8%；铁矿石 14399.1 万吨，同比下降 1.4%；铁精粉 5733.6 万吨，同比下降 19.2%。工业产品产销衔接较好，产销率达到 99.4%。

四、投资、建筑业

2014 年，以构建“3 +5 +6”产业体系为总体要求，加大项目建设步伐，加速推进产业转型升级，全年累计完成全社会固定资产投资 526.1 亿元，比上年增长 16.1%。其中生产性投资 337.4 亿元，增长 8.6%；非生产性投资 188.7 亿元，增长 32.5%。从三次产业投资情况看，第一产业完成 25.3 亿元，增长 99.9%；第二产业完成 266.5 亿元，同比下降 0.2%；第三产业完成 234.3 亿元，增长 35.1%。房地产投资平稳增长，全年累计完成房地产投资 51.7 亿元，增长 12.3%。房屋建筑施工面积 531.9 万平方米，其中住宅施工面积 458.1 万平方米，商品房销售面积 42.5 万平方米。

图 4：2010 –2014 年全社会固定交产投资及增速

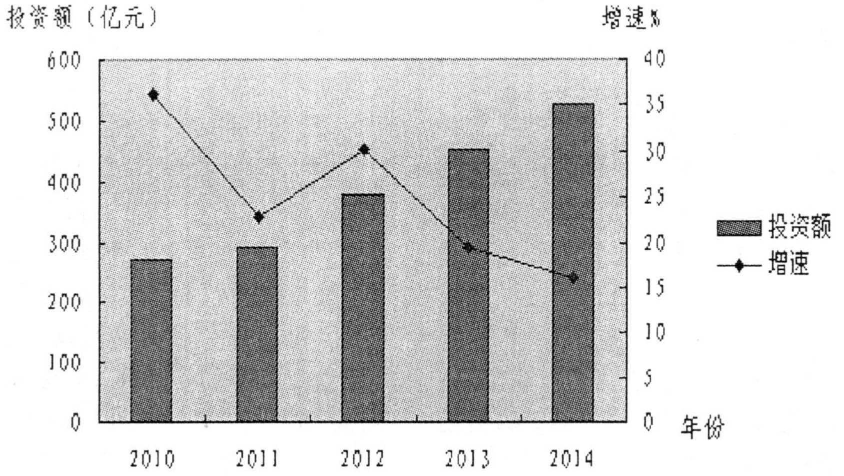

2014 年，继续加快推进重点项目建设。年内累计实施重点项目 269 个，本年完成投资 521.5 亿元。其中当年完工项目 165 个，京秦高速迁安支线工程、万嘉商贸综合物流园项目、东西区第三通道工程、燕钢 1780MM 热轧带钢工程、祥燕管材高端精品钢项目等一批大项目相继完工投入使用；新开工建设项目 154 个，北商国际泵阀产业园项目、翅翼天然气公司煤气制液化天然气项目、正大通用年产 250 万吨焊接钢管及深加工等一大批重点项目相继开工建设。

2014 年，全市完成建筑业增加值 24.5 亿元，同比增长 7.2%。具有资质等级的总承包和专业承包建筑业企业实现建筑业产值 17.5 亿元，年末从业人员 0.6 万人。

五、国内贸易

2014 年，消费品市场平稳增长。全市累计完成社会消费品零售总额 203.4 亿元，同比增长 12.1%；其中批发业完成 32.8 亿元，同比增长 49.6%；零售业完成 152.8 亿元，同比增长 11.5%；住宿业完成 1.9 亿元，同比增长 79.9%；餐饮业完成 15.8 亿元，同比下降 26%。

六、对外经济

2014 年，在持续低迷的国内外市场环境下，迁安市外经外贸工作依然取得较好成绩。全年进出口总额 26.6 亿美元，同比增长 38.6%，居全省第一位；其中，进口总额 22.6 亿美元，同比增长 21.9%；出口总额 4 亿美元，同比增长 5.5 倍。全市进出口企业有 22 家，其中出口企业 18 家，燕山钢铁有限公司、河北彦博彩图板业及迁安市金宝商贸有限公司出口额位列迁安市前三名。迁安市出口产品主要有钢铁、彩涂板、铸件、包装物料、地毯服装等，出口国家及地区已达25个。进口产品主要是铁矿石、煤，两者占总进口量的90%以上。经济外向度达到16.1%，比上年提高4.5个百分点。

招商引资工作不断加强，全年实际利用外资6421万美元，同比增长6.7%。

七、交通运输、邮电业

现代物流业稳步提升。全市累计完成现代物流业增加值168.2亿元，占第三产业增加值的比重由2013年的54.8%提升到2014年的55.2%。

2014年，全市进一步完善公路路网建设，京秦高速公路迁安支线已投入运营，第三通道工程顺利通车；原有1条国道2条省道提升为3条国道4条省道，现代化的交通路网体系即将形成。公共交通工作进一步深化，在全省率先实现区域公交一体化的基础上，年内新增公交线路3条，调整延伸公交线路4条，乡镇通公交率100%，村通公交率96%，达到全省领先水平。到2014年底全市公路通车里程达到3228.3公里，比上年增加20.4公里；全年货物运输量7439万吨，周转量146596万吨·公里；客运总量1401万人·次，客运周转量59129万人·公里。

邮政电讯事业健康发展。全年邮政业务收入4385.3万元，同比增长17.2%；通讯业务收入6.2亿元，同比增长29%。年末固定电话用户10.8万户，固定电话普及率为14.3部/百人；全市移动电话用户达到64万部，移动电话普及率为85.1部/百人。年末宽带用户达到13.7万户。

八、财政、税务、金融、保险

2014年，全市全部财政收入完成64.7亿元，同比下降15.1%；公共财政预算收入完成35.1亿元，同比下降5.6%；基金收入完成64.2亿元（含社保基金），同比增长23.8%。公共财政预算支出完成48.5亿元，同比下降2.3%。

2014年，全市共完成各类税收57亿元，同比下降17.8%。其中，国税系统完成27.2亿元，同比下降22.6%；地税系统完成29.8亿元，同比下降13.0%。从分税种完成情况看，全市累计完成增值税23.3亿元，同比下降27.3%；营业税6.7亿元，同比下降32%；资源税4.1亿元，同比下降14.9%；企业所得税7.2亿元，同比下降5.9%；个人所得税3.0亿元，同比下降6.5%。

2014年，金融系统存贷款总量继续增长。年末金融机构人民币各项存款余额656.3亿元，同比增加47.2亿元，同比增长7.7%。其中城乡居民储蓄存款余额438.9亿元，同比增加29亿元，同比增长7.1%；各项贷款余额386亿元，同比增加10.4亿元，增长2.8%；存贷比达到58.8%，较年初的61.7%下降了2.9个百分点。

2014年，保险业全年实现业务总收入8.8亿元，同比下降5.9%。其中，财产保险保费收入2.8亿元，同比下降6.2%；人寿保险保费收入6亿元，同比下降5.8%。

九、城镇建设

2014年，全市建成区人口24.6万人，建城区面积40平方公里，建成区道路总长165.1公里，人均道路面积19.4平方米。建城区绿地率40.8%，人均公园绿地面积20.8平方米，绿化覆盖率41.7%。建城区集中供热面积1200万平方米，其中住宅供热923万平方米，燃气普及率100%，用水普及率100%。污水处理厂1个，污水处理率100%；城区垃圾填埋场1个，垃圾中转站26座。年内主城区运营公交车辆60辆，运营线路10条，年末运营载客出租车389辆。

城镇化水平稳步提升。2014年，全市城镇化率54.75%，比上年提高1.41个百分点。

十、科技、教育、文化体育、卫生、广播电视

2014年，以“服务企业和完善创新体系”为核心，积极促进科技成果转化，科技对经济社会发展的引领支撑作用越来越明显。全年共组织实施科技项目30个，推广应用科技成果24项，实施传统产业技改提升项目15项；加大高新技术企业和科技型中小企业的培育力度，2家企业被认定为高新技术企业，66家企业被认定为省级科技型中小企业；新建2家本级企业工程技术研究中心，有3家县级研究中心升级为唐山市级研究中心；开展国家知识产权示范城市培育工作，专利申请量达到159件。

以“建教育强市、办人民满意教育”为目

标，深化教育改革，落实各项惠民政策，促进教育均衡和公平，实现义务教育全覆盖，加大教育投入，提升教育整体水平。2014 年，迁安市被国务院教育督导委员会授予“全国义务教育发展基本均衡县”，北大学园迁安教育园已正式签约，第三幼儿园、第四高中正式投入使用，职教中心正式升格技师学院。全市小学、初中入学率继续保持100%，初中在校生年巩固率达到99.3%。年末全市共有省属大专院校 1 所，教职工 168 人，在校大学生3402 人；市属各级各类学校 259 所，教职工 8915 人，在校生 128221 人。其中：小学 53312 人、初中 21042 人、普高 12529 人、职高6016 人、特教111 人。

2014 年，依托“全国文化先进单位”的文化品牌，进一步完善文化服务网络，提升服务水平，实现了文化惠民演出的全覆盖，开展丰富多彩的文化活动，各类赛事硕果累累。迁安市 19 个镇乡在全国首次镇乡文化站评定工作中全部被评为国家一级文化站；文图博三馆接待群众已超过 30 万人次；滦河文化旅游产业区成功入选河北省第一批文化产业园区，梅墨生艺术馆正式投入使用；第十届“钢城之夜”群众文化展演累计演出60余场，“秧歌闹春”和“灯谜竞猜”活动，参与群众达3 万余人次；有 3 部作品获唐山市首界群众原创文艺作品奖，22 部获唐山市群星文艺作品奖，《燕赵汉子》获第九届中国评剧艺术节参演剧目奖。

体育事业蓬勃发展。2014 年，迁安市组织开展了万人长跑比赛、吉祥之旅徒步运动、全民乒乓球赛、棋类赛等形式多样的群众性体育活动，全民健身热情高涨，体育人口比例已上升至40%，达到了国家健康城市的标准。迁安市在唐山市中学生运动会中取得团体总分第一名，在河北省全运会中囊获 17 枚金牌，九江拳击队员尹军花在仁川亚运会和中国拳击公开赛上夺得两枚金牌，拳击运动已成为代表迁安走向世界的优势竞技项目。

2014 年，医疗卫生事业全面提升。继人民医院实行医改之后，中医院也实行了一系列改革，城乡居民基本医疗保险制度率先在全省实施，投资20 亿元的肿瘤医院项目已正式签约。全市有 1 个国家级重点专科，2 个省级重点专科，2 个唐山市级重点发展专科，3 个重点市级专科。燕山医院等一批民营医院蓬勃发展，农村医疗卫生服务稳步提升。年末全市拥有卫生医疗机构 822 个，实有床位 3848 张，卫生专业技术人员 5296 人，总诊疗人次 373.5 万人·次。2014 年，社会基本医疗保险参保人数 70 万人。

2014 年，以完善和延伸网络服务为宗旨，加大网改力度，升级网络前端平台，加快增值业务的发展，充分发挥网络服务在经济转型中的宣传作用，广电信息网络工作优质、高效、健康持续发展。全市有线电视入网户达 17 万户，有线电视数字化 17 万户，全市数字电视整转率已达到100%。

十一、居民生活和社会保障

居民收入水平较快增长，增速跑赢 GDP。2014 年城镇居民人均可支配收入 29861 元，比上年增长 8.2%，较 GDP 增速高 4.1 个百分点；农民人均可支配收入 17125 元，比上年增长 10.4%，较 GDP 增速高 6.3 个百分点。

社会保障水平进一步提高。2014 年，全市城乡低保对象 9693 户、20151 人，发放城乡低保资金 4141.7 万元。其中：城镇低保对象 609 户、963 人，发放低保金 488 万元；农村低保对象 9084 户 19188 人，发放低保金 3653.7 万元。城镇低保标准由每人每月 450 元提升到 470 元，农村低保标准由每人每年 2900 元提升到 3150 元。发放城乡医疗救助资金 79.9 万元，享受高龄补贴老年人 10728 名，临时救助家庭 12810 户次。

2014 年迁安市国民经济主要指标

表 18

指标名称	单位	数量	指标名称	单位	数量
1、土地总面积	平方公里	1227.19	#第一产业	万元	431656
(1) 耕地	平方公里	426.38	第二产业	万元	6459333
(2) 园地	平方公里	93.40	#工业	万元	6214333
(3) 林地	平方公里	163.59	第三产业	万元	3045772
(4) 草地	平方公里	118.13	5、全部财政收入（不含基金）	万元	647110
(5) 城镇村及工矿用地	平方公里	279.41	#公共预算财政收入	万元	350861
(6) 交通运输用地	平方公里	44.38	全部财政支出	万元	1066300
(7) 水域及水利设施用地	平方公里	63.23	#公共预算财政支出	万元	485302
(8) 其他土地	平方公里	38.66	6、各项税收入	万元	656644
#耕地总资源	万亩	63.96	7、居民储蓄存款	万元	4388914
2、总户数	户	259897	8、全社会固定资产投资	万元	5261108
3、总人口	人	759210	9、农村居民人均可支配收入	元	17125
#农业人口	人	609400	10、城镇居民人均可支配收入	元	29861
非农业人口	人	149810	11、城镇在岗职工平均工资	元	55986
平均人口	人	751696	12、出口创汇	万美元	41492
自然增长率	‰	8.95	13、实际利用外资	万美元	6421
4、地区生产总值	万元	9936761	14、社会消费品零售总额	万元	2033814

2014年迁安市行政区划、总面积及人口密度

表19

乡镇名称	乡镇政府（个）	乡政府	镇政府	村民委员会	总面积（平方公里）	建成区	人口密度（人/平方公里）
合计	19	7	12	534	1227.19	37	619
迁安镇	1		1	98	128.14		1384
夏官营镇	1		1	28	71.81		472
杨各庄镇	1		1	37	76.01		526
建昌营镇	1		1	50	89.92		517
赵店子镇	1		1	15	39.43		580
野鸡坨镇	1		1	21	75.27		511
大崔庄镇	1		1	21	66.12		410
杨店子镇	1		1	36	94.21		912
蔡园镇	1		1	26	55.71		479
马兰庄镇	1		1	17	49.16		503
沙河驿镇	1		1	19	40.77		739
木厂口镇	1		1	19	58.79		425
扣庄乡	1	1		27	71.26		613
彭店子乡	1	1		18	40.55		572
上庄乡	1	1		24	44.34		567
阎家店乡	1	1		17	42.39		604
五重安乡	1	1		29	67.71		407
大五里乡	1	1		16	50.50		369
太平庄乡	1	1		16	65.08		258

2014 年迁安市总户数、总人口及人口变动情况

表 20　　　　单位：户、人

乡镇名称	总户数	总人口	其 中	
			男	女
全市合计	259897	759210	392204	367006
迁安镇	72768	177363	88534	88829
夏官营镇	10684	33925	17433	16492
杨各庄镇	12222	39968	20794	19174
建昌营镇	16111	46511	24138	22373
赵店子镇	8550	22876	11585	11291
野鸡坨镇	11940	38426	20005	18421
大崔庄镇	8448	27091	13978	13113
杨店子镇	24728	85889	48385	37504
蔡园镇	8784	26665	12757	13908
马兰庄镇	9444	24722	13253	11469
沙河驿镇	9867	30125	15648	14477
木厂口镇	8282	25002	12831	12171
扣庄乡	12791	43715	22583	21132
彭店子乡	7493	23206	11801	11405
上庄乡	8206	25145	12957	12188
阎家店乡	7933	25624	13357	12267
五重安乡	8729	27545	14363	13182
大五里乡	7115	18638	9160	9478
太平庄乡	5802	16774	8642	8132

续表 20

乡镇名称	在总人口中		迁入		迁出	
	农业人口	非农业人口		#省外迁入		#迁出省外
全市合计	609400	149810	2691	1308	2589	1528
迁安镇	103019	74344	1162	696	800	509
夏官营镇	31623	2302	60	25	75	29
杨各庄镇	38318	1650	92	29	65	30
建昌营镇	43086	3425	108	44	79	19
赵店子镇	19476	3400	56	16	28	16
野鸡坨镇	36237	2189	84	34	74	33
大崔庄镇	25885	1206	56	18	61	25
杨店子镇	53454	32435	496	231	748	566
蔡园镇	23761	2904	54	16	49	20
马兰庄镇	13905	10817	57	22	137	84
沙河驿镇	25825	4300	80	24	124	70
木厂口镇	22817	2185	59	23	31	16
扣庄乡	42122	1593	61	31	53	23
彭店子乡	22429	777	40	14	53	18
上庄乡	23564	1581	57	22	40	16
阎家店乡	24553	1071	31	14	38	19
五重安乡	26462	1083	58	18	54	9
大五里乡	17142	1496	34	14	32	16
太平庄乡	15722	1052	46	17	48	10

2014 年迁安市人口自然变化情况

表 21　　　　单位：人、‰

乡镇名称	年内出生	年内死亡	出生率	死亡率	自然增长率
全市合计	11206	4573	15.12	6.17	8.95
迁安镇	1899	884	17.13	7.97	9.15
夏官营镇	501	185	15.62	5.77	9.85
杨各庄镇	554	243	14.07	6.17	7.90
建昌营镇	707	212	15.32	4.59	10.72
赵店子镇	447	150	19.63	6.59	13.05
野鸡坨镇	594	240	15.49	6.26	9.23
大崔庄镇	454	127	17.55	4.91	12.64
杨店子镇	874	389	15.26	6.79	8.47
蔡园镇	418	155	17.20	6.38	10.82
马兰庄镇	260	111	14.96	6.39	8.57
沙河驿镇	453	155	15.38	5.26	10.12
木厂口镇	359	166	15.06	6.96	8.09
扣庄乡	749	360	17.30	8.31	8.98
彭店子乡	316	155	14.71	7.22	7.49
上庄乡	399	245	15.87	9.74	6.12
阎家店乡	442	154	18.17	6.33	11.84
五重安乡	417	264	15.24	9.65	5.59
大五里乡	260	217	14.44	12.05	2.39
太平庄乡	217	103	13.75	6.53	7.22
机关团体	886	58	9.05	0.79	8.26

1949～2014 年迁安市主要年份国民经济主要指标

表 22

指标名称	单位	1949 年	1959 年	1969 年	1979 年	1989 年	1999 年	2009 年	2010 年	2011 年	2012 年	2013 年	2014 年
总户数	万户	6.04	7.10	8.76	11.30	16.27	18.31	22.31	22.85	23.29	24.38	24.89	25.99
总人口	万人	30.09	34.91	45.03	51.75	59.61	64.82	72.06	72.17	72.71	73.64	74.42	75.92
农业人口	万人	29.34	33.13	43.99	48.32	53.76	55.97	58.11	57.94	58.13	58.99	59.69	60.94
全部从业人员	万人	9.60	11.19	14.72	17.01	23.33	34.35	37.96	38.73	39.52	41.53	42.70	43.89
第一产业	万人	8.74	10.12	13.19	13.10	13.30	15.15	6.82	7.31	6.60	6.52	6.48	6.45
第二产业	万人	0.48	0.60	0.82	2.41	6.42	11.64	17.32	17.44	18.36	19.45	20.03	19.02
第三产业	万人	0.38	0.47	0.71	1.50	3.61	7.56	13.82	13.97	14.56	15.56	16.18	18.43
地区生产总值	亿元	0.11	0.38	0.42	1.33	7.54	80.12	534.19	705.33	808.20	900.92	1005.13	993.68
生产总值增长率	%	0.96	18.10	10.10	5.40	22.70	9.70	17.60	13.40	15.20	14.40	11.00	4.05
第一产业	亿元	0.09	0.22	0.35	0.63	2.89	12.84	23.24	27.04	30.83	38.17	41.93	43.17
第一产业比重	%	84.43	57.72	82.26	47.26	38.32	16.00	4.40	3.80	3.80	4.20	4.20	4.34
第二产业	亿元	0.01	0.09	0.03	0.43	3.04	41.05	329.46	474.49	539.37	597.28	667.30	645.93
第二产业比重	%	6.76	24.72	6.06	32.18	40.37	51.20	61.60	67.30	66.73	66.30	66.40	65.00
第三产业	亿元	0.01	0.07	0.05	0.25	1.61	26.24	181.49	203.79	238.00	265.46	295.89	304.58
第三产业比重	%	8.81	17.56	11.68	18.54	21.31	32.80	34.00	28.90	29.45	29.46	29.40	30.66
人均地区生产总值	元	37	109	96	257	1265	12380	74691	97732	111569	123127	135774	130883
耕地总资源	万亩	91.89	82.11	79.59	77.71	75.46	75.19	67.09	65.04	64.91	64.90	64.13	63.96
人均耕地面积	亩	3.05	2.35	1.77	1.50	1.27	1.16	0.94	0.90	0.90	0.88	0.86	0.84
农业总产值	亿元	0.16	0.26	0.44	0.99	4.25	22.30	34.70	43.42	50.02	60.07	67.79	71.51
粮食总产量	万吨	4.12	7.62	11.45	14.45	15.43	22.66	22.17	21.98	21.68	20.06	20.04	18.35
棉花总产量	吨	210	310	465	80	33		71	153	124	116	69.00	45.00
油料总产量	万吨	0.76	1.48	0.58	1.92	2.17	2.63	3.50	3.51	3.61	3.55	3.44	3.41
干鲜果总产量	万吨	0.11	0.27	0.36	0.54	10.32	9.00	15.01	15.00	16.00	17.00	18.32	18.13
肉类总产量	万吨					2.65	7.07	7.74	8.21	8.37	8.48	8.66	8.70
大牲畜存栏	万头	2.08	2.30	3.04	3.02	4.61	8.02	10.94	11.74	11.42	11.82	11.54	11.48
生猪存栏	万头	7.25	13.70	13.19	22.32	33.48	39.69	46.02	43.43	46.00	45.00	47.80	47.07
铁矿石产量	万吨				21.47	155.34	1415.30	5263.70	7003.80	8829.90	11544.00	14596.60	15791.50
机制纸产量	万吨	0.01	0.20	0.20	0.63	2.48	8.25	8.85	9.79	9.64	15.69	17.10	6.40
水泥产量	万吨				4.21	18.10	46.40	151.30	124.90	193.90	197.80	183.60	138.60
焦炭产量	万吨							358.90	362.80	495.80	850.08	952.00	953.20
生铁产量	万吨				5.48	0.40	9.27	1707.10	1757.70	1950.99	1943.00	1941.60	1925.20
粗钢产量	万吨							1675.50	1688.90	1915.65	1901.00	1900.40	1895.90
钢材产量	万吨							1133.80	1166.60	1171.33	1403.00	1460.50	1580.40
工业总产值	亿元	0.01	0.20	0.07	0.88	8.70	77.00	1038.30	1414.60	1764.10	1710.20	1808.50	1731.42
工业增加值	亿元	0.01	0.08	0.02	0.38	2.85	11.40	314.10	456.80	587.10	586.97	653.78	621.44
规模以上工业企业个数	个	22	55	29	84		118	176	174	159	153	186	186

续表22

指标名称	单位	1949年	1959年	1969年	1979年	1989年	1999年	2009年	2010年	2011年	2012年	2013年	2014年
规模以上工业总产值	亿元	0.01	0.20	0.07	0.38	4.37	32.39	914.80	1262.70	1599.10	1589.60	1692.87	1619.18
规模以上工业增加值	亿元						11.40	288.10	415.80	554.10	550.90	616.70	582.85
规模以上工业固定资产原值	亿元						21.58	406.59	610.86	735.40	963.07	1215.73	1343.09
规模以上工业利税总额	亿元					0.30	2.00	150.09	190.72	250.47	343.67	347.06	311.17
全社会固定资产投资	亿元		0.023	0.07	0.14	1.44	15.73	200.08	272.76	291.54	379.46	453.01	526.11
交换机总容量	门	20	530	1007	1780	5100	60832	185328	189406	154032	183220	230212	127217
年末电话机总数	部	11	345	559	3325	2481	54181	143884	139763	132753	140217	132501	107593
社会消费品零售总额	亿元		0.17	0.23	0.51	2.36	24.64	100.45	117.01	137.06	160.00	181.40	203.4
商品零售价格总指数	%						95.5	101.2	103.3	104.9	101.7	102.5	100.2
居民消费价格总指数	%						95.5	101.1	103.9	105.5	101.8	102.6	101.2
实际利用外资额	万美元						503	4012	2545	5000	6532	6020	6421
职工工资总额	亿元		0.06	0.03	0.11	0.50	3.44	17.87	21.37	27.40	36.04	30.88	34.59
在岗职工平均工资	元		619	487	576	1404	5814	32401	36501	45008	46898	51419	55986
实际出口额	万美元						1558	2802	6245	6663	4725	6109	41492
财政收入	亿元		0.06	0.05	0.11	0.54	3.21	64.65	56.91	78.22	91.05	76.26	64.71
公共预算财政收入	亿元			0.05	0.11	0.54	2.27	22.39	21.73	30.82	39.04	37.16	35.09
财政支出	亿元		0.03	0.03	0.14	0.44	2.84	39.60	54.84	84.36	86.26	81.44	106.63
公共预算财政支出	亿元						2.7[illegible]	32.39	32.58	45.33	53.27	53.00	48.53
金融机构存款年末余额	亿元			0.08	0.55	3.02	19.89	344.35	424.83	484.08	573.70	609.10	656.31
金融机构贷款年末余额	亿元			0.09	0.56	2.51	15.15	245.82	285.13	292.98	346.90	375.52	385.96
城乡居民储蓄存款余额	亿元		0.02	0.01	0.11	2.96	34.81	236.66	279.82	324.76	374.70	409.76	438.89
各类学校在校学生	万人	2.1	5.6	7.5	12.3	9.0	14.3	10.9	11.6	11.6	12.7	10.30	13.16
卫生床位数	张		75	170	622	564	1500	2595	2606	4793	4834	3449.00	3848.00
农村居民人均可支配收入	元		51	59	127	729	3119	9776	10960	12698	14468	15512	17125
城镇居民人均可支配收入	元						5212	18090	19542	21780	24400	27596	29861

说明："农民人均纯收入"指标，2013年开始调整为"农村居民人均可支配收入"